Découvrez l'histoire par les archives de presse

RETRONEWS

Le site de presse de la BnF

www.retronews.fr

LE JOURNAL MUSICAL

Bulletin international critique

DE LA

BIBLIOGRAPHIE MUSICALE

Nº 1. — Mai 1896.

Pour toutes les communications (abonnements, publicité, etc.), s'adresser à

Monsieur le Directeur du JOURNAL MUSICAL
Paris, 11, rue St-Joseph

ABONNEMENTS		ANNONCES & INFORMATIONS	
France, par an	6 fr.	En 15e et 16e pages, 1/2 page...	45 fr.
Pays de l'Union postale	7 fr.	— 1/4 — ...	25 fr.
— d'Outre-Mer	8 fr.	En 1re page, la ligne	5 fr.
Le numéro mensuel	50 centimes	— 2e — —	2 fr.

EN VENTE : à la librairie Fischbacher, 33, rue de Seine, à Paris;
Chez les éditeurs de musique et les principaux libraires de la France et des autres pays.

SOMMAIRE

Pages

INFORMATIONS... 2
OFFRES ET DEMANDES de livres, partitions rares ou d'occasion... 2
— d'emplois... 2
BULLETIN CRITIQUE : Auditions récentes, avec l'indication bibliographique des œuvres interprétées... 3
— : Publications... 4
RÉPERTOIRE BIBLIOGRAPHIQUE : Sommaires et extraits des périodiques de musique de tous pays... 7
— : Sommaires et extraits des périodiques et livres divers... 9
CATALOGUE des livres, traités, méthodes, partitions, morceaux, etc., récemment parus... 11

CARNET

Bruxelles. — Théâtre de la Monnaie, 22 mai : dernier concert populaire.

Paris. — Salle Érard : grand concert à orchestre, donné par M. Ludovic Breitner, le 26 mai.

INFORMATIONS

Bourges. — Sur l'initiative de M. Groussot, Président de la Société Jacques-Cœur, ont été établies récemment les bases d'une Fédération générale des Sociétés musicales de France. Le 6 avril dernier, cette institution ingénieuse a reçu une sorte de consécration dans les séances d'un Congrès tenu à Bourges ; près de deux cents délégués, venus de tous les points du pays, ont pris, sous la présidence de M. Hervet, des décisions importantes au sujet du règlement des Concours de musique, la composition des jurys, etc., enfin ont élu un Comité-Directeur, dans lequel nous relevons les noms de MM. Laurent de Rillé, président d'honneur ; Emile Pessard, le professeur du Conservatoire de Paris, qui, par une amabilité que je retrouve dans ses compositions, a su se rendre populaire — je le sais — dans les grands Concours de musique, président ; de MM. Hervet, Thévenin, vice-présidents ; Groussot, Jongleux, secrétaires ; Hugault-Gerbeau, trésorier. *La Fédération musicale de France* va prendre une grande extension. Elle rendra de très grands services aux huit mille Sociétés qui bientôt s'uniront toutes sous ce vocable pour la défense de leurs intérêts réciproques, l'obtention d'avantages matériels les plus divers. Le prochain Congrès aura lieu, en 1897, dans une ville qui sera ultérieurement désignée par les Sociétés fédérées, le siège de la Fédération ne cessant d'être à Bourges. La Fédération ne paraît pas avoir encore d'organe attitré pour ses communications officielles.

B. L.

Bruxelles. — Le célèbre kappelmeister Hans Richter viendra diriger le dernier des Concerts populaires de la saison, qui aura lieu le vendredi 22 mai, à 8 h. 1/2 du soir, au Théâtre de la Monnaie.

Lemberg. — Wladyslaw Wszelaczynski, professeur au Conservatoire, est mort ici à l'âge de quarante-huit ans, le 12 février. Il est l'auteur d'ouvrages de bibliographie et de littérature, parmi lesquels il faut mentionner sa curieuse étude sur *Mickiewicz w muzice*.

Paris. — Sur Ambroise Thomas, dont les obsèques eurent lieu le 22 février, des notices seulement ont paru dans les périodiques. Voyez plus loin notre RÉPERTOIRE BIBLIOGRAPHIQUE.

— A l'Académie des Beaux-Arts, le prix Rossini a été décerné à M. Léon Honoré.

— Dans les premiers jours de mai, aura lieu la fête annuelle de l'École Braille, 9, rue Mongenot, à Saint-Mandé, dirigée par M. Péphau, administrateur délégué du Conseil général. Le but de cette fête, étant de procurer une satisfaction esthétique aux oreilles délicates de ces chers déshérités, nous engage à la mentionner ici. Comme le concert qui en fait partie est gracieusement organisé par les soins du très distingué Rédacteur en chef du *Guide musical*, M. Hugues Imbert, et que spontanément y apportent leur concours nos plus grands artistes, nous aurons à y revenir dans notre BULLETIN CRITIQUE.

B. L.

— A signaler le cours libre d'esthétique musicale à la Sorbonne. Ouvert le 14 avril par M. Lionel Dauriac, professeur de philosophie à la Faculté des Lettres de Montpellier, il aura lieu les mardis suivants à 5 heures.

— Mlle H. Parent, professeur de piano, auteur de : *Lecture des notes dans toutes les clefs*, 1885 ; *La Méthode dans le travail*, conseils techniques, analyses de morceaux classiques (Hamelle, éditeur), donnera (Amphithéâtre provisoire de l'Ancienne Sorbonne, les lundis 18 mai et 1er juin, à 5 h.), deux leçons de pédagogie musicale et exposera sa méthode d'enseignement pour le piano.

OFFRES ET DEMANDES

Livres. — Jacques Rosenthal, Karl Str., 10, München, demande : Enriquez, *liber de musica*. Walladolid, 1547.

— Quels exemplaires connaît-on de : du Cousu ou de Cousu, *la Musique Universelle* (1637)? Deux exemplaires, dit-on, ont échappé à l'incendie de l'imprimerie Ballard. L'un se trouve à la Mazarine. Qu'est devenu le second ?

— Les 20, 21, 22, 23 avril a eu lieu la vente de la bibliothèque de M. Th. Lemaire, professeur de chant ; Ouvrages sur la musique : théorie, histoire et critique, sur les musiciens, les chanteurs, les instruments de musique, la danse. Musique pour l'orchestre et le piano, etc. Librairie Edm. Sagot, 28, rue des Bons-Enfants.

— Prochainement paraîtra dans les colonnes du *Journal musical* une description détaillée avec *fac-similés* d'ouvrages rares des XVe, XVIe, XVIIe siècles, que nous avons déjà entre les mains. Nous en attendons d'autres, auxquelles nous réservons aussi bon accueil.

Emplois. — On demande une place d'organiste à Paris ou dans la banlieue. S'adresser à M. le Directeur du *Journal musical*.

CETTE feuille mensuelle a et conservera un caractère avant tout bibliographique. Au surplus, son sous-titre anéantit la susceptibilité que le titre, dont la brièveté s'imposait, eût éveillée dans l'esprit de nos confrères. Le *Journal musical* n'est pas — ce spécimen, si imparfait qu'il soit, le leur prouve — un concurrent ; il est un intermédiaire courtois entre eux et le public.

A plus forte raison, son rôle doit-il être compris, son apparition bien accueillie par les éditeurs, qui verront leurs publications tout nouvellement mises en vente toujours annoncées gratuitement dans notre CATALOGUE, et souvent, lorsqu'elles présenteront, aux yeux de la critique impartiale, un intérêt relatif, ou une importance intrinsèque, mentionnées une seconde fois dans notre BULLETIN CRITIQUE. Peuvent-ils refuser leur concours à qui met l'acheteur en contact direct avec eux ?

Le *Journal musical* s'adresse aussi à l'érudit, au bibliophile, au bibliographe, au bibliothécaire. Il peut, s'ils entendent son appel, centraliser, en bonne confraternité, une grande partie des éléments d'une Bibliographie spéciale. Nos études et les leurs, dont le droit de reproduction et de traduction est réservé, formeraient un recueil de *Contributions à la Bibliographie universelle de la Musique.*

En attendant, la Table annuelle, à la fois alphabétique et méthodique de ce journal de bibliographie, comblera à elle seule une grosse lacune que regrettaient compositeurs et éditeurs.

LA RÉDACTION.

N. B. — Nous suivrons, dans le *BULLETIN CRITIQUE* et le *CATALOGUE*, l'ordre chronologique de la mise en vente des publications. C'est pour cela que les analyses des œuvres dramatiques, dont la première représentation a eu lieu récemment, ne paraitront que dans un autre numéro.

BULLETIN CRITIQUE

AUDITIONS :

Bruxelles. — La première saison des concerts Ysaye « triomphalement s'est close » (*Guide Musical*, Maurice Kufferath). Les œuvres, dont l'interprétation doit être signalée dans nos annales, sont nombreuses. Le prochain numéro du *Journal musical*, dans lequel nous aurons beaucoup à dire sur le maître violoniste, en contiendra la liste.

Paris. — *Salle des Agriculteurs.* Aux brillants concerts de la Société philharmonique fondée par le pianiste-quartettiste Ludovic Breitner furent données les meilleures exécutions de la saison à Paris du 10e Quatuor de Beethowen ; du Quintette (op. 115), et du Quatuor (op. 25), édité en 1863, de Brahms ; du Quintette à cordes de Schubert ; du Septuor de la trompette de M. Saint-Saëns ; du Quintette (op. 4) de M. Sgambati.

— *Salle Pleyel.* L'historique du violon et de la musique de chambre est présenté, avec un légitime succès, par le violoniste André Tracol : Sonate de Giov. Battista Fontana, 1580-1630 ; Sonate de F. Henri de Biber, 1638-1698 ; *Ciaccona*, de Tomaso Vitali · Sonate de Giuseppa Torelli, 1650-1708, de Vérone, l'auteur des premiers concertis ; 6e Suite de l'*Hortulus Chelicus*, de Johann-Jacob Walther, de Viterda, 1650-1710 ; 12e Sonate (*La Folia*, op. 5) d'Arcangelo Corelli, de Fusignano, 1653-1713 ; *Invenzione* (Lamentevole), de F. Bonporti, 1660 ; Presto et Gigue, d'Aubert père, 1678-1753 ; Sonate de Francesco Geminiani, 1680-1762 ; Suite de Francesco Veracini, 1685-1750. C'est à la suite de patientes recherches dans les Archives musicales que M. Tracol a pu dresser ses programmes analytiques, dont quelques numéros sont peu connus et d'autres seraient restés dans un complet oubli. Il nous manque l'autorisation de l'artiste pour en donner ici la bibliographie. En attendant, qu'il reçoive nos plus sincères éloges.

PUBLICATIONS :

(NOTA. — Tous droits de reproduction et de traduction réservés.)

ES analyses suivantes, souvent demandées aux maîtres incontestés de la critique, qui nous ont accordé leur collaboration, seront parfois celles que le *Journal musical* aura reçues de rédacteurs d'un jour, peut-être hommes ou femmes de ce qu'on est convenu d'appeler le monde, qui, doués d'un tempérament véritablement artistique, uni à la conscience la plus élevée, ont saisi des rapports ingénieux, sont, d'intuition, parvenus le plus près qu'il soit possible de la conception de l'auteur, et, sachant ce qu'il a voulu faire, auront écrit des études logiques de son œuvre. Encore faut-il ajouter qu'un examen sévère sera fait des études de ce genre : celles qui concerneront des compositions franchement rétrogrades, franchement impersonnelles, celles qui auront un air de complaisance, seront refusées aussi justement que les notes envoyées par les auteurs ou les éditeurs seront insérées aux annonces.

Un dernier mot, qui ne sera pas considéré comme inopportun par nos grands confrères en critique, puisqu'ils retrouveront ici leur ligne de conduite. Une œuvre est une œuvre : quiconque livre au public un jugement sur la plus décriée — par les snobs, s'entend — n'a pas le droit de la fouler aux pieds. Elle a coûté quelque peine à son auteur : elle doit être pour cela respectée comme tout travail de l'homme. Si l'auteur s'est trompé sur un point, il a pu être heureux sur un autre. Si l'écriture n'est pas correcte, les idées ou les pensées de fond peuvent être excellentes. Dans les analyses du *Journal Musical*, le fond, d'après les bons principes, sera toujours examiné avant la forme. Une critique, même acerbe, de l'écriture n'y saurait, reléguée à la fin, voiler les éloges adressés aux idées.

B. L.

Emile CHIZAT. — *Chants de la Maison*. — Pour mes enfants. A Jeanne, à Suzon, à Jean, je dédie ce livre. Puissent les naïfs récits et les simples chansons qui le composent, les suivre partout et leur rappeler sans cesse que les joies de la Maison sont les seules vraies, sincères et durables ; que l'Homme a pour seconde Patrie son foyer, et qu'il est une poésie du Foyer, comme il est une poésie de la Patrie ; qu'enfin c'est en faisant de ce foyer un idéal de concorde, d'affection et de gaîté, qu'ils passeront sûrement, heureuse et bénie, la vie que leur accordera Dieu. Avril 1895. E. C. 2ᵉ édition, Paris, Edition Robert, Hugues Robert et Cⁱᵉ, 12, rue de l'Abbaye, 1896, gr. in-8°, 157 pages, figures dans le texte, titre bleu orné d'une vignette en couleur par Dillon.

Ces poèmes lyriques sont inspirés par la vie familiale dont M. Emile Chizat est, j'oserai dire, un fervent, M. Chizat, l'auteur des *Auditions voilées*, dont la nouveauté rencontra tant de faveur à Paris (1). Présentées dans un cadre à souhait, grâce aux soins de l'artiste céramiste devenu célèbre, M. Edmond Lachenal, elles m'ont laissé le meilleur souvenir.

Ce recueil est un livre bon et sain, qui devrait être signalé à la commission des prix de l'Institut : car il engagera les « êtres du Foyer » à délaisser pendant quelques soirs le répertoire d'ignobles élucubrations des fournisseurs de Beuglants, dont on n'a plus horreur de faire retentir les échos du salon avant le coucher des enfants. Faut-il espérer que d'autres maîtres compositeurs feront aussi utile besogne dans des recueils du même genre, dans lesquels l'intimité, la familiarité du sujet n'exclut pas plus la forme élevée que la verve charmante? J'en prends pour preuve le résultat que M. Emile Chizat a obtenu dans l'introduction : « O bien heureux qui peut passer sa vie..... » La page que tous retiendront est la berceuse : « *Chanson pour Jean* ». La musique y vient toute du cœur : simple sujet, simples expressions, émouvante composition.

L'écriture de tout le recueil, jamais banale, toujours limpide, est constamment d'une exécution aisée.

Il nous a été agréable de commencer cette série d'analyses par une de ces œuvres qui sont considérées comme étant d'un ordre inférieur parce que sont trop rares les incursions sur ce terrain de ceux qui, sachant écrire, laissent les industriels de notre Art s'en faire une spécialité.

— Dictionnaire de musique de H. RIEMANN, traduit d'après la 4ᵉ édition, par GEORGES HUMBERT, professeur au Conservatoire de Genève. Perrin et Cⁱᵉ.

Il manque à l'amateur, à l'artiste, au professeur, au critique une encyclopédie courte, exacte, précise sur la technique musicale et les musiciens, capable de fournir au moment voulu le renseignement cherché. La traduction de l'excellent dictionnaire de H. Riemann comble cette lacune, nous lui devons bon accueil et analyserons avec soin chaque livraison.

---

(1) Voy. à ce sujet une brochure devenue rare : « Les Auditions voilées à la Galerie Georges Petit. » Précis historique et anecdotique. I. Les auditions voilées en 1891 et 1893. II. Les Œuvres de M. Emile Chizat et la presse. III. Lettre de l'auteur sur ses auditions. Paris, Bibliothèque Bleue, 12, rue de l'Abbaye, 1893, gr. in-8°, 20 pages, couverture ornée d'un encadrement en couleur, frontispice en sanguine par Dillon, net 2 francs.

Henry Eymieu, *A'bum de dix vieilles chansons françaises* : I. Chansons pastorales. II. La Gaîté. III. Le Caramentran. IV. Chanson des célibataires campagnards. V. Le Bacchu-Ber. VI. Noël Dauphinois. VII. Chanson de Magali. IX. La Petite Anne. X. Rigaudon de M. Gautier. Préface de Maurice Faure, député de la Drôme.....

Paris, René Goolfroy, éditeur, 3, rue de Provence, 1896, in-fol. 27 pages, titre orné d'une planche en sanguine avec personnages, par E. Azambre.

Tout ce qui concernera le Folk-lore trouvera ici la bonne place. Voici le second recueil de *lieder* dauphinois de M. H. Eymieu. S'il est bon que la transcription des vieux airs soit faite par un musicien, il arrive parfois que sa science des combinaisons harmoniques l'entraîne à faire plus qu'encadrer, que raviver les couleurs du tableau naïf et tendre retrouvé dans quelque chaumière. Je reconnais bien ici la « patte » du compositeur ; mais sa collaboration ne me paraît pas un outrage fait à de vénérables choses. M. Henry Eymieu aime cette musique qu'il remet en lumière : il restaure la ligne mélodique avec un soin jaloux ; les tons dont il l'entoure — de très heureuses et chatoyantes harmonies en général — qui pourrait les lui reprocher ? Jetés sur la toile par un compatriote de celui qui la brossa, ils en sont le fond rêvé : c'est la couleur locale présentée par celui qui la connaît le plus : c'est la mystérieuse musique qu'exhalent les beaux sites du Dauphiné. Tous ne l'entendent pas ; d'autres l'entendent, mais en jouissent en égoïstes ; M. Eymieu l'a recueillie avec la mélodie et nous l'offre dans ce recueil. La voici à la fin de la page 9, de la page 11, à toute la page 13, et dans le *Bacchu-Ber*. Du premier Noël dauphinois se dégage une émotion intense à condition qu'il soit dit lentement ; et cette cadence « Rien n'est si doux » du second ! Citons encore la célèbre « Chanson de Magali », qu'on sera satisfait de retrouver ici, et terminons par l'exquis rigodon de la fin.

Des fautes réelles s'étant visiblement glissées dans la gravure, nous hésitons à blâmer la hardiesse d'un accord à la dixième mesure de la page 19, la faiblesse des harmonies de mesures 13, 14 et 15 de la page 21 ; quant aux accords plaqués de la page 16 et 17, qui paraissent voulus, ils sont d'une exécution bien malaisée pour quelques-uns.

Puis-je trouver pour conclusion mieux que quelques lignes de l'élégante préface de M. Maurice Faure ? « Ah ! quelle soirée ravissante j'ai passée et quels délicieux instants passeront les Dauphinois qui, comme moi, écouteront, une à une, les mélodies de ce recueil félibréen »....

« O mes chères Alpes de la vallée de la Drôme ; ô mon bien-aimé Saillans... je vous ai revus... Le temps passé ! On dit qu'il ne revient plus. Grâce au charmant recueil de M. Henry Eymieu, il est permis de dire que le proverbe est menteur. »

Steule (J.-G.-E.), *Missa solemnis*, über motive der zweiten Choralmelodie des « Salve Regina » (oder Strei-chinstrumente und orgel), op. 67. Regensburg, Pustel. Partition, 3 fr. ; Voix séparées (à 20 c.) 80 c. ; parties instrumentales, 1 fr. 50.

Cette messe n'est pas seulement une habile mise en œuvre des thèmes principaux du *Salve regina* à l'exemple des maîtresses compositions palestriniennes, c'est de plus une inspiration personnelle de haute envolée planant au-dessus de la mélopée grégorienne ; faut-il louer la richesse, la variété hardie de l'harmonie de préférence aux finesses, aux élégances de l'instrumentation, au sentiment religieux que l'on remarque dans ce travail ? On ne sait, tellement on est ravi et emporté par les qualités diverses rencontrées à chaque mesure de cette messe admirable.

Elle peut s'exécuter soit avec l'orchestre complet, soit avec les seuls instruments à corde et l'orgue.

Desrat. — *Dictionnaire de la Danse*. Préface de M. Ch. Nuitter. Paris, Librairies-Imprimeries réunies, un vol. in-12 élégamment cartonné, 5 fr. 50.

L'art qui se rattache le plus intimement à la musique c'est la danse, car il est bien rare qu'elle ne soit pas accompagnée ou de chant ou d'un instrument ; de plus, la danse se peut définir la *corporification du rythme*, élément essentiel de l'art musical. Molière partageait cet avis et voulait à tout bourgeois apprendre et la musique et la danse, double connaissance d'où devait sortir la paix universelle, la paix sociale. Bien coupables vraiment seraient ceux qui ne les étudieraient pas et s'exposeraient ensuite, par de faux pas, de mauvaises cadences, à troubler la paix publique, ayant sous la main un excellent *Dictionnaire de la Danse*, où se trouvent condensées l'histoire et la théorie de l'art chorégraphique depuis ses origines jusqu'à nos jours, depuis Lucien chez les Grecs jusqu'à Noverre, Blasis et les contemporains.

Il faut signaler la partie bibliographique du livre : critique, raisonnée, minutieusement documentée, elle est appelée à rendre de grands services aux artistes, aux professeurs, aux critiques musicaux.

M. Charles Nuitter, archiviste de l'Opéra, a voulu dans une ingénieuse et intéressante préface, présenter au public l'œuvre de l'éminent professeur de danse et assurer ainsi, avec son succès, sa sincère et sérieuse valeur.

Haberl. (Dr F. X.). — Kirchenmusikalisches Jahrbuch für das Jahr, 1896. Regensburg, F. Pustet. Prix : 2 fr. 50.

Cet annuaire est le vingt et unième de la collection, il n'offre pas moins d'intérêt que ses aînés : outre 28 pages de divers chants pour la Semaine Sainte du célèbre musicien espagnol Vittoria, il renferme l'analyse et la critique des ouvrages de M. Gevaert sur la *Mélopée antique*, de M. Max Georges sur l'*Harmonisation ;* des recherches sur la traduction et l'interprétation des Neumes d'après la Paléographie bénédictine et les travaux du D. Fleischer ; des études sur les théories rythmiques du P. Dechevrens, par le P. G. Gietmann ; sur la nouvelle édition des œuvres d'Orlando de Lassus ; sur la musique instrumentale dans l'Ancien Testament, etc, articles savamment pensés et écrits sur des sujets fort controversés, d'autant plus curieux à lire.

Un des amis de la première heure du *Journal musical* nous adresse, pour joindre à l'indication des publications nouvelles, qu'on lira d'autre part, « la liste de quelques ouvrages de magistrale importance », dit-il en tête de sa note, « en cours de publication, qui servent de base documentaire à l'histoire de l'Art musical ».

C'est plus qu'une liste : les mentions bibliographiques sont encadrées des notes les plus judicieuses qui font de ce qui suit une sorte d'étude historique.

B. L.

Athènes et Rome sont les deux grands facteurs des civilisations européennes, cependant de leur musique tant vantée il ne reste rien, quelques débris mélodiques et divers traités didactiques (1), et il a fallu tout le génie inventif, les ingénieuses hypothèses d'un GEVAERT pour restaurer l'art ancien et écrire la savante

Histoire et théorie de la musique dans l'antiquité. Gand, Hoste, 2 vol. in-8° ;
pour rétablir la chaîne qui lie l'art gréco-latin à la musique neumatique, à la diaphonie du moyen âge, à l'harmonie des musiciens de la Renaissance et des temps modernes, en retraçant

Les Origines du chant liturgique (in-8°),

La Mélopée antique dans les chants de l'Eglise latine. Gand, Hoste. Paris, Picard, in-8°, 20 francs.

Si la musique grecque nous a légué peu de pièces mélodiques, par contre le moyen âge offre trop de manuscrits neumatiques, puisqu'ils demeurent indéchiffrables et que l'on n'a pu retrouver encore ni la clef de cette notation, ni la valeur rythmique des neumes; toutefois, les chercheurs infatigables peuvent, pour étudier le problème et résoudre l'énigme, se servir avec fruit de la

Paléographie musicale. Les principaux manuscrits de chant grégorien, ambrosien, mozarabe, gallican, publiés en fac-similés phototypiques par les RR. PP. Bénédictins de Solesmes. Paris, Picard, recueil trimestriel, chaque année, 1 vol. in-4°, texte et planches héliotypiques ; et du

Graduale sarisburiense, reproduction en fac-similés

phototypiques d'un graduel du XIIIᵉ siècle, de provenance anglaise, précédée d'une dissertation sur le développement de l'*Antiphonale missarum* de saint Grégoire. Le graduel est publié par *The plainsong* and mediœval music Society. London, 14, Westbourne, Terrace Road. In-folio, 101 pages de texte, 293 pages de phototypies. — Prix : 100 francs franco pour les pays de l'Union postale.

On ne saurait trop applaudir à la reproduction en fac-similés des vieux manuscrits, mais il serait à désirer que les commentaires dont les RR. PP. Bénédictins accompagnent les phototypies fussent plus une étude scientifique impartiale que l'apologie d'un système personnel et laissassent aux brochures éphémères le ton inopportun de la polémique qui dépare plusieurs fascicules.

Enfin Palestrina parut, la musique était née; elle brilla d'un éclat incomparable et une traînée lumineuse de sons, depuis quatre siècles, remplit l'univers. Quatre grandes collections contiennent les chefs-d'œuvre des célèbres compositeurs du XVᵉ au XIXᵉ siècle :

1° *Les maîtres musiciens de la Renaissance*, éditions publiées par M. Henry Expert, sur les manuscrits les plus authentiques et les meilleurs imprimés du XVIᵉ siècle, avec variantes, notes historiques et critiques, transcriptions en notation moderne, etc. 1ʳᵉ livraison, Orlando de Lassus. 2ᵉ livraison, Goudimel. La livraison, 12 francs, Alphonse Leduc, éditeur ;

2° *Anthologie des maîtres religieux primitifs des* XVᵉ, XVIᵉ *et* XVIIᵉ *siècles :* Josquin de Près, Orlando de Lassus, Palestrina, Nanini, etc. Edition populaire en notation moderne, par M. Ch. Bordes : Souscription annuelle, 20 francs les 2 volumes de 200 pages, en livraisons mensuelles; à l'Association des Chanteurs de Saint-Gervais, 2, rue François-Miron ;

3° *Le Répertoire français de l'ancien chant classique.* Morceaux d'étude et de concours pour les Conservatoires et les Ecoles de musique, recueillis et annotés par F.-A. Gevaert, avec accompagnement de piano. — 300 numéros, à des prix divers, sont publiés. H. Lemoine et Cⁱᵉ ;

4° *Hispanæ scholæ musica sacra.* Collection monumentale de chefs-d'œuvre de musique religieuse des grands maîtres espagnols (XVᵉ, XVIᵉ, XVIIᵉ, XVIIIᵉ siècle), publiée sous la direction de Felipe Pedrell. — Juan B. Pujol et Cⁱᵉ, Barcelone. Prix : 8 fr. 60 franco, chaque volume.

On trouvera dans cette école musicale espagnole les noms célèbres de Penalosa, Rivera, F. Cevallos, Torrentes, Morales, Escobedo, P. Fernandez, Bernal, M. Robledo, Guerrero, Vittoria, J.-G. Pérez, Navarro, Comes, F. Morales, D. Pérez, D. Ortiz, Lerisa, Tafalla, Torres, Valls, etc.

Une biographie et une exposition critique (texte français et espagnol) accompagne chaque volume. Trois volumes paraissent par an.

Si à ces collections on ajoute les œuvres complètes de Palestrina, Orlando de Lassus, H. Purcell, Bach, Mozart, Haydn, Beethoven, Schumann, etc., des éditions classiques des grands musiciens publiées par Breitkopf et Hartel, on aura les éléments d'une bibliothèque de premier ordre, et de tout ce qu'a produit de plus élevé le génie musical au cours des siècles.

---

(1) Voy. RUELLE. Collection des auteurs grecs relatifs à la musique.

Le dernier fascicule paru est :

V. Alypius et Gaudence, traduits en français pour la première fois. Bacchius l'Ancien. Traduction entièrement nouvelle.

Commentaire perpétuel et tableaux de notation musicale.

Paris, Imp. Nationale, lib. Firmin-Didot et Cⁱᵉ, 1895, in-8, XV-141 pag. et un tableau plié.

CERCLE DE LA LIBRAIRIE

LIVRES — MUSIQUE — ESTAMPES

Congrès International des Éditeurs.

RÈGLEMENT

La première session du *Congrès International des Éditeurs* s'ouvrira à *Paris, le 15 juin 1896*.

Ce Congrès est organisé par le Cercle de la Librairie.

Sont seuls admis à y prendre part les éditeurs de livres, musique, estampes et publications périodiques (revues, magazines, journaux illustrés) de tous pays, ainsi que les délégués des Sociétés d'éditeurs de toutes nationalités.

La première session du Congrès durera trois ou quatre jours, à raison de deux séances par jour.

Le programme et l'ordre du jour seront publiés ultérieurement par la commission d'organisation du Congrès, dont le siège est à Paris, au Cercle de la Librairie, 117, boulevard Saint-Germain.

Seront traitées à ce Congrès toutes les questions relatives à l'exercice de la profession d'éditeur, ainsi que certaines questions de propriété littéraire et artistique envisagées dans leurs rapports avec l'édition. Un exemple de ces questions est annexé au présent règlement.

Les adhérents au Congrès qui désirent traiter eux-mêmes ou voir traiter par d'autres certaines questions, sont instamment priés de faire part de leurs *desiderata* à la commission d'organisation. La commission choisira parmi ces questions celles qui devront figurer à l'ordre du jour et s'entendra avec les adhérents désireux de présenter des rapports écrits sur ces questions.

Les rapports devront être rédigés en langue française et adressés au président de la commission avant le 1er avril 1896, dernier délai.

Toutes les dépenses occasionnées par le Congrès seront supportées par le Cercle de la Librairie.

Le bureau du Congrès sera ainsi composé : un président français, des vice-présidents appartenant à diverses nationalités, un secrétaire général français, des secrétaires appartenant à diverses nationalités.

Le président et le secrétaire général seront désignés d'avance par la commission, afin de pourvoir de suite à l'organisation du Congrès.

Les autres membres du bureau seront élus par le Congrès.

Le Congrès désignera, avant la clôture de ses travaux, la nation à qui incombera le soin d'organiser la deuxième session, et la date de cette session.

Exemples de questions susceptibles d'être traitées par le Congrès des éditeurs.

De l'obligation du dépôt légal par l'éditeur.

De la propriété des dessins ayant servi à l'illustration d'un volume.

De la reproduction littéraire ou artistique de tableaux, portraits, photographies.

Le droit d'édition d'une œuvre est-il réputé à l'égard de l'éditeur *intuitu personæ ? intuitu firmæ ?*

Du droit de vente des clichés.

Du droit de publier des extraits, morceaux choisis ou fragments en citant ou sans citer l'auteur et l'éditeur.

Les articles des journaux ou recueils périodiques peuvent-ils être reproduits ou traduits sans l'autorisation de l'auteur ou de l'éditeur ?

De l'obligation du millésime ou de la mention « achevé d'imprimé » comme sanction de date certaine, etc.

RÉPERTOIRE BIBLIOGRAPHIQUE

PÉRIODIQUES :

DANS ce premier numéro, nous ne donnons l'indication que des feuilles que nous avions entre les mains. Nous engageons nos confrères à nous adresser au plus tôt leurs derniers numéros afin que notre RÉPERTOIRE BIBLIOGRAPHIQUE soit à jour dès la seconde apparition fort proche du *Journal musical*.

Nota. — Les périodiques de Paris ne portent à « l'adresse » que le nom de l'éditeur. Les publications, marquées d'un astérisque, sont mentionnées au BULLETIN CRITIQUE.

— L'Alliance musicale, 9, Faubourg Saint-Denis.
— L'Avenir musical, 36, rue Vivienne.

— Bulletin de l'Association des Éditeurs de musique. F. Mackar, passage des Panoramas, 22.

— La Chanson française illustrée. 90, boulevard Montparnasse.

— Cæcilia. Delle (Haut-Rhin) et Bonc ourt (Suisse), J. Gurtler. 1896 : nos 1 et 2. Cardinal Bourret : Le Clergé et la Musique religieuse, lettre pastorale. Gurtler : Ce qu'il ne faut pas oublier, les règles de la liturgie.

— Courrier de Saint-Grégoire. Liège, P. Basqué, 16. rue Bois-l'Evêque. 1896 : nos 1, 2, 3 : Règlement de musique sacrée, par S. E. le Cardinal-Archevêque de Milan. A. Dirven : Le Credo. A. Poupin : Le Chant religieux, moyens de bien l'exécuter. J.-L. de Bruneval : Le Plain-Chant devant la Science et le Roman.

— Echo musical, Bruxelles, Mahillon et Cie, 23, Chaussée d'Anvers.

— L'Echo des orphéons, 12, rue Cadet.

— Fliegende Blætter für katholische Kirchenmusik. Regensburg, F. Pustet.

— Gazette musicale de la Suisse romande. Bi-mensuelle. Genève. Rédacteur en chef : G. Humbert; critique musical : Paul Moriand.

— Guide musical. Revue internationale hebdomadaire. Directeur : Maurice Kufferath à Bruxelles. Rédacteur en chef : Hugues Imbert, à Paris. Bruxelles, 2, rue du Congrès. Paris, Librairie Fischbacher, 33, rue de Seine. — 1896. No 1. J. Brunet : *Evangeline* de M. Xavier Leroux; M. Rémy : *Chanteurs et musique*. No 2. Ad. Jullien : d'Ortigue et Meyerbeer; Georges Servières : la collaboration musicale; Henri de Curzon : Croquis d'artistes : Mme Nilsson. No 3. Hugues Imbert : poésies wagnériennes de Paul Verlaine; J. Brunet : *Jean-Marie* d'Ip. Ragghianti; Nos 4 et 5. Michel Brenet : Berlioz inédit : les *Francs-Juges*, la *Nonne sanglante;* M. Kufferath : le *Christus* de M. Adolphe Samuel, à Cologne. Nos 6 à 10. Etienne Destranges : *Fervaal* de Vincent d'Indy; Hugues Imbert : Ambroise Thomas; Georges Servières : Louis Lacombe; M. Kufferath : Artistes contemporains : Gustave Huberti; Hugues Imbert : l'*Orphée* de Gluck; M. Kufferath : les *Saisons* de Haydn. No 11. Michel Brenet : le lieu de naissance de Georges Muffat; E. de Hartog : Engelbert Humperdinck; Arthur Wilford : le drame lyrique parlé et son avenir au théâtre. Nos 12 et 13. Paul Boedri : Analyse thématique de *Christus*, symphonie mystique par Adolphe Samuel; M. Rémy : Un Siegfried bourgeois; M. Kufferath : les abus de la Société des compositeurs, auteurs et éditeurs. No 14. Henri de Curzon : *Croquis d'artistes* : J. Lasalle; Lefevre-Lelong : *La Vie du Poète* de Gustave Charpentier. Nos 15 et 16. M. Kufferath : la musique moderne; Georges Servières ; le *Requiem* de M. Alfred Bruneau; Michel Brenet : Richard Wagner et le *Stabat Mater* de Palestrina. No 17. Frank Choisy : les instruments préhistoriques scandinaves, les « Lurs ».

— Journal des organistes. Recueil de morceaux de musique d'orgue pour toutes les parties de l'office divin, choisis dans les ouvrages des anciens organistes de tous les pays et dans les compositions inédites des organistes contemporains, publiés par E. Grosjean. Verdun, 6 francs; chaque livraison 50 centimes.

— Il Mandolino. Giornale letterario musicale quindicinale. Torino, via Po. 38. 7 francs par an.

— Melody. A musical monthly magazine. London, C. Arthur Pearson, Henrietta str. Copyright by Choudens, Paris. Cahier de musique d'environ 40 pages, illustré.

— Le Ménestrel. Heugel, 2 *bis*, rue Vivienne, 62e année, 1896. No 1. Julien Tiersot : la chanson « Est-ce Mars, ce grand dieu des alarmes ». A. Baluffe : La Pierre, musicien chorégraphe. No 2. J. Tiersot : Une chanson du XVIe siècle. E. de Bricqueville : Molière et la Trompette marine. Nos 3, 4, 5, 6, 9, 11-13. Tiersot : Musique antique, les nouvelles découvertes de Delphes. No 3. O. Bn : l'Art français sur les scènes lyriques allemandes. Nos 4, 5. La nouvelle loi autrichienne sur les droits d'auteur. Nos 6, 12. Louis Gallet : le Théâtre lyrique. Nos 6, 8-13. A. Pougin : l'Orchestre de Lulli. No 7. H. Heugel : la mort d'Ambroise Thomas. A. Pougin : Ambroise Thomas, notes et souvenirs. No 8. H. M. : les obsèques d'Ambroise Thomas; discours de MM. Bourgault-Ducoudray, Th. Dubois et J. Massenet. No 10. J. Tiersot : *Orphée*, de Gluck.

— Le Monde artiste, illustré. 24, rue des Capucines.

— Le Monde musical, organe de la facture instrumentale et des Expositions. Directeur-Fondateur : E. Mangeot, facteur de pianos, 3, rue du 29-Juillet.

— Music. A Monthly magazine, devoted to the Art, Science, Technic and Literature of music. W. S. B. Mathews editor. Chicago, The music magazine publishing Company, 1402-1405, Auditorium Fower. Vol. IX. No 6, pages 576 à 686. April 1896. Mathews : Lowell Mason and the higher art of Music in America. E. Irenæus Stevenson : Thematic and other significances in Gounod's « Faust » (musique notée). Symposium, the english language in singing (suite). Louis E. Van Norman : From bard to Opera (mus. notée). Ebencezer Prout : The orchestra in 1800 and in 1900.

— Musica sacra. Regensburg, F. Pustet.

— Le Néochorisme. Revue trimestrielle de la traduction musicale et de l'harmonisation du plain-chant, l'abbé Teppe, fondateur. Châtillon-sur-Chalaronne (Ain), L. Chaduc, 1896. Nos 1 et 2. Abbé Teppe : l'accentuation du latin.

— L'Orphéon, 16, boulevard du Temple.

— Paléographie musicale. Solesmes (Sarthe) et Paris, 82, rue Bonaparte.

— Le Petit Piano, 56, rue Jacob.

— Piano-Soleil. Grand journal musical hebdomadaire. Directeur : Bon de Noirfontaine, 33, rue Louis-le-Grand, grand format, 4 pages de texte, 8 pages de musique. Abonnements, 12 francs.

— Le Progrès artistique. Hebdomadaire. Fondateur : V. Souchon. Imprimerie Durdilly, 12, rue Martel. Abonnement, 12 francs.

— La Quinzaine musicale. Bourlant-Ladam.

— Revista musicale italiana. Torino, Fratelli Bocca, 3, via Carlo Alberto.

— The Strand musical magazine. Edited by E. Hatzfeld. London, George Newnes, 8-11, Southampton Str., and Exeter Str., Strand, W. C. Revue mensuelle illustrée.

16 pages de texte (interviews, biographies de compositeurs, d'artistes, une nouvelle) ; un cahier de musique de 50 pages, six pences.

— La Tribune de Saint-Gervais, 2, rue François-Miron.

PÉRIODIQUES DIVERS :

— Annales catholiques. Nos 1259, 1260, 1262. J.-L de Bruneval : Le Plain-Chant devant la Science et le Roman.

— Bulletin de l'Académie royale des Sciences, des Lettres et des Beaux-Arts de Belgique. No 2. F. van Duyse : la chanson « Est-ce Mars, le grand dieu des alarmes ».

— Comptes-rendus de l'Académie des Sciences. Séance du 6 janvier. L'étendue de la voix humaine.

— Correspondant. No du 25 mars 1896. J. de Nervins : Mémorial inédit. Le Concert olympique en 1789 au palais des Tuileries.

— Cosmopolis. No 2. Gabriel Monod : Le Jubilé des Nibelungen. Bayreuth il y a vingt ans.

— Cosmos. No du 21 mars : Musique et Calvitie.

— Le Figaro. No du 13 février. A. Bruneau : Ambroise Thomas ; 17 février : — : la Réforme du Conservatoire.

— Le Gaulois. 2 janvier : Berlioz à Liszt ; trois lettres inédites. 13 février, Fourcaud : Ambroise Thomas. 26 février : — : Gluck et Marie-Antoinette.

— Gazette de France. 4 janvier, H. de Curzon : Berlioz et Liszt. 14 février : — : Ambroise Thomas.

— Kraj. Nos 4, 6. M. Gamalewicz : Joseph Hofman, musicien polonais.

— Journal des Débats. 14 février, A. Jullien : Ambroise Thomas. 27 février, P. Lalo : la Direction du Conservatoire.

— Journal d'un solitaire sur les gens et les choses de son temps, par l'Ermite de Châtillon. Paris, Hugues Robert et Cie, 12, rue de l'Abbaye ; le numéro mensuel 40 centimes. 1896. No 1, mars.

6 mars. Les concerts inaugurés à l'Opéra pourraient constituer des manifestations intéressantes.......... On y a vu défiler une brillante phalange de lauréats de tous les conservatoires, conduisant leurs œuvres. C'est la mode. Si un auteur ne monte pas un peu sur les planches, il existe peu. S'il n'est pas lauréat de quelque chose, il existe encore moins. Cabotinisme et scolastique, tel est le cercle vicieux où l'on enferme l'artiste de temps.......... Aux concerts de l'Opéra, des compositeurs de vingt ans ont exposé leurs petits devoirs d'harmonie à côté de quelques jeunes auteurs frisant la cinquantaine. Cet éclectisme méti-mélodique est de bon augure. Ce n'est que par un accueil sans parti-pris d'âge que les distractions académiques du Salon Garnier pourront égayer leur public.

« Entre deux entre-chats rétrospectifs, le spectacle des têtes de compositeurs se succédant, blondes, brunes, grises ou blanches, au pupitre du chef d'orchestre, a tout ce qu'il faut pour attirer les amateurs de crâniologie et de physionomisme qui forment la masse des dilettanti actuels.

Cette boutade valait la peine d'être citée. Elle renferme en substance une question controversée. Le compositeur devrait-il diriger l'exécution de son œuvre ? J'accorde à l'Ermite que l'usage qui se répand de faire monter sur l'estrade l'auteur soit surtout une concession aux goûts d'une grande partie du public, dont la *présence aux concerts s'explique par cette* attraction.

D'autre part, qu'est-ce qu'un chef d'orchestre, sinon l'âme d'une collectivité ? Le meilleur n'est-il pas celui qui s'est profondément pénétré de l'œuvre qu'il fait exécuter ? Et qui mieux que l'auteur lui-même remplit cette condition ? Nous nous souvenons du récit émouvant que M. Vanor fit *récemment aux concerts* Breitner de l'exécution d'une symphonie de Beethoven dirigée par le Maître..... Et, coupant court, nous posons la question.

— La Liberté. 13 février, V. Joncières : Ambroise Thomas.

— Listy filologické. Nos 1, 2 : J. Kral : la musique des Grecs.

— Literarische Rundschau. Février, Amb. Kienle : Einführung in die gregorianischen Melodien, von Peter Wagner.

— Macmillan's magazine. Janvier : Music hath charms.

— Le Monde. 19 mars. G. de Boisjoslin : La Musique dans nos églises. 25 mars, P. Hagey : La Musique à l'église, d'après le cardinal Manning et le cardinal Perraud.

— La Nature. 4 janvier, A. Lavignac : Une nouvelle loi d'acoustique. 15 février, Ch.-Ed. Guillaume : Recherches récentes sur la propagation des sons.

— Notes d'art et d'archéologie. Mars, V. Darasse : Le vieil orgue du château de Fredericksborg en Danemark.

— Nouvelle Revue internationale. Nos 2, 3. G. Brandès : Friedrich Nietzsche et Wagner, traduction.

— Oesterreichisches Litteraturblatt. 15 mars, Mantuani : Die Musikaliensammlung des grossherzoglich Mecklenburg-Schweriner Furstenhauses, von O. Kade.

— Répertoire des ventes. 11 janvier : Fr. Liszt à L.-J. d'Ortigue.

— Revue anglo-romaine. No 7. D. Choisnard : Aperçu historique sur la restauration du plain-chant grégorien.

— Revue du Bas-Poitou. 4e livraison. G. Guillon : Huit chansons d'amour du pays poitevin.

— Revue catholique des revues. No 14, J. Boyer : L'étendue de la voix d'après les expériences de M. Stevens, causerie scientifique.

— Revue des Deux-Mondes. 15 janvier. T. de Wyzewa : Une nouvelle biographie de Richard Wagner par Houston Stewart Chamberlain.

— Revue encyclopédique. No 130. Alfred Ernst : la Vie musicale.

— Revue hebdomadaire. N° 196, L. Fiérens-Gevaert :
La Beethoven-Haus à Bonn.

— Revue du Monde-Latin. N° 5, Rat-Ponat : Autour
de *Frédegonde*.

— Revue de Paris. N° 3, Charles Gounod : Lettres
de 1870-1871. N° 5, Jules Simon : *Ambroise Thomas*.

— Revue politique et littéraire. 21 mars, G. Garraud :
Le prix de Rome aux musiciens.

— Revue scientifique. 25 janvier, G. Grilhé : Les
grandes orgues électriques.

— Revue des *Traditions populaires*. Janvier : E. Lalayants, les Anciens chants historiques et les traditions populaires de l'Arménie. A. Haron : les Soirées de
chant ; E.-T. Hamy : Rou piou piou, vieille chanson
boulonnaise ; F. Pétigny : le Son des cloches. Février :
J. Tiersot : une Chanson du xvie siècle restée dans la
tradition populaire : E. Becquart, le Moine et le Villageois, chanson du Pas-de-Calais.

—Le Soleil. 13 février, Furetières : Ambroise Thomas.

—Le Temps. 8 janvier, T. de Wyzewa : Spontini à
Berlin. 4 février, A. Brisson : le ténor G. Duprez.
11 février, P. Rambaud : la Musique. 22 février, C.
Bellaigue : Ambroise Thomas. 29 février, A. Brisson :
J.-B. Faure. 3 mars, Larroumet : la Direction du Conservatoire. 10 mars, A. Brisson : le Conservatoire de
Bruxelles. 25 mars, H. Ferrare : Ambroise Thomas
intime. 26 mars, T. de Wyzewa : une Œuvre de jeunesse de R. Wagner.

— Theologisch-Praktische Quartalschrift. 2e trimestre, Sautec : le Chant dans la liturgie des fêtes.

—La Vérité. 18 févr., A. Coquart : Ambroise Thomas.

LIVRES DIVERS

Cte de Franqueville. *Le premier siècle de l'Institut de
France, 25 octobre 1795-25 octobre 1895. Tome 1er. Histoire. Organisation. Personnel. Notices biographiques et
bibliographiques sur les académiciens titulaires.* Paris,
J. Rothschild, 1895, in-8, figures et planches dans le
texte.

Dans les notices, on retrouve les noms de Méhul, p. 87 ; Gossec,
p. 107 ; Grétry, p. 125 ; Monsigny, p. 172 ; Cherubini, p. 176 ;
Lesueur, p. 178 ; Berton, p. 179 ; Catel, p. 193 ; Boieldieu, p. 194 ;
Auber, p. 218 ; Paër, p. 225 ; Reicha, p. 243 ; Halévy, p. 247 ;
Carafa, p. 252 ; Spontini, p. 260 ; Onslow, p. 260 ; Adam, p. 276 ;
Ambroise Thomas, p. 290 ; Reber, p. 295 ; Clapisson, p. 299 ;
Berlioz, p. 308 ; Gounod, p. 350 ; Bazin, 359 ; David, p. 347 ;
Massé, p. 355 ; Reyer, p. 372 ; Massenet, p. 379 ; Saint-Saëns,
p. 386 ; Delibes, p. 400 ; Guiraud, p. 421 ; Paladilhe, p. 426 ;
Théodore Dubois, p. 434.

John Grand-Carteret. *Les almanachs français publiés à
Paris, 1600-1895.* Paris, Alisié, 1896, grand in-8, figures et 5 planches, 50 francs.

Ce beau volume renferme plus de cinquante almanachs de musique, chansonniers, ménestrels, etc., douze cents titres de chansons, publiées dans des almanachs et annuaires divers.

La vita italiana nel cinquecento. Histoire, littérature,
arts. Milan et Trèves.

Dans la troisième partie, qui traite des arts, M. G.-A. Biaggi a
présenté le tableau de la musique du xvie siècle ; il l'a fait avec
science et bon goût, déclarant que la messe du Pape Marcel était
la pierre angulaire de l'art italien.

Pagan Ireland an archœological sketch, a handbook of
Irish prechristian antiquities, by W. G. Wood-Martin,
M. R. I. A. London, Longmans. In-8°, 18 fr. 75.

Le savant recueil archéologique de M. Wood-Martin contient, sur
les instruments de musique, sur l'ancienne civilisation irlandaise,
des documents utiles au musicien et au folkloriste et d'autant plus
précieux qu'ils sont accompagnés de gravures.

Bibliothèque Nationale. Catalogue d'une collection musicale et d'ouvrages divers légués par M. O. Thierry-Poux,
conservateur du Département des Imprimés à la Bibliothèque Nationale. [Paris], 1896, in-8, 60 pages.

Cette collection contient surtout des ouvrages du xixe siècle,
dont quelques-uns rares : des manuscrits autographes de Berlioz
pour le *Chant des chemins de fer*, pour l'opéra des *Francs
Juges*, de la *Nonne sanglante* (1). Parmi les autres il faut signaler : une traduction en allemand par Fr. W. Marpurg des éléments
de musique de d'Alembert. Leipzig, Breitkopf, 1757, in-4°. Arteaga :
La Rivoluzioni del teatro musicale italiano. Venezia, 1785, 3 vol.
in-8. [Abbé Barthélemy] : Entretien sur l'état de la musique grecque... Amsterdam, et Paris, de Bure, 1777, in-8. De Chabanon :
De la musique... Paris, Pissot, 1785, in-8. Cte de Lacépède : la
poétique de la musique... 30 nov. 1784. Paris, imp. de Monsieur,
1785, 2 vol. in-8. Lacombe : Dictionnaire portatif des Beaux-
Arts... Nouvelle édit., Paris, Hérissant, 1753, in-8. [Abbé Langier] :
Apologie de la musique françoise contre M. Rousseau. s. l., 1754,
in-8. Lettres sur la musique françoise en réponse à celle de Jean-
Jacques Rousseau. Genève, 1754, in-8. Mémoires pour servir à
l'histoire de la musique par M. le chevalier Gluck [publié par
l'abbé Le Blond]. Paris, Bailly, 1781, in-8. De Meude-Monpas :
Dictionnaire de musique. Paris, Knapen, 1787, in-8. Ivan Pratch :
Recueil de chants populaires russes. 1re partie, s. l., 1790, in-8.
J.-J. Rousseau : Le devin du village. Genève, Gosse, 1760, in-8.—
Dictionnaire de musique. Paris, Duchesne, 1768, in-4°. — Genève,
1781, in-4°. — Lettre sur la musique françoise, s. l., 1753, in-8°.
— Suremain-Missery : Théorie acousticomusicale... Paris, Firmin-
Didot, 1793, in-8. [Louis Travenol] : La Galerie de l'Académie
royale de musique... s. l., 1754, in-8. Weber : L'Invitation à la
valse, instrumentée à grand orchestre par Berlioz, manuscrit autographe de Berlioz, in-fol.

---

(1) Voy. *Guide musical*, 1896, n° 4, 5.

CATALOGUE

LE CATALOGUE de ce numéro-spécimen est plutôt destiné à marquer la place qu'occupera cette rubrique dans le *Journal musical*. Il n'a été dressé qu'avec les publications que nous avions sous la main.

Nous engageons vivement MM. les Editeurs, notamment ceux qui sont hors Paris, à nous adresser sans délai un spécimen de leurs très récentes publications, afin que ce catalogue soit à jour dès la seconde apparition très proche du *Journal musical*.

A qui nous blâmerait d'y mentionner les compositions d'un ordre très inférieur, nous répondrons que nous faisons dans le CATALOGUE une statistique, pas autre chose. Nous regrettons tous les premiers que ces compositions tiennent une trop grande place et nous souhaitons que, grâce à une évolution dans le goût du public, nos lecteurs voient bientôt la balance pencher de l'autre côté.

Nota. — **Les compositions qui ne portent à « l'adresse » que le nom de l'éditeur, sont de Paris. Les publications, marquées d'un astérisque. sont mentionnées au** *BULLETIN CRITIQUE.*

LITTÉRATURE MUSICALE :

Alheim (Pierre d'). Moussorgski. L'artiste. La vie. Le peuple russe : Dits et chants populaires. Campagnes russes : Les Saisons. Les berceuses. Fête villageoise. L'amour au village. Le Roman d'Akoulina. La chambre d'enfants. L'enfant russe. La « Niania ». Les contes d'enfants. Le rire dans la musique. Le rire russe. Le pamphlet musical. Les drames. Boris Godounov. Khofantchine. Chants hébraïques. Le cantique des cantiques. Sans Soleil' Le Spleen. La danse macabre. Les Chants de la misère. Les rapsodes. Les danses chantées, avec figures. Index chronologique des œuvres de Moussorgski. Paris, Editions du « Mercure de France », 1896. in-18 jésus, figures et une planche (portrait en héliogravure). 3 fr. 50.

Ambler (Georges), vicaire des Lilas. Honneur au chant grégorien ! Paris, imp. Fontaine, in-8, 32 pages.

Annuaire du cercle de la critique dramatique et musicale pour 1896. Paris, imp. Balitout, in-18, 24 pages.

Baccini (Gius.). Nel mondo della musica : l'antica cappella dei musici di S. Giovanni. Rocca S. Casciano, tip. Capelli, 1896. in-16, 24 pages.

Berlioz (H.). La Damnation de Faust, légende dramatique en 4 parties, paroles et musique d'Hector Berlioz. [Livret, dont quelques morceaux sont empruntés à la traduction française du *Faust* de Goethe, par Gérard de Nerval, une partie des scènes 1, 4, 6, 7 est de M. Gandounière; tout le reste des paroles est de Berlioz]. Paris, Richault et Cie, 1896, in-18, 1 franc.

Bertrand (Maxime), docteur en droit, avocat à la Cour d'Appel. Du droit de représentation en France des œuvres dramatiques et musicales françaises. Paris, Girard et Brière, 1896, in-8, 196 pages.

* Desrat. Dictionnaire de la danse. Préface de Ch. Nuitter. Paris, Libr. et Imp. réunies, 1896, un vol. in-12 cart. 5 fr. 50.

Dutilliet (Henri). Petit catéchisme liturgique. 4e édit., augmentée d'un catéchisme du chant ecclésiastique par A. Vigourel, directeur du chant et maître des cérémonies au Séminaire de Saint-Sulpice. Préface de J.-K. Huysmans. Paris, Bricon, 1896, in-18, xx-221 pages.

Gandrey (A.). Projet nouveau d'organisation d'un nouveau théâtre de musique. Paris, Dupont. 1896. in-8, 27 pages.

Gounod (Charles). Mémoires d'un artiste. Paris, Calman Lévy, 1896, in-18, 3 fr. 50.

* Haberl (Fr.-X). Kirchenmusikalisches Jahrbuch. Regensburg, Pustet, 1896, in-8.

Habets (A.). Borodin and Liszt. — I. Life and works of a Russian composer. II. Liszt as sketched in the letters of Borodin, translated by Rosa Newmarch. London. Digby, 1896, in-8, figg., 6 fr. 25.

Jacquot (A.). Les Médard, luthiers lorrains. Paris, Fischbacher, 1896, in-8, figures et 24 planches, 5 francs.

Jehan de l'Avre. Notice sur Aubéry du Boulley, compositeur de musique. Verneuil, imp. Gentil, 1896, in-8, vi-52 pages.

Lavignac (Albert), professeur d'harmonie au Conservatoire de Paris. La musique et les musiciens. — I. Etude physique du son. II. Instruments et instrumentation. III. Notions d'harmonie, de contrepoint et de composition musicale. IV. Histoire de la musique. — 2e édit. revue et corrigée, Paris, Delagrave, 1876. in-12. 94 figures, 510 exemples de musique, 5 francs.

Madella (L.). La musica sacra nella chiese li campagna. Crema, Luigi Meleri, 1896. in-16.

Mantovani (T.). Orlando di Lasso. Milano, Ricordi, 1896, in-16, 1 franc.

Panzacchi (Em.) Nel mondo della musica, impressioni e ricordi. Firenze, G.-C. Sansoni, 1896, in-16, 273 pages. 3 fr. 50.

Patron (Albert). On demande un théâtre lyrique. Grenoble, imp. Baratier, 1896, in-8. 45 pages.

Pierre (Constant), commis principal au Conservatoire National de musique. L'Ecole de chant de l'Opéra, 1672-

1807, d'après des documents inédits. Paris, Tresse et Stock, 1896, in-8, 30 pages, 2 francs.

Riemann (Hugo). Dictionnaire de musique, traduit d'après la 4e édit., revu et augmenté par Georges Humbert, professeur d'histoire de la musique au Conservatoire de Genève. Paris, Perrin, en cours de publication, la livraison mensuelle, 1 fr. 25.

Roggero (Eg.). Vecchie storie musicali. Milano, F. Guindani, 1896, in-16, 2 francs.

Salvioli (Gior. e Car.). Bibliografia universale del teatro drammatico italiano, con particolare riguardo alla storia della musica italiana. Vol. I. Venezia, Carlo Ferrari, 1896, in-8.

Thouret (Dr G.). Katalog der Musiksammlung auf der Konigl Hansbibliotek in Schloss zu Berlin. Leipzig, Breitkopf und Hartel, in-8, 10 francs.

TRAITÉS, MÉTHODES :

Bertenschaw (T.-H.). Harmony and Counterpoint with exercises. London, Longmans, Green and Co, 1896, in-8.

Dannhauser (A.). Abrégé de la théorie de la musique, à l'usage des écoles normales, des maisons d'éducation secondaire et des écoles primaires. Paris, Lemoine, 1896, in-8, net 50 cent.

Gounod (Charles). Préludes et fugues pour l'étude préparatoire du clavecin bien tempéré de Jean-Sébastien Bach. Paris, Choudens, 1896, in-4, net 5 francs.

Papin (A.). Méthode pratique de musique vocale à l'usage des orphéons et des écoles. 2e partie. Paris, Hachette, 1896, in-8, 1 franc.

Parès (G.). Méthode de trombone à coulisse. Paris, Lemoine, 1896, in-4, net 1 fr. 50.

Philipp (I.). Méthode élémentaire et pratique de piano. Paris, Durand, 1896, grand format, net 5 francs.

Romette (abbé Jules). Le guide de l'harmoniste. Harmonie raisonnée et pratique, précédée des notions élémentaires de l'art musical. Cours complet en 65 leçons, suivies de questionnaire, d'exercices ou partimenti avec leurs corrigés, d'analyses ou d'exemples surtout ce qui se rapporte à l'étude de l'harmonie et de l'accompagnement. — 1re partie : Harmonie consonnante, avec réalisation et corrigé des exercices, données complémentaires, exemples et modèles. — Le Barroux, chez l'auteur [1896], in-8, 186 pages, 4 francs.

Schwartz (E.). Exercices de lecture musicale à l'usage des instrumentistes. Paris, Rouhier, 1896, in-8, net 4 francs.

Solfège, contenant la théorie musicale, suivie d'exercices récréatifs avec paroles, 5e édition, St-Étienne, 22, rue St-Désirée, 1896, in-8.

PARTITIONS & TRANSCRIPTIONS :

Auber. Fra-Diavolo.

Duo p. flûte et violon, par Hoffmann et Muller. Benoit, 7 fr. 50.

Audran (E.). L'Oncle Célestin, opéra bouffe.

Fantaisie p. musique militaire, par E. Feautrier. Margueritat.

—. L'Enlèvement de la Toledad, opérette.

Valse p. orchestre, par E. Tavan. Margueritat.

Boïeldieu. — La Dame Blanche.

Transcription facile p. piano et flûte, par Bull et Gariboldi. Benoit, 6 fr. — Fantaisie p. orchestre, par Tavan. Margueritat, net 3 fr.

Bouval (J.). Laïs, où le Scandale du Louvre, ballet mimé en 1 acte, de L. Roger-Miles et C. Akar.

Partition p. piano. Enoch, net 5 fr.

Bruneau (Alfred). L'Attaque du Moulin.

Fantaisie p. musique militaire, par O. Coquelet. Margueritat, 3 fr.

Delibes (Léo). Coppélia, ballet.

Valse des Heures, pour deux pianos, par Lack. Heugel, 7 fr. 50.

Dubois (Théodore). Xavière, idylle dramatique.

Danses cévenoles p. piano à 4 m., par Anschütz. Heugel, 9 fr. — Entr'acte-Rigaudon p. piano, par —. — ; p. piano à 4 m., par —. —, 5 fr.; p. violoncelle et piano, par Delsart. —, 5 fr.; p. violon et piano, par Herman. —, 5 fr.; p. flûte et piano, par —. —, 5 fr.

Franck (César). Hulda, opéra.

Fantaisie p. musique militaire, par C. Meister. Margueritat, 5 fr.

Godard (Benjamin). La Vivandière, opéra-comique.

Fantaisie p. musique militaire, par O. Coquelet. Margueritat.

Guiraud et Saint-Saëns. Frédégonde, drame lyrique en 5 actes, poème de Louis Gallet.

Partition chant et piano réduite, par A. Bachelet. Dupont, net 20 fr. — Transcriptions avec accompagnement de piano : No 1, Stances de Fortunatus, 4 fr.; no 2, Pantomime, 3 fr.; no 4, Air de Merowig, 4 fr.; no 6, Arioso de Prétextat, 3 fr.

Hue (G.). La Belle au Bois dormant, féerie dramatique de H. Bataille et R. d'Humières.

Réduction p. piano à 4 m., par H. Frène. Leduc, 6 fr.

Massenet (Jules). Le Cid.

Aragonaise p. deux pianos, par T. Lack. Heugel, 6 fr.

Meyerbeer. L'Étoile du Nord, opéra.

Fantaisie p. orchestre, par P. Genin. Margueritat, net 4 fr.

—. Le Pardon de Ploërmel, opéra-comique.

Fantaisie p. orchestre, par P. Genin. Margueritat, net 4 fr.

Missa (E.) Le Dernier des Marigny, à-propos-revue en 4 actes. Par. de MM. Carré et Colias.

Transcriptions, Dupont Gavotte p. piano, 4 fr.; Couplets de la Savoyarde, accompagnement de piano, 3 fr., petit format, 1 fr., sans accompagnement, net 50 cent.; Chanson d'Ernestine, sans accompagnement, net 50 cent.; Couplets de l'Américaine, net 50 cent.; Sérénade d'un Passant, net 50 cent., accompagnement de piano, 3 fr., petit format, 1 fr., sans accompagnement, net 50 cent.; Rondo de l'Or, accompagnement de piano, 3 fr., petit format, 1 fr.; Récit du Juré, accompagnement de piano, 3 fr., petit format, 1 fr.

Mozart. Les Noces de Figaro.

L'Ouverture arr. p. musique militaire, par E. Mullot. Margueritat, 3 fr.

Pessard (Emile). Capitaine Fracasse, opéra-comique en 3 actes.

Menuet des Petits Violons, pour piano et mandoline concertants, par J. Cottin. Leduc, 5 fr.

Pierné (G.). Nuit de Noël. 1870, épisode lyrique, poème d'E. Morand.

Réduction avec accompagnement de piano. Grus.

Planquette (Robert). Rip-Rip, opéra comique.

Fantaisie pour saxophone alto mi-bémol, accompagnement de piano, par A. Moussard. Margueritat, 7 fr. 50.

Pollonnais (A.). Mirka l'Enchanteresse, pantomime en 2 actes.

Mélodie, poésie de G. Boyer, avec accompagnement de piano. Dupont, 4 fr.

Reyer (E.). La Statue.

Souvenir de —, p. piano, par A. Wormser. Choudens, 6 fr.

—. Sigurd.

Pas guerrier, p. deux pianos, par Lack. Heugel, 9 fr.

Saint-Saëns. Samson et Dalila.

Deux suites faciles p. piano à 4 m., par L. Roques. Durand, chaque suite, 9 fr.

Serpette (G.). Le Carnet du Diable, pièce fantastique en 3 actes et 8 tableaux, d'E. Blum et P. Ferrier.

Partition chant et piano. Choudens, net 12 fr.

—. Le Capitole, opéra comique en 3 actes, de P. Ferrier et C. Clairville.

Partition chant et piano. Choudens, net 12 fr. — Polka transcrite pour piano, par Deransart. —. 5 fr.

Thomas (Ambroise). La Tempête, ballet.

Pas des Bijoux, p. piano, par Lack. Heugel, 3 fr., p. deux pianos. —, 6 fr.

Varney (L.). Miss Robinson.

La Valse des Ramiers, pour orchestre, par C. Hubans. Margueritat.

Verdi. La Traviata.

Transcription p. flûte et violon, par Hoffmann et Muller. Benoît, 7 fr. 50; p. piano et flûte, par Bull et Gariboldi, 6 fr.

—. Il Trovatore.

Transcription facile p. piano et flûte, par Bull et Gariboldi. Benoît, 6 fr. — Fantaisie p. orchestre, par Tavan. Margueritat, net 3 fr.

ORCHESTRE :

Lenepveu (C.). Hymne funèbre et triomphal. Partition pour chœur et orchestre. Poésie de Victor Hugo. Lemoine.

Perilhou (A.). Deuxième fantaisie pour piano et orchestre et orgue *ad libit.* Grande partition d'orchestre. Heugel, net 20 fr.

Schumann (R.). Deux pièces en forme de canon, nos 3, 4, orchestrées par Théodore Dubois. Partition d'orchestre. Heugel, net 10 fr.

Auer (V.). Marche mauresque. Pinatel.

Bernard (L.). Fleurs d'automne, polka-maz. Saint-Benin-d'Azy, l'Auteur.

Buridant (L.). Le Progrès, valse. L'Auteur, 18, rue du Faubourg-Saint-Denis.

Cairanne (M.). L'Étoile du Berger, schottisch. Cairanne.

Gabriel-Marie. Mésange, maz. Margueritat.

Gauvin (A.). Cracovie, maz. Joubert.

Klein (J.). Marquise et Divette, grande valse. Margueritat.

Martin-Ewart. Patrouille tunisienne. Marseille, F. Martin.

Rutteau (F.). En Tandem. L'Auteur, 8, rue du Jura.

Trefz (V.). Alicapa, polka. Nancy, l'Auteur, 8, rue Sainte-Anne.

ORCHESTRE MILITAIRE :

(NOTA. — Voy., en outre, les transcriptions, page 12.)

Billaut (L.). Parisiana, marche. Margueritat, 1 fr. 25.

Bléger. La Croix de Malte, fantaisie. —, 3 fr.

Bouillon (P.). Souvenir d'Ostende, air varié. —, 3 fr.

Dailly, Madagascar. —, 1 fr. 25.

Gastine (L.). La De Fénelon, fanfare p. trompettes de cavalerie. Provins, H. Haye.

Gattermann (P.). Fantaisie sur des Noëls provençaux. Tilliard.

Gentil (V.). Marsa, maz. Ondet, 1 fr. 50.

Schrammel (J.). Les Gardes-Nobles, marche; partie de conducteur. Salabert.

MUSIQUE DE CHAMBRE

ET MORCEAUX POUR DIVERS INSTRUMENTS :

Gounod (Charles). Troisième quatuor en *la* mineur p. 2 violons, alto et violoncelle. Choudens. 5 fr.

La Tombelle (F. de). Trio en *la* mineur p. piano, violon et violoncelle. Veuve Richault. Net 10 fr.

Barbou (E.). Caprice, polka p. clarinette, accompagnement de piano. Béziers, J. Robert, 9 fr.

Costet (A.). Légende égyptienne, fantaisie symphonique p. violon, accompagnement de piano. G. Voiry.

Geloso (C.). Ungaria, deux suites dans le style hongrois p. violon et piano. Heugel, 1re s., 9 fr.; 2e s., 7 fr. 50.

Mac-Master (G.). Béatitude, p. harmonium. Mustel, 3 fr.

—. Elégie. —, 3 fr.

—. Noce villageoise. —, 5 fr.

Mendiry (E. de). Margarita, maz.-bluette p. mandoline et piano. Costallat, 6 fr.

Pecollo (L.). Capricieux Sourires, pour deux mandolines et piano, 2e mandoline ad libit. Lemoine, 7 fr. 50.

Prioré (G.). Marquisette, gavotte p. violon, accompagnement de piano. L'Auteur, 25, rue d'Enghien, 5 fr.

Ruff (F.). Lamentation, élégie p. violon et piano. Courieux, 5 fr.

Salmon (F.). Caprice, p violoncelle et piano. Baudoux, 2 fr. 50.

Van Goens (D.). Tarentelle en la mineur p. violoncelle accompagnement de piano. Baudoux, 9 fr.

Vierne (L.). Le Soir, p. alto et piano. Leduc, 5 fr.

Vivier (A.). Gavotte-Trianon, p. piano. Schœnærs, 6 fr.

PIANO :

Baume (J.). Novelette. Noël, 7 fr. 50.

Boïsson (E.). L'Essor, valse. Pelletier-Vignon, 6 francs.

Billaut (E.). Étoile du bal, valse. Limoges, F. Lagueny, net 2 francs.

Boellmann (L.). Improvisations ; dix pièces brèves. Durand, net 2 fr. 50.

Briand (R.). Retour du bonheur, valse originale. Cognac, l'auteur, 5 francs.

Cadiou. Les Havraises, suite de valses, Chatot, 6 francs.

Cavallo (P.). Près la fontaine du loup, 9e étude de salon. Paris-piano.

Chalias (J.). Les échos de l'âme, nocturne. Danvers, 5 francs.

Delafosse (L.). Douze valses-préludes. Heugel, net 5 francs.

Devere (S.). The whistling coon, song. New-York, W.-A. Pond and Cº.

Dreyfus (G.). Germaine, valse. Veuve Fatout et Girard, 6 francs.

Fahrbach (P.). Brise du cœur, valse. Heugel, 6 francs.

Gautier (L.). La Berrichonne, polka-maz. Bourges, l'auteur, 4, rue de Dun, 4 francs.

Gillot (E.). Beau masque, scherzo. Enoch, 5 francs.

Gless (A.). Presque rien, fantaisie-gavotte. Iochem, 5 francs.

Gounod (C.). Gavotte. Choudens, 7 fr. 50.

Graffau (H.). Premiers frissons, scottisch. Marseille, D. Graffau.

Hugot (A.). Belles pécheresses, mazurka. H. Thauvin.

Joret (P.). Première valse. Durand, 5 francs.

Luzzatto (F.). Cinq morceaux pour piano : 1. prélude ; 2. élégie ; 3. minetto ; 4. sérénade ; 5. gavotte. Baudoux, net 4 francs.

Malherbe (E.). Caprice. Durand, 6 francs.

Marmontel (A.). Air de ballet. Durand, 6 francs.

Pessard (E.). Valse burlesque. Lemoine, 9 francs.

Pigneret-Moutié (L.). Pas de quatre. Versailles, Vernède, 5 francs.

Raux (J.). Sérénade printanière, pizzicato. L'Auteur, 3 francs.

Thurner (A.). Cinquième mazurka romantique. Honnuyer.

Vasseur (J.). Gavotte-Condé. Leduc, 4 francs.

Weillor (E.). Cœur d'ange, grande valse. Lefebvre.

Wroblewski (E.). Danse Louis XV. L'Auteur, 5, rue des Moines, 6 francs.

MUSIQUE RELIGIEUSE :

Dumont (H.). Cinq messes en plain-chant, harmonisées à quatre voix, par A. Guilmant : I. Messe dite du 1er ton ; II. — du 2e ton ; III. — du 4e ton ; IV. — du 5e ton ; V. — du 6e ton. Durand, chaque messe net 1 fr. 50.

Dumont (H.). Messe, 1er mode, double de 1re classe : No 1. Plain-chant harmonisé à 4 voix (soprano, ténor, baryton et basse), par Capard. Bayeux, imp. O. Payan, 0 fr. 75. — 6e mode, — no 2, — 0 fr. 75.

Frappier (A.). Recueil de faux-bourdons à 4 voix mixtes, d'après les formules des maîtres du xvie siècle. Paris, la Schola Sanctorum, 2, rue François-Miron.

Gigout (E.), organiste de Saint-Augustin. Album grégorien pour orgue ou harmonium : I. Cent quinze pièces dans les 1er, 2e, 3e et 4e modes du plain-chant. II. — dans les 5e, 6e, 7e, 8e modes. — Paris, Leduc, 1896, chaque volume net 5 francs.

Pagny. Faux-bourdons Toulouse, Delor-Chabon.

* Stehle (J.-G.-E.). Missa Solemnis, über motive der zweiten choral melodie des « Salve Regina ». Op. 67. Regensburg, Pustet, 1896, partition in-fol., 3 francs.

Witt (Fr.-X.). Organum comitans ad ordinarium missæ quod ut partem gradualis romani curavit Sacrorum Rituum Congregatio transposuit et harmonice ornavit Fr. X. Witt. Op. 23. Editio sexta redacta et aucta a J. Quadflieg. Regen-burg, Pustet, 1896, in-fol., 3 fr. 50.

Baille (G.) Missa sanctæ Céciliæ p. 4 voix d'hommes. La Nouvelle France chorale, net 50 cent

Bruneau (A.). Requiem p. soli et chœurs. Partition réduite p. piano et chant, par l'auteur. Dupont, net 10 fr.

Lazergues (H.). Ave Maria, acct d'orgue. Roberge, 3 fr.

Aubel (H. d'). Nuit de Noël. Cantique, solo et chœur ad libit. Par. d'E. Monod, acct d'orgue ou piano. Société des Écoles du Dimanche, 33, rue des Saints-Pères.

David (J.). Musique religieuse ancienne et moderne en usage dans les temples consistoriaux israélites de Paris. Office du Sabbat et de toutes les fêtes, cérémonies nuptiales et services divers, récitations avec accᵗ d'orgue. Durlacher, net 25 fr

---

CHŒURS :

Herdt (L. d'). Au Désert, pour 4 voix d'hommes. Par. d'E. Mas. Margueritat, net 2 fr.

Paliard. Le Réveil de la Ferme, p. 4 voix d'hommes, poésie de J. Berger. —.

Ritz (J.). A la Nature, à 4 voix d'hommes. Par. d'A. Simon. —.

Sourilas (T.). La Chanson du Moulin, p. 4 voix d'hommes. Par. de P. Bru. —, net 2 fr.

FOLK-LORE :

* Eymieu (Henry). Dix vieilles chansons françaises [du Dauphiné]. Paris, Godfroy, 1896, in-fol., 27 pp., titre orné, net 5 fr.

Gourmont (R. de). La Poésie populaire. Paris, Bureaux du Mercure de France, 1896, in-4°, figg. et un air noté, 2 fr.

La Villemarqué (Vᵗᵉ H. de). Barzas-Breiz. Chants populaires de Bretagne, recueillis, traduits et annotés. 9ᵉ édit., Paris, Perrin, 1896, in-18, musique notée.

MÉLODIES & LIEDER :

Antonin-Louis. Le Réveil du rossignol, rondo-valse. Poésie de S. A. I. le grand-duc Constantin Constantinovitch, trad. par Halpérine Kaminsky. Poésie française de A. Gassier. Durand, 4 francs.

Bardin. Sérénade d'été. Poésie d'E. Loisel, accᵗ de piano. Gounin-Ghidone.

Boisdeffre (R. de). Le Chant du pâtre. Poésie d'Armand Silvestre, accᵗ de piano : Nᵒ 1 en sol pour ténor ou soprano (ton original) ; Nᵒ 2 en la pour baryton ou mezzo-soprano. Enoch, chaque Nᵒ, 5 francs.

Bouwens van der Boijen (Otto). Au bord de la mer. Op. 11. Poésie de Théophile Gautier. Mélodie pour soprano-ténor, accᵗ de piano. Quinzard, 5 francs.

Bulot (P). Chanson galante. Poésie de P. Corneille, accᵗ de piano. Amiens, Jeunet, 3 francs.

Cabarrus (A. Tallien de). Invocation au Soleil, prière hindoue extraite des Védas, trad. de L. Jacolliot, accᵗ de piano. Tellier, 5 francs.

Carbonnelle (L.). Rêve des souvenirs. Paroles de F. Fouilloux, accᵗ de piano. Labbé, 3 francs.

Fargues (F.). Aimer. Poésie de Mᵐᵉ Marie Durel-Vidal, accᵗ de piano. Chabot, 3 francs.

Hahn (Reynaldo). Séraphine. Poésie de H. Heine, accᵗ de piano. Heugel, 4 francs.

Holmès (A.). Contes divins : Nᵒ 6. Les Moutons des anges pour contralto ou baryton, accᵗ de piano. Durand.

Jouan (M.). Feuille d'album. Poésie d'E. Diet, accᵗ de piano. L'Auteur, 4 francs.

Lajarrige (J.-B.). Le Langage des fleurs. Bluette pour mezzo-soprano ou baryton. Paroles d'A. Cros, accᵗ de piano. Gregh, 3 francs.

Lenormant (René). Dialogue, pour mezzo-soprano ou baryton, accᵗ de piano. Hamelle, 3 francs.

— Encore un peu de temps. Poésie d'Amiel, accᵗ de piano. — 3 francs.

— Pour elle, pour mezzo-soprano ou baryton, accᵗ de piano. — 3 francs.

Millet (H.). Près du ruisseau. Tours, l'Auteur, net 1 franc.

Place (S.). Reine des fleurs. Paroles de Gibert, accᵗ de piano. Lyon, Maroky fils.

Rossignol (A.). Sérénade d'été. Paroles de Guédy, accᵗ de guitare. L'Auteur, 87, rue de Rome.

Chatau (H.). Jeunes Mamans, par. de Dalleroy, accompagnement de piano. Oudet, 3 fr.

* Chizat (Emile). Chants de la Maison, 2ᵉ édit. Paris, édit. Robert, Hugues Robert et Cⁱᵉ, 12, rue de l'Abbaye, 1896, gr. in-8, 157 p., figg., titre orné, net 7 fr.

CHANSONNETTES :

Bruant (Aristide). Chansons et Monologues. Paris, Geoffroy, en cours de publication, in-8, figg., chaque livraison. 10 cent.

Rénier (H.), Serrurerie, accompagnement de piano. Abot, 3 fr.

Spencer (E.). Le Beau Financier. Par. de Belloche. Poivilliers.

Zévaco (A.). La Gaîté folle. Par. de Robleu et Yody, accompagnement de piano. 66, rue du Château-d'Eau.

Le Propriétaire-Gérant :

BAUDOUIN-LA LONDRE

LE MÉNESTREL

Journal de musique hebdomadaire

Henri HEUGEL, Directeur

Paris, 2, rue Vivienne.

LE GUIDE MUSICAL

REVUE INTERNATIONALE HEBDOMADAIRE

DIRECTEUR
MAURICE KUFFERATH
BRUXELLES

RÉDACTEUR EN CHEF
HUGUES IMBERT
PARIS

42ᵉ ANNÉE

ABONNEMENTS : Bruxelles, 2, rue du Congrès ; Paris, librairie Fischbacher, 33, rue de Seine
France et Belgique, 12 fr. ; Union postale, 14 fr. ; Pays d'Outre-Mer, 18 fr.
Le numéro : 40 centimes.

ANNUAIRE DES ARTISTES

DE

L'ENSEIGNEMENT DRAMATIQUE & MUSICAL

ET DES

SOCIÉTÉS ORPHÉONIQUES

DE FRANCE ET DE L'ÉTRANGER

Dixième année.

DIRECTEUR-FONDATEUR

ÉMILE RISSACHER

Direction et administration, 167, rue Montmartre (Téléphone).

LE MONDE MUSICAL

Organe de la Facture instrumentale et des Expositions

DIRECTEUR-FONDATEUR

E. MANGEOT, Facteur de pianos

Paris, 3, rue du 29-Juillet

BOURGES, IMPRIMERIE M. H. SIRE.

LE JOURNAL MUSICAL

Bulletin international critique

DE LA

BIBLIOGRAPHIE MUSICALE

N° 2. — Juin 1896.

Pour toutes les communications (abonnements, publicité, etc.), s'adresser à

M. le Directeur du JOURNAL MUSICAL
Paris, 11, rue Saint-Joseph

ABONNEMENTS	ANNONCES
France, par an .... 6 fr.	Annonces diverses : 1/2 page... 15 fr.
Pays de l'Union postale .... 7 fr.	— 1/4 — ... 25 fr.
— d'Outre-Mer .... 8 fr.	Informations. offres et demandes, etc. :
Le numéro mensuel...... 50 centimes	La ligne ... . 2 fr.

EN VENTE : à la librairie Fischbacher, 33, rue de Seine. à Paris ;
Chez les éditeurs de musique et les principaux libraires de la France et des autres pays.

SOMMAIRE

INFORMATIONS.
OFFRES ET DEMANDES de livres, partitions rares ou d'occasion.
— d'emplois.

Chronique.
BULLETIN CRITIQUE : Auditions.
— : Publications : I. *Dictionar de muzica*, de Titus Cerne ; *Mémoires* de Gounod ; *Histoire de la Musique allemande*, d'Albert Soubies ; *Hellé*, d'Alphonse Duvernoy ; *Le Chevalier d'Harmental*, d'André Messager.
— — : II. *Cinq Messes* de Dumont harmonisées par Alexandre Guilmant ; *Missa solemnis in honorem S. Georgii*, de Zoller ; le *Vereins-Katalog*.

L'EXPOSITION INTERNATIONALE DU THÉÂTRE & DE LA MUSIQUE.
RÉPERTOIRE BIBLIOGRAPHIQUE : Sommaires et extraits des périodiques de musique de tous pays.
— : Sommaires et extraits des périodiques et livres divers.
CATALOGUE des livres, méthodes. partitions. morceaux, etc., récemment parus.

CARNET

Paris. — Académie nationale de musique : Rentrée de M. Van Dyck : débuts de Mlle Kutscherra.

Rouen. — Exposition nationale : Festivals et grands concerts. sous la direction de M. Brument.

INFORMATIONS

Arras. — De grandes fêtes se préparent pour célébrer la mémoire du musicien-poète du XIIIᵉ siècle, Adam de La Halle, l'auteur de *Li Gieus de Robin et de Marion*, dont les Œuvres complètes (poésie et musique) ont été publiées par E. de Coussemaker. Paris, Durand et Pédone-Lauriel, 1872, gr. in-8.

Bourges. — Les statuts et règlements de la *Fédération musicale de France* sont publiés dans une brochure qui est adressée franco à qui en fera la demande, en joignant à sa lettre affranchie cinquante centimes en timbres-poste à M. le Secrétaire-Général de la *Fédération musicale de France*, 2, place Clamecy, à Bourges (Cher). La Fédération sera représentée dans chaque localité importante par un représentant : elle prie les personnes dévouées à la cause orphéonique de vouloir bien lui désigner des candidats pour occuper ce poste ; elle examinera sans retard les propositions. Quant aux Sociétés, dont le zèle des représentants provoquera vite l'adhésion, elles vont former des groupes départementaux, assistés de Comités, dont les Présidents, à leur tour, feront partie de droit du Comité central de Bourges.

Bruxelles. — Le 28 avril, on a fêté au Conservatoire le vingt-cinquième anniversaire de la nomination du savant Directeur, M. Gevaert.

Charleville. — Le 28 juin, Concours de musique.

Chartres. — Le 5 juillet, Concours de musique.

Francfort. — Le 20 mai, est morte la grande artiste Clara Schumann, veuve de l'illustre Maître de Zwickau.

La Haye. — W. F. G. Nicolaï, directeur de l'École royale de musique, rédacteur en chef de la *Cecilia*, auteur de « lieder » qui l'ont rendu ici populaire, de l'oratorio *Bonifacius*, etc., est mort.

Monte-Carlo. — Rappelons que c'est à Monte-Carlo qu'eut lieu la première représentation de *Ghiselle*, opéra posthume de César Franck.

Moulins. — Le 10 août, grand Concours de musique.

Paris. — La nomination de M. Théodore Dubois, de l'Institut, à la direction du Conservatoire national de Musique et de Déclamation, a été bien accueillie. L'intégrité aimable, la modestie bienveillante de l'homme, la valeur du musicien (à qui nous devons les *Sept paroles du Christ*, *Aben-Hamet*, la *Farandole*, la *Guzla de l'Émir*, *Xavière*), la solide technique du professeur d'harmonie, tout le désignait au choix du ministre.

— M. Fauré est nommé organiste de la Madeleine, en remplacement de M. Théodore Dubois.

— A l'Institut, le prix Chartier est décerné à M. F. de la Tombelle ; le prix Monbinne à M. Paul Vidal, auteur de *Guernica* ; le prix partagé Kastner à M. Rolland, auteur de l'*Histoire de l'Opéra avant Lulli et Scarlatti* ; M. Lenepveu est élu membre de l'Académie des Beaux-Arts, en remplacement d'Ambroise Thomas.

— La partition de la *Fille de Jephté*, célèbre oratorio de Carissimi, exécuté avec un grand succès par les chanteurs de Saint-Gervais, est publiée chez Novello, éditeur à Londres.

— Le 9 juin, est mort M. Dannhauser, auteur de nombreux ouvrages d'enseignement musical.

— La première représentation d'*Hellé* (voy. BULLETIN CRITIQUE), opéra en 4 actes, de M. Alphonse Duvernoy, a eu lieu le 24 avril, à l'Académie nationale de Musique.

— Celle du *Chevalier d'Harmental (ibid.)*, opéra comique de M. André Messager, a eu lieu le 5 mai, à l'Opéra-Comique.

— La deuxième édition (la première ayant été épuisée dès son apparition) de l'*Annuaire des Artistes* (1896, 11ᵉ année) vient de paraître. Cet annuaire, dont le succès grandit chaque année, contient, pour cette édition, une quantité de documents nouveaux, outre la liste complète de tous les artistes dramatiques et lyriques, auteurs, compositeurs, professeurs de chant et de tous instruments, organistes, maîtres de chapelle, etc., les conservatoires, les écoles de musique, les sociétés musicales, fanfares, etc., les éditeurs, marchands et fabricants d'instruments de musique, etc., en France et à l'Étranger. L'*Annuaire des Artistes* comporte, de plus, la nomenclature de toutes les premières, avec les distributions de rôles, les biographies, avec de beaux portraits gravés d'auteurs, de chanteurs et de comédiens, etc. ; les événements artistiques marquants de l'année, la nécrologie, les distinctions honorifiques, les concerts mondains, les abonnés des théâtres, de l'Opéra, etc. Les soins particuliers donnés à cette édition, contenant plus de 900 pages et 200 gravures hors texte reproduisant les succès de l'année, les plans de théâtres et les portraits, en font un livre d'une utilité incontestable, qui a sa place marquée dans la bibliothèque de tous ceux qui s'intéressent au théâtre et à la musique. L'*Annuaire des Artistes*, richement relié, est en vente au prix de 7 fr. chez Risacher, rue Montmartre, 167, et tous les principaux libraires.

Reims. — Les 22-25 juillet, se tiendra ici un congrès de chant et de musique d'église qui doit être, dit la *Tribune de Saint-Gervais* « le développement logique de celui de Rodez » et d'où seront écartées « toutes les discussions stériles se rapportant à la théorie pure, les questions simplement didactiques et surtout celles qui pourraient être taxées d'ingérence dans le domaine de l'autorité ecclésiastique ».

Vienne. — La décoration « pour les arts et les sciences » vient d'être conférée à Johannes Brahms, le maître symphoniste.

OFFRES ET DEMANDES

LIVRES :

— G. Rebuffat, rue de la Servie, 25, à Nîmes, demande tous ouvrages, almanachs de musique et théâtre.

— A. Donnamette, rue des Saints-Pères, 30, à Paris, demande : Gevaert : Traité d'instrumentation.

— Gustave Fock, libraire à Leipzig, demande les chansons françaises du XVe siècle, par Gaston Paris et Gevaert.

EMPLOIS :

On demande une place d'organiste à Paris ou dans la banlieue. S'adresser à M. le Directeur du *Journal musical*.

Dès sa première apparition, le *Journal musical* a trouvé un accueil que je n'osais espérer.

Il a eu la double consécration qu'il lui fallait dans le *Guide musical* et le *Bulletin du Bibliophile*. Les notes de ces deux grands confrères ont d'autant plus d'importance qu'elles furent spontanées. Spontanées aussi la bienvenue du *Progrès artistique*, du *Monde musical* de Paris, de la *Riforma* de Rome, du journal *Le Monde*.

L'élan était donné plus tôt que je ne devais m'y attendre, ayant fait le service à la presse, sans joindre de notice à insérer. Parmi ceux de la deuxième heure, je citerai pour leur amabilité le *Phare de la Loire*, l'*Indépendant de l'Oise*, le *Vexin*, l'*Indépendant du Cher*.

Enfin je vois sur la liste des abonnés de hautes personnalités dans le monde des compositeurs, artistes, professeurs, éditeurs : leur adhésion m'encourage fort.

A tous mes plus sincères remerciements.

BAUDOUIN-LA LONDRE.

Pendant les semaines qui viennent de s'écouler, avec les roses de la saison nouvelle, a refleuri, sur les instruments anciens, que des peintres au Salon ont essayé de reproduire, la musique du temps passé.

A Paris, les maîtres en l'art d'animer les instruments chers à nos pères, maîtres vraiment MM. Diémer, Van Waefelghem, Delsart, Grillet, ont satisfait les archéologues et les musiciens. Les programmes, que je relis, une curiosité bibliographique, me rappellent à la fois la virtuosité merveilleuse de ces artistes, l'authenticité et la perfection de leurs instruments : clavecin, viole d'amour, viole de gambe et vielle.

A Bruxelles, une séance de musique rétrospective fut donnée, dont le programme, inséré dans le n° 22 du *Guide musical*, n'offre pas moins d'intérêt : airs antiques sur des instruments reconstitués, après de longues recherches, par M. Victor Mahillon, conservateur du Musée du Conservatoire : un *aulos* double, une *cithare*, et surtout une *buccina*, trompette de guerre.

Est-ce sur ce modèle que s'est basé M. Lionel Roger, qui expose au Salon : *Germanicus devant le désastre de Varus*, un magnifique tableau, fort admiré ? Dans une autre bonne toile, le *Meurtre de Rizzio*, par M. Sibert, d'Anvers, le cahier de musique du célèbre luthiste ne porte pas la tablature spéciale. Voici, aux 277 et 589, deux vielles et leurs sonneurs, réussis par MM. Boulicaut et Décote, un bric-à-brac d'instruments fidèlement reproduits au 1572 par M. Peslin. Je passe devant les portraits de M. Colonne, de Mlle Héglon, un *Tannhauser au Venusberg*, et une jolie scène, où deux jeunes filles chantent *Nuit tombante* de Rollinat, et je termine par une toile impressionnante, *Souvenirs*, par M. Tardieu.

Quelle est la mélodie qui voile de larmes les regards de cette femme ? Cependant que

> « .... For within her
> Olden memories rose and loud in the midst of music
> .... an irrepressible sadness
> Came o'ver her heart. »
>
> (Longfellow).

« Au-dedans d'elle les vieux souvenirs se levèrent et dans le milieu de la musique une irrépressible tristesse remplit son cœur. »

BULLETIN CRITIQUE

AUDITIONS :

Bruxelles. — Aux matinées d'orchestre et de quatuor données par M. Eugène Ysaye : la symphonie en *ré* de Brahms, les *Eolides* de César Franck, la *Rapsodie norwégienne* de Lalo, l'Octuor de Svendsen, le Quatuor en *ré* de Schubert, la Chaconne de Bach pour violon seul, l'audition intégrale de *Christus*, symphonie mystique (nᵒ 7), en cinq parties d'Adolphe Samuel (Voy. l'analyse thématique dans le *Guide musical*, 1896, nᵒˢ 12 et 13), le Quatuor en *ré* de César Franck, dont la partition n'est pas encore éditée.

Paris. — Aux mémorables séances du grand violoniste : les Sonates en *la* majeur de César Franck, en *ré* mineur de Schumann, op. 78 de Brahms, op. 13 de Grieg, avec le concours de M. Raoul Pugno.

— Au grand concert donné à l'École Braille (voy. *Journal musical*, nᵒ 1, p. 2) : des œuvres de M. Théodore Dubois, exécutées sous sa direction ou accompagnées par lui-même : la belle cantate *Délivrance* (les élèves), les *Myrtilles* (Mᵐᵉ Roger-Miclos), l'air d'*Haben-Hamet* (M. Claeys, de l'Opéra-Comique), l'*Hymne nuptial* (le violoniste Joseph White) ; en outre, quelques-unes des pièces les plus réussies du harpiste M. Hasselmans, par l'auteur.

— A la salle Érard : le Concerto en *la* mineur de Schumann, par Mlle Clotilde Kleeberg et l'orchestre Lamoureux.

— Aux Concerts de la Société des Instruments anciens : Sonate pour hautbois d'amour et clavecin de Haendel (1710) par MM. Gillet et Diémer ; nombreux fragments des *Boréades*, tragédie lyrique posthume et inédite de Rameau, transcrits pour clavecin, viole d'amour, viole de gambe et vielle, exécutés par MM. Diémer, Van Waefelghem, Delsart et Grillet.

— Aux concerts donnés par M. Sarasate à la salle Érard : le Quintette « de la Truite » de Schubert, le grand Septuor de Beethoven.

— Au Festival-Concert donné à la salle Pleyel, pour célébrer le cinquantenaire musical de Saint-Saëns, — le premier concert du maître français ayant eu lieu le 2 juin 1846 — : sa 2ᵉ Sonate pour piano et violon (op. 102) par M. Sarasate et l'auteur ; surtout le 4ᵉ Concerto en *si* bémol de Mozart, par M. Saint-Saëns et une phalange d'élite dirigée par le premier chef d'orchestre français, M. Taffanel, qui venait de rappeler au public ravi, dans la Romance pour flûte et orchestre de Saint-Saëns, qu'il est aussi le grand flûtiste de notre époque.

PUBLICATIONS :

(NOTA. — Tous droits de reproduction et de traduction réservés.)

Titus CERNE. — *Dictionar de muzica.*

Iasi, Stabilimentul Grafic « Miron Costin », 1896, in-8, figures et exemples de musique dans le texte. En cours de publication, le fascicule, 70 bani.

Les trois premiers fascicules que nous venons de recevoir de cet autre dictionnaire de musique vont jusqu'au mot « Bacalaureat in muzica » (page 96). Réservant notre appréciation générale pour le jour où cette publication sera terminée, nous prenons d'avance pour garants de sa valeur les articles « Acompaniament », « Acord », « Alfabet », « Altera », « Arabo-Persani », « Armonice », dont les définitions, suivies d'exemples, sont claires autant que substantielles. L'auteur est M. Titus Cerne, le distingué directeur de la revue musicale de Roumanie *Arta*.

Charles Gounod. — *Mémoires d'un Artiste.*
Paris, Calmann-Lévy, éditeurs, ancienne Maison Michel
Lévy frères, 3, rue Auber, 3 [Chaix impr.], 1896, gr.
in-18, 2 ff. lim., 361 pp., la dernière non chiffrée.

Ce livre comprend sept parties : 1° Mémoires d'un
Artiste : Avertissement, l'Enfance, l'Italie, l'Allemagne, le
Retour ; 2° Lettres à Lefuel, Pigny, A ses enfants, A la
Princesse Mathilde, 1840-1891 ; 3° De l'Artiste dans la
Société moderne ; 4° L'Académie de France à Rome ;
5° La Nature et l'Art ; 6° Préface à la Correspondance
d'Hector Berlioz ; 7° M. Camille Saint-Saëns : Henri VIII.
De ces sept parties, la première peut satisfaire la curiosité
du public, qui y voit Gounod au collège, entendant, aux
jours de sortie, l'*Otello*, de Rossini, le *Don Juan*, de
Mozart ; ses débuts au Conservatoire ; ses péripéties avant
de parvenir à l'obtention du prix de Rome ; sa première
Messe ; sa vie en Italie, en Allemagne ; enfin, au retour,
les représentations de *Sapho*, du *Médecin malgré lui*,
et de *Faust*, 19 mars 1859. Les connaisseurs y trouvent
peu leur compte : son jugement sur Palestrina n'apprendra
rien aux musiciens ; sa description de Rome et de Naples
ne soulèvera pas l'admiration des lettrés ; ses essais de
métaphysique paraîtront médiocres aux intellectuels. La
plupart des lettres furent écrites en Angleterre, pendant
la guerre de 1870-71. Gounod composait alors sa patriotique *Gallia*. La troisième partie renferme des réflexions
judicieuses sur la vie, le travail du musicien d'aujourd'hui.
Dans la quatrième et la cinquième partie, si les pensées
ne sont pas originales, elles ont l'avantage de poser une
question intéressante sur le génie et le talent, l'art et la
science. Quant aux deux autres, elles sont des réimpressions.

Gounod nous apprend qu'Ingres, après avoir vu ses
essais en dessin, l'engageait à concourir pour le prix de
Rome en peinture ; il se contenta du prix de Rome pour
la musique, et je doute qu'on l'ait jamais exhorté à se
hasarder dans la carrière littéraire.

Quoi qu'il en soit, j'ai lu ce volume avec intérêt ; il
n'est pas désagréable d'entendre parler un homme célèbre.
Les Mémoires de ce musicien ont le mérite d'expliquer
son tempérament hybride, sans que l'auteur ait analysé
avec complaisance ses œuvres mêmes ; enfin, je le répète,
il fait penser. C'est beaucoup.

Bibliothèque de l'Enseignement des Beaux-Arts publiée
sous la direction de M. Jules Comte. — *Histoire de la
musique allemande*, par Albert Soubies. Paris,
ancienne Maison Quantin, Librairies-Imprimeries réunies, May et Motteroz, directeurs, 7, rue Saint-Benoît
[1896], in-8, 296 pages y compris un frontispic. composé par Marius Michel, 100 figures et planches dans
le texte (portraits et fac-similés d'autographes, de compositeurs, d'artistes, de luthiers, etc.).

Le 51° volume de cette belle collection qui comprend
déjà « l'Histoire de la musique » et « Musique française »,
d'Henri Lavoix, est en même temps le principal ouvrage
d'histoire musicale du mois. La division est simple :
Livre I. la Musique en Allemagne avant Bach : les Origines et le Moyen-Age ; la Renaissance ; le XVII° siècle ;
Livre II. De Bach à Beethoven : L'église ; le concert ; le
théâtre ; Livre III. Le XIX° siècle ; l'évolution intellectuelle
et la musique ; tradition et transition ; Richard Wagner et
l'art allemand contemporain. Conclusion.

M. Albert Soubies, l'auteur de l'*Almanach des spectacles*, est le premier qui, en France, aura présenté dans
son ensemble l'histoire de la musique allemande. C'était
tâche ardue que de condenser, dans un volume in-8 de 300
pages, des phases historiques qui, chacune, ont été l'objet
de nombreuses et fortes études, sans paraître les résumer,
ni les reproduire. M. Soubies aura fait, dans son court
tableau, œuvre utile et agréable : utile, parce que beaucoup
de nos pseudo-connaisseurs ignoreraient sans lui cette
évolution tardive, mais ensuite rapide, prodigieuse de
l'Art musical en Allemagne ; agréable, parce que des anecdotes bien choisies et des réflexions personnelles coupent
souvent les longues énumérations.

Il a glissé vite sur les « Minnesinger », a fait plus belle
part aux « Maîtres-Chanteurs » ; la Renaissance, la Réforme,
ces époques si curieuses, offrent une lecture attrayante.
Voici le grand Bach « désintéressé, cultivant l'art avec
une sorte de piété et d'humilité sacerdotale », dont le nom
revient souvent et à juste titre dans cette histoire. Je sais
gré à M. Soubies d'avoir, après avoir jugé le Maître de
la polyphonie avec une admiration respectueuse, touché,
plus loin (page 261), du doigt un point qui devrait être
le thème d'une étude particulière : « on aurait sans doute
fort embarrassé le vieux Bach en le priant de donner la
formule de son esthétique ». Quelle conclusion fournirait
à celui qui tenterait ce travail le parallèle des compositeurs théoriciens avec ceux qui..... ne le furent pas.
Tournant les pages, et citant rapidement les lignes que
j'ai annotées à une première lecture, je lis ces mots « la
modulation, cette partie de l'art où se révèlent si forte-
ment le don naturel et l'intime essence du musicien... »,
auxquels on peut ajouter : la modulation qui cache trop
souvent l'absence de conception d'une ligne étendue, et,
sous prétexte de raviver la phrase, la tue. M. Soubies a
établi ingénieusement une catégorie « des Allemands ita-
lianisés ». Puis c'est Haydn, Mozart, Gluck, Beethoven,
Weber, Schumann ; d'intéressantes notes sur la fortune du
« lied » et, par suite, sur la musique expressive ; un jugement discret sur Wagner. A la fin des chapitres, on
trouve des renseignements précieux touchant les luthiers et
les principaux artistes.

Écrit dans une langue claire, cet ouvrage contient à
chaque page des illustrations curieuses : ici d'anciens
instruments ; là des fac-similés de livres et d'autographes, des portraits : les plus réussis sont ceux de
Mozart, Hummel, Spohr, Schumann et Clara Schumann,
Johannes Brahms.

Je regrette de ne pas trouver à la fin une bibliographie
des ouvrages à consulter sur le sujet.

Cela ne m'empêchera pas, pour conclure, d'être de
l'avis que M. Soubies exprime à sa dernière page, à savoir
que, dans l'incertitude où nous sommes de ce que produira

la prépondérance germanique sur l'Art musical de toutes les nations, il était important de « bien concevoir l'ordre et la succession du développement » de la musique allemande. C'est en cela que l'ouvrage de M. Albert Soubies avait, en France, son opportunité.

————

Hellé, opéra en quatre actes. Paroles de Camille Du Locle et Charles Nuitter, musique d'Alphonse DUVERNOY. Partition piano et chant réduite par l'auteur. Paris, Enoch et Cⁱᵉ, éditeurs, 27, boulevard des Italiens ; London, Enoch & Sons, 14 & 14ᵃ, Great Marlborough Street W.; New-York, Boosey & Cⁱᵉ. Copyrith MDCCCXCVI by Enoch & Cⁱᵉ. [Dupré impr.; Baudon gr.), in-4°, 401 pages, couverture illustrée, 20 francs.

Qu'importe le sujet de cette composition ? Elle n'est qu'un prétexte à mélodies, duos, chœurs ; par exemple, au premier acte : « Goûtez à ce vin... », « Vous à qui le flot obéit », « Voici le soir » ; au troisième : « Présent de *la terre féconde* », « Que ne puis-je éveiller ta tendresse ? », « Ah ! je vous ai toujours aimée », « Quel trouble je sens naître », « Amour, qui soumets les plus braves », etc.

Ces morceaux ne sont ni moins ni plus mauvais que d'autres ; ils sont et seront répétés dans les salons bourgeois où il est d'usage de mettre en évidence la partition de l'opéra nouveau. Il faut reconnaître, d'ailleurs, un certain intérêt à : « Voici le soir », facilement venu, comme aux lignes mélodiques des duos du troisième acte, sauf : « Ah ! je vous ai toujours aimée », si facilement venu que cela est banal.

Le connaisseur peut trouver certaines choses à retenir dans l'écriture des parties orchestrales glissées après coup sous ces airs, ou les reliant, surtout au quatuor du premier acte, dans le n° 2 du ballet du second et au dernier tableau.

Cette œuvre ne déshonore pas la brillante carrière artistique de M. Alphonse Duvernoy ; elle ne retire rien à sa réputation de musicien qui sait aussi correctement qu'adroitement écrire ; et, si elle ne révèle pas, comme chez d'autres, le souci de faire du nouveau, en dépit de tout, elle démontre qu'on peut trouver encore des fleurs au bord des sentiers battus.

————

Le Chevalier d'Harmental, opéra comique en cinq actes. Livret de M. Paul Ferrier, d'après Alexandre Dumas et Auguste Maquet. Musique d'André MESSAGER. Partition chant et piano [Paris], Copyrith by Choudens, 1896, [Dupré impr.]. gr. in-8, 333 pages, 20 fr.

Il ne s'agit pas de chercher au hasard des airs et des ensembles dans cette partition; il y en a pourtant : l'air de la Reine de la nuit, l'air de Buvat, les couplets bachiques de Roquefinette, le trio du 3ᵉ acte, le duo du 4ᵉ, etc. Suivez avant tout la trame orchestrale; c'est là que le compositeur a porté sinon ses efforts, du moins son atten-

tion : c'est en cela qu'il a le mieux réussi. On le prévoyait. Notez les préludes et interludes, où les habiles combinaisons paraissent faire tort au chant, par exemple à la fin du 3ᵉ acte. Non, on n'accorde au chant que ce qu'il mérite : c'est joli, gracieux, mais cela ne récèle pas grande originalité : l'originalité est dans cette élégance, cette distinction du travail symphonique. N'empêche qu'à une première audition, ou à une première lecture — la lecture de la partition est fort agréable, — on ne démêle pas si c'est le chant ou ce qui le souligne -- qui fait impression.

L'auteur de la *Basoche*, d'*Isoline*, etc., demeure le compositeur fécond, le musicien expert de qui on attend mieux.

—

II

Cinq messes en plain-chant musical, par
Henry DUMONT.

I. Messe dite du 1ᵉʳ ton ; II. — Du 2ᵉ ton ; III. — Du 4ᵉ ton ; IV. — Du 5ᵉ ton ; V. — Du 6ᵉ ton. Harmonisées à quatre voix, par Alexandre GUILMANT. Paris, A. Durand et fils, éditeurs, 4, place de la Madeleine ; Leipzig, Otto Junne ; Bruxelles, Schott frères, 82, Montagne de la Cour ; Londres, Schott & Cⁱᵉ, 159, Regent Street ; New-York, Edward Schubert & Cⁱᵉ, et chez l'auteur, 62, rue de Clichy, Paris. Copyrith by Al. Guilmant [Delanchy impr.; Bodet gr.], [1896], in-8, 60 pages.

Depuis la 4ᵉ édition (1701) des messes de Du Mont, chez Ballard (1), on ne connaît aucune reproduction exacte des messes royales du célèbre maître de chapelle de Louis XIV. Aujourd'hui, une douzaine d'éditions de chant romain contiennent des messes de Du Mont; pas une seule n'est conforme à l'original, et toutes diffèrent entre elles par quelque détail. Chaque éditeur y a mis sa petite correction. L'esprit faussement puriste de J. d'Ortigue a supprimé les modulations modernes précisées par les notes sensibles et le *fa* dièse ; le *Liber Gradualis* a détruit le rythme musical, bien indiqué dans les éditions de Ballard et du P. Souhaitty (*Nouveaux Éléments de Chant*, 1677), pour y substituer la fantaisie dite traditionnelle du rythme oratoire. Les Bénédictins aiment assez ce genre d'exercice ; on pourrait citer certaine messe de plain-chant, composée au XVIIIᵉ siècle en l'honneur d'un célèbre saint d'un ordre religieux, qui a dû aussi subir la torture du rythme oratoire. Mais, respectueux du texte et du rythme du compositeur gallican, qui avait, du reste, écrit une œuvre intéressante, les religieux de l'Ordre, nonobstant leur admiration réelle pour la science qu'abrite Solesmes, jugèrent cruellement « l'oratoire » mutilation et la reléguèrent aux vieux papiers. Dans quelques siècles, nos arrière-neveux le découvriront peut-être et compléteront un manuscrit neumatique de plus.

M. Guilmant, loin de tomber dans ce travers, a reproduit fidèlement, scrupuleusement, le texte de Du Mont ; on

(1) M. Audan, maître de chapelle de Saint-François-de-Sales, possède, nous dit-on, un exemplaire très rare de ces messes.

ne saurait trop l'en féliciter : savant, il a reproduit les textes avec exactitude ; artiste, il y a ajouté un accompagnement qui convient bien aux mélodies religieuses du grand siècle. Que, désormais, on exécute donc ces messes comme les a voulues et comprises son auteur. Si elles ne répondent pas à notre idéal, ne les chantons plus, mais, du moins, ne greffons pas sur leurs défauts et leurs imperfections, ou notre fausse science, ou notre mauvais goût.

*
* *

Missa solemnis in honorem St. Georgii für vierstimmigen maennerchor mit obligater orgelbegleitung komponiert von Georg ZOLLER. Regensburg, New-York und Cincinnati, verlag von Friedrich Pustet, 1895, in-4, conv. et 27 pages. La partition, 1 fr. 80 ; les voix séparées, 15 centimes.

Les chœurs à quatre parties, pour voix d'hommes, offrent de réelles difficultés d'écriture et peu de ressources d'invention. M. Zoller a montré sa technique en cherchant d'autres difficultés.

Sa messe est composée pour quatre voix d'hommes, en *mi* bémol uniformément, dans ses diverses parties et sur un motif principal unique. Or, elle n'est point, comme on pourrait le croire, d'une monotonie fatigante : quelques modulations passagères habilement ménagées caractérisent fort à-propos le sens des paroles liturgiques : « Et incarnatus est », « Crucifixus », « Et iterum venturus est », etc.

Les voix, parfaitement traitées, chantent facilement, forment un tout solide et homogène avec un accompagnement écrit de main de maître ; l'écriture possède une grande et belle régularité, le style, la gravité religieuse requise.

Ceux qui, dans les conditions que nous avons précisées plus haut, réussissent à faire une « œuvre de conséquence », méritent de grands éloges ; M. Zoller est du nombre.

*
* *

Vereins-Katalog... (Catalogue des Sociétés de sainte Cécile des pays suisses, allemands, autrichiens-hongrois.) Regensburg, New-York et Cincinnati, Druck und verlag von Friedrich Pustet, 1896, in-8, 90 pf.

Un nouveau fascicule de cet important catalogue de musique sacrée, comprenant les numéros 1871 à 1907 vient de paraître. On sait que seules y figurent les compositions d'une valeur musicale reconnue. Les organistes, les maîtres de chapelle trouvent là un guide sûr pour le choix des œuvres dues à divers compositeurs ou publiées dans diverses maisons d'éditions.

Nous y voyons mentionnés :

Hanisch : *Organum ad Ordinarium Missæ* ;

Witt : — ;

Hanisch et Haberl : *Organum ad Graduale romanum,* revisum et praeludiis ornatum per J. Quadflieg. 13 mk ;

Schildknecht : *Organum ad Gradualia* ;

Hanisch : *Organum ad Vesperale romanum.*

Par ces divers travaux, le chant officiel de la S. C. des Rites se trouve enrichi d'un accompagnement régulier et correct, propre à faire comprendre et admirer la version de chant liturgique choisie par l'autorité. Les préludes de J. Quadflieg peuvent être considérés comme des modèles

.

Kraus (K.). *Psalmodia respertina,* continens selectas antiquiorum auctorum harmonias, quibus Psalmorum versus accommodavit. Falsibordoni quattuor vocum. Fasc. I—VIII. 26 fr. 10.

XXX Falsibordoni ad 4, 5 et 6 voces super octo tonos Cantici « Magnificat » compositi ab auctoribus incerti sœculi XVI.

Ces deux ouvrages offrent un recueil complet de 146 faux-bourdons, des XVIe et XVIIe siècles, d'un style clair et très mélodique. Puissent-ils remplacer les insipides harmonisations modernes, plaquées sur la psalmodie romaine. Les oreilles seraient satisfaites et on verrait la fin des exercices d'équilibre vocal sur les cordes aiguës pour les malheureux soprani.

Pour la psalmodie qui alterne avec ces faux-bourdons, on utilisera avec fruit les

Psaumes des Vêpres entièrement notés, d'après l'édition officielle de la S. C. des Rites, par l'abbé A. Hanse, 2 fr. 50.

Si nous nous sommes bornés à la mention de ces quelques œuvres, c'est que nous avons voulu préciser notre ligne de conduite dans la question des livres liturgiques. D'un mot, une seule édition nous paraît avoir pour elle l'avenir, c'est l'édition officielle, laquelle a instauré à son frontispice le nom de Palestrina.

CANTERINO.

Memento. — Sous cette rubrique, nous signalerons les ouvrages reçus au dernier moment et qui nous ont paru devoir être l'objet d'une analyse ultérieure :

Sonnets païens d'Armand Silvestre. Musique de Gustave Doret. Henne, éditeur à Genève.

Le 5e fascicule du tome I de l'*Histoire de la Langue et de la Littérature française* : chapitre V. Les Chansons. Armand Colin, éditeur.

EXPOSITION INTERNATIONALE

DU

THÉATRE & DE LA MUSIQUE

Au mois de juillet prochain, va s'ouvrir à Paris cette intéressante Exposition.

Le résultat merveilleux qu'obtinrent en 1892, à Vienne, les organisateurs de la *Internationale Ausstellung für Musik und Theaterwesen*, sous la présidence de Mme la Princesse de Metternich, dont l'imagination se manifesta si féconde, le goût si sûr, avait depuis lors tenté les Pallivicini, les Auspitzer, les de Bourgoing de Paris.

Seuls les projets de MM. L. Abaye, directeur, O. Lartigue, secrétaire général, Lucien Layus, commissaire général, sont entrés dans la voie d'exécution.

A Vienne, c'était un enchantement qui me retint plus d'un jour. L'Exposition était installée au « Prater ». Dans un vaste espace, au milieu des massifs de gazons et de fleurs, à l'ombre de grands et gros arbres, on trouvait, à l'entrée, la salle de théâtre ; plus loin, à droite et à gauche de l'allée qui menait à la Rotonde, divers pavillons : « Halle der Gibichungen », la « Musikhalle », « Marionetten Theater », « Alt-Wien » (reconstitution bien curieuse d'un vieux quartier de Vienne), où se donnaient les représentations de « Hanswurst », un « Panorama », un magasin de musique, un kiosque pour les concerts de musique militaire, voisin du grand « Restaurant und Bierhalle » Kührer et du Restaurant français Noël et Pattard, etc., etc. Dans la Rotonde, l'exposition des instruments de musique, des décors, costumes de théâtre, avec une considérable partie rétrospective qui menait le visiteur, du fameux papyrus de l'archiduc Renier aux partitions autographes de Wagner, des sistres antiques à la harpe de Marie-Antoinette.

A Paris, l'Exposition occupera la nef du Palais de l'Industrie aux Champs-Elysées. Au centre, se trouvera l'estrade pour les grands orchestres ; de là une allée centrale aboutira à droite, par une rue du Moyen-Age, au Parvis de Notre-Dame, sur lequel auront lieu les représentations des Mystères et des Soties, sans compter « Hanswurst », qui sera ici Tabarin ; à gauche, par une voie antique, l'allée centrale conduira au Théâtre gréco-romain, derrière lequel des jardins avec bars seront installés ; çà et là diverses attractions : une loge d'actrice, un panorama, etc.; au premier étage une salle de spectacle, une section rétrospective, organisée par M. Yveling Ram Baud, les sections étrangères, l'architecture, la section des instruments de musique, organisée par M. Mangeot, directeur du *Monde musical*, etc.

La direction et le secrétariat général quitteront, le 1er juillet, les bureaux du n° 54 de la rue de la Victoire pour s'installer au Palais de l'Industrie (porte 4). Les travaux préparatoires étant achevés, le Palais va être vite transformé. Ce que j'ai lu dans une brochure de 48 pages in-8, avec planches dans le texte et un tableau plié, que m'a remise l'auteur, M. O. Lartigue, et aussi ce que j'ai déjà vu, m'engage à croire que le public fera un succès à l'*Exposition internationale du Théâtre et de la Musique*.

(A suivre.)

On trouvera, à cette place, dans un autre numéro, l'ICONOGRAPHIE MUSICALE.—N'y a-t-il pas des compositions artistiques qui méritent d'être citées dans les annales de ce journal documentaire de la musique ? N'y a-t-il pas des amateurs qui recherchent spécialement les estampes concernant l'Art musical ? Les affiches illustrées elles-mêmes ont aujourd'hui, dans leur perfection, une grande valeur. Naguère, on admira l'affiche de la *Navarraise* ; aujourd'hui celle d'*Hellé* orne les magasins de l'éditeur Enoch... Ouvrons donc nos colonnes aux artistes (peintres, dessinaleurs, etc.), aux éditeurs et imprimeurs spéciaux. En servant leurs intérêts propres, nous irons sûrement aussi au-devant des désirs des collectionneurs.

——✳——

RÉPERTOIRE BIBLIOGRAPHIQUE

——

PERIODIQUES :

— *L'Ami du Chanteur*. Hebdomadaire. Directeur : Henry Hazart. Paris, B. Geffroy, éditeur, 222, boulevard Saint-Germain [Noizette impr.], gr. in-8, 8 pages de texte et musique. Abonnements : France 6 fr., Étranger 8 fr., le n° 10 cent.

1896. N° 28. Texte : Histoire de la chanson moderne. Musique : A travers champs, mél. de F. Badin; Aussitôt que la lumière, mél. de Adam Billaut, dit Maître Adam.

— *Arta. Revista muzicala*. Mensuel. Directeur : Titus Cerne. Iasi (Roumanie), 1, str. Coroi.

— *Cæcilia*. Journal de musique religieuse. Organe des sociétés de Sainte-Cécile. Tri-semestriel. Directeur : J. Gurtler. Delle (Haut-Rhin) et Boncourt (Suisse), 12 pages in-12 de texte, 4 pages in-8 de musique.

— *Courrier de Saint-Grégoire*. Mensuel. Directeur : Abbé A. Dirven. Liège, P. Basqué, éditeur, 16, rue Bois-l'Évêque, in-4, 8 pages de texte et 4 pages de musique.

1896. N°s 4, 5. Texte : Lettre sur le chant ecclésiastique par Mgr l'évêque de Belley ; J.-L. de Brunoval : Le Plain-Chant devant la Science et le Roman (suite). Musique : Litaniæ Lauretanæ, de J. Stollewerk.

— *Le Cri-Cri*. Bibliothèque de la chanson française. Bi-mensuel. Directeur-Fondateur : René Godfroy, éditeur. Paris, 21, rue Denfert-Rochereau, in-8, 4 pages, dont deux de musique et une illustrée. Abonnements : France 2 fr., Union postale 3 fr., le n° 10 cent.

[1896] (10° année). N° 258. Chanson de Magali, harmonisée par Eymien. N° 259. La Princesse et l'herboriste, de G. Charton. N° 260. Plaisir d'amour, de Martini. N° 261. Cycle amor, de Fischer. N° 262. Les amours de Carmen, de Chatau.

— *L'Echo musical*. Revue paraissant tous les quinze jours. Musiques militaires, harmonies, fanfares, sociétés chorales et symphoniques, concours, festivals, chroniques artistiques. Bruxelles, Mahillon et Cie, 23, chaussée d'Anvers, in-8, couverture et 16 pages. Abonnements : 4 fr., Étranger 5 fr., le n° 15 cent.

1896 (26° année). N° 9. Dr Herm. Eichhorn : une nouvelle découverte acoustique (traduction française d'un article de la « Zeitschrift für Instrumentenbau » du

21 mars 1896). N° 10. Question de pédagogie musicale : les gammes. N° 11. Une nouvelle découverte artistique (à propos de l'étude du Dr Eichhorn).

— *L'Echo des Orphéons*. Journal des Sociétés chorales et instrumentales. Tri-mensuel. Directeur : Victor Lory. Paris, 12, rue Cadet [Chaix impr.], in-folio, 4 pages. Abonnements : 10 fr., le n° 40 cent.

1896 (36° année). N° 10. Concours d'Ivry-Centre : liste des prix; Concours de la Ferté-sous-Jouarre, de Saint-Denis (à suivre : appréciations du jury. N° 11. Concours de Saint-Denis (à suivre), appréciations du jury.

— *L'Europe artiste*. Journal théâtral, littéraire et artistique. Hebdomadaire. Directeur : M. Pascal-Estienne. Paris, 123, rue Montmartre, gr. in-4, 16 pages, un portrait. Abonnements : France 40 fr., Étranger 50 fr., le n° 50 cent.

1896 (44° année). N° 19. G. Durant : Adam de la Halle.

— *Gazette musicale de la Suisse romande*. Bi-mensuel. Genève. Rédacteur en chef : Georges Humbert. Directeur-propriétaire : Ad. Henn, éditeur. Genève, 14, rue de la Corraterie, gr. in-8, 16 pages, un portrait. Abonnements : Suisse 4 fr., Étranger 5 fr., le n° 25 cent.

— *Le Guide musical*. Revue internationale hebdomadaire. Directeur : Maurice Kufferath à Bruxelles. Rédacteur en chef : Hugues Imbert, à Paris. Bruxelles, 2, rue du Congrès. Paris, Librairie Fischbacher, 33, rue de Seine, gr. in-8, 16 pages. Abonnements : France et Belgique 12 fr., Union postale 14 fr., Pays d'Outre-Mer 18 fr., le n° 40 cent.

1896 (42° année). N° 18. Georges Servières : Ghiselle, opéra posthume de César Franck. N°s 19 et 20. Fierens-Gevaert : Bach et Haendel. N° 21. Kufferath : Clara Schumann; Mangeot : Trois joueurs d'orchestre (Levi, Mottl, Richter); de Curzon : Croquis d'artistes : Madame Galli-Marié. N°s 22-24. Imbert : Alexis de Castillon; Kufferath : une akroama au Conservatoire Royal de Bruxelles.

— *La Lyre chrétienne*. Revue tri-semestrielle des nouveautés musicales et dramatiques à l'usage de la jeunesse (Paroisses, Patronages, Cercles, Institutions, Écoles et Familles chrétiennes). Directeur : Chagnon-Auclert. Versailles, 7, rue St-Simon [Lacre impr. à Versailles], in-8, 8 pages de texte et un morceau de musique. Abonnements : 4 fr.; avec la musique 2 fr.

1896 (5° année). N° 15. Musique : L'Angélus des petits oiseaux, mélodie de J. Saint-Lass.

— *Melody*. A musical magazine. Mensuel. Directeur : C. Arthur Pearson. London, Henrietta str. [Horace Cox impr.], gr. in-4, couverture illustrée, 6 pages de texte, 18 pages de musique, avec vignettes. Le numéro net, 6 d.

1896. N° 3. Texte : Joseph Bennett : A new Requiem by Charles Gounod. Musique : Pray for me, mélodie de Ch. Gounod [copyr. by Chondens] ; The Rose of Killarney, mélodie de C. Villiers Stanford [copyr. by Metzler] ; The Shades of evening, mélodie de Frederic Clay ; Yellow jasmine, de Cowen, transc. pour violon et piano par B. Tours ; Lullaby, duo de Tito Mattei ; Swing song, p. piano, de Ch. Fontaine ; Ay de mi, my bird, d'Arthur Sullivan ; Ask me once more, de Milton Wellings ; A cœur joie, polka p. piano de E. Fischer ; Spring flowers, valse p. piano, de E. Dumaine ; Marche des marionnettes, p. mandolines et guitare, de V. Nicholson ; Polish dance, maz. de C. Dare.

— Le Ménestrel. Musique et Théâtres. Hebdomadaire. Directeur : Henri Heugel, éditeur. Paris, 2 bis, rue Vivienne, gr. in-4, 8 pages de texte et un supplément de musique. Abonnements : texte seul 10 fr. ; texte et musique 20 fr. et 30 fr.

1896 (62e année). Nos 17-18, 20-23. Arthur Pougin : La première Salle Favart et l'Opéra-Comique, 1801-1838. Nos 18-23. Camille Le Senne : La Musique et le Théâtre aux Salons du Champ-de-Mars et des Champs-Elysées. Nos 20-22. Paul d'Estrée : Musique et Prison (suite) : Prisonniers politiques. No 23. Julien Tiersot : Musique antique : Une Nouvelle Communication de M. Th. Reinach, avec la traduction du fragment de musique en notation moderne.

— Le Monde musical. Organe de la facture instrumentale et des expositions. Bi-mensuel. Directeur-Fondateur : E. Mangeot, facteur de pianos. Paris, 3, rue du Vingt-neuf-Juillet [L. Carpentier impr., Montdidier], gr in-4o, 20 pages ; un portrait. Abonnements : France, 12 francs ; Etranger, 14 fr. 50, le numéro, 50 centimes.
1896 (8e année). No 2. Albert Peschard : Nouveaux Perfectionnements au système Electro-Pneumatique des Grandes Orgues (suite), avec figure explicative ; un portrait de Mme Preinsler da Silva, pianiste.

— The Monthly musical record. Mensuel. Directeur : Augener, éditeur. London, 199, Regent-Street [Cassell & Co impr.], in-8o carré, 20 pages de texte, 4 pages de musique. Abonnements : 2 s. 6 d. Le numéro, 2 d.
1896. Vol. XXVI. No 306. Texte : Ebenezer Prout : J. S. Bach's handwriting (suite) ; Reinecke : Recollections of Franz Liszt (traduit par E. Standlield). Musique : Pauer : Traditional hebrew melodies (Addir Hu, Matnath Yad, Hallel).

— Musica sacra. Monatschrift für Hebung und Forderung der kathol. Kirchenmusik. Bi-mensuel. Fondateur : Dr. Franz Xaver Witt. Directeur : Dr. Franz Xaver Haberl. Regensburg, librairie Fr. Pustel, in-8o, 12 pages et suppléments de musique. Abonnements : Allemagne et Autriche-Hongrie, 4 mk ; Etranger, 4 mk, 80 pf.
1896 (29e année, nouvelle série VIII). No 7. Texte : Indische musik. No 8. Texte : Haberl : Organaria. No 9, Texte : Haberl : Sur une Brochure publiée à Vienne, « Unsre katholische Kirchenmusik von heute » : Musique (18 pages) : Die Offertorium des Proprium de Tempore, pour quatre voix, par Melch. Haag, Mich. Haller, Pet. Griesbacher, F. Hengesbach, Otto Kornmüller, Ludwig Ebner, Schildknecht, J. Quadflieg. No 10. Texte : Haberl : Organaria. Musique : un « vorspiele » de Quadflieg.

— La Nouvelle France chorale. Moniteur des Orphéons et des Sociétés instrumentales. Bi-mensuel. Directeur : Camille de Vos. Paris, 3, rue d'Aboukir, in-fol., 4 pages. Abonnements : France et Etranger, 12 francs, le numéro, 50 cent.
1896 (28e année). No 11. Concours de Saint-Denis et de Limeil-Brévannes : Appréciations du Jury.

— Paris-Piano. Bibliothèque musicale bi-mensuelle. Directeur-fondateur : René Godfroy, éditeur. Paris, 21, rue Denfert-Rochereau, gr. in-4, couverture illustrée et 4 pages de musique. Abonnements : France 5 fr., Etranger 7 fr., le no 20 cent.
1896. No 106. Musique : Les Noces d'Attila, maz. p. piano, de Lucien Quincerot. No 107. Elisabeth, maz. p. piano, de Paul Sineau.

— Le Progrès artistique. Musique, Théâtres, Beaux-Arts, Littérature, Sport, Escrime, Finances. Hebdomadaire. Fondateur : Victor Souchon. Rédacteur en chef : Maurice La Rivierre. Paris, 12, rue Martel, [Durdilly impr.], gr. in-4, couverture illustrée, 8 pages de texte. Abonnements : France 12 fr., Union postale 15 fr., le no 25 cent.
1896 (19e année). No 935. F. de Ménil : La « Fille de Jephté. »

— La Quinzaine musicale. Bi-Mensuel. Directeur : W. Smyth. Paris, Bourlant-Ladam, éditeur, 40, passage du Havre [Durdilly impr.], gr. in-4, 1 page de texte, 7 pages de musique. Abonnements : France 6 fr., Etranger 8 l.
1896. No 10. Musique : Fleurs frêles, mélodie d'H. Eymieu ; Lucette, gavotte p. piano de Raoul Benoist.

— Revue de musique religieuse et de chant grégorien. Mensuel. Directeur : J. Mingardon. Marseille, 11, place Sébastopol, in-8, couverture et 16 pages. Abonnements : France et Colonies, 3 fr.
1896 (2e année). No 7. J. Dupoux : Etude (3e article) sur la « Mélopée antique » de Gevaert (à suivre) ; E. Soulier : Les Découvertes musicales du temple de Delphes.

— The Strand musical magazine. Mensuel. Directeur : E. Hatzfeld. London, George Newnes, éditeur, 8-11, Southampton Str., and Exeter Str., Strand, W. C., in-8 carré, couverture illustrée. Le no 6 d.
1896. vol. III. No 17. Texte (14 pages) : Woolacott : Interviews with eminent musicians (10e article) : signor F. Paolo Tosti, portrait et fac-similé d'autographe ; Arthur Hervey : Franz Liszt, biographie ornée de figures dans le texte (portraits de Liszt, Wagner, H. de Bulow) ; notices, ornées de portraits, sur Misses Fanny Davies, Adelina de Lara, Mabel Chaplin ; une page illustrée par René Bull ; Stafford : « Bismarck », a threnody of a trombone, figures dans le texte Musique : Non m'ama piu, mélodie de Paolo Tosti [copyright by Ricordi] ; When thy blue eyes, mélodie d'E. Lassen ; The angel's message, de Gerald Lane ; When Fairyland was young, mél. de A. Somerwell ; The pussies' Kindergarten, mél. de Behrend ; Drifting, mél. d'A. Trevelyan ; Mélancolie, pour violon ou

violoncelle, d'Ernest Gillet [cop. by Stevens, Boston]; the Court Waltz, p. piano, d'E. Bucalossi; Pâquerette, p. piano, de Dick; Chant sans paroles, de Tschaïkowsky, op. 2, n° 3; the Chase, p. piano, de Fr. Spindler.

— La Tribune de Saint-Gervais. Bulletin mensuel de la « Schola Cantorum », fondée pour encourager l'exécution du plain-chant selon la tradition grégorienne, la remise en honneur de la musique palestrinienne, la création d'une musique religieuse moderne, l'amélioration du répertoire des organistes. Rédaction : Paris, 15, rue Stanislas, in-8, couverture, 16 pages et un encartage de musique. Abonnements : France 10 fr., Union Postale, 11 fr.

1896 (2e année). N° 4, 5. Ch. Bordes : La Musique figurée, avec des exemples de musique. N° 4. Dom Parisot : Interprétation des Mélodies grégoriennes; R. P. Lhoumeau : Une Question de rythme. N° 5. Michel Brenet : La Musique dans les Processions, avec un exemple de musique (à suivre).

— Zeitschrift für Instrumentenbau. Officielles Organ der Berufsgenossenschaft der Musikinstrumenten-Industrie, des Vereins Deutscher Pianoforte-Fabrikanten und des Vereins Deutscher Orgelbaumeister. Tri-mensuel. Directeur : Paul de Wit. Leipzig, 16, Thomaskirchhof [Frankestein & Wagner impr.], in-4°, 24 pages. Abonnements : Par trimestre, 2 mk 50 pf. Etranger 3 mk.

PÉRIODIQUES DIVERS :

— Bulletin de la Société de l'Histoire du Protestantisme français. Avril. J. Roth : Le Chant des psaumes et les Catholiques de Salies-de-Béarn, 1665.

— Ciudad de Dios. 20 mars. E. de Uriarte : La Reforma de la Musica religiosa. 5 mai. — : Le Drame lyrique.

— Le Gaulois. 6 avril. Foureaud : César Franck. 15 mai. Guillemot : Le Journal d'un secrétaire du Conservatoire.

— Die Gesellschaft. Mars. Hermann Ritter : Souvenirs sur A. Rubinstein.

— Journal des Débats. 13 avril. S. : Esthétique musicale.

— La Libre Parole. 28 avril. Ed. Drumont : Vieilles chansons.

A propos du *Ça ira*, M. Drumont émet ce judicieux axiome d'esthétique sociale : « L'impression ne vient pas des œuvres elles-mêmes, mais de l'émotion, de la vibration que les hommes en ressentent, de l'atmosphère générale. »

Le *Ça ira* fut si populaire même chez des gens graves que, chanté devant l'Institut, il « fit naître dans tous les cœurs des frémissements de plaisir ». Un jour, à l'église, Séjan, organiste de Saint-Sulpice, le joua, à son corps défendant, il est vrai, ainsi qu'il appert de la lettre adressée par lui à la *Chronique*, journal de l'époque, qui avait dénaturé les détails de ce bizarre incident. Voici cette lettre :

MESSIEURS,

J'ai lu dans votre feuille de mercredi dernier la phrase suivante : « Pendant que M. le Curé de Saint-Sulpice refusait de prêter son serment, l'organiste jouait *Ça ira*. » Comme il est important pour moi que le public soit informé de la manière dont la chose s'est passée, je vais vous l'exposer en deux mots.

Vers la fin de la grand'messe, douze ou quinze personnes s'annoncèrent à l'orgue comme députées des Sections de la paroisse pour me prier de toucher l'air *Ça ira*, aussitôt que le premier serment serait prononcé. J'eus l'honneur de leur faire observer que cet air était bien trivial pour être touché sur un instrument destiné à l'office divin ; ils me répondirent que ce ne serait point pendant l'office; qu'on attendait cela de ma complaisance, et qu'enfin cela ferait le plus grand plaisir à tout le monde. Sur ces instances j'ai promis de le toucher, et je l'ai fait.

Je vous supplie de vouloir bien insérer ma lettre dans votre plus prochain numéro, afin que personne ne puisse croire que cela soit venu de moi.

SÉJAN.

— Macmillan's magazine. N° 437. Les chants de Piedigrotta.

— Mélusine. Janvier-février. E. Ernault : Chansons populaires de la Basse-Bretagne, Soldat et religieuse. Mars-avril — : La Jeune amoureuse; Mlle E. de Schoultz-Adaïevsky . ...es de danse du Morbihan.

— Le Monde. 2 avril. G. de Boisjoslin : Le chant grégorien, la musique palestrinienne. 8 avril. — : Les concerts spirituels. Publications nouvelles de Gigout et de la Tombelle. 25 avril. — : Les traités de chant grégorien. 9 mai, Romanus : L'unité du chant dans l'Eglise latine et l'édition officielle.

— Le Monde moderne. Avril. J. Tiersot : Roland de Lassus, avec 5 figures (fac-similés) et une traduction en notation moderne.

— Notes d'art et d'archéologie. Avril. V. Barasse : Le vieil orgue du château de Frédericksborg en Danemark (fin).

— Nouvelle Revue. 15 mai. Pierre Courtois : Bach. Voici la belle « page courte » qu'a inspirée à M. Courtois le grand Bach.

« Bach fut un génie musical prodigieux. La haute valeur de sa science, la richesse de ses inventions mélodiques et la plénitude de ses développements étonnent encore aujourd'hui, et l'on ne sait ce qu'il convient d'admirer le plus, la fécondité de son inspiration, ou l'admirable technique de ses œuvres. C'est un génie, maître de lui-même, qui ne s'aventure jamais dans la banalité; audacieux, comme il sied à ceux qu'une flamme intérieure anime et qui jouissent de dons naturels exceptionnels, mais d'une audace que modère toujours la volonté du travail et de la science, mesurant avec justesse les éléments de son intelligence et de sa sensibilité; dominant ses émotions pour le plaisir de s'y abandonner, sans contrainte, avec l'enthousiasme ardent et exalté que provoque l'imagination ; toujours, quoi qu'on en ait dit, en contact avec son âme et avec la vie pour être naturel, sincère et vrai ; donnant aux hommes de pensée et de sentiment l'impression durable et profonde de la pensée et du sentiment, élevant les âmes par l'idéal de son art, toujours noble, souvent sublime par la conviction de ses accents et par je ne sais quel tressaillement de l'infini.

— Nouvelle Revue internationale, 28e année. Nos 5 et 6. Ivan Dietschine : La Littérature et la Musique religieuse.

— Revue du Bas-Poitou. 1er liv., 1896. S. Trébucq : La Chanson populaire en Vendée.

— Revue britannique. No 4. O. S.: La Musique et la Danse dans la nature, d'après un ouvrage de W. H. Hudson.

L'auteur combat les idées de Darwin sur les origines de la musique.

— Revue catholique des Revues. No 21. C. de Latour : Etude sur les Tsiganes.

— Revue des Deux-Mondes. 15 mars. C. Bellaigue : Les Origines italiennes de l'*Orphée* de Gluck. 1er mai. — : La Musique au point de vue sociologique.

— La Revue du Nord. Revue bi-mensuelle, 32 pages in-8. Directeur : E. Blémont, 30, rue de Verneuil. Nos VI-X. F. de Ménil : Les Grands Musiciens du Nord ; L'Ecole flamande au xvie siècle.

— Revue des Traditions populaires. Mars. E. Lalayants : Les Anciens Chants historiques et les Traditions populaires de l'Arménie (suite); L. Pineau : La Chanson de Renaud. Mai. Mme Destriché : Vieilles Chansons du Maine.

— Scottish Review. T. 27, no 53. W. L. Calderwood : La Musique de Bagpipe.

— Le Temps. 1er mai. C. Bellaigue : Bach.

— L'Univers. 14 avril. E. T.: Le Pessimisme wagnérien.

NOTA. — Outre les périodiques ci-dessus mentionnés, le *Journal musical* a reçu :

— Rivista bibliografica italiana. Bi-mensuel. Directeur : Sac. Dott. Salvatore Minocchi. Firenze, 21, via Ricasoli.

— Bulletin des Sommaires. Revue de la Presse française et étrangère. Bi-mensuel. Gérant : Ch. Limousin. Paris, 44, rue Beaunier.

LIVRES DIVERS

Bouchot. Catalogue de dessins relatifs à l'Histoire du Théâtre conservés au Département des Estampes de la Bibliothèque Nationale avec la description d'estampes rares sur le même sujet récemment acquises de M. Destailleur. Paris, Bouillon, 1896, gr. in-8, 3 fr.

La Poésie et les Poètes en Franche-Comté avant le XIXe siècle, par Eugène Tavernier. Paris, Lemerre, 1896, in-8, IV-106 pages.

Aux pages 72 à 103, il est question des Chansons populaires et Noëls.

CATALOGUE

LITTÉRATURE MUSICALE :

Cerne (Titus). Dictionar de muzica. Iasi, Stabilimentul Grafic « Miron Costin », 1896, in-8, figures et exemples de musique dans le texte. En cours de publication, le fascicule, 70 bani.

Corsini (G. A.). Della musica e delle sue utilità. Siracusa, Tip. del Tamburo, 1896, in-16, 15 pages.

Crowest (F. J.). The Dictionary of british musicians, from the earliest Times to the present. London, Jarrold, 1896, in-8, 120 pages, 4 fr. 25.

Depanis (Gius). L'Anello del Nibelungo di Riccardo Wagner. Torino, Roux Frassati e C. Tip. edit., 1896, in-16, 212 pages, 2 fr.

Edwards (F. G.). The history of Mendelssohn's Oratorio « Elijah ». London, Novello Ewer, 1896, in-8, figures.

Frost (W. H.). The Wagner story book ; firelight tales of the great music dramas. London, Unwin, in-8, 256 pages, 6 fr. 25.

Grove (George). Beethoven and his nine Symphonies. London, Novello, 1896, in-8, 400 pages.

Livi (Giov.). I liutaii bresciani : nuove ricerche. Milano, stab. Tip. di G. Ricordi e C. édit., 1896, in-16, 69 pages, facsimili.

Estr. dalla Gazzetta musicale di Milano, anno 1896.

Newman (E.). Gluck and the opera, a study in musical history. London, B. Dobell, 1896, in-8, 324 pages, 7 fr. 50.

Noël (Edouard) et E. Stoullig. Les Annales du théâtre et de la musique par Edouard Noël et Edmond Stoullig. Avec une préface de M. Félix Duquesnel, 21e année. Paris, Berger-Levrault et Cie [1896], in-16, XXIII-392 pages. Nouvelle série, 1re année.

Soubies (Albert). Histoire de la musique allemande. Paris, ancienne Maison Quantin, Librairies-Imprimeries réunies, May et Motteroz, directeurs, 7, rue Saint-Benoît [1896], in-8, 296 pages y compris un frontispice composé par Marius Michel, 100 figures et planches dans le texte (portraits et fac-similés d'autographes, de compositeurs, d'artistes, de luthiers, etc.).

Verzino (Ed. Cl.). Contributo ad una biografia di Gaetano Donizzetti : lettere e documenti inediti. Bergamo, I. Carnazzi edit. Tip. Fagnani e Galeazzi, 1896, in-16, 196 pages.

Wagner (Ricc.) e Fr. Liszt. Epistolario tradotto da Allegrina Cavalieri-Sanguinetti, con prefazione di Enrico Panzacchi. Torino, fratelli Bocca édit. [Vincenzo Bona impr.], 1896, in-16, 2 vol. XI-332, 323 pp.

Witkowski (Stan). Nowe odkrycia w dziedzinie muzyki greckiez. Krakau, Polnische Verlangsgesellschaft, 1896, in-8, 22 pp., 1 fr.

Vereins-Katalog...... (Catalogue des Sociétés de sainte Cécile des pays suisses, allemands, autrichiens-hongrois) : Regensburg, New-York et Cincinnati, Druck und Verlag von Friedrich Pustel, 1896, in-8, 90 pf.

———

TRAITÉS, MÉTHODES :

Parès (G). Gammes et exercices journaliers pour basson. — p. clarinette. — p. cornet à pistons. — p. flûte. Paris, Lemoine, chaque vol. net 1 fr. 50.

Rose (C.). Gammes majeures et mineures dans tous les tons pour la clarinette (système Boëhm), avec l'indication des doigts pratiqués et enseignés, suivies de la tablature explicative des doigts multiples. Paris, Evette et Schaeffer, 7 fr. 50.

Singenberger (Johann). Theoretisch-praktische Harmonium-Schule für den Kirch. Gebrauch...... 3e édit., Regensburg, Pustet, 6 mk.

Tavan (E). Méthode pratique d'orchestration symphonique par Emile Tavan, 2e édit., Mantes-sur-Seine, imp. Beaumont frères, chez tous les marchands de musique, 1896, in-8, 63 pp., 3 fr. 50.

———

PARTITIONS & TRANSCRIPTIONS :

Delibes (Léo). Coppélia, ballet.

Polka-maz. p. musique militaire par E. Mastio, Evette et Schaeffer, net 6 fr.

Duvernoy (Alphonse). Hellé. Opéra en quatre actes. Paroles de Camille Du Locle et Charles Nuitter.

Partition piano et chant, réduite par l'auteur. Enoch, 20 fr.

Fontayne (L.). Damayanti, légende lyrique en un acte. Poème de P. B. Gheusi.

Partition chant et piano, transcrite par l'auteur. P. Dupont, net 8 fr.

Franck (César). Ghiselle. Drame lyrique en quatre actes de Gilbert Augustin-Thierry.

Partition piano et chant. Choudens, net 20 fr.

Gluck. Armide, ballet.

Trois airs. Transcription de Concert p. piano par I. Philipp. Dardilly.

Gounod (Charles). Faust.

Prélude et 1er Acte p. mus. milit. par G. Wittmann. Evette et Schaeffer, net 15 fr.

Guiraud et Saint-Saëns. Frédégonde, drame lyrique.

Ballet pour orchestre (parties séparées). Dupont. Morceaux détachés avec accompagnement de piano. P. Dupont : N° 3 Quatuor, 9 fr. — N° 5 bis : Cantabile (extrait du grand duo), 3 fr. — N° 8 : Hymne guerrier, 4 fr. — N° 12 bis : Air du roi, 4 fr. — N° 13 : Trio, 6 fr. — Morceaux détachés pour piano : N° 7, Marche religieuse, 3 fr. — N° 11 : Air de ballet, 7 fr. 50. — N° 14 : Marche, 3 fr.

Indy (Vincent d'). Fervaal.

Introduction du 1er acte arr. p. piano à 4 m. par J. Durand. Paris, Durand.

Lecocq (Charles). Girofié-Girofla, opéra-comique.

Valse-caprice p. mandoline et piano (ou guitare), transcrite par Graziani-Walter. Pisa.

—. Ninette, opéra-comique en trois actes de C. Clairville.

Partition chant et piano. Choudens, net 15 fr.

Massenet (Jules). La Navarraise, opéra.

Fantaisie p. mus. milit. par G. Meister. Evette et Schaeffer, net 12 fr. — Id. p. Parès. Schoenaers, 12 fr.

Messager (André). Le Chevalier d'Harmental, opéra-comique en 5 actes. Livret de Paul Ferrier, d'après Alexandre Dumas et Auguste Maquet.

Partition chant et piano. Choudens, 20 fr.

—. La Fiancée en loterie, opérette en trois actes de C. de Roddaz et A. Douane.

Partition chant et piano. Choudens, net 12 fr.

Missa (E.). Le Dernier des Marigny, à-propos-revue.

Berceuse, acc. de piano, P. Dupont, 3 fr.

Mozart. La Flûte enchantée.

Fantaisie p. musique militaire, Evette et Schaeffer, net 6 fr.

Pierné (G.) Nuit de Noël 1870. Poème d'E. Morand. (Grande partition d'orchestre.) Grus.

Pollonnais (A.) Mirka l'enchanteresse.

Partition piano. Dupont, 6 fr.

Serpette (G.). Le Royaume des femmes, opérette en 3 actes et 6 tableaux d'E. Blum et P. Ferrier, d'après Cogniard et R. Toché.

Partition chant et piano. Dupont, net 12 fr.

Transcription : N° 8 Couplets « Pourquoi je t'aime », N° 15 Brindisi, N° 20 Duo-bouffe, N° 21 Couplets de la révolte. Sans acc. — net 50 cent.

Verdi. Aïda.

Airs transcrits p. clarinette par L. Grisez. Leduc, 7 fr. 50

Wagner. Lohengrin.

Prélude arr. p. musique mil. par E. Lignet. Millereau.

———

ORCHESTRE :

Sourget de Santa Colonia (Mme). Andante pour orgue et orchestre. Grande partition. U. du Wast, net 15 fr.

Darquier (J.). Clairette, polka. Durdilly.
Lemée (A.). Rayon bleu, valse. Bordeaux, Demouly frères, 75, Cours d'Alsace.
Smyth (W.). Au Tréport, polka-marche. —. Fête paysanne. Bourlant-Ladam.
—. En mail-coach, galop. Laurens.
—. Chanson de printemps, maz. Fromont.

ORCHESTRE MILITAIRE :

(NOTA. — Voy., en outre, ci-dessus, les transcriptions.

Allier (G.). Mia bellina, polka. Evette et Schaetfer, net 3 fr.
Biloir (J.). Tombouctou, pas redoublé. Biloir.
Cohnier (L.). Le Monôme, quadrille. Pomier, net 2 fr.
Massard (B). Lyon-Tunis, pas red, —. Le Géant, pas red. avec clairons (ad libit.). Bordeaux, le Festival artistique, 163, rue François-de-Sourdis, 2 fr.
Pautrat (P.). La Reine du bal, schottisch.
—. Pierre de Marzy, pas redoublé.
—. Polka des musiciens. Le Blanc (Indre), P. Pautrat, nets 1 fr 50.
Pompée (A.). Souvenir de Rennes, pas redoublé avec clairons. Rennes, Bossard-Bonnel, net 2 fr.
Roux (J.). Cérès, fantaisie de concours. Bordeaux, le Festival artistique, 163, rue François-de-Sourdis, 4 fr.
Smyth (W.). Vaillance, marche. Gouin-Ghidone.
Wettge (G.). Le Roi des Genêts, pas redoublé. Schonaers, 3 fr.

MUSIQUE DE CHAMBRE

ET MORCEAUX POUR DIVERS INSTRUMENTS :

Bernard (E.). Sonate pour violoncelle et piano. Durand, net 6 fr.
Bachmann (Alberto). Berceuse, op. 6, p. violon, acc¹ de piano, avec une transcription p. violoncelle par Adolphe Rehberg. Genève, Henn, net 2 fr. 50.
Charpentier (A.). Six petits morceaux très faciles pour violon, acc¹ de piano. 1 : Berceuse. — 2 : Dans les bois. — 3 : Mélancolie. — 4 : Air (dans le style ancien). — 5 : Ronde. — 6 : Jadis. Quinzard. Chaque morceau, 3 fr.
Cottin (A. et J.). Album de mandoline ou violon et piano. Grus, net 7 fr.
Diémer (L.). Romance pour violon et piano. Heugel 7 fr. 50.
Fiévet (C.). Expansion, andante-cantabile pour violon ou violoncelle, ou mandoline, acc¹ de piano ou orgue. L'auteur, 6 fr.
Fischer (E.). A cœur joie, polka. Transcrite pour cornet et piano. Leduc, 6 fr.
Lefèvre (C.). Méditation pour orgue et orchestre. Noël, net 6 fr.
Mezzacapo (E.). Vision, mélodie religieuse pour orgue et mandoline ou violon et harpe. Ricordi.
Priore (G.). Menuet blanc, p. violon, acc¹ de piano.
—. Rêve d'enfant, berceuse pour violon, acc¹ de piano.
—. Plaisanterie, petite mazurka pour violon, acc¹ de piano. Paris, l'auteur, 25, rue d'Enghien, 6 fr.
Simon (A.). Fin de siècle, polka pour mandoline et guitare. Carpentras (Vaucluse), A. Simon.

PIANO :

Balutet. Air de ballet pour piano. Durdilly, 3 fr.
Bosc (A). Marche des petits pierrots, two steps, nouvelle danse américaine. L'auteur.
Carman (M.). Souvenir de Florence, tarentelle
—. Souvenir de Trianon, gavotte. Lyon, E. Clot et Cie, 5 fr.
Charton (Georges). Pas du Soleil. René Godfroy.
Corteuil (L. de). France, valse. Caen, E. Bonnaventure, 6 fr.
Delafosse (L.). Nocturne. Heugel et Cie, 6 fr.
Drapier (H.). Premier baiser, polka. Paris, l'auteur, 3 fr.
Durrieu (R.). La Présidence, grande valse.
— Le Souvenir, grande valse. Paris, l'auteur, 5 fr.
Eisenschitz (C.). Tempo di mazurka. Durdilly, 4 fr.
Eymieu (H.). Marche symphonique, p. 4 m. Godfroy et Danvers, 7 fr. 50.
Gautrait (L.). Un souvenir, mélodie. Villecresnes (Seine-et-Oise), l'auteur, maison Saint-Pierre, net 1 fr. 50.
Gérard (Mme I.). Émilienne, polka très facile.
—. Irma, valse facile.
—. La Tambourinette, polka très facile et valse très facile.
—. Louisette, valse très facile. Paris, l'auteur, 42, avenue de Clichy, 3 fr.
Guerin-Kapry. Caprice-mazurka. Durdilly, 6 fr.
Guéroult (T.). La Petite Marseillaise, marche militaire. Paris, l'auteur, 30, rue de Dunkerque, 5 fr.
Hafemeister (R.). Soir d'été, mazurka, 5 fr.
—. Harmonies célestes, valse. Paris, l'auteur, 68, rue Claude-Bernard, 6 fr.
Jaques-Dalcroze (E.). Menuet, op. 17. Genève, Henn, net 2 fr. 50.
Kronke (Emil). Old french dance. Dresden, Bock.
Lacombe (P.). Souvenance (pages improvisées, n° 1).
—. Chanson de mai (—, n° 2).
—. Badinage (—, n° 3).
—. Promenade matinale. Leduc, 5 fr.
—. Printemps joyeux, impromptu-marche. Fromont, net 1 fr. 75.
Laute (P.). A la gloire ! marche. Paris, l'auteur.
Pickart (P.). Toute mignonne, gavotte. Issy-sur-Seine, l'auteur, 66, Grande Rue, 3 fr.

Pigneret-Moutié (L.). Sevillana, grande valse espagnole. Versailles, Vernède, 6 fr.

Ribiollet (E.). Le Tsar, pas redoublé. Lille, Martin, 5 fr.

Sauer (Emil). Murmure du vent, étude de concert n° 3. Schott.

—. Suite moderne en *mi* bémol majeur. Leipzig, Breitkopf et Hartel.

—. Echo de Vienne, valse de concert. Vienne, Rozsavolgyi.

MUSIQUE RELIGIEUSE :

Bruneau (E). Messe pastorale à trois voix égales. Avec accompagnement d'orgue et orchestre d'instruments à cordes. Paris, l'auteur, 15 fr.

Huvey (H). Messe de Saint-Pierre. Solis et chœurs. Dreux, l'auteur, boulevard Dubois, net 2 fr.

Nowialis (J.). Missa in honorem S. Casimiri ad quatuor voces æquales cum organo. Regensburg, Pustel, partition 1 mk 40, parties séparées, 60 pf.

Quadflieg (J.). Missa in honorem S. Laurentii ad quatuor voces inæquales. Regensburg, Pustel, partition 1 mk 80, parties séparées, 80 pf.

Roupain (E.). Messe à trois voix. Accompagnement d'orgue ou harmonium. Cambrai, P. Devred, net 4 fr.

Schmidtkonz (M.). Litaniæ lauretanæ für 4 mennerstimmen ohne orgel. Regensburg, Pustel, partition 1 mk, parties 40 pf.

Souron. Messe brève à trois voix. Sans accompagnement. Nancy, imprimerie Christophe.

Zoller (Georg.). *Missa solemnis in honorem St. Georgii* für vierstimmigen mænnerchor mit obligater orgelbegleitung. Regensburg, New-York und Cincinnati, verlag von Friedrich Pustel, 1895, in-4, couverture et 27 pages, la partition 1 fr. 80, les voix séparées 15 cent.

Besançon (E.). Ave Maria, solo de ténor ou soprano.

—. Ave verum, pour mezzo-soprano ou baryton. Avec accompagnement d'orgue et violoncelle ou violon. Bois-Colombes (Seine), l'auteur .... [2227

Haller. Pange lingua & Tantum ergo. IV, V, VI, VII et VIII vocum, op. 63. Regensburg, Pustel, la partition 1 mk, parties séparées 30 pf.

Vitel (P.-M.). Tantum ergo sacramentum, solo de baryton et chœur à quatre voix (ad libitum). Avec accompagnement d'orgue. Rennes, Bassard, 5 fr.

Hess (C.-L.). Six pièces pour orgue-harmonium, composées sur les chants des églises protestantes. Leduc, net 2 fr.

CHŒURS :

Barbin (A.). Berceuse, chœur à quatre voix d'hommes, paroles et musique. Sans accompagnement. Paris, Vᵉ Ghéluve ...... [2223

Boulay (J.). Chant de Paix, chœur à trois voix de femmes, poésie de J. Olivier. Avec accompagnement de piano. Heugel, net 3 fr.

Jacquemet (L.). Les Sauveteurs, à quatre voix d'hommes. Paroles de J. Rigaut. Lyon, A l'Accord parfait, 16, place Bellecour.

Leber (A.). Le Moulin, à trois voix égales. Eveillard, 25 cent.

FOLK-LORE :

Caspar (C.). Chanson lorraine. Transcrite pour baryton, paroles de P. Rousselle. Avec accompagnement de piano. Lunéville, les auteurs, net 1 fr. 50.

Eymieu (H.). Six vieilles chansons : 1. Ballade de Jean Renaud ; 2. Stances à Cassandre ; 3. Mon père m'y marie ; 4. La batelière ; 5. Jeune capitaine ; 6. Marie. Gounin-Ghidone, couv. ill., chaque n°, 3 fr.

Mancini (A.). Cantique de Jeanne d'Albret, chœur à trois parties (voix de femmes), mélodie populaire dans le Béarn. Paroles de M. Bouchor. Arrangement vocal et accompagnement de piano par A. Mancini. L'auteur.

Menil (F. de). Noël flamand. Bourlant-Ladam.

Wekerlin (J. B.). Chansons anciennes, transcrites pour chant et piano par J. B. Wekerlin. N° 1 : Ma belle, ma toute belle. 4 fr. — N° 2 : le Mois de mai, 5 fr. — N° 3 : Nous n'irons plus aux champs. 4 fr. — N° 4 : Voici venir le mois de mai. 4 fr. — N° 5 : L'Amour est un enfant timide. 3 fr. — N° 6 : Tout ce qui respire. 4 fr. — N° 7 : l'Insensible. 3 fr. — N° 8 : les Rossignols. 4 fr. — N° 9 : Le Vin charme tous les esprits. 4 fr. — N° 11 : Ambassade d'amour, madrigal ; Nicolette, air villageois. 3 fr. — N° 12 : la Petite Lingère, duo. Paris, L. Grus, 6 fr.

MELODIES & LIEDER :

Doret (Gustave). Sonnets païens. Six poèmes d'Armand Silvestre. Chant et piano. Genève, Henn, 14, rue de la Corraterie, gr. in-4 carré, VI-36 pages, 6 fr.

Eymieu (H.). Bruits des champs, p. mezzo-sopr. ou bar. Poésie de G. Marc, arr. de p. Bourlant-Ladam [Duidilly impr.]. 6 fr.

Hymieu (H.). En mai, dans les bois.... Poésie d'A. Dorchain, acc¹ de piano.

—. Rêves, scène lyrique pour mezzo-soprano ou baryton. Poésie de Victor Hugo, acc¹ de piano. Paris, Gounin-Ghidone, 6 fr.

—. La mort de la cigale, op. 49. Poésie de Maurice Faure. Cannes, Binetti-Vaudey, 19, rue d'Antibes [Roder, inst. lith. à Leipzig].

Gliew (Ed.). Le Menuet. Par. de Géza Darsuzy. Petit aîné, 19, rue des Bons-Enfants, et 2 bis, rue Vivienne.

Hahn (Reynaldo). Cantique sur le bonheur des justes et sur le malheur des réprouvés. Par. de Jean Racine; acc¹ de p. Heugel, 6 fr.

—. Offrande. Poésie de P. Verlaine, acc¹ de piano. Paris, Quinzard, 5 fr.

Holmès (Augusta). Fleurs des champs. Par. et mus. d'Augusta Holmès, pour mezzo ou ténor. Paris, Ricordi, 12, rue de Lisbonne [Ricordi, impr. à Milan]; couverture illustrée par Montalti, net 2 fr.

—. Te souvient-il ? p. mezzo ou ténor. —, net 1 fr. 50.

—. Renouveau, p. deux voix, sopr. ou ténor et mezzo. —, net 3 fr.

Moussorgski. Berceuse du pauvre. Paroles de Nekrasof.

—. Dans le coin.

—. La Berceuse de la poupée. Paroles et musique. Traduction d'Hellange, acc¹ de piano. Paris, au Magazine international, 91, avenue Niel.

Perrelet (L.). Brunette. Paroles d'A. Theuriet, acc¹ de piano. Lyon, l'auteur, 20, rue de Bonnel, 3 fr.

—. Les Trois Angélus. Paroles de L. Rotton, —, 5 fr.

Pictet (Gaston). Spes, op. 2. Poésie de Fernand Sarnette. Chant et piano. N⁰ 1, pour voix élevées en *la*, ton original. N⁰ 2, voix graves en *la*. Genève, Henn, titre orné, net 2 fr.

Pittrich (G.). Wein, Weib und Gesang. Poésie de Carl Scheidemantel. Dresden, Bock.

Sauvaget (A.). Rien ne meurt, romance pour soprano, ou ténor. Poésie de L.-L. Nommez, acc¹ de piano. Paris, Gounin-Ghidone, 3 fr.

Smyth (W.). Chanson de Bergère. Gounin-Ghidone.

Le Grix (J.). La Hotte de Jouets, chœur enfantin, paroles et musique. Avec accompagnement de piano. 3 fr. Paris, V⁰ Girod...................................... [2406

Missa (E.). Grand'Maman à l'École, chansonnette avec parlé. Paroles de C. Soubise. Accompagnement de piano. Costallat, 3 fr.

—. L'Orgueilleuse Poupée, historiette, 3 fr.

Costa (P. Mario). Fleur de Noce. Adaptation française par Octave Pradels, d'après la chanson « 'A Frangesa ». Créé par Mᵐᵉ Armand'Ary (portrait). N⁰ 1, pour soprano ou ténor. N⁰ 2, pour mezzo ou baryton. Milano, Ricordi. Paris, 12, rue de Lisbonne, couverture ornée du portrait, 10 pages grand format, net 1 fr.

Sagor (A.). Russette. Accompagnement de piano. Gounin-Ghidone.

Tiercy (G.). Attaque nocturne en sol mineur. Accompagnement de piano. P. Dupont, net 1 fr. 50.

Le Propriétaire-Gérant :

BAUDOUIN-LA LONDRE

Vient de paraître

MARCEL PROUST

LES PLAISIRS

et

LES JOURS

Illustrations de

MADELEINE LEMAIRE

Préface de

ANATOLE FRANCE

de l'Académie française

et quatre pièces pour piano de

REYNALDO HAHN

Un volume grand in-8, contenant 14 compositions hors texte en deux tons, 54 illustrations dans le texte.

CALMANN-LÉVY, éditeur, 3, rue Auber, Paris.

BOURGES, IMPRIMERIE M. H. SIRE.

LE
JOURNAL MUSICAL

Bulletin international critique

DE LA

BIBLIOGRAPHIE MUSICALE

No 3. — Juillet 1896.

Pour toutes les communications (abonnements, publicité, etc.), s'adresser à

M. le Directeur du JOURNAL MUSICAL
Paris, 11, rue Saint-Joseph

SOMMAIRE

INFORMATIONS.

OFFRES ET DEMANDES de livres, partitions rares ou d'occasion.

Chronique, avec un fac-similé.

BULLETIN CRITIQUE : Auditions.

— : Publications : I. *Les Maîtres musiciens de la Renaissance*, de Henry Expert.

— — II. Le 5e fascicule de l'*Histoire de la Langue et la Littérature française*, Armand Colin éditeur ; *Sonnets païens*, de Gustave Doret ; le 3e Recueil de la *Musique de Chambre* (Salons Pleyel).

LE CONGRÈS DES ÉDITEURS ET L'OFFICE INTERNATIONAL DE BIBLIOGRAPHIE.

RÉPERTOIRE BIBLIOGRAPHIQUE : Sommaires et extraits des périodiques de musique de tous pays.

— : Sommaires et extraits des périodiques et livres divers.

CATALOGUE des livres, méthodes, partitions, morceaux, etc., récemment parus.

CARNET

Paris. — 25 juillet-25 novembre. Exposition internationale du Théâtre et de la Musique.

Genève. — Exposition nationale : Festivals et grands concerts, sous la direction de M. Gustave Doret.

INFORMATIONS

Arras. — Le 24 juin, pour l'inauguration du buste d'Adam de La Halle, a eu lieu une fête organisée par M. Émile Blémont. Le *Jeu de Robin et Marion*, pastorale du trouvère artésien, a été exécuté par Mmes Molé-Truffier et Vilma, MM. Vialas, Ducis, Bernaert, etc., de l'Opéra-Comique, accompagnés par l'orchestre du théâtre, sous la direction de M. Julien Tiersot. Une causerie sur Adam de La Halle a été faite par celui que désignaient, autant que M. Tiersot, ses travaux antérieurs, je veux parler de M. F. de Ménil, qui fit si bien justice des erreurs accréditées jusqu'alors sur l'origine de la musique et rendit à l'École flamande ce qu'on accordait à l'École italienne, dans la brochure intitulée :

Bibliothèque littéraire et artistique de la Revue du Nord. F. de Ménil. Les grands musiciens du Nord. L'École flamande du xve siècle. Paris, à la Revue du Nord, 30, rue de Verneuil, 1895, in-8, 56 pages.

Bayreuth. — La série de représentations comprendra cette année quatre journées : *Rheingold, Die Walküre, Siegfried, Goetterdaemmerung*. La première série commencera le 19 juillet, la seconde le 26, la troisième le 2 août, la quatrième le 9, la cinquième le 16.

Pour tous renseignements, s'adresser au Comité des « Festspiele » à Bayreuth. Il ne reste plus de places que pour les quatrième et cinquième séries.

On trouve à Paris (gare de l'Est) pour Bayreuth des billets d'aller et retour de 1re classe, de 2e classe et mixtes (1re classe en France et 2e classe en Allemagne), valables pendant 15 jours avec faculté d'arrêt dans les principales villes du parcours.

Ces billets permettent de choisir entre les trois itinéraires suivants :

Via Strasbourg, Heidelberg, Wurzbourg et Nuremberg ;
Via Strasbourg, Carlsruhe, Muhlacker et Nuremberg ;
Via Metz, Wurzbourg et Nuremberg.

Le prix est de : 170 fr. 75 en 1re classe, 121 fr. 65 en 2e classe et 141 fr. mixte.

On peut aussi utiliser des billets circulaires valables pendant 30 jours, dont le prix est de 163 fr. en 1re classe et de 120 fr. en 2e classe et qui permettent de visiter Bâle, Zurich, Saint-Gall, le lac de Constance, Lindau, Munich, Nuremberg, Wurzbourg, Heidelberg ou Stuttgard, Carlsruhe, Baden-Baden et Strasbourg. Cet itinéraire ne passant pas par Bayreuth, il reste à payer entre Nuremberg et Bayreuth, pour un billet d'aller et retour valable 10 jours, un supplément de 18 fr. 50 en 1re classe et 12 fr. 25 en 2e classe.

Durée du trajet de Paris à Bayreuth :

Par train d'Orient jusqu'à Stuttgard et par train express avec wagon-restaurant, de Stuttgard à Bayreuth : 19 heures ;

Par train express de Paris à Bayreuth : environ 25 heures.

Les voyageurs qui empruntent le train express d'Orient ont à payer, entre Paris et Stuttgard, un supplément de 19 fr. 70.

Beauvais. — La fête solennelle commémorative de l'Assaut de 1472 a repris cette année, le 28 juin, son éclat d'antan. Pendant la procession fut exécutée la cantate de Neukomm ; mais surtout s'étendirent longuement les lignes mélodiques de l'*Hymne à Sainte Angadresme*, qu'harmonisent l'évolution cadencée des théories de jeunes filles couronnées de fleurs et les salves de vieux canons qui, « par cent fois tonnant », exhalent cet autre encens agréable aussi à Jeanne Hachette, la pieuse guerrière.

Bruxelles. — Le 23 juin, est mort M. Hubert-Ferdinand Kufferath, professeur de fugue et contrepoint au Conservatoire, auteur de « Lieder », d'Études de Concert, d'un Capriccio pour piano et orchestre, d'une symphonie en *ut*. Le *Journal musical* adresse ses plus vives condoléances à son fils, M. Maurice Kufferath, directeur du *Guide musical*.

Epinal. — Au *Journal officiel* du 18 juin, nomination d'officier d'Académie : M. Stein, président de l'Orphéon spinalien.

Grenoble. — M. l'abbé Martin, directeur de la *Revue du chant grégorien*, est mort.

La Haye. — M. Henri Viotta, auteur d'un *Lexikon der Toonkunst*, est nommé directeur de l'Ecole royale de musique.

Paris. — Concours publics de fin d'année au Conservatoire :

Lundi 20 juillet, à 9 h., Contrebasse, 1er solo de concours, de Verrimst.
— Violoncelle, 9e concerto, de Romberg.
— Alto, Concerto, de Firket.
Mardi 21, à 1 h., Chant (hommes).
Mercredi 22, à 1 h., Chant (femmes).
Jeudi 23, à 10 h., Harpe, Concerto, de Zabel.
— Piano (hommes), classes supérieures, 4e Ballade, de Chopin.
— Piano (hommes), classes préparatoires, Concerto en *si* mineur, de Hummel.
Samedi 25, à 1 h., Opéra-comique.
Lundi 27, à midi, Piano (femmes), classes supérieures, *Carnaval*, de Schumann.
— Piano (femmes), classes préparatoires, 5e Concerto, de H. Herz.
Mardi 28, à midi, Violon, classes supérieures, 29e Concerto, lettre I, en *mi* mineur, de Viotti.
— Violon, classes préparatoires, 24e Concerto, lettre D, en *si* mineur, de Viotti.
Mercredi 29, à 1 h., Opéra.

Jeudi 30, à midi, Flûte, 6ᵉ Solo, de Demersmann.
— Hautbois, 4ᵉ Concertino, de Wogt.
— Clarinette, Concertino, de Weber.
— Basson, *Fantaisie hongroise*, de Weber,
Vendredi 31, à midi, Cor, Concerto, de Gallay.
— Cornet à pistons, 2ᵉ Fantaisie, de Jonas.
— Trompette, 2ᵉ solo, de Rougnon.
— Trombone, solo en *ré* bémol, de M. C. Gennaro.

— Le 10 juillet, est mort un érudit de la plus haute valeur, M. Octave Douen, auteur de :

Clément Marot et le psautier Huguenot, étude historique, littéraire, musicale et bibliographique, contenant les mélodies primitives des psaumes et des spécimens d'harmonie de Clément Jannequin, Bourgeois, S. Louis, Jambe-de-Fer, Goudimel, Crassot, Sureau, Servin, Roland de Lattre, Claudin le Jeune, Mareschall, Sweelinck, Stobée, etc., par O. Douen. Tome premier. Paris, imprimé par autorisation du gouvernement à l'Imprimerie Nationale, MDCCCLXXVIII, gr. in-8, 3 ff. lim., VI-746 pages texte et musique.

— Tome second. — MDCCCLXXIX, 3 ff. lim., 715 pages texte et musique.

— On signale un remaniement dans la partition du *Chevalier d'Harmental*.

— Le 27 juin, a eu lieu, à l'Institut, l'audition de la Cantate du grand prix de Rome : le 1ᵉʳ grand prix a été obtenu par M. Mouquet, élève de M. Théodore Dubois ; deux seconds grands prix, par M. d'Ivry, élève de Théodore Dubois, et M. Halphen, élève de M. Massenet.

— Le prix du Concours musical de la Ville de Paris a été décerné à la partition intitulée : *Le Spahi*, de Lucien Lambert. Une prime a été en outre attribuée à *Sextus*, de M. Colomer.

— Le 24 juin, a eu lieu, à l'Opéra-Comique, la première représentation de la *Femme de Claude*, d'Albert Cahen.

— Le 21 juin, les « Chanteurs de St-Gervais » ont exécuté, à St-Gervais, des œuvres de Vittoria : la messe « Quarti Toni » et les motets : « O quam gloriosum », « Jesu dulcis », « Gaudent in cœlis ».

— M. Albert Soubies, l'auteur de l'*Histoire de la Musique allemande* (voy. *Journal musical*, nᵒ 2), vient d'être nommé chevalier de l'Ordre de Saint-Stanislas, de Russie.

— M. Eugène Lacroix, organiste des Concerts Lamoureux, est nommé organiste de St-Merry.

— Le 25 juillet, ouverture au Palais de l'Industrie de l'Exposition internationale du Théâtre et de la Musique.

— Quel est l'homme politique, l'écrivain, l'artiste qui ne souhaite savoir ce que l'on dit de lui dans la presse ? Mais le temps manque pour de telles recherches. Le COURRIER DE LA PRESSE, fondé en 1889, 21, boulevard Montmartre, à Paris, par M. GALLOIS, a pour objet de recueillir et de communiquer aux intéressés les extraits de tous les journaux du monde sur n'importe quel sujet.

Le COURRIER DE LA PRESSE LIT 6,000 JOURNAUX PAR JOUR.

Rouen. — Les festivals organisés par M. Brument ont un grand succès. Il y a eu le Festival Augusta Holmès, le Festival Widor.

Tours. — Au *Journal officiel* du 18 juin, nominations d'officiers d'Académie : Mᵐᵉ Suzanne, professeur de musique ; M. Borrel, chef de musique du 66ᵉ régiment d'infanterie.

OFFRES ET DEMANDES

LIVRES :

— C. Muquardt, à Bruxelles, demande : Rolland : Recueil des chansons populaires. Tome 6.

— A. Roger et F. Chernoviz, 7, rue des Grands-Augustins, demande : Bertrand : De la réforme des études du chant ; Vonn. Ersther, Théorie musicale, tons et demi-tons, 2 exemplaires.

— Bernoux et Cumin, libraires à Lyon, demandent : Fétis : Biographie universelle des musiciens, 10 vol.

— Grand et Maguet, 9, rue Mazarine, offrent : Fétis : Biographie, 8 vol. in-8, cart., 35 francs.

A ceux qui, plus nombreux encore, firent bon accueil au second numéro du *Journal musical*, merci.

Merci à d'aimables confrères, à l'*Echo musical* de Bruxelles et la *Gazette musicale de la Suisse romande* de Genève notamment, à l'*Arta* de Jassy, à l'*Europe artiste* et à la *Quinzaine musicale* de Paris.

Pour répondre en bloc aux questions qui m'ont été posées de côté et d'autre, je dirai, ou plutôt je rappellerai que les insertions au CATALOGUE ne sont pas des annonces payantes ; elles sont purement gratuites. Mon intention a toujours été et demeurera de présenter, dans ce CATALOGUE, un exposé impartial, égal pour tous les éditeurs, dé-

pourvu de caractère quelconque de réclame, du mouvement international de la
Bibliographie musicale.

J'engage vivement les auteurs, compositeurs et éditeurs à m'envoyer leurs publications au fur et à mesure de leur apparition, non pas d'une fois et au dernier moment, afin qu'un examen attentif puisse
être fait de celles qui méritent, outre l'insertion au CATALOGUE, une analyse ou une
mention au BULLETIN CRITIQUE.

———◇———

ES fêtes d'Arras nous ont valu une
exécution d'une des plus anciennes pastorales dramatiques du
Moyen-Age et de nombreux articles de
revues : dans la *Revue du Nord*, le *Guide
Musical*, le *Progrès Artistique*, etc. Ce
sont ceux du *Ménestrel* qui offrent le plus
d'intérêt, parce qu'ils sont signés Julien
Tiersot : l'érudit sous-bibliothécaire du
Conservatoire s'est depuis longtemps acquis une grande réputation par ses travaux
folkloristes : or, la musique du *Jeu de
Robin et Marion* se compose surtout d'airs
populaires ; en voici un fragment :

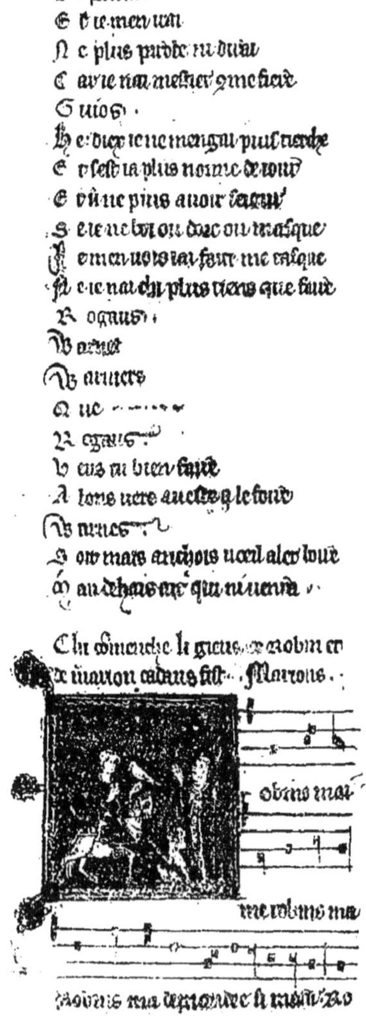

Extrait de la *Musique française*, par Henri Lavoix, Quantin, éditeur.

On la trouve, en notation ancienne et en notation moderne, dans :

Œuvres complètes du trouvère Adam de La Halle (Poésies et musique), publiées sous les auspices de la Société des Sciences, des Lettres et des Arts de Lille, par E. de Coussemaker, correspondant de l'Institut. Paris, A. Durand & Pédone-Lauriel, libraires, rue Cujas, 7. [Lefebvre-Ducrocq impr. à Lille] MDCCCLXXII, un vol. gr. in-8, 76 pages pour le faux-titre, le titre, la préface, l'introduction, 440 pages pour le texte et la musique, une planche en couleur (fac-similé d'une page du manuscrit 657 de la bibliothèque d'Arras) ;

Le Jeu de Robin et Marion, par Adam Le Bossu, trouvère artésien du XIIIᵉ siècle, publié par Ernest Langlois, professeur à la Faculté des Lettres de Lille. [Paris]. Librairie Thorin et fils, A. Fontemoing successeur, 4, rue Le Goff, 4, [Marchessou impr. au Puy-en-Velay], 1896, un vol. in-8, 2 ff. lim., IV pp. pour la préface, 143 pp. pour l'introduction, le texte, le commentaire, 10 pp. (chiffrées de 145 à 154) pour la musique, et une page pour la table, titre en rouge et noir, tiré à 500 exemplaires.

Le Jeu de Robin et Marion, d'Adam de La Halle. Airs notés d'après M. de Coussemaker. Accompagnement de J.-B. Weckerlin. Paris, s. d.

Zwei lieder aus dem Singspiel Robin und Marion, von Adam de La Halle, harmonisirt und herausgegeben von W. Tappert. Berlin, C. A. Challier, 1874, in-8.

M. Tiersot a écrit, pour les fêtes d'Arras, une petite partition dans laquelle il a ajouté aux mélodies un accompagnement d'orchestre et d'autres chansons populaires comme « Rossignolet du Bois-Joli », « En passant par la Lorraine ». Il a pensé que la représentation du *Jeu de Robin et Marion* n'eût point eu assez de relief sans ces retouches. Mais il a soin de bien établir, dans ses articles, que, contrairement à l'opinion de quelques musicographes, la musique de cette pastorale était purement mélodique, que les instruments ne faisaient qu'alterner avec le chant.

Je renvoie au *Ménestrel* pour les explications fort judicieuses et fort intéressantes que M. Tiersot donne ensuite sur la pastourelle, m'étant contenté de saluer en passant cette exhumation solennelle de la chanson populaire, puisqu'elle règne en maîtresse dans le *Jeu de Robin et Marion*. Le trouvère qui en est l'auteur, Adam de la Halle, né à Arras vers 1230, mort en Italie vers 1285, nous a laissé d'ailleurs, en outre, des rondeaux, des motets et d'autres chansons, qu'on retrouve dans l'édition de Coussemaker. Ce qui est assez piquant, c'est que ce savant musicographe a, sans s'en douter, rendu un hommage à la musique de la nature en disant, *loc. cit.*, page LVII :

« Quand on examine les diverses mélodies d'Adam, qu'on les analyse et les compare entre elles, on remarque une différence sensible entre celles des chansons et des jeux-partis et celles du *Jeu de Robin et Marion*. Celles-ci sont naturelles, faciles, chantantes ; les autres, au contraire, sont souvent maniérées, d'une forme difficile à retenir. »

BULLETIN CRITIQUE

AUDITIONS :

Barcelone. — A la salle des Beaux-Arts. 3ᵉ symphonie de Saint-Saëns, exécutée par M. Gigout et l'orchestre d'Antonio Nicolau.

Genève. — Aux concerts symphoniques de l'Exposition nationale : *Passacaille*, de Haendel, et *Cadence*, de sa composition, par le violoniste César Thomson : la *Rapsodie cambodgienne*, de Bourgault-Ducoudray, dirigée par l'auteur ; la symphonie en *ut* mineur, de Beethoven, dirigée par le chef d'orchestre des Concerts symphoniques, M. Gustave Doret.

Paris. — A la fête donnée par M. et Mᵐᵉ Victor Maurel, de l'Opéra, en l'honneur de S. A. Mᵐᵉ la princesse de Metternich : des pièces de Schumann, de Chopin, par Mᵐᵉ Roger-Miclos ; l'*Offrande*, de Reynaldo Hahn ; des chansons napolitaines, et la célèbre *Mandolinata*, par le maître de la maison.

PUBLICATIONS :

(NOTA. — Tous droits de reproduction et de traduction réservés.)

I

La véritable critique musicale existe à peine et ne peut encore exister, car elle manque de documents : elle n'a ni bibliographie, ni bonnes éditions des ouvrages anciens, tant théoriques que pratiques ;

enfin, les « humanités musicales », si l'on veut bien tolérer cette expression, restent encore à créer. Personne n'ignore le rôle de la musique dans la haute éducation intellectuelle et morale des Grecs, l'importance capitale que lui reconnaissaient les philosophes de l'antiquité. La musique, parole du sentiment, ne peut-elle, ne devrait-elle pas avoir sa place dans l'éducation moderne? Comme corollaire des humanités littéraires, il faudrait établir les humanités musicales. L'œuvre est importante autant que difficile. En attendant, les matériaux essentiels se préparent. La Bibliographie musicale enregistre les grandes éditions savantes des musiciens anciens et modernes, dues à des artistes doublés d'érudits. Parmi eux se distingue M. Henry Expert, avec les *Maîtres musiciens de la Renaissance française.*

Sous ce titre général, ce laborieux élève de notre grand César Franck doit donner, dans le texte intégral de leurs éditions primitives, les productions musicales de tout genre qui parurent en France durant le xvie siècle : la musique sacrée de l'Église romaine, la musique liturgique de la Réforme, la musique profane de la Renaissance, en un mot, les monuments de l'école franco-belge.

On y rencontrera les œuvres de Josquin des Prez, Clément Jannequin, Orlande de Lassus, Brumel, Pierre de Larue, Carpentras, R. et A. Fevin, Arcadet, Jean Mouton, Certon, Maillard, Claude Goudimel, Richafort, Moulu, Gascongne, Claudin de Sermisy, Manchicourt, Gombert, Guillaume le Heurteur, Courtoys, Willaert, Jacquet, Claude le Jeune, Costeley, du Caurroy; puis un grand nombre d'auteurs trop oubliés aujourd'hui et qui jouirent alors d'une vogue méritée, enfin, des chansons et des mélodies populaires anonymes fort intéressantes.

Chaque année paraîtront une ou deux livraisons de cent trente pages environ dans le format grand in-8° (bibliothèque Leduc). Le prix de la livraison est de 12 francs.

Depuis 1894, deux livraisons ont fait leur apparition :

Les Maîtres musiciens de la Renaissance française, éditions publiées par M. Henry Expert sur les manuscrits les plus authentiques et les meilleurs imprimés du xvie siècle, avec variantes, notes historiques et critiques, transcription en notation moderne, etc., 1re livraison. — ORLANDE DE LASSUS. *Premier fascicule des Mélanges.* Paris, Alphonse Leduc, éditeur, 3, rue de Grammont [A. Chaimbaud impr.], MDCCCXCIV. In-4°, xviii-117 pp. Titre en fac-similé de l'édition de 1576 des *Meslanges* et portrait d'Orlande de Lassus.

Orlande de Lassus est le plus grand, le plus fécond des musiciens de la Renaissance française; son nom et celui de Palestrina remplissent le xvie siècle. Orlande est la grande joie, la fête de ce siècle fatigué et écrasé par les guerres civiles et religieuses, *Lassus, lassum qui recreat orbem.* Rien d'étonnant que la première livraison de cette belle collection lui ait été consacrée.

Elle contient le premier fascicule des *Mélanges,* soit trente chansons à quatre parties. Il faut non jouer mais entendre chanter cette musique pour en comprendre la richesse et saisir les délicatesses, le mouvement, la variété des contrepoints. La qualité dominante de ce recueil, c'est la douceur des sons que d'Orlande fait bruire et dont il caresse agréablement nos oreilles. Les chansons: I. « Las, voulez-vous qu'une personne chante? », IX. « Qui dort ici? », XV. « La Nuiet froide et sombre », XXI. « Un doux nenny », en offrent des modèles parfaits. Le mouvement humoristique et vivace des parties, la spirituelle gauloiserie de l'expression comique se lisent dans les chansons : V. « Sauter, danser, faire les tours » ; VI. « Si par souhait je vous tenoys » ; XVI. « O Vin en' vigne » ; XXX. « Si vous n'êtes en bon point ». De l'esprit, du cœur, on en trouve donc à foison dans Orlande de Lassus, et c'est par ces qualités maîtresses que ses compositions ne vieillissent point. Belles au xvie siècle, elles sont belles aujourd'hui, elles seront belles demain. Elles dureront et plairont toujours à tous, en dehors du délassement, des renseignements particuliers que peuvent y chercher des esprits ou blasés ou curieux, en dehors de la perfection technique, du coloris vocal basé sur la progression mélodique des parties, des hardiesses de style et rencontres inattendues avec l'harmonie moderne que peut y découvrir l'artiste musicien.

Les Maîtres musiciens de la Renaissance française, ...
— 2e Livraison. — CLAUDE GOUDIMEL. 1er Fasc. des
150 Psaumes (Ed. de 1580). Paris, Alphonse Leduc,
éditeur, 3, rue de Grammont. MDCCCXCV. In-4°, viii-
129 pp.

Il serait téméraire de laisser entre toutes
les mains les chansons d'Orlande de
Lassus, car la franchise de nos ancêtres,
sans braver l'honnêteté, ne reculait pas,
on le sait, devant la salicité de l'expression.
et la dédicace de ces chansons au Grand
Prieur de France ne doit pas être regardée
comme une approbation pour les couvents :
les Psaumes de Goudimel, au contraire,
peuvent pénétrer partout pour l'honneur
de la morale et de l'art. Chaque psaume
contient une parcelle de beauté, des qualités de style, de composition, d'expression
remarquables. Toutefois, il faut s'arrêter
spécialement au XXIe. « Quemadmodum
desiderat cervus » : « Ainsi qu'on oit le cerf
bruire », un chef-d'œuvre ; aux IIe et VIIIe,
qui reproduisent l'un au soprano, l'autre au
ténor le fameux « Choral des Batailles » :
aux XIXe, XXVe, XLVIe et Le. Si Goudimel
n'a pas été le maître de Palestrina, ces
psaumes prouvent, du moins, qu'il en eût
été digne.

CANTERINO.

———×———

Histoire de la Langue et de la Littérature française, des
origines à 1900..., publiée sous la direction de L. Petit
de Julleville, 5e fascicule : Tome I. Moyen-Age (des origines à 1500), 1re partie. Paris, Armand Colin et Cie,
éditeurs, 5, rue de Mézières [Brodard impr. à Coulom-
miers]. En cours de publication. L'ouvrage complet for-
mera 8 volumes. Il paraît un fascicule le 5 et le 20 de
chaque mois.

Dans le 5e fascicule, qui contient les pages 321 à 408 et une planche hors texte en
couleur, on trouve la fin du chapitre concernant Perceval (Parsifal), le héros du Saint-
Graal au Moyen-Age, et tout le chapitre V
(Les Chansons), rédigé par M. Alfred Jeanroy, professeur à la Faculté des Lettres de
Toulouse (16 pages), et accompagné d'une
notice de 15 pages sur la musique des
chansons et d'une bibliographie musicale
par M. Antonio Restori, professeur au Lycée
de Parme.

Après avoir mentionné les plus anciennes
chansons : rotruenge, serventois, estrabot,
M. Jeanroy distingue des genres objectifs

et des genres subjectifs. Dans les premiers
se trouvent la chanson d'histoire, la chanson à personnages, la chanson de mal ma-
riée, l'aube, la pastourelle, la chanson à
danser ou rondet. Dans les seconds : la
chanson courtoise, la chanson métaphysique et didactique, le rondel et la ballette.
l'estampie, le lai, le descort, le motet, la
tenson et le jeu-parti. Tout cela forme un
très substantiel chapitre sur un point de
notre littérature assez obscur avant les
toutes récentes études de M. Jeanroy.

Mais je passe à la note sur la musique
des chansons par M. Antonio Restori. Dès
le début, il constate que la manie qu'ont
les musicographes de chercher surtout
dans le passé des compositions harmoniques a eu deux résultats : d'abord jusqu'ici
ils se sont surtout attachés à ce genre et
par suite nous n'avons pas sur la musique
mélodique des troubadours et des trouvères
des travaux aussi précis et aussi importants
que ceux de Coussemaker sur l'harmonie ;
en outre, il a plu à quelques-uns d'entre
eux de voir de l'harmonie partout, même
dans les chants mélodiques : Théod. Nisard
n'a-t-il pas affirmé que les mélodies, que
les manuscrits attribuent aux troubadours
et aux trouvères, ne seraient que des parties séparées de compositions polyphoniques ? Or, comme le fait remarquer
M. Restori, au point de vue historique,
n'est-ce pas le contraire qui aurait dû se
produire, n'aurait-on point dû avant tout
chercher les mélodies ? Car elles repré-
sentent non-seulement « des inspirations
musicales individuelles, mais, ce qui est
plus important... elles reflètent souvent le
goût et l'inspiration populaires ».

Puis, M. Restori commence une analyse
technique de la contexture du chant populaire. Notez que, dans ce livre d'Histoire
littéraire, ce point est essentiel parce que
la forme poétique est venue de la forme musicale. Tout ce qui suit est à lire attentive-
ment sur le volume ; mais je citerai les
passages essentiels : 1° le principal caractère du chant populaire est la répétition
d'une formule mélodique, par exemple dans
le Chantefable :

C'est Aucassin et de Nicolete, fac-simile en photogravure du ms. unique de la Bibliothèque Nationale à Paris
(fonds français n° 2168). Publié par F. W. Bourdillon

Scholar of Worcester College, Oxford. Paris, Welter, 1895, pet. in-4, demi-vélin, 30 fr.

1., An introduction by the author on the unique ms. of this well known " Cantefable " and its peculiarities. 2., A photo-fac-simile of the entire ms., executed by the intaglio process of M. Dujardin of Paris. 3., A careful type-transliteration of the same, in which special attention has been paid to the musical notation. 4., Notes, mainly critical;

« Ce principe de la répétition de la formule mélodique entraine une conséquence nécessaire, c'est que, quand la répétition cesse, il y ait une phrase musicale, une cadence, quelques notes finales, quelque chose enfin qui nous en avertisse » (« eya », « aco » de la *Chanson de Roland).*

On trouve huit chansons de ce type dans une brochure de M. Restori :

Musica allegra di Francia nei secoli XII e XIII. Parme, 1893, in-8.

Cette cadence finale, si elle est chantée en entier sur les mêmes paroles, est le « refrain » lui-même chanté en chœur. Souvent cette cadence n'est pas chantée en entier sur les mêmes paroles, elle comprend alors : 1º la « coda » : 2º le « refrain ».

Dans la poésie artistique, celle des trouvères (le Châtelain de Couci, Thibaut de Navarre), la coda s'est étendue jusqu'à supprimer le refrain qui n'est nécessaire que dans la poésie populaire. Je dis des trouvères, les poètes du Nord. Quant aux troubadours, ceux du Midi (Bernart de Ventadour, Pierre d'Auvergne, Raimbaut d'Orange), ils ont un art d'un caractère scolastique ; la mélodie chez eux est, si je puis dire, abstraite, vague ; « on n'y trouve point cette tendance vers une tonalité précise qui plait à nos oreilles dans les mélodies primitives du Nord. » (Cf. Tiersot, *le Ménestrel,* nos 25-28.) M. Restori dit plus loin son opinion sur le rôle des instruments combinés avec la voix : elle n'est pas concluante. Il passe ensuite à la musique des pastourelles, des serventois, des jeux-partis et des lais. Pour ce qui concerne la musique à plusieurs parties qu'on trouve, ainsi qu'on sait, dans les Rondeaux, les Motets, c'est-à-dire le déchant, M. Restori suit les savants ouvrages de E. de Coussemaker et Henri Lavoix.

Si M. Restori n'a donné ici qu'une « Note », il a su clairement exposer l'état où est actuellement la question de la musique des poésies lyriques du Moyen-Age ; il a fait voir notamment qu'il faut faire plus pour la musique mélodique. Nous ne l'oublierons pas.

Sonnets païens (Armand Silvestre). Chant et piano. Musique de Gustave Doret. Genève, Maison Henn, éditeur, rue de la Corraterie 14... Paris E. Baudoux et Cⁱᵉ Bᵈ Haussmann 30 ; Bruxelles et Leipzig, Breitkopf et Haertel [1896], gr. in-4, 3 ff. lim., 37 pages.

Il a été tiré du présent ouvrage 20 exemplaires sur papier de Hollande, numérotés de 1 à 20 et signés. Les *Sonnets païens* ont été publiés aussi avec accompagnement d'orchestre.

Cette publication comprend la musique de six sonnets, précédée, sur un feuillet, de la poésie seule.

On lit donc d'abord la poésie ; puis, tournant le feuillet, on pose les mains sur le clavier *pianissimo :*

> Fleuris dans mon esprit, ô fleur de volupté.

Nous sommes en *ré* ; la tonalité du début est simple, précise, puis, dès la quatrième mesure, les triolets du piano chevauchent sur de multiples accidents, s'animent, brûlent, en suivant l'ardente évocation de la mélodie, et, à la cadence finale, expriment encore le trouble de l'âme.

Séduits, vous passez au second : triomphalement éclate en octaves le motif principal, repris aussitôt par le chant :

> Je chanterai toujours, dans sa grâce et sa force,
> La beauté de Rosa.......

splendide expression de la furieuse passion, qui revient sans cesse au clavier, pendant le récitatif :

> Mon front contre ton front d'airain, je sècherai
> Mes pleurs à tes regards qui n'ont jamais pleuré.
> ....

jusqu'à l'explosion finale qui s'achève en la résonnance obstinée de la dominante.

L'accalmie :

> Je voudrais, quand tous deux aurons la bouche close.

Ici, le clavier est calme, suit le chant plein de lenteur, va jusqu'à le redoubler en octaves — ce qui me semble **excessif.**

La passion fait place à la raison :

> Comme un grand lac perdu dans une solitude,
> Ton front, pâle Rosa, rêve éternellement.
> ....
> Va, ce calme n'est rien qu'une savante étude ;
> ....
> De ton front résigné j'ai compris l'imposture.

De larges accords, comme il convient, allant quelquefois s'arpégeant, soutiennent la voix qui, ici, déclame plus qu'elle ne chante.

La désespérance :

> J'ai, sous ton pied superbe, empourpré la poussière,
> ....
> Sans qu'une larme, ô femme, ait fleuri la paupière.

Ce cinquième sonnet est celui où M. Gustave Doret est le moins personnel : oh ! certes, il a ce ton accablé du triste réveil. Mais l'expression se sent trop des formes connues : il est indéniable que l'un des cris les plus poignants de Samson à la meule, du *Samson et Dalila* de Saint-Saëns, se rencontre ici, aux onzième et douzième mesures, et que trop de gens reconnaîtront la chute de cette phrase « La Coupe d'or de Cléopâtre ».

M. Doret a retrouvé sa note dans :

> Je vais le cœur lassé des vaines meurtrissures.

La belle page !

J'affirme que des trouvailles musicales comme celle qui traduit ces vers :

> Le temps garde à nos fils l'éternelle surprise
> De ton divin sourire, ô fille de Vénus.

rachète mille fois des négligences du genre des précédentes et je suis sûr que plus d'un sera impressionné, comme je le suis, après la lecture de cet album, heureux si ma plume a pu donner une notion de sa valeur et faire connaître à M. Gustave Doret mon admiration pour ses *Sonnets païens*.

Des compliments sont dus à l'éditeur qui a fait des *Sonnets païens* une publication qui ne saurait manquer dans les bibliothèques des amateurs de beaux livres de musique.

Troisième recueil. La *Musique de chambre*. Année 1895. Séances musicales données dans les Salons de la Maison Pleyel, Wolff et Cie. Reproduction des programmes. Étude analytique par Henry EYMIEU, avec préface par Oscar COMETTANT. Paris, Salons Pleyel, Wolff et Cie, 22, rue Rochechouart, 22 [1896], in-12, 2 ff. lim. 4 pages pour la préface (I-IV), 31 pages pour l'Étude analytique, 229 pages, plus une non ch., couv. ornée d'un portrait (Camille Pleyel) et reproduisant le titre en rouge et noir.

M. Comettant présente ce livre en quelques lignes consacrées au Beau dans l'Art. M. Henry Eymieu y a joint une étude étendue et documentée : il rappelle les premiers concerts de Chopin, de MM. Saint-Saëns, Francis Planté, Guilmant, Ludovic Breitner, les origines des Sociétés, comme les Sociétés Sainte-Cécile, des Trios anciens et modernes, des Symphonistes, d'Art moderne, etc. Ce qu'il dit sur le drame lyrique naturaliste (page III) est, ma foi, judicieux ; il engage avec beaucoup de raison les compositeurs français à négliger moins la musique de chambre, à laquelle en effet le public me paraît accorder plus de faveur, depuis que des amateurs éclairés, des virtuoses et des critiques, Mme la princesse de Metternich, MM. Maurice Kufferath, Ysaye, Parent (pour ne citer que ceux-là ; car il y en a d'autres qui sont de véritables apôtres), ont appelé l'attention sur les Brahms, les Grieg, les Smetana. Que M. Henry Eymieu me permette une petite critique : je n'aime pas le mot « génie » appliqué indistinctement à Glück et à Gounod. Le génie est rare : le possède qui innove, qui trace une voie nouvelle, qui crée une école : alors ! Mais cela est un mot seulement dans toute l'étude : cela ne m'empêchera pas de dire que je l'ai lue avec beaucoup d'intérêt, parce que l'auteur s'est livré à des recherches que nous n'aurons plus à faire pour fixer des dates ou préciser de nombreux faits. Et puis elle est présentée avec élégance cette collection de programmes qui suit, allant du 27 octobre 1894 au 4 juillet 1895, de l'audition des élèves de M. Decombes, à celle des élèves de Mme Chrétien, en passant par les séances de Mmes Roger-Miclos, Edouard Colonne, Rosine Laborde, Mlle Magdeleine Godard, MM. Weingaertner, Parent, Boufflack, Debroux, Delaborde, et de la Société des Instruments anciens. Enfin des tables bien faites ne comprenant pas moins de vingt-cinq pages, permettent aux intéressés de retrouver facilement le nom cherché.

Memento. — *La Femme de Claude*, drame lyrique de Albert Cahen. Choudens éditeur.

LE CONGRÈS DES ÉDITEURS

ET

L'OFFICE INTERNATIONAL

DE LA

BIBLIOGRAPHIE

Au Congrès international des éditeurs, ont été émis des vœux importants : Au sujet du dépôt légal, l'obligation du dépôt (trois exemplaires pour les estampes, la musique, deux pour le reste) incombera à l'éditeur ; à son défaut seulement, à l'auteur ou à l'imprimeur ; les exemplaires devront être complets et dans l'état de vente.

Voici quelques autres vœux : En dehors des articles de discussion politique, des nouvelles du jour et des faits divers, la reproduction des autres articles de journaux ou de recueils périodiques doit être interdite comme celle des romans feuilletons et des nouvelles, sans qu'il soit besoin d'aucune mention de réserve.

D'autres concernent l'uniformité des catalogues à classification méthodique. Le Congrès souhaite la généralisation de ces catalogues. Parmi les systèmes de classification, il recommande l'étude d'un système basé sur le système décimal et désire voir tous les pays travailler à la formation d'une bibliographie nationale pour servir quelque jour à la constitution d'un répertoire de bibliographie universelle.

Il est fait là allusion à l'œuvre que poursuit l'association de bibliographes appelée l'Institut international de Bibliographie, sis à Bruxelles, aidé du bureau officiel créé par S. M. le Roi des Belges sous le nom d'Office international de Bibliographie. L'Institut international de Bibliographie public, depuis le mois de septembre 1895, un Bulletin qui paraît six fois par an, dont l'abonnement est de 10 francs pour les membres effectifs de l'Institut.

L'Office international a déjà publié sept brochures, notamment celle qui porte ce titre :

Publications de l'Office international de Bibliographie n° 5. *Organisation internationale de la bibliographie scientifique* [01.08].

025.4 La Classification décimale et la Nomenclature bibliographique. 01.06 L'Institut international de Bibliographie. 01.06 L'Office international de Bibliographie. 016 Le Répertoire bibliographique universel.

Bruxelles, imprimerie veuve Ferdinand Larcier, 26-28, rue des Minimes, 1896, in-8, 30 pages, 1 fr. ;

dans laquelle on trouve les renseignements essentiels sur le système de bibliographie universelle dont MM. H. La Fontaine et P. Otlet ont pris un jour l'initiative.

Ne pouvant nous étendre davantage aujourd'hui sur ce sujet, nous avons voulu seulement attirer l'attention sur une œuvre qui, si elle trouve, comme elle le mérite, le succès, aura pour premier résultat de faire disparaître mille classifications arbitraires et compliquées.

Ajoutons que la classification décimale de l'Institut a déjà consacré plusieurs pages à la classification de la musique.

RÉPERTOIRE BIBLIOGRAPHIQUE

PÉRIODIQUES :

— L'Ami du Chanteur. Hebdomadaire. Directeur : Henry Hozart. Paris, H. Geffroy, éditeur, 222, boulevard Saint-Germain [Noizette impr.], gr. in-8, 8 pages de texte et musique. Abonnements : France 6 fr., Étranger 8 fr., le n° 10 cent.

— Arta. Revista muzicala. Mensuel. Directeur : Titus Cerne. Iasi (Roumanie), 1, str. Coroi. [Miron Costin impr.], in-8, 28 pages.

1896 (5ᵉ année). N° 4-5. Orchestra aonlui teatru ; Ariel : Profile contiparane : Teodor Dubois. Musique : une chanson populaire « Mindra Duminica ».

— Cæcilia. Journal de musique religieuse. Organe des sociétés de Sainte-Cécile. Tri-semestriel. Directeur : J. Gurtler. Delle (Haut-Rhin) et Boncourt (Suisse), 12 pages in-12 de texte, 4 pages in-8 de musique.

— Centralblatt für Instrumentalmusik, Solo und Chorgesang. Allgemeine Musikzeitung für Musiker, Gesangvereine und das musikalische haus. Bi-mensuel. Rédacteur en chef : A. W. Gottschalg. Propriétaire-Directeur : Hans Licht, éditeur à Leipzig [Hesse & Becker impr. à Leipzig], gr. in-8, 32 pages texte et musique à 2 col., et des encartages. Abonnements : Leipzig 8 mk ; Allemagne et Autriche-Hongrie 10 mk 40 ; Union Postale 11 mk 20 ; le numéro 80 pf.

1896 (11ᵉ année). N° 19. F. Th. Carsch-Bühren : Ueber die musik im socialen leben des deutschen volkes (suite). Nᵒˢ 19, 20. L. Wambold : Die Tonkünstlerversammlung des allgemeinen deutschen Musikvereins in Leipzig. N° 19. Aug. Becker : Viertes westfaelisches Musikfest. N° 19. Musique : Heimweh, pour 4 voix d'hommes, de Karl Schauss ; Der Philister, pour 4 voix d'hommes, de Wilhelm Ungemach. N° 20. Fritz Riedel : Versikel und

Kollekte. Nº 20. Musique : Kaiser von Deutschland, Dich grüszt unser lied, de Oskar Wermann : 1º pour 4 voix d'hommes ; 2º pour chœur mixte ; Der Haering und die Auster, komische ballade, chœur de Wilh. Sturm ; Nun pfeif' ich noch ein zweites Stück, chœur p. 4 voix, de H. Zoellner ; Trinklied, pour 4 voix, de C. Jul. Schmidt. Nº 21. K. G. : Allgemein wissenswertes und Statistisches, betreffend « Dirigenten-wahl » und Ausschreibung von « Chorvereinsleiterposten ». Musique : Wiegenlied, pour 4 voix mixtes, d'Anton Dvorak ; Blumengruss, mélodie avec accompagnement de piano, d'Eduard de Hartog.

— L'Echo musical. Revue paraissant tous les quinze jours. Musiques militaires, harmonies, fanfares, sociétés chorales et symphoniques, concours, festivals, chroniques artistiques. Bruxelles, Mahillon et Cº, 23, chaussée d'Anvers, in-8, couverture et 16 pages à 2 col. Abonnements : 4 fr., Etranger 5 fr., le nº 15 cent.

1896 (26º année). Nºs 12-14. H. Fierens-Gevaert : La Beethoven-Haus à Bonn. Nº 13. Concours du Conservatoire. Nº 14. Biographies du Compositeur allemand G. A. Lortzing et de Ferdinand Kufferath.

— L'Echo des Orphéons. Journal des Sociétés chorales et instrumentales. Tri-mensuel. Directeur : Victor Lory. Paris, 12, rue Cadet [Chaix impr.], in-folio, 4 pages à 4 col. Abonnements : 10 fr., le nº 40 cent.

1896 (36º année). Nº 13. Concours d'Arras, Epinal, Meaux, Limeil-Brévannes : appréciations du jury. Nº 14. Concours de Meaux, Choisy-le-Roy, Le Rainey, Arras, Limeil-Brévannes : appréciations du jury ; Concours de Marly-le-Roi, Le Perreux : listes des prix.

— L'Europe artiste. Journal théâtral, littéraire et artistique. Hebdomadaire. Directeur : M. Pascal-Estienne. Paris, 123, rue Montmartre, gr. in-4, 16 pages à 3 col., un portrait. Abonnements : France 40 fr., Etranger 50 fr., le nº 50 cent.

1896 (44º année). Nº 25. J. Poulalion : Silhouettes contemporaines : M. Massenet, biographie accompagnée d'un portrait ; Félix Rémo : Pour les Artistes :

« ..... Une phalange d'artistes philanthropes s'est réunie dans le but de créer à Nice un établissement destiné et réservé exclusivement à la grande famille artistique et littéraire, et a bien voulu me faire l'honneur de m'en confier la réalisation.

Sous l'apparence d'un simple hôtel privé, doué de tous les perfectionnements de l'hygiène moderne la mieux entendue, ceux qui auront besoin de repos et de soins spéciaux trouveront une merveille d'organisation visant à la fois le repos moral, si nécessaire aux artistes surmenés, et tous les avantages sanitaires de la plus savante installation, grâce à la coopération désintéressée de l'éminent hygiéniste M. le docteur Bardet, Secrétaire général de la Société de Thérapeutique de Paris, et à l'étude spéciale qu'il a bien voulu en faire afin de créer un établissement modèle qui sera copié dans toute l'Europe.

Cet établissement ne doit pas être comparé à une maison de santé et ne recevra pas ces malades de la dernière heure qu'il est trop tard pour sauver, et qui le ferait déserter, ni aucun de ceux qui doivent rester alités. C'est une simple maison d'hygiène s'adressant à des traitements passagers (comme les maladies de gorge chez les chanteurs), à ceux que le surmenage a épuisés, ou chez qui un premier germe peut être arrêté au début.....

Il sera ouvert à tous les artistes, grands ou petits ; mais toute idée de spéculation étant écartée, il ne sera demandé qu'un prix très modique, dans le double but d'éviter de froisser la dignité par la gratuité, et de subvenir aux strictes dépenses de l'établissement. Ceux cependant qui ne seraient pas en état de payer pourront en faire la déclaration confidentielle au Comité, lequel les y enverra aux frais de l'œuvre sans que personne, même le gérant, en soit instruit.

Un grand nombre de notabilités dans les lettres et les arts, membres de l'Académie et de l'Institut, romanciers, auteurs, journalistes, peintres, étoiles de la scène et des concerts, nous ont spontanément manifesté leur approbation, sous forme d'un patronage auquel nous ne demandons pas autre chose que de la sympathie, reconnaissant déjà qu'ils veuillent bien honorer une œuvre qui restera comme un monument de la philanthropie artistique, et dans laquelle nous serons heureux d'enrôler tous ceux qui voudront bien ajouter leur nom à ces noms illustres et aimés que l'admiration publique est toujours prête à suivre.

Un Comité de direction choisi parmi eux et qui siégera à Paris, aura dans ses mains la haute surveillance, gérera la partie financière, nommera à tous les postes et administrera toute l'affaire.

Les frais totaux, comprenant le terrain, un grand bâtiment central et deux ailes, les dépendances, l'ameublement, agencement, lingerie, hydrothérapie, laboratoire, provisions, frais généraux, jardins, ferme, animaux, mise en train, fonds de réserve et de roulement, ont été estimés à cinq cent mille francs, que de généreuses donations ne peuvent manquer de couvrir, et nous faisons appel à toutes les fées du bien pour nous y aider.

Une circulaire prochaine donnera les noms des patrons et du Comité de direction, les détails de l'organisation de l'œuvre et les donataires déjà acquis. (Toutes les donations seront reconnues par voie de la Presse.) Plusieurs journaux et d'éminents journalistes nous ont offert leur précieux concours, et l'Europe Artiste s'est gracieusement chargée d'être l'interprète et l'intermédiaire de ceux qui voudraient bien s'intéresser à cette œuvre humanitaire ; enfin nous espérons, dans un délai très rapproché, pouvoir remettre les clefs de l'établissement aux mains du Comité de direction.

Pensez à nos confrères malheureux et donnez-leur un témoignage de votre sympathie en voulant bien nous aider.

FÉLIX RÉMO.

A l'Administration de l'Europe Artiste, 123, rue Montmartre, Paris.

P. S. J'ai reçu des lettres charmantes qui prouvent combien dans la grande famille des artistes le cœur est uni au talent ; notamment d'Emile Zola, de Sarasate, de Ravelli, de Mlle Chaminade, etc., mais je ne peux résister au plaisir de reproduire celle de notre grande artiste Sarah Bernhardt qui m'a vivement touché :

« J'accepte de tout mon cœur. Je mets mon nom et mon talent à votre disposition et ma bourse se déliera à votre premier appel. Merci d'avoir pensé à tant d'infortunés. C'est une belle et noble idée que la vôtre.

» Sarah Bernhardt. »
Fort du Poulains, Belle-Isle-en-Mer (Morbihan).

— Fédération musicale de France. Association des Harmonies, Fanfares, Orphéons, Symphonies, Quatuors à cordes, Trompettes, Trompes de chasse, Fifres, Estudiantinas, etc., etc. Bulletin officiel. Mensuel. Rédacteur en chef: Th. Groussot à Bourges, 2, place Clamecy. [Marguerith-Dupré impr.], in-4, 16 pages à 2 col. Abonnements (compris dans la cotisation de la Fédération) : pour les Sociétés 12 fr., pour les membres associés 5 fr.

1896 (2e année). No 4. Concours de La Ferté-sous-Jouarre, Saint-Amand-les-Eaux, Limeil-Brévannes, Montluel, Epinal : liste des prix ; Concours de La Ferté-sous-Jouarre, Limeil-Brévannes : appréciations du jury.

— Gazette musicale de la Suisse romande. Bi-mensuel. Rédacteur en chef : Georges Humbert. Directeur-propriétaire : Ad. Henn, éditeur. Genève, 14, rue de la Corraterie, gr. in-8, 16 pages à 2 col., un portrait. Abonnements : Suisse 4 fr., Etranger 5 fr., le no 25 cent.

1896 (3e année). No 8. Georges Humbert : La Musique à l'Exposition ; l'Ode patriotique d'Otto Barblan. Biographie, accompagnée d'un portrait de Louis Rey, violoniste. No 9. Gustave Ferraris : Les Sonnets païens de Gustave Doret. Biographie, accompagnée d'un portrait, de Emile Jaques-Dalcroze, compositeur.

— Le Guide musical. Revue internationale hebdomadaire. Directeur : Maurice Kufferath à Bruxelles. Rédacteur en chef : Hugues Imbert, à Paris. Bruxelles, 2, rue du Congrès. Paris, Librairie Fischbacher, 33, rue de Seine, gr. in-8, 16 pages à 2 col. Abonnements : France et Belgique 12 fr., Union postale 14 fr., Pays d'Outre-Mer 18 fr. le no 40 cent.

1896 (42e année). Nos 25-26. Foureaud. La carrière d'un maître (Saint-Saëns) ; Gaston Vallin : Le Don Juan de Mozart à Munich. Nos 27-28. In memoriam. Hubert-Ferdinand Kufferath, 1818-1896 : H. Fierens-Gevaert : Adam de La Halle.

— La Lyre chrétienne. Revue tri-semestrielle des nouveautés musicales et dramatiques à l'usage de la jeunesse (Paroisses, Patronages, Cercles, Institutions, Ecoles et Familles chrétiennes). Directeur : Chagnon-Auclert. Versailles, 7, rue St-Simon. [Luce impr. à Versailles], in-8, 8 pages de texte et un morceau de musique. Abonnements : 1 fr.; avec la musique 2 fr.

1896 (5e année).

— Il Mandolino. Giornale letterario-musicale. Bi-mensuel. Directeur : G. Monticone. Torino, via Po. 38 [Camilla e Bertolero impr.] in-4, 4 pages de texte et musique, morceau pour mandolines et guitare, titre orné. Abonnements : Italie 5 L., Etranger 7 L., le numéro 20 cent.

1896 (5e année). No 11. Texte : Vita mandolinistica ; grande Record mandolinistico. Musique : Al Chiaror di luna, polka-marcia, pour 2 mandolines et guitare, de G. Sartori. No 12. Musique : Franceschina, mazurka de L. Rubando.

— Melody. A musical magazine. Mensuel. Directeur : C. Arthur Pearson. London, Henrietta str. [Horace Cox impr.], gr. in-4, couverture illustrée, 6 pages de texte, à 2 col. 48 pages de musique, avec vignettes. Le numéro net, 6 d.

— Le Ménestrel. Musique et Théâtres. Hebdomadaire. Directeur : Henri Heugel, éditeur. Paris, 2 bis, rue Vivienne, gr. in-4, 8 pages de texte à 2 col. et un supplément de musique. Abonnements : texte seul 10 fr.; texte et musique 20 fr. et 30 fr.

1896 (62e année). Nos 24-28. Arthur Pougin : La première Salle Favart et l'Opéra-Comique, 1801-1838 (suite). Nos 24 et 25. Camille Le Senne : La Musique et le Théâtre aux Salons du Champ-de-Mars et des Champs-Elysées (fin). Nos 24, 26-28. Paul d'Estrée : Musique et Prison (suite) : La Bastille et les prisons d'Etat sous l'Ancien Régime. Nos 25-28. Julien Tiersot : Sur le Jeu de Robin et Marion, d'Adam de La Halle.

— The Minstrel. Mensuel. London, 115, Fleet-Street [Veale, Chifferiel & Co impr.], in-4 carré, couverture et 20 pages à 2 col., ornées de figures, sur papier glacé. Le numéro 6 d.

1896. No 55. C. Ballaigue : Music as the people's art. Poésies par W. Gray, G. Moor, J. K. Murray, R. O. Barlow, R. H. Savage, etc. Biographies, accompagnées de portraits, de B. Manders, organiste, Georges Gaffe, principal de Saint-Albans School of Music, W. H. Cummings, principal de Guildhall School of Music, A. Light Arnold, organiste, A. J. Page, professeur au Royal College of Music, J. E. Smith, organiste, Fr. A. Jewson, compositeur, Madame Chatto, Mmes Jeanne Douste, Maud Raggi, artistes lyriques.

— Le Monde musical. Organe de la facture instrumentale et des expositions. Bi-mensuel. Directeur-Fondateur : E. Mangeot, facteur de pianos. Paris, 3, rue du Vingt-neuf-Juillet [L. Carpentier impr., Montdidier], gr. in-4°, 20 pages à 2 col. ; un portrait. Abonnements : France, 12 francs ; Etranger, 14 fr. 50 ; le numéro, 50 centimes.

1896 (8e année). Nos 3-4. Albert Peschard : Nouveaux Perfectionnements au système Electro-Pneumatique des Grandes Orgues (suite), avec figures explicatives. No 3. Portraits de Cesare Geloso, pianiste, et d'Albert Geloso, violoniste. No 4. Tableau complet (noms des professeurs, élèves, titres des morceaux, etc.) des Concours du Conservatoire de 1896 ; portrait de Théodore Dubois.

— The Monthly musical record. Mensuel. Directeur : Augener, éditeur. London, 199, Regent-Street [Cassell & Co impr.], in-8° carré, 20 pages de texte à 2 col., 4 pages de musique. Abonnements : 2 s. 6 d. Le numéro, 2 d.

1896. Vol. XXVI. No 307. Texte : Artistic finish. Reinecke : The Beethoven pianoforte Sonatas, avec des exemples de musique; St. S. Stratton : the Organs works of J. S. Bach, édited by W. T. Best, avec des exemples de musique; Th. Carlyle : Petition on the Copyryth Bill. Musique : Concertstück pour violoncelle et accompagnement de piano, de Carl Schroeder, op. 68. [Music printing officine 10, Lexington str. London].

— Musica Sacra. Revue de chant d'église et de musique religieuse. Bulletin de la Société de Saint-Grégoire établie en Belgique sous le patronage de NN. SS. les Evêques, Sancta Sancte. Mensuel. Rédacteur en chef : Chanoine Sosson à Namur. Administrateur : Chanoine Van Damme à Gand. [C. Poelman impr. à Gand], in-8, 8 pages de texte à 2 col., 4 pages de musique. Abonnements : Belgique 5 fr., Hollande 3 fl., Union Postale 6 fr., le numéro 50 cent.

1896 (15e année). Nos 9-11. Musique : Six trios pour orgue (Veni Creator Spiritus, Kyrie, In exitu, etc.) de Lorenzo Perosi. Nos 10-11. Texte : P. Sosson : Coup d'œil sur la situation de la musique sacrée en Belgique. A. Lhoumeau : Orgue et plain-chant. J. Bour : Le Rythme oratoire du chant grégorien.

— Musica Sacra. Revue mensuelle du Chant liturgique et de la musique religieuse. Mensuel. Fondateur : Aloys Kunc. Directeur : Pierre Kunc. Toulouse, 8, rue Mage [A. Duclos impr.], gr. in-8 carré, 8 pages de texte à 2 col., 4 pages de musique. Abonnements : France et Alsace-Lorraine 6 fr. ; Union postale 8 fr.

1896 (19e année). No 8. Texte : E. Souilier : Rythme grégorien (fin), avec des exemples de musique; J. Artigarum : Essai sur l'origine et la signification des neumes (à suivre); A propos de l'air du Cantique « Hélas ! Quelle douleur ! » Musique : Anima Christe , solos et duos; Cor Jesu, Cor Mariæ, à 3 voix égales de F. L. Comire.

— Musica sacra. Monatschrift für Hebung und Forderung der kathol. Kirchenmusik. Bi-mensuel. Fondateur : Dr. Franz Xaver Witt. Directeur : Dr. Franz Xaver Haberl. Regensburg, librairie Fr. Pustet, in-8o, 12 pages et suppléments de musique. Abonnements : Allemagne et Autriche-Hongrie, 4 mk ; Etranger, 4 mk, 80 pf.

1896 (29e année, nouvelle série VIII). No 11. Texte : Gietmann : Der oratorische Rhythmus im Choral. Le Monde uber die offiziellen Choralbücher (Traduction de l'excellent article de Romanus sur l'Unité du chant par l'édition officielle). No 12. Texte : Haberl : Das 23 semester an der Kirchenmusikschule in Regensburg. Organaria. Orgellitteratur und Choralvorspiele. Musique : « vorspiele » de Quadflieg.

— La Nouvelle France chorale. Moniteur des Orphéons et des Sociétés instrumentales. Bi-mensuel. Directeur : Camille de Vos. Paris, 3, rue d'Aboukir, in-fol., 4 pages. Abonnements : France et Etranger, 12 francs, le numéro, 50 cent.

1896 (28e année). No 12. Concours de Meaux, Choisy-le-Roy, La Ferté-sous-Jouarre, Epinal : Appréciations du Jury. Concours de Dinan et de Dax : liste des prix. Nos 12 et 13. Henry-Abel Simon : Par droit de conquête. No 13. Concours d'Arras, Epinal (suite), Choisy-le-Roi, Bourg-la-Reine, Meaux (suite). Appréciations du Jury.

— Paris-Piano. Bibliothèque musicale bi-mensuelle. Directeur-fondateur : René Godfroy, éditeur. Paris, 21, rue Denfert-Rochereau, gr. in-4, couverture illustrée et 4 pages de musique. Abonnements : France 5 fr., Etranger 7 fr., le no 20 cent.

— Le Progrès artistique. Musique, Théâtres, Beaux-Arts, Littérature, Sport, Escrime, Finances. Hebdomadaire. Fondateur : Victor Souchon. Rédacteur en chef : Maurice La Rivierre. Paris, 12, rue Martel, [Dardilly impr.], gr. in-4, couverture illustrée, 8 pages de texte à 3 col. Abonnements : France 12 fr., Union postale 15 fr., le no 25 cent.

1896 (19e année). No 937. F. de Ménil : Adam de La Halle. No 938. R. : L'Œuvre de la Conférence diplomatique de la propriété artistique et littéraire. No 939. F. de Ménil : Le Grand Prix de Rome.

— La Quinzaine musicale. Bi-Mensuel. Directeur : W. Smyth. Rédacteur en chef : H. Eymieu. Paris, Bourlant-Ladam, éditeur, 40, passage du Havre [Dardilly impr.]. gr. in-4, 1 page de texte à 3 col., 7 pages de musique. Abonnements : France 6 fr., Etranger 8 fr.

1896 (2e année). No 13. Musique : A Ninon ! mélodie de Paul Ruben ; Elégie pour piano d'Ed. Chavagnat.

— Le Réveil théâtral. Ancien « Union internationale des Artistes » fondé en 1884, transformé Organe des revendications artistiques. Hebdomadaire. Rédaction et administration : Paris, 48, Faubourg Saint-Denis [Frémon impr. à Arcis], gr. in-4, 8 pages à 2 col. Abonnements : France 25 fr., Union Postale 35 fr., le numéro 25 cent.

1896 (2e série). Nos 1, 2. Adolphe Mayer : la Société des Auteurs.

— Revue de musique religieuse et de chant grégorien. Mensuel. Directeur : J. Mingardon. Marseille, 11, place Sébastopol, in-8, couverture et 16 pages. Abonnements : France et Colonies, 3 fr.

— The Strand musical magazine. Mensuel. Directeur : E. Hatzfeld. London, George Newnes, éditeur, 8-11, Southampton Str., and Exeter Str., Strand, W. C., in-8 carré, couverture illustrée. Le no 6 d.

— La Tribune de Saint-Gervais. Bulletin mensuel de la « Schola Cantorum », fondée pour encourager l'exécution du plain-chant selon la tradition grégorienne, la remise en honneur de la musique palestrinienne, la création d'une musique religieuse moderne, l'amélioration du répertoire des organistes. Rédaction : Paris, 15, rue Stanislas, in-8, couverture, 16 pages et un encartage de musique. Abonnements : France 10 fr., Union Postale, 11 fr.

1896 (2e année). No 6. Ch. Bordes : La Musique figurée, avec des exemples de musique. Michel Brenet : La Musique dans les Processions (à suivre). Nos 5 et 6. J. Parisot : Compte-rendu des fêtes religieuses de Niort. No 6. Musique : Trope en l'honneur de Sainte Cécile.

— Zeitschrift für Instrumentenbau. Officielles Organ der Berufgenossenschaft der Musikinstrumenten-Industrie.

des Vereins Deutscher Pianoforte-Fabrikanten und des Vereins Deutscher Orgelbaumeister. Tri-mensuel. Directeur : Paul de Wit. Leipzig, 16, Thomaskirchhof [Frankestein & Wagner impr.], in-4°, 24 pages à 2 col. Abonnements : Par trimestre, 2 mk 50 pf. Etranger 3 mk.

1896 (16° année). N° 28. Das Reichsgesetz zur Bekaempfung des unlauteren Wettbewerbes. H. Eichborn : Schlufswort in der Discussion mit Herrn Mahillon über Lippenblasinstrumente mit nur Schallvertaerkend, nicht tonbildend wirkendem Rohr (cf. l'*Echo Musical*, n°s 9 et 11). N° 29. Die Musikinstrumente auf der Berliner Gewerbe-Ausstellung 1896 (à suivre). Pianino in Form einer Truhe, avec figures.

PÉRIODIQUES DIVERS :

— L'Art et la Vie. Juin. Martial de Villemonne : Fervaal de Vincent d'Indy.

— Buletin des Sommaires. Revue de la Presse française et étrangère. Le premier journal français imprimé en nouvèle orthografie. Bi-mensuel. Gérant : Ch. Limousin. Paris, 44, rue Beaunier.

Abonnements : France et Belgique 5 fr., Union Postale 5 fr., le numéro 25 cent.

— Chronique scientifique illustrée. 2° année, n° 13. Henri Coupin : La mesure des parfums.

Mlle H. Parent, dans sa *Lecture des notes*, avait imaginé de donner une couleur particulière à chaque note ; ici, au contraire, on se sert des notes de musique pour mesurer les parfums. « Avec une grande habitude, écrit M. H. Coupin, on parvient à faire l'éducation de son nez et l'on devient compositeur de parfums, comme les musiciens deviennent compositeurs de musique... Voici quelques exemples qui montrent la manière de composer des parfums selon les lois de l'harmonie...

  » Basse

fa. Musc.	
do. Rose.	
fa. Tubéreuse	Bouquet accord de *fa.* »
la. Fève Tonka.	
do. Camphre.	
fa. Jonquille.	

— Le Journal. N° 159. Hugues le Roux : Clara Schumann.

— Journal d'un solitaire sur les gens et les choses de son temps, par l'Ermite de Châtillon. Paris, Hugues Robert et Cie, 12, rue de l'Abbaye. Abonnements : Paris 5 fr., Etranger 6 fr., le numéro mensuel, 40 centimes. 1896. N° 2. Sur la critique d'art. N° 3. Sur la « pédagogie artistique », à propos du Conservatoire. Le fragment suivant prouve que l'Ermite a plus que de l'esprit. (Voy. *Journal musical*, n° 1).

.......Autrefois, ou appliquait à tous les enfants le même emmaillotage. Jean-Jacques Rousseau, qui s'en plaignit avec tant d'éloquence, provoqua la réforme de l'hygiène du corps. Cent ans après, il reste à réaliser la réforme de l'esprit.

La pédagogie artistique agit avec l'intelligence du jeune artiste comme jadis agissait la pédagogie médicale. Elle traite tous les élèves en nouveaux-nés *faibles*. C'est le maillot rigide, la bandelette, le bandage, la potion régulière et obligée, dépurative certes, ferrugineuse évidemment, mais inutile ou nuisible plus souvent, atroce toujours, lorsque le « sujet » est bien portant et fort de nature.

Il devient évident, dès lors, que le régime se trouve *au-dessous des forces* du sujet, qui s'étiole vite ou le suivant, et risque, s'il y résiste, d'en retirer une santé banale, moyenne, artificielle, vague, incapable des efforts intéressants qui lui eut valu la santé naturelle, librement développée et « encouragée ».

Remarquez encore la caractéristique de la pédagogie d'art, c'est-à-dire son incroyable rigidité. Tout ce qui répugne à ses procédés est déclaré *intraitable*. Il faut absolument passer par ses ordonnances, n'en eût-on nul besoin, et dût-on y perdre ses belles couleurs.

Ce fanatisme méthodique a fait à l'art sincère et fort, le mal dont il souffre. Si l'éducation eût été plus libre et plus naturelle, il est possible que nous y aurions perdu ces musiciens infirmes, élevés, entretenus et conservés péniblement à force de remèdes savants, mais nous y aurions gagné une moyenne infiniment plus intelligente et normalement équilibrée, outre l'élite puissante et lumineuse, enfin laissée en possession de ses vivantes facultés naturelles.

On objectera que rien n'empêche l'artiste « bien portant » de suivre la voie libre et indépendante, et de se contenter de sa santé intellectuelle, en repoussant la science, s'il la croit inutile.

Halte-là ! Ce raisonnement qui est la naïveté même, ne serait le salut que s'il pouvait être librement professé ! Notre société moderne fait tout, au contraire, pour contrarier cette évidence et repousser ce raisonnement. Elle n'a d'encouragement et de sollicitudes que pour l'élève, lié, emmailloté, endoctriné, automatiqué, reflet engraissé de l'enseignement de ses maîtres, et qu'elle encense, applaudit et couronne comme un animal extraordinaire de comice agricole, prodige de gavage et de digestion méthodiques. Encore, aux comices, plus logique, donne-t-elle la médaille à l'éleveur, tandis qu'ici, elle la donne à l'élevé ! Et l'élevé se croit Dieu, et l'est réellement aux yeux aveuglés de la foule, qui classe aussitôt parmi les saints du paradis, ce produit d'étable, digne tout au plus de l'étalage.

Ces triomphes de surface, nuls au point de vue du mérite naturel, comportent les misérables et inévitables attirances. Les nécessités terribles d'une lutte pour la vie de plus en plus absurde, inconséquente et fausse, font le reste. Pour « vivre », l'artiste se fait pédagogue. Dès lors, il n'est plus artiste, et l'art compte un apôtre de moins.

Honte et malédiction donc, à la pédagogie d'art et à ce pédantisme social, qui l'encourage par une estime ignorante et criminelle.

— Nuova antologia. 31° année, n° 11. P. Lioy : Littérature rustique.

Etudes sur les folk-lores et les chansons populaires.

— Revue des beaux-arts et des lettres. 66° année, n° 9. L. F. : Nos musiciens, César Franck.

— Revue catholique des revues, n° 24. J. Rey. : La Renaissance de l'idéalisme en France.

M. Rey, analysant l'article de M. Fouillée paru sous le titre ci-dessus dans la *Revue des Deux-Mondes*, classe Wagner parmi les idéalistes et écrit : « ... Réaction idéaliste dans l'art, la musique par exemple. On peut bien dire, tout wagnérisme à part, que la musique de Wagner est un effort prodigieux pour donner une âme au son et immatérialiser les voix de l'homme et de l'instrument. Ne le dit-il pas lui-même ? Il a voulu incorporer l'une à l'autre la musique et la poésie, faire servir la première à exprimer ce qu'il y a de plus intime à la fois et de plus général dans les sentiments dont la seconde est toujours une limitation, s'efforcer ainsi d'obtenir que ni l'une ni l'autre ne se développe pour elle-même et ne se satisfasse de sa propre virtuosité. Le triomphe du wagnérisme est une victoire de l'Idéalisme. Wagner a cru que la musique pénétrant plus profondément dans l'essence des choses, on peut vraiment saisir l'âme. Rien n'est plus idéaliste que cette conception *de la musique de l'avenir* (Cf. H. Stewart Chamberlain, *Richard Wagner*, Munich, 1896); rien n'est plus éloigné des flons-flons de Mme Angot et des *Cloches de Corneville*. »

— La Revue du Nord. Revue bi-mensuelle, 32 pages in-8. Directeur : E. Blémont, 30, rue de Verneuil. N° VI-X. F. de Ménil : Les Grands Musiciens du Nord ; L'École flamande au XVIe siècle.

N° XI. La commémoration d'Adam de la Halle. Raoul Deberdt : Le Bossu d'Arras. F. de Ménil : Josquin de Près et son école.

N° XII. Jean Richepin : A Adam de la Halle. E. Larivière : Notice biographique sur Adam de la Halle. Émile Blémont et Julien Tiersot : Adaptation littéraire et musicale du *Jeu de Robin et Marion*. Portrait d'Adam de la Halle d'après un manuscrit et buste de Maître Adam par Georges Engrand.

— Rivista bibliografica italiana. Bi-mensuel. Directeur : Sac. Dott. Salvatore Minocchi. Firenze, 21, via Ricasoli.

— Le Temps. 31 mai. Un duo d'il y a 2000 ans (fragment des chœurs de l'Oreste d'Euripide noté). 12 juin. Bellaigue : Schubert.

CATALOGUE

Adresses des éditeurs cités : Bourlant-Ladam, 40, passage du Havre; Choudens, 30, boulevard des Capucines; Durdilly, 11 *bis*, boulevard Haussmann ; Éveillard, 39, boulevard de Strasbourg ; Évette et Schaeffer, 18, 20, passage du Grand-Cerf; Gentil, 27, rue du Château-d'Eau ; Heugel, 2 *bis*, rue Vivienne; Lory, 12, rue Cadet ; Ondet, 83, F^g St-Denis; Pairault, 3, passage Nollet; Porchet, 28, rue de Sévigné; Ricordi, 12, rue de Lisbonne.

LITTÉRATURE MUSICALE :

Silvain. Critique musicale. Les lutrins de nos églises. Vannes, Lafolye, in-8, 57 p.

PARTITIONS & TRANSCRIPTIONS :

Cahen (Albert). La Femme de Claude, drame lyrique en 3 actes, d'après Alexandre Dumas fils, par Louis Gallet.

Partition chant et piano. Choudens, net 15 fr.

Rossini. Guillaume Tell.

Récitatif et air du 4° acte, pour musique militaire, par Wittmann. Évette et Schaeffer, net 15 fr.

Verdi. Rigoletto.

Scène et duo du 3° acte, pour musique militaire, par Wittmann. Évette et Schaeffer, net 12 fr.

ORCHESTRE :

Massard (H.). Mimosa, polka. Bordeaux, le Festival artistique, 163, rue François-de-Sourdis.

ORCHESTRE MILITAIRE :

(NOTA. — Voy., en outre, ci-dessus, les transcriptions.)

Arnoux. Fleur d'Italie, maz. Vve E. Porchet, net 1 fr. 25.
Gentil (V.). A la Française, polka-marche. L'auteur.
—. Au Rock, galop. —
—. Le Club alpin, pas red. —, net 1 fr. 50.

MUSIQUE DE CHAMBRE
ET MORCEAUX POUR DIVERS INSTRUMENTS :

Blumenthal (S.). Gavotte, pour piano et violon. Nice, Paul Decourcelle, 6 fr.

Tesorone. Enfin, seuls ! petite pièce pour instruments à cordes. Nice, Decourcelle, net 1 fr.

PIANO :

Ambrosio (A. d'). En badinant, tempo di gavotta. Nice, Paul Decourcelle, 5 fr.

—. Premières tendresses ! mouvement de valse —, 6 fr.

Anthiome (Eugène). Croquis musical, 2° édit. Bourlant-Ladam [Durdilly impr.], 3 fr.

Benoît (Raoul). Lucette, gavotte. 2° édit., Bourlant-Ladam [Durdilly impr.], 4 fr.

Burgmein (J.). Bicyclette, galop. Ricordi, titre orné d'une composition en couleur, figures dans le texte, net 1 fr. 75.

Burhannedin Effendi (Son Altesse le Prince Impérial). Grande marche. Constantinople, s. n. d'éditeur, titre orné en couleur.

Gillet (Ernest). Sous les palmiers. Nice. Paul Decourcelle, 6 fr.

—. Histoire de Blondinette —, 5 fr.

—. Bonne maman —, 6 fr.

Joncières (Victorin). Danse moravienne. Ricordi, titre orné d'une composition de Hohenstein, net 2 fr.

Marti (Estéban). Manresa, habanera. Bourlant-Ladam [Durdilly impr.], 4 fr.

Mesquita (Carlos de). Chinoiserie, motif populaire. 2° édit., op. 89. Bourlant-Ladam [Durdilly impr.], 5 fr.

Osman Zeki Bey. Marche militaire. Constantinople, Bureaux du Journal Malumat.

Smyth (W.). Berline favorite. Bourlant-Ladam [Roeder impr. à Leipzig], net 1 fr. 50.

—. Royal-Menuet, 4 fr. — Coquetterie, badinage-valse,

5 fr. — Au Tréport, polka-marche, 5ᵉ édit. 5 fr. — Entr'acte-valse, 3 fr., Bourlant-Ladam [Durdilly impr.]

Van Westerhout (N.). Bal d'enfants, titre orné, net 1 fr. 25. — Ronde d'amour, titre orné, net 1 fr. 75. — Ma belle qui danse, titre orné, net 1 fr. 50, Ricordi.

Wachs (Paul). Les diablotins, titre orné d'une composition en couleur, 2 fr. 50. — Sous les pommiers! Scène champêtre, net 2 fr. — Mazurka éolienne, net 2 fr., Ricordi.

MUSIQUE RELIGIEUSE :

Hasler (J.-L.) Missa Tertia : Kyrie, Gloria, Sanctus, Benedictus. Chants sans accompagnement. Nancy, H. Christophe.

CHŒURS :

Tritant. France, chœur patriotique à trois voix égales avec solos, duos, accompagnement de piano. Poésie de C. Lexpert. V. Lory, net 1 fr. 50.

FOLK-LORE :

Chant turc. Hidjaz et Souzinak. Chant seul « Dechti hamouni Kazaya..... », « S. aylé Allah achkina ey ghuntchéleb ». Constantinople, Bureaux du Journal Malumat.

—. Chant arabe « Gramnké alemeni elnouha..... » —.

MÉLODIES & LIEDER :

Besançon (E.). Idylle d'un pâtre, rêverie. Poésie d'A. Reiser, acc‍ᵗ de piano.

— A l'angle de la nuit. Paroles de R. de Saint-Lothain, acc‍ᵗ de piano. Bois-Colombes (Seine), l'auteur.

Brevet (F.). Le Pigeon voyageur, mélodie patriotique. Paroles de Mᵐᵉ L. Gallet, acc‍ᵗ de piano. Paris, l'auteur, 50 cent.

Brunier (H.). Au coin du feu! acc‍ᵗ de piano. Lyon, P. Marin, net 1 fr. 50.

Couturier (F.). Il faut aimer, romance. Paroles de F. Lacroix, acc‍ᵗ de piano, Lyon, Desflache, 3 fr.

Delafosse (L.). Soirs d'amour, Poëme de H. de Regnier, acc‍ᵗ de piano. Heugel. Le recueil, net 5 fr.

Denza (L.). Si vous l'aviez compris ! Nᵒ 1 p. soprano ou ténor ; Nᵒ 2 p. mezzo ou baryton ; Nᵒ 3 p. contralto ou basse. Accompagnement de violon ou violoncelle ad libit. Paroles de Stéphan Bordèse, de l'anglais de Clifton Bingham. Ricordi, couverture ornée d'une composition de Hohenstein, net 2 fr.

Deuvlet Effendi et Hadji Arif Ben. Chant turc « tarifé gtiélir mi..... ». Constantinople, Bureaux du Journal Malumat.

Drevet (A.). L'Oublié.

—. Les Voix du soir. Paroles de S. Schmitt, acc‍ᵗ de piano. Lyon, S. Schmitt, 3 fr.

Dupuis (G.). Le Trésor de Francine. Romance patriotique p. mezzo-sop., acc‍ᵗ de p. Durdilly, 3 fr.

Egal (J.). La gaieté n'a pas de saison. Par. de F. Graud. Sᵗ-Christophe (Indre-et-Loire), L'auteur, 25 cent.

Jouan (M.). Les Hirondelles. Poésie de M. Trubert.

Larmanjat (J.). A une étoile. Poésie de R. Lafagette, acc‍ᵗ de piano. Durdilly.

Mahmoud Djelaleddin Pacha (Son Excellence) et Hakki Bey. Chant turc. « Bir goutejé dihin... » ; « Echecdan héri dir ». Constantinople. Bureaux du Journal Malumat.

Mattei (Tito). Ne pars pas (Dear heart). Romance : nᵒ 1 pour soprano ou ténor ; nᵒ 2 pour mezzo ou baryton ; nᵒ 3 pour contralto ou basse. Paroles françaises de Ant. Roque, d'après G. Clifton Bingham. Ricordi, titre orné d'une composition de Quarenghi, net 2 fr.

Monti (V.). Le Petit Marchand de cœurs. Paroles du chevalier de Boufflers, acc‍ᵗ de piano et mandoline (ad libitum). Ricordi, net 1 fr. 75.

— Etoile du matin. Paroles du poète Jean Aicard. Nᵒ 1 pour soprano ou ténor ; nᵒ 2 pour mezzo ou baryton. Chanté par M. Alvarez, de l'Opéra. Ricordi, titre orné d'une composition de B. Forin

Osman Zeki Bey (le colonel). Grande mazurka pour chant et piano. Chant turc. « Che alemmé én our ». Constantinople, Bureaux du Journal Malumat.

Riza Bey. Chant turc composé par Riza Bey, harmonisé par Melik Effendi, chant et piano, violon, nay etc. « Aman ey yari ». Constantinople, Bureaux du Journal Malumat.

Smyth (W.). Les hirondelles. Poésie de Fr. Coppée, 3ᵉ édit. 6 fr. Paysage. Poésie de M. Prévost, 6 fr. Bourlant-Ladam [Durdilly impr.].

Sourilas (Th.). Stances à l'aimée, pour baryton ou mezzo. Poésie de Paul Bru. Bourlant-Ladam [Durdilly impr.], 4 fr.

Tavernier (T.). Notre Drapeau, romance patriotique. Paroles de Beauvais, acc‍ᵗ de piano. Tours (Indre-et-Loire), T. Tavernier, 55, rue Colbert.

Tosti (F. Paolo). Rêve. Paroles de Paul Verlaine. Nᵒ 1 pour soprano ou ténor ; nᵒ 2 p. mezzo ou baryton ; Nᵒ 3 p. contralto ou basse. Ricordi, couverture ornée d'une composition de Hohenstein, net 1 fr. 50.

Goublier (G.). Élève et Professeur, saynète enfantine.

—. Le Choix d'un Instrument, saynète pour deux jeunes filles.

—. Les Cuirs de M. Paul, saynète enfantine. Paroles d'A. Trébitsch. Accompagnement de piano. Ondet.

Le Propriétaire-Gérant :

~~BAUDOUIN-LA LONDRE~~.

Baudouin-La Londre

Bourges, imprimerie M. H. Sire.

LE JOURNAL MUSICAL

Bulletin international critique

DE LA

BIBLIOGRAPHIE MUSICALE

N° 4. — Août 1896.

Pour toutes les communications (abonnements, publicité, etc.), s'adresser à

M. le Directeur du JOURNAL MUSICAL
Paris, 11, rue Saint-Joseph

ABONNEMENTS		ANNONCES	
France, par an	6 fr.	Annonces diverses : 1/2 page...	15 fr.
Pays de l'Union postale	7 fr.	— 1/4 — ...	25 fr
— d'Outre-Mer	8 fr.	Informations, offres et demandes, etc :	
Le numéro mensuel	50 centimes	La ligne	2 fr

EN VENTE : à la librairie Fischbacher, 33, rue de Seine, à Paris ;
Chez les éditeurs de musique et les principaux libraires de la France et des autres pays.

SOMMAIRE

INFORMATIONS.

OFFRES ET DEMANDES de livres, partitions rares ou d'occasion.

Chronique.

BULLETIN CRITIQUE : Auditions.

— : Publications: *L'Anneau des Nibelungen* : guide musical de Hans de Wolzogen. *Les Maîtres Chanteurs* : traduction littéraire et commentaires de L. P. de Brinn' Gaubast et E. Barthélemy. *La Femme de Claude*, de Albert Cahen. Brochures diverses. Méthodes et morceaux pour différents instruments.

L'EXPOSITION INTERNATIONALE DU THÉATRE & DE LA MUSIQUE (Suite).

RÉPERTOIRE BIBLIOGRAPHIQUE : Sommaires et extraits des périodiques de musique de tous pays

— : Sommaires et extraits des périodiques et livres divers.

CATALOGUE des livres, méthodes, partitions, morceaux, etc., récemment parus.

CARNET

Paris. — 25 juillet-25 novembre. Exposition internationale du Théâtre et de la Musique.	**Genève.** — Exposition nationale : Festivals et grands concerts, sous la direction de M. Gustave Doret.

INFORMATIONS

Alais. — M. Jean Ajon, professeur de musique au lycée, est nommé officier d'Académie *(Journal officiel, 26 juillet)*.

Angoulême. — M. Léon Mérignac, professeur de musique au lycée, est nommé officier d'Académie *(Journal officiel, 26 juillet)*.

Bruxelles. — 13 septembre, Concours de musique.

Evian. — Le charmant Casino-Théâtre Municipal possède un excellent orchestre, qui ravit la foule d'élégants baigneurs de cette année. Il est dirigé depuis quatre ans par M. Nicolas Gervasio, premier chef d'orchestre depuis 1886 au Casino Municipal de Nice.

M. Gervasio est fort connu par un bon nombre de morceaux pour orchestre, bien souvent applaudis, entre autres :

Cigarières, habanera, Decourcelle, éditeur à Nice ;
Chérubin, gavotte, Rosenberg, — Paris ;
Au bord du Nil, contemplation ;
Babillage d'amoureux, morceau caractéristique ;
Blondinette aux yeux bleus, chanson pour violon-solo ;
Petite marche caprice ;
Méditation poétique ;
Aubade florentine ;

ces six derniers édités chez L. Eveillard, à Paris.

Il a en outre écrit, pour un drame en cinq actes *La Passion*, de Casimir, représenté avec un succès immense aux Casinos de Nice, Toulon, Cannes, etc., une grande partition, où sont mises en œuvre toutes les ressources les plus variées de l'orchestre, comme dans l'*Arlésienne* de Bizet. Une agréable variété s'y manifeste dans les idées et beaucoup d'élégance dans la forme.

L'orchestre que M. Nicolas Gervasio dirige ici comprend des éléments remarquables : M. Sébastien Gillardini, violoniste-solo à Evian comme au Casino Municipal de Nice. M. Gillardini est élève du célèbre Sivori : il a composé plusieurs bluettes ; M. Furno, flûtiste-solo du Conservatoire de Turin ; M. Stenger, violoncelliste-solo, ex-professeur du Conservatoire de Reims ; M. Ricci, clarinettiste-solo du Conservatoire de Parme ; M. Zeinzi, professeur de cor au Conservatoire de Ravenna

Dans le prochain numéro, j'aurai à citer au BULLETIN CRITIQUE des auditions notables de cet orchestre. Aujourd'hui mes félicitations vont à l'actif et intelligent directeur du Casino, à qui on le doit, M. Francisque Perrier.

Gênes. — Le 17 juillet, est mort M. J. Alfred Novello, le fondateur de la grande maison d'édition Novello, Ewer & Cie, de Londres.

Londres. — Le 13 juillet, est mort M. Lewis Thomas, directeur du *Lute*, critique musical au *Daily Telegraph*. (Voy. *The London and Provincial Music Trades Review*, nº 228.)

Milan. — M. Raffaele Parravicini, critique musical au *Secolo*, auteur de plusieurs livrets d'opéras, de quelques romances et opérettes, notamment *I Disgrazzii del sur Sprella*, est mort *(Ménestrel, nº 29)*.

Mont-de-Marsan. — M. Jacques Périlhou, professeur de musique au lycée, est nommé officier d'Académie *(Journal officiel, 26 juillet)*.

Munich. — Dates des représentations modèles, qui auront lieu au Hoftheater, et auxquelles on se rend, au retour de Bayreuth :

Tannhæuser,	6, 23 août ; 3, 17, 29 septembre.	
Lohengrin,	8, 15, 20 — ; 5, 19, 26	—
Tristan & Isolde,	22 — ; 24	—
Rienzi,	25 — ; 8	—
Le Vaisseau Fantôme,	27 — ; 10	—
Les Maitres-Chanteurs,	29 — ; 12	—

Paris. — Dans l'intervalle d'une huitaine de jours, viennent de mourir les frères Lionnet, les poètes chansonniers.

— Les partitions autographes de *Mignon, Hamlet, Françoise de Rimini*, la *Tempête*, le *Carnaval de Venise*, le *Roman d'Elvire, Psyché*, la *Cour de Célimène*, le *Caïd*, la *Torelli*, le *Guerillero*, le *Songe d'une nuit d'été*, de Ambroise Thomas, viennent d'entrer, par un legs de l'auteur, dans les collections de la Bibliothèque du Conservatoire.

— M. Carvalho a reçu un drame lyrique de M. Paul Puget, grand prix de Rome de 1873 ; le livret est de M. Armand d'Artois ; le titre *Caprice de Roi*.

— Le 5 août, sous la présidence de M. Rambaud, ministre de l'Instruction Publique et des Beaux-Arts, a eu lieu la distribution des prix du Conservatoire :

Contrebasse. Professeur : M. Viseur. 1er prix : M. Charon, 2e prix : M. Laporte, 1er accessit : MM. Chagny, Boucher.

Alto. Professeur : M. Laforge. 2e prix : MM. Denayer, Henri Brun, 1er accessit : MM. Pierre Brun, Casadesus.

Flûte. Professeur : M. Taffanel. 1er prix : MM. Daniel Maquarre, Grenier, 2e prix : M. Million, 2e accessit : MM. Boudier, Blanquart.

Basson. Professeur : M. Eugène Bourdeau. 1er prix : M. Joly, 2e prix : MM. Desoubrie, Mesnard, 1er accessit : M. Sublet, 2e accessit : M. Defiez.

Cor. Professeur : M. Brémond. 1er prix : M. Penable, 2e prix : M. Gérin, 2e accessit : M. Fontaine.

Cornet à pistons. Professeur : M. Mellet. 1er prix : M. Mignion, 2e prix : M. Fonache, 1er accessit : M. Briol, 2e accessit : MM. Excoula, Duriez, Astrée.

Trompette. Professeur : M. Franquin. 1er prix : M. Delfosse, 2e prix : M. Degageux, 1er accessit : M. Jamme.

Trombone. Professeur : M. Allard. 1er accessit : M. Hudier.

Hautbois. Professeur : M. Gillet. 2e prix : M. Creusot, 1er accessit : MM. Dutercq, Mondain.

Clarinette. Professeur : M. Rose. 1er prix : MM. Guyot, Delacroix, 2e prix : MM. Leroy, Carré, 1er accessit : M. Greinner, 2e accessit : MM. Noël, Paquet.

Harpe. Professeur : M. Hasselmans. 1er prix : Mlle Pauline Linder, 2e prix : Mlle Stroobants, 1er accessit : Mlle Houssin.

Violoncelle.	1er prix : M. Desmonts,	élève de	M. Rabaud.
	Mlle de Buffon,	—	—
	M. Pollain,	—	M. Delsart.
	2e prix : M. Deblauwe,	—	M. Rabaud.
	2e acc¹ : M. Agnellet,	—	M. Delsart.
Piano.	1er prix : M. Cortot,	—	M. Diémer.
	2e prix : M. Lazare Lévy,	—	—
	1er acc¹ : MM. Estyle,	—	—
	Gallon,	—	—
	Grovlez,	—	—
	Lhérie,	—	M. de Bériot.
	2e acc¹ : MM. Bernard,	—	—
	Roussel,	—	M. Diémer.
	1er prix : Mlles Hansen,	—	M. Delaborde.
	Varin,	—	M. Pugnot.
	Rigalt,	—	—
	Toutain,	—	—
	2e prix : Mlles Cahun,	—	M. A. Duvernoy.
	Decroix,	—	M. Delaborde.
	Fuleran,	—	M. Pugno.
	1er acc¹ : Mlles Remnesson,	—	—
	Percheron,	—	M. Delaborde.
	Vergonnet,	—	—
	2e acc¹ : Mlles Epstein,	—	—
	Herth,	—	—
	Forest,	—	M. Pugno.
Violon.	1er prix : MM. Sechiari,	—	M. Berthelier.
	Monteux,	—	—
	Soudant,	—	M. Lefort.
	Thibaud,	—	M. Marsick.
	2e prix : M. Forest,	—	M. Berthelier.
	Mlle Linder,	—	M. Garcin.
	1er acc¹ : MM. Phal,	—	M. Berthelier.
	Renaux,	—	M. Lefort.
	Candéla,	—	—
	2e acc¹ : Mlles Dellerba,	—	M. Garcin.
	Cossarini,	—	M. Berthelier.
	M. Heck,	—	—
	Mlle Laval,	—	M. Marsick.
Chant.	1er prix : M. Beyle,	—	M. Bussine.
	2e prix : M. Vieuille,	—	M. Masson.
	1er acc¹ : MM. Gresse,	—	M. E. Duvernoy.
	Cremel,	—	M. Warot.
	Dumontier,	—	M. Masson.
	2e acc¹ : MM. Béchard,	—	M. Bax.
	Laffitte,	—	M. Crosti.
	2e prix : Mlle Ackté,	—	M. E. Duvernoy.
	1er acc¹ : Mlle Defolion,	—	—
	2e acc¹ : Mlles Christianne,	—	M. L. Duprez.
	Truck,	—	M. Masson.
Opéra.	1er prix : M. Sizes,	—	M. Giraudet.
	2e prix : M. Beyle,	—	—
	1er acc¹ : MM. Vieuille,	—	—
	Cremel,	—	—
	Gresse,	—	M. Melchissédec.
	2e acc¹ : M. Chrétien,	—	—
Opéra.	1er prix : Mlle Guiraudon,	élève de	M. Giraudet.
	2e prix : Mlle Ackté,	—	—
	1er acc¹ : Mme Nady,	—	M. Melchissédec.
	2e acc¹ : Mlle Truck.	—	—
Opéra-Comique.	1er prix : M. Beyle,	—	M. Taskin.
	2e prix : MM. Gresse,	—	—
	Vieuille,	—	M. Achard.
	1er prix : Mlle Guiraudon,	—	M. Taskin.
	1er acc¹ : Mlles Allusson,	—	M. Achard.
	Petit,	—	—

Certains lauréats ont eu un grand succès auprès du public d'élite des concours : M. Cortot, premier prix de piano, élève de M. Diémer ; Mlle Pauline Linder, premier prix de harpe, élève de M. Hasselmans. Il y a déjà de la personnalité chez Mlle Dellerba, deuxième accessit de violon, élève de M. Garcin ; chez Mlle Julie Cahun, deuxième prix de piano, élève de M. Alphonse Duvernoy, laquelle a la virtuosité, et, plus que cela, les qualités *d'une véritable musicienne.*

Pendant la cérémonie, le ministre a proclamé chevalier de la Légion d'honneur, M. Charles Lefebvre ; officiers d'instruction publique, MM. Berthelier, Diémer, Alphonse Duvernoy ; officiers d'Académie, MM. Viseur, Franquin, Mme Féraud.

— M. Gabriel Monod est nommé officier de la Légion d'honneur. (*Journal officiel*, 28 juillet.) Voyez plus loin, page 52.

— Une nomination de chevalier de la Légion d'honneur devait également prendre place en ce journal. C'est celle de M. Alban Chaix, administrateur-directeur de la grande imprimerie qui porte son nom. De nombreuses publications concernant la musique sortent de l'Imprimerie Chaix : nous avons déjà signalé des périodiques, comme le *Ménestrel*, l'*Echo des Orphéons*, des livres comme les *Mémoires de Gounod* ; dans l'ICONOGRAPHIE MUSICALE, que nous inaugurons aujourd'hui, il sera souvent fait mention des belles affiches illustrées qui sortent des ateliers de cette maison.

— Nous venons d'entendre sur un piano-harmonium M. Gounin-Ghidone, l'éditeur de musique qui, on le sait, enseigne d'une façon si remarquable l'art de toucher l'harmonium et qui obtient de si curieux effets d'expression sans le secours du registre. Il nous paraît tirer, en outre, un excellent parti du nouvel instrument. Grâce à la précision et la légèreté d'attaque des touches, et à une soufflerie fort habile et travaillée, M. Gounin-Ghidone laisse entendre le piano seul dans une partie, tandis que l'harmonium continue à chanter avec le piano dans les autres. Nous l'engageons à éditer chez lui une brochure explicative et quelques morceaux spéciaux pour cet instrument.

Rodez. — S. Em. le Cardinal Bourret dont le mandement sur la musique religieuse eut tant de retentissement, est mort. (Voy. *La Tribune de Saint-Gervais*, no 7.)

Rouen. — A l'exposition nationale, continuation des festivals : festival Saint-Saëns ; festival Pierné, etc.

— M. Henri-Louis Martin, professeur de musique aux écoles normales, est nommé officier de l'Instruction publique. (*Journal officiel*, 26 juillet.)

Saint-Denis. — A la suite d'un concours pour la nomination d'un organiste du grand orgue, M. Libert, premier prix du Conservatoire en 1894, l'a emporté sur ses concurrents, d'après la décision du jury, composé de MM. Vidor, Dallier, X. Leroux, Périlhou, Ch. Bordes, L. Vierne et Cavaillé-Coll.

Saint-Germain-en-Laye — Le 20 juillet, est mort M. Théodore-César Salomé, organiste du petit orgue de la Trinité, compositeur.

Vichy. — Le 21 juillet, première représentation, au Casino, de *Dernier amour*, opéra-comique de Mme Gabrielle Ferrari.

OFFRES ET DEMANDES

LIVRES :

Karl W. Hiersemann, 2, Kœnigstrasse, Leipzig, demande : Bonanni. Gabinetto armonico. Roma 1722.

EMPLOIS :

Un jeune homme d'excellente famille, bon organiste, très bon musicien, ayant fait son service militaire, désirerait vivement une place d'organiste (grand orgue), ou maître de chapelle ; il pourrait également diriger une Société philharmonique ; il donne d'excellentes leçons de solfège, violon, orgue ou piano. S'adresser à M. Marcel Vagner, professeur de musique, 19, rue de la Primatiale, à Nancy (Meurthe-et-Moselle).

LE *Journal musical* enregistre avec le plus grand empressement la promotion bien méritée, dans l'ordre de la Légion d'honneur, de M. Gabriel Monod, maître de conférences à l'École Normale Supérieure, président de la Section d'Histoire et de Philologie de l'École Pratique des Hautes-Études, directeur de la *Revue historique*.

M. Gabriel Monod est un des avocats de la première heure de la cause wagnérienne en France. Car il y eut une cause wagnérienne, il fallut des avocats pour plaider en faveur de la sublime musique. Récemment encore — nous l'avons annoncé dans notre premier numéro — à l'occasion de la reprise, à Bayreuth, du cycle du *Ring*, le professeur reprenait la plume du musicien et donnait « le Jubilé des Nibelungen : Bayreuth il y a vingt ans », dans la nouvelle revue internationale *Cosmopolis* (Tome I, n° 2, Armand Colin, éditeur). Il y a redit « la vie inimitable... qu'on mena au mois d'août 1876, dans cette petite ville franconienne ». Il a décrit ces réunions artistiques, dans lesquelles il rencontrait, avec Wagner, Liszt, Joseph Rubinstein, Madame de Schleinitz, Saint-Saëns, Nieztsche, en traçant un portrait de chacun. Et l'ardeur de Wagner « ayant l'œil et l'oreille à tout » pendant la répétition ! « Ce n'était plus un homme, c'était un élément, une force de la nature ; mais une force guidée par une volonté et une intelligence souveraines. Ceux qui ont assisté à cette évocation de formes et de sons à la voix d'un maître, ont eu devant eux l'inoubliable vision de l'esprit créateur ordonnant le chaos pour en tirer l'Univers. » M. Gabriel Monod a rappelé les conversations qu'il eut, les lettres qu'il échangea avec Wagner au sujet de ses sentiments pour la France et éclairé à nouveau la religion d'un grand nombre.

Dans un banquet, offert à Wagner par les Français qui n'avaient pas voulu assister au banquet officiel du 18 août, M. Gabriel Monod avait été chargé de porter la parole en leur nom. « Il remercia Wagner de leur avoir fait connaître un art aussi profondément original et aussi profondément national, mais en même temps, d'avoir révélé à la France même les sources toujours jaillissantes de poésie et d'art que son génie tient en réserve pour le monde ». et s'exprima en ces termes :

« Nous saluons dans Tristan et Iseult la plus pure et la plus tragique incarnation de l'amour tel que l'ont conçu les races celtiques. Vous avez recommencé cette *quête* du Saint-Graal qui exerçait sur nos pères son mystérieux attrait. Vous nous avez déjà rendu le chevalier du Cygne ; demain vous ressusciterez son père, Perceval le Gallois. Et pouvons-nous oublier que le héros même des Nibelungen, l'héroïque et divin Siegfried, est un de ces Francs que les Français et les Allemands peuvent revendiquer comme leurs communs ancêtres ? Nous avons commis la faute de laisser tomber en oubli nos traditions poétiques. Nous apportons notre hommage reconnaissant à l'art allemand qui leur a redonné le prestige de la jeunesse ! »

Tout cela est vrai, mais Wagner avait raison aussi de penser qu'une œuvre d'art ne peut avoir une beauté durable, ne peut être vraiment humaine, ne peut enrichir le patrimoine commun de l'humanité, qu'à la condition d'être profondément originale et nationale. C'est la vertu de l'art de prouver que les diversités nationales peuvent être un élément d'harmonie et d'union, non de luttes et de haine. Qu'y a-t-il de plus grec qu'Homère, de plus latin que Virgile, de plus italien que Dante, de plus espagnol que Cervantès, de plus anglais que Shakespeare, de plus français que Molière, de plus russe que Tolstoï ? Qu'y-a-t-il aussi de plus humain ? De même qu'y a-t-il de plus allemand et de plus humain tout à la fois que Wagner ?

.·.

La traduction des œuvres de Wagner suscite de fréquents différends. Sans compter la protestation de l'éditeur Nelken de Riga qui affirme avoir acheté le droit exclusif de la traduction de « l'Anneau du Nibelung», pendant ces dernières semaines, s'est plaidé un procès qui intéresse vivement les auteurs, les éditeurs et... l'Art musical. Il s'agit une nouvelle fois des poèmes de Wagner.

En vertu d'un traité passé en 1884 avec l'éditeur Schott et fils, Victor Wilder était désigné comme traducteur français des œuvres de Wagner et se voyait attribuer une part des droits d'auteur pour les représentations. Or récemment Mᵐᵉ Wagner, a autorisé l'Opéra à jouer les *Maîtres Chanteurs*, mais à la condition que l'on ferait usage de la traduction de M. Alfred Ernst. qu'elle avait avec raison jugée plus conforme au texte.

Les héritiers Wilder ont protesté et intenté le procès, lequel vient de prendre fin à leur désavantage. le Tribunal ayant décidé qu'aucun privilège exclusif ne leur fut concédé ; en d'autres termes que la principale intéressée. Mᵐᵉ Cosima Wagner, a le droit de faire représenter les œuvres de son mari avec les traductions qui lui paraissent reproduire le mieux leur esprit.

N'était-ce point naturel ?

———✶———

BULLETIN CRITIQUE

———

AUDITIONS :

Bayreuth. — Dans les cinq séries de représentations de *L'Anneau des Nibe-lungen*, les ensembles ont profondément impressionné, par exemple le chœur à huit parties de la « Chevauchée des Walkyries ». celui des vassaux de Günther dans la *Goetterdaemmerung*, le Trio des Filles du Rhin. Des noms : Mᵐᵉˢ Sucher, Brema, Lilli Lehmann, Schumann-Hinck. Un début sensationnel d'un futur Van Dyck peut-être : M. Burgstaller. La perfection de l'orchestre, notamment dans l'introduction du *Rheingold*, les préludes de la *Walküre*, sous la direction de MM. Hans Richter et Félix Mottl.

———

PUBLICATIONS :

(**NOTA.** — Tous droits de reproduction et de traduction réservés.)

———

Richard WAGNER. *L'Anneau des Nibelungen.* L'Or du Rhin, La Walkyrie, Siegfried, Le Crépuscule des Dieux. Guide musical par Hans de Wolzogen. Paris, Librairie Ch. Delagrave, 15, rue Soufflot, 15. [Feodor Reinboth impr., à Leipzig], in-16, 1 f. lim. pour le titre, 133 pages, couverture ornée d'un encadrement et d'un médaillon (portrait de Wagner), musique de 90 thèmes dans le texte, 2 fr.

La Maison Delagrave donne sous ce titre une traduction d'un des guides thématiques que les pélerins de Munich et de Bayreuth se disputent chez les libraires à leur arrivée, avant la représentation. Imprimé en Allemagne en gros texte. avec les dénominations des thèmes en caractères gras. celui-ci a eu, dès son apparition. un grand succès : l'analyse des poèmes, puis de la musique de Wagner y est écrite avec beaucoup de clarté. à défaut d'élégance. Le public sait-il combien il est malaisé d'éviter la gaucherie dans des analyses scrupuleusement musicales du genre de celle-ci? Il est certain que les profanes sourient. en lisant (page 68) : Le thème du Glaive « s'éteint finalement en *ut* mineur... quand Wotan. s'opposant à la Walkyrie, qui est accourue, accompagnée de son motif, sous les trilles grondants de l'orage. tend sa lance, pendant que les trombones exposent puissamment le thème du pacte et que. Dieu sans liberté, il brise l'épée de son fils héroïque. » Mais les musiciens savent gré à l'auteur d'avoir ainsi tout dit. Au reste. plus loin. tous peuvent apprécier un exposé fort bien fait des combinaisons souvent touffues des *leitmotive*. L'accueil fait déjà au livret de M. de Wolzogen montre que le public en a reconnu la grande utilité.

.*.

Richard WAGNER. *Les Maîtres Chanteurs de Nürnberg* publiés, avec l'autorisation spéciale de la Maison B. Schott's Soehne éditeurs, par Louis-Pilate de Brinn' Gaubast et Edmond Barthélemy. Avant-Propos du Traducteur, Traduction littéraire, Annotation philologique par Louis-Pilate de Brinn' Gaubast. Étude critique, commentaire musicographique par Edmond Barthélemy. Édition enrichie de la musique des Thèmes. Paris, E. Dentu, éditeur, 3, Place Valois (Palais-Royal), [Paul Dupont impr.] 1896, in-8 écu), 2 ff. lim., 427 pages de texte et de musique, couverture en rouge et noir [Noizette impr.], 4 fr.

M. Louis-Pilate de Brinn' Gaubast avait déjà donné une traduction littéraire de la *Tétralogie*. Voici encore une traduction littéraire qu'il vient de publier. Le but qu'il se proposait est atteint. Approuvé par les critiques les plus compétents, il a, par ses livres, fait comprendre qu'il ne fallait pas ne songer qu'à la musique, qu'à la représentation des œuvres du Maître. Les poëmes de Wagner doivent prendre place dans la Littérature dramatique « à côté d'Eschyle et de Shakespeare » a dit M. Alfred Ernst. Il faut les lire. Les traductions en français que nous possédons en France sont surtout faites littéralement en vue de la représentation. Celles de M. de Brinn' Gaubast sont littéraires et écrites pour être lues.

Le volume qui contient celle des *Maîtres Chanteurs* doit être lu de la manière suivante : d'abord le texte de la comédie, puis les notes philologiques, puis les notes musicographiques. Après avoir procédé ainsi, on se rendra compte de son importance. Les notes sont très nombreuses dans ce gros volume : les notes philologiques, indiquées par des chiffres, concernent les vocables ou les locutions du texte allemand qui, traduits littéralement, n'auraient point un sens suffisamment clair. Ajoutez à cela que d'autres renferment des allusions ou des jeux de mots qu'il était utile d'indiquer, exemple, pages 153 et 155 : « Herr Walther von der Vogelweide » et « Im Wald dort auf der Vogelweid' », et à la page 280 : « Mais ce charivari d'hier ? Voyons, c'était bien veille de noces »,

parce que, explique la note, à la veille de noces, on brisait la vieille vaisselle, en signe de début d'une existence nouvelle. Beaucoup de ces notes sont empruntées aux ouvrages de MM. H. S. Chamberlain, Alfred Ernst, Curt Mey, Schweitzer, Camille Benoit, etc.

Les notes musicographiques, indiquées par des astérisques, qui suivent chaque page du texte, énumèrent les thèmes, leurs combinaisons et leurs transformations, les nuances et les rythmes différents qui leur sont donnés dans la partition. D'ailleurs la musique des 44 principaux se trouve à la fin du volume. Cette partie est due à M. Edmond Barthélemy, ainsi qu'une belle étude de 50 pages sur la comédie musicale.

Aux dernières pages, l'opinion de la presse sur les ouvrages de MM. de Brinn' Gaubast et E. Barthélemy. La *Revue blanche*, novembre 1894, le *Mercure de France*, décembre 1894, la *Revue encyclopédique*, 1er mars 1895, le *Guide musical*, 6 janvier 1895, avaient en effet déjà dit l'intérêt qui doit s'attacher au travail patient et vraiment littéraire de ces auteurs. Ils ont rendu aux Français le service de leur faire goûter le charme et l'agrément de chefs-d'œuvre défigurés par certaines traductions souvent obscures, parfois burlesques

.*.

C. Saint-Saëns et son cinquantenaire artistique. Paris, A. Durand et fils, éditeurs, 4, place de la Madeleine, 4 [Marétheux impr.], in-8, 23 pages, 2 planches dans le texte (portraits de Saint-Saëns).

Cette brochure comprend le programme du festival donné le 2 juin 1896 dans la salle Pleyel, le discours en vers prononcé par M. Saint-Saëns, l'allocution prononcée par M. Gustave Lyon en cette séance, l'article de M. Blondel paru dans le numéro du 21 juin 1896 du *Monde Artiste*. Cet article lui-même reproduit les principaux passages des notes écrites dans les journaux à cette occasion, notamment dans la *Revue hebdomadaire*, par M. Paul Dukas ; dans l'*Éclair*, par M. Samuel Rousseau ; dans le *Gaulois* et le *Guide musical*, par M. de Fourcaud, le maître critique, qui termine ainsi : « … J'ai beau regarder du côté des nations étrangères, vers le Midi ou vers le Nord, je ne reconnais nulle part, en ce moment, un compositeur aussi complet que lui. »

***

Gedanken über das Punctum Saliens im Musikleben, — Lehren und — Schaffen von C. Heinrich RICHTER, Direktor der Académie de musique in Genf. Zürich et Leipzig... Gebrüder Hug & C°... [Zürcher & Furrer impr.]. 1895, in-8, converture et 22 pages, net 1 franc.

Cette brochure contient soixante-deux réflexions courtes, mais souvent curieuses, sur la composition, la critique musicale, affectant parfois le ton de la « nouvelle à la main ».

***

Exercices techniques du Pianiste. Études préparatoires. Gammes et arpèges. Doigté raisonné et méthode intuitive, par Charles-Henri RICHTER, directeur de l'Académie de Musique à Genève. [Genève, Académie de Musique, 4, boulevard Helvétique, Heimbrod lith., 1896], gd format, 29 pages et couv.

Voici une méthode pratique. « Nous proposons à notre élève », dit l'auteur. « de tâcher d'abord de comprendre la gamme qu'il veut étudier. L'image des notes qui la composent doit sortir du noir et blanc éternel du clavier... » L'auteur a donc employé les couleurs pour signaler les quatre catégories établies par lui. Quatre catégories au lieu de vingt-quatre dessins de gammes, sans compter les combinaisons ultérieures, c'est peu de chose.

***

Douze Études pour la main gauche. 1re série. Nouvelle édition revue et corrigée par l'auteur, par Sidney VANTYN. Liège, veuve Léopold Muraille, éditeur, 43, rue de l'Université, 43. Leipzig, Gebrüder Hug & C°. Paris, E. Baudoux & C°, 30, boulevard Haussmann. Copyrith 1895 by M. Aug. V. Benham, New-York [Roeder impr. à Leipzig].

Ces études, employées au Conservatoire royal de musique de Liège, sont bien faites pour faciliter l'indépendance des doigts de la main rebelle. La huitième est la moins aisée ; mais, comme elle est écrite à deux parties, on la lit et la relit sans ennui, et on acquiert en peu de temps une jolie assurance.

***

Théâtre de l'Opéra-Comique. La Femme de Claude, drame lyrique en trois actes, d'après Alexandre Dumas fils, par Louis Gallet. Musique de Albert CAHEN. Partition chant et piano. Paris, Choudens fils, éditeur, 30, boule-vard des Capucines, 30 [Dupré impr.; Baudon gr.]..., in-8, 4 ff. lim., 164 pages, net 15 francs.

Ce drame lyrique est de M. Albert Cahen, auteur d'*Endymion*. le *Vénitien*. le *Bois*, *Jean le Précurseur*.

En analysant cette partition, il est nécessaire de suivre le sujet du drame.

Acte I. Au camp, pendant la Révolation, le général Claude, las de la conduite de sa femme, regrette de n'avoir pas uni sa destinée à Jeanne. Survient un transfuge qui, accueilli à la légère par Claude, compte se servir, par la menace de révélations, de la femme du général pour obtenir des renseignements utiles à ses compagnons d'armes. Cette femme arrive à son tour et est reçue d'abord par un officier de son mari. Antonin, qui l'aime et se sent perdu par son amour. — Suivent deux duos : l'un, entre Antonin et Claude, qui l'engage à se défier ; l'autre, entre Claude et sa femme — laquelle finit par obtenir un pardon provisoire. Dans sa joie, elle organise une fête au camp.

Acte II. Danses, chants — une chanson lorraine adroitement harmonisée —. Cependant l'espion dit à la femme de Claude attérée son projet. Pour échapper au piège, elle essaie de faire renaître dans l'âme de Claude l'ancienne confiance, l'affection des jours passés — des accents assez bons de la page 104 à la page 111 —. Rien ne peut émouvoir Claude. Alors, elle se vengera.

Acte III. Pendant la nuit, un agréable prélude à arpèges, sur lesquels courent les notes liées des thèmes précédents (car chaque personnage a le sien), dit le trouble de Claude qui veille, médite, puis exprime son angoisse. Son invocation (pages 128-139), si elle est basée sur des formules connues, n'est pas sans force dramatique. Même observation pour l'aveu que Claude fait ensuite à Jeanne de son amour. — La femme de Claude reparaît ; mais, durement chassée par lui, elle précipite sa vengeance. Mettant à profit l'amour d'Antonin, elle parvient à lui dérober un message important. Elle allait le remettre à l'espion lorsque Claude surgit et la tue. « J'ai fait mon devoir », dit-il à Antonin », fais le tien ». Rideau.

La musique de la *Femme de Claude* tient le spectateur en haleine d'après une conception acquise, il est vrai, mais nette des nécessités du drame lyrique.

Dans l'écriture, on remarque le souci du compositeur de faire concourir l'orchestre à l'action et d'en souligner constamment, par un rappel de motifs, les principales péripéties.

Sans doute, M. Albert Cahen ne saurait revendiquer une originalité réelle dans l'invention des idées musicales. Mais je lui accorde une bonne partie du sens scénique qui fit le succès des *Navarraise* et des *Cavalleria*, lesquelles eurent un meilleur sort.

..

Romance pour violon, avec accompagnement d'orchestre ou de piano par Gaston DETHIER. Liège, veuve Léopold Muraille, éditeur, 43, rue de l'Université, 43 ; Leipzig : Gebrüder Hug et Cie ; Paris, E. Baudoux et Cie, 30, boulevard Haussmann, 30. [Roeder impr. à Leipzig], 11 et 3 pages grand format, 9 fr.

Le chant du violon bien soutenu, agréable, pas banal, de moyenne force, mais exigeant le sentiment.

..

Trente pièces pour Orgue,—Harmonium par Charles HESS. Paris, Gounin-Ghidone, éditeur, 21, rue Thérèse...... ..... Copyritht by Gounin-Ghidone 1896, gr. in-8,couv., 3 ff. lim., 39 pages.

C'est un petit recueil commode pour les amateurs ou les organistes (petit orgue ou harmonium) de force moyenne, qu'ils craignent d'improviser ou qu'ils redoutent une défaillance au milieu du service. Il y a dans ce recueil des pièces qui ne manquent pas d'originalité ; le n° 11, joué avec expression, est d'un certain effet.

..

Prélude pour piano, avec accompagnement de piano ou harpe ou orgue par Georges HOUDARD, op. 54., Paris, G. Legouix, éditeur, 4, rue Rougemont, 4 [1896], grand format ; 2 pages pour le violon ou violoncelle avec accompagnement d'orgue ; 3 pages pour le violon ou violoncelle avec accompagnement de harpe ou piano : et 2 pages pour les parties séparées de violon et violoncelle.

Ce morceau est écrit sur le 1er prélude de J. S. Bach dont la mélodie, à la seconde mesure, franchit d'une manière si inattendue l'intervalle de quarte. Il s'ajoute à la série intéressante des pièces pour l'église composées par M. Georges Houdard, telles

que *O Salutaris*, op. 18, *Ave Maria* op. 45, dans lesquels le chant pour baryton se mêle agréablement au violon sur l'accompagnement d'orgue, *Pater Noster*, op. 46, dont je recommande le « *fiat voluntas* » (16e-20e mesures), *Cor Jesu*, op. 53, toutes compositions parues chez l'éditeur Legouix.

..

Œuvres de César FRANCK

Paris, Le Bailly, éditeur, O. Bornemann successeur, 15, rue de Tournon [Bigeard impr., 1896], in-8.

Les deux numéros, qui viennent de paraitre d'une collection qui offre tant d'intérêt sont :

Offertoire pour un temps de pénitence « Domine non secundum », à trois voix (soprano, ténor, basse) avec orgue et contrebasse.
La partition 2 fr. ; les voix seules 50 cent.

et :

Offertoire pour la fête de sainte Clotilde « Quare fremuerunt gentes », à 3 voix (soprano, ténor, basse), avec solos, orgue et contrebasse.
La partition 2 fr. ; les voix seules 50 cent.

Celui-ci est une merveille. Après un ensemble *ff*, une voix s'élève délicieusement « Qui pie volunt vivere... » dans un chant tout d'inspiration, puis les autres se joignent à elle dans un *diminuendo* « Bene dicta », s'animant par degrés lancent un superbe cri communicavimus ; enfin, pendant que l'orgue reprend le chant, donnent une sorte de psalmodie qui va *pp*.

ℰxposition ℐnternationale

DU

THÉATRE & DE LA MUSIQUE

(2e article. Voy. le *Journal musical* n° 2.)

L'inauguration a été faite le mercredi 29 juillet par M. André Lebon, ministre des colonies, accompagné de M. Roujon, directeur des Beaux-Arts. Dans le cortège, MM. Abaye, directeur de l'Exposition, O. Lartigue, secrétaire général, Lucien Layus, commissaire général, Maurice Lévy, directeur du Catalogue, Yveling Ram Baud, commissaire des sections artistiques, Mangeot, directeur du *Monde musical*, commissaire de la section de la Facture instrumentale, etc., et parmi les assistants MM. Francisque Sarcey, Jean Lorrain, Abel Goubaud, Monval, Paul Vidal, Maxime Formont, etc.

Au Théâtre-Antique, s'est donnée la première représentation de *Paris-Athènes*, poème de Armand Silvestre, dit par M. Silvain, sociétaire de la Comédie-Française. *L'Ame antique*, de Jean Lorrain, dit par Mlle Moréno, de la Comédie-Française. Sur la scène, de jeunes femmes, vêtues de longues draperies, tiennent la place des joueuses de flûte : derrière la toile de fond, un orchestre exécute la musique d'une petite partition écrite pour la circonstance par M. Paul Vidal, un des chefs d'orchestre de l'Opéra. La musique de la seconde partie est seule assez réussie : ces mélopées vagues des flûtes sur les pizzicati des violons et des harpes sont bien ce qu'on attend là, ainsi que la conclusion sur la dominante, précédée d'un *agitato* agréable.

Le grand succès a été pour la Tabarinade, jouée sur les tréteaux du parvis Notre-Dame. M. Depas, de l'Odéon, directeur de la scène à cette Exposition, a mené la fantaisie écrite par M. Jules Hoche avec un tel entrain qu'un fou rire a secoué l'assistance d'un bout à l'autre. L'excellent et sympathique artiste avait déjà, autre part, fait Tabarin: jamais peut-être il n'a eu tant de verve en ce rôle. A son exemple, ses camarades sont d'une gaité on ne peut plus communicative : M. Martel, un pitre parfait en Baron Gratte-Lard, Mlle Frédérick, une Isabelle, qui déride les plus moroses, Mlle Deneige, une Guillemette gracieuse.

Depuis, j'ai revu cette Tabarinade (on la donne tous les jours à 5 h. 1/2: tout le public de l'Exposition est massé sur le parvis à cette heure-là: les artistes y ont ajouté de comiques allusions aux actualités.

C'est à cette deuxième visite aussi que j'ai pu me rendre compte des richesses que M. Yveling Ram Baud a su réunir au premier étage du Palais de l'Industrie, dans les sections rétrospectives et artistiques. Il y a là, dans la salle 31, les envois considérables (estampes, portraits, autographes) de Fr. Nicolas Manskopf (Musée musical et théâtral, 54, Unter mainkai, Francfort-sur-le-Mein); les photographies de la collection de costumes de théâtre du roi de Bavière. La salle de gauche (28), qui contient les instruments des colonies, prêtés libéralement par M. Lebon, le ministre, mène à la grande salle 26, où l'on a les collections Ch. Malherbe, Ricordi, Mme Yveling Ram Baud, Pleyel, Charavay portraits, partitions autographes, par exemple *Rienzi* de Wagner aussi bien que *Rigoletto* de Verdi et *Ninon* de P. Tosti).

Pendus le long des murs, des trophées d'instruments anciens, dus aux prêts de MM. Taffanel, Auguste Tolbecque, Bernardel-Chapelle, Brenot. Dans les vitrines, de nombreuses curiosités, comme la montre de Molière, la collection de lorgnettes de Madame de Caillavet, etc... Au milieu, sur une estrade, le piano de Spontini (Erard), le piano de Chopin (Pleyel).

Dans la salle 24, un beau portrait de Berlioz par Fᶜⁱˢ Petit, des fragments de manuscrits notés de la collection Saffray. Dans la salle 22, on remarque beaucoup les marionnettes de l'ancien théâtre Séraphin. On revient par les deux salles qui contiennent les plans de théâtre et les affiches et l'on termine, selon l'usage, par la nef, au moment du concert donné par un orchestre que dirige M. Achille Kerrion. Ici, la section de la facture instrumentale représentée par des maisons importantes : Pleyel, Alexandre, Gaveau, etc., et quelques vitrines contenant les livres et les revues de musique. Çà et là des attractions diverses : de petits théâtres et concerts, des fantoches, etc.

Le visiteur peut en somme s'instruire et se distraire de manières diverses à l'Exposition internationale du Théâtre et de la Musique.

ICONOGRAPHIE MUSICALE

— On annonce que le procès intenté par le gouvernement italien au Prince Sciarra au sujet de la vente à l'étranger de la toile le *Violoniste*, attribuée à Raphaël, est sur le point de se terminer.

— Il n'y a qu'une affiche nouvelle française en ce moment : celle de l'Exposition internationale du Théâtre et de la Musique dont on trouvera plus loin une réduction en bistre faite spécialement pour le *Journal musical*, laquelle affiche sort des célèbres Ateliers Chéret de la Maison Chaix.

Mais, le mois dernier, est paru un catalogue indispensable aux collectionneurs :

Catalogue d'Affiches artistiques françaises, étrangères. Estampes. [PARIS, A. ARNOULD, 7, RUE RACINE. Hénon impr.], juin 1896, in-8-agenda, 30 pages de texte et 32 planches (reproduction en bistre de « Les Coulisses de l'Opéra au Musée Grévin »; « Thaïs », propriété de l'éditeur Heugel; « Hellé », propriété de l'éditeur Enoch, etc.), couverture ornée d'une composition en couleur de Lautrec.

Nous relevons dans ce Catalogue les affiches : « Monde Artiste », de Chéret, 10 fr., « Walkyrie », de Grasset, 3 fr.; l'estampe « Sainte-Cécile », du même, propriété de l'éditeur Henri Tellier, 6 fr.

———♦———

RÉPERTOIRE BIBLIOGRAPHIQUE

———

PÉRIODIQUES :

— The American Art Journal. A weekly critical review devoted to Music, Art, and the Music Trades. Hebdomadaire. Fondateur : H. C. Watson. Editeur : Wm. M. Thoms & C°. New-York, 23, Union Square, gr. in-4, 16 pages à 3 col. et couverture illustrée. Abonnements : United States 3 s., Etranger, 4 s., le numéro 10 cent.

1896 (34° année, volume 67). N° 15. Allegro : How the « Wagner epidemic » was looked upon 20 years ago...... Nothing to inspire hymns.... Western music in Japan. Portrait de William Steinway, président of the Abbey, Schoeffel & Grau incorporation for the conduct of Grand Opera. N° 16. The musical experiences in Japan of the late Luther Whiting Mason. Correspondances de Saratoga, Bayreuth, Chautauqua, Boston, etc., et nouvelles diverses. Portrait du Capellmeister de Bayreuth, Hans Richter.

— L'Ami du Chanteur. Hebdomadaire. Directeur : Henri Hazart. Paris, H. Geoffroy, éditeur, 222, boulevard Saint-Germain [Noizette imp.], gr. in-8, 8 pages de texte et musique. Abonnements : France 6 fr. Etranger 8 fr., le n° 10 centimes.

— Arta revista musicala. Mensuel. Directeur : Titus Cerne. Iasi (Roumanie), 1, str. Cofoi. [Miron Costin impr.], in-8, 28 pages.

1896 (5° année).

— Cæcilia. Journal de musique religieuse. Organe des sociétés de Sainte-Cécile. Tri-semestriel. Directeur : J. Gartler. Delle (Haut-Rhin) et Boncourt (Suisse), 12 pages in-12 de texte, 4 pages in-8 de musique.

1896 (18° année). N° 4. Notation du plain-chant; progrès à reculons (sur le même sujet : les signes dits traditionnels). Musique pour orgue : Andante de K.-H. Zoellner; Dolce de R.-G. Vierling ; Ecce Sacerdos magnus, à trois voix égales, de Jos. Schildknecht.

— Centralblatt für Instrumentalmusik, Solo und Chorgesang. Allgemeine Musikseitung für Musiker, Gesangvereine und das musikalische haus. Bi-mensuel. Rédacteur en chef : A. W. Gottschalg. Propriétaire-Directeur : Hans Licht, éditeur à Leipzig [Hesse et Becker impr. à Leipzig], gr. in-8, 32 pages texte et musique à 2 col., et des encartages. Abonnements : Leipzig 8 mk ; Allemagne et Autriche-Hongrie 10 mk 40 ; Union Postale 11 mk 20 ; le numéro 80 pf.

1896 (11° année). N° 22. F. Tetzner : Litauische lieder. Harry Brett : Gedenktage. L. Wambold : Die Tonkünstlerversammlung des allgemeinen deutschen Musikvereins in Leipzig (fin). Konzert-Amschau. Fünstes deutsches Saengerfest in Stuttgart. Deutscher Saengerbund in Boehmen. Personal notizen. Vermischtes. Musique : Der Trauschein, pour 4 voix, d'E. Koellner. Der Verlassene, sizilisch, —, de Bearbeitet von Hugo Jüngst. Der Lenz ist da, —, de Wilh. Sturm. (Verlag von Fr. Kistner in Leipzig, chaque partie, 15 pf.)

— Courrier de Saint-Grégoire. Revue mensuelle de musique religieuse. Organe de la Société Saint-Grégoire, de Liège. Rédacteur en chef : Abbé Dirven, au Béguinage, à Saint-Trond. Administrateur : P. Basqué, 16, rue Bois-l'Evêque, à Liège, gr. in-8, 8 pages de texte à 2 col., 4 pages de musique. Abonnements : Belgique, 3 fr. Etranger 3 fr. 60.

1896 (8° année). N° 6. Texte : Lettre circulaire de Mgr l'Evêque de Belley sur le chant ecclésiastique. A. Dirven : L'Offertoire. Bibliographie. Musique : Si quæris miracula, répons de J. Quadflieg en l'honneur de Saint Antoine de Padoue, à 3 voix d'hommes, acc¹ d'orgue.

— La Cronaca musicale. Mensuel. Directeur : Tancredi Mantovani. Pesaro, stab. tip. Annesio Mobili. Abonnements : Italie 5 l.

1896 (1re année). N° 1, février, 27 pages.

— L'Echo musical. Revue paraissant tous les quinze jours. Musiques militaires, harmonies, fanfares, sociétés chorales et symphoniques, concours, festivals, chroniques artistiques. Bruxelles, Mahillon et C°, 23, chaussée d'Anvers, in-8, couverture et 16 pages à 2 col. Abonnements : 4 fr., Etranger 5 fr., le n° 15 cent.

1896 (26° année). N° 15. Concours du Conservatoire et de l'Ecole de musique de Saint-Josse-Ten-Noode-Schaerbeek. Directeur : G. Huberti (suite). Oscar Comettant : Un virtuose phénoménal, Antoine de Kontski (extrait du *Siècle*).

— L'Echo des Orphéons. Journal des Sociétés chorales et instrumentales. Tri-mensuel. Directeur : Victor Lory.

Paris, 12, rue Cadet [Chaix impr.], in-folio, 4 pages à 4 col. Abonnements : 10 fr., le n° 40 cent.

1896 (36e année). N° 15. Concours de Meaux, Choisy-le-Roy, Bourg-la-Reine, Arras, Limeil-Brévannes. N° 16. Concours de Lisieux, Chartres (à suivre). Soissons, Dax, Bourg-la-Reine : Appréciations du jury.

— L'Europe artiste. Journal théâtral, littéraire et artistique. Hebdomadaire. Directeur : M. Pascal-Estienne. Paris, 123, rue Montmartre, gr. in-4, 16 pages à 3 col., un portrait. Abonnements : France 40 fr., Etranger 50 fr., le n° 50 cent.

1896 (44e année). N° 26. Les examens de danse de l'Opéra. N° 27. Jactal : Le roi des violons, 1330-1773. Nos 26-27. Les Concours du Conservatoire. Correspondances de Lyon, Genève, Londres, Marseille, etc.

— Le Guide musical. Revue internationale hebdomadaire. Directeur : Maurice Kufferath à Bruxelles. Rédacteur en chef : Hugues Imbert, à Paris. Bruxelles, 2, rue du Congrès. Paris, Librairie Fischbacher, 33, rue de Seine [Lombaerts impr. à Bruxelles], gr. in-8, 16 pages à 2 col. Abonnements : France et Belgique 12 fr., Union postale 14 fr., Pays d'Outre-Mer 18 fr., le n° 40 cent.

1896 (42e année). Nos 29-30. M. Kufferath : Bayreuth 1876-1896. Frank Choisy : Croquis d'artistes : Johan Svendsen. Les Concours des Conservatoires de Paris et Bruxelles. Nos 31-32. Gustave Robert : La Symphonie en *ut* de Saint-Saëns, analyse thématique. M. Kufferath : A Bayreuth : L'Anneau du Nibelung. Hugues Imbert et Ernest Thomas : Concours du Conservatoire de Paris. Marcel Rémy : Concours du Conservatoire de Liége.

→ Ilustracion musical Hispano-Américana. Bi-mensuel. Directeur : Felipe Pedrell. Propriétaire : Victor Berdos. Barcelona, 31, Calle de las Molas, grand in-4, 8 pages de texte et illustrations, un fascicule supplémentaire de 8 pages in-8 et 8 pages de musique. Abonnements : Espagne 12 pes., Etranger 16 pes., le numéro 1 pes.

1896 (9e année). Nos 202-204. Texte : Fr. Eustoquio de Uriarte : El drama lirico. N° 204. Tomas Breton : Discurso leido ante la Academia de Bellas Artes de San Fernando (suite). Dato historico sobre el compositor de tonadillas Catalan D. Pablo Esteve y Grimau. J. Salvador : Notice sur Andres Goni Otermin, violoniste et chef d'orchestre. Illustrations : portrait du même et 2 planches dans le texte. Supplément : Diccionario bio-bibliografico, de Felipe Pedrell (Brull y Averra — Brunet y Recasens). Musique : Canzonetta, pour piano, de Domingo Mas y Serracant. Clavelina, maz. p. piano, de José Gols.

— The London and Provincial Music Trades Review. Mensuel. Directeur : G. D. Ernest et Cie. London, 1, Racquet Court, Fleet Street, E. C., gr. in-4, 40 pages à 3 col. Abonnements : 5 s., le numéro 4 d.

1896 (20e année). N° 228. Cherubino : The month's music ; J. S. Shedlock : Reviews of music, etc. The Music Trades Exhibition at the Agricultural Hall. Some results of Trades Union interference. Conciliation boards.... Yet another distraint Bill. Sequel to the German Strikes.

Notices nécrologiques sur Augustus Harris, Kufferath, Lewis Thomas.

— Le Ménestrel. Musique et Théâtres. Hebdomadaire. Directeur : Henri Heugel, éditeur. Paris, 2 *bis*, rue Vivienne [Chaix impr.], gr. in-4, 8 pages de texte à 2 col. et un supplément de musique. Abonnements : texte seul 10 fr.; texte et musique 20 fr. et 30 fr.

1896 (62e année). Nos 29-31. Arthur Pougin : La première Salle Favart et l'Opéra-Comique, 1801-1838 (suite). N° 29 Paul d'Estrée : Musique et Prison (suite) : Les prisons révolutionnaires. N° 29. Julien Tiersot : Sur le Jeu de Robin et Marion, d'Adam de La Halle. N° 29. Louis Gallet : Le Théâtre-Lyrique, informations, impressions, opinions (13e article). N° 30. Julien Tiersot : A Bayreuth (Compte-rendu très intéressant des représentations de la première série). Nos 30-31. Arthur Pougin : Les Concours du Conservatoire.

— The Minstrel. Mensuel. London, 115, Fleet-Street [Veale, Chifteriel & Co impr.], in-4 carré, couverture et 20 pages à 2 col., ornées de figures, sur papier glacé. Le numéro 6 d.

1896. N° 56. Biographies, accompagnées de portraits, de Benjamin Firth, organiste, de Shipley parish Church, professeur, Dr J. H. Lewis, compositeur, musical director au Victoria College of Music, J. E. Smith, organiste, David Jenkins, compositeur et " conductor ", H. Turner, compositeur et " conductor " de St Andrew's Banjo... Orchestra ; Walter Wardle Windle, compositeur, organiste de Belper parish Church, Tom Waterhouse, chanteur, J. W. D. Pillow, organiste de parish Church of St Mary ; James Gastell, organiste de St Barnabas, à Swindon, Miss Ira Aldridge, contralto, Madame Dunbar-Perkins, violoniste.

Ce numéro contient, en outre, six pages d'échos, de nombreuses poésies et d'autres articles, tels que : How to preserve pianos ; The early theatres.

— Le Monde musical. Organe de la facture instrumentale et des expositions. Bi-mensuel. Directeur-Fondateur : E. Mangeot, facteur de pianos. Paris, 3, rue du Vingt-neuf-Juillet [L. Carpentier impr., Montdidier], gr. in-4°, 20 pages à 2 col.; un portrait. Abonnements : France, 12 francs ; Etranger, 14 fr. 50 ; le numéro, 50 centimes.

1896 (8e année). N° 5. Albert Peschard : Nouveaux Perfectionnements au système Electro-Pneumatique des Grandes Orgues (suite), avec figures explicatives. La facture instrumentale à l'exposition de Genève. Portrait de Joaquin Malat, pianiste. N° 6. Tableau complet (noms des professeurs, élèves, titres des morceaux, etc.) des Concours du Conservatoire de 1896, avec les comptes-rendus et les récompenses ; portraits de Clara et Robert Schumann, d'après une gravure rare appartenant à Mme Adine Rückert, élève de Clara Schumann.

— Le Moniteur instrumental. Journal spécial des fanfares et musiques d'harmonie. Mensuel. Directeur : Georges Tilliard. Paris, 124, rue d'Aboukir [Mangeot impr.], in-fol., 4 pages à 4 col. Abonnements : 3 francs ; le numéro 25 centimes.

1896 (5e année). N° 55. Concours de Meaux, La Ferté-sous-Jouarre, Choisy-le-Roi : Appréciations du jury (à suivre).

— The Monthly musical record. Mensuel. Directeur : Augener, éditeur. London, 199, Regent-Street [Cassel & Cie impr.], in-8° carré, 20 pages de texte à 2 col., 4 pages de musique. Abonnements : 2 s. 6 d. Le numéro, 2 d.

1896. Vol. XXVI. N° 308. Texte : Sir Augustus Harris A lunatic on Wagner. Reinecke : The Beethoven pianoforte Sonatas, avec des exemples de musique; St. S. Stratton : The Organs works of J. S. Bach, édited by W. T. Best, avec des exemples de musique. Musique : Andante pour violon et accompagnement de piano, de Wallace Sutcliffe. [Music printing officine 10, Lexington str. London].

— La Musica religiosa en Espana. Boletin mensual. Organo de la Asociacion fundada por el Excmo. Sr. D. José Maria de Cos, arzobispo-obispo de Madrid-Alcala, bajo la advocacion de San Isidoro de Sevilla para la reforma de la Musica en la Iglesia, segun las prescripciones de la Santa Sede, con aprobacion del Ordinario. Directeur : Felipe Pedrell. Madrid, 4, calle de San Quintin [Viuda é Hijos de Tereeno impr.], in-8, 16 pages. Abonnements : Espagne 5 pes.; Etranger 8 francos ; le numéro 1 pes.

1896 (1re année). N° 1. Règlement pour la musique religieuse de la S. Congrégation des Rites, 1894. N° 5 Nuevas disposiciones de la S. Congr. de Ritos. N°s 1-3. Fray Eustaquio de Uriarte : El Canto gregoriano ; La Reforma de la musica religiosa. N° 2. Importancia del organo en los oficios liturgicos ; Alfonso : La Musica religiosa organica en Espana. N° 4. — : Importancia de la musica en la iglesia. N° 2. Michel Brenet : La Renovacion de la musica religiosa en Francia (trad. de l'article du Guide musical, 1895, n°s 35-36). N° 3. El oficio de Viernes Santo en la Catedral de Madrid ; Jean de Muris : La Musica religiosa en Espana (trad. d'un article de la Tribune de Saint-Gervais, n° 2) ; Antonio Noguera : El motete " O vos omnes " de Victoria (et non Vittoria). N°s 2, 3. La Musica polifonica. N° 4. J. Parisot : Sobre la Renovacion del arte. N° 5. D. Rafael Mitjana : Los Himnos de San Isidro. N°s 4-6. J. Tebaldini : De la Musica sagrada en Italia. N° 6. La Himnologia sagrada (à propos de « l'Hymnologie dans l'office divin », par le chanoine Ulysse Chevalier. Paris, A. Picard, 1894, in-8. N°s 4-6. Hagiografia musical. N°s 1-6. Revista del movimiento musical religioso en Espana y en el extranjero.

— Musica sacra. Monatschrift für Hebung und Fœrderung der kathol. Kirchenmusik. Bi-mensuel. Fondateur : Dr. Franz Xaver Witt. Directeur : Dr. Franz Xaver Haberl. Regensburg, librairie Fr. Pustet, in-8°, 12 pages et suppléments de musique. Abonnements : Allemagne et Autriche-Hongrie, 4 mk ; Etranger, 4 mk, 80 pf.

1896 (29e année, nouvelle série VIII). N° 13. Dr Ant. Walter Neuromantische Kirchenmusik. F. X. Haberl : Neuerschienene Kirchenkompositionen. N°s 15-16 — : Schluss des 22 semesters an der Kirchen-Musik-Schule in Regensburg. Edgar Tinel, avec un portrait. Organaria,

avec 3 pages de musique. Archaeologische und offizielle choral melodien, avec des exemples de musique. N° 13. G. Gietmann : Der Rhythmus des Sprachgesanges. N° 14 — : des griechischen Kirchengesanges. N°s 15, 16 — : im russischen Kirchengesang.

— Le Néochorisme. Revue trimestrielle de la traduction musicale et de l'harmonisation du plain-chant. Directeur : l'abbé Teppe, à Saint-André, près Bourg (Ain). [Chaduc impr. à Châtillon-sur-Chalaronne], in-8, 32 pages. Abonnements : France 4 fr. ; Etranger 5 fr.

1896 (3e année). N° 3. Abbé Teppe : Mémoire sur l'accentuation du latin (suite), avec la musique. Analyse du Tantum ergo, avec la musique. Lettres du P. Dechevrens sur la mensuration du plain-chant, avec la musique. 2e lettre d'un curé américain sur le plain-chant. Lettres de V. Ballu père, de M. Em. Burnouf.

— La Nouvelle France chorale. Moniteur des Orphéons et des Sociétés instrumentales. Bi-mensuel. Directeur : Camille de Vos. Paris, 3, rue d'Aboukir, in-fol., 4 pages. Abonnements : France et Etranger, 12 francs, le numéro, 50 cent.

1896 (28e année). N° 14. Henry-Abel Simon : La Flamme. N° 15. — : Où vont les mélodies ? N° 14. Concours d'Arras, Epinal (suite), Saint-Amand-les-Eaux, Le Raincy. N° 15. Concours de Rouen, Chartres (à suivre), Dinan : Appréciations du Jury.

— Le Progrès artistique. Musique, Théâtres, Beaux-Arts, Littérature, Sport, Escrime, Finances. Hebdomadaire. Fondateur : Victor Souchon. Rédacteur en chef : Maurice La Rivierre. Paris, 12, rue Martel, [Durdilly impr.], gr. in-4, couverture illustrée, 8 pages de texte à 3 col. Abonnements : France 12 fr., Union postale 15 fr., le n° 25 cent.

1896 (19e année). N° 941. L'Ecole de chant liturgique et de musique religieuse (« Schola Cantorum »). N°s 942-944. Maurice La Rivierre et F. de Ménil : Les Concours du Conservatoire. N°s 943, 944. Henry Céard : les Goncourt et la musique.

— La Quinzaine musicale. Bi-mensuel. Directeur : W. Smyth. Rédacteur en chef : H. Eymieu. Paris, Bourlant-Ladam, éditeur, 40, passage du Havre [Durdilly impr.], gr. in-4, 1 page de texte à 3 col., 7 pages de musique. Abonnements : France 6 fr., Etranger 8 fr.

1896 (2e année). N° 14. Texte : W. Smyth : Notice sur Ed. Chavagnat. G. de Marville : Carnet théâtral. Conseils des auteurs (G. Salvayre et J. Dumas) sur l'interprétation des pièces publiées dans le n° 15. Block-Notes. Petit courrier. Musique : Berline-Favorite, pour piano, de W. Smyth. Pas de quatre favori, pour piano, de R. Delwart. N° 15. Musique : Rêve d'enfant, bluette pour violon et piano, de J. Dumas. Stambouline, orientale pour piano, de G. Salvayre.

— Revue de musique religieuse et de chant grégorien. Mensuel. Directeur : J. Mingardon. Marseille, 11, place Sébastopol, in-8, couverture et 16 pages. Abonnements : France et Colonies, 3 fr.

1896 (2e année). No 8. J. Dupoux : Étude (4e article) sur la « Mélopée antique » de Gevaert (à suivre) — : Les Hymnes delphiques. E. Soullier : Rythme grégorien. Le P. A. Dechevrens : Mémoire présenté au Congrès musical de Bordeaux sur la restauration complète de la musique grégorienne (suite).

— Rivista musicale italiana. Trimestriel. Direction et administration : Fratelli Bocca, éditeurs, 3, via Carlo Alberto, Torino. [Vincenzo Bona impr.] in-8, 150 pages, couverture. Abonnements : Italie 12 l., Union Postale, 14 l., le fascicule 4 l. 50.
1896 (3e année). Fascicule 3e. A. Restori : Per la Storia musicale dei Trovatori provenzali (fin), 44 pages fig. et musique notée.

Nous retrouvons dans cette importante revue, qui publie chaque fois de longs chapitres d'études inédites, M. A. Restori. Si l'on peut regretter que la note, dont il fut question dans le précédent numéro du *Journal musical*, soit courte, la forte érudition de M. Restori se manifeste pleinement dans les études de la *Rivista*. Dans ce fascicule, M. Restori parle de Peirol, dont les mélodies « — come le sue poesie, del resto —, hanno in generale, una certa grazia e una freschezza non comune... » En outre « Peirol sa transformare e rialzare la melodia paesana senza troppo snaturarla : la nobilita, non la rinnega. » M. Restori donne d'ailleurs, dans le texte, la musique de dix-sept chansons de ce troubadour. Je signale la conclusion de cette étude toute à lire.

Arthur Pougin : Essai historique sur la musique en Russie (suite), 2e partie (à suivre), 14 pages, 5 portraits.

Cet essai historique comprend Dargomijsky, Séroff, Théodore Lvoff, l'auteur de l'Hymne Russe, Antoine Rubinstein, Pierre Tschaïkowsky, sur lequel nous croyons devoir extraire de l'intéressante étude de M. Pougin ces lignes, page 495 : « Où Tschaïkowsky est vraiment personnel...... c'est dans ses pièces intimes pour piano, dont plusieurs sont exquises, et encore, et surtout, dans ses délicieuses mélodies vocales, qui sont empreintes d'un sentiment profond d'une poésie pénétrante, et parfois d'un caractère mélancolique d'une telle intensité qu'il confine au drame ».

E. Gariel : Il ritmo et l'interpretazione nelle opere di Chopin (fin), 16 pages et 18 exemples de musique.

M. E. Gariel a donné ici de la Ballade en sol mineur toute une analyse thématique, qui sera d'un grand secours aux pianistes pour l'interprétation de cette œuvre pas toujours comprise.

G. P. Chironi : Il *Parsifal* e il *Barbiere di Siviglia* nel movimento legislativo sul « diritto d'autore », 12 pages. L. Torchi. Ghismonda, opéra in tre atti di Eugenio d'Albert, 35 pages et 31 exemples de musique.

Très substantielle analyse thématique.

Giovanni Perrod : La Sensibilita meteorica in R. Wagner, 15 pages.

Curieux article avec des citations de lettres de Wagner concernant toutes ses œuvres.

Le 3e fascicule de la *Rivista musicale italiana* se termine par des analyses de livres (20 pages), un dépouillement des périodiques (6 pages), un catalogue des livres et de la musique (10 pages) et 8 pages d'informations.

— The School Music. Review. A monthly periodical devoted to the interests of Music in Schools. Mensuel. Directeur-propriétaire : Novello, Ewer et Cie, éditeurs, 1, Berners street, London. in-8, 20 pages à 2 col. et couverture. Abonnements : 2 s., le numéro 2 d.
1896 (5e année, vol. V). No 51. Texte : Voice production for School teachers. Choral competitions at the Agricultural Hall, Dublin School music, School singing at the Cape of Good Hope, Scotch Training Colleges, London School, etc. Tonic Sol-Fa Festival at the Crystal Palace, Juvenile Concert. The great Welsh National Eisteddfod ... Musique (dans les deux notations): Evening, pour 2 voix, de John Hullah; Fairest Isle, à l'unisson, de Purcell; The Lark's Song, canon pour voix égales, de Mendelssohn; 4 pages d'études et exercices gradués.

— La Tribune de Saint-Gervais. Bulletin mensuel de la « Schola Cantorum », fondée pour encourager l'exécution du plain-chant selon la tradition grégorienne, la remise en honneur de la musique palestrinienne, la création d'une musique religieuse moderne, l'amélioration du répertoire des organistes. Rédaction : Paris, 15, rue Stanislas, in-8, couverture, 16 pages et un encartage de musique. Abonnements : France 10 fr., Union Postale, 11 fr.
1896 (2e année. No 7. La mort de S. Em. le Cardinal Bourret. Michel Brenet : La Musique dans les Processions, avec des exemples de musique. J. Parisot : Compte-rendu des fêtes religieuses de Niort, avec des ex. de musique.

— Zeitschrift für Instrumentenbau. Officielles Organ der Berufsgenossenschaft der Musikinstrumenten-Industrie, des Vereins Deutscher Pianoforte-Fabrikanten und des Vereins Deutscher Orgelbaumeister. Tri-mensuel. Directeur : Paul de Wit, Leipzig, 16, Thomaskirchhof [Frankestein & Wagner impr.], in-4°, 24 pages à 2 col. Abonnements : Par trimestre, 2 mk 50 pf. Etranger 3 mk.

1896. (16e année). Nos 30, 31. Die Musikinstrumente auf der Berliner Gewerbe-Ausstellung 1896 (à suivre). Die neue orgel im Saalbau in Mannheim. N° 30. Ce numéro contient en outre une note sur le procès des Sociétés Th. Steinweig Nachf. et Steinway & Sons. N° 31. Paul Stroebe. Zur Geschichte der Kirchenorgeln in Halberstadt. Dans chaque numéro : Vermischtes (nombreux renseignements sur la facture instrumentale de tous pays). Orgelbau-Nachrichten (composition d'orgues nouvelles). Illustrirtes Patent-Uebersicht, avec figures.

PÉRIODIQUES DIVERS :

— La Ciudad de Dios. Madrid, 5 juillet. Villalba Luis : Un manuscrito de musica del Archivo del Escorial.

— Le Journal. N° 1,404. Armand Silvestre. Lettre de Bayreuth.

— Le Monde moderne. Juillet. Reproduction des tableaux du Salon : portraits d'Ambroise Thomas, une Sainte-Cécile.

— Naturwissenschaftliche wochenschrift, t. XI, n° 20.— Richard Hennig : L'Explication donnée par Helmholtz sur la nature du ton mineur et essai de réfutation.

— Revue des Deux-Mondes. 15 juillet. Houston Stewart Chamberlain : Richard Wagner et le Génie français.

— Revue philosophique. — N° 7. L. Dauriac : Études sur la psychologie du musicien (suite). VI. Le Plaisir et l'Emotion musicale.

LIVRES DIVERS :

Mémorial de NORVINS, publié avec un avertissement et des notes, par L. DE LANZAC DE LABORIE, tome I (1769-1793). Paris, Plon, in-8, XXXVI-426 pages, 7 fr. 50.

Avec ce volume, on pénètre dans les salons, dans les théâtres, on fréquente les artistes les plus connus du temps. Nous détachons cette page sur le concert olympique en 1789, au palais des Tuileries :

Le concert olympique était à la fois et l'effet et la cause d'une institution maçonnique, sous le nom de Loge olympique, qui se tenait au Palais-Royal... Une lyre d'argent sur un fond bleu de ciel était la décoration obligée pour entrer au concert, que plusieurs fois la reine, sous la protection de qui était la Société olympique, avait honoré de sa présence. Aussi l'assemblée, dans l'attente où elle pouvait être que la reine, les princes et les princesses vinssent assister au concert, était-elle dans la toilette la plus brillante et la plus recherchée. Un fonds considérable, formé de souscriptions très élevées et très nombreuses,

était employé à payer non seulement la coopération des grands artistes nationaux et étrangers, mais encore les ouvrages qu'ils avaient composés pour la Société olympique. Parmi ceux-ci était Haydn, le célèbre symphoniste de l'époque. L'orchestre était dirigé par le fameux violon Viotti et rempli, indépendamment des professeurs, par les plus habiles amateurs de Paris, où fleurissait alors la musique instrumentale. Bel orchestre vraiment, dont une partie y paraissait en habits brodés, en manchettes à dentelles, l'épée au côté et le chapeau à plumets sur les banquettes ! Bon orchestre aussi, que, grâce aux fréquentes répétitions, conduites par les plus grands maîtres, Haydn lui-même proclama le premier de l'Europe... Je n'oublierai jamais le bonheur de cet illustre maître, à qui nous devions plusieurs symphonies devenues notre propriété, le jour où l'on exécuta devant lui celles qu'il avait composées pour la cour de Vienne. Ce fut après les avoir entendues qu'il disait : « Je ne croyais pas avoir aussi bien fait ! » tant il trouva l'orchestre olympique supérieur à celui de Vienne.

CATALOGUE

Adresses des éditeurs cités : Académie de musique, 4, boulevard Helvétique à Genève. Bornemann, 15, rue de Tournon. Delagrave, 15, rue Soufflot. Dentu, 3, place de Valois. Durand, 4, place de la Madeleine. Gounin-Lacroix, 21, rue Thérèse. Heinrichshofen's Verlag, à Magdeburg. Lagueny, à Limoges. Veuve Léopold Muraille, 43, rue de l'Université à Liège. Ricordi, 12, rue de Lisbonne.

LITTÉRATURE MUSICALE :

Saint-Saëns et son cinquantenaire artistique. Paris, Durand, 1896, in-8, figg.

Wagner (Richard). L'Anneau des Nibelungen. Guide musical par Hans de Wolzogen. Paris, Delagrave, 1896, in-16, fig., 2 fr.

—. Les Maîtres Chanteurs de Nürnberg. Traduction littéraire par Louis-Pilate de Brinn' Gaubast. Commentaire musicographique par Edmond Barthélemy. Paris, Dentu, 1896, in-8, musique notée, 4 fr.

TRAITÉS, MÉTHODES :

Parès (G.). Gammes et exercices journaliers pour basson. — p. clarinette. — p. cornet à pistons. — p. flûte. Paris, Lemoine, chaque vol. net. 1 fr. 50.

Richter (Charles Henri). Exercices techniques du pianiste. Etudes préparatoires. Gammes et arpèges. Doigté raisonné et Méthode intuitive. Genève, Académie de musique.

Rose (C.). Gammes majeures et mineures dans tous les tons pour la clarinette (système Boëhm), avec l'indication des doigts pratiqués et enseignés, suivis de la tablature explicative des doigts multiples. Paris, Evette et Schaeffer, 7 fr. 50.

Singenberger (Johann). Theoretisch-praktische Harmonium. Schule für den Kirch. Gebrauch...... 3e édit., Regensburg, Pustet, 6 mk.

Tavan (E.). Méthode pratique d'orchestration symphonique par Emile Tavan. 2e édit., Mantes-sur-Seine, imp. Beaumont frères, chez tous les marchands de musique, 1896, in-8, 63 pp., 3 fr. 50.

Vantyn (Sidney). Douze études pour la main gauche. 1re série. Liège, veuve Léopold Muraille.

MUSIQUE DE CHAMBRE

ET MORCEAUX POUR DIVERS INSTRUMENTS :

Brepsant (E.). Une rose. Transcription très facile pour mandoline, acc' de piano, par W. Bierna. Liège, veuve Léopold Muraille, 6 francs.

Dethier (Gaston). Pièces pour grand-orgue. Liège, veuve Léopold Muraille. No 63. Thème, variations et final, net 3 fr. No 64. Prélude sur le Dies iræ, net 1 fr.

— Romance pour violon, avec accompagnement d'orchestre ou de piano. Liège, veuve Léopold Muraille :
Pour violon, avec accompagnement d'orchestre, 9 fr.
Pour violoncelle, — piano. 9 fr.

Fonthonne (L.) Valse miniature, p. piano et violon ou flûte. Bornemann, net 2 fr. 50.

— Solitude-Rêverie, p. violon avec acc' de piano ou orgue. Bornemann, net 2 fr.

Hess (Charles). Trente pièces pour orgue-harmonium. Gounin-Chidone, in-8.

Houdard (Georges). Prélude pour piano, accompagnement de piano, harpe ou orgue. Legouix.

Mozart. Concerto (1791) op. 107. Adagio transcrit pour viole d'amour par Léopold Herremans. Liège, veuve Léopold Muraille.

Stech (Paul). Joyeuse promenade. Badinage pour violon et piano. Op. 13. Titre et couverture ornée d'un dessin de l'auteur. Bornemann, net 2 francs.

PIANO :

Fonthonne. Valse miniature. Bornemann, net 2 fr.
—. Solitude. Rêverie pour piano. Bornemann, net 1 fr. 70.

Richter (C. H.). Album de voyage de ma poupée. Six petits morceaux de piano faciles et doigtés. Genève, Académie de Musique, net 3 fr.

Stech (Paul). Joyeuse promenade. Badinage pour piano, op. 13. Titre et couverture ornée d'une composition de l'auteur. Bornemann, net 1 fr. 70.

MUSIQUE RELIGIEUSE :

Franck (César). Offertoire pour la Fête de Sainte Clotilde pour soprano, ténor et basse, avec orgue et contrebasse. Bornemann, 2 fr.

—. Domine non secundum. Offertoire pour un temps de pénitence pour soprano, ténor et basse, accompagnement d'orgue. Bornemann, 2 fr.

CHŒURS :

Haeck (H.). O mon Berry ! chant des écoles du département du Cher. Poésie d'E. Jouin. Paris, l'auteur, 11, cité Trévise, net 15 centimes.

Schaper (Gustav.). Hurra Germania ! op. 31. Gedichte von Ferd. Freiligrath. Magdeburg, Heinrichshofen's Verlag.
A. Pour 4 voix d'hommes ou chœur mixte et grand orchestre, net 3 mk.
B. Pour 4 voix d'hommes ou chœur mixte et piano, net 1 mk 50.
C. Pour " Schulchor ", à 3 parties ou chœur mixte et piano, net 1 mk 20.
D. Pour 4 voix d'hommes ou chœur mixte, ou " Schulchor ", sans acc', chaque 40 pf.
Parties séparées : de chant 15 pf.; d'orchestre 3 mk.; en partition pour " Schulchor " 20 pf.

MÉLODIES & LIEDER :

Roby (L.). Evocation. Poésie de F. Gardelle ; acc' de piano. Limoges, F. Lagueny, net 1 fr.

Le Propriétaire-Gérant :
BAUDOUIN-LA LONDRE.

Bourges, imprimerie M. H. Sire.

LE MONDE MUSICAL

Organe de la Facture instrumentale et des Expositions

DIRECTEUR-FONDATEUR

E. MANGEOT, Facteur de pianos

Paris, 3, rue du 29-Juillet

L'EXPOSITION
du THÉÂTRE et de la MVSIQVE
25 Jvillet _ 25 Novembre
PALAIS DE L'INDUSTRIE
DIMANCHE 0f 50c - SEMAINE 1f
Tous les Vendredis Grand festival 3f

LE JOURNAL MUSICAL

Bulletin international critique

DE LA

BIBLIOGRAPHIE MUSICALE

No 5. — Septembre 1896.

Pour toutes les communications (abonnements, publicité, etc.), s'adresser à

M. le Directeur du JOURNAL MUSICAL
Paris, 11, rue Saint-Joseph

ABONNEMENTS	ANNONCES
France, par an .... 6 fr. Pays de l'Union postale .... 7 fr. — d'Outre-Mer .... 8 fr. Le numéro mensuel...... 50 centimes	Annonces diverses : 1/2 page... 15 fr. — 1/4 — ... 25 fr Informations, offres et demandes, etc.: La ligne .... 2 fr

EN VENTE : à la librairie Fischbacher, 33, rue de Seine, à Paris ;
Chez les éditeurs de musique et les principaux libraires de la France et des autres pays.

SOMMAIRE

INFORMATIONS.

OFFRES ET DEMANDES de livres, partitions rares ou d'occasion.

Chronique.

BULLETIN CRITIQUE : Auditions.

— : Publications: *La Damnation de Faust,* essai historique et critique de J. G. Prod'homme. *Collection des auteurs grecs relatifs à la musique,* de Ch.-E. Ruelle. *Poème alpestre,* de Jaques-Dalcroze. *Cinq mélodies,* de César Cui.

LES CONCOURS DE COMPOSITION MUSICALE.

ICONOGRAPHIE MUSICALE.

RÉPERTOIRE BIBLIOGRAPHIQUE : Sommaires et extraits des périodiques de musique de tous pays.

— : Sommaires et extraits des périodiques et livres divers.

CATALOGUE des livres, méthodes, partitions, morceaux, etc., récemment parus.

CARNET

Paris. — 25 juillet-25 novembre. Exposition internationale du Théâtre et de la Musique.	Genève. — Exposition nationale : Festivals et grands concerts, sous la direction de M. Gustave Doret.

INFORMATIONS

Basel. — M. Selmar Bagge, directeur du Conservatoire et compositeur, vient de mourir.

Breslau. — La première représentation de *Die Schwarze Kaschka*, opéra de Georges Jarnos, a eu lieu récemment.

Carlsruhe. — Du 6 au 27 septembre, représentations d'œuvres de Paisiello, Gluck, Haydn, Mozart, Grétry, Dalayrac, Cherubini, Weber, Donizetti, Wagner, Bizet, sous la direction de M. Félix Mottl.

Cauterets. — Les concerts classiques du chef d'orchestre de l'Opéra-Comique, M. Danbé, entouré de ses principaux artistes de Paris, ont eu un grand succès.

Eisenach. — Le Musée-Wagner est installé et sera bientôt ouvert au public : la bibliothèque contient l'ensemble complet de toute la littérature wagnérienne, plusieurs partitions et écrits autographes du maître.

Gand. — Dans un concert historique, organisé par le musicologue M. Florimond Van Duyse, à l'Hôtel de Ville : des noëls des xv⁰, xvi⁰, xvii⁰ siècles ont été chantés par un chœur de soprani, la *Petite Camusette* de Josquin de Prés, des chansons de Roland de Lassus, Claudin, Mathieu Le Maistre, interprétées par un chœur mixte que dirigeait M. Oscar Roels; un Rondeau de Rameau et d'autres pièces exécutés par Mlle Jenny Van Avermaete sur un clavecin authentique prêté par M. C. Snoeck.

Liège. — M. Ed. Van den Boorn, critique musical de la *Meuse*, et rédacteur à la *Fédération artistique*, est mort.

Louviers. — Le 27 septembre, Concours de musique.

Lyon. — Une centaine de libraires de Paris, Lyon, Marseille, Toulouse, Bordeaux, Avignon, Valence, se sont réunis en congrès et ont pris des décisions pour conjurer la crise actuelle de la librairie.

Paris. — M. Claude Terrasse, élève de M. Gigout, est nommé organiste de la Maîtrise à la Trinité.

— Le Baron Pichon, le bibliophile d'une érudition si profonde, d'une urbanité si grande, d'un cœur si bon, vient de mourir.

— Grâce à la complaisance de l'éditeur bien connu, René GODFROY, 21, rue Denfert, à Paris, nous sommes heureux d'offrir à tous nos lecteurs la célèbre *Marche du Couronnement*, dédiée au tsar Nicolas II et à la tsarine. Cette marche écrite pour piano ou orgue, éditée avec luxe, et d'une valeur de 5 francs à prix marqué, est expédiée *gratis et franco* à tout lecteur de notre journal qui enverra son adresse accompagnée de 3 timbres-poste de 0,15 centimes pour tous frais à M. GODFROY, 21, rue Denfert, à Paris.

Tout le monde voudra recevoir ce joli souvenir patriotique que tous les pianos parisiens jouent déjà.

— Quel est l'homme politique, l'écrivain, l'artiste qui ne souhaite savoir ce que l'on dit de lui dans la presse? Mais le temps manque pour de telles recherches.

Le COURRIER DE LA PRESSE, fondé en 1889, 21, boulevard Montmartre, à Paris, par M. GALLOIS, a pour objet de recueillir et de communiquer aux intéressés les extraits de tous les journaux du monde sur n'importe quel sujet.

Le COURRIER DE LA PRESSE LIT 6,000 JOURNAUX PAR JOUR.

Rome. — Un prix de 1,000 francs en or est offert à la meilleure monographie scientifique, manuscrite ou imprimée, sur les lois parallèles et réciproques de la musique et de la poésie. Pour les conditions et le programme détaillé du concours, lequel est international, s'adresser à l'administration du journal *D'Artagnan*, à Rome.

Wien. — Des fêtes se préparent en l'honneur du centenaire de Franz Schubert, né le 31 janvier 1797, dont on vient de découvrir trois autres lieder chez Mme Mayerhofer.

OFFRES ET DEMANDES

LIVRES :

Jacques ROSENTHAL. Librairie ancienne. Estampes. Nouvelle Série : Catalogue I. MUSIQUE. Théorie et pratique de la musique des xv⁰ au xviii⁰ siècles. Musique d'église. Musique mondaine. München, Jacques Rosenthal, 10, Karl Strasse, in-8, 54 pp.

Dans le catalogue de cette importante librairie, nous remarquons des ouvrages très rares : Glareanus : *Isagoge in musicen.* Bâle, 1516, br. 250 mk; Kilian : *Musæ IX*, 1612, 39 mk; Praspergius : *Clarissima plane atque choralis musice interpretatio.* Bâle, 1507, 300 mk; Virdung : *Musica getutscht…..* Bâle, 1511, 1800 mk.

EMPLOIS :

Un jeune homme d'excellente famille, bon organiste, très bon musicien, ayant fait son service militaire, désirerait vivement une place d'organiste (grand orgue) ou maître de chapelle; il pourrait également diriger une Société philharmonique; il donne d'excellentes leçons de solfège, violon, orgue ou piano. S'adresser à M. Marcel Vagner, professeur de musique, 19, rue de la Primatiale, à Nancy (Meurthe-et-Moselle).

ᴅᴀɴs le mois qui vient de s'écouler, des périodiques ont consacré des numéros spéciaux aux fêtes de Bayreuth *(Allgemeine Musik-Zeitung)*; d'autres contiennent des articles sur les expositions de cette année: Berlin *(Zeitschrift)*, Amsterdam, Rouen et Genève *(Monde musical)*. Nous y renvoyons pour ce qui concerne la facture instrumentale : car l'édition musicale est peu représentée dans ces expositions. A Rouen, le président de la Classe 10 (Musique) du Groupe 3, est M. de Montalent, président de la Société des Compositeurs normands. et ses collaborateurs MM. Haumesser, A. Klein, marchands de musique, Latouche, organiste; parmi les exposants, un éditeur, M. Jacques Pisa, de Paris. A Genève, nous avons noté, au Groupe 19, la Maison Menoud de Neufchâtel; à la 3ᵉ Section du Groupe 17 (presse, publications), les « exercices régulateurs pour piano », de M. Chassevant; là, la vitrine de l'Académie de Musique Richter; plus loin, le long d'une travée, des spécimens nombreux du fonds très riche de l'éditeur Hug; de ce côté, la vitrine du Conservatoire avec les devoirs d'élèves et les compositions des professeurs MM. O. Barblan, Jaques-Dalcroze; à côté, l'éditeur Fœtisch, de Lausanne.

Des œuvres musicales ont été éditées spécialement pour l'Exposition de Genève : le *Poème alpestre*, dont il est question plus loin, est du nombre.

Par contre, ces expositions ont provoqué des Concerts Symphoniques fort brillants à Rouen et à Genève; ceux-ci sont donnés dans une salle nouvelle, élevée sous la direction de l'architecte Camoletti. Sur le frontispice se lisent les noms de Hændel. Bach, Mendelssohn. Mozart, Schumann. Cherubini, Haydn, Wagner, Liszt, Beethoven, Chopin Berlioz, Balfe, Schubert, Raff. Je ne sais si cela est l'image de l'éclectisme qu'on y pratique : mais j'affirme que les œuvres diverses et d'inégale valeur que j'y ai entendues ce mois-ci ont été exécutées irréprochablement.

BULLETIN CRITIQUE

AUDITIONS :

Évian. -- Aux Concerts du Casino, dirigés avec beaucoup de goût par M. Nicolas Gervasio : le ballet du *Cid* de Massenet, la *Romance* de Svendsen et la Romance en *fa* de Beethoven, bien remarquablement exécutées par le violoniste Gillardini.

Genéve. — Aux Concerts Symphoniques donnés dans la belle salle du Victoria-Hall, à l'occasion de l'Exposition nationale, sous la direction de M. Gustave Doret : par l'orchestre, le *Conte féerique* de Rimsky-Korsakoff, l'ouverture de *Coriolan* de Beethoven ; par Mᶫᶫᵉ Céleste Painparé, la jeune et talentueuse pianiste, avec l'orchestre de M. Doret, le Concerto en *ré* mineur de J.-S. Bach.

PUBLICATIONS :

Le Cycle Berlioz. Essai Historique et Critique sur l'Œuvre de BERLIOZ par J.-G. Pʀoᴅ'ʜᴏᴍᴍᴇ. *La Damnation de Faust*, Paris, Bibliothèque de l'Association [L. Badel impr. à Châteauroux], 17, rue Guénégaud, 17, MDCCCXCVI, in-16 carré, 253 pages et 5 non ch. pour la table et l'achevé d'imprimer, musique dans le texte; sur la couverture, le bois original de Maurice Dumont pour la Bibliothèque de l'Association, 3 fr., tiré à 320 exemplaires dont 10 sur papier de Japon, 12 fr., et 10 sur papier de Hollande, 8 fr.

Ceci est une analyse thématique du peut-être chef-d'œuvre de Berlioz. Elle est précédée : 1º d'une étude historique, sorte de critique des textes qui s'y rapportent ; 2º de la revue des « compositions musicales inspirées par la légende de Faust, qui vivaient encore ou avaient déjà cessé de vivre vers le milieu de ce siècle » ; 3º de l'étude du livret. Elle est suivie d'un chapitre V : *La Damnation de Faust* et la critique, d'une conclusion et de cinq appendices.

Ce livre aura un grand succès : car le nombre de cent atteint (et dépassé récemment aux Concerts-Colonne) par les auditions de *La Damnation de Faust* se multiplie singulièrement par celui des admirateurs de l'œuvre, et l'analyse y est faite non seulement avec compétence, mais encore avec élégance : citons par exemple, à la scène VII de la deuxième partie (page 103) : « A la fin, les clarinettes jettent quelques sons brillants, derniers éclats de cette valse féerique, et tout bruit s'éteint; le violoncelle a cessé son léger bourdonnement, et, telles des gouttes de rosée s'égrenant dans le feuillage des arbres, telle la chute d'une feuille morte sur le miroir calme des eaux, les harpes, très graves, pleurent leurs dernières notes; deux coups de timbale résonnent à peine au milieu du silence qu'ils font paraître plus profond encore; une dernière larme des harpes, un dernier froissement de timbale, et deux clarinettes, en tierce, font entendre (accompagnées de la timbale) deux accords, *perdendo (ppp)* dans l'immensité infinie de la solitude. »

L'étude, non pédantesque en sa perfection, de M. J.-G. Prod'homme est un bel hommage à notre Hector Berlioz, à qui l'Allemagne a, depuis longtemps, rendu justice, le plaçant « aussi haut que le Titan de Bayreuth dans le ciel serein de l'Art, entre Glück et Beethoven, ces Dieux ».

*
* *

Collection des auteurs grecs relatifs à la musique. V. ALYPIUS et GAUDENCE, traduits en français pour la première fois. BACCHIUS L'ANCIEN, traduction entièrement nouvelle. Commentaire perpétuel et tableaux de notation musicale par Ch.-Émile RUELLE. Paris, Imprimerie Nationale, Librairie Firmin-Didot et Cie, rue Jacob, 56, 1895, in-8, XV pages pour le faux-titre, le titre et l'avertissement. 141 pages, la dern. non ch., et un tableau plié.

Cet ouvrage, qui vient d'être couronné par l'Académie Française, arrive à son heure en France : car il ne faut pas oublier celui de

Karl JAN : *Musici scriptores græci :* Aristoteles, Euclides, Nicomachus, Bacchius, Gaudentius, Alypius, Et melodiarum veterum quidquid exstat. Annexæ sunt tabulæ. Lipsiæ, In ædibus B. G. Teubneri, 1895, in-8.

Les deux se complètent l'un par l'autre. Au moment des récentes découvertes d'inscriptions musicales, faites à Delphes par l'École Française d'Athènes, et des auditions trop hâtivement données devant un public peu au fait, ce livre vient modestement poser la base du déchiffrement de la notation antique. Les artistes curieux d'archéologie musicale pourront, après l'avoir lu, s'exercer sur les matériaux connus jusqu'à présent : le papyrus de l'archiduc Reiner, le quatrain noté de Seikilos inscrit sur un marbre de Tralles, l'Hymne delphique.

M. Ruelle ne s'est en effet pas contenté de traduire les traités d'Alypius, Gaudence, Bacchius, de présenter avec clarté leurs tableaux en les commentant — quel travail ardu s'est imposé là le savant helléniste! — il a, dans un tableau général, occupant deux feuillets, présenté la notation complète des sons mélodiques employés dans l'ancienne musique grecque : à côté des signes grecs sont des chiffres qui renvoient aux notes modernes : d'un coup d'œil on saisit la nature des tons helléniques depuis l'hypodorien jusqu'à l'hyperlydien. Je ne suis pas le seul à qui aura été utile ce travail tout fait : il est d'une clarté telle que chacun pourra déchiffrer les fragments de partitions contemporaines de Périclès.

*
* *

Poème alpestre. Musique de JAQUES-DALCROZE. Paroles de D. Baud-Bovy..... Genève, Ancienne Maison A. Frey & Cie, Mmes Chouet & Gaden.... 16, Corraterie, 16, [Rœder lith. à Leipzig], gr. in-8, partition, chant et piano de 172 pages et 3 ff. lim. pour le titre en grisaille, la dédicace et la table, couverture illustrée en or, rouge, bleu, 8 fr.

Le *Poème alpestre* est une partition écrite spécialement pour les fêtes de l'Exposition nationale de Genève. Elle est due à un des principaux représentants de la jeune école suisse et a été publiée en même temps que l'*Ode triomphale* de Barblan et les *Sonnets païens* de Gustave Doret (voy. le

Journal musical, n° 3). M. Jaques-Dalcroze est un compositeur à qui la facilité d'invention assure un avenir brillant. Encore faut-il souhaiter que, en tant que professeur très recherché (sa méthode intuitive d'intonation ayant un si grand succès au Conservatoire), il ne se dépense pas autant pour les autres et qu'il puisse se consacrer avec plus de liberté à des œuvres nouvelles : car celle-ci abonde, comme sa dernière et charmante *Janie*, en trouvailles ingénieuses, bien personnelles, et il est toujours grand dommage que les eaux d'une source pure n'aillent point offrir leur limpidité et leur fraîcheur aux êtres assoiffés.

Toutefois le *Poème alpestre* ne désaltère pas pleinement, pour trois raisons : l'œuvre est courte ; elle offre une succession de scènes moitié légendaires, moitié populaires, elle n'est pas le drame lyrique que nous attendons de M. Jaques-Dalcroze ; la nécessité l'a fait composer hâtivement, d'où une variété insuffisante dans les cadences harmoniques, parfois un peu de banalité dans le développement d'idées ravissantes au début. — Sur ce dernier point je précise en citant, page 52, le dernier ensemble de la première partie, parce que ceux qui liront seulement la partition seront tentés d'en voir encore dans d'autres pages (la représentation à laquelle je viens d'assister, et qu'a rendue si brillante la présence au pupitre du jeune maître, m'a éclairé). Cela serait injuste. Et voici pourquoi : le librettiste s'est proposé de montrer le monde des travailleurs suisses : au commencement, ce sont les bergers, surpris par leur ordinaire fléau, l'orage, mais écoutés, dans leur prière, par le Génie de la montagne qu'accompagne sa suite de follets, de gnomes bondissants ; après l'orage, ils chantent et dansent.

Telle est la première partie intitulée : « La Nature et l'Homme ».

Dans la seconde, « L'Homme et la Nature », devant les spectateurs de la scène, qui débutent par un hymne au travail et un hymne à la Patrie, défilent tour à tour les bûcherons, les chasseurs, les bateliers, les moissonneurs, les horlogers, les tisserands, pour céder la place aux enfants et assister à leurs joyeuses rondes : enfin tous ensemble chantent l'Hymne à la Liberté, lequel se termine par le Chant national suisse.

Avec ce sujet, le compositeur était obligé d'introduire des éléments connus, certains d'une simplicité toute populaire, par exemple dans les rondes. Mais ici encore on reconnaît non seulement celui qui sait écrire — car l'écueil était fatal pour un quelconque — mais encore celui qui peut trouver : jamais de vulgarité ; lorsque la mélodie est peu caractéristique, elle est relevée par quelque dessin ingénieux de l'orchestre ou quelque adroite disposition des parties vocales : ainsi dans le chœur des Tisserands ; ajoutons que celui des Bûcherons est pittoresque, celui des Bateliers fort excellemment venu. Ce qui sera souvent exécuté, c'est le bel entr'acte symphonique au charme si pénétrant.

La publication est très soignée et restera dans notre bibliothèque comme le souvenir d'une bien agréable soirée.

*
* *

Cinq mélodies pour chant et piano par César CUI, op. 54... Leipzig, M. P. Belaïeff, 1896... [Rœder lith.], g^d format. 23 pages et couverture portant le titre en russe, les paroles en français et en russe, 3 ncs.

Voici le titre de ces cinq nouvelles compositions du général russe : « Tristesse des choses », « Le Colibri », « Les Roses d'Ispahan », « Je n'en ai jamais aimé qu'une », « Ici-bas ». Notre préférence va à la troisième. La musique y suit si bien la poésie de Lecomte de Lisle et les motifs s'enchaînent avec tant de grâce !

L'eau vive des jardins n'a plus de chanson douce.
L'aube ne dore plus le ciel pur et léger.
Oh ! que ton jeune amour, ce papillon léger,
Revienne vers mon cœur d'une aile prompte et douce.

CATALOGUE-BIJOU MUSICAL

Série A

Extrait du Catalogue-Bijou musical

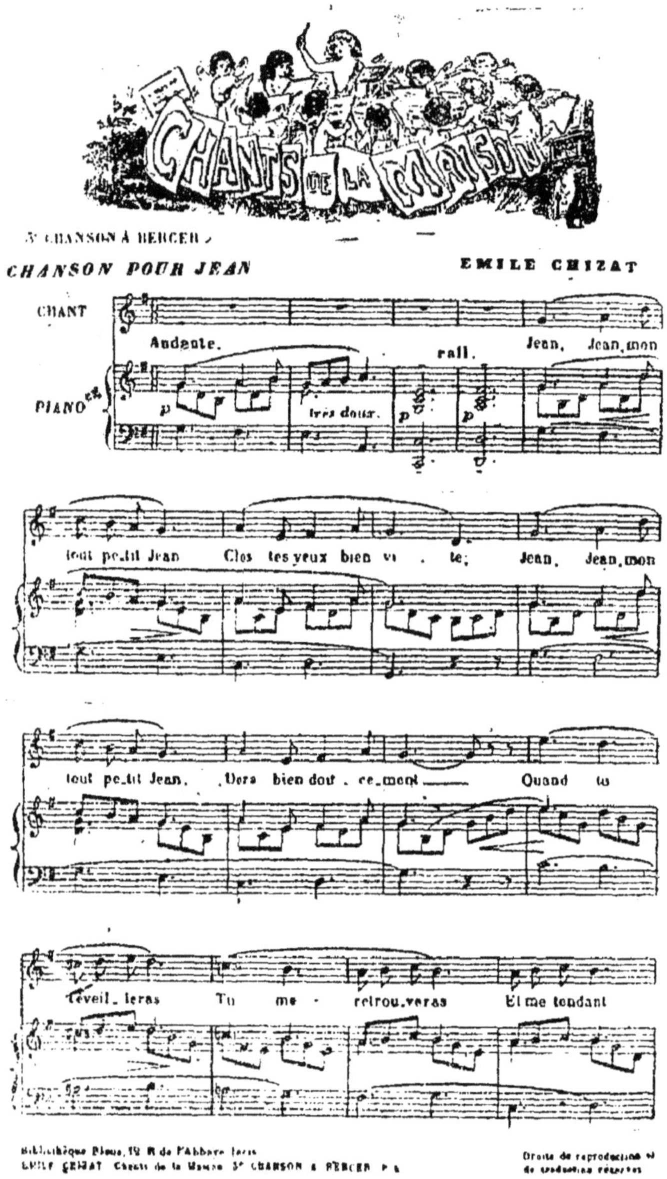

Hugues Robert et Cie, éditeurs, 12, rue de l'Abbaye, Paris

Le CATALOGUE-BIJOU MUSICAL, qui vient de paraître, est une élégante brochure in-12 de 15 × 10 centimètres, comprenant, outre la couverture, 20 pages, dont 8 de musique gravée, réduction ou extraits des mélodies éditées chez Hugues Robert et Cie, 12, rue de l'Abbaye, Paris.

CATALOGUE-BIJOU
MUSICAL

Série A

Réductions ou extraits des mélodies éditées chez Huges Robert et Cⁱᵉ, contenues dans le CATALOGUE-BIJOU MUSICAL : *Chanson pour Jean, Adieux du matin, Aux Hirondelles, Hymne aux Étoiles, Hallucination, Bonheur perdu, la Nuit dans la Forêt.*

ℒes ℭoncours
DE
COMPOSITION MUSICALE

Nous donnons ci-dessous, telles qu'elles nous ont été envoyées, les notes concernant les prochains concours.

A Barcelone.

Un Concours international est organisé par le « Cercle artistique musical ».

Il y a :

Un prix de 500 pesetas (500 francs), pour une cantate pour quatre solistes, chœur et orchestre, sur un texte au choix des concurrents ;

Un prix de 400 pesetas (400 francs), pour une suite d'orchestre en quatre mouvements, dans le style populaire et reflétant la nationalité de l'auteur ;

Un prix de 300 pesetas (300 francs), pour une messe à Sainte-Cécile, pour quatre voix seules, chœur, quintette d'instruments à cordes, orgue et timbales ;

Un prix de 200 pesetas (200 francs), pour une série de six mélodies pour chant avec accompagnement de piano. Outre ces prix, le titre de membre d'honneur de la Société sera décerné aux quatre vainqueurs.

Les poèmes des ouvrages pour les premiers et quatrièmes prix pourront être écrits en n'importe quelle langue ou dialecte appartenant à une race latine. Les concurrents devront envoyer leurs œuvres, avant le 15 octobre prochain, au local du Cercle, place Saint-Juste, 4, à Barcelone ; ceux qui en feront la demande obtiendront un reçu qui leur permettra de réclamer leur manuscrit en cas de non réussite.

Les œuvres primées resteront la propriété de leurs auteurs, le « Cercle artistique » se réservant seulement le droit de les exécuter quand il le jugera convenable, s'engageant à ne pas laisser prendre copie de la partition ou des parties.

Une exécution solennelle en sera, en tout cas, donnée au concert extraordinaire organisé par le Cercle pour le 9 décembre prochain, jour anniversaire de sa fondation ; les compositeurs auront le droit de venir diriger leur œuvre ; tous les frais de copie, de répétition et d'exécution resteront à la charge du Cercle.

Le jury se composera de neuf musiciens, dont cinq nommés par le Cercle et quatre par les concurrents ; pour l'exécution de cette dernière clause, chacun de ceux-ci enverra, avec son manuscrit, un pli cacheté contenant les noms de quatre musiciens résidant à Barcelone ; ces plis seront ouverts le 16 octobre par le notaire du Cercle qui proclamera les noms réunissant le plus grand nombre de suffrages.

Chaque manuscrit portera une devise choisie par l'auteur.

Le jury désignera, pour chacune des œuvres primées,

quelques mesures, choisies parmi les seize premières, et dont l'auteur devra fournir une copie pour certifier que l'œuvre en question est bien de lui.

*
* *

A Paris.

La *Société des compositeurs de musique* met au concours pour l'année 1896 :

1° Un Quatuor à cordes. — Prix unique de 500 francs. (Allocation de M. le Ministre de l'Instruction publique et des Beaux-Arts). — -

2° Une Sonate pour piano et violoncelle. — Prix unique de 500 francs. (Fondation Pleyel-Wolff).

3° Un Motet pour voix seule ou plusieurs voix, avec accompagnement d'orgue. — Prix unique de 200 francs. (Reliquat du prix Ernest Lamy, non décerné.)

4° Un Sextuor en trois parties pour instruments à vent. — Prix unique de 300 francs, offert par la Société. — Le choix des instruments est laissé à la volonté des concurrents. — Une réduction au piano devra accompagner le manuscrit.

On devra adresser les manuscrits avant le 31 décembre 1896, à M. Weckerlin, archiviste, au siège de la Société, 22, rue Rochechouart, Maison Pleyel-Wolff et Cie.

Pour le règlement et tous renseignements, s'adresser à M. D. Balleyguier, secrétaire général, 9, impasse du Maine.

*
* *

A Pesaro.

L'Editore Sig. Oreste RUGGIERI di Pesaro ha depositato, nelle mani del Notaio Paolucci, L. 100 in oro per premiare la migliore Mazurka che gli verrà spedita e che la Commissione, composta dei Prof. Agostini, Filippa E. Mazzoleni del Liceo Rossini, sceglierà fra i concorrenti.

La musica dovrà essere scritta per piano, in quattro parti e con non più di quattro battute d'introduzione. Sarà tenuto conto sopratutto del motivo melodico. La Mazurka verrà intitolata *Elena* e di quella premiata ne' verrà fatto un' elegantissima Edizione Zaphir al modico prezzo di L. 0,50, per la maggiore diffusione. Il nome del premiato potrà essere pubblicato nei più diffusi giornali politici ed artistici e l'effigie e la biografia riportata sull' ultima pagina della copertina dell' Edizione.

Per i concorrenti meritevoli, dopo il 1°, d'altri premi, sono disponibili 8 Diplomi d'Alto onore.

I concorrenti metteranno il loro nome entro busta chiusa con motto, e dovranno spedire L. 1,25 per spese di cancellaria, pubblicità e restituzione del manoscritto. Sono ammessi anche gli stranieri.

Il lavoro premiato ed edito diventa di proprietà riservata dell' Editore senza alcun diritto dell' Autore.

Il concorso scade il 20 Ottobre.

Chi legge questo avviso è pregato a comunicarlo ai Maestri e dilettanti di musica.

ICONOGRAPHIE MUSICALE

— « Victoria Hall. Genève. Concert Symphonique », affiche illustrée de Otto Vautier, pour les Concerts Symphoniques dirigés par M. Gustave Doret. A. Noverraz lith. Genève, Imprimerie Haussmann, 3, rue du Mont-Blanc.

— Les MAITRES DE L'AFFICHE. Publication mensuelle, contenant la reproduction en couleurs des plus belles affiches illustrées des grands artistes français et étrangers. Paris, Imprimerie Chaix, la livraison 2 fr. 50.

RÉPERTOIRE BIBLIOGRAPHIQUE

PÉRIODIQUES :

— Allgemeine Musik-Zeitung (Allgemeine deutsche Musik-Zeitung), wochenschrift für die reform des Musiklebens der Gegenwart. Hebdomadaire. Rédacteur en chef : Otto Lessmann. Charlottenburg-Berlin, 27, Spreestrasse [Buchdruckerei « Gutenberg »], in-4, 14 pages à 2 col. Abonnements : Allemagne et Autriche-Hongrie 8 mk 50 pf.; Union postale 8 mk 80 pf.; le numéro 25 pf.

1896 (23e année). Nos 29-32 spéciaux pour les fêtes de Bayreuth avec une couverture portant le titre en rouge et noir. Otto Lessmann : Bayreuth. Nos 29-30. Oskar Bie : Die Erfüllung von Bayreuth. Alb. Heintz : Ueber die eigenthümliche Formenbildung in dem von Richard Wagner begründeten style der dramatischen musik, avec la musique de 16 motifs. E. Kastner : tableau des représentations des œuvres de Wagner en Allemagne et à l'étranger depuis 1842 (à suivre). O. L. Zu unsern Bildern : Bibliographie par W. Klatte, L. et O. Taubmann, 14 figures (portraits de R. Wagner, Bülow, Gasperini, Hermann Levi, Hans Richter, Félix Mottl, etc., et différentes vues de Bayreuth, Venise, etc.). Nos 31-32. W. Klatte : Zum Gedaechtnis Franz Liszt's. H. Reimann : Bach und Liszt. Nos 31-36 E. Reuss : Theodor von Bernhardi und Franz von Liszt. No 36. W. Klatte : Skizzen aus der musikalischen Abtheilung der Berliner Gewerbe-Ausstellung 1896. Portrait de Liszt.

Dans chaque numéro : notices bibliographiques.

— The American Art Journal. A weekly critical review devoted to Music, Art, and the Music Trades. Hebdomadaire. Fondateur : H. C. Watson. Rédacteur en chef : Wm. M. Thoms & Cie. New-York, 23, Union Square, gr. in-4, 16 pages à 3 col. et couverture illustrée. Abonnements : United States 3 s., Etranger 4 s., le numéro 10 cent.

1896 (34e année, volume 67). No 17. — Clark : Is music a natural gift?..... Wilson :..... the artistic results of the Pittsburg Saengerfest. Portrait de Richard Wagner. No 18. The afflictions of old Bayreuth for the wagnerite tourist..... Shedlock : Mascagni's Zanetto..... Portrait de Verdi. No 19. Characteristics of the wife and son of Richard Wagner. Wilson : The death and life of Fritz Giese. Song and music. E. K.: Music and musical instruments in Java. Portraits de Mme Albani et de Miss Margaret Macintyre.

— L'Art lyrique et le Music-Hall, journal indépendant des artistes lyriques. Hebdomadaire. Rédacteur en chef : Téramond. Paris, 34, rue Lacroix. [G. Debenay-Lafond impr. à Tours], gr. in-4, 10 pages à 2 col., portraits. Abonnements : France 7 fr., Etranger 8 fr. 60, le numéro 10 cent.

1896 (1re année). Nos 29-34. Informations, programmes, notices biographiques, accompagnées de portraits, concernant les music-halls de France et de l'Etranger.

— L'Ami du Chanteur. Hebdomadaire. Directeur : Henri Hazart. Paris, H. Geoffroy, éditeur, 222, boulevard Saint-Germain [Noizette imp.], gr. in-8, 8 pages de texte et musique. Abonnements : France 6 fr. Etranger 8 fr. le no 10 centimes.

— Arta revista musicala. Mensuel. Directeur : Titus Cerne. Iasi (Roumanie), 1, str. Coroi. [Miron Costin impr.], in-8, 28 pages.
1896 (5e année).

— Cæcilia. Journal de musique religieuse. Organe des sociétés de Sainte-Cécile. Tri-semestriel. Directeur : J. Gurtler. Delle (Haut-Rhin) et Boncourt (Suisse), 12 pages in-12 de texte, 4 pages in-8 de musique.
1896 (18e année).

— Centralblatt für Instrumentalmusik, Solo und Chorgesang. Allgemeine Musikseitung für Musiker, Gesangvereine und das musikalische haus. Bi-mensuel. Rédacteur en chef : A. W. Gottschalg Propriétaire-Directeur : Hans Licht, éditeur à Leipzig [Hesse et Becker impr. à Leipzig], gr. in-8, 32 pages texte et musique à 2 col., et des encartages. Abonnements : Leipzig 8 mk ; Allemagne et Autriche-Hongrie 10 mk 40 ; Union Postale 11 mk 20 ; le numéro 80 pf.

1896 (11e année). No 23. Karl Zuschneid-Minden : Ein bischen klavierunterricht für grosze leute. Musique : Wachtelruf, pour 4 voix d'hommes et chœur mixte de H. Voigt ; Volksgebet der Siebenbürger Sachsen, de Max Moltke, arrangé pour 4 voix d'hommes par Fd. J. Orendi ; Des Maien liebster Aufenthalt, pour chœur mixte, de Otto Reubke (Verlag von Fr. Kistner in Leipzig, chaque partie. 20 pf.); Morgenlied, pour chœur mixte, de Reinholp Fleischer (id., 15 pf). No 24. Hermann Durra : Ein erstes wort über heutige Gesangszustaende. Das Bayreuther Festpiele in 1896. Nos 23-24. Dr : Münchener Konzert-Saison 1896. No 24. Musique : Dem Kaiser Wilhem I et Sedan-Glocken, pour 4 voix d'hommes, de Reinhold Dittmar : Akademisches Begraebnis, id., de K. Goepfart ; Staendchen, pour 4 voix d'hommes, de Richard Heuberger (Verlag von Fr. Kistner, in Leipzig, chaque partie. 15 pf.):

Schwaebische Klaenge, id., de G. Wohlgemuth ; Der Freier, id., de M. Hürdler (Kistner).

Nº 25. Numéro spécial pour le cinquième « deutsche Saengerbundesfest » de Stuttgart, contenant un long et intéressant compte-rendu de M. Otto Heil, un autre de M. K. Goepfart, un « nachklang » en vers de M. Theodor Souchay, les portraits du Prince de Saxe-Weimar, président des fêtes, de MM. Foerster, Kremser, Meyer-Olbersleben, directeurs, Steidle, Attenhofer, Bramberg, Schultz, Speidel, Storch, Liebe, Langer, Podbertsky, Becker, enfin une vue de la Salle des fêtes.

Musique : Liebesgefangenschaft, pour 4 voix d'hommes, de Carl Fittig (Kistner, chaque partie 15 pf).

Dans chaque numéro, avec des poésies diverses et des nouvelles, se trouvent : Gedenktage ; Konzert-Amschau ; Personal notizen ; Vermischtes.

— Courrier de Saint-Grégoire. Revue mensuelle de musique religieuse. Organe de la Société Saint-Grégoire, de Liège. Rédacteur en chef : Abbé Dirven, au Béguinage, à Saint-Trond. Administrateur : P. B..squé, 16, rue Bois-l'Evêque, à Liège, gr. in-8, 8 pages de texte à 2 col., 4 pages de musique. Abonnements : Belgique 3 fr. ; Etranger 3 fr. 60.
1896 (8e année).

— La Cronaca musicale. Mensuel. Directeur : Tancredi Mantovani. Pesaro, stab. tip. Annesio Mobili, in-8 agenda. Abonnements : Italie 5 l.; Union postale 8 l., le numéro 50 cent.
1896 (1re année). Nº 6, février, 40 pages. Jac. Ferretti : Sulla storia della poesia melodrammatica romana, con note di A. Cametti. C. Lozzi . Tartini e Bini. Liceo Rossini ; Saggi e Concerti. Nel mondo dell'arte. Diretti d'autore e dominio pubblico. A. Cametti : Lettere romane. Bolletino bibliografico. Concorsi.

— L'Echo musical. Revue paraissant tous les quinze jours. Musiques militaires, harmonies, fanfares, sociétés chorales et symphoniques, concours, festivals, chroniques artistiques. Bruxelles, Mahillon et Co, 23, chaussée d'Anvers, in-8, couverture et 16 pages à 2 col. Abonnements : 4 fr., Etranger 5 fr., le nº 15 cent.
1896 (26e année). Nos 16 et 17. Notation musicale simplifiée, à propos de la brochure du professeur Hans Wagner. Nº 17. E.-C. : A Bayreuth. (Intéressants détails sur l'orchestre. Résultats du Concours de Malmédy et nombreuses informations. Nº 18. E.-C. : Siegmund ou Siegmound ? Niebelung ou Nichelonng ?

— L'Echo des Orphéons. Journal des Sociétés chorales et instrumentales. Tri-mensuel. Directeur : Victor Lory. Paris, 12, rue Cadet [Chaix impr.], in-folio, 4 pages à 4 col. Abonnements : 10 fr., le nº 40 cent.
1896 (36e année). Nº 17. Concours de Lisieux, Epinal, Joigny, Marly-le-Roi, Créteil, Rouen : appréciations du jury. Nº 18. Concours de Rouen, la Plaine-Saint-Denis, Eaux-Bonnes, Ivry-sur-Seine : liste des prix ; Dax, Choisy-le-Roy, Rochefort, Lisieux : appréciations du jury. Nº 19. Concours de Château-Gontier : liste des prix ; Saint-Valéry-sur-Somme, Marly, Rochefort, Rouen : appréciations du jury. Nº 20. Concours de L'Isle-sur-Sorgues : liste des prix ; Rouen, Château-Gontier, Montpellier, Saint-Valéry-sur-Somme, Cayeux, Arras, Rochefort, Chartres, Ivry, Honfleur : appréciations du jury.

— L'Europe artiste. Journal théâtral, littéraire et artistique. Hebdomadaire. Directeur : M. Pascal-Estienne. Paris, 123, rue Montmartre, gr. in-4, 16 pages à 3 col., un portrait. Abonnements : France 40 fr., Etranger 50 fr., le nº 50 cent.
1896 (44e année). Nº 28. E. Fourès : les troubadours : Catelan. Nº 31. — : id.; Guilhem de Saint-Didier. Nº 28. Correspondance de Dieppe, Vichy. Nº 29. Biographies et portraits de Miss Mary Ziebold. Nº 30. id. de Mlle Lambrecht. Correspondance de Londres. Nos 28-30. Dommartin : L'Exposition du Théâtre et de la musique. Nº 31. Biographie et portrait de Gabriel Marie.

— Fédération musicale de France. Association des Harmonies, Fanfares, Orphéons, Symphonies, Quatuors à cordes, Trompettes, Trompes de chasse, Fifres, Estudiantinas, etc., etc. Bulletin officiel. Mensuel. Rédacteur en chef : Th. Groussot à Bourges, 2, place Clamecy. [Marguerith-Dupré impr.], in-4, 16 pages à 2 col. Abonnements (compris dans la cotisation de la Fédération) : pour les Sociétés 12 fr., pour les membres associés 5 fr.
1896 (2e année). Nº 5. Concours de Meaux, Ivry-Centre, Saint-Amand-les-Eaux, Limeil-Brévannes, Montluel : appréciations du jury. Concours de Ivry-Centre, Meaux, St-Martin-du-Tertre, Arras : listes des prix. Echos des Sociétés fédérées.

— Gazette musicale de la Suisse romande. Bi-mensuel. Rédacteur en chef : X. Directeur-propriétaire : Ad. Henn, éditeur. Genève, 14, rue de la Corraterie, gr. in-8, 16 pages à 2 col., un portrait. Abonnements : Suisse 4 fr., Etranger 5 fr., le nº 25 cent.
1896 (3e année).

— Le Guide musical. Revue internationale hebdomadaire. Directeur : Maurice Kufferath à Bruxelles. Rédacteur en chef : Hugues Imbert, à Paris. Bruxelles, 2, rue du Congrès. Paris, Librairie Fischbacher, 33, rue de Seine [Lombaerts impr. à Bruxelles], gr. in-8, 16 pages à 2 col. Abonnements : France et Belgique 12 fr., Union postale 14 fr., Pays d'Outre-Mer 18 fr., le nº 40 cent.
1896 (42e année). Nos 33-34. Gustave Robert : La Symphonie en ut de Saint-Saëns, analyse thématique. Bayreuth : L'Anneau du Nibelung. Hugues Imbert et Ernest Thomas : Concours du Conservatoire de Paris. Hugues Imbert : Les Maîtres musiciens de la Renaissance française : Guillaume Costeley. Correspondances de Blankerberghe, Gand, Genève, Liège, Londres, Spa. Nos 35-36. Kufferath : A Bayreuth. — : Les Abus de la Société des Auteurs. Michel Brenet : Les papiers de Léon Kreutzer. Georges Servières : L'Orchestre invisible. Correspondances d'Anvers, Dijon, Ostende, Tournai.

— Ilustracion musical Hispano-Américana. Bi-mensuel. Directeur : Felipe Pedrell. Propriétaire : Victor Berdos. Barcelona, 31, Calle de las Molas, grand in-4, 8 pages de texte et illustrations, un fascicule supplémentaire de 8 pages in-8 et 8 pages de musique. Abonnements : Espagne 12 pes., Etranger 16 pes., le numéro 1 pes.

1896 (9e année).

— The Leader, a monthly magazine devoted to Music. Rédacteur en chef : Philip Woolf. Editeur : Jean White, 226, Washington Street, Boston, gr. in-4, couverture illustrée, 24 pages de texte à 3 col., 6 feuillets de musique. Abonnements : United States et Canada 1 dollar; Etranger 1 d. 25 cents.

1896 (vol. XXII). N° 8. History of musik (suite). The violin family (suite). Music in the Flowery land. The king of violins (Europe Artiste, n° 27). Stars. Competition and morals. From bad to worse. Bicycles and Music. Shakespeare and Music. Phrasing. The Beethoven House at Bonn (Revue hebdomadaire, n° 196). Twenty years of Bayreuth. The earliest baton. Musicians and mannerism. Rare instruments. The printing of music. A neglected pianist-composer (Hummel). The Hawley violins. Notice biographique : J. J. B. Arban. Lettres de Paris, Birmingham, New-York, Glasgow. Informations concernant les sociétés orphéoniques, les musiques militaires. Musique : March « Lady of the Lake » de F. J. St-Clair, pour musique militaire avec toutes les parties séparées.

— The London and Provincial Music Trades Review. Mensuel. Directeur : G. D. Ernest et C°. London, 1, Racquet Court, Fleet Street, E. C., gr. in-4, 40 pages à 3 col. Abonnements : 5 s., le numéro 4 d.

1896 (19e année). N° 229, Cherubino : The month's music; J. S. Shedlock : Reviews of music, etc. Notices nécrologiques sur Alfred Novello, etc.

Trade prices of sheet music. Pianoforte picketing.

Intéressant article sur le cas de M. G. Wernam, facteur de pianos, avec les opinions de la presse.

The resonator reception. Legal questions..... The copyright of Les Huguenots.

— La Lyre chrétienne. Revue tri-semestrielle des nouveautés musicales et dramatiques à l'usage de la jeunesse (Paroisses, Patronages, Cercles, Institutions, Ecoles et Familles chrétiennes). Directeur : Chagnon-Auclert. Versailles, 7, rue St-Simon. [Luce impr. à Versailles], in-8, 8 pages de texte à 2 col. et un morceau de musique. Abonnements : 1 fr.; avec la musique 2 fr.

1896 (5e année). N° 16. Le chant et la déclamation. Notices sur les dernières publications musicales, notamment celles qui conviennent aux jeunes gens. Musique : C. Geispitz : Chagrin d'enfant, mélodie avec acc¹ de piano.

— Il Mandolino. Giornale letterario-musicale. Bi-mensuel. Directeur : G. Monticone. Torino, via Po, 38

[Camilla e Bertolero impr.], in-4, 4 pages de texte et musique, morceau pour mandoline et guitare, titre orné. Abonnements : Italie 5 l., Etranger 7 l., le numéro 20 cent.

1896 (5e année). N° 14. Musique : Rododendro, polka-marcia, pour 2 mandolines et guitare, de Gilardenghi. N° 15. Volutta Cocenti, mazurka, id., et Vita tranquilla, polka pour guitare, de G. Navone. N° 16. Dal Cuore, valse, pour 2 mandolines et guitare, de G. Guindani.

— Melody. A musical magazine. Mensuel. Directeur : C. Arthur Pearson. London, Henrietta str. [Horace Cox impr.], gr. in-4, couverture illustrée, 6 pages de texte à 2 col., 48 pages de musique avec vignettes. Le numéro net, 6 d.

— Le Ménestrel. Musique et Théâtres. Hebdomadaire Directeur : Henri Heugel, éditeur. Paris, 2 bis, rue Vivienne [Chaix impr.], gr. in-4, 8 pages de texte à 2 col. et un supplément de musique. Abonnements : texte seul 10 fr.; texte et musique 20 fr. et 30 fr.

1896 (62e année). Nos 33-34. Arthur Pougin : La première Salle Favart et l'Opéra-Comique, 1801-1838. N° 32. — : La distribution des prix au Conservatoire. Nos 33-36. Paul d'Estrée : Musique et Prison (suite) : Les prisons révolutionnaires et prisons politiques modernes. Nos 35-36. Julien Tiersot : Sur Orphée de Gluck. Nos 33-36. A. Montaux : Journal d'un musicien.

— The Minstrel. Mensuel. London, 115, Fleet-Stree [Veale, Chifferiel & C° impr.], in-4 carré, couverture et 20 pages à 2 col., ornées de figures, sur papier glacé. Le numéro 6 d.

1896. N° 56. Biographies, accompagnées de portraits de MM. Jules Massenet; Frederick Bedborough Townend, organiste de St-Thomas the Martyr à Brentwood; Vittorio Carpi, de Bologne, professeur de chant; Dr D. J. Jennings, principal of the York organ School et compositeur; Harry Berrey, tenor vocalist; Franck J. Beech, organiste de St-Margaret's Church à Ladywood-Birmingham; H. J. Davis, organiste de Christ Church à Bath; W. H. Derrick Large, organiste de Christ Church à Belfast.

Ce numéro contient, en outre, six pages d'échos, de nombreuses poésies et d'autres articles, tels que : The puff direct (sur le pianiste Banginski); the Electro-Vocalizer et une nouvelle par Max Adler : the boy et the musical box.

— Le Monde musical. Organe de la facture instrumentale et des expositions. Bi-mensuel. Directeur-Fondateur : E. Mangeot, facteur de pianos. Paris, 3, rue du Vingt-neuf-Juillet [L. Carpentier impr., Montdidier], gr. in-4°, 20 pages à 2 col.; un portrait. Abonnements : France 12 francs; Etranger 14 fr. 50; le numéro 50 centimes.

1896 (8e année). Nos 7-8. Albert Peschard : Nouveaux Perfectionnements au système Electro-Pneumatique des Grandes Orgues (suite), avec figures explicatives. N° 7. Tableau complet (noms des professeurs, élèves, titres des morceaux, etc.) des Concours du Conservatoire de 1896, avec les comptes-rendus et les récompenses; N° 8. La musique aux Expositions de Rouen, d'Amsterdam, Genève, Paris.

— Le Moniteur instrumental. Journal spécial des fanfares et musiques d'harmonie. Mensuel. Directeur : Georges. Tilliard. Paris, 124, rue d'Aboukir [Mangeot impr.], in-fol., 4 pages à 4 col. Abonnements : 3 francs ; le numéro 25 centimes.

1896 (5e année). No 56. Concours de Meaux, Marly-le-Roy : appréciations du jury (à suivre).

— The Monthly musical record. Mensuel. Directeur : Augener, éditeur. London, 199, Regent-Street [Cassel & Co impr.], in-8o carré, 20 pages de texte à 2 col., 4 pages de musique. Abonnements : 2 s. 6 d. Le numéro 2 d.

1896 (vol. XXVI). No 309. Texte : The Bayreuth Festival. Reinecke : The Beethoven pianoforte Sonatas, avec des exemples de musique; St. S. Stratton : The Organs works of J. S. Bach, édited by W. T. Best, avec des exemples de musique. Lettre de Liepzig. Informations. Musique : Ungeduld, 5e numéro des dix pièces pour piano de Arnold Krug. [Music printing officine 10, Lexington str. London].

— Music. A. Monthly magazine, devoted to the Art, Science, Technic and Literature of music. Rédacteur en chef : W. S. B. Mathews. Chicago, The music magazine publishing Company, 1402-1405, Auditorium Tower, in-8.

1896 (vol. X). No 3, pages 219 à 334. Mathews. Léopold Godowsky, pianist and composer. — : Ffrangcon Davies, baritone (un portrait). C. H. Brittan : John Dwight. Harleton Hackett : Summer vacation. P C. Lutkin : Music in North Western University. Herbert J. Krum : Pianistic Ideals..... Edith V. Eastman : On sound in poetry..... W. Mason : A new chapter of touch (figure). Wodell : A modern's point of view (sur l'émission de la voix). E. Dickinson : Student's reference books in german. Rupert Hughes Edgar Stillman Kelley (un motif noté). Leo R. Lewis : Woman in music.... Fr. Manley : Music as a factor in education, according to the principes of Win L. Tomlins (portrait). Clarence Eddy : A Saint-Saens' anniversary (portraits). Editorial bric-a-brac. Here and there.... Portrait de Jenny Lind. Poésies et nouvelles.

— La Musica religiosa en Espana. Boletin mensual. Organo de la Asociacion fundada por el Excmo. Sr. D. José Maria de Cos, arzobispo-obispo de Madrid-Alcala, bajo la advocacion de San Isidoro de Sevilla para la reforma de la Musica en la Iglesia, segun las prescripciones de la Santa Sede, con aprobacion del Ordinario. Directeur : Felipe Pedrell. Madrid, 4, calle de San Quintin [Viuda é Hijos de Tercuño impr.], in-8, 16 pages. Abonnements : Espagne 5 pes.; Etranger 8 francos ; le numéro 1 pes.

1896 (1re année).

— Musica Sacra. Revue de chant d'église et de musique religieuse. Bulletin de la Société de Saint-Grégoire établie en Belgique sous le patronage de NN. SS. les Evêques, Sancta Sancte. Mensuel. Rédacteur en chef : Chanoine Sosson à Namur. Administrateur : Chanoine Van Damme à Gand [C. Poelman impr. à Gand], in-8, 8 pages de texte à 2 col., 4 pages de musique. Abonnements : Belgique 5 fr., Hollande 3 fl., Union Postale 6 fr., le numéro 50 cent.

1896 (15e année). No 12. Musique : Prière, à 4 voix, de Henry Purcell. Nos 10-11. Texte : P. Sosson : Coup d'œil sur la situation de la musique sacrée en Belgique. D. L. J.: La Capella Antoniana. O. Pierre : Le Congrès d'art populaire à Niort. La musique religieuse à l'Institut de Saint-Amand, à Gand. Nouvelles diverses et bibliographie.

— Musica sacra. Monatschrift für Hebung und Fœrderung der kathol. Kirchenmusik. Bi-mensuel. Fondateur : Dr.-Franz Xaver Witt. Directeur : Dr. Franz Xaver Haberl. Regensburg, librairie Fr. Pustet, in-8o, 12 pages et suppléments de musique. Abonnements : Allemagne et Autriche-Hongrie 4 mk; Etranger 4 mk 80 pf.

1896 (29e année, nouvelle série VIII).

— Musica Sacra. Revue mensuelle du Chant liturgique et de la musique religieuse. Mensuel. Fondateur : Aloys Kunc. Directeur : Pierre Kunc. Toulouse, 8, rue Mage [A. Duclos impr.]. gr. in-8 carré, 8 pages de texte à 2 col., 4 pages de musique. Abonnements : France et Alsace-Lorraine 6 fr.; Union postale 8 fr.

1896 (19e année).

— Le Néochorisme. Revue trimestrielle de la traduction musicale et de l'harmonisation du plain-chant. Directeur : l'abbé Teppe, à Saint-André, près Bourg (Ain). [Chaduc impr. à Châtillon-sur-Chalaronne], in-8, 32 pages. Abonnements : France 4 fr. ; Etranger 5 fr.

1896 (3e année).

— La Nouvelle France chorale. Moniteur des Orphéons et des Sociétés instrumentales. Bi-mensuel. Directeur : Camille de Vos. Paris, 3, rue d'Aboukir, in-fol., 4 pages à 4 col. Abonnements : France et Etranger, 12 francs, le numéro, 50 cent.

1896 (28e année). Nos 16-17. Henry-Abel Simon : Sport intellectuel. No 16. Concours de Rouen, Dax, Lisieux, Choisy-le-Roi : appréciations du Jury. No 17. Concours de Château-Gontier, Honfleur, Rouen, Montpellier : id.

— Paris-Piano. Bibliothèque musicale bi-mensuelle. Directeur-fondateur : René Godfroy, éditeur. Paris, 21, rue Denfert-Rochereau, gr. in-4, couverture illustrée et 4 pages de musique. Abonnements : France 5 fr., Etranger 7 fr., le no 20 cent.

— Le Progrès artistique. Musique, Théâtres, Beaux-Arts, Littérature, Sport, Escrime, Finances. Hebdomadaire. Fondateur : Victor Souchon. Rédacteur en chef : Maurice La Rivierre. Paris, 12, rue Martel, [Dardilly impr.], gr. in-4, couverture illustrée, 8 pages de texte à 3 col. Abonnements : France 12 fr., Union postale 15 fr., le no 25 cent.

1896 (19e année). No 945. Maurice La Rivierre : La distribution des prix au conservatoire. No 948. — : La version authentique du *Don Juan* de Mozart. N°ˢ 945-946. F. de Ménil : L'Exposition du Théâtre et de la Musique. N° 947. La statistique internationale des œuvres intellectuelles.

— La Quinzaine musicale. Bi-mensuel. Directeur : W. Smyth. Rédacteur en chef : H. Eymieu. Paris, Bourlant-Ladam, éditeur, 40, passage du Havre [Durdilly impr.], gr. in-4, 1 page de texte à 3 col., 7 pages de musique. Abonnements : France 6 fr., Étranger 8 fr.

1896 (2ᵉ année). N° 16. Texte : W. Smyth : Notices bibliographiques. Eymieu : Notice sur M. Salvayre. Conseils des auteurs sur l'interprétation des pièces publiées. Block-Notes. Musique : Badinage, pour piano, de Schloss ; Pourquoi grandir ? mélodie de E. Pessard ; Pleurs et rires, scottish, pour piano, de W. Smyth. N° 17. Les Hirondelles, mélodie de W. Smyth ; Harmonies du soir, pour piano, de F. Laurent-Rolandez.

— Le Réveil théâtral. Ancien « Union internationale des Artistes » fondé en 1884, transformé Organe des revendications artistiques. Hebdomadaire. Rédaction et administration : Paris, 48, Faubourg Saint-Denis [Frémon impr. à Arcis], gr. in-4, 8 pages à 2 col. Abonnements : France 25 fr., Union Postale 35 fr., le numéro 25 cent.

1896 (2ᵉ année).

— Revue du Chant grégorien. Mensuel. Rédacteur-administrateur : le chanoine P. Paret. Grenoble, 2, rue Paul-Bert [Brotel impr.], in-8, couverture, 16 pages, texte en rouge et noir. Abonnements : France 3 fr. 50, Union Postale 5 fr., le numéro 40 cent.

1896 (5ᵉ année). N° 1. Dom J. Pothier : Offertoire « Inveni David », avec exemples de musique. A. Lhoumeau : Causerie. Dom A. Mocquereau : L'Art grégorien, son but, ses procédés, ses caractères. Fr. Mantel : M. Danjou et le manuscrit bilingue de Montpellier. J. Combarieu : Paléographie musicale des Bénédictins de Solesmes.

— Revue de musique religieuse et de chant grégorien. Mensuel. Directeur : J. Mingardon. Marseille, 11, place Sébastopol, in-8, couverture et 16 pages. Abonnements : France et Colonies 3 fr.

1896 (2ᵉ année). N° 9. J. Dupoux : Des longues et des brèves dans le plain-chant. Jean Olive : Le Congrès de Reims. E. Soullier : Rhythme grégorien. Le P. A. Dechevrens : Mémoire présenté au Congrès musical de Bordeaux sur la restauration complète de la musique grégorienne (suite).

— Rivista musicale italiana. Trimestriel. Direction et administration : Fratelli Bocca, éditeurs, 3, via Carlo Alberto, Torino. [Vincenzo Bona impr.], in-8, 150 pages, couverture. Abonnements : Italie 12 l., Union Postale 14 l., le fascicule 4 l. 50.

1896 (3ᵉ année). Fascicule 3ᵉ.

Voy. le *Journal musical*, n° 4.

— The School Music Review. A monthly periodical devoted to the interests of Music in Schools. Mensuel. Directeur-propriétaire : Novello, Ewer et Cⁱᵉ, éditeurs, 1, Berners street, London. in-8, 20 pages à 2 col. et couverture. Abonnements : 2 s., le numéro 2 d.

1896 (5ᵉ année, vol. V). N° 52. Texte : Sorting pupils in School singing classes. Elementary books on musical theory School music in the United States. Certificate music questions. Graduated exercises for school classes.... Musique (dans les deux notations) : O who will o'er the down free, pour 3 voix, de Pearsall ; The Star's watch, à l'unisson, de Myles B. Foster ; Harvest, round à 3 voix, de Moffat ; The Spider and the fly, id., de Mac Naught ; Der Kreuzzug, mélodie posthume de Schubert ; 4 pages d'études et exercices gradués.

— Schweizerische Muzikzeitung and Saengerblatt. Organ des Eidgenoessischen Saengervereins. Bi-mensuel. Rédacteur en chef : A. Niggli. Administration : Gebrüder Hug & Cⁱᵉ, Zürich [Zürcher & Furrer impr.], in-4, 10 pages. Abonnements : Suisse 6 fr. 40, Union Postale 7 fr. 20, le numéro 40 cent.

1896 (36ᵉ année). N° 16. Eindrücke vom deutschen Tonkünstlerfest in Leipzig. Alfred Beetschen : Der dichter Richard Wagner. Aufführungsrecht (sur le congrès de Berne). Korrespondenzen (Luzern, Genf). Festtafel für 1896. Informations. Bibliographie.

— The Strand musical magazine. Mensuel. Directeur : E. Hatzfeld. London, George Newnes, éditeur, 8-11, Southampton Str., and Exeter Str., Strand, W. C., in-8 carré, couverture illustrée. Le n° 6 d.

— La Tribune de Saint-Gervais. Bulletin mensuel de la « Schola Cantorum », fondée pour encourager l'exécution du plain-chant selon la tradition grégorienne, la remise en honneur de la musique palestrinienne, la création d'une musique religieuse moderne, l'amélioration du répertoire des organistes. Rédaction : Paris, 15, rue Stanislas [Bluté impr. à Ligugé], in-8, couverture, 16 pages et un encartage de musique. Abonnements : France 10 fr., Union Postale 11 fr.

1896 (2ᵉ année). N° 6. Ch. Bordes : La Musique figurée, avec des exemples de musique. Tebaldini : La musique sacrée en Italie. Allocutions de MM. l'abbé Noyer, La Tombelle sur l'œuvre de la « Schola Cantorum ».

— Wright & Round's Brass Band News. Mensuel. Directeurs : Thomas H. Wright et Henri Round. Liverpool, 20, Erskine Strett, in-fol., 10 pages à 5 col. Abonnement : Le n° 3 d.

1896 (15ᵉ année). N° 180. Concours de Buxton, Codnor Park, Stratford, Kirkcaldy Bedford, Flynnongroew. Leighton Buzzard, Barnsley, Bournemonth, Bristol, Woburn Sand, Felton, Hindley, Belle Vue (portrait du stage-manager). Handsworth. Wood house, Llandilo, Gravesend : appréciations du jury. Nouvelles diverses et nombreux renseignements concernant les bandes orphéoniques.

— Zeitschrift für Instrumentenbau. Officielles Organ der Berufsgenossenschaft der Musikinstrumenten-Industrie, des Vereins Deutscher Pianoforte-Fabrikanten und des Vereins Deutscher Orgelbaumeister. Tri-mensuel. Directeur : Paul de Wit. Leipzig, 16, Thomaskirchhof [Frankestein & Wagner impr.], in-4°, 24 pages à 2 col. Abonnements : Par trimestre 2 mk 50 pf. ; étranger 3 mk.

1896. (16° année). N°s 32-34. Die Musikinstrumente auf der Berliner Gewerbe-Ausstellung 1896 (à suivre). N°s 33-34. W. Fischer : Drei wichtige Fragen für den Klavierbauer, avec figures. N° 33. Paul Stroebe. Zur Geschichte der Kirchenorgeln in Halberstadt. Dans chaque numéro : Vermischtes (nombreux renseignements sur la facture instrumentale de tous pays). Orgelbau-Nachrichten (composition d'orgues nouvelles). Illustrirtes Patent-Uebersicht, avec figures.

PÉRIODIQUES DIVERS :

— Journal d'un solitaire sur les gens et les choses de son temps, par l'Ermite de Châtillon. Paris, Hugues Robert et Cie, 12, rue de l'Abbaye. Abonnements : Paris 5 fr., Etranger 6 fr., le numéro mensuel 40 centimes.

Il y a décidément, pour ceux qui s'intéressent intellectuellement à la musique, beaucoup à lire dans ce périodique à l'allure si franche, à l'indépendance si sincère. Voy. le *Journal musical*, n°s 1 et 3.

1896. N° 5. Une musique originale doit-elle être savante...... Une musique originale est toujours savante, car c'est la science suprême que de savoir créer.

En principe, il semblerait que tout homme peut créer et être original, puisqu'il n'est pas d'homme ressemblant absolument à un autre.

Mais, outre que la civilisation et l'éducation ont été la cause d'un nivellement général des aptitudes, il faudrait, pour atteindre ce but idéal, que tout homme fût ou pût être sincère, c'est-à-dire exactement lui-même, au moyen d'une impeccable correction de ses œuvres, opérée par les soins de sa mémoire, impeccable elle-même.

La preuve de la sincérité par la mémoire est extrêmement aiguë et délicate. Cependant, il n'en est pas d'autre, et ses rigueurs mêmes démontrent la difficulté et l'excellence de l'originalité.

C'est la mémoire, en effet, qui, seule, peut contrôler l'originalité et l'inspiration. Elle doit être scrupuleuse à ce point, que tout ce que l'oreille de l'artiste a entendu d'étranger à sa production personnelle, sera classé, retenu, enregistré par elle, de façon à surgir dès que la réminiscence se déclare. Un artiste qui n'a pas cette mémoire est gravement frappé d'incapacité créatrice. Il ne peut vérifier sa tâche et risque la banalité à tout instant. La mémoire est la conscience de l'artiste.

L'originalité supérieure...... utilise la mémoire comme une sorte de pierre de touche, non comme un réservoir à procédés dont elle n'a que fa.. puisqu'elle apporte toujours avec elle son procédé naturel. Il pourra arriver, cependant, qu'elle trouve dans la mémoire des procédés identiques à celui qu'elle véhicule. Mais ce ne seront jamais que des procédés sans importance réminiscente, et la démonstration en est aisée. La pensée musicale, en qui réside la supérieure originalité, se présente pour ainsi dire sans ornements matériels. C'est la Beauté toute nue se livrant à son vainqueur. Mais, dès que l'artiste l'a conquise, il s'en sert pour tel rôle qu'il lui assigne dans son œuvre. Ce rôle a ses exigences matérielles. C'est alors que la Beauté se pare d'une sorte de vêtement, à la fois en rapport avec son caractère et le caractère du rôle dévolu. Ce que son caractère imposera, fait partie essentielle de sa nature même, et sera toujours original comme elle. Ce que son rôle imposera d'un autre côté, fait partie des nécessités de conventions secondaires, et participe des formules connues, c'est-à-dire de la science, de l'expérience, plus encore; de la mémoire, enfin. Il est donc parfaitement logique que les moyens secondaires d'expression d'une pensée originale, c'est-à-dire les moyens d'application à son rôle dans l'œuvre, se trouvent parfois très semblables à ceux d'autres pensées également supérieures, déjà connues. Toutefois, de profondes différences de fond — tenant au caractère — plus que de forme, empêcheront la réminiscence. En termes de comparaison plus grossiers, on peut dire que deux Beautés également supérieures et originales, par conséquent n'ayant par elles-mêmes aucune ressemblance, pourront se trouver revêtues, par nécessité de situation ou analogie d'impression, d'un vêtement de coupe identique, mais d'étoffes différentes ou de même étoffe, mais de coupes différentes, ou même encore, au pis aller, de coupe et d'étoffes semblables. En tout cas, ces identités de parures souvent inévitables, seront excusables si la Beauté en est revêtue avec talent et conviction, et les porte avec grâce. C'est, en effet, dans l'application de ses pensées que l'artiste original doit et peut se servir de l'esprit scientifique, et de la mémoire, utilisée à titre de procédé de production secondaire.

On le voit, outre le don d'inspiration essentiel et primordial, la tâche de l'artiste original est double, puisqu'elle exige en réalité deux sciences : la première, d'inspiration, où la mémoire remplit un rôle sévère de surveillance et de contrôle; la seconde, d'application, où la mémoire aide directement à la production.

LIVRES DIVERS :

Maxime FORMONT. Triomphe de la Rose. Avec une lettre de José-Maria de Heredia, de l'Académie Française. Paris. Alphonse Lemerre, éditeur, 23-31, Passage Choiseul, MDCCCXCVI in-18, 130 pages et une non ch. pour la table.

Je mentionne ce livre en ce journal parce que certaines pièces sollicitent la plume des musiciens. La cadence ne vient-elle pas d'elle-même à la page 42?

> Belle, ce papillon qui luit en rougissant,
> C'est l'amour enflammé, c'est l'amour frémissant,
> Qui sur vous, fleur de nuit et d'aurore, se pose.

Vous verrez comme bellement, sous la portée, sonnera le verbe, dans :

O torture effroyable! Elle souffre à cette heure,
Mon amie. . . . .
. . . . Va-t-en, lâche sommeil,
. . . .
O doux sommeil va-t-en . . . .

et l'exquise mélopée qu'entraînera l'Apothéose (page 127) :

La Rose de beauté, cette Rose suave,
M'a conquis pour toujours et m'a fait son esclave.

* *

Manuel de l'amateur de livres du xix° siècle, 1801-1893.
Editions originales. — Ouvrages et périodiques illustrés.
Romantiques. — Réimpressions critiques de textes anciens ou classiques. Bibliothèques et collections diverses.
Publications des Sociétés de Bibliophiles de Paris et
des départements. Curiosités bibliographiques, etc., etc.,
par Georges VICAIRE. Préface de Maurice TOURNEUX.
Tome premier. Paris, Librairie A. Rouquette, 69-73,
Passage Choiseul, 69-73, 1894, in-8, 2 ff. lim., xix pages
pour la préface, 990 coll. et 1 f. pour l'achevé d'impri-
primer, titre rouge et noir.

Le manque de place nous contraint
de nous borner aujourd'hui à la mention
de ce volume d'un grand ouvrage en cours
de publication, lequel est la suite de celui
que connaissent bien les chercheurs : j'ai
nommé le Brunet. La BIBLIOGRAPHIE MUSI-
CALE y trouve de précieux renseignements :
ici la nomenclature complète et la description des ouvrages donnant les airs des
chansons de Béranger; là Beaudelaire,
Berlioz, Henri Beyle (Stendhal), etc.

CATALOGUE

Adresses des éditeurs cités : Belaieff à Leipzig. Mmes
Chouet & Gaden, 16, Corraterie à Genève. The John
Church C^o à New-York. Leuckart à Leipzig. Librairie de
l'Association, 17, rue Guénégaud à Paris. Oertel à Hannover. Ricordi, 12, rue de Lisbonne.

LITTÉRATURE MUSICALE :

Prod'homme (J. G.). Le Cycle Berlioz. Essai Historique
et Critique sur l'Œuvre de Berlioz. La Damnation de
Faust Paris, Librairie de l'Association, 1896, in-16, 3 fr.

TRAITÉS, METHODES :

Goodrich. — Analytical harmony.... New-York, The
John Church C^o, in-4, 404 pages, 905 exemples notés,
200 s.

PARTITIONS & TRANSCRIPTIONS :

Jaques-Dalcroze (E.). Poème alpestre. Paroles de D.
Baud-Bovy. Genève, Mmes Chouet et Gaden, partition
chant et piano 8 fr.

ORCHESTRE MILITAIRE :

(Voy. ci-dessus, au RÉPERTOIRE BIBLIOGRAPHIQUE : *The
Leader.*)

MUSIQUE DE CHAMBRE
ET MORCEAUX POUR DIVERS INSTRUMENTS :

(Voy. ci-dessus, au RÉPERTOIRE BIBLIOGRAPHIQUE : *Il Mandolino.*)

Rimsky-Korsakow (N.-A.). Pot-pourri de l'opéra *La
Nuit de Mai*, pour violon et piano. Leipzig, Belaieff 2 r.

PIANO :

(Voy. ci-dessus, au RÉPERTOIRE BIBLIOGRAPHIQUE : *The
Monthly Musical Record*, la *Quinzaine musicale.*)

Blumenfeld (Félix). Deux morceaux, op. 22. Leipzig,
Belaieff.
  1. Mazurka en *la* bémol 50 k.
  2. Valse brillante en *si* 1 r.
Glazounow (Alexandre). Deux impromptus, op. 54.
Leipzig, Belaieff.
  1. *Ré* bémol majeur 50 k.
  2. *La* bémol majeur 60 k.
Rimsky-Korsakow (N. A.). Pot-pourri de l'Opéra *La
Nuit de Mai*. Leipzig, Belaieff.
  Pour piano seul 1 r. 50.
  — — à 4 mains 2 r.
Wihtol (Joseph). Trois morceaux, op. 22. Leipzig,
Belaieff.
  1. Prélude *do* majeur 40 k.
  2. Prélude *mi* bémol mineur 50 k.
  3. Etude *do* mineur 50 k.

MUSIQUE RELIGIEUSE :

(Voy. ci-dessus, au RÉPERTOIRE BIBLIOGRAPHIQUE : *Musica
Sacra* de Namur.)

Rheinberger (Joseph). Messe, op. 169. Soli, Chor und
orchester oder Streichinstrumente mit orgel. Leipzig,
Leuckart. La partition 15 mk., parties de chant 4 mk.,
parties d'orchestre avec l'orgue 8 mk. 50.

CHŒURS :

(Voy. ci-dessus, au RÉPERTOIRE BIBLIOGRAPHIQUE : *Chorgesang, The School Music Review.*)

Kurth (Otto). Preussische Kriegslieder aus der Zeit
Friedrich des Grossen. Hannover, Louis Oertel

Klavierauszug mit texte 4 mk, Chorstimmen 40 pf, Orchesterpartitur, 10 mk, orchesterstimmen 10 mk.

Schulz (Oscar). Printemps précoce. Frühzeitiger Frühling de Goethe. Trio pour voix de femmes, op. 6. Genève, Mmes Chouet & Gaden, net 2 fr.

FOLK-LORE :

Rheinberger (Josef). Vom goldenen horn. Türkisches liederspiel. Text nacht dem Neutürkischen des Ashim Agha, Gül-hanendé von Bernhardine Schulze-Smidt, für Solostimmen, gemischten Chor und Pianoforte. Leipzig, F. E. C. Leuckart.
Clavier-partitur 7 mk 50, Singstimmen 3 mk 60, Textbuch 20 pf.

MÉLODIES & LIEDER :

(Voy. ci-dessus, au RÉPERTOIRE BIBLIOGRAPHIQUE : *La Lyre chrétienne, La Quinzaine musicale, The School Music Review.*)

Cui (César). Cinq mélodies pour chant et piano, op. 54. Leipzig, Belaieff. 1 r. 50.
1. Tristesse des choses, 40 k.
2. Le Colibri, 50 k.
3. Les Roses d'Ispahan, 75 k.
4. Je n'en ai jamais aimé qu'une, 40 k.
5. Ici-bas, 40 k.

Le Propriétaire-Gérant :
BAUDOUIN-LALLONDRE.

Bourges, imprimerie M. H. Sire.

BULLETIN

DU

BIBLIOPHILE

ET DU BIBLIOTHÉCAIRE

Revue mensuelle fondée en 1834

Directeur : GEORGES VICAIRE

Paris, Librairie TECHENER (LECLERC et CORNUAU), 219, rue Saint-Honoré.

Pour paraître en janvier 1897

ANNUAIRE INTERNATIONAL

DE LA

PRESSE MUSICALE

Adresser toutes les communications à M. le Directeur du *Journal musical.*

LE
JOURNAL MUSICAL

Bulletin international critique

DE LA

BIBLIOGRAPHIE MUSICALE

N° 6. — Octobre 1896.

Pour toutes les communications (abonnements, publicité, etc.), s'adresser à

M. le Directeur du JOURNAL MUSICAL
Paris, 11, rue Saint-Joseph

ABONNEMENTS	ANNONCES
France, par an .... 6 fr.	Annonces diverses : 1/2 page... 15 fr
Pays de l'Union postale .... 7 fr.	— 1/4 — ... 25 f:
— d'Outre-Mer .. .. 8 fr.	Informations, offres et demandes, etc.
Le numéro mensuel. .... 50 centimes	La ligne ... . 2 fr

EN VENTE : à la librairie Fischbacher, 33, rue de Seine, à Paris ;
Chez les éditeurs de musique et les principaux libraires de la France et des autres pays

SOMMAIRE

INFORMATIONS.

OFFRES ET DEMANDES de livres, partitions rares ou d'occasion.

Chronique.

BULLETIN CRITIQUE : Auditions.

— : Publications : *Tristan et Isolde*, Version de Max Lyon (analyse d'ALFRED ERNST). *Souvenirs d'un Chanteur*, de Duprez. *Notes sans portées*, de Willy. Pièces pour piano de C. P. E. Bach, Grieg, Sinding, etc.

LES CONGRÈS DE LA PROPRIÉTÉ LITTÉRAIRE ET ARTISTIQUE.

ICONOGRAPHIE MUSICALE.

RÉPERTOIRE BIBLIOGRAPHIQUE : Sommaires et extraits des périodiques de musique de tous pays.

— : Sommaires et extraits des périodiques et livres divers.

CATALOGUE des livres, méthodes, partitions, morceaux, etc., récemment parus.

CARNET

Paris. — 25 juillet-25 novembre. Exposition internationale du Théâtre et de la Musique.	**Paris.** — 18 octobre. Festival d'ouverture des Concerts-Lamoureux. — 25 octobre. Festival d'ouverture des Concerts-Colonne.

INFORMATIONS

Ancône. — M. Benedetto Zabban, compositeur, est mort.

Baltimore. — Le 18 août, est mort F. W. Nicholls Crouch, le compositeur populaire.

Bielefeld. — M. L. S. Meinardus, compositeur, vient de mourir.

Bruxelles. — Par arrêté royal, M. Edgard Tinel, directeur de l'École de musique religieuse de Malines et inspecteur des musiques de Belgique, est nommé professeur de contrepoint et de fugue au Conservatoire Royal, en remplacement de Ferdinand Kufferath (*Moniteur* du 27 septembre).

—. M. Paul Gilson vient de restaurer et d'harmoniser deux vieux airs communaux retrouvés dans les archives : la Marche des Serments et la Retraite communale.

Darmstadt. — Le 4 septembre, est mort M. Albert Eilers, compositeur.

Evian. — Le mois dernier, Mme de Serres, l'excellente artiste, qu'on a trop rarement l'occasion d'entendre maintenant, a donné, au Casino, un concert au profit des pauvres. Dans le *Wedding-Cake* de Saint-Saëns et la *Sonate* à Kreutzer, jouée avec le violoniste Gillardini, Mme de Serres a été admirable et vivement applaudie.

Firenze. — Les 25 et 26 septembre, une conférence bibliographique s'est tenue pour délibérer sur l'adhésion de l'Italie au programme de l' « Institut international de bibliographie » de Bruxelles (Voy. *Le Journal musical* n° 3). Aucune décision n'a été prise.

Gmünden. — Le 1er septembre, est mort M. Johannes-Evangelist Habert, l'un des plus féconds et des plus remarquables compositeurs de musique religieuse. La Maison Breitkopf & Haertel prépare une édition complète de ses œuvres.

Orléans. — Un congrès de musique religieuse s'organise pour les 9, 10, 11 décembre, par les soins de la « Schola Cantorum ».

Para. — M. Carlos Gomes, directeur du Conservatoire, vient de mourir. M. C. Gomes est l'auteur de *Salvator Rosa*, *Guarany*.

Paris. — Le 10 octobre, est mort M. Jules Garcin, professeur de violon au Conservatoire, ancien chef d'orchestre des concerts du Conservatoire. Il est l'auteur d'un concerto et d'une suite symphonique.

Le 23 septembre, est mort le célèbre ténor Duprez, auteur de *L'Art du Chant*, *La Mélodie* et de compositions dramatiques, auxquelles on fit peu de succès.

—. M. Poulalion, éditeur, est nommé officier de l'Instruction publique ; M. Gauvin, éditeur, officier d'Académie.

—. A la suite du superbe gala offert, le 6 octobre, à LL. MM. l'Empereur et l'Impératrice de Russie à l'Opéra, les directeurs MM. Bertrand et Gaillard ont reçu la croix en diamants de l'Ordre russe de Sainte-Anne.

—. Jeudi 15 octobre, ouverture des cours de l'École de chant liturgique et de Musique religieuse, fondée par la SCHOLA CANTORUM, 15, rue Stanislas. Cette École (dont la direction et les cours sont confiés à MM. GUILMANT (orgue), VIGOUREL (chant grégorien), V. D'INDY (contrepoint et composition), DE LA TOMBELLE (harmonie), Ch. BORDES (ensemble vocal), etc.) s'est donné pour mission de former des maîtres de chapelle et des organistes élevés dans les principes de la Société : le retour à la tradition grégorienne pour l'exécution du Plain-Chant ; la remise en honneur de la musique palestrinienne ; la création d'une musique religieuse moderne ; l'amélioration du répertoire des organistes. Des conférences sur l'esthétique, la liturgie, l'histoire de la musique, compléteront le programme des cours qui auront lieu, pour la plupart, chaque jour à quatre heures et demie, pour en permettre l'accès aux jeunes gens appartenant à des bureaux ou aux écoles du gouvernement et désireux d'exercer plus particulièrement les fonctions de maître de chapelle et d'organistes pratiques. Des cours populaires et gratuits du soir de chant grégorien, de solfège, d'ensemble et même de clavier, ont été institués pour former des chantres pour les paroisses et préparer des sujets pour les cours supérieurs. La pension mensuelle pour les cours supérieurs est fixée à 50 francs, la pension annuelle à 300 francs.

Pour tous renseignements, s'adressser au siège de l'école, 15, rue Stanislas.

—. Le 1er novembre, ouverture des COURS ARTISTIQUES, 8, rue Saint-Simon, sous la direction de Mlles Jeanne Favier et Mélanie Combes et le patronage de MM. Massenet et Ch. Lenepveu. Professeurs : MM. H. Eymieu, Vierne, Vuillaume, Mlle D. Taine, etc. Examinateurs : MM. Widor, Lavignac, Lefebvre, Mme Pauline Viardot, etc. On s'inscrit de 2 à 4 heures.

—. Voici les dates des Concours pour l'admission au Conservatoire : Chant : Hommes, 26, 27 octobre ; Femmes, 28, 29 octobre. Harpe : 2 novembre. Piano : Hommes, 2 novembre ; Femmes, 9, 10 novembre. Violon : 4, 5 novembre. Alto, Contrebasse, Violoncelle : 6 novembre. Flûte, hautbois, clarinette, basson : 12 novembre. Cor, cornet, trompette, trombone : 13 novembre.

Roubaix. — Le 11 octobre, on a inauguré le buste de Nadaud.

Rouen. — Aux concerts de l'Exposition, on a applaudi une petite *suite* d'orchestre de M. Henry Eymieu, composée d'une pièce en forme pure de menuet classique, d'une pittoresque Pastorale et d'une Chanson hongroise colorée, pour violon principal et orchestre.

Samaden. — Le professeur Sam. Kümmerle, auteur de deux excellents ouvrages : « Encyclopaedie der deutschen Kirchenmusik » et « Choralbuch für evangelische Kirchenchoere, est mort le 28 août.

Troppau. — Le conservateur de la bibliothèque de l'Ordre Teutonique vient de découvrir les partitions autographes de deux marches de Beethoven (*Echo musical*).

OFFRES ET DEMANDES

LIVRES ET MUSIQUE :

Antiquarisches Lager von List & Francke in Leipzig, 12, Thalstrasse —. Antiquarisches Verzeichnis n° 272.

Ce catalogue renferme l'indication de 2,655 numéros (ouvrages concernant l'art dramatique, la danse, l'histoire, la théorie de la musique. les journaux de musique, la musique d'église, etc.).

Musikalischer Monats-Bericht. 1896. Juli-September. N° 7-9. Verlag von Breitkopf & Haertel in Leipzig.

Mittheilungen der Musikalienhandlung Breitkopf & Haertel..... September 1896. N° 46.

On remarquera dans ce catalogue une notice sur *Godoleva*, le nouvel oratorio d'Edgar Tinel.

Parmi les nombreux échos des fêtes données à Paris en l'honneur de LL. MM. l'Empereur et l'Impératrice de Russie, il me plaît d'enregistrer celui-ci : le Tsar passant devant l'Opéra-Comique a entendu retentir la fanfare du régiment dont il portait ce jour-là l'uniforme : c'est M. Carvalho qui avait chargé ses musiciens d'adresser sous cette forme rien moins que banale son salut au souverain.

Qu'on me permette à ce propos une remarque. En ces dernières années, on a publié en France de nombreux Historiques de régiments : mais je ne vois pas pour l'armée française une publication d'ensemble des fanfares régimentaires telle que, pour l'armée allemande, celle de la maison Breitkopf & Haertel. En Autriche, une musique militaire vient de donner, dit *Le Ménestrel*, une audition de quelques-uns des airs traditionnels conservés dans les archives du Ministère de la guerre et aurait fait naitre le désir de connaitre les autres : on va sans doute les publier.

M. Carvalho a aujourd'hui d'autres soins : il s'est proposé de donner le *Don Juan* de Mozart dans sa version primitive ; or, il se trouve en présence de deux partitions : l'une publiée chez Leuckart, l'autre chez Breitkopf & Haertel. Laquelle est la bonne ? M. Charles Malherbe, dans le *Monde Artiste*, M. La Rivierre, dans le *Progrès Artistique* (n°s 948, 950, 952), dans des articles très documentés, font pencher la balance du côté de la seconde. Enfin, en cas de contestation, il y a le manuscrit autographe de la Bibliothèque du Conservatoire ....

Quant à donner *Don Juan* avec les seuls éléments de la Première de Prague, cela sera malaisé à l'Opéra-Comique autant qu'à l'Opéra.

Car *Don Juan* va être représenté à la fois à l'Opéra et à l'Opéra-Comique.

Voilà ce qui est incontestable.

BULLETIN CRITIQUE

AUDITIONS :

Genève. — Dans sa tournée triomphale en Suisse, M. Camille Saint-Saëns aura surtout été fêté ici. Signalons l'exécution de sa symphonie en *ut* par l'orchestre de M. Gustave Doret, dans laquelle il a fait lui-même la partie d'orgue ; de son concerto pour violoncelle, dans lequel M. Gaillard a montré de très belles qualités.

Munich. — *Don Giovanni*, de Mozart, a été représenté avec un grand succès, au Residenz-Theater, d'après la partition originale, avec le quatuor et le clavecin, conformément à la représentation du 29 octobre 1787 à Prague.

• PUBLICATIONS :

(NOTA. — Tous droits de reproduction et de traduction réservés.)

Richard WAGNER. *Tristan et Isolde*. Version française adaptée pour le chant au texte musical original par Max Lyon. Paris, Librairie Fischbacher, Société Anonyme, 33, rue de Seine, 33 [imprimerie alsacienne, anc. G. Fischbacher, à Strasbourg]. 1896,........ in-18. 3 ff. lim. dont un blanc, pour le titre en rouge et noir et la préface, 118 pages, papier teinté.

Jamais peut-être je n'ai éprouvé autant d'embarras à écrire un article qu'aujourd'hui où la direction du *Journal musical* m' rappelle ma promesse de rendre compte de la traduction de M. Max Lyon. Je me suis imposé comme règle, chaque fois qu'un travail sur Wagner parait, et spécialement qu'on me demande de juger une traduction de Wagner, d'en dire tout le bien possible, et souventes fois un peu plus, précisément parce que je suis traducteur moi-même. Et cependant, malgré toute ma bonne volonté, je suis contraint de critiquer assez sévèrement la tentative de M. Max Lyon.

Ce qu'il y a de surprenant, c'est de voir combien peu de personnes se doutent, je ne dirai même pas des conditions spéciales que requiert la traduction des drames wagnériens, mais des lois les plus élémentaires de la prosodie française. Il n'y a pas si longtemps qu'un critique autorisé, proposait naïvement comme traductions possibles de certains passages de *la Walkyrie*, des membres de phrase où les accents expressifs tombaient sur les temps faibles et où des articles et des prépositions éclataient bravement sur les temps forts. Mais que dire de la prosodie, du rythme verbal qu'emploie M. Max Lyon ? Quelques exemples vont édifier le lecteur...

Page 4. Isolde demande : « Quel pays ? » et Brangaine répond : « Les Cornouailles ». Le texte allemand dit : *Kornwalls grünen Strand !* M. Lyon nous prévient que sa version est « adaptée au texte musical original » ; de fait, le nombre des syllabes de « Les Cornouailles » correspond bien au nombre de notes du texte allemand. Mais, grand Dieu ! l'allemand a *quatre* syllabes fortes, quatre accents principaux, portant sur *Korn*, *walls*, *grü* et *Strand*. Les quatre accents musicaux et verbaux du texte allemand se trouvent donc, lorsqu'on chante le texte français de M. Lyon, correspondre aux syllabes *Les*, *Cor*, *nou*, — fautes regrettables, mais peut-être pardonnables, — et à la muette finale de *Cornouailles*, ce qui est sans excuse ; de telle manière que la réponse de Brangaine, devenue presque inintelligible, s'accentue dans le chant comme il suit : *Lés Còr — noû — aiLLÈs*.

Page 5. L'imprécation d'Isolde, dans le texte allemand, commence par ce cri : *Entartet Geschlecht ! unwerth der Ahnen !* M. Lyon traduit : *Dégénérés, indignes des aïeux !* Déjà le premier mot *dégénérés*, par suite du rythme musical de *Entartet Geschlecht*, prend une prosodie insensée, mais, de plus, ou bien il manque une note, ou bien M. Lyon est obligé de déplacer la virgule et la respiration du texte allemand

et une demi-pause de la musique, faisant ainsi porter l'*in* de *indignes* sur le *sol* occupé par la syllabe *schlecht* de *Geschlecht !* Ce dernier parti serait tellement monstrueux que je n'y veux pas croire ; tenons-nous en donc au premier, d'après lequel M. Lyon supprimerait une note dans le membre de phrase initial. Il est alors contraint d'en ajouter une dans le second, *indignes des aïeux*. Là je renonce à comprendre : non seulement rien n'indique où il ajoute la note en question, mais, de quelque manière qu'il s'y prenne, la négation de la prosodie et des accents expressifs dépasse tout ce qui se peut imaginer : si *aïeux* tombe sur *Ahnen*, ce qui est l'hypothèse la plus vraisemblable, le *ré* du temps fort se trouve porter sur *a* (!) qui occupe la durée d'une blanche (!!), *eux* se logeant, comme perdu, sur le *fa* suivant ; et que dirons-nous, si c'est *des* qui tombe sur le temps fort ?

Il en est ainsi à chaque page, presque à chaque ligne. Le traducteur n'a tenu compte ni des accents expressifs et rythmiques, ni de la prosodie, ni de la ponctuation, ni des respirations nécessaires, ni de la division grammaticale des phrases poétiques, ni de la division harmonique des phrases musicales. Le sens seul est généralement exact dans le fond, quoique très appauvri dans la forme ; mais comme traduction « adaptée à la musique », celle de Wilder lui-même, tout exécrable qu'elle soit, est pratiquement meilleure. Wilder même n'aurait pas mis sur un temps fort le *re* final de *Sire*, et le *tri* initial de *tribut*, avec une blanche, laissant tomber le *but*, comme une simple désinence féminine, sur une pauvre malheureuse croche, — ainsi que M. Lyon l'a fait à la page 13 de sa traduction. Pareillement, à la page 116, dans le chant final d'Isolde,— ni Wilder, ni M. d'Offoël, personne en un mot n'a osé et n'osera faire porter, comme M. Lyon, le mot *doux*, ici le plus important de tous pour l'expression, sur le 4e temps de la 1re mesure, à la place de la désinence féminine *se* du mot allemand *leise* ; personne non plus n'oserait, à la mesure suivante, placer le *sou* de *souril* sur la partie forte d'un temps, en laissant tomber *ril* sur la partie faible de ce temps, une quarte au-dessous. Et, une fois de plus, c'est là, chez M. Lyon, une pratique tout à fait constante ; heureux encore lorsqu'il s'en tient à ce genre de fautes rythmiques !

Je suis désolé d'avoir à écrire ces lignes, et j'aurais refusé de rendre compte de la tentative de M. Lyon, si réellement il n'y avait là une méconnaissance grave d'une des lois les plus essentielles de l'œuvre wagnérienne, la concordance qui existe à chaque instant entre la valeur verbale du poème, considéré dans son rythme, son équilibre, son mouvement même syllabique, et la valeur de la forme musicale, au point de vue des éléments analogues. Cette beauté de concordance est plus nécessaire encore à connaître que la beauté de telle ou telle phrase littéraire, de tel ou tel effet musical, considérés isolément. Il faut donner, avant toutes choses, dans une traduction faite pour le chant, l'idée de la pénétration réciproque des deux réalisations, rythme et valeur expressive des mots, rythme et valeur expressive de la forme mélodique. Le but est sans doute impossible à atteindre, mais il faut s'efforcer d'en approcher le plus possible, et faute de cet effort, la qualification « adaptée à la musique », dont on abuse peut-être depuis quelque temps, est proprement dépourvue de sens. S'il faut éviter, hors les cas de nécessité absolue, d'ajouter ou d'enlever des notes à la mélodie de Wagner, ces additions ou ces suppressions, lorsqu'elles ne portent que sur des notes prosodiques, sont infiniment moins graves que la violence faite, par une prosodie monstrueuse, à l'accent expressif et au rythme des mots, par suite, à ce merveilleux accord qui est une des lois fondamentales du Drame wagnérien.

ALFRED ERNST.

Souvenirs d'un chanteur, par G. DUPREZ. Paris, Calmann Lévy, éditeur, Ancienne Maison Michel Lévy frères, 3, rue Auber, 3 [Chaix impr.]. [1896], in-18, 280 pages et 1 non ch. p. le f.-t. et le t.

Sous ce titre paraissent, aussitôt après sa mort, les mémoires de Duprez. En quatorze chapitres y sont exposés ses souvenirs d'enfance, sa carrière de chanteur (en Italie, en France, à l'Odéon, l'Opéra-Comique, l'Opéra), de professeur, de compositeur jusque vers 1876.

A l'Opéra il avait succédé au fameux Nourrit, qu'il se défend, au chapitre VI, d'avoir voulu supplanter. Dans le chapitre suivant, il raconte son début triomphal sur la grande scène, dans *Guillaume Tell*.

Neuf ans après, Duprez quittait définitivement l'Académie de Musique pour se consacrer au professorat : on sait que, parmi ses élèves, il comptait Mmes Carvalho. Devries, Isaac, Albani, Caroline Duprez ; MM. Engel, Balanqué. Il a, d'ailleurs publié sa méthode dans l'*Art du Chant*, dont il se demande, vers la fin de ce livre, l'utilité : « car... j'ai eu le bonheur d'arriver à mon temps ; au temps, veux-je dire, où le chanteur était à même d'enter ses qualités personnelles sur les œuvres des grands maîtres qui recherchaient la vérité dramatique dans la mélodie. Aujourd'hui, il faut en convenir, la chose n'est plus praticable. » Suivent quelques mots peu aimables sur le drame lyrique de nos jours.

En nous disant ses relations avec les personnalités artistiques de son temps. Duprez nous les fait connaître par des côtés assez ignorés : ici, Chérubini. Malibran, Pasta ; là, son maître Choron, dont l'Ecole méritait un meilleur sort ; d'une part, les excentricités finales de Jullien et de Scudo ; de l'autre, les vilenies d'un critique redouté du temps.

Pourquoi Fiorentino était-il tant redouté s'il avait en musique l'ignorance que lui attribue son contemporain ? Je vous demande un peu la portée que peut avoir le jugement d'un sourd sur un chanteur. — Il peut en avoir, dites-vous, dans l'esprit du public, pour qui le ton fait tout. — Ainsi, sans connaissance technique, on peut, en élevant la voix, se donner de l'autorité ? Mais alors quelle force aurait, avec la malveillance en plus, celui qui sait et qui parle très haut ?... N'exagérons pas. Sans doute les critiques-compositeurs doivent avec peine renoncer à leur propre idéal, les critiques-librettistes ou traducteurs peuvent involontairement songer à leurs intérêts. Mais n'en voit-on pas parmi eux qui jugent avec une abnégation et une impartialité bien remarquables ? Sans doute on peut craindre les critiques indépendants qui n'ont rien à ménager, surtout les intransigeants qui à la technique joignent l'esprit. Mais ne fait-on pas spontanément chez eux la part de l'exagération satirique ? Un trait trop lancé dépasse le but. — Ils semblent par-

fois mordre pour de bon. — Ils s'en gar-
deraient bien, vous dis-je : car du même
coup ils perdraient un renom de finesse
auquel ils ont raison de tenir.

N'est-ce pas dans une boutade que l'auteur de :

Notes sans Portées par l'Ouvreuse du Cirque d'Été
(WILLY). Avec illustrations de José Engel. Paris,
Ernest Flammarion, éditeur, 26, rue Racine... [E. Colin
imp.], 1896, in-18, 277 pages et 4 p. le f.-t. et le t.,
couverture illustrée en couleurs, 8 planches dans le
texte (portraits).

peut dire : Un Tel est une ganache, Un
Tel est un fripon, comme pour certains
polémistes politiques les appellations
courantes sont : Voleur, assassin? On
sourit, sans hausser les épaules.

Il n'y a pas que des boutades dans ce
livre, qui contient en majeure partie les
« Lettres de l'Ouvreuse » parues durant
la dernière saison dans l'*Echo de Paris*.
Je lis, à la page 23 : « L'instrumentation
de Balakireff est d'une étrange magnifi-
cence, avec des fantaisies dont l'imprévu
déroute. Dès le début, pour peindre l'agi-
tation des eaux du Térek, le compositeur
russe a trouvé de fluctuants remous du
quatuor sur lesquels passe un rauque-
ment sinistre du tuba, pas banal. »

Et cette exclamation tout équitable, à
la page 53 : « Ohé! ohé! Arrachés les
crocs venimeux de la Critique! Crevées
les poches à fiel! Vincent d'Indy l'emporte ! Hier, au second concert de
l'Opéra, le public livré à lui-même et
point influencé par les sous-reporters
improvisés critiques musicaux, ni par les
ratés de la composition furieux de voir
un jeune leur passer sur le ventre (ce
ventre dans lequel ils n'ont rien), ni par
la séquelle des marchands de partitions
moisies qu'une œuvre nouvelle affole, le
public a loyalement essayé de comprendre
Fervaal, dont le succès a été très vif. Et
pourtant, foi d'Ouvreuse, si jamais scène
de drame eut besoin, pour être intelligible, de mimique, de décor, de tout le
reste, c'est fichtre bien celui-là! »

A côté de cela, mille plaisanteries, un
feu roulant de jeux de mots. De l'esprit
« L'Ouvreuse » n'en manque pas ; quand
elle en vient aux gros mots, c'est pour
rire ; je ne veux pas lui faire l'injure de
croire qu'elle se fâche ; elle est au fond
personne de très bonne famille. Son savoir fait de celui qui s'affuble du bonnet
à rubans roses un de nos distingués littérateurs musicaux, lequel vient précisément d'être chargé de traduire le dernier
ouvrage de M. H. S. Chamberlain.

Les illustrations de ce livre sont réussies : on aime à y retrouver Mme Roger-
Miclos, MM. Vincent d'Indy, Le Borne,
Van Dyck, l'éditeur Durand, etc. La
couverture qui nous montre Berlioz en
Méphistophélès, tiraillé par MM. Lamoureux et Colonne, est chose fort plaisante.

*
* *

Fanfaren zu den Bayreuther Festspielen 1876-1896

Bayreuth, Verlag von Carl Giessel jun [Roeder impr. à
Leipzig] [1896], in-18, avec figures, 11 pages de musique et un fac-similé d'autographe de Wagner, couverture portant le titre en rouge et deux médaillons
(portrait de Wagner et théâtre de Bayreuth), 60 pf.

Cette élégante brochure-souvenir renferme les deux séries de fanfares du *Ring*
sonnées en 1876 et en 1896; celles de *Parsifal*, de *Tristan und Isolde*, des *Meistersinger*, de *Lohengrin*.

*
* *

Voici une édition nouvelle de l'œuvre de
l'un des fils du grand Bach : la lecture des
compositions de ceux qui portent ce nom
illustre révèle toujours quelque formule de
compositeurs contemporains. Saluons aux
pages 13, 14, etc. Cette édition est précédée
d'une explication des signes et abréviations
du texte; elle fait partie de la belle collection intitulée :

Urtext Classischer Musikwerke herausgegeben auf veranlas-
   sung und unter verantwortung der Kœniglichen Akademie der Künste zu Berlin.
Carl Philipp Emanuel BACH. *Clavierwerke*..............
   Erste sammlung. Sechs Clavier-Sonaten......... ....
   Leipzig........., Breitkopf & Haertel [1896], gr. format,
   6 pages de texte pour le titre, l'avant-propos et les
   remarques et 43 pages de musique.

*
* *

Stücke für Pianoforte von F. B. BUSONI. Op. 33b.
Leipzig, C. F. Peters, 1896, 2 fascicules g^d format, 19
et 18 pages.

Ces deux fascicules contiennent les morceaux suivants : n° 1 Schwermuth (Mélancolie), n° 2 Frohsinn (Gaîté), n° 3 Scherzino,
n° 4 Fantasia in modo antico, n° 5 Finnische
Ballade, n° 6 « Exeunt omnes ». Surtout
pianistiques, ils sont tous abordables, bien
doigtés, agréables à jouer.

***

Zug der Zwerge [Marche des Nains]. Klavierstück von Edward GRIEG. Op. 54, n° 3.... Leipzig, C. F. Peters. 1896, g¹ format, 7 pages.

Plaisante composition descriptive.

***

Zwei nordische Weisen [mélodies norwégiennes]. 1. Im Volkston (mélodie von Fr. 'hue). 2. Kuhreigen und Bauernstanz (volk.   ir   ir Streichorchester von Edvard GRIEG. Op. 3.
Für Pianoforte zu 4 ha   om componisten... Leipzig, C. F. Peters,   rkmf album, 19 pages.

Cette réduction pour piano à 4 mains est simple et toutefois elle me ravit dès la première page. Vous verrez les satisfaisantes combinaisons de sons qu'amène successivement chaque main. « Kuhreigen » est un Ranz des vaches, suivi d'une danse populaire.

***

Nous retombons dans les pièces purement pianistiques, avec des compositions d'ailleurs bien écrites et très recherchées pour les récitals, comme :

Die Jongleurin [La Jongleuse]. Phantasiestück für Pianoforte componist von Moritz MOSZKOWSKI. Op. 52. N° 4. Leipzig, Peters, 1894, gd f°, 7 pages.

Frühling (Printemps). Fünf Stücke für Pianoforte von Moritz MOSZKOWSKI. Op. 57... Leipzig, Peters, 1896, gd f°, 2 fascicules de 11 et 15 pages. -

avec des morceaux d'un excellent professeur, comme :

Vier Klavierstücke... componist von Philipp SCHARWENKA. Op. 97. Leipzig.., Breitkopf & Haertel, 1896, gd f°, 4 fascicules de 7, 13, 19, 13 pages.
1. Nachtgesang 1 mk 50. 2. Tanz-Episode 2 mk 50. 3. Scherzo 3 mk. 4. Phantasiestück 2 mk 50.

***

Celles que voici sont moins sévères; des motifs, qui y sont plus à découvert, arrêtent parfois le lecteur au passage; par exemple, à la page 6 du 2e fascicule :

Sechs Stücke für das Pianoforte von Christian SINDING. Op. 31. Leipzig, C. F. Peters, 1896, gd f°, 2 fascicules de 11 et 19 pages.
1. Allegro energico, 2. Albumblatt, 3. Tempo di Minuetto, 4. Impromptu, 5. Chant sans paroles, 6. Allégresse.

Du même auteur une suite brillante à quatre mains :

Suite für Pianoforte zu 4 haenden von Christian SINDING. Op. 35. Leipzig, C. F. Peters, 1896, format album, 43 pages.

***

Ceci est une réduction pour piano de la marche funèbre d'un oratorio, qui a eu récemment tant de succès en Belgique et en Allemagne :

Trauermarsch aus dem Oratorium « Franziskus ». Edgar TINEL, op. 36.. .. Leipzig...., Breitkopf & Haertel, 1895, in-8. 5 pages. 1 mk.

***

Signalons enfin une des majestueuses compositions à quatre voix de notre grand César Franck :

César FRANCK. *Psalm 150.* « Hallelujah! Lobt Gott in seiner Veste Macht » für Chor., Orchester und Orgel. Nachgelassenes Werk.
Ausgabe für Chor und Orgel. Leipzig... Breitkopf & Haertel, Paris, Costaliat... 1896, gd f°, 13 pages.

et, élégamment publié, cet autre chœur. lequel est d'une belle tenue :

Hymne au Progrès. Chœur à trois voix égales. Paroles de L. Dorquier. Musique de E. AGNIEZ, professeur au Conservatoire Royal de Bruxelles... Bruxelles, Breitkopf & Haertel... in-8, 15 pages.

***

MEMENTO. — Publications reçues dont une analyse sera donnée ultérieurement : Le 2e appendice de la *Mélopée antique*, de Gevaert; *Magister Choralis.* de Fr. Xav. Haberl; le 3e fascicule des *Maîtres Musiciens de la Renaissance Française*, de Henry Expert.

------ ◈ ------

LES

Congrès de la Propriété littéraire et artistique

L A Convention de Berne du 9 septembre 1886 subit depuis quelque temps de nombreux assauts.

Cela fut d'abord à la Conférence diplomatique de la Propriété littéraire et artistique tenue au mois de mai à Paris, ou furent apportées au texte des additions et des modifications réclamées par les intéressés.

Ils en ont réclamé encore d'autres : au mois de juillet, au Congrès de Buda-Pesth ; au mois d'août, au Congrès de Genève, et surtout au Congrès de Berne. Celui-ci est le dix-huitième de l'Association littéraire et artistique internationale ; le prochain aura lieu en avril à Monaco.

A Berne, un projet d'unification des lois des différents pays, présenté par M. Maillard, avocat à la Cour de Paris, a été examiné ; c'est sur le texte de ce projet-type qu'on discutera désormais : la question étant circonscrite, on fera plus rapide besogne.

Parmi les points traités au Congrès de Berne, je citerai l'obligation du dépôt par l'éditeur, qui fut demandé au Congrès international des éditeurs (Voy. le *Journal musical*, n° 3), et l'extension de la durée des droits d'auteur : ceci fut l'objet d'un rapport très remarqué de M. Mack, également avocat à la Cour de Paris.

Je renvoie pour les détails au *Droit d'auteur*, l'organe officiel du Bureau international de Berne. Toutefois, je recommande, sur cette brûlante question des « droits », la lecture du *Progrès artistique* (qui donne dans son n° 951 le texte du projet Maillard), du *Guide musical* et de *Schweizerische Musikzeitung*, aux endroits indiqués plus loin au Répertoire bibliographique.

ICONOGRAPHIE MUSICALE

— Une médaille commémorative en l'honneur de Smetana vient d'être frappée à Prague. L'auteur de la *Fiancée Vendue* y est représenté, ainsi que les deux principaux personnages et le théâtre de Prague.

— Les Maitres de l'Affiche. Publication mensuelle, contenant la reproduction en couleurs des plus belles affiches illustrées des grands artistes français et étrangers. Paris. Imprimerie Chaix. la livraison 2 fr. 50.

RÉPERTOIRE BIBLIOGRAPHIQUE

PÉRIODIQUES :

— Allgemeine Musik-Zeitung (Allgemeine deutsche Musik-Zeitung), wochenschrift für die reform des Musiklebens der Gegenwart. Hebdomadaire. Rédacteur en chef : Otto Lessmann. Charlottenburg-Berlin, 27, Spreestrasse [Buchdruckerei « Gutenberg »], in-4, 14 pages à 2 col. Abonnements : Allemagne et Autriche-Hongrie 8 mk 50 pf.; Union postale 8 mk 80 pf.; le numéro 25 pf.
1896 (23e année). Nos 37-38. E. Reuss : Theodor von Bernhardi und Franz von Liszt. N° 40. W. Klatte : Skizzen aus der musikalischen Abtheilung der Berliner Gewerbe-Ausstellung 1896. N° 39. S. Jacobssohn : Zur Geschichte der Oper *Benvenuto Cellini*, von H. Berlioz. Nos 40-41. Heinrich Reimann : Auf der Wanderung, Orgel-Suite in fünf Stimmungsbilden. N° 40. A. Heinz : Zur frage über seit Wagner's Tode ein einge führte Neuerungen bei den Festspielen zu Bayreuth.
Dans chaque numéro, nombreuses notices bibliographiques par Otto Lessmann, W. Klatte, L. et O. Taubmann.

— The American Art Journal. A weekly critical review devoted to Music, Art, and the Music Trades. Hebdomadaire. Fondateur : H. C. Watson. Rédacteur en chef : Wm. M. Thoms & C°. New-York, 23, Union Square, gr. in-4, 16 pages à 3 col. et couverture illustrée. Abonnements : United States 3 s., Etranger 4 s., le numéro 10 cent.
1896 (34e année, volume 67).

— L'Ami du Chanteur. Hebdomadaire. Directeur : Henri Hazart. Paris, H. Geoffroy, éditeur, 222, boulevard Saint-Germain [Noizette imp.], gr. in-8, 8 pages de texte et musique. Abonnements : France 6 fr. Etranger 8 fr., le n° 10 centimes.

— L'Art lyrique et le Music-Hall, journal indépendant des artistes lyriques. Hebdomadaire. Rédacteur en chef : Téramond. Paris, 34, rue Lacroix. [G. Debenay-Lafond impr. à Tours], gr. in-4, 10 pages à 2 col , portraits. Abonnements : France 7 fr., Etranger 8 fr. 60, le numéro 10 cent.
1896 (1re année). Nos 35-36. Informations, programmes, notices biographiques, accompagnées de portraits, concernant les music-halls de France et de l'Etranger.

— Arta revista musicala. Mensuel. Directeur : Titus Cerne. Iasi (Roumanie), 1, str. Coroi. [Miron Costin impr.], in-8, 28 pages.
1896 (5e année).

— L'Avenir musical, 36, rue Vivienne.
-- L'Avenir musical...... Organe officiel des musiques Vaudoises, de la Société cantonale des chanteurs neuchâtelois et de la Fédération Musicale genevoise. Mensuel. Rédacteur en chef : Ch. Romieux. Genève, 20, rue Général-Dufour [impr. de « La Tribune de Genève »], in-8,

12 pages à 2 col. Abonnements : Suisse 3 fr. 50 ; Union Postale 4 fr. ; le numéro 10 cent.

1896 (4e année). No 40. L. S. Berney : Les Pommerats. Nos 41-42. Réunion des musiques du Faucigny. E. de Bricqueville : Molière et la trompette marine (Le Ménestrel). Nos 40-42. Vive polémique entre M. V. Souchon et l'éditeur Hug.

— Cæcilia. Journal de musique religieuse. Organe de sociétés de Sainte-Cécile. Tri-semestriel. Directeur : J. Gürtler. Delle (Haut-Rhin) et Boncourt (Suisse), 12 pages in-12 de texte, 4 pages in-8 de musique. Abonnements : 1 fr. 50.

1896 (18e année). No 5. À l'entrée de l'hiver (conseils sur la musique à l'église). Intonations dans la messe chantée. Premières leçons de chant. Nouvelles diverses. Bibliographie. Musique : Alma Redemptoris Mater, de J. Gürtler, pour trois voix égales. Faux-bourdons, de S., selon les huit modes du plain-chant, à 3 voix égales. Andante, pour orgue, de Toepfer. Prélude mixolydien, id., de Vierling. Moderato, id., de Kittel.

— Centralblatt für Instrumentalmusik, Solo und Chorgesang. Allgemeine Musikzeitung für Musiker, Gesangvereine und das musikalische haus. Bi-mensuel. Rédacteur en chef : A. W. Gottschalg. Propriétaire-Directeur : Hans Licht, éditeur à Leipzig [Hesse et Becker impr. à Leipzig], gr. in-8, 32 pages texte et musique à 2 col., et des encartages. Abonnements : Leipzig 8 mk ; Allemagne et Autriche-Hongrie 10 mk 40 ; Union Postale 11 mk 20 ; le numéro 80 pf.

1896 (11e année). No 26. Wagner : Hans Rohloff. C. v. Jan : Eine Vereinsachung der Notenschrift für unsere Choere. A. H.: Fürstliche componisten. K. Roeder : Der nationale Gesangwettstreit deutscher Maennerchoere am 23 bis 25 mai 1896 zu Trier...... Rudolfi : H. W. Ernsts Elegie.... Musique. Vanderlied, pour voix d'hommes, de R. Dittmar. Aldeutsches Minnelied, à 4 voix, de Otto Reubke. Im Spaetherbst, à 3 voix, de Fr. Preilz. (Verlag von Kistner, chaque partie 15 pf.) Im Spaetherbst, à 3 voix, de Fr. Preitz (Kistner, chaque partie 10 pf.)

— Courrier de Saint-Grégoire. Revue mensuelle de musique religieuse. Organe de la Société Saint-Grégoire, de Liège. Rédacteur en chef : Abbé Dirven, au Béguinage, à Saint-Trond. Administrateur : P. Basqué, 16, rue Bois-l'Évêque, à Liège, gr. in-8, 8 pages de texte à 2 col., 4 pages de musique. Abonnements : Belgique 3 fr. ; Étranger 3 fr. 60.

1896 (8e année).

— La Cronaca musicale. Mensuel. Directeur : Tancredi Mantovani. Pesaro, stab. tip. Annesio Nobili, in-8 agenda. Abonnements : Italie 5 l. ; Union postale 8 l., le numéro 50 cent.

1896 (1re année). No 7. 40 pages. Jac. Ferretti : Sulla storia della poesia melodrammatica romana, con note di A. Cametti. Fr. Azzuri : Rossini scultore. Augusta : L'Inerzia Rossiniana. Teatri e Concerti. Nel mondo dell'arte. Bollettino bibliografico. Concorsi. Liceo musicale Rossini di Pesaro. (Renseignements sur cet établissement, dirigé

par M. Mascagni : conditions d'admission ; tableau des cours de l'année scolaire 1896-1897.)

— Le Dilettante. Publication pour harmonie et fanfare. Mensuel. Directeur : Michel Klein. Bruxelles, 17, rue de Liedekerke, in-8, 8 pages dont 4 de musique. Abonnements : 2 fr. 50.

1896. Partie directrice de : Souvenir de Dinant, pas redoublé de A. Quinet ; Le Président, id., de L. Canivez ; Le Vélo, id., de A. Govaert ; Salut au drapeau, id., de C. Vandesteene.

— L'Echo musical. Revue paraissant tous les quinze jours. Musiques militaires, harmonies, fanfares, sociétés chorales et symphoniques, concours, festivals, chroniques artistiques. Bruxelles, Mahillon et Co, 23, chaussée d'Anvers [G. Balat impr.], in-8, couverture et 16 pages à 2 col. Abonnements : 4 fr., Étranger 5 fr., le no 15 cent.

1896 (26e année). No 19. V. C. Mahillon : Quelques mots sur le son. No 20. Musique et cyclisme (à propos d'articles parus dans The Musical Times, no 643, The Leader nos 8, 9, sur la pratique de la bicyclette, ses inconvénients pour les instrumentistes et les chanteurs enfin sur la bicyclette à musique). Un compositeur de musique religieuse, Edmond Kretschmer.

— L'Echo des Orphéons. Journal des Sociétés chorales et instrumentales. Tri-mensuel. Directeur : Victor Lory. Paris, 12, rue Cadet [Chaix impr.], in-folio, 4 pages à 4 col. Abonnements : 10 fr. ; le no 40 cent.

1896 (36e année). No 21. Concours de Chartres, Châlons, Honfleur, Rouen : appréciations du jury. No 22. Victor Lory : Revue des Concours. Concours de Saint-Valéry-sur-Somme, Châlons, Périgueux, Rouen : appréciations du jury. No 23. Concours de Bilbao : liste des prix ; Montpellier, Versailles, La Plaine-Saint-Denis, Beton-Bazoches, Villiers-sur-Marne : appréciations du jury.

— L'Europe artiste. Journal théâtral, littéraire et artistique. Hebdomadaire. Directeur : M. Pascal-Estienne. Paris, 123, rue Montmartre, gr. in-4, 16 pages à 3 col., un portrait. Abonnements : France 40 fr., Étranger 50 fr., le no 50 cent.

1896 (44e année). No 32. E. Fourès : les troubadours : Guilhem de Balarue et Peire de Barjac. Nos 32-35. Félix Rémo : Mouvement de la musique en Angleterre. No 35. F. Rhod : Gilbert Duprez (avec un portrait), etc.

— Fédération musicale de France. Association des Harmonies, Fanfares, Orphéons, Symphonies, Quatuors à cordes, Trompettes, Trompes de chasse, Fifres, Estudiantinas, etc., etc. Bulletin officiel. Mensuel. Rédacteur en chef : Th. Groussol à Bourges, 2, place Cujas. [Marguerith-Dupré impr.], in-8, 16 pages à 2 col. Abonnements (compris dans la cotisation de la Fédération) : pour les Sociétés 12 fr., pour les membres associés 5 fr.

1896 (2e année). No 6. Concours de Meaux : appréciations du jury. Concours de Dinan, Dax, Chartres, Périgueux, Rouen : listes des prix. Echos des Sociétés fédérées.

— Fliegende Blaetter für katholische Kirchen-Musik.

Offizielles Organ des allgemeinen Caecilienvereines für die Diœzesen Deutschlands, Oesterreich-Ungarns und der Schweiz. Rédacteur en chef : Friedr. Schmidt. Editeur : Fr. Pustet à Regensburg, in-8. 12 pages de texte, 8 pages de musique. Abonnements : 2 mk.

1896. (30e année).

— Gazette musicale de la Suisse romande. Bi-mensuel. Rédacteur en chef : E. Jaques-Dalcroze. Directeur-propriétaire : Ad. Henn, éditeur. Genève, 14, rue de la Corraterie, gr. in-8, 16 pages à 2 col., un portrait. Abonnements : Suisse 4 fr., Etranger 5 fr., le no 25 cent.

1896 (3e année). No 13. E. Gidé : Lettres de musiciens VIII. Nos 13, 14. Edouard Combe : La Musique à l'Exposition. No 13. Notice sur Camille Saint-Saëns (avec un portrait). No 14. H. Mirande : A propos de *Don Juan*.

Notre enquête sur la respiration dans le chant. (Avis de MM. Eugène Crosti, E. Van Dyck, Saint-Yves Bax, Imbart de la Tour, Jules Stockausen, Mme Pauline Viardot (avec le fac-similé de leurs signatures). Notice sur M. Henri Plumhof (avec un portrait).

— Le Guide musical. Revue internationale hebdomadaire. Directeur : Maurice Kufferath à Bruxelles. Rédacteur en chef : Hugues Imbert, à Paris. Bruxelles, 2, rue du Congrès. Paris, Librairie Fischbacher, 33, rue de Seine [Lombaerts impr. à Bruxelles], gr. in-8, 16 pages à 2 col. Abonnements : France et Belgique 12 fr., Union postale 14 fr., Pays d'Outre-Mer 18 fr., le no 40 cent.

1896 (42e année). Nos 37-38. Michel Brenet : Les papiers de Léon Kreutzer. Le Congrès artistique et littéraire de Berne. Baudouin-La Londre : Les Concerts symphoniques de Genève. Chronique de la Semaine à Paris et à Bruxelles. Correspondances de Blankenberghe, Dresde, La Haye, Madrid, Spa. Nos 39-41. Ernest Closson : La musique et les arts plastiques. No 39. H. de Curzon : Croquis d'artistes, Edmond Vergnet. — : Une exposition du théâtre et de la musique. Correspondances de Blankerberghe, Brême, Genève, Liège, Tournai. No 40. Jaques-Dalcroze : La Comédie-Lyrique. Les abus de la Société des Auteurs, Compositeurs et Editeurs. Correspondances de Dresde, Liège. No 41. Charles Meerens : A propos du son. Correspondances de Gand, La Haye, Liège, Londres, Prague, Strasbourg, Verviers. No 39-41 Chronique de la semaine à Paris et à Bruxelles.

— Ilustracion musical Hispano-Américana. Bi-mensuel. Directeur : Felipe Pedrell. Propriétaire : Victor Berdos. Barcelona, 31, Calle de las Molas, grand in-4, 8 pages de texte et illustrations, un fascicule supplémentaire de 8 pages in-8 et 8 pages de musique. Abonnements : Espagne 12 pes., Etranger 16 pes., le numéro 1 pes.

1896 (9e année).

— The Leader, a monthly magazine devoted to Music. Rédacteur en chef : Philip Woolf. Editeur : Jean White, 226, Washington Street, Boston, gr. in-4, couverture illustrée, 24 pages de texte à 3 col., encartage de musique. Abonnements : United States et Canada 1 dollar; Etranger 1 d. 25 cents.

1896 (vol. XXII). Nos 9-10. History of music. (suite).

The violin family (suite). No 9. Music in Japan. Geo. Brayley : The fourth position. A musical bicycle « .... arrangement whereby the same power wh.. drives the bicycle also sets in motion a music-box w...ch is attached to the machine.... The inventor..... says that his idea is the greatest of the century..... » Notice biographique sur F. N. Crouchs, G. Bottesini. Nos 9-10. Lettres de Paris, Birmingham, New-York. No 9. Flageolet Dash : From the exchange. En « editorial » et sous le titre de « Bribery. Patience ! Dignity and arrogance. Oh, Shame », considérations sur la critique d'art en Angleterre et en Amérique; (voy. *Musical News* de Londres, juin). Reproductions d'articles de *The Monthly musical record*, *The American Art Journal*, etc. No 10. Shakespeare and music. Who invented the metronome. Notices biographiques sur Aamold, Lolli. G. Brayley : The fifth position..... En « editorial, » «Bayreuthomania, Brahmsophobia » etc. Musique (12 pages) : Song without words, pour violon et piano, de G. Eberhardt. Echoes from Alaska, scottisch, pour guitare, de Eicherly. Intermezzo de *Cavalleria Rusticana*, arrangé pour guitare, par Vreeland. Capricciella, pour piano, de E. Beyer. No 9. Informations concernant les sociétés orphéoniques, les musiques militaires. Musique : Entré Act Polka de F. W. Stimson, pour orchestre avec toutes les parties séparées (8 feuillets).

— The London and Provincial Music Trades Review. Mensuel. Directeur : G. D. Ernest et Co. London, 1, Racquet Court, Fleet Street, E. C., gr. in-4, 40 pages à 3 col. Abonnements : 5 s., le numéro 4 d.

1896 (19e année). No 230, Cherubino : The month's music; J. S. Shedlock : Reviews of music, etc. Suivent de nombreuses notes sur la facture instrumentale (les pianos surtout), le commerce des instruments de musique, comme : The new Truck Act; Trade returns of the past twenty-two years; The Truck Act 1896; Legal questions. Un portrait hors texte de M. O. C. Collard, facteur de pianos.

— La Lyre chrétienne. Revue tri-semestrielle des nouveautés musicales et dramatiques à l'usage de la jeunesse (Paroisses, Patronages, Cercles, Institutions, Ecoles, Familles chrétiennes). Directeur : Chagnon-Auclert. Versailles, 7, rue St-Simon. [Luce impr. à Versailles], in-8, 8 pages de texte à 2 col. et un morceau de musique. Abonnements : 1 fr.; avec la musique 2 fr.

1896 (5e année).

— Il Mandolino. Giornale letterario-musicale. Bi-mensuel. Directeur : G. Monticone. Torino, via Po. 38 [Camilla e Bertolero impr.], in-4, 4 pages de texte et musique, morceau pour mandoline et guitare, titre orné. Abonnements : Italie 5 l., Etranger 7 l., le numéro 20 cent.

1896 (5e année). No 17. Musique : L'Eco dell' Aquila, polka-marcia, pour 2 mandolines et guitare, de G. Racca.

— Melody. A musical magazine. Mensuel. Directeur : C. Arthur Pearson. London, Henrietta str. [Horace Cox impr.], gr. in-4, couverture illustrée, 6 pages de texte à 2 col., 48 pages de musique avec vignettes. Le numéro net, 6 d.

— Le Ménestrel. Musique et Théâtres. Hebdomadaire Directeur : Henri Heugel, éditeur. Paris, 2 bis, rue Vivienne [Chaix impr.], gr. in-4, 8 pages de texte à 2 col. et un supplément de musique. Abonnements : texte seul 10 fr.; texte et musique 20 fr. et 30 fr.

1896 (62e année). No 39. Arthur Pougin : Gilbert Duprez, notes et souvenirs. No 41. — : L'Exposition du Théâtre et de la Musique. No 33. Louis Gallet : Le Théâtre-Lyrique : Informations, impressions, opinions. Nos 37-41. Paul d'Estrée : Musique et Prison (suite) : Les prisons modernes. Nos 37-41. Julien Tiersot : Étude sur *Orphée* de Glück. P. E. Chevalier : La Semaine théâtrale. A. Montaux : Journal d'un musicien.

En voici des fragments intéressants et caractéristiques; on pourra rapprocher le dernier des articles du *Journal de Genève* signalés plus loin.

« .... On reviendra à *Gounod* comme on revient à Lamartine.

..... Dans un siècle ou deux, les musiciens étudieront et admireront les *Maîtres Chanteurs* de Wagner, comme nous admirons la *Passion* ou la *Messe en si mineur* de J. S. Bach. Dans aucune de ses œuvres. Wagner ne s'est montré plus varié, plus puissant, plus coloré, et n'a adopté une forme plus adéquate à son génie polyphonique.

..... Je n'ai aucun éloignement pour la musique comique... Je crois qu'aujourd'hui il y aurait une mine toute nouvelle à explorer en traduisant la verve bouffonne, — ou simplement l'esprit, — avec les modalités de la musique contemporaine... »

— The Minstrel. Mensuel. London, 115, Fleet-Stree [Veale, Chifferiel & Co impr.], in-4 carré, couverture et 20 pages à 2 col., ornées de figures, sur papier glacé. Le numéro 6 d.

1896. No 58. Biographies, accompagnées de portraits de MM. W. G. Webb, organiste; H. W. Galpin, violoniste; Ch. Knowles, baryton; Scovel, ténor; F. Newman, compositeur; Dr C. T. Reynolds; Mmes Lloyd, J. Holden, Mrs K. Shields, etc., cantatrices.

Stendhal : Book-buyer's guide. W. Gray : Music-buyer's guide. The influence of the poet on music. Fr. Walker : A singer's outing. Échos, poésies.

— Monatschefte für Musik-Geschichte. Herausgegeben von Der Gesellschaft für Musikforschung. Rédacteur en chef : Robert Eitner. Leipzig, Breitkopf et Haertel [H. Beyer et S. impr.], in-8, 8 pages. Abonnements : 9 mk.

1896, 28e année. No 10. Notice sur les œuvres de Michelangelo Rossi, compositeur du XVIIe s. avec 7 pages de musique. Étude de K. von Jan sur la *Mélopée antique* de Gevaert (6 pages). Mitteilungen diverses notes de bibliographie musicale.

— Le Monde musical. Organe de la facture instrumentale et des expositions. Bi-mensuel. Directeur-Fondateur : E. Mangeot, facteur de pianos. Paris, 3, rue du Vingt-neuf-Juillet [L. Carpentier impr., Montdidier]. gr. in-4o, 20 pages à 2 col.; un portrait. Abonnements : France 12 francs; Étranger 14 fr. 50; le numéro 50 centimes.

1896 (8e année). Nos 9-14. Albert Peschard : Nouveaux Perfectionnements au système Electro-Pneumatique des Grandes Orgues (suite), avec figures explicatives. La musique aux Expositions de Bruxelles, Paris.

— Le Moniteur instrumental. Journal spécial des fanfares et musiques d'harmonie. Mensuel. Directeur : Georges Tilliard. Paris, 124, rue d'Aboukir [Mangeot impr.], in-fol., 4 pages à 4 col. Abonnements : 3 francs; le numéro 25 centimes.

1896 (5e année). No 57. Concours de Rouen, Choisy-le-Roy, Versailles : appréciations du jury.

— The Monthly musical record. Mensuel. Directeur : Augener, éditeur. London, 199, Regent-Street [Cassell & Co impr.], in-8o carré, 20 pages de texte à 2 col., 4 pages de musique. Abonnements : 2 s. 6 d. Le numéro 2 d.

1896 (vol. XXVI). No 310. Texte : Musical London in the fifties. Reinecke : The Beethoven pianoforte Sonatas (avec des exemples de musique). S. S. S. : Worcester musical Festival. J. S. S. : A visit to Sir Frederick Ouseley's Study.

L'auteur de cet article a visité le cabinet de Sir Frederick : il y a vu un fonds précieux de musique religieuse, des ouvrages rares comme le « Theoricum opus », 1480, et le « De Harmonia musicorum », 1518, de Gafori. « Musica theorica » de Fogliani. 1529, le « Dodecachordon » de Glareon. 1547, la traduction du « Micrologus » de Andreas Ornithoparcus, par Dowland. 1609, etc., des manuscrits, des autographes (un de Haendel), etc., etc.

Lettre de Leipzig. Informations. Musique : Minuet, pour violon et piano, de R. Hoffmann. [Music printing officine 10, Lexington str. London].

— Music. A. Monthly magazine, devoted to the Art, Science, Technic and Literature of music. Rédacteur en chef : W. S. B. Mathews. Chicago, The music magazine publishing Company, 1102-1105. Auditorium Tower, in-8.

1896 (vol. X). No 4. pages 333 à 430. Rosa Belle Holt : Photographed voice productions (avec 11 figures). Ira G. Tompkins : The songs of the lark and the nightingale. J. Trostler : Hector Berlioz (avec un portrait). Dr Henry G. Hanchett : University work in music. F. Van Valkenberg : The necessity of a standard of attainment for teachers of music. Marie Benedict : A characteristic Chopin group Eleanor P. Serwood : Music; its eternal laws and present tendencies. Edith V. Eastman : Mixed motives, a modern sketch. Jessie L. Gaynor : Woman in music (voy. le n° 3 de *Music*). W. S. B. Mathews : Editorial bric-à-brac. Here and there.....

— La Musica religiosa en Espana. Boletin mensual. Organo de la Asociacion fundada por el Excmo. Sr. D. José Maria de Cos, arzobispo-obispo de Madri : Alcala, bajo la advocacion de San Isidoro de Sevilla para la reforma de la Musica en la Iglesia, segun las prescripciones de la Santa Sede, con aprobacion del Ordinario. Directeur : Felipe Pedrell. Madrid, 4, calle de San Quintin [Viuda é Hijos de Tercono impr.], in-8, 16 pages. Abonnements : Espagne 5 pes.; Etranger 8 francos ; le numéro 1 pes. 1896 (1re année).

— Musica Sacra. Revue de chant d'église et de musique religieuse. Bulletin de la Société de Saint-Grégoire établie en Belgique sous le patronage de NN. SS. les Evêques, Sancta Sancte. Mensuel. Rédacteur en chef : Chanoine Sosson à Namur. Administrateur : Chanoine Van Damme à Gand [C. Poelman impr. à Gand], in-8, 8 pages de texte à 2 col., 4 pages de musique. Abonnements : Belgique 5 fr., Hollande 3 fl., Union Postale 6 fr., le numéro 50 cent. 1896 (15e année).

— Musica sacra. Monatschrift für Hebung und Fœrderung der katho. Kirchenmusik. Bi-mensuel. Fondateur : Dr. Franz Xaver Witt. Directeur : Dr. Franz Xaver Habert. Regensburg, librairie Fr. Pustet, in-8°, 12 pages et suppléments de musique. Abonnements : Allemagne et Autriche-Hongrie 4 mk ; Etranger 4 mk 80 pf. 1896 (29e année, nouvelle série VIII). Nos 15, 16. F. X. Habert : Edgar Tinel (avec un portrait). — : Archaeologische und offizielle Choral melodien. Gietmann : Rhythmus im russischen Kirchengesang.... Nos 17, 18. Mozart's Messe in C. dur.

— Musica Sacra. Revue mensuelle du Chant liturgique et de la musique religieuse. Mensuel. Fondateur : Aloys Kunc. Directeur : Pierre Kunc. Toulouse, 8, rue Mage [A. Duclos impr.], gr. in-8 carré, 8 pages de texte à 2 col., 4 pages de musique. Abonnements : France et Alsace-Lorraine 6 fr.; Union postale 8 fr. 1896 (19e année).

— Musical Opinion and Music Trade Review. Mensuel. London, 150, Holborn, in-4, environ 80 pages à 3 col., couverture. Abonnement : 3 s., le numéro 2 d. 1896 (20e année). N° 229. O. W. G. Hathaway : Simple counterpoint (avec des exemples de musique). Burnham Horner : Early english organ writers. E. J. Breakspeare : The Operatic composers, Grétry. R. W. Richard : The Royal College of organists (questions posées au concours de juillet). Ch. J. Frost : On forming a choral society. J. Goddard : Plea for the inductive method of musical criticism. Tunstall : What is sacred music. Correspondances nombreuses au sujet d'articles précédents et questions diverses.

— The Musical Times and Singing-Class Circular. Mensuel. London, 1, Berners Street [Novella, Ewer & C°

impr.], in-8, environ 70 pages de texte à 2 col. et encartage de musique. Abonnements : 5 s., le numéro 4 d. 1896. Vol. 37. N° 644. F. C. : Richard Wagner's method (avec de nombreux exemples de musique). F. G. Edwards : Bach's music in England (avec, hors texte, le fac-simile d'une lettre de Samuel Wesley, le grand disciple de Bach en Angleterre). From my Study (quelques lettres concernant la musique, l'une d'elles en fac-simile). The Italian Career (*Pall Mall Gazette*). Joseph Bennett : Facts, rumours, and remarks, etc. Church music in America. Reviews of music. Correspondances de Belfast, Birmingham, Dundee, Edinburg, Glasgow, Liverpool, Manchester, Sheffield, the Southern Counties, Paris. Musique : How soft the shades, à 4 voix, de King Hall. The Day is past and over, anthem for soprano and tenor soli and chorus, de J. Christopher Marks, jun.

— Le Néochorisme. Revue trimestrielle de la traduction musicale et de l'harmonisation du plain-chant. Directeur : l'abbé Teppe, à Saint-André, près Bourg (Ain) [Chaduc impr. à Châtillon-sur-Chalaronne], in-8, 32 pages. Abonnements : France 4 fr.; Etranger 5 fr. 1896 (3e année). N° 4. Abbé Teppe : Second problème grégorien (la tonalité). — : A propos du Congrès de Reims. Musique (16 pages) : Chants pour la messe, chants communs (première partie du « Livre de chœur néochoriste » que M. l'abbé Teppe se propose de publier dans *le Néochorisme*.

— La Nouvelle France chorale. Moniteur des Orphéons et des Sociétés instrumentales. Bi-mensuel. Directeur : Camille de Vos. Paris, 3, rue d'Aboukir, in-fol., 4 pages à 4 col. Abonnements : France et Etranger, 12 francs, le numéro, 50 cent. 1896 (28e année). N° 19. Oscar Comettant : Médaillons de compositeurs célèbres contemporains. Souvenirs intimes. Félicien David. N° 18. Concours de Rouen, Chartres, Rochefort, Figeac, Montpellier, Châlon, Choisy-le-Roi : appréciations du Jury. N° 19. Concours de Périgueux, Evreux, Lisieux, Chartres, Choisy-le-Roy : id.

— La Nuova Musica. Mensuel. Directeur : E. Del Valle de Paz. Firenze, 10, via de' Conti, gr. in-4, 8 pages de texte à 3 col., 8 à 12 pages de musique. Abonnements : Italie 8 l., Union Postale 10 l., le numéro 1 l. 1896 (1re année). N° 1. Texte : Riccardo Gandolfi : Marco da Gagliano, musicien du XVIIe siècle. Musique. Canto di Rainardo, acc. de piano, tiré du nouvel opéra *Cortigiana*, de A. Scontrino ; Tambourin, pour piano de Del Valle de Paz. Duetto de Marco da Gagliano, avec acc. de piano. Chant du soir, pour violon et piano de P. Paolini. N° 2. Texte. Guido Gasperini : Riflessioni sullo studio della composizione in Italia. Musique : fragment de 7 pages du 5e quatuor en *fa* du violoniste Federigo Consolo. Pagina d'Album, pour piano, de Enrico Oswald. Da' Bé' Rami, mélodie de Lorenzo Filiani. Canon à 4 voix de Mozart. N° 3. Texte. Carlo Cordara : La Creazione delle intelligenze! Cesare Ponsicchi : Organaria. Musique : fragment de la sonate op. 18 pour violon et piano de H. Oswald. Lacrime, mélodie avec acc. de piano, de Luigi Stephana Giarda. Scherzino, pour piano, de N. Cesi. Ariette de Zémire, fragment de la partition complète de *Zémire et Azor* de Grétry. Nos 4-8. Texte : Del Valle de Paz : La Teorica degli abbellimenti. G. Senigaglia : Libretti e librettisti. No 4. Texte : Riccardo Gandolfi : Bernardo Pasquino, musicien du XVIIe s. Musique : O Salutaris, à 2 voix, de Camillo de Nardis. Scherzo campestre, pour piano, de Luigi Romaniello. Une mélodie avec acc.t de piano de *La Forza d'Amore* de Bernardo Pasquino. Pagina d'Album, pour piano de Eugenio Giudici. No 5. Texte. N. d'Arienzo : Catene artistiche, (exemple de musique). N. Cesi. La Bohème di Giacomo Puccini. Correspondance de Londres. Musique : fragment de la sonata en *fa* mineur, pour piano, de del Valle de Paz. Sois pure, mélodie, avec acc.t de piano, de G. Cotrufo. Offertorio, andante religieux pour violon, de Carlo Cordara. Sogno Svanito, mélodie, acc.t de piano, de Del Rio. Nos 6-7. B. Landini : Di una forma dell' arte musicale trascurata in Italia. No 6. Gandolfi : Giovanni Marco Rutini, musicien du XVIIIe s. N. Cesi : *Maruzza*, di Pietro Floridia. Musique : fragment de la partition d'orchestre de la nouvelle pantomime *Le Modèle rêvé*, de Mario Costa. Duo du 4e acte de « Gli Sposi in Maschera, » de Rutini. Scherzo de la sonate en *la* m. pour piano de Gino Bellio. No 5 Arnaldo Bonaventura : Musicalia. Nos 4-8 Samuel : Conversazioni musicali. No 7. Texte. Nino Abate : Pei Sinfonisti italiani. Correspondances de Londres et de Naples. Musique. La Notte, mélodie, acc.t de piano, de Nicola d'Arienzo. 5 versets à 4 voix, pour alterner avec le chant grégorien, de G. Tebaldini. Andante, pour violon et piano de Gino Modona. Minuetto de Tartini. No 8. Texte. R. Mondolfi : Il piacere che desta in noi la musica è un colorito di sensazione o un godimento estetico? Musique. Rêverie, extrait d'une suite romantique inédite pour piano, de Esposito. Partition d'orchestre de Tambourin de Del Valle de Paz. Se M'Amate, madrigal à 2 voix, basse continue et piano, de Girolamo Frescobaldi (1630).

— L'Ouest Artiste. Hebdomadaire. Directeur : A. Chevalier. Rédacteur en chef : Et. Destranges. Nantes, 10, rue du Calvaire [Salières impr], in-4, 12 pages à 3 col. Abonnements : France et Belgique 5 fr., Union postale 7 fr., le numéro 10 cent.

1896. 12e année. Nos 358-1, 359-2. Et. Destranges : Fervaal, de Vincent d'Indy, analyse thématique (*Le Guide Musical*). L. de Romain : L'Anneau du Nibelung à Bayreuth en 1896. No 358-1. Fritjof : De la critique.

— Paris-Piano. Bibliothèque musicale bi-mensuelle Directeur-fondateur : René Godfroy, éditeur. Paris, 21, rue Denfert-Rochereau, gr. in-4, couverture illustrée et 4 pages de musique. Abonnements : France 5 fr., Etranger 7 fr., le no 20 cent.

— Le Progrès artistique. Musique, Théâtres, Beaux-Arts, Littérature, Sport, Escrime, Finances. Hebdomadaire. Fondateur : Victor Souchon. Rédacteur en chef : Maurice La Rivierre. Paris, 12, rue Martel, [Durdilly impr.], gr. in-4, couverture illustrée, 8 pages de texte à 3 col. Abonnements : France 12 fr., Union postale 15 fr., le no 25 cent.

1896 (19e année). Nos 943-950. Maurice La Rivierre : La version authentique du *Don Juan* de Mozart. Nos 951-954. — : Les transformations de la législation internationale sur la propriété littéraire et artistique (à propos du Congrès de Berne).

— La Quinzaine musicale. Bi-mensuel. Directeur : W. Smyth. Rédacteur en chef : H. Eymieu. Paris, Bourlant-Ladam, éditeur, 40, passage du Havre [Durdilly impr.], gr. in-4, 1 page de texte à 3 col., 7 pages de musique. Abonnements : France 6 fr., Etranger 8 fr.

1896 (2e année). No 18. Texte : W. Smyth : Notices bibliographiques. — : Notice sur M. Urich. Conseils des auteurs sur l'interprétation des pièces publiées. Block-Notes. Musique : Coquetterie, badinage-valse pour piano à 4 mains, de W. Smyth.

— Le Réveil théâtral. Ancien « Union internationale des Artistes » fondé en 1884, transformé Organe des revendications artistiques. Hebdomadaire. Rédaction et administration : Paris, 48, Faubourg Saint-Denis [Frémon impr. à Arcis], gr. in-4, 8 pages à 2 col. Abonnements : France 25 fr., Union Postale 35 fr., le numéro 25 cent.

1896 (2e année).

— Revue du Chant grégorien. Mensuel. Rédacteur-administrateur : le chanoine P. Parel. Grenoble, 2, rue Paul-Bert [Brutel impr.], in-8, couverture, 16 pages, texte en rouge et noir. Abonnements : France 3 fr. 50, Union Postale 5 fr., le numéro 40 cent.

1896 (5e année). No 1. Dom J. Pothier : Planctus B. Mariæ Virginis. Texte musical, d'après les manuscrits 1002 (ancien 942) de la Bibliothèque Mazarine, 2 et 39 de la bibliothèque d'Evreux, A. 506 de Rouen, de ce chant du Moyen-Age qui, dit le R. P. Dom Pothier, dans son commentaire, « eut, avant le *Stabat*, une vogue méritée ». D. Andoyer : Le Congrès de chant liturgique et de musique religieuse de Reims. Dom A. Mocquereau : L'Art grégorien, son but, ses procédés, ses caractères. Fr. Mantel. M. Danjou et le manuscrit bilingue de Montpellier (avec des exemples de musique).

— Revue de musique religieuse et de chant grégorien. Mensuel. Directeur : J. Mingardon. Marseille, 11, place Sébastopol, in-8, couverture et 16 pages. Abonnements : France et Colonies 3 fr.

1896 (2e année). No 10. J. Dupoux : Des longues et des brèves dans le plain-chant. F. Soullier : Rythme grégorien. — : Un antiphonaire manuscrit du XVe siècle. Le P. A. Dechevrens : Mémoire présenté au Congrès musical de Bordeaux sur la restauration complète de la musique grégorienne (suite).

— Rivista musicale italiana. Trimestriel. Direction et administration Fratelli Bocca, éditeurs, 3, via Carlo Alberto. Torino. [Vincenzo Bona impr.], in-8, 150 pages, couverture. Abonnements : Italie 12 L., Union Postale 14 L., le fascicule 4 L. 50.

1896 (3e année). Fascicule 3e.

Voy. le Journal musical, no 4.

— Romănia musicală. Bi-mensuel. Directeur : Const. M. Cordoneanu. Rédacteur en chef : V. Gingoresu-Kiou.

Bucuresci, 46, Strada Olteni [Basilescu impr.], in-8, 8 pages de texte et encartage de musique. Abonnements : Roumanie 12 l., Étranger 14 l.

1896 (7e année). No 14. Th. Âvr. Aguletti : In jurul unui apel. Nos 14 et 15. G. Stephanescu : Richard Wagner si Trilogia sa Nibelungenring. No 14. Apollon : Cavintarea á-lui Burada. Musique : Dar n'a fost vis, chœur mixte de Const. Cordoneanu. (Série scolaire no 1.) No 15. C. M. Cordoneanu : Repertoriul scolar. Paginistraine.

— The School Music Review. A monthly periodical devoted to the interests of Music in Schools. Mensuel. Directeur-propriétaire : Novello, Ewer et Co, éditeurs, 1, Berners street, London. in-8, 20 pages à 2 col. et couverture. Abonnements : 2 s., le numéro 2 d.

1896 (5e année, vol. V). No 53. Texte : Sorting pupils in School singing classes. Elementary books on musical theory. Dawson : My little friend, the Mordent. Webster : The coordination of school music teaching. Music in Kindergartens. School music in the United States. Graduated exercises for school classes.... Musique (dans les deux notations) : Song of the Brook, à l'unisson, de R. Gaul ; Victoria, our Queen, chœur patriotique à 2 parties, de J. Barnby ; 4 pages d'études et exercices gradués.

— Schweizerische Muzikzeitung und Saengerblatt. Organ des Eidgenoessischen Saengervereins. Bi-mensuel. Rédacteur en chef : A. Niggli. Administration : Gebrüder Hug & Co, Zürich [Zürcher & Furrer impr.], in-4, 10 pages. Abonnements : Suisse 6 fr. 40, Union Postale 7 fr. 20, le numéro 40 cent.

1896 (36e année). No 17. Eindrücke vom deutschen Tonkünstlerfest in Leipzig. Aufführungsrecht (sur la Société des Auteurs, le Procès Huhn, le congrès de Berne). Korrespondenzen (Luzern, Aarau). Festtafel für 1896. Informations. Bibliographie. No 18. Heinrich Richter : Gedanken über das Punktum saliens im Musikleben, — Lehren und — Schaffen (avec des exemples de musique). Informations. Bibliographie.

— The Strand musical magazine. Mensuel. Directeur : E. Hatzfeld. London, George Newnes, éditeur, 8-11, Southampton Str., and Exeter Str., Strand, W. C., in-8 carré, couverture illustrée. Le no 6 d.

— Strings. Organe officiel de l' « International Union of Musicians ». Mensuel. London, 14, Gray's Inn Road. [Smith's agency impr.], in-8, couverture, 16 pages, le numéro 1 d.

1896 (Vol. III.) No 32. Reglement de l'Association et programmes des cours et examens.

— La Tribune de Saint-Gervais. Bulletin mensuel de la « Schola Cantorum », fondée pour encourager l'exécution du plain-chant selon la tradition grégorienne, la remise en honneur de la musique palestrinienne, la création d'une musique religieuse moderne, l'amélioration du répertoire des organistes. Rédaction : Paris, 15, rue Stanislas [Bluté impr. à Ligugé], in-8, couverture, 16 pages et un encartage de musique. Abonnements : France 10 fr., Union Postale 11 fr.

1896 (2e année). Nos 7-9. Ch. Bordes : La Musique figurée, avec des exemples de musique. No 8. Tebaldini : La musique sacrée en Italie. Allocutions de MM. l'abbé Noyer, La Tombelle sur l'œuvre de la « Schola Cantorum ». No 9. Dom Andoyer : Le Congrès de Reims. Cressant : Les fêtes de Bilbao.

— Wright & Round's Brass Band News. Mensuel. Directeurs : Thomas H. Wright et Henri Round. Liverpool, 20, Erskine Strett, in-fol., 10 pages à 5 col. Abonnement : Le no 3 d.

1896 (15e année).

— Zeitschrift für Instrumentenbau. Officielles Organ der Berufsgenossenschaft der Musikinstrumenten-Industrie, des Vereins Deutscher Pianoforte-Fabrikanten und des Vereins Deutscher Orgelbaumeister. Tri-mensuel. Directeur : Paul de Wit. Leipzig, 16, Thomaskirchhof [Frankestein & Wagner impr.], in-4°, 24 pages à 2 col. Abonnements : Par trimestre 2 mk 50 pf. ; étranger 3 mk.

1896. 16e année. Nos 35-36. 17e année. No 1. Die Musikinstrumente auf der Ausstellung Bayerischen Landes-Industrie-, Gewerbe- und Kunst in Nürnberg 1896. Nos 35-36. W. Fischer : Drei wichtige Fragen für den Klavierbauer (avec figures). 17e année. No 1. M. H. : Ein Rundgang durch die Abtheilung « Tasten-Instrumente » in der Saechsischen Handwerk-und Kunstgewerbe-Ausstellung zu Dresden 1896. Nos 1 et 2. M. Allihn : Moderne Orgel-Dispositionen. No 2. Bericht ueber die Musikinstrumente auf der Ausstellung für Elektrotechnik und Kunstgewerbe in Stuttgart 1896. Dans chaque numéro : Vermischtes (nombreux renseignements sur la facture instrumentale de tous pays). Orgelbau-Nachrichten (composition d'orgues nouvelles). Illustrirte Patent-Uebersicht (avec figures).

PÉRIODIQUES DIVERS :

— La Controversia. xviii. No 11. Juan Esparza : la musique liturgique en Espagne.

— Fédération artistique. 19 juillet. La logique et la science de l'harmonie.

— Journal de Genève. Nos 217-218. E. Jaques-Dalcroze : La Comédie lyrique française. (Voy. Le Guide musical, no 46.)

M. Jaques-Dalcroze donne ici théorie très importante, conseils fort sages. Merveilleusement ? doué (Voy. Le Journal musical, no 5), ce jeune compositeur, dont le nom s'impose de plus en plus, est de ceux qui ne craignent pas d'élever la voix, parce qu'ils joignent l'exemple au précepte. Son nouvel ouvrage, qui va faire beaucoup parler de lui, Sancho, est la réponse à ceux qu'irriteront ces articles, dont voici les grandes lignes :

Les compositeurs français de l'école actuelle ne daignent plus faire de comédie musicale..... Emmanuel Chabrier avait prouvé dans quelques pages du *Roi malgré lui* qu'il était l'homme de la comédie lyrique..... Gustave Charpentier est un fantaisiste, un trouveur de rythmes curieux...... Toutes ces qualités, qui le serviraient admirablement dans la comédie lyrique ou le grand opéra bouffon............... ne peuvent guère lui être utiles dans le drame lyrique.....

Que ceux qui sont doués pour la comédie lyrique ne se perdent pas dans le drame lyrique construit exclusivement d'après les règles wagnériennes, le seul à la mode. Mais où prendre la formule de la première ? Non pas dans la vieille comédie musicale, ou feu l'opéra-comique, mais peut-être dans un genre intermédiaire entre les *Maîtres Chanteurs* et *Falstaff*. Après avoir très finement analysé ces deux œuvres, M. Jaques-Dalcroze ajoute :

.... Il y aurait un emploi judicieux à faire d'une combinaison italo-germanique ; le génie français le marquerait de son empreinte, grâce à l'originalité de ses trouvailles harmoniques.

L'Allemand est né contrapontiste, l'Italien mélodiste, le Français harmoniste. Cette faculté originale de l'esprit musical français ne peut être cultivée d'une façon plus profitable que dans la comédie lyrique... Elle y produit des effets de pittoresque plus à leur place dans ce genre mi-sérieux que dans celui du drame lyrique proprement dit, où la recherche du pittoresque peut sembler parfois déplacée et puérile. De plus, c'est de l'imprévu des harmonies que jaillit le plus spontanément le comique musical, puisque le rire — suivant l'expression très juste de Paul Moriaud — a sa source dans l'anomalie, la contradiction ou dans la surprise. Les seules ressources d'un art harmonique instinctif, perfectionné et originalisé par la technique, suffiraient à fournir la matière musicale d'une comédie lyrique. . . . .

..... Pour nous résumer, le compositeur français pourrait reconstituer une action lyrique comique très personnelle d'esprit et d'allure, en utilisant, d'une part, la polyphonie d'origine germanique, jusqu'à présent trop sacrifiée dans les ouvrages dramatiques, et en la francisant par son sens de la carrure et sa franchise de rythme.

Il utiliserait, d'autre part, le discours mélodique instrumental italien, qu'originaliserait son instinct harmonique. . . . .

— Melusine. N° 4. E. Ernault : Chansons populaires de la Basse-Bretagne.

— Mercure de France. Juillet. Glose musicale sur des vers de Laurent Tailhade par Gabriel Fabre.

— La Quinzaine. — 1er sept. A. Coquard : Gluck et Wagner.

— Revue encyclopédique. — N° 154. Alfred Ernst : Bayreuth (avec illustrations).

— Revue de l'Institut Catholique. Juillet-août. V. Mocquereau : L'Art Grégorien, son but, ses procédés, ses caractères.

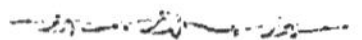

CATALOGUE

Adresses d'éditeurs cités : J. Blanc, 98, rue de Provence à Paris. Breitkopf & Haertel, 36, Nürnbergerstr. à Leipzig, 45, Montagne de la Cour à Bruxelles. Fischbacher, 33, rue de Seine à Paris. E. Flammarion, 26, rue Racine à Paris. Ve Jules Jochem, 18, rue Saint-Placide à Paris. Ve Alph. Leduc, 3, rue de Grammont à Paris. Calmann Lévy, 3, rue Auber à Paris. C. F. Peters, 19, Thalstr., à Leipzig. Frédéric Pustet imprimeur du S. Siège et de la S. Congrég. des Rites à Ratisbonne. H. L. Teetzel, 366, Prospect Ave. Milwaukee (Wisconsin, U. S. A.).

LITTÉRATURE MUSICALE :

Duprez (G.). Souvenirs d'un chanteur. Paris. Calmann-Lévy, in-18, 3 fr. 50.

Fleury (A.). Le rythme grégorien est-il mesuré ? Paris-Lyon, Delhomme & Bréguet, in-8, 29 pp.

Gevaert. La Mélopée antique dans les chants de l'Eglise latine, 2e appendice : le second hymne delphique, trois mélodies antiplasiques, corrections. Gand, Hoste, Paris-Picard, 2 fr.

Habert (Fr. Xav.). Magister choralis. Guide théorique et pratique pour l'étude et l'exécution du plain-chant romain officiel. Traduction française d'après la 11e édition .. Ratisbonne, Fr. Pustet, 1896, in-8, broché 2 fr. 50, relié en toile, tranches rouges 3 fr. 25.

Wagner (Richard). Tristan et Isolde. Version française adaptée pour le chant au texte musical original par Max Lyon. Paris, Fischbacher, in-18.

Willy. Notes sans portées. Paris, Flammarion, 1896, in-18, couverture illustrée et 8 planches (portraits) dans le texte, 3 fr. 50.

PARTITIONS & TRANSCRIPTIONS :

(Voy. ci-dessus, au REPERTOIRE BIBLIOGRAPHIQUE : *Le Nuovo Musica.*)

ORCHESTRE :

(Voy. ci-dessus, au RÉPERTOIRE BIBLIOGRAPHIQUE : *The Leader*, *La Nuova Musica*.)

ORCHESTRE MILITAIRE :

(Voy. ci-dessus, au RÉPERTOIRE BIBLIOGRAPHIQUE : *Le Dilettante*.

MUSIQUE DE CHAMBRE

ET MORCEAUX POUR DIVERS INSTRUMENTS :

(Voy. ci-dessus, au RÉPERTOIRE BIBLIOGRAPHIQUE : *The Leader*, *Il Mandolino*, *The Monthly Musical Record*, *La Nuova Musica*.)

PIANO :

(Voy. ci-dessus, au RÉPERTOIRE BIBLIOGRAPHIQUE : *The Leader*, *La Nuova Musica*. *La Quinzaine musicale*.)

Bach (Carl Philipp Emanuel). Clavierwerke. Erste Sammlung : 6 clavier-sonaten. Leipzig, Breitkopf & Haertel.

Besançon (E.). Fête des fleurs : polka, valses, mazurka. Paris, Vᵛᵉ Iochem, chaque 4 fr.

Busoni (F. B.). Stücke für pianoforte 1 à 3 et 4 à 6. Leipzig, Peters, nᵒ 2838 ᵃ et ᵇ.

Desmarquoy (Jules). Berline française. (The French Berlin). Nouvelle polka. Célèbre danse américaine avec la théorie en français et en anglais. Paris, J. Blanc, 5 fr.

—. Valse des pensées. Paris, J. Blanc, 6 fr.

Grieg (Edvard). Zug der Zwerge. Leipzig. Peters, nᵒ 2834.

—. Zwei nordische weisen, mélodies norwégiennes, à 4 mains. Leipzig, Peters, nᵒ 2856.

Michiels (Gustave). Causerie-Menuet. Paris, J. Blanc, 5 fr.

Moszkowski (Moritz). Die Jongleurin. Leipzig, Peters, nᵒ 2840.

—. Frühling. 5 pièces en 2 fascicules. Leipzig, Peters, nᵒ 2841 ᵃ et ᵇ.

Scharwenka (Philipp). Vier Klavierstücke. Leipzig, Breitkopf & Haertel, 4 fascicules : 1. Nachtgesang, 1 mk 50; 2. Tanz-Episode, 2 mk 50; Scherzo, 3 mk; Phantasiestück, 2 mk 50.

Sinding (Christian). Sechs Stücke. Leipzig, Peters 2 fascicules, nᵒ 2864 ᵃ et ᵇ.

—. Suite für Pianoforte à 4 mains. Leipzig, Peters, nᵒ 2868.

MUSIQUE RELIGIEUSE :

(Voy. ci-dessus, au RÉPERTOIRE BIBLIOGRAPHIQUE : *Cæcilia*, *Le Néochorisme*, *La Nuova Musica*, *Revue du Chant grégorien*.

Franck (César). Psaume 150 pour chœur et orgue, arrangé par S. Jadassohn. Leipzig, Breitkopf & Haertel. nᵒ 1523.

Gaide (Paul). Cantemus Domino ! à 4 voix d'hommes. Regensburg, Pustet, la partition 2 mk, les parties 80 pf.

Haller (Michaele). Missa septima decima in honorem Beatæ Mariæ Virginis, ad veterem Capellam Ratisbonæ, V vocibus concinenda. Regensburg, Pustet, la partition 1 mk 40 pf., les parties 15 pf.

Teetzel (Lorenzo). Tuba Mirum, From Requiem Mass, for alto or bass. Milwaukee, H. L. Teetzel.

Zoller (Georg). Missa solemnis in honorem S. Cæciliæ, à 5 voix inégales. Düsseldorf, L. Schwann, la partition 2 mk, chaque partie 25 pf.

CHŒURS :

(Voy. ci-dessus, au RÉPERTOIRE BIBLIOGRAPHIQUE : *Chorgesang*, *The Musical Times*, *La Nuova Musica*, *Romània musicala*, *The School Music Review*.)

Agniez (E.). Hymne au progrès, à 3 voix égales, Paroles de L. Docquier. Bruxelles, Breitkopf & Haertel, partition piano 5 fr., partie séparée 1 fr.

Costeley (Guillaume). *Musique*. Chœurs à 4 parties. 1ᵉʳ fascicule. Edition nouvelle publiée par M. Henry Expert dans les « Maitres Musiciens de la Renaissance française », 3ᵉ livraison. Paris, Alph. Leduc, 1896, in-4.

MÉLODIES & LIEDER :

(Voy. ci-dessus, au RÉPERTOIRE BIBLIOGRAPHIQUE : *La Nuova Musica*.

Besançon (Eugène). Souvenirs de mes vingt ans ! Scène lyrique. Paroles de Auguste Reiser. Vᵛᵉ Jules Iochem, 4 fr., petit format 1 fr.

Le Propriétaire-Gérant :
BAUDOUIN-LA LONDRE.

Bourges, imprimerie M. H. SIRE.

LE
JOURNAL MUSICAL

Bulletin international critique

DE LA

BIBLIOGRAPHIE MUSICALE

N° 7. — Novembre 1896.

Pour toutes les communications (abonnements, publicité, etc.), s'adresser à

M. le Directeur du JOURNAL MUSICAL
Paris, 11, rue Saint-Joseph

ABONNEMENTS	ANNONCES
France, par an .... 6 fr.	Annonces diverses : 1/2 page... 45 fr.
Pays de l'Union postale .... 7 fr.	— 1/4 — ... 25 fr.
— d'Outre-Mer .... 8 fr.	Informations, offres et demandes, etc. :
Le numéro mensuel...... 50 centimes	La ligne ... . 2 fr.

EN VENTE : à la librairie Fischbacher, 33, rue de Seine, à Paris ;
Chez les éditeurs de musique et les principaux libraires de la France et des autres pays

SOMMAIRE

INFORMATIONS.
OFFRES ET DEMANDES de livres, partitions rares ou d'occasion.

Chronique.

BULLETIN CRITIQUE : Auditions et Publications :
    J. L. DE BRUNEVAL : Musique religieuse.
    B. L. : Les résultats d'un enseignement nouveau de la musique.
    CANTERINO et B. L. : Pièces diverses pour piano, violon, chant.

ICONOGRAPHIE MUSICALE.

RÉPERTOIRE BIBLIOGRAPHIQUE : Sommaires et extraits des périodiques de musique de
    tous pays et de périodiques et livres divers.

CATALOGUE des livres, méthodes, partitions, morceaux, etc., récemment parus.

CARNET

Paris. — Opéra-Comique : Représentations de M. Victor Maurel dans *Don Juan*.

Wien. — Hof-Oper : Représentations de la *Verkaufte Braut* (la *Fiancée Vendue*) de Smetana.

INFORMATIONS

NOUVEAUTÉS, NOVITAETEN, NOVELTIES

Voir au CATALOGUE l'annonce des NOUVEAUTÉS.

NOTA. — *Toutes les NOUVEAUTÉS sont* **annoncées gratuitement.** *Mais l'exemplaire doit nous être adressé* **dès leur apparition.**

Bâle. — Le compositeur Hans Huber vient d'être nommé directeur du Conservatoire.

Bayreuth. — Le Comité des « Festspiele » annonce, pour la saison prochaine, huit représentations de *Parsifal*, et trois séries de représentations de l' « Anneau des Nibelungen ».

Bruxelles. — Le 29 novembre, ouverture des Concerts Ysaye à l'Alhambra, avec le concours de M. Raoul Pugno.

Christiania. — Le 2 octobre, est mort Johan G. Conradi, compositeur ; il a écrit une histoire de la musique et des musiciens en Norwège.

Delft. — Le compositeur J. C. Boers vient de mourir. Il a publié une histoire des instruments au Moyen Age, une bibliographie des ouvrages néerlandais concernant la musique.

Iena. — Le fameux manuscrit, conservé à la bibliothèque de l'Université, contenant les lieder des « Minnesaenger », vient d'être reproduit en photographies.

Naples. — Le maestro Vincenzo Moscuzza vient de mourir.

Paris. — L'association littéraire et artistique internationale a constitué son bureau pour l'année 1897. Elle a confirmé son mandat à son excellent président, Me Eugène Pouillet, bâtonnier de l'Ordre des avocats. Le renouvellement partiel du bureau a donné lieu aux élections suivantes : M. Massenet, président d'honneur (France) ; M. Marcel Prévost, président (France) ; M. Lucien Layus, vice-président (France) ; M. Halpérine Kaminsky, secrétaire (Russie) ; M. Iselin, secrétaire (Angleterre).

— Au Conservatoire, M. C. Widor est nommé professeur de composition, contrepoint et fugue, en remplacement de M. Théodore Dubois, devenu directeur ; M. Gabriel Fauré, professeur de composition, contrepoint et fugue, en remplacement de M. Massenet, démissionnaire ; M. Vidal, professeur d'accompagnement au piano, en remplacement de M. Delahaye, décédé ; M. Guillaume Rémy, professeur de violon, en remplacement de M. Garcin, démissionnaire ; M. de Martini, chargé de cours pour une classe de solfège spéciale aux chanteurs, en remplacement de M. Danhauser, décédé ; Mme Henry Jossic, professeur de solfège ; M. Guilmant, professeur d'orgue, en remplacement de M. Widor ; M. Brun, professeur de la classe préparatoire de violon, en remplacement de M. Hayot, démissionnaire.

— Le 31 octobre, à l'Institut, ont été exécutées l'*Ouverture de Fête*, de M. Busser ; *Mélusine*, de M. Mou-

quet, grand prix de Rome, et lue une notice sur Ambroise Thomas.

— Le 5 novembre, première représentation, à l'Odéon, des *Perses*, tragédie traduite d'Eschyle, dont la musique de scène a pour auteur M. Xavier Leroux, et est éditée par la maison Leduc.

— Le 19 novembre, réouverture des très artistiques concerts de la SOCIÉTÉ PHILHARMONIQUE **BREITNER**.

— M. Eugène **GIGOUT**, organiste de Saint-Augustin, a repris ses cours à l'ÉCOLE D'ORGUE, D'IMPROVISATION ET DE PLAIN-CHANT qu'il a fondée en 1885, 63 *bis*, rue Jouffroy, à Paris.

L'enseignement comprend : 1° la Technique des Claviers manuels et du Pédalier, l'exécution des Œuvres anciennes et modernes, l'étude de la registration et des sonorités ; 2° la réalisation de la basse chiffrée sur un ou plusieurs claviers, l'accompagnement figuré des chorals, l'exposition d'un thème donné et le développement de ce thème en forme de fugue et librement ; 3° des aperçus sur les différentes tonalités, la théorie des modes ecclésiastiques, les cadences grégoriennes d'après L. NIEDERMEYER, l'application de l'harmonie grégorienne aux différentes versions du chant liturgique.

Les cours ont lieu deux fois par semaine, du 1er octobre au 31 juillet, et durent deux heures. Le prix du cours est de 40 francs par mois. Moyennant un supplément mensuel de 15 francs, les élèves ont, en dehors des cours, la faculté de s'exercer sur l'orgue deux heures par semaine.

Ce cours acquit vite une telle importance et « ses résultats furent d'abord si éclatants », écrivait en 1893 un critique des plus érudits, « que, sur la demande de la section musicale de l'Institut, l'État s'empressa d'accorder une subvention. On se doute quel doit être l'enseignement d'un tel maître ; il est étendu, il est profond, il est lumineux. Les belles auditions auxquelles, deux fois l'an, nous convient les élèves, témoignent mieux que toute parole, de la sûreté doctrinale de l'éminent directeur. M. Gigout ne forme pas seulement des exécutants habiles, mais des musiciens complets qui, leurs études achevées, s'en vont un peu partout vulgariser notre **école d'orgue française** et établir, et maintenir dans nos cathédrales les plus saines traditions artistiques. »

— Mlle Fanny Lépine, 89, boulevard Malesherbes, Paris, vient de reprendre ses leçons de chant et ses cours d'ensemble.

— Quel est l'homme politique, l'écrivain, l'artiste qui ne souhaite savoir ce que l'on dit de lui dans la presse ? Mais le temps manque pour de telles recherches.

Le COURRIER DE LA PRESSE, fondé en 1889, 21, boulevard Montmartre, à Paris, par M. GALLOIS, a pour objet de recueillir et de communiquer aux intéressés les extraits de tous les journaux du monde sur n'importe quel sujet.

Le COURRIER DE LA PRESSE LIT 6,000 JOURNAUX PAR JOUR.

Wien. — Le compositeur Anton Bruckner est mort le 11 octobre. Il a légué à la Bibliothèque Impériale les partitions autographes de ses neuf symphonies, de ses trois grandes messes, de son Quintette, du *Te Deum* du Psaume 150 et du chœur *Héligoland*. Presque tout l'œuvre d'Anton Bruckner est inédit.

OFFRES ET DEMANDES

— David Nutt, libraire, 270, Strand, à Londres, demande : Vidal : Lutherie et luthiers.

— Bernard Quaritch, 15, Piccadilly, à Londres, demande : Gevaert : Histoire et Théorie de la musique de l'antiquité. Gand, 1881, tome II.

— Vient de paraître, orné de portraits, le « Musikalischer Weihnachts-Katalog für das deutsche Volk », publié par la Maison Breitkopf et Haertel.

E *Journal musical* s'est d'abord efforcé, autant qu'il le pouvait, d'être utile. L'accueil qu'il a reçu, malgré son apparence sévère, m'engage à croire que, à plus forte raison, il se répandra davantage si, en lui conservant son côté utile. je lui ôte de la sécheresse. — Des modifications seront successivement faites en ce sens.

Avec le numéro de janvier, nos abonnés et tous ceux qui nous apportent leur appui moral (leur nombre est grand. dans la Presse surtout). recevront gratuitement et franco notre Annuaire, où ils trouveront les matières des numéros de l'année, classées dans l'ordre méthodique et l'ordre alphabétique ; des listes d'adresses ; des notices biographiques (compositeurs, critiques, etc.); des portraits ; la liste des Journaux et Revues de musique de tous pays.

J'avais primitivement songé à faire à part un « Annuaire international de la Presse musicale ». Plusieurs abonnés m'ont engagé à ne faire qu'une brochure pour la Presse musicale et pour l'Edition musicale, pour les périodiques et les livres (ou la musique). Soit.

Comme dans nos numéros mensuels, les Journaux, Revues de musique, les Nouveautés musicales, dont un exemplaire nous aura été adressé dès leur apparition. seront annoncés dans cet Annuaire gratuitement. Il n'y a donc pas de raison pour que les publications concernant la musique n'y figurent bientôt toutes. Le *Journal musical* offre l'hospitalité sans présenter la carte à payer à ses hôtes.

L'abonnement est **facultatif ; l'insertion** est **gratuite.**

Ne subissent une taxe que ceux qui **veulent** être servis à part et luxueusement. Encore me fais-je un plaisir de traiter avec eux de gré à gré et à forfait.

Il s'agit beaucoup d'Anton Bruckner dans les revues de ce mois. Entre toutes, la *Gazette musicale de la Suisse Romande*, l'*Oesterreichische Musik-und Theaterzeitung*, l'*Allgemeine Musik Zeitung* lui consacrent des notices très importantes.

Je n'ajouterai qu'un mot.

Que les artistes géniaux soient de leur vivant méconnus, cela est dans l'ordre des choses humaines : qu'on s'en plaigne, cela se comprend ; mais à quoi bon ? N'en sera-t-il pas toujours ainsi ?

Qu'ils ne soient pas connus, cela diffère : il n'est pas admissible qu'un peuple civilisé ignore les œuvres dans lesquelles l'auteur a mis un peu de son âme — car je ne parle pas seulement des Anton Bruckner — et je n'estimerai jamais qu'en ce cas la critique se montre trop sévère à l'égard des coupables.

Les coupables ne sont pas toujours ceux qu'on nomme : le moyen de faire mieux n'est pas hors de notre portée autant qu'on croit.

BULLETIN CRITIQUE

Leipzig. — Au deuxième concert du Liszt-Verein, Mlle Céleste Painparé s'est singulièrement distinguée dans le Concerto en *sol* de Beethoven.

Londres. — Au Saint-James'Hall. un grand succès a signalé les concerts de MM. E. Ysaye et Léon Delafosse.

Paris. — Aux Concerts-Lamoureux, exécution de la belle Symphonie en *ré* mineur de César Franck, et, aux Concerts-Colonne, celle de *Psyché,* du même maître.

Weimar. — Le 4 octobre, a eu lieu la Première Représentation de *Mastawintha,* le nouvel opéra bien accueilli de Xaver Scharwenka (Breitkopf & Haertel).

Musique religieuse.

I. — *Chants liturgiques de la Messe des Morts,* harmonisés par l'abbé BOURGUIGNON. Chez l'auteur, à Saint-Michel, par Beaune-la-Rolande (Loiret), petit in-4º, 16 pages, 1 fr. 25.

II. — FLEURY (A.). *Le rythme grégorien est-il mesuré?* Paris-Lyon, Delhomme et Bréguet, in-8, 29 pp. Broché, 0, 50 c.

III. — GEVAERT. *La Mélopée antique dans les chants de l'Église latine,* 2e appendice : le second hymne delphique, trois mélodies antiphoniques, corrections. Gand, Hoste ; Paris, Picard, in-8, 2 fr.

I. — M. l'abbé Bourguignon, après avoir, dans une *Méthode élémentaire d'harmonie* (in-4º, 4 fr.), exposé d'une façon claire et précise les principales règles de l'harmonie, a voulu joindre l'exemple à la théorie et offrir quelques modèles d'accompagnement. Son harmonisation possède les qualités de sa méthode; elle est correcte, agréable, musicale, moderne Beaucoup s'y plairont.

II. — Le *Rythme* grégorien est-il mesuré? Le bruit des réponses n'est qu'un brouhaha nombreux et divers : car chacun donne au mot *mesure* un sens différent. Le P. Fleury, analysant le savant et remarquable travail du P. Dechevrens : *Du Rythme dans l'Hymnographie latine,* prend le mot mesure dans son sens moderne et soutient que la musique grégorienne est mesurée, qu'elle contient, comme la musique figurée, des notes de valeurs déterminées : rondes, blanches, noires, croches pointées, etc., des mesures symétriques à 2, 3, 4 temps.

Aujourd'hui, où la musique tend à briser le moule classique de la phrase carrée jugée trop restrictive, où elle demande de l'air, de la liberté d'allure, de l'indépendance dans les mouvements, n'est-ce pas s'ériger en pédagogue sévère que de prétendre ligotter l'art ancien au rigide bâton de la mensuration? Entre le martelage sec et brutal des notes égales, les borborygmes coulés, les gargarismes trillés des gargouilles neumatiques et la mensuration complète, l'on peut, et l'on doit trouver un rythme conforme tout à la fois aux lois primordiales de la parole et de la musique, qui tienne compte de l'accentuation du haut Moyen-Age et de la quantité rétablie à la Renaissance.

III. — Le deuxième appendice de la *Mélopée antique* comprend : le nouvel hymne découvert dans les ruines de Delphes, déchiffré, restauré par MM. Th. Reinach et A. Weil; deux transcriptions revues de l'Hymne à la Muse; trois antiennes retrouvées dans divers manuscrits et quelques corrections.

L'analyse de l'hymne delphique, longuement détaillée, fait ressortir, par des exemples typiques, la nature des chants grecs, leur genre de métaboles tonales, leur rythme, leurs modes. Des divers fragments authentiques de musique grecque parvenus jusqu'à nous, M. Gevaert tire les conclusions suivantes :

Le mode dorien (mode *mi*) est le plus fréquent et le plus goûté parmi les grecs ; les métaboles de genre n'affectent que le tétracorde inférieur : *la. sol. fa. mi,* qui devient :

la. fa dièse. fa. mi ;
la. 0. fa. mi ;
la. sol dièse. fa. mi.

L'emploi de ce dernier tétracorde, si fréquent dans l'art moderne, « constaté en Grèce deux siècles avant l'ère chrétienne, est un fait considérable et soulève des problèmes multiples ».

Cette cadence finale d'un ton mineur sur la tierce majeure se lit à chaque pas dans les maîtres du XVIe siècle, dans les chorals de Bach, dans deux phrases de la messe du Ier ton de du Mont, et légitime par son antiquité si reculée, les cadences identiques que se permettent certains harmonistes dans l'accompagnement des quatre premiers modes grégoriens.

M. Gevaert signale encore aux méditations des esthéticiens le fait suivant : « Au fond, le plan tonal des hymnes de Delphes est identique à celui qui s'est introduit spontanément dans la musique européenne... et qui... continue à régir la

composition des œuvres instrumentales ..
On est fondé à penser que l'unité de base
tonale dans la symphonie et la sonate n'est
pas... un usage purement conventionnel :
mais la manifestation d'une véritable loi
esthétique qu'il appartient aux métaphysi-
ciens de formuler et de démontrer. »

Les *Origines du chant liturgique* (in-8°,
5 fr.), la *Mélopée antique* (in-8°, 20 fr.) et
ses appendices, formant une œuvre féconde,
savante, soulèvent de nombreux problèmes,
quelques-uns résolus magistralement, apportent de nombreux matériaux pour les
autres et couronnent dignement une vie
consacrée à la recherche désintéressée de
la vérité dans le domaine musical.

On ne peut fermer ces livres sans en
louer l'impression, le soin apporté par
l'éditeur à la correction : on s'étonne de
trouver si peu d'erreurs dans un travail
méticuleux où l'attention est vite prise en
défaut ; notons à la page 486, 15° ligne, au-
dessus de la syllabe *ti* de *diligentibus* la
lettre *E* (*mi*) au lieu de *C* (*do*).

Au cours de son ouvrage, M. Gevaert
combat des opinions traditionnelles tant
religieusement défendues par plusieurs
que les attaquer paraissait presque impie.
Aussi est-ce avec une véritable satisfaction
que l'on trouve à la dernière page du
volume le bref pontifical de Léon XIII qui
fait chevalier de Saint-Grégoire-le-Grand
l'illustre directeur du Conservatoire de
Bruxelles.

Léon XIII, en décorant M. Gevaert, a
voulu non seulement honorer le savant,
mais enseigner que des traditions respectables ne sont pas toujours des dogmes
historiques ; il a voulu le remercier d'avoir
montré comment un vrai savant parle avec
une déférence toute laïque des livres de
chants officiels de l'Église.

J. L. DE BRUNEVAL.

LES RÉSULTATS

D'UN

ENSEIGNEMENT NOUVEAU DE LA MUSIQUE

C'est à dessein que je donne ce titre à
l'analyse d'un livre. Les traités, les méthodes ne manquent point : tout professeur

intellectuel a la sienne. Celle que voici
pouvait bien venir grossir le nombre des
autres. Et puis après ?

Je ne me contentai donc pas de lire cet
ouvrage, dont on m'avait envoyé la 3° édition (car le succès qu'il a obtenu partout,
principalement à l'étranger, en a fait élever
le tirage jusqu'à 6,000) : je me rendis à
l'Institution, dont les études musicales
sont dirigées par l'auteur.

Voyons d'abord le livre :

Conservatoire de l'avenir. Nouvelle Encyclopédie musicale. 1re partie. — De la musique antique. 2e. — Des
modes grégoriens ou plain-chant chrétien. 3e. — Des
harmonies primitives ou Contrepoint de la Renaissance. 4e. — Des harmonies classiques, ou musique à
deux modes. 5e — Sphériphonie ou nouvelle esthétique
musicale. 6e, — Typophonie ou nouvel art lyrique. 7e.
— Méthode de solfège. 8e. — Méthode de piano et
d'harmonie pratique. 9e. — Conseils d'improvisation,
de composition et d'orchestration musicale. 10e. —
Nouvelle notation à l'usage des aveugles, par Alfred
JOSSET.

3e édition. Paris, L. Grus & Fils, éditeurs, place Saint-
Augustin. 1896, grand format, titre, VIII – 56 pages, 58
exemples de musique, 10 fr.

Dès le début, M. Alfred Josset déclare
son intention de simplifier des méthodes
surchargées, de rajeunir des règles surannées, de redresser des erreurs. On ne saurait que le louer. Il espère, en outre, par
des découvertes, ouvrir de nouvelles voies
à l'art musical. Qui hésiterait à souhaiter
qu'il réussit ?

Clairement sont présentées les origines
de la musique :

Cent quarante-huit exemples font connaitre les harmonies primitives de la Renaissance, la naissance du contrepoint.
Deux règles précises, seize points de repos
et modulations, les seuls employés aux XIVe,
XVe, XVIe siècles ; une phrase caractéristique de Jannequin, Orlande, Palestrina,
Victoria, Allegri, Lotti, voilà, dit M. Josset,
ce qu'il suffit de posséder pour avoir tout
le secret de l'art musical de ces époques.

Sans s'attarder aux théories (ces théories
qui nous ont tous tant rebutés dans nos
premières leçons), l'auteur va droit au fait.
Sans les expliquer longuement, il donne
« ses » onze cents accords. Je lui concède
que je me suis souvent demandé pourquoi
les professeurs se sont pour la plupart jusqu'ici crus obligés d'enseigner à « tous »

leurs élèves le rudiment de l' « École » ; alors que, dans bien des cas, ils pourraient gagner du temps en faisant appel à l'intuition. Si vous saviez l'étonnement des jeunes gens qui, après s'être familiarisés, d'après quelques principes, avec intervalles, renversements, modulations, ouvrent les traités usuels ! Le temps est heureusement passé où l'on faisait apprendre de mémoire — et pour lui-même — le rudiment dans les collèges ; pourquoi la routine a-t-elle encore un asile dans tant d'écoles de musique ?

Revenons au livre de M. Josset : que dire de la brièveté de la méthode de solfège, de la méthode d'harmonie pratique, d'improvisation, de composition et d'orchestration ? Tout cela tient en quelques pages.

Les résultats d'une semblable méthode, je les ai constatés dans cette admirable Institution des Frères Saint-Jean-de-Dieu, qui à elle seule mérite une visite : car on y retrouve tous les métiers appris ou exercés par des infirmes pour lesquels on y a tant de sollicitude ! Je dis tous les métiers : la facture même y est représentée : on y construit un orgue qui sera peut-être le plus complet de Paris ; je le signale à l'attention de mes confrères spéciaux.

Je passe au cours de musique : un enfant de cinq ans aveugle répond aux questions les plus diverses sur l'harmonie, en plaquant, à chaque réponse, l'accord, puis transpose un air donné dans les tons les moins voisins que je lui demande. L'Orchestre de la maison, composé d'infirmes, exécute l'ouverture de *Lohengrin* ; à la vingtième mesure, je l'interromps pour le faire continuer dans un autre ton ; deuxième interruption ; deuxième indication d'une tonalité différente que les instruments prennent sans hésiter. Le même orchestre joue ensuite une sorte de prière composée par un élève, chez lequel j'ai été bien étonné de trouver déjà un si beau sentiment musical : quels Ah ! aurait fait pousser dans nos concerts certaine modulation du milieu ! Canterino dira plus loin ce qu'il pense d'une élève de M. Josset. Celui-ci développe au piano avec la plus grande facilité un thème que je lui donne : *si, do, ré, la* descendant : sur l'invitation de M. Josset, je lui demande de le développer

dans la manière de Bach : il le fait ; dans la manière d'Haydn, que dis-je ? de Schumann, de Wagner enfin. Très sincèrement, c'est à s'y méprendre. A cet âge s'être assimilé le style des maîtres ! — Quatre autres notes ? — *mi, do, si, la*. Voici mes quatre notes qui servent de fond à une mélodie de Gounod ; à une autre de Massenet. Je me levai confondu et m'expliquai le mot écrit par l'auteur d'*Esclarmonde* sur le registre de l'établissement : « ..... je viens d'assister à un miracle. »

Il y a encore un chapitre du livre dont je n'ai pas parlé : la Typophonie ou Nouvel Art Lyrique. Aussi bien n'ai-je en tout donné qu'une faible notion de la méthode de M. Alfred Josset et des résultats de son enseignement. Cet artiste, un homme dans la force de l'âge, très actif, d'un entrain bienveillant qui fait de tous ses élèves autant d'amis, a des conceptions très personnelles que j'exposerais mal. D'ailleurs, encouragé par le Ministre qui l'a récemment promu de la Légion d'honneur, il brûle du désir de provoquer un mouvement de réformes.

C'est pourquoi j'ai abrégé la rédaction de mes notes et j'ai purement et simplement engagé M. Josset à compléter mon article : c'est ce qu'il fera dans un prochain numéro du *Journal musical*, où chacun peut, comme lui, sans distinction d'école ou de boutique, dire, sous sa responsabilité, ce qu'il pense.

*
* *

Le Jubilé de C. Saint-Saëns à l'occasion du Cinquantenaire de son premier concert, Salle Pleyel, en 1846. Paris, Librairies-Imprimeries-Réunies, Ancienne maison Quantin, 7, rue Saint-Benoît, 7, 1896, in-4, 24 pages, figures dans le texte (4 portraits), une reproduction d'affiche, une planche hors texte en photogravure, le titre et le texte en rouge et noir.

Cette très belle publication comprend une notice de M. L. de Fourcaud sur M. Saint-Saëns, le programme du Festival-Concert du 2 juin 1896, le récit de cette solennité par Th. Lindenlaub, deux portraits du maître, deux autres de MM. Taffanel et Sarasate, qu'on retrouve dans la planche hors texte reproduisant une photographie prise pendant le concert.

Pensée matinale, mélodie. Poésie de Mme Alphonse Daudet. Musique de Mlle Jeanne RIVET. Paris, A. Patay, éditeur, 79, Passage Brady, 3 francs.

Poésie charmante, tendrement rêveuse, rendue plus charmante encore par une mélodie simple, fraiche (comme l'aurore), soutenue par une harmonie très correcte (j'insiste sur le superlatif). Le tout peu banal. Remarquez, en effet, ces enharmonies qui caractérisent les rayons de « feu béni »; les harmonies chromatiques du « rayon d'espérance »; la douce mélancolie qui se dégage de l'isochrone mélodie sur « cette terre, où tout finit ».

CANTERINO.

Passe-Pied, pour piano, par BOURGAULT-DUCOUDRAY. Paris, Léon Grus... [Delay impr.], 1896, g^d f^t, 5 pp., 5 fr.

Qui peut, mieux que l'éminent professeur d'histoire musicale au Conservatoire de Paris, réussir dans des pastiches (tentés si souvent avec peu de bonheur aujourd'hui) ?

Ceci a bien la couleur exigée par le titre :

Danse orientale, pour le piano, par Georges FALKENBERG, op. 49. Paris, A. Durand & Fils..., [Delanchy impr.] 1896, grand format, 7 pp., 6 fr.

S'il faut être virtuose pour jouer

Valse mignonne, pour piano, par C. SAINT-SAENS, op. 104. Paris, A. Durand & Fils..., [Delanchy impr.] 1896, grand format, 7 pp. 6 fr.

toutes les mains vont exécuter partout cette pièce si douce, fort élégamment publiée :

Berceuse, pour piano à 4 mains par C. SAINT-SAENS, op. 105. Paris, A. Durand & Fils..., [Delanchy impr.], 1896, g^d f^t, 7 pp., 6 fr.

Tous les bourreaux de clavier peuvent encore se distinguer en donnant (cela est facile) une allure endiablée à

La Fornarina, tarentelle pour le piano, par Paul WACHS. Paris, A. Durand & Fils..., [Delanchy impr.]. 1896, grand format, 7 pp. 6 fr.

Je ne peux m'empêcher de dire que le chant du violon est si à découvert que cela parait simpliste (Mais pourquoi se plaindre de ce que les gens chantent ?), dans :

Romanze für violine, mit pianoforte-begleitung, von Hans A. CESEK, op. 17. Leipzig, Ernst Eulenburg.... [Roeder impr.], 1896, g^d f^t, 4 et 2 pages, 1 mk, 50 pf.

Quant à cette pièce, elle est si bien écrite !

Rigaudon, pour violon, avec acc^t de piano, par Charles DANCLA..., op. 206. Paris, Ve Richault... [Chaimbaud impr.], 1896, g^d f^t, 7 et 3 pp., 7 fr. 50.

ICONOGRAPHIE MUSICALE

— A Bruxelles, le peintre Charles Degroux vient d'exécuter au pastel, d'après des données peu connues, qu'il a recueillies à Bayreuth et à Munich, un très intéressant portrait de Wagner.

— Le comité de Bergame formé pour les fêtes du centenaire de Donizetti a ouvert un concours **international** de peinture ayant pour sujet l'œuvre de l'auteur de *La Favorite*. Il y a un prix de 2,000 francs.

— Les estampes et affiches avant la lettre de Charles Lucas (auteur de l'affiche de l'Exposition du Théâtre et de la Musique, dont le *Journal musical* a donné une réduction dans son n° 4) sont en vente à la maison d'art moderne Sagot, 39 bis, rue de Châteaudun, Paris.

— LES MAITRES DE L'AFFICHE. Publication mensuelle, contenant la reproduction en couleurs des plus belles affiches illustrées des grands artistes français et étrangers. Paris, Imprimerie Chaix, la livraison 2 fr. 50.

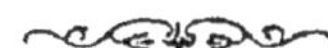

RÉPERTOIRE BIBLIOGRAPHIQUE

PÉRIODIQUES :

— Allgemeine Musik-Zeitung (Allgemeine deutsche Musik-Zeitung), wochenschrift für die reform des Musiklebens der Gegenwart. Hebdomadaire. Rédacteur en chef : Otto Lessmann. Charlottenburg-Berlin, 27, Spreestrasse [Buchdruckerei « Gutenberg »], in-4, 14 pages à 2 col. Abonnements : Allemagne et Autriche-Hongrie 8 mk 50 pf.; Union postale 8 mk 80 pf.; le numéro 25 pf.

1896 (23e année). N°s 42-43. Heinrich Reimann : Auf der Wanderung, Orgel-Suite in fünf Stimmungsbildern. N° 42. Ueber Chopin's tod. Otto Lessmann : Figaro's Hochzeit (les « Noces de Figaro », de Mozart). W. Klatte : A. Bruckner. N° 43. Otto Lessmann : *Matasuintha* (opéra de Xaver Scharwenka). N°s 44-45. Rudolf Louis : Anton Bruckner (notice substantielle, accompagnée d'un portrait). N°s 42-45. Otto Lessmann et W. Klatte : Aus dem Konzertsaal. N° 45. A. Heintz : Aus Briefen Richard Wagners an Fraeulein von Meysenbug 1860 bis 1867.

Dans chaque numéro, nombreuses notices bibliographiques par Otto Lessmann, W. Klatte, L. et O. Taubmann.

— L'Ami du Chanteur. Hebdomadaire. Directeur : Henri Hazart. Paris, H. Geoffroy, éditeur, 222, boulevard Saint-Germain [Noizette impr.], gr. in-8, 8 pages de texte à 2 col. et musique. Abonnements : France 6 fr. Etranger 8 fr., le n° 10 centimes.
1896 (1re année). N° 49. Texte. Histoire de la chanson moderne.
Musique. La Captive, mélodie avec acc^t de piano, de Jean Karl. Le Bouclier, mélodie.

— L'Avenir musical...... Organe officiel des musiques Vaudoises, de la Société cantonale des chanteurs neuchâtelois et de la Fédération Musicale genevoise. Mensuel. Rédacteur en chef : Ch. Romieux. Genève, 20, rue Général-Dufour [impr. de « La Tribune de Genève »], in-8, 12 pages à 2 col. Abonnements : Suisse 3 fr. 50; Union Postale 4 fr. ; le numéro 10 cent.
1896 (4e année). N° 43. Ch. Romieux : Etude sur la prononciation.

— Chronique musicale trimestrielle. Nice, Paul Decourcelle, éditeur [Gauthier impr.], in-8.
N° 2. St. Bordèse : Trois cordes de la lyre humaine. Nouvelles diverses. H. T. : Le droit d'auteur et la contrefaçon en Hollande. Nouvelles publications musicales en vente chez l'éditeur.

— Courrier de Saint-Grégoire. Revue mensuelle de musique religieuse. Organe de la Société Saint-Grégoire, de Liège. Rédacteur en chef : Abbé Dirven, au Béguinage, à Saint-Trond. Administrateur : P. Basqué, 16, rue Bois-l'Evêque, à Liège, gr. in-8, 8 pages de texte à 2 col., 4 pages de musique. Abonnements : Belgique 3 fr. ; Etranger 3 fr. 60.
1896 (8e année). Musique. (Supplément aux livraisons 7-12). Missa in honorem S. Antonii de Padua, de J. Quadflieg, op. 12, super opus 11, Responsorio « Si quæris miracula », à 3 voix d'hommes et accompagnement d'orgue. Parties séparées (6 pages) : Tenor I, Tenor II, Bass ; partition complète (24 pages).

— La Cronaca musicale. Mensuel. Directeur : Tancredi Mantovani. Pesaro, stab. tip. Annesio Nobili. In-8 agenda. Abonnements : Italie 5 l.; Union postale 8 l., le numéro 50 cent.
1896 (1re année). N° 8. 32 pages. T. Mantovani : Per lo studio della storia musicale. G. Dall' Olio : Arte e pubblico. Eudemino : Lettere Milanesi. A. Cametti. Lettere Romane. Teatri e Concerti. Nel mondo dell'arte. Bollettino bibliografico. Concorsi. Liceo musicale Rossini di Pesaro. (Renseignements sur cet établissement, dirigé par M. Mascagni). Notice sur C. Gomez. Notice bibliographique, concernant la musique sacrée, par Tebaldini.

— L'Echo musical. Revue paraissant tous les quinze jours. Musiques militaires, harmonies, fanfares, sociétés chorales et symphoniques, concours, festivals, chroniques artistiques. Bruxelles, Mahillon et C°, 23, chaussée d'Anvers [G. Balat impr.], in-8, couverture et 16 pages à 2 col. Abonnements : 4 fr., Etranger 5 fr., le n° 15 cent.
1896 (26e année). N° 21. Musique et cyclisme (à propos d'articles parus dans *The Musical Times*, n° 643, *The Leader* n°s 8, 9, sur la pratique de la bicyclette, ses inconvénients pour les instrumentistes et les chanteurs enfin sur la bicyclette à musique). N° 22. Vieux chants patriotiques. La Musique à l'Exposition internationale de Bruxelles en 1897.
Dans chaque numéro : Chronique musicale (Bruxelles, Province, Étranger); de la Flûte au Tambour (nouvelles diverses).

— L'Echo des Orphéons. Journal des Sociétés chorales et instrumentales. Tri-mensuel. Directeur : Victor Lory. Paris, 12, rue Cadet [Chaix impr.], in-folio, 4 pages à 4 col. Abonnements : 10 fr., le n° 40 cent.
1896 (36e année). N° 25. Concours de La Plaine-Saint-Denis, Honfleur, Serquigny, Choisy-le-Roi, Versailles, Agen : Appréciations du Jury. N° 26. Concours d'Agen, Evreux, Montpellier, l'Isle-sur-Sorgue, Beton-Bazoches : Appréciations du Jury.

— L'Europe artiste. Journal théâtral, littéraire et artistique. Hebdomadaire. Directeur : M. Pascal-Estienne. Paris, 123, rue Montmartre, gr. in-4, 16 pages à 3 col., un portrait. Abonnements : France 40 fr., Etranger 50 fr., le n° 50 cent.
1896 (44e année). N° 37. Si bémol : Gustave Nadaud (avec un portrait). N° 38. A. Castel : Mlle Nady (avec un portrait).

— Gazette musicale de la Suisse romande. Bi-mensuel. Rédacteur en chef : E. Jaques-Dalcroze. Directeur-propriétaire : Ad. Henn, éditeur. Genève, 14, rue de la Corraterie, gr. in-8, 16 pages à 2 col., un portrait. Abonnements : Suisse 4 fr., Etranger 5 fr., le n° 25 cent.
1896 (3e année). N° 16. Edouard Combe : Amateurs et professionnels. N°s 16-17. Henri Richter : « Punctum Saliens » (pensées sur la musique, traduites de l'allemand par Mlle Willy). N° 16. M. Cabs : La vie du ténor. H. S.: « Les Lieds de France », de Alfred Bruneau. N° 17. Et. Destranges : « Le Vaisseau Fantôme » (*Der Fliegende Hollaender*), étude analytique et thématique. Notice sur Willy Rehberg, professeur supérieur de piano au Conservatoire de Genève, chef d'orchestre des Concerts classiques (avec un portrait). N°s 16-17. Chroniques musicales et théâtrales par Ad. Henn, Gidé, etc. (Genève, Lausanne, Montreux, Dresde, Londres, Munich).
N° 17. Jaques-Dalcroze : Anton Bruckner.

Ce qui fera comprendre d'un mot l'intérêt de ce dernier article, c'est que M. Jaques-Dalcroze est un des élèves du maitre autrichien. Il le montre mourant presque ignoré, comme César Franck : ce qui lui donne l'occasion de comparer les deux maitres ; il rappelle la rivalité entre Bruckner et son compatriote Brahms : ce à propos de quoi il fait un rapprochement critique de l'un et de l'autre :

Ce qui est à admirer dans les symphonies de Brahms, c'est la sûreté de la technique musicale, la logique des développements composés d'après des modèles aimés, le sérieux de la pensée, qui se fait jour mathématiquement, quelquefois même sèchement, sans que jamais l'auteur fasse une concession au vulgaire et ne consente à écrire une note ou une cadence qu'il n'ait préalablement fait passer au contrôle de sa saine intelligence.

Chez Bruckner, au contraire, c'est l'imagination qui travaille, une imagination fertile en idées mélodiques souvent exquises, en trouvailles harmoniques originales et servie par une grande puissance d'expression, un sens rare de coloris et un instinct étonnant des effets orchestraux.

Tout est mûr chez Brahms, bien coordonné, sagement à sa place, de par la clarté et la logique de la pensée créatrice; chez Bruckner, la musique jaillit comme une improvisation géniale dont les torrents mélodieux sont canalisés non par la réflexion, mais par un naturel instinct des proportions et aussi par une connaissance prodigieuse du contrepoint.

— *Guia musical.* Mensuel. Propriétaire : Rafael Guardia, 29, Rambla de S. José, Barcelona. Directeur : Llompart. In-8, 8 pages à 2 col.

1896. 1re année. N° 6. J. Borras de Palau : Lo dosis cientifica en la musica. J. Salvat y Crespí : Cuestiones de pedagogia musical. Portrait de D. Cl. Martinez-Imbert.

— *Le Guide musical.* Revue internationale hebdomadaire. Directeur : Maurice Kufferath 2, rue du Congrès, à Bruxelles. Rédacteur en chef : Hugues Imbert; 33, rue Beaurepaire, à Paris. Librairie Fischbacher, 33, rue de Seine, à Paris. [Lombaerts impr. à Bruxelles], gr. in-8. 16 pages à 2 col. Abonnements : France et Belgique 12 fr., Union postale 14 fr., Pays d'Outre-Mer 18 fr., le n° 40 cent.

1896 (42e année). N° 42. H. Kling : Richard Wagner à Genève. Georges Servières : l'orchestre invisible (épilogue d'une controverse soutenue dans un grand nombre de journaux, ainsi qu'on a pu le voir dans notre RÉPERTOIRE BIBLIOGRAPHIQUE, à la suite d'un article paru sous ce titre dans les numéros 35 et 36 du *Guide musical*). V. C. Mahillon : A propos du son (Réponse à un article de M. Meerens paru dans le *Guide musical*, lequel article venait après une étude de M. V. Mahillon, publiée par l'*Echo musical* n° 19). N° 43 Ernest Thomas : Lamartine et Mozart (considérations sur un chapitre du *Cours familier de Littérature* de Lamartine, assez peu lu aujourd'hui, après avoir été, il y a quelque quarante ans, le livre de chevet des jeunes filles surtout, et parfois des jeunes gens « contraints » de s'instruire). Une lettre inédite d'Hector Berlioz. H. de Curzon : Croquis d'artistes, Albert Saléza.

Dans la « Chronique de la semaine », M. Hugues Imbert rend compte des représentations parisiennes de la *Vie pour le Tsar* : M. M. Kufferath donne son appréciation sur les concerts à grand orchestre de l'Alhambra. Il n'était pas possible d'être plus précis :

L'orchestre de M. Lamoureux et celui du Concertgebouw d'Amsterdam avaient précédé dans la Salle de l'Alhambra la phalange instrumentale des concerts du Châtelet que nous venons d'y entendre. Cette dernière est la moins remarquable des trois. Elle n'a pas la belle et incomparable sonorité, la distinction des timbres de l'orchestre de M. Lamoureux, et, au regard de l'interprétation, combien elle a de mollesse dans le rythme, comparée à l'orchestre que dirigeait d'une façon si énergique M. Willem Kes ! L'orchestre que conduit M. Colonne n'en constitue pas moins un très bel ensemble dont la qualité dominante est la distinction de sonorité des violons, et en général du quatuor. S'il n'a pas la belle et profonde puissance de son de nos quatuors belges, il a du moins des qualités de finesse dans la demi-teinte. Et à ce point de vue, le choix du programme était une indication suffisante...........
... ce fut une succession ininterrompue de petites pièces, ne demandant que de la délicatesse d'exécution sans aucun effort d'interprétation expressive. Et l'on a bien vu que le *joli* était la préoccupation dominante du chef d'orchestre.

On se rappelle le succès que se fit M. Colonne à l'Opéra, à la Première de *Salammbô*, par la manière dont il affina la phrase d'orchestre qui suit ces mots :

> Que ne puis-je au sein de la nuit
>
> . . . .
>
> Dans l'éther, dans l'azur, voler !

Les dernières notes s'exhalaient comme en un soupir.

Et la « Danse des Sylphes », dans la *Damnation ?*...

Après tout, si la préoccupation, à laquelle fait justement allusion M. Kufferath, lui fait négliger ou gâter quelques pages, il nous reste celles-là et... d'autres. C'est quelque chose.

M. Colonne a un autre mérite à nos yeux de parisiens : il est le chef d'orchestre qui, aussi bien qu'il peut (Dame ! n'est pas Mottl ou Richter qui veut !), nous fait le plus connaitre d'œuvres nouvelles. C'est beaucoup.

N° 44. Etienne Destranges : Un chef d'œuvre inachevé, *Briséis* (de Chabrier ; analyse thématique). Hugues Imbert : *Don Juan* à l'Opéra. M. R. : Guillaume Rémy (le nouveau professeur de violon du Conservatoire). N° 45. Ernest Closson : A propos de Donizetti. Hugues Imbert : Les nouveaux professeurs de composition du Conservatoire : Charles-Marie Widor, Gabriel Fauré; — : *Les Perses* de Xavier Leroux.

Dans chaque numéro, « Chronique de la Semaine à Paris et à Bruxelles. Correspondances de différents pays. Petites nouvelles. Bibliographie. Nécrologie. Répertoire des théâtres (tableau du mouvement musical dans tous les principaux centres artistiques) ».

Une nouvelle rubrique, « Boîte aux lettres », vient d'être jointe aux précédentes : les réponses du *Guide musical* n'intéressent pas seulement celui qui l'a questionné : car j'y vois élucider des points obscurs de la théorie ou de la pratique de la musique.

Une autre innovation, c'est la case mise toute l'année, moyennant une très faible majoration du prix de l'abonnement, à la disposition de l'abonné du *GUIDE MUSICAL*, pour l'annonce de ce qui le concerne.

Pour toutes les communications, les personnes habitant en France peuvent s'adresser, pour plus de commodité, à M. Hugues Imbert, 33, rue Beaurepaire, Paris, qui, au surplus, reçoit le samedi matin, de 9 heures à 11 heures.

— Ilustracion musical Hispano-Americana. Bi-mensuel. Directeur : Felipe Pedrell. Propriétaire : Victor Berdos. Barcelona, 31, Calle de las Molas. grand in-4, 8 pages de texte et illustrations, un fascicule supplémentaire de 8 pages in-8 et 8 pages de musique. Abonnements : Espagne 12 pes., Etranger 16 pes., le numéro 1 pes.

1896 (9e année). Nos 208-210. Tomas Breton : Discurso leido ante la Academia de Bellas Artes de San-Fernando (suite). No 209. Pizzicato : Sobre musica Gallega. Rafael Mitjana : La fiesta internacional de musica religiosa en Bilbao. J. Salvador Marti : Notice sur Roberto Segura Villalba. Illustrations : Portrait du même et 2 planches dans le texte. No 210. Notice sur J. Malats y Miarons. Illustrations : Portrait du même et 2 planches dans le texte. No 211. Ch. Bordes : Discurso leido... en la Fiesta de musica religiosa en Bilbao. A. Bonaventura : El violin de Paganini. A. Ruiz y Pablo : La anarquia instrumental.

Dans chaque numéro :

Une notice biographique (avec un portrait) : No 208. J. Gaeta y Duran ; No 209. Roberto Segura Villalba ; No 210. J. Malats y Miarons ; No 211. J. B. Plasencia Aznar ;

Des illustrations : un portrait et 2 planches dans le texte ;

Un fascicule du *Diccionario Bio-Bibliografico* de Felipe Pedrell. Nos 208-210 (Calahorra-Carnicer).

Musique : 8 pages de l'Album de la *Ilustracion musical*. Nos 208-210. El Paraguas, tiempo de vals de la Zarzuela en un acto de este titulo (pour 2 voix et accompagnement de piano) ; Danzas satiricas, pour piano, de E. Bru ; Con fuoco, pour piano, de A. L. Lagunas ; Barcarola, pour piano, de Joaquin Malats ; Manolo, schotisch pour piano, de J. Feliu ; Somni, pour piano, de Dom. Mas y Serracant.

— Journal des organistes. Recueil de Morceaux de musique d'orgue pour toutes les parties de l'office divin,

choisis dans les ouvrages des anciens organistes de tous les pays et dans les compositions inédites des organistes contemporains, publiés par E. Grosjean, organiste à Verdun [Roeder gr., Laurent impr.], in-4 oblong, couverture, 12 pages de musique. Mensuel. Abonnements : 8 fr.

37e année. 8e livraison. Elévation, pour orgue ou harmonium, de H. P. Toby. Prière pour orgue, de l'abbé C. Boyer (composition dans laquelle un travail sérieux s'accuse). Introduction ou Prélude et Allegro moderato, de Oscar van Durme. Sortie, de J. Bizet.

9e liv. Offertoire, de J. Gailhac. Toccata, de Léon Copin. Elévation et Sortie Fanfare, de J. B. Maillochaud.

10e liv. Scherzo, de Louis Bottazzo. Andante con moto, de l'abbé L. Lepage. Deux pièces brèves, de Uffoltz.

11e liv. Deux préludes funèbres, de Gabriel Dupont (qui sortent nettement de la banalité). Offertoire funèbre, de A. Mugnaini. Prière, de Ernest Grosjean. Offertoire, de Louis Jacob. Elévation, de K.-C. Becht.

— Die Lyra. Wiener allgemeine Zeitschrift für die literarische und musikalische Welt. Bi-mensuel. Rédacteur en chef : Anton August Naaf. Wien, 52, Herbeckstrasse [J. L. Bondi impr.], in-4, couverture, 10 pages à 2 col. Abonnements : Autriche-Hongrie 5 fl. Allemagne 10 mk.

20e année. No 3. Die musik in Boehmen (avec un fac-simile). C. W. Gawalowski : August Graf von Platen. Notice sur A. Bruckner... Renseignements concernant les sociétés orphéoniques allemandes et autrichiennes.

— La Lyre chrétienne. Revue tri-semestrielle des nouveautés musicales et dramatiques à l'usage de la jeunesse (Paroisses, Patronages, Cercles, Institutions, Ecoles et Familles chrétiennes). Directeur : Chagnon-Auclert. Versailles, 7, rue St-Simon. [Luce impr. à Versailles], in-8, 8 pages de texte à 2 col. et un morceau de musique. Abonnements : 1 fr. ; avec la musique 2 fr.

1896 (5e année). No 17. En passant : Le Violon. J. de La Tour : La Musique au Congrès de Reims. Musique. La Jeunesse du cœur, romance de Frère Adrien.

— Il Mandolino. Giornale letterario-musicale. Bi-mensuel. Directeur : G. Monticone. Torino, via Po. 38 [Camilla e Bertolero impr.], in-4, 4 pages de texte et musique, morceau pour mandoline et guitare, titre orné. Abonnements : Italie 5 L., Etranger 7 L., le numéro 20 cent.

1896 (5e année). No 19. Musique : Una gita ciclistica, mazurka pour 2 mandolines et guitare, de G. Borra. Montenegro, polka pour 2 guitares, de F. Riccardi. No 20. Non ti vedro piu, elegia, pour mandoline et guitare, de G. Sartori.

— Le Ménestrel. Musique et Théâtres. Hebdomadaire. Directeur : Henri Heugel, éditeur. Paris, 2 bis, rue Vivienne [Chaix impr.], gr. in-4, 8 pages de texte à 2 col. et un supplément de musique. Abonnements : texte seul 10 fr.; texte et musique 20 fr. et 30 fr.

1896 (62e année). Nos 42-45. Arthur Pougin : L'Exposition du Théâtre et de la Musique. No 44. Paul d'Estrée : Musique et Prison (suite) : Les prisons d'artistes. Nos 42-45. Julien Tiersot : Etude sur *Orphée* de Glück. Arthur Pougin, H. Moreno, P. E. Chevalier : La Semaine théâtrale.

Nos 42, 45. A. Montaux : Journal d'un musicien. N° 42. O. Berggruen : Antoine Bruckner. H. Barbedette, A. Boutarel : Les grands concerts.

— Le Monde musical. Organe de la facture instrumentale et des expositions. Bi-mensuel. Directeur-Fondateur : E. Mangeot, facteur de pianos. Paris, 3, rue du Vingt-neuf-Juillet [L. Carpentier impr., Montdidier], gr in-4°, 20 pages à 2 col. ; un portrait. Abonnements : France 12 francs ; Etranger 14 fr. 50 ; le numéro 50 centimes.

1896 (8e année). N° 12. Albert Peschard : Nouveaux Perfectionnements au système Electro-Pneumatique des Grandes Orgues (suite), avec figures explicatives. La musique aux Expositions de Bruxelles, Paris. J. M. de Lizos : Correspondance de Londres. Nouvelles diverses. Concerts et Théâtres.

— The Monthly musical record. Mensuel. Directeur : Augener, éditeur. London, 199, Regent-Street [Cassell & Cie impr.], in-8° carré, 20 pages de texte à 2 col., 4 pages de musique. Abonnements : 2 s. 6 d. Le numéro 2 d.

1896 (vol. XXVI). N° 311. Texte : Gounod ; a slight critical estimate. Reinecke : The Beethoven pianoforte Sonatas (avec des exemples de musique). The Crystal Palace Concerts. J. S. S. : Analogy of the Arts. Lettre de Leipzig. Informations. Musique. « Allotria », 12 pièces pour piano : 3. The Spinning Wheel ; 8. Scherzoso ; 9. Grief, de Max Pauer. [Music printing officine 10, Lexington str. London].

— Music. A Monthly magazine, devoted to the Art, Science, Technic and Literature of music. Rédacteur en chef : W. S. B. Mathews. Chicago, The music magazine publishing Company, 1402-1405, Auditorium Tower, in-8.

1896 (vol. X). N° 5, pages 431 à 528. Ira G. Tompkins : The songs of the lark and the nightingale. J. Kral : Three Croatian composers (notice sur MM. Franjo Z. Kuhac, Ivan Sl. Zajc, Vatroslav Lisinski, avec leurs portraits). B. C. Henry : The development of musical conception. The Music teachers' National association, its part and its possibilities. W. S. B. Mathews : Editorial bric-a-brac. Here and there. Some available music for Church use. Chicago session of new School methods. K. Hackett : American Singers in London (en particulier D. Bispham, de Philadelphie, avec deux portraits). G. Weber : Mme Bloomfield-Zeisler's Artist Class. R. Pelz : A famous violin (trois figures). H. M. Wild : Vox humana. N° 6, pages 529 à 624. Emil Liebling : Fakes (avec un portrait de l'auteur). Fr. E. Sawyer : The soul of the artist. H. Hackett : Opera for American singers. Lucy D. Waterman : Music in libraries. A. I. Benson : Music in the primary Schools. Julien Tiersot : The works of Berlioz (article du Monde Moderne, traduit par Nora Teller). E. Morris : Concerning opera in Europe. J. J. Kral : The Echo. H. Wild : Indiscriminate list giving. Things here and there.

Suivent les articles écrits par M. W. S. B. Mathews, le rédacteur en chef de cette intéressante revue : ici « an introduction to musical literature : The evenings with the greatest composers » ; là « Glimpses of Christine Nilsson » ; enfin « Editorial Bric-a-Brac », séries de notes curieuses, comme celle-ci, dont il faut bien reconnaître la justesse : « ... Gluck and Wagner who were epochmarking names in the history of the lyric stage. — If indeed Wagner can be said to have composed for the lyric stage, since to many of his interpreters shout rather than sing. » Est-il défendu, en effet, de douter que Wagner ait écrit pour le théâtre lyrique, lorsqu'on voit quelques-uns de ses interprètes se réclamer de leur connaissance du répertoire wagnérien pour faire admettre leur faiblesse en l'art du chant ?

— La Musica religiosa en Espana. Boletin mensual. Organo de la Asociacion fundada por el Exmo. Sr. D. José Maria de Cos, arzobispo-obispo de Madrid-Alcala, bajo la advocacion de San Isidoro de Sevilla para la reforma de la Musica en la Iglesia, segun las prescripciones de la Santa Sede, con aprobacion del Ordinario. Directeur : Felipe Pedrell. Madrid, 4, calle de San Quintin [Viuda é Hijos de Terceno impr.], in-8, 16 pages. Abonnements : Espagne 5 pes. ; Etranger 8 francos ; le numéro ; pes.

1896 (1re année). Nos 8-10. J. Perpinan Artiguez : Chronologia de los maestros de capilla de Segorbe. N° 8. El final de las fiestas de Bilbao. Portada y dedicatoria de la 3e edicion de obras... de T. L. de Victoria (celle de 1581 ; la seconde est de 1576 ; pour le titre et la dédicace de la première, voyez La Musica religiosa n° 1). N° 9. Ignoto : El Congresso de musica religiosa de Bilbao. Décret de la S. C. des Rites du 30 juin 1896, au sujet de la messe des morts. N° 10. Discursos pronunciados en la Fiesta internacional para la reforma de la Musica Religiosa celebrado en Bilbao el dia 31 de Augusto ultimo. (Discours du Gouverneur civil, de MM. Pedrell, Eust. de Uriarte.) N° 8. J. Tebaldini : De la Musica sagrada en Italia. N° 9. Hagiografia musical ; Santos musicos. Nos 8-10. Revista del movimiento musical religioso en Espana y en el extranjero.

— The Musical Times and Singing-Class Circular. Mensuel. London, 1, Berners Street [Novello, Ewer & Cie impr.], in-8, environ 70 pages de texte à 2 col. et encartage de musique. Abonnements : 5 s., le numéro 4 d.

1896. Vol. 37. N° 644. F. C. : Richard Wagner's method (avec de nombreux exemples de musique). F. G. Edwards : Bach's music in England. From my Study (Autographes de MM. Hans Richter et Dvorak, en fac-simile). An ex-musician's reminiscences. Joseph Bennett : Facts, rumours, and remarks, etc. Norwich, Sheffield, Bristol musical Festivals. Reviews of music. Correspondances de Belfast, Birmingham, Dundee, Edinburg, Glasgow, Liverpool, Manchester, Sheffield, the Southern Counties, Paris. Musique : Sing, o Heavens, anthem for Christmas, pour

4 voix et orgue, de Alfred R. Gaul. While Shepherds watched, id., de George J. Elvey.

— La Nouvelle France chorale. Moniteur des Orphéons et des Sociétés instrumentales. Bi-mensuel. Directeur : Camille de Vos. Paris, 3, rue d'Aboukir [Boullay impr.], in-fol., 4 pages à 4 col. Abonnements : France et Etranger, 12 francs, le numéro, 50 cent.

1896 (28e année). Nos 20-21. Oscar Comettant : Médaillons de compositeurs célèbres contemporains. Souvenirs intimes. Félicien David. No 20. Concours de Louviers, Honfleur, Versailles, Choisy-le-Roi : appréciations du Jury. No 21. Concours de Montpellier, Langeais, Choisy-le-Roy : id.

— La Nuova Musica. Mensuel. Directeur : E. Del Valle de Paz. Firenze, 10, via de' Conti, gr. in-4, 8 pages de texte à 3 col., 8 à 12 pages de musique. Abonnements: Italie 8 l., Union Postale 10 l., le numéro 1 l.

1896 (1re année). No 1. Texte : Del Valle de Paz : La Teorica degli abbellimenti. G. Senigaglia : Libretti e librettisti. Emilio Pente : Giuseppe Tartini.

Ce numéro contient en outre des notices bibliographiques, des lettres ouvertes, un fragment d'un Dizionario biografico inédit de Samuel.

Comme dans les autres, le supplément musical offre un très réel intérêt : une partie est inédite, une autre comprend des pages oubliées. Voici « Preludio alla Fuga 4a » et « alla Fuga 6a » de G. Tacchinardi, le distingué directeur du R. Istituto Musicale. « Bagatella », une page gracieuse de M. Annibale Monici, de Trieste, pour le quatuor. Enfin « Due Versetti ebraici » de T. Toledano, pour contralti, tenori et bassi, avec l'accompagnement, qui ont été chantés au temple israélite de Florence.

— Oesterreichische Musik-und Theaterzeitung. Bi-Mensuel. Rédacteur en chef : B. Lvovsky. Wien, 45, Seilerstaette [Wallishausser impr.], gr. in-4, 12 pages de texte à 2 col., illustrations et morceaux de musique. Abonnements : 5 fl., le numéro 50 kr.

1896 (9e année). No 1. Wilhelm Klatte : Richard Strauss (biographie avec un portrait). Die Bayreuther Bühnenfestpiele von 1896. Nos 1-2. Max Dietz : Smetana's « Zwei Witwen ». Nos 1-5. Theodor Helm : Dreissig Jahre Wiener Musikleben, 1866-1896, erinnerungen eines Musikkritikers. Th. Andersen : Die Theater in Berlin. Critique théâtrale (théâtres de Vienne) et notices bibliographiques par B. Lvovsky, Arthur Barde, etc. No 1. A. E. Simson : Die Waise von St Ildefonso. Caliban VII : Die Theater in Hamburg. Correspondances de Paris, München, Genève, Braunschweig. No 2. B. Lvovsky : Franz Curti (biographie avec un portrait). E. A. Lutze : Der Herr Theater-Director. A. Schoenfeld : Mozart's Don Giovanni in der Neuinscenirung des Münchener Residenz-Theaters. Correspondances de Graz, München. No 3. Ernest Closson : César Franck (biographie avec un portrait). Nos 3-5. A. E. Simson : Die errungene Liebe, historische novelle. No 4. Ed. Grün : Die Unehrlichen, schauspiel von Gerolamo Rovetta (au « Deutsche Bühne » de Prague). H. Sitt : Aus dem Leben Friedrich Smetana's mitgetheilt von J. Debrnov. Correspondances de Graz, Prag, Dresden, Paris,

Bremen. No 4. A. Barde : Ircer Adenbroth ; — : Sophie Wachner (notices biographiques, avec un portrait). B. Lvovsky : Fr. Smetana's « Verkaufte Braut » in der K. K. Hofoper zu Wien (compte-rendu de la Première de la « Fiancée Vendue » le 4 octobre à l'Opéra de Vienne). Correspondances de Hamburg, Frankfurt A. M. München, Elberfeld. No 5. B. Lvovsky : Wanda und Marcel Tyberg (notices biographiques avec portraits). Theodor Helm : Anton Bruckner als Tondichter. (Cette intéressante notice, qui sera continuée, est ornée d'un fac-similé d'autographe du maître viennois, et de la photogravure d'une scène qui se passa récemment à l'entrée du Palais du Belvédère, où l'Empereur avait voulu qu'Anton Bruckner pût vivre en paix). Correspondances de Prag, Brünn, Lemberg, Graz, Elberfeld-Barmen, Bremen, Chicago.

L'Oesterreichische Musik-und Theaterzeitung a un supplément littéraire intitulé « Litteratur-Blatt », orné de portraits.

Musique. No 1. Romance, pour violon et piano, de L. von Kunits. Barcarolle, pour piano, de Bernard Rie (vendu à part 1 mk). No 2. Bagatellen, pour piano, de J. C. Drahlovsky, op. 153. No 3. Schlummerlied von Oscar Benda, für eine mittlere stimme mit begleitung des pianoforte von Heinrich Kafka. Verlag des Oesterreichischen Musik-und Theaterzeitung. No 4. Scherzino, pour piano, de Franz Musil. No 5. « Arie », pour violon et piano, de R. Novacek, op. 10.

— L'Ouest Artiste. Hebdomadaire. Directeur : A. Chevalier. Rédacteur en chef : Et. Destranges. Nantes, 10, rue du Calvaire [Salières impr.], in-4, 12 pages à 3 col. Abonnements : France et Belgique 5 fr., Union postale 7 fr., le numéro 10 cent.

1896. 12e année. Nos 360-363. Et. Destranges : Fervaal, de Vincent d'Indy, analyse thématique (Le Guide musical). No 363. — : La critique anti-wagnérienne. Son autorité; sa valeur. A Richard : Notules artistiques. E. T. Duparquet : Soirée théâtrale; soirée perdue. No 362. Jaques-Dalcroze : Lettre de musicien.

— Paris-Piano. Bibliothèque musicale bi-mensuelle. Directeur-fondateur : René Godfroy, éditeur. Paris, 21, rue Denfert-Rochereau, gr. in-4, couverture illustrée et 4 pages de musique. Abonnements : France 5 fr., Étranger 7 fr., le no 20 cent.

5e année. No 117. Stambouline, orientale pour piano, de G. Salvayre. Chanson Savoyarde, poésie de Florian, harmonisée par Henry Eymieu.

— Le Petit Poucet. Journal des concerts militaires. Directeur : X. Bourgès, 65, Avenue du Roule à Neuilly-sur-Seine. In-16, 8 pages à 2 col.

1896. 2e année. No 68. Radiguer : Charles Lenepveu (notice biographique avec un portrait). — : Etude sur Boïeldieu.

— Le Progrès artistique. Musique, Théâtres, Beaux-Arts, Littérature, Sport, Escrime, Finances. Hebdomadaire. Fondateur : Victor Souchon. Rédacteur en chef : Maurice La Rivierre. Paris, 12, rue Martel, [Durdilly impr.], gr. in-4, couverture illustrée, 8 pages de texte à 3 col. Abonnements : France 12 fr., Union postale 15 fr., le n° 25 cent.

1896 (19e année). N° 955. Maurice La Rivierre : *Les transformations de la législation internationale sur la propriété littéraire et artistique* (à propos du Congrès de Berne) N° 958. — : *Le droit d'auteur et la Russie.*

— **La Quinzaine musicale.** Bi-mensuel. Directeur : W. Smyth. Rédacteur en chef : H. Eymieu. Paris, Bourlant-Ladam, éditeur, 40, passage du Havre [Durdilly impr.], gr. in-4, 1 page de texte à 3 col., 7 pages de musique. Abonnements : France 6 fr., Étranger 8 fr.

1896 (2e année). N° 20. Conseils des auteurs sur l'interprétation des pièces publiées. Block-Notes. Musique : *La Bagnarello*, mélodie, avec acc¹ de piano, de Henry Eymieu. *Jours de fête*, marche pour piano, de G. Plessy.

— **Revue du Chant grégorien.** Mensuel. Rédacteur-administrateur : le chanoine P. Parel. Grenoble, 2, rue Paul-Bert [Brotel impr.], in-8, couverture. 16 pages, texte en rouge et noir. Abonnements : France 3 fr. 50, Union Postale 5 fr., le numéro 40 cent.

1896 (5e année). N° 3. Dom J. Pothier : *Antienne « Pacem tuam ».* Texte musical et commentaire. D. Andoyer : *Le Congrès de chant liturgique et de musique religieuse de Reims.* Dom A. Mocquereau : *L'Art grégorien, son but, ses procédés, ses caractères.* Amédée Gastoué : *Essai sur la formation des modes liturgiques* (avec des exemples de musique).

— **Revue de musique religieuse et de chant grégorien.** Mensuel. Directeur : J. Mingardon. Marseille, 11, place Sébastopol, in-8, couverture et 16 pages. Abonnements : France et Colonies 3 fr.

1896 (2e année). N° 11. J. Dupoux : *La Mélopée antique, de Gevaert.* E. Soullier : *Une antienne irrégulière* (avec ses différentes transcriptions). *Les nouvelles éditions du chant de Digne.* Le P. A. Dechevrens : *Mémoire présenté au Congrès musical de Bordeaux sur la restauration complète de la musique grégorienne* (suite).

— **Rivista musicale italiana.** Trimestriel. Direction et administration : Fratelli Bocca, éditeurs, 3, via Carlo Alberto, Torino. [Vincenzo Bona impr.], in-8, 150 pages, couverture. Abonnements : Italie 12 l., Union Postale 14 l., le fascicule 4 l. 50.

1896 (3e année). Fascicule 4e. L. Torri : *Vincenzo Ruffo, madrigalista e compositore di musica sacra del sec. XVI..... Ricerche bio-bibliografiche.* (48 pages).

La bibliographie des compositions de V. Ruffo qui termine cette étude est fort riche : elle comprend, outre les éditions de l'œuvre de cet auteur, l'indication des ouvrages qui en renferment des fragments.

Maurice Griveau : *L'interprétation artistique de l'Orage.* (17 pages, avec des exemples de musique).

« Un travail qui n'a jamais encore été fait, je crois, serait de suivre la fortune d'un fait suggestif quelconque, naturel ou humain, dans les différentes formes de l'art. — L'Orage, par exemple..... »

Ayant ainsi posé son sujet, M. Griveau passe en revue les orages écrits par différents maitres : Rossini, Wagner, Beethoven, semant des réflexions du genre de celle-ci : « ... la symétrie mélodique, harmonique de Beethoven, son eurythmie, pour dire le mot juste, est à celle de Rossini un peu ce que la géométrie fine et complexe des ondes et des vents, des nuages, des feuillages, des êtres. — est au simplisme des polygones réguliers, des cercles parfaits, des courbes élémentaires..... »

Y a-t-il pour le musicien « des plantes, des rochers, des coteaux, des sillons, des nuées, des paysans ? Non, mais des directions, des mesures brèves ou longues, des continuités, des interruptions, des arrêts, des entrainements, des exaltations magnifiques et des dépressions sublimes de forces..... »

Dans le tableau d'un orage, est-ce le tonnerre qui gronde, est-ce l'eau qui ruisselle, qui se trouveront figurés ? Non, « mais seulement les émotions et les contrecoups de ces choses. — Comme, au reste, ces émotions, communiquées de l'en dehors, se tracent, au dedans, en rythmes conformes et synchrones, la musique atteint à la fois ses deux buts, et, dans un seul schéma sonore, elle rend le mouvement de foudre et le mouvement d'effroi de la foudre ».

On ne saurait mieux expliquer ce qu'est la musique symphonique, ou plutôt ce qu'elle doit être : car des maitres (Berlioz est du nombre) ont parfois « figuré » le fait lui-même.

On lira avec intérêt l'analyse thématique (avec des exemples de musique) de la *Symphonie Pastorale* de Beethoven, que M. Griveau donne ensuite.

Giuseppe Roberti : *La musica negli antichi eserciti sabaudi* (13 pages sur la composition et le rôle des musiques militaires en Piémont et Savoie, du XVIe au XIXe siècle, d'après les documents historiques; cette étude est accompagnée de la musique d'un fragment de marche du XVIIIe siècle.

Riccardo Gandolfi : *Alcune considerazioni intorno alla*

riforma melodrammatica a proposito di Giulio Caccini, detto Romano.

Alfred Ernst : Les représentations de Bayreuth. (20 pages).

Cette étude, ornée des portraits des principaux interprètes du *Ring*, porte sur l'orchestre, la direction de l'orchestre, la mise en scène et l'interprétation vocale et dramatique. Ceux qui monteront, joueront ou exécuteront la célèbre trilogie, trouveront ici des indications très précises prises à Bayreuth, non seulement aux représentations, mais encore aux répétitions ; non seulement dans la salle, mais encore sur la scène et auprès de l'orchestre : elles expliquent en partie les résultats merveilleux qu'ont obtenus MM. Mottl et Richter dans le « Feuerzauber » de la *Walküre;* la « Rheinfart », la scène des Nornes et la Marche funèbre de la *Goetterdaemmerung;* le « Waldweben », le prélude du 3e acte et la Traversée du Feu de *Siegfried;* l'Orage et l'Apparition du Walhall, au dernier tableau du *Rheingold.*

O. G. Sonneck : La nuova rappresentazione del *Don Giovanni* di Mozart a Monaco (14 pages).

Devant nous étendre sur ce sujet dans notre prochain numéro, nous ne faisons ici que signaler ce compte-rendu intéressant des belles représentations de Munich.

R. Giani : Senza titolo (13 pages; réponse à un article paru dans le 2e fascicule de la *Rivista* : « Una giustificazione necessaria », de Luigi Torchi).

G. Tebaldini : Edgar Tinel (8 pages, un portrait et fragments notés de l'oratorio *Franciscus* à l'analyse thématique duquel cette étude est consacrée).

M. Edgar Tinel y est présenté avec raison comme un représentant des musiciens de la génération actuelle, fort nourris de la polyphonie des anciens compositeurs, contrapuntistes distingués et curieux d'harmonies nouvelles.

Le 3e fascicule de la *Rivista musicale italiana* se termine par des analyses de livres (33 pages), un dépouillement des périodiques (10 pages), un catalogue des livres et de la musique (8 pages) et 8 pages d'informations, desquelles je m'empresse de tirer ce que M. J. Combarieu a écrit sur la distribution des prix du Conservatoire de

Paris, ayant déjà prouvé que je partage pleinement son opinion :

M. Rambaud n'a pas manqué de lui [M. Théodore Dubois] adresser des éloges unanimement ratifiés par l'auditoire; le panégyrique — un peu exagéré au point de vue musical — qu'il a fait ensuite d'Ambroise Thomas n'avait rien de gênant pour l'auteur de *Xavière.* Par la dignité de sa vie, par son autorité de professeur, par son grand talent maintes fois éprouvé et aussi par la sagesse de ses opinions esthétiques, M. Dubois, le successeur de Gounod à l'Institut, méritait à tous égards de remplacer l'auteur — hélas ! populaire — de *Mignon.* Il lui est supérieur, à notre avis, par le savoir, et, comme compositeur, par la qualité du don mélodique. En outre, M. Dubois est resté, malgré les variations du goût et les entraînements de la mode, un musicien « français »; on ne peut lui reprocher aucune imitation maladroite et bruyante de l'art allemand; il a bu, comme tous ceux qui écrivent pour le théâtre, à la coupe wagnérienne, mais discrètement, sans aller jusqu'à l'ivresse; l'État ne pouvait donc faire un meilleur choix en le plaçant à la tête d'une grande école qui, tout en s'affranchissant de doctrines surannées, doit évidemment « conserver » un caractère national.

— Românïa musicala. Bi-mensuel. Directeur : Const. M. Cordoneanu. Rédacteur en chef: V. Grigorescu-Elvir. Bucuresci, 46, Strada Olteni [M. Basilescu impr.], in-8, 8 pages de texte et encartage de musique. Abonnements : Roumanie 12 l., Etranger 14 l.

1896 (7e année). No 17. G. Stephanescu : Karl Maria de Weber si Opera sa *Freischutz* (avec des citations en musique). No 17. C. M. Cordoneanu : Repertoriul scolar. — : Respuns cititorului din Craiova. No 16. — : Les musiques et les chœurs militaires pendant la visite de l'Empereur d'Autriche en Roumanie.

Musique. Imn scolar, chœur mixte de V. Soloveanu (Série scolaire no 2).

— The School Music Review. A monthly periodical devoted to the interests of Music in Schools. Mensuel. Directeur-propriétaire : Novello, Ewer et Co, éditeurs, 1, Berners street, London, in-8, 20 pages à 2 col. et couverture. Abonnements : 2 s., le numéro 2 d.

1896 (5e année, vol. V). No 54. Texte : Fr. Peterson : A great opportunity. Docksey : Tonic Sol-Fa and the Staff notation. Bonner : Voice training in schools. School music in Scotland. Graduated exercises for school classes.... Musique (dans les deux notations) : Boat Song, à l'unisson, de Eaton Faning; Down in a green and shady bed, chœur à 2 parties, de K. Bounby ; Hey Baloo (Hochlaendisches wiegenlied), à l'unisson, de Schumann. 4 pages d'études et exercices gradués.

— Schweizerische Muzikzeitung und Saengerblatt. Organ des Eidgenoessischen Saengervereins. Bi-mensuel. Rédacteur en chef : A. Niggli. Administration : Gebrüder Hug & Co, Zürich [Zürcher & Furrer impr.], in-4, 40 pages. Abonnements : Suisse 6 fr. 40, Union Postale 7 fr. 20, le numéro 40 cent.

1896 (36e année). No 20. G. R. Kruse : Ein Denkmal

für Albert Lortzing. In eigener Sache; Aufführungsrecht (sur la Société des Auteurs). Korrespondenzen (Lensburg, Genève). Informations. Bibliographie. N°s 19-20. Heinrich Richter : Gedanken über das Punktum saliens im Musikleben, — Lehren und — Schaffen (avec des exemples de musique). N° 19. — : Ueber die Musik der Neger. N°s 19, 20. Niggli : Musikalische Herbstferientage in München. — Informations. Bibliographie.

— La Tribune de Saint-Gervais. Bulletin mensuel de la « Schola Cantorum », fondée pour encourager l'exécution du plain-chant selon la tradition grégorienne, la remise en honneur de la musique palestrinienne, la création d'une musique religieuse moderne, l'amélioration du répertoire des organistes. Rédaction : Paris, 15, rue Stanislas [Bluté impr. à Ligugé], in-8, couverture, 16 pages et un encartage de musique. Abonnements : France 10 fr., Union Postale 11 fr.

1896 (2e année). N° 10. Jean de Muris : Compte-rendu de la séance d'inauguration de l'École de chant liturgique et de musique religieuse fondée à Paris par la « Schola Cantorum ». Dom R. Andoyer : Le Congrès de Reims. C. de Boisjolin : Mois musical.

— Werners' Magazine. A Monthly devoted to vocal and physical expression. Rédacteur en chef : Edgar S. Werner, 108, East 16th street, New-York. In-8, environ 80 pages à 2 col. Abonnements : United States et Canada 2 d.: autres pays 2 d. 48 cents; le numéro 25 cents.

1896. (18e année). Vol. XVIII. N° 10. J. W. Suffern : The usefulness of vocal culture..... Ebenezer Prout : The Orchestra in 1800 and 1900. E. Belari : The Singing-voice. A. Page : The education of the ear. The Younger Lamperti's views on singing.

Suivent de nombreux conseils pour la déclamation ; ainsi que des pièces à dire, par exemple une poésie de Malcolm Douglas : « A musical neighborhood ». Sous la rubrique « Current Thought » on trouve des extraits de tous les journaux et revues sur le chant et la déclamation.

— Zeitschrift für Instrumentenbau. Officielles Organ der Berufsgenossenschaft der Musikinstrumenten-Industrie, des Vereins Deutscher Pianoforte-Fabrikanten und des Vereins Deutscher Orgelbaumeister. Tri-mensuel. Directeur : Paul de Wit. Leipzig, 16, Thomaskirchhof [Frankestein & Wagner impr.], in-4°, 24 pages à 2 col. Abonnements : Par trimestre 2 mk 50 pf. ; étranger 3 mk.

1896. 16e année. N°s 35-36. 17e année. N°s 3-4. W. Hepworth : Eine zeitgemaesse Betrachtung ; zur Berücksichtigung bei Orgelbauten, Orgelrevisionen u. s. w. N° 3. Busemann : Ein Pansüdamerika? N° 5. A. Hiller : Ueber die Mensur und Anschlaglaenge der Basssaiten des Klaviers. N° 5. Description, avec figure, de l'Organochord.

Dans chaque numéro : Sprechsaal (lettres ouvertes). Vermischtes (nombreux renseignements sur la facture instrumentale de tous pays). Orgelbau-Nachrichten (composition d'orgues nouvelles). Illustrirte Patent-Uebersicht (avec figures).

— Bulletin des Sommaires. Revue de la Presse française et étrangère. Le premier journal français imprimé en nouvelle orthografie. Bi-mensuel. Gérant : Ch. Limouzin. Paris, 41, rue Beaunier.

Abonnements : France et Belgique 5 fr., Union Postale 5 fr., le numéro 25 cent.

— Cosmopolis. N° 10. Mahaffy : Bayreuth in 1892.

— LE JOURNAL. N°s 1493, 1494, 1497, 1504, 1507. Victor Maurel : A propos de la mise en scène de Don Juan.

Dans cette étude, dont Le Journal a su se réserver la primeur, le grand artiste raconte comment il parvint, dans le cours de sa carrière théâtrale, à se faire une conception nette de la manière dont doit être interprété Don Juan.

Puis il passe à son voyage récent à Munich, où, comme nous l'avons dit le mois dernier, des représentations modèles furent données du chef-d'œuvre, en attendant celles que préparait à l'Opéra-Comique M. Carvalho, avec le concours si précieux de M. Victor Maurel lui-même.

— The Monthly Index of periodical literature. A supplement to the Review of Reviews. London, Mowbray House, Norfolk str.

Sommaires des revues anglaises et américaines et de nombreuses revues étrangères.

— Revue blanche. 1896. Tome XI. N° 81. H. Gauthier-Villars : Notes sur le père Franck.

CATALOGUE

Adresses d'éditeurs cités : Breitkopf & Haertel, 36, Nürnbergerstr. à Leipzig, 45, Montagne de la Cour à Bruxelles. Durand & fils, 4, place de la Madeleine, à Paris. Ernst Eulenbourg, 8, Koenigsstrasse à Leipzig. Léon Grus, place Saint-Augustin à Paris. Librairies-Imprimeries Réunies, 7, rue Saint-Benoist à Paris. Ve Richault, 4, boulevard des Italiens à Paris. Verlag der Oesterreichischen Musik-und Theaterzeitung, 8, Krugerstrasse, in Wien.

LITTÉRATURE MUSICALE :

Deutscher Buehnen-Spielplan 1896-1897 : 1896. September. (Tableau des œuvres dramatiques représentées en Allemagne pendant ce mois), Leipzig, Breitkopf et Haertel, 1896, in-12.

Le Jubilé de C. Saint-Saëns. Paris, Librairies-Imprimeries réunies, 1896, in-4, une pl.

ORCHESTRE :

(**Voy. ci-dessus, au** Répertoire bibliographique : *La Nuova Musica.*)

Broustet (E.). Marche des archers. Paris, Durand, 5 fr.

MUSIQUE DE CHAMBRE

ET MORCEAUX POUR DIVERS INSTRUMENTS :

(**Voy. ci-dessus, au** Répertoire bibliographique : *Il Mandolino, La Nuova Musica, Oesterreichische Musik-und Theater Zeitung.*)

Cesek (Hans A.). Romanze, für violine mit pianoforte-begleitung. Op. 17. Leipzig, Eulenburg, 1 mk 50 pf.

Dancla (Charles). Rigodon, pour violon, avec accomp^t de piano. Op. 206. Paris, Richault, 7 fr. 50.

Dedieu-Peters. Sérénade, pour piano et mandoline. Paris, Durand, 6 fr.

Provinciali (Emilio). Andante, pour violoncelle avec accomp^t de piano. Leipzig, Eulenburg, 1 mk 20 pf.

PIANO :

(**Voy. ci-dessus, au** Répertoire bibliographique : *Ilustracion musical, The Monthly Musical Record, La Nuova Musica, Oesterreichische Musik-und Theater Zeitung, Paris-Piano, la Quinzaine musicale.*)

Bourgault-Ducoudray. Passe-Pied. Paris, Grus, 5 fr.

Broustet (E.). Marche des Archers. Paris, Durand, 5 fr.

Cesek (Hans A.). Valse-Caprice. Op. 14. Leipzig, Eulenburg, 1 mk 80 pf.

Dedieu-Peters. La Chanson du pays. Légende villageoise. Op. 60. Paris, Durand, 4 fr.

— . Passepied. Op. 40. Paris, Durand, 4 fr.

— . Sérénade. Op. 48. Paris, Durand, 5 fr.

— . Valse-Caprice. Op. 73. Paris, Durand, 6 fr.

Durand (Jacques). Air de Ballet. Op. 17. Paris, Durand, 5 fr.

Erb (M.-J.). Berceuse. Paris, Durand, 4 fr.

— . Tambourin. Paris, Durand, 5 fr.

Falkenberg (Georges). Danse orientale. Op. 19. Paris Durand, 6 fr.

— . Impression Matinale, esquisse. Op. 22. Paris, Durand, 5 fr.

Flégier (A.). Fête Galante. Paris, Grus, 5 fr.

— . Pavane. Paris, Grus, 5 fr.

Hansen (H.-M.). Air de Ballet. Op. 9. Paris, Durand, 6 fr., à 2 pianos, net 2 fr. 50.

— . Danse Norwégienne. Op. 10. Paris, Durand, 6 fr.,

Lang (Hermann). Marche Caractéristique. Paris, Ve Richault, 6 fr.

Mélan-Guérault. Etude-Caprice. Op. 15. Paris, Durand, 6 fr.

Saint-Saëns (C.). Valse mignonne. Op. 104. Paris, Durand, 6 fr.

— . Berceuse à 4 mains. Op. 105. Paris, Durand, 6 fr.

Wachs (Paul). La Fornarina, tarentelle. Paris, Durand, 6 fr.

— . Présentation, pièce dialoguée. Paris, Durand, 5 fr.

— . Scherzo Romantique. Paris, Durand, 5 fr.

MUSIQUE RELIGIEUSE :

(**Voy. ci-dessus, au** Répertoire bibliographique : *Courrier de Saint-Grégoire, Journal des Organistes, The Musical Times, Revue du Chant grégorien.*)

Bourguignon (abbé). Chants liturgiques de la messe des morts harmonisés. Chez l'auteur, 1 fr. 25.

Dancla (Charles). Laudate Dominum, motet avec accomp^t de violon et d'orgue ou de piano. Paris, Ve Richault, net 2 fr.

Renaud (Emile). Ave Maria, pour soprano et ténor, avec accomp^t d'orgue. Paris, Ve Richault, 5 fr.

CHŒURS :

(**Voy. ci-dessus, au** Répertoire bibliographique : *The Musical Times, România Musicala, The School Music Review.*)

MÉLODIES & LIEDER :

(**Voy. ci-dessus, au** Répertoire bibliographique : *L'Ami du Chanteur, Ilustracion musical, La Lyre chrétienne, Oesterreichische Musik-und Theater Zeitung, Paris-Piano, La Quinzaine musicale. The School Music Review.*)

Bemberg (H.). Il Passa, avec accompagnement de piano. Poésie de Vacaresco. Paris, Grus, 5 fr.

N° 1 en *sol* (soprano).

N° 2 en *fa*.

Cesek (H.-O.). Petites Roses, avec accompagnement de piano. Poésie de May. Leipzig, Eulenburg, 1 mk 20 pf.

Charton (Georges). Chant d'amour, avec accompagnement de piano. Poésie de Le Gallo. Paris, Ve Richault, net 1 fr.

Cieutat. Chanson de page, avec accompagnement de piano. Poésie de Félix Rémi. Paris, Grus, 6 fr.

Flégier (A.). Apaisement, avec accompagnement de piano. Poésie de Verlaine. Paris, Grus, 5 fr.

— . Chanson sentimentale, avec accompagnement de piano. Poésie de Catulle Mendès. Paris, Grus, 5 fr.

— . La Rencontre, rondeau-mazurka, avec accompagnement de piano. Poésie de Arsène Houssaye. Paris, Grus, 5 fr.

Rivet (Mlle Jeanne). Pensée matinale. Poésie de Mme Alphonse Daudet. Paris, Patay, 3 fr.

Le Propriétaire-Gérant :

Baudouin-La Londre.

Bourges, imprimerie M. H. Sire.

LE
JOURNAL MUSICAL

Bulletin international critique

DE LA

BIBLIOGRAPHIE MUSICALE

N° 8. — Décembre 1896.

Pour toutes les communications (abonnements, publicité, etc.), s'adresser à ....

M. le Directeur du JOURNAL MUSICAL
Paris, 11, rue Saint-Joseph

ABONNEMENTS

France, par an .... 6 fr.
Pays de l'Union postale .... 7 fr.
— d'Outre-Mer .... 8 fr.
Le numéro mensuel...... 50 centimes

ANNONCES

Annonces diverses : 1/2 page... 45 fr.
— 1/4 — ... 25 fr.
Informations, offres et demandes, etc.:
La ligne .... 2 fr.

EN VENTE : à la librairie Fischbacher, 33, rue de Seine, à Paris ;
Chez les éditeurs de musique et les principaux libraires de la France et des autres pays

SOMMAIRE

INFORMATIONS.
Les Résultats d'un enseignement nouveau de la musique (*Suite*) : Lettre de
M. ALFRED JOSSET.
OFFRES ET DEMANDES de livres, partitions rares ou d'occasion.

Chronique.

BULLETIN CRITIQUE : Auditions et Publications :
CANTERINO : Guillaume Costeley, avec portrait.
CANTERINO et B. L. : *Aude et Roland*; Pièces diverses pour piano, violon, chant.
ICONOGRAPHIE MUSICALE et INSTRUMENTS ANCIENS.
RÉPERTOIRE BIBLIOGRAPHIQUE : Sommaires et extraits des périodiques de musique de
tous pays et de périodiques et livres divers.
CATALOGUE des livres, méthodes, partitions, morceaux, etc., récemment parus.

CARNET

Paris. — Opéra-Comique : Représentations de M. Victor Maurel dans *Don Juan*.

Paris. — 13 janvier : 4e Concert de l'Historique du Violon donné par M. Tracol à la Salle Pleyel.

INFORMATIONS

NOUVEAUTÉS, NOVITAETEN, NOVELTIES

Voir au Catalogue l'annonce des NOUVEAUTÉS.

NOTA. — *Toutes les NOUVEAUTÉS sont* **annoncées gratuitement** *au* CATALOGUE du *Journal musical.*

Mais l'exemplaire doit nous être adressé **dès leur apparition.**

Plusieurs de nos abonnés ont cru devoir nous indiquer que c'est après la lecture d'une note sur le *Journal musical* parue dans telle revue qu'ils nous ont envoyé leur adhésion. Nous avons dans bien des cas vérifié le fait; mais dans quelques autres, il est évident que la note a paru avant que la revue désignée n'ait commencé avec nous le service d'échange. Nous prions donc nos confrères de nous faire parvenir le numéro où ils nous ont mentionné à notre insu, afin qu'il soit tenu compte de leur obligeance dans la répartition de l'Annuaire du *Journal musical*, lequel sera envoyé gratuitement aux abonnés, aux « honoraires » et aux confrères qui ont contribué au succès du *Journal musical* par un concours moral spontanément apporté.

A partir du 1ᵉʳ janvier prochain, pour toutes les communications, s'adresser à M. le Directeur du JOURNAL MUSICAL, 11, RUE DE LA PÉPINIÈRE, Paris.

Beauvais. — La fête de Sainte-Cécile a été célébrée avec un éclat inaccoutumé dans notre vieille et si curieuse église de Saint-Étienne.

Cette année la Société Philharmonique, sous la nouvelle et habile direction de M. Robert, a joué deux fragments de la 51ᵉ Symphonie de Haydn, la Marche hongroise de Kowalski, M. Dujardin, hautboïste, la Romance à l'Étoile de *Tannhaeuser*, M. Cantrel, violoncelliste, la Berceuse de *Jocelyn*. Ces messieurs n'ont droit qu'à des éloges : l'orchestre est fort en progrès; les solistes ont été parfaits. A eux s'étaient joints deux artistes, à qui la Caisse de l'Association des Artistes Musiciens est redevable en grande partie des fructueux résultats de cette solennité. Tous deux révèlent les qualités du bon musicien : M. Cécille, le dévoué directeur de notre Société Chorale, laquelle a remporté un succès si mérité au récent Concours de Versailles, possède une jolie voix de ténor; il la conduit avec goût, non sans une réelle distinction. Il

a eu pour partenaire, dans l'*Ave Maria* en duo de Lucien Farjall, Mᴸˡᵉ Marie Lapierre qui se faisait entendre ici pour la première fois : douée d'un mezzo au timbre généreux et séduisant, Mᴸˡᵉ Marie Lapierre se distingue encore par la netteté de l'articulation, la clarté des sons. Elle a bien voulu nous charmer encore dans l'*O salutaris* de Cognet; grâces lui soient rendues, ainsi qu'à tous ceux que j'ai nommés, ne jugeant pas inutile d'ajouter que ces artistes n'avaient au reste « ambitionné d'autre récompense que la joie de faire le bien ».

Bourges. — A l'occasion de l'Exposition, il y aura cet été un grand Concours international de musique.

Le succès sera grand, et il sera intéressant de constater, dans la ville même où elle siège, les résultats obtenus par la *Fédération musicale* de France.

Paris. — Le 7 décembre, est mort le compositeur Eugène-Henri Frène.

— A la fête donnée en l'honneur de Mᵐᵉ Sarah Bernhardt, le 9 décembre, l'orchestre et les chœurs de M. Edouard Colonne ont exécuté une belle cantate, digne de cette belle solennité, que M. Gabriel Pierné vient d'écrire sur les vers de M. Armand Silvestre :

Toi qui portes la lyre sainte
Sur les lèvres et dans ton cœur.

....

Sarah! sœur de la Muse immortelle, salut.

— Au cours si intéressant et si fréquenté de l'Histoire de la Musique, professé par M. Bourgault-Ducoudray au Conservatoire, on a entendu un fragment de musique grecque chanté en grec par Mᴸˡᵉ Milanaki, qu'accompagnait M. Fernand Maignien sur la lyre antique du pays de Galles.

— Un diplôme de médaille d'or a été décerné par le Jury de l'Exposition du Théâtre et de la Musique à M. Risacher, directeur de l'*Annuaire des Artistes*.

— La partition du *Guillaume Tell* de Rossini vient d'être adjugée 4,700 francs à l'Hôtel Drouot.

— Quel est l'homme politique, l'écrivain, l'artiste qui ne souhaite savoir ce que l'on dit de lui dans la presse ? Mais le temps manque pour de telles recherches.

Le COURRIER DE LA PRESSE, fondé en 1889, 21, boulevard Montmartre, à Paris, par M. GALLOIS, a pour objet de recueillir et de communiquer aux intéressés les extraits de tous les journaux du monde sur n'importe quel sujet.

Le COURRIER DE LA PRESSE LIT 6,000 JOURNAUX PAR JOUR.

Pesaro. — Les lauréats du concours organisé par l'éditeur Oreste RUGGERI (Voy. le *Journal musical*, nᵒ 5, page 72) sont : M. CARLINI, de Livourne, à qui reviennent les 400 lire en or, les suivants ayant un diplôme d'honneur : F. Bertolazzi, de Loreto Aprutino; Biernacki, de Stanislaopol; C. Calfanei, de Genova; C. Corradi, de Sampierdarena; A. Keller, de Voghera; G. Maraschini, de Osimo; F. Pisani, de Cerignola; G. Trento, de Lecce.

LES RÉSULTATS

D'UN

Enseignement nouveau de la Musique

(Suite.)

Voici le complément que j'annonçais dans le n° 7 de l'article qui porte ce titre. Je laisse à M. Alfred Josset toute liberté, comme aussi toute responsabilité, chacun pouvant à cette place plaider sa cause. D'ailleurs je partage l'admiration de ceux qui ont entendu Mlle Jeanne Blancard ; ceux-là liront d'un œil favorable ce que son maître — qui, pour la première fois, s'adresse au public dans un journal — vient de m'envoyer.

B. L.

Monsieur le Rédacteur, il y a quinze années déjà que j'étais appelé à diriger les cours de musique de l'Institution de Saint-Jean-de-Dieu. J'avais pour élèves des infirmes, des boiteux, des aveugles. Je pus, grâce à Dieu, faire passer dans leur âme l'ardeur qui m'animait, et le succès couronna mes efforts. De ces deshérités de la nature j'ai formé un orchestre symphonique, un orchestre militaire, une société chorale, qui comptent d'ensemble aujourd'hui deux cents exécutants. Encore la plupart ne sont-ils pas spécialisés, et possèdent-ils, outre l'orgue, le piano ; outre l'harmonie, qu'ils connaissent à fond avant d'avoir mis le doigt sur le clavier, deux ou trois instruments.

Ce n'est pas tout ; obligé pour instruire ces infortunés dans toutes les parties de la musique, le seul art, la seule profession qui soit accessible à un certain nombre d'entre eux, j'ai été amené à grouper, à rassembler, à synthétiser et partant (« qui voit tout, abrège tout », a dit Montesquieu) à tout résumer.

C'est ainsi que j'ai rédigé une sorte d'encyclopédie musicale, où les diverses notions d'harmonie, d'histoire de la musique, sont présentées sous une forme succincte, rapide et simplifiée : c'est le *Conservatoire de l'avenir ou nouvelle encyclopédie musicale*. Naguère le Gouvernement a bien voulu récompenser mes tentatives de démocratisation de l'art musical, trop longtemps resté le privilège des classes les plus fortunées. Aujourd'hui, des amis bienveillants, parmi lesquels se trouvent des hommes politiques, aussi bien que des critiques autorisés et des compositeurs bien con-

nus, ont eu la pensée qu'il ne serait peut-être pas sans intérêt que les principes de ma méthode et ses résultats fussent exposés dans une audition publique. On y entendrait mes divers élèves : je compte parmi eux Jeanne Blancard qui, avant sa dixième année, avait déjà composé trente-neuf morceaux publiés par l'éditeur Maquet et faisait partie de la Société des auteurs et compositeurs de musique. On les entendrait exécuter divers morceaux de leur composition, traduire leur musique en langue vulgaire, transposer dans tous les tons et improviser dans tous les styles.

Cette séance, je voudrais la donner dans la grande salle du Conservatoire de Paris. Le Conservatoire doit être animé d'un esprit assez large et assez libéral pour admettre des essais nouveaux et des tentatives originales.

Ne cultivons-nous pas le même art, ne sommes-nous pas de la maison du même père ? N'est-ce pas en musique surtout que plusieurs voies conduisent à la maison du Père de famille ?

Dans l'espoir que mes vœux se réaliseront, etc...

Alfred Josset.

P.-S. — J'abuserais, en m'étendant, de l'hospitalité que vous m'avez offerte, Monsieur le Rédacteur ; aussi je n'ajouterai aujourd'hui qu'un mot à l'article paru dans le dernier numéro du *Journal musical* sur ma manière d'enseigner. Je dis toujours à mes élèves : « Tâchez d'ignorer cette stupide invention : gammes majeures, gammes mineures, cause de l'impuissance de l'art actuel et de ses désordres. N'en faites jamais ; et surtout ne jouez jamais d'études qui sont presque toutes bâclées sur ces maudits échelons de la routine. N'ayez foi qu'en vous-mêmes, forts de mes quatre procédés mnémotechniques, grâce auxquels vous avez en quelques instants appris l'harmonie pratique. Vous serez aussi mes dévoués champions pour la Typophonie, c'est-à-dire la traduction de la pensée dans la symphonie. Enfin vous aurez toujours de la reconnaissance pour ceux qui, au prix de gros sacrifices, voulurent que l'École de Bruxelles ne fût pas la seule où l'élève-compositeur trouvât un orchestre pour ses premiers essais. »

OFFRES ET DEMANDES

— Existe-t-il des documents sur le séjour de Rameau à Lille, comme organiste de l'église Saint-Etienne ? A-t-il été publié des travaux sur ce séjour dans des revues locales ? Prière d'adresser la réponse à M. le Directeur du *Journal musical*.

— En souscription chez Canuto Berea y Cª, editores, 38, Real, La Coruna (Espagne) : *Teatro Lirico Espanol*, anterior al siglo XIX, de Felipe Pedrell.

— Dans le catalogue des « Livres d'Etrennes » publié chaque année par le Cercle de la Librairie, nous relevons :

Hector Berlioz, sa vie et ses œuvres, par Adolphe Jullien. Lemercier éditeur.

Ed. Missa. Douze mélodies enfantines, avec accompagnement de piano. Alphonse Leduc.

Albert Soubies. La musique allemande. May, Motteroz.

En examinant les épreuves de ce numéro, je vois qu'on retrouvera à deux endroits différents (la lettre de M. Alfred Josset et le *Journal d'un Solitaire*) la même proposition. Je me permets de la signaler à l'attention éclairée (et point du tout réfractaire à l'examen de ce qui touche à l'intérêt général) du Directeur actuel des Beaux-Arts.

Peut-on expliquer pourquoi les cours libres d'esthétique ou d'enseignement de la Musique trouvent un asile aux Facultés des Lettres et non pas aux Écoles de Musique, à la Sorbonne et non pas au Conservatoire ?

Musiciens, mes amis, on vous répondra par la quasi autonomie des Universités et par la dépendance des Conservatoires. Je vous engage plutôt à demander pourquoi l'État n'entend point « conserver » la Littérature et se réserve la « conservation » des Arts.

Et encore prenez garde : car, vous dira-t-on, une fois les cours libres admis en principe, vous découvrez l'Arche-Sainte, la Musique nationale.

Peut-être faut-il vous contenter de voir aujourd'hui à la tête de la grande école, ainsi que le disait M. Jules Combarieu, dans le dernier fascicule de la *Rivista musicale italiana*, l'artiste capable de contribuer à l'affranchir des doctrines surannées, tout en servant la cause de la Musique française.

Demandez-vous que les cours du Conservatoire soient tous publics comme à la Sorbonne ? Qu'en pensent ceux qui désirent le rétablissement du pensionnat ?

BULLETIN CRITIQUE

Barcelone. — A la Société catalane des Concerts, dirigée par l'ancien violon-solo des Concerts d'Harcourt, M. Crickboom, l'orchestre a donné les cinquième et sixième symphonies de Beethoven, *Sauge Fleurie* de Vincent d'Indy, le prélude du 3e acte de *Tristan*, dont le solo a été exécuté par le célèbre hautboïste de Bruxelles M. Guidé ; la Chaconne de Bach, des fragments du 1er Concerto de Vieuxtemps, par M. Eugène Ysaye.

Bruxelles. — Aux Concerts Ysaye, la Symphonie Héroïque de Beethoven ; le Concerto de Grieg, avec M. Raoul Pugno.

— Au Cercle artistique, récital intéressant de Mme Roger-Miclos, accompagné d'une conférence de M. Armand Silvestre, consacré aux œuvres de Chopin.

— Aux Concerts populaires, succès pour les humoristiques pages musicales des « Equipées de Till Eulenspiegel », de Richard Strauss.

— Au Conservatoire, on a fait entendre une série de chansons françaises des xviie et xviiie siècles, transcrites par M. Gevaert.

— La Société des Instruments anciens de Paris (MM. Diémer, Van Vaefelghem, Delsart, Grillet) a donné « Air tendre » de Rameau, « Tourbillon » de Dandrieu, « Je ne sais quoi » de Couperin, « Révérences nuptiales » de Boismortier.

Carlsruhe. — Au Théâtre Grand-Ducal, et sous la direction de M. Félix Mottl, a eu lieu la première représentation du *Drac* de MM. P. et L. Hillemacher, qui ont écrit là une partition d'une belle venue, surtout au 2e acte; Mme Félix Mottl a révélé un grand talent dans le personnage principal et a profondément ému à l'épilogue, une des meilleures pages.

Liège. — Aux Concerts du Conservatoire, la Symphonie en *ut* mineur de Saint-Saëns.

Londres. — Au Queen's Hall, l'orchestre Lamoureux a fait entendre la Symphonie en *ut* de Schumann.

Lyon. — Sous la direction de M. Saint-Saëns, a eu lieu la première représentation de *Javotte*, son nouveau ballet.

Nancy. — L'orchestre du Conservatoire a donné la symphonie en *ré* mineur de César Franck.

Odessa. — L'orchestre Colonne a donné le Concerto romantique de Godard, l'Ouverture du *Roi d'Ys* et des fragments du ballet d'*Hérodiade*.

Paris. — *Aude et Roland*, la partition à laquelle a été décerné le Prix Rossini, a été exécutée sous la haute direction de M. Taffanel. Elle a été bien accueillie.

— A l'église Saint-Eustache, pour la fête de Sainte-Cécile, la « Messe de Saint François d'Assise » de Paladilhe a été exécutée sous la direction de M. Danbé.

— A la Bodinière, première audition des *Contes Mystiques*, de M. Stéphan Bordèse, mis en musique par MM. Théodore Dubois, Fauré, Widor, Saint-Saëns, etc., et chantés par Mme Marchesi.

— Aux Concerts de la Société Philharmonique dirigée par M. Ludovic Breitner, une première audition du nouveau Concerto, op. 47, de Schütt (Simrock, éditeur), dans lequel se manifeste généralement une fantaisie agréable, et dans l' « Allegro Vivace » une allure personnelle. A signaler encore, aux mêmes Concerts, le Trio, op. 65, de Dvorak, exécuté par MM. Breitner, Marsick et Loeb, la Suite, op. 44, de Schütt, par MM. Breitner et Marsick.

— Aux Concerts du Conservatoire, sous la direction de M. Taffanel, la 7e Symphonie de Beethoven exécutée dans la plus complète perfection et encore le 7e Concerto, op. 103, de Saint-Saëns avec M. Diémer.

— Aux Concerts-Colonne, *Frithiof*, de Théodore Dubois ; le 3e acte de la *Gœtterdaemmerung* ; la Sérénade à Watteau de M. Charpentier, qui continue à se distinguer plus par l'habileté d'orchestration que par quelque sentiment personnel : dans la séance spéciale de musique russe, le succès a été pour la musique populaire.

Le 6 décembre a été célébré, par une nouvelle audition intégrale de l'œuvre, le cinquantenaire de la *Damnation de Faust*. Le programme de cette séance se compose d'une notice historique, iconographique et bibliographique de notre savant confrère M. Charles Malherbe, qui a pu, grâce à ses recherches, l'orner d'une reproduction d'un portrait intéressant de Berlioz en 1845, des fac-simile du programme du 6 décembre 1846 et de la première page du manuscrit original de la *Damnation de Faust*.

— Aux Concerts-Lamoureux, le fameux Quatuor tchèque (MM. Hoffmann, Suk, Nedbalt, Wihan), qui vient d'être acclamé à Bruxelles, La Haye, et avait au printemps dernier donné des séances inoubliables à la salle de la rue d'Athènes (Voy. le *Guide musical*), a exécuté le Quatuor en *ré* mineur de Schubert, le Quatuor en *fa* majeur de Tschaïkowsky ; que dire du beau Quatuor en *mi* mineur de Smetana, intitulé « Ma Vie » (*Aus meinem Leben*), cette merveille, dans laquelle tour à tour se révèlent la tendresse, l'enthousiasme, la délicatesse ?

L'orchestre de Lamoureux a donné la Symphonie en *ré* mineur de César Franck, le Concerto, op. 22, de Saint-Saëns, avec le concours du pianiste belge de Greef.

— A l'Opéra-Comique, les représentations de *Don Juan*, l'œuvre incomparable, où tout est prodigué « à la musique », poursuivent leur brillante carrière avec M. Victor Maurel, sous la direction de M. Danbé.

— A l'Odéon, le *Philoctète* de Sophocle est accompagné d'une musique de scène écrite par M. Coquard.

Wien. — Aux Concerts de la Société Philharmonique, dirigée par Hans Richter, la 2e Symphonie de Schumann, l'ouverture des *Francs-Juges* de Berlioz, la 7e Symphonie de Bruckner, *Der Wassermann*, nouvelle composition symphonique, op. 107, de Dvorak.

A l'Opéra, *La Fiancée vendue* de Smetana ; le *Chevalier d'Harmental*, avec Van Dyck.

— Le *Guide musical* n° 47, donne un résumé du tableau graphique de M. Jules Martin sur le mouvement musical de l'Académie Nationale de Musique de Paris, du 1er janvier 1830 au 30 juin 1896.

GUILLAUME COSTELEY

Les Maîtres musiciens de la Renaissance française,
éditions publiées par M. Henry EXPERT sur les manuscrits les plus authentiques et les meilleurs imprimés du
XVIᵉ siècle, avec variantes, notes historiques et critiques,
transcriptions en notation moderne, etc., 3ᵉ livraison.
— GUILLAUME COSTELEY : *Musique.* 1ᵉʳ fascicule.
Paris, Alphonse Leduc, éditeur, 3, rue de Grammont
[A. Chaimbaud impr.], MDCCCVI. in-4ᵒ, 12 feuillets
liminaires (contenant le faux-titre, le titre en rouge et
noir, orné d'une vignette, le fac-simile du titre de l'é-
dition originale, Paris, Ballard, 1570, les fac-simile des
portraits de Costeley, des épîtres dédicatoires, de la préface, etc., de la même édition, la table du présent fascicule) et 143 pages de musique en notation moderne.

Les Maîtres musiciens de la Renaissance
française nous conduisent de surprise en
surprise : après Orlande de Lassus, Goudimel, voici le célèbre Guillaume Costeley
(né et mort à Evreux), organiste ordinaire
du roi Charles IX, et dont la glorieuse
réputation, après avoir sommeillé trois
siècles durant, va de nouveau se répandre,
grâce aux patientes recherches et au goût
finement éclairé de M. Henry Expert.

La Normandie surtout, patrie de Catel,
Boïeldieu, sera fière et reconnaissante au
savant musicien d'avoir sorti de l'ombre un
de ses plus illustres enfants.

Selon toutes probabilités, Costeley fut
membre de l'Académie de Charles IX, dont
il était l'ami et le protégé; et lui-même
fonda à Evreux, avec le concours des
hommes les plus éminents de ce pays, le
fameux « Puy de musique en l'honneur de
madame Sainte Cecille » dont il fut le premier prince et qu'il honora par son génie.

Extrait des *Maîtres Musiciens de la Renaissance Française,*
Alphonse LEDUC, éditeur.

Costeley, tant admiré de ses contemporains — Baïf disait :

Costeley........
Qui sçais par beaux acors acoiser l'âme emuë,
L'exciter assoupie, exprimer ses douleurs.

— est l'objet de nouveaux panégyriques (Voy. le *Guide musical* des 16 et 23 août, le *Génevois* du 23 octobre et le numéro 10 du *Monatshefte für Musik geschichte*.)

En tête de l'édition de 1570, Costeley donnait ces conseils à son « petit labeur » :

Va, va, ne t'esbahy de ceux-là qui diront :
Ce Costeley n'a pas d'un tel le contrepoint,
Il n'a pas de cestuy la pareille harmonie,
J'ay quelque chose aussi que tous les deux n'ont point!

On ignore si ces paroles visaient quelque contrapuntiste en particulier ; elles font présumer du moins que ses œuvres étonnèrent, ébahirent quelque peu ses contemporains et que Costeley se rendait compte de l'originalité de sa musique et de l'expression de ses compositions.

Elles n'ébahissent pas moins les modernes : Comment, disent-ils, depuis trois siècles, les œuvres du maître ébroïcien sont demeurées introuvables, nul ne les a chantées ni étudiées, cependant nous connaissons ces gracieuses et sentimentales mélodies, ces harmonies hardies, ces bases mouvementées et chantantes, ces enchevêtrements et imitations de parties qui se poursuivent avec une eurythmie superbe, ces cadences qui se développent, qui se courbent et tombent avec une ampleur majestueuse. Où avons-nous déjà entendu cela? — C'est que Costeley fait pressentir deux modernes illustres : Bach et Schubert. Cette délicieuse phrase : *ré fa mi ré do si bémol la*, se trouve dans les *Plaintes*, le *Roi de Thulé* et.... dans six pièces de Costeley; répétitions de thèmes mélodiques qui ne paraissent pas monotones, parce qu'elles se présentent différemment harmonisées et qu'elles caractérisent toujours merveilleusement le sens des paroles. Les autres thèmes principaux sont :

Ré do si bémol la sol fa dièze sol (page 1, 1re mesure) :

Ré fa mi ré do dièze ré (page 27, 3e mesure) :

Ré ré si bémol sol si bémol do ré (thème de la gaité : page 4, 2e mesure).

Sans analyser longuement les vingt-huit pièces du recueil qui, toutes, curiosité notable, sont en mineur, vingt-et-une en *sol*, trois en *ré*, deux en *la*. une en *mi* et en *do*, et dont la tonalité, malgré la sensible, se rapproche beaucoup plus du premier mode grégorien que du mode mineur moderne, à cause du *mi* toujours naturel dans la mélodie, il faut signaler aux amateurs la IIIe, avec son chromatisme, ses modulations à la Bach, bien qu'encore ces modulations portent surtout sur des notes appelées notes de passage (voy. page 12, 1re mesure : *la fa sol dièze la si bémol la — sol fa dièze si bémol la)*, avec cette phrase toute lyrique : « Vous acquerriez une gloire immortelle » (page 12, 4e mesure : *fa mi ré do do 8^a si bémol la sol fa si bémol la sol)*; — la Ve, pétrarquisante déclaration et déclamation rythmique qui minaude gentiment ; — la VIe, aux bases torrentueuses; — la VIIe qui rit et danse sur un rythme endiablé; — la XIIe, avec des intervalles tout modernes, aux premières mesures : *do dièze fa mi ré* (précédé du *la* au contraténor, ce qui donne : *la do dièze fa mi ré* et (page 50, 1re mesure) *ré do dièze si bémol do dièze ré*, au milieu de combinaisons harmoniques qui déroutent ; — la XVe, cruelle et lente confession d'une âme meurtrie (Schubert écrira « la jeune fille et la mort » dans le même genre); — la XVIIIe, « Mignonne, allons voir si la Rose, » traduction incomparable de la célèbre ballade de Ronsard ; — la XXIIe, joyeux noël en *ré* mineur où on lit vers la fin au ténor cette phrase d'une prose normande : *ré fa mi ré do ré la ré* et qui se termine de façon tout angélique sur le *fa dièze* de l'accord majeur *ré;* — la XXVIe, qui commence comme la ballade du roi de Thulé de Gounod; — enfin les deux dernières, gaillardises que la musique rend avec un réalisme fort piquant.

Ce fascicule des *Maîtres Musiciens de la Renaissance française* est publié avec luxe par la Maison Leduc ; il mérite, comme les autres, la faveur des bibliophiles.

Il y a deux ans, on a célébré le troisième centenaire d'Orlande de Lassus, de Palestrina; il y a quelques mois à peine, Arras fêtait Adam de la Halle; la ville d'Evreux ne devrait-elle pas tenir à honneur, en

1906, de célébrer le troisième centenaire du grand musicien-poète de la Renaissance française ?

Canterino.

Huit chants héroïques de l'ancienne France (xii° et xviii° siècles). Poèmes et musique recueillis et publiés par M. Pierre AUBRY. Préface de M. Gaston PARIS. Paris, Union pour l'action morale, 6, impasse Ronsin, 152, rue de Vaugirard [1896], in-8, 19 pages de texte, 25 pages de musique, couverture ornée d'une photogravure, net 5 fr.

L'Héroïsme de la vieille France « a trouvé son expression » plus souvent dans la Poésie Epique, l'Histoire que dans la Poésie Lyrique, dit M. Gaston Paris, dans sa vibrante préface. Voici quelques-unes des rares chansons héroïques de France, recueillies avec soin par M. Aubry sur les textes originaux, et publiés avec des notes historiques, la musique, un accompagnement de piano : « Le chant d'une fiancée » (xii° siècle); « Chant de départ d'un croisé » (xii°' siècle), sur la traduction rythmique duquel il faut faire quelques petites réserves ; « Le chant des soudards » (xv° siècle); Complainte sur la guerre de Bretagne (xv° siècle); « Gentils galants de France », dont M. Julien Tiersot indique dans le *Monde Moderne* diverses versions curieuses en Lorraine, en Bretagne et en Poitou : « La chanson de Jean Renaud » (xv° siècle); « L'Hymne de Henry IV » (1591), sur le timbre d'une vieille chanson : « Hélas, que me sert-il d'aimer si l'on ne m'aime ? » imprimé à Valenciennes en 1621; « La chanson de marche du xvii° siècle » (Pierre Bagnolet); « Le chant des victoires » (1794), de Méhul, autour duquel bourdonnent des réminiscences du « Chant du départ » et de « Femme sensible ».

Puissent les vigoureux accents de ces patriotiques et héroïques chansons remplacer les fades insanités de la rue, inspirer de mâles pensées et démontrer l'action moralisatrice de la bonne musique sur le peuple !

* *
*

Institut de France. Académie des Beaux-Arts. Concours Rossini 1896. *Aude et Roland*, poème lyrique de Georges Hartmann et Edouard Adenis, musique de Léon HONNORÉ. Paris, E. Fromont, éditeur, boulevard Malesherbes (rue d'Anjou, 40) [1896], 2 ff. lim., 94 pages, titre sur la couverture en bleu et or. Partition chant et piano, net 8 fr.

Pendant que Charlemagne assiège Vienne en Dauphiné, défendue par le vaillant Olivier, un de ses preux, Roland, pénètre auprès de la sœur d'Olivier, la belle Aude, et échange avec elle des serments d'amour (1re épisode); mais (2e épisode) Charles, qui l'ignore, décide qu'il lèvera le siège après un combat en champ clos des deux guerriers ; la lutte fratricide s'engageait (3e épisode) lorsque la belle Aude inspirée du ciel annonce une invasion des Sarrasins : tous marcheront contre l'ennemi commun ; Epilogue : Olivier et Roland périssent dans les défilés de Roncevaux.....

 Morz est Rollanz, Deus en ad l'anme es ciels.

Cette partition, à laquelle a été décerné le prix Rossini (M. Honnoré le remporte pour la seconde fois) est aimable. Elle démontre l'avantage qu'on peut retirer de certaines qualités de l'écriture, quelques-unes étant empruntées, comme le style. Et pourtant, faites abstraction de souvenirs obsédants (c'est pour cela que je juge inutile de citer), non seulement vous goûterez l'*Allegro marziale*, pages 39-42, le chœur céleste, pages 57 à 62, l'ensemble des pages 76 à 80, mais encore vous trouverez un sentiment personnel dans le début du premier épisode, pages 12 et suivantes : ce chœur des jeunes filles qui vont à la chapelle où l'on entend prier Aude est plein de fraîcheur ; il prélude on ne peut plus gracieusement à la jolie entrevue entre Aude et Roland ; joli est encore le mot qui convient pour le dialogue des pages 24, 27, pour la scène de la page 31. Enfin rien ne choque l'oreille dans l'œuvre de M. Léon Honnoré ; voilà bien des raisons pour justifier sa récompense.

* *
*

Chant du matin, caprice pour piano par Ernest REDON. Op. 30. Paris, Richault [1896] grand format, 9 pages, 7 fr. 50.

Sur des groupes de six doubles, dont la résonnance persiste d'un bout à l'autre, le chant du matin s'étend en murmure ; l'épisode du milieu (page 4) posé alternativement sur les rythmes tertiaires et binaires est bien venu. L'éminent pianiste Francis Planté, à qui *Chant du Matin* est dédié, en a récemment, dans une audition privée, montré la valeur.

* *
*

Chansons galantes d'après les tableaux de Fragonard, Boucher, Baudouin, Lavreince, Sergent. Poésies de Ludovic de Chavagnes. Musique de Estéban MARTI. Première série. Paris, G. Ricordi et Cie éditeurs [1896], in-4, 31 pages de texte et musique, le faux-titre, la dédicace, le titre, l'index gravés en bleu et or; chaque chanson est ornée d'une composition en sanguine d'après les tableaux précités; doublure en papier imitée du xviiie siècle, couverture ornée d'une gracieuse aquarelle de E. Damblons, 2 fr. 50.

Cette première série comprend : « L'Escarpolette »; « Marchez tout doux ! »; « Il est trop tard ! »; « Le Curieux »; « La Comparaison »; « L'Agréable Leçon. » La musique que ces divers sujets ont inspirée à M. Esteban Marti est agréable; les dessins de l'accompagnement sortent de la banalité sans cesser d'être simples.

Mentionnons encore : la série de pièces pour violon et piano de Hans Sitt, publiées chez Eulenburg à Leipzig, la curieuse mélodie de Charles Lefebvre « Charmeuse de serpents », et « Fuite inutile » de Henry Eymieu, toutes deux éditées chez Noël à Paris, enfin le Noël, op. 67 de ce dernier compositeur, publié par la Maison Breitkopf & Haertel de Leipzig.

Memento. — Publications reçues dont une analyse sera donnée ultérieurement : *Guide de l'harmoniste*, de Jules Romette, 1re et 2e partie; *Armonia*, de Bernardi; *La Musique sacrée*, de l'abbé E. Chaminade; *Sébastien de Brossard*, de Michel Brenet; *La Musique et les Arts plastiques*, de Ernest Closson.

ICONOGRAPHIE MUSICALE

— On va inaugurer à Lyon le monument à Pierre Dupont.

— Un comité vient de se constituer à Lucques pour l'érection d'un monument commémoratif de Boccherini.

— Un autre à Longjumeau pour élever un monument à Adolphe Adam.

— Bientôt sera inauguré à Bourges le buste de Louis Lacombe. On le doit à Jean Baffier, le maître berrichon qui cisèle tant énergiquement les traits de ses robustes compagnons, tant gracieusement ceux de ses gentes compagnes, qui fait revivre tant heureusement les figures d'autrefois. Après le « Louis XI », merveille du musée de la cité de Jacques-Cœur, voici l'image de l'auteur de *Winkelried*, *Le Tonnelier de Nuremberg*, *Manfred*, *La Reine des Eaux*, *Sapho*. *Arva*, toutes belles œuvres dont les titres sont énumérés en écharpe à la base du buste. Sur le socle, seront gravés ces simples mots : « Au compositeur Louis Lacombe, 1818-1884, ses compatriotes. »

— Le portrait de Rossini par Ary Scheffer vient d'être adjugé à l'Hôtel Drouot, à Paris, 6,000 francs.

— Les estampes et affiches avant la lettre de Charles Lucas (auteur de l'affiche de l'Exposition du Théâtre et de la Musique, dont le *Journal musical* a donné une réduction dans son n° 4) sont en vente à la maison d'art moderne Sagot, 39 bis, rue de Châteaudun, Paris.

— LES MAITRES DE L'AFFICHE. Publication mensuelle, contenant la reproduction en couleurs des plus belles affiches illustrées des grands artistes français et étrangers. Paris, Imprimerie Chaix, la livraison 2 fr. 50.

INSTRUMENTS ANCIENS

— Parmi les récompenses de l'Exposition du Théâtre et de la Musique, signalons un diplôme d'honneur décerné à M. Auguste Tolbecque, de Niort, pour ses habiles reconstitutions d'instruments anciens.

— Un amateur parisien a acquis pour 80,000 francs le célèbre violoncelle, superbe Stradivarius, qui avait appartenu à Davidoff et antérieurement à Bernardo Romberg et au comte Matteo Wielhorsky.

RÉPERTOIRE BIBLIOGRAPHIQUE

PÉRIODIQUES :

— Allgemeine Musik-Zeitung (Allgemeine deutsche Musik-Zeitung), wochenschrift für die reform des Musiklebens der Gegenwart. Hebdomadaire. Rédacteur en chef : Otto Lessmann. Charlottenburg-Berlin, 27, Spreestrasse [Buchdruckerei « Gutenberg »], in-4, 14 pages à 2 col. Abonnements : Allemagne et Autriche-Hongrie 8 mk 50 pf.: Union postale 8 mk 80 pf.; le numéro 25 pf.

1896 (23e année). Nos 47, 48. Dr Eugen Pick : Musikalisches Intermezzo in Paris. W. Klatte : Carl Loewe. No 48. Otto Lessmann : *Benvenuto Cellini*, de Berlioz (représentation du 21 novembre à l'Opéra Royal). Nos 46-47. Rudolf Louis : Anton Bruckner (notice substantielle). Nos 46-48. Otto Lessmann et W. Klatte : Aus dem Konzertsaal. No 46. A. Heintz : Aus Briefen Richard Wagners an Fraeulein von Meysenbug 1860 bis 1867.

Dans chaque numéro, nombreuses notices bibliographiques par Otto Lessmann, W. Klatte, L. et O. Taubmann.

— L'Avenir musical...... Organe officiel des musiques Vaudoises, de la Société cantonale des chanteurs neuchâtelois et de la Fédération Musicale genevoise. Mensuel. Rédacteur en chef : Ch. Romieux. Genève, 20, rue Général-Dufour [impr. de « La Tribune de Genève »], in-8, 12 pages à 2 col. Abonnements : Suisse 3 fr. 50; Union Postale 4 fr. ; le numéro 10 cent.

1896 (4e année). No 44. Ch. Romieux : Etude sur la prononciation. La voix douce. Berney : Toujours les droits d'auteurs.

— La Belgique musicale. Organe des Sociétés instrumentales et chorales. Hebdomadaire. Rédaction et administration : 12, rue du Marché-aux-Porcs, Bruxelles. In-4, 6 pages à 3 col. Abonnements : Belgique 4 francs, Etranger 6 francs.

1896 (1re année). No 6. Nos musiques militaires.... Nouvelles diverses de Bruxelles et de la province. Musique. « Rêverie », quatuor pour saxophone, de M. Turine (fac-simile d'autographe). No 7. Nouvelles diverses de France et de Belgique concernant les sociétés orphéoniques et les concours. Musique « Ave Maria », à 3 voix égales, composé par M. Th. Radoux à l'âge de douze ans (fac-simile d'autographe).

— Cæcilia. Journal de musique religieuse. Organe de sociétés de Sainte-Cécile. Tri-semestriel. Directeur : J. Gürtler. Delle (Haut-Rhin) et Boncourt (Suisse), 12 pages in-12 de texte, 4 pages in-8 de musique. Abonnements : 1 fr. 50.

1896 (18e année). No 6. Un chœur d'église modèle. De la transposition. Nouvelles diverses. Bibliographie. Musique : O Salutaris Hostia, Panis angelicus, de J. Gürtler, pour trois voix égales. Faux-bourdons, de S., selon les huit modes du plain-chant à trois voix égales. Musique d'orgue : Fuguette, de J. C. Fischer; Larghetto, de C. Rinck.

— La Cronaca musicale. Mensuel. Directeur : Tancredi Mantovani. Pesaro, stab. tip. Annesio Nobili. In-8 agenda. Abonnements : Italie 5 L.; Union postale 8 L.; le numéro 50 cent.

1896 (1re année). No 9. 32 pages. Corrieri : Per dramma lirico moderno. Bonaventura : Rossini e una satira di Giuseppe Barbieri. A. Tocci : Lettere fiorentine. A. Cametti. Lettere Romane. Teatri e Concerti. Nel mondo dell'arte. Bollettino bibliografico. Concorsi

— L'Echo musical. Revue paraissant tous les quinze jours. Musiques militaires, harmonies, fanfares, sociétés chorales et symphoniques, concours, festivals, chroniques artistiques. Bruxelles, Mahillon et Cie, 23, chaussée d'Anvers [G. Balat. impr.], in-8, couverture et 16 pages à 2 col. Abonnements : 4 fr., Etranger 5 fr., le no 15 cent.

1896 (26e année). Nos 23, 24. La Corporation des Maîtres Chanteurs, à propos du livre de MM. Brinn' Gaubast et E. Barthélemy (voy. le *Journal musical* no 4).

Dans chaque numéro : Chronique musicale (Bruxelles, Province, Étranger); de la Flûte au Tambour (nouvelles diverses, semées de quelques pointes : l'une s'adresse au *Ménestrel*, l'autre au *Journal musical* : le rédacteur de cette rubrique n'admet pas qu'en France on place le mot « notre » devant le nom d'un illustre professeur du Conservatoire National. — Mais, répondra-t-il peut-être, l'Art n'a pas de patrie. — Hélas ! il y a encore des frontières entre de nombreuses contrées et, en attendant mieux, sont seuls autorisés à enseigner au Faubourg Poissonnière des « citoyens français ».)

— Gazette musicale de la Suisse romande. Bi-mensuel. Rédacteur en chef : E. Jaques-Dalcroze. Directeur-propriétaire : Ad. Henn, éditeur. Genève, 14, rue de la Corraterie, gr. in-8, 16 pages à 2 col., un portrait. Abonnements : Suisse 4 fr., Etranger 5 fr., le no 25 cent.

1896 (3e année). No 19. Jaques-Dalcroze : Un peu de cravache. Notice sur le pianiste Edouard Risler (avec un portrait). No 18. Henri Richter : « Punctum Saliens » (pensées sur la musique, traduites de l'allemand par Mlle Willy). Nos 18-19. Et. Destranges : « Le Vaisseau Fantôme » (*Der Fliegende Hollaender*), *L'Attaque du Moulin*, d'Alfred Bruneau, études analytiques et thématiques. No 18 Notice sur Georges Humbert, professeur au Conservatoire de Genève (avec un portrait). Nos 18-19. Chroniques musicales et théâtrales par Ad. Henn, Gidé, etc. (Genève, Lausanne, Dresde, Bruxelles, Copenhague, Leipzig, Paris.

— Guia musical. Mensuel. Propriétaire : Rafael Guardia, 29, Rambla de S. José, Barcelona. Directeur : Llompart. In-8, 8 pages à 2 col.

1896, 1re année. No 6. J. Borras de Palau : La Musica funebre. J. Salvat y Crespi : Sur la « Beethoven-Haus », par Fierens-Gevaert. Portrait de D. Primitivo Pardas.

— Le Guide musical. Revue internationale hebdomadaire. Directeur : Maurice Kufferath 2, rue du Congrès, à Bruxelles. Rédacteur en chef : Hugues Imbert, 33, rue Beaurepaire, à Paris. Librairie Fischbacher, 33, rue de Seine, à Paris. [Lombaerts impr. à Bruxelles], gr. in-8, 16 pages à 2 col. Abonnements : France et Belgique 12 fr., Union postale 14 fr., Pays d'Outre-Mer 18 fr., le no 40 cent.

1896 (42e année). No 46. J. Th. Radoux : La musique et les écoles nationales. No 47. Maurice Kufferath : *Le Drac*, de MM. P. et L. Hillemacher, à Carlsruhe; — Les abus de la Société des Auteurs. Hugues Imbert : *Don Juan* à l'Opéra-Comique. No 48. Fierens-Gevaert : Archéologie musicale (à propos des *Perses*, de Xavier Leroux, à l'Odéon). Maurice Kufferath : La musique sacrée (à propos d'une lettre de M. Adolphe Samuel; l'opinion de MM. Kufferath et Samuel sur ce sujet si controversé était précieuse : nous la commenterons à propos d'un livre tout récent que nous recevons aujourd'hui même). Nᵒˢ 49 & 50. Edmond Evenepoel : Le musée instrumental du Conservatoire de Bruxelles. M. K. : Les abus de la Société des Auteurs. Nᵒ 50. Hugues Imbert : L'Œuvre de Rameau.

Dans chaque numéro du *Guide musical* « Chronique de la Semaine à Paris et à Bruxelles. Correspondances de différents pays. Petites nouvelles. Bibliographie. Nécrologie. Répertoire des théâtres (tableau du mouvement musical dans tous les principaux centres artistiques). Boîte aux lettres. »

— Ilustracion musical Hispano-Americana. Bi mensuel. Directeur : Felipe Pedrell. Propriétaire : Victor Berdos. Barcelona, 31, Calle de las Molas, grand in-4, 8 pages de texte et illustrations, un fascicule supplémentaire de 8 pages in-8 et 8 pages de musique. Abonnements : Espagne 12 pes., Etranger 16 pes., le numéro 1 pes.

1896 (9ᵉ année). Nᵒ 212. Discurso de contestacion de Exc. Sʳ Conde de Morphy. A. de Pontécoulant : La Viola de Enrique IV.

Dans chaque numéro de l'*Ilustracion musical* :

Une notice biographique (avec un portrait) · Nᵒ 212. Vincent d'Indy ;

Des illustrations : un portrait et 2 planches dans le texte ;

Un fascicule du *Diccionario Bio-Bibliografico* de Felipe Pedrell. Nᵒ 212. « Carnicer ».

Musique : 8 pages de l'Album de la *Ilustracion musical*. Nᵒ 212. « Lied maritime », chant et piano, de Vincent d'Indy ; « un recuerdo de Alicante », mazurka pour piano, de A. B. Lentisco.

— Journal des organistes. Recueil de Morceaux de musique d'orgue pour toutes les parties de l'office divin, choisis dans les ouvrages des anciens organistes de tous les pays et dans les compositions inédites des organistes contemporains, publiés par E. Grosjean, organiste à Verdun [Roeder gr., Laurent impr.], in-4 oblong, couverture, 12 pages de musique. Mensuel. Abonnements : 8 fr.

37ᵉ année. 12ᵉ livraison. Offertoire pour le jour de Noël, sur le chant de l' « Adeste fideles », d'Adolphe Populus. Allegro moderato, de J.-M. Guzman, organiste de N.-D. de Dijon. Entrée de Jacques Caussé. Sortie de Louis Jacob. Pièce en ut majeur, de A. Corelli.

— The Leader, a monthly magazine devoted to Music. Rédacteur en chef : Philip Woolf. Editeur : Jean White, 226, Washington Street, Boston. Gr. in-4, couverture illustrée, 24 pages de texte à 3 col., encartage de musique. Abonnements : United States et Canada 1 dollar ; Etranger 1 d. 25 cents.

1896 (vol. XXII). Nᵒ 11. History of music. (suite). Music in Japan. Lettres de Paris. Birmingham, New-York. En « editorial ». Degeneration and music ; bicycles again ; Music in Boston ; Setting Stars. Informations concernant les sociétés orphéoniques, les musiques militaires. Musique : Yankee notions, polka américaine, de Max v. Lenz, pour orchestre avec toutes les parties séparées (6 feuillets).

— La Lyre chrétienne. Revue tri-semestrielle des nouveautés musicales et dramatiques à l'usage de la jeunesse (Paroisses, Patronages, Cercles, Institutions, Ecoles et Familles chrétiennes). Directeur : Chagnon-Auclert. Versailles, 7, rue Sᵗ-Simon. [Luce impr. à Versailles], in-8, 8 pages de texte à 2 col. et un morceau de musique. Abonnements : 1 fr. ; avec la musique 2 fr.

1896 (5ᵉ année). Nᵒ 18. En passant : Le Violon. J. de La Tour : L'organiste a charge d'âme. Musique. Un Noël, pour les enfants, de Geispitz, avec accompagnement de piano, paroles de Mᵐᵉ Rousseau.

— Il Mandolinista italiano. Giornale musicale-letterario. Bi-mensuel. Directeur · E. Jenna. 9, via Cappellari. Milano [Macchi e Cavalli impr.]. In-4, 4 pages de texte et musique en bleu et noir, titre orné. Abonnements : Italie 5 l., Etranger 7 l., le numéro 20 cent.

1896 (1ʳᵉ année). Nᵒ 1. Musique : « La ci darem la mano » du *Don Giovanni* de Mozart, pour 2 mandolines et guitare.

— Il Mandolino. Giornale lettarario-musicale. Bi-mensuel. Directeur : G. Monticone. Torino, via Po. 38 [Camilla e Bertolero impr.], in-4. 4 pages de texte et musique, morceau pour mandoline et guitare, titre orné. Abonnements : Italie 5 l., Etranger 7 l., le numéro 20 cent.

1896 (5ᵉ année). Nᵒ 21. Musique : « Elena », polka de G. Guindani pour 2 mandolines et guitare. « Trilussa », scottisch pour guitare, de J. Sgallari. Nᵒ 22. « Vita mandolinistica ». Nouvelles diverses. Musique : « Triste amore ! », valse de A. Ciccarelli, pour mandolines et guitare.

— Le Ménestrel. Musique et Théâtres. Hebdomadaire Directeur : Henri Heugel, éditeur. Paris, 2 *bis*, rue Vivienne [Chaix impr.], gr. in-4, 8 pages de texte à 2 col. et un supplément de musique. Abonnements : texte seul 10 fr. ; texte et musique 20 fr. et 30 fr.

1896 (62ᵉ année). Nᵒˢ 46-47. Arthur Pougin : L'Exposition du Théâtre et de la Musique. Nᵒˢ 48-49. Paul d'Estrée : Musique et Prison (suite) : Crimes de droit commun. Nᵒ 46. Louis Gallet : Le Théâtre-Lyrique ; informations, impressions, opinions. Nᵒˢ 46-49. Julien Tiersot : Etude sur *Orphée* de Gluck. Arthur Pougin. H. Moreno, P. E. Chevalier : La Semaine théâtrale. Nᵒ 48. A. Montaux : Journal d'un musicien. Nᵒˢ 46-49. H. Barbedette, A. Boutarel : Les grands concerts.

— Le Monde Artiste illustré. Musique, Théâtre, Beaux-Arts. Hebdomadaire. Rédaction et administration : 24, rue des Capucines, Paris [Marotheux impr.]. In-8, 16 pages à 2 col., titre orné d'une composition de Chéret. Abonnements : Paris 20 fr. ; Départements 24 fr. ; Etranger 27 fr. ; le numéro 50 cent.

1896, 36ᵉ année. Nᵒˢ 48, 49. Tic-Tac : Chronique musicale (réflexions mordantes sur l'internationalisme en Art et..... la rentrée de Mˡˡᵉ Van Zandt. Edmond Stoullig : Chronique dramatique. Nᵒ 49. Ch. Malherbe : Les Livres.

Correspondances et informations : Dans le nᵒ 48 : Bordeaux, Dijon, Lyon, Marseille, Nice, Reims, Toulon, Toulouse, Anvers, Berlin, Londres, Saïgon ; dans le nᵒ 49 : Bordeaux, Lyon, Marseille, Nantes, Nice, Rennes, Rouen, Bruxelles, Gand, Kœnigsberg.

Illustrations, d'après les dessins de M. Georges-Sauvage :

dans le n° 48 : une scène de *Don Juan* à l'Opéra-Comique ; dans le n° 49, une scène de *La Poupée*, à la Gaîté.

Dans chaque numéro du *Monde Artiste* : Spectacles de la semaine en France et à l'Étranger ; Lettres et Beaux-Arts ; Courrier de la Mode, par Berthe de Présilly.

— Le Monde musical. Organe de la facture instrumentale et des expositions. Bi-mensuel. Directeur-Fondateur : E. Mangeot, facteur de pianos. Paris, 3, rue du Vingt-neuf-Juillet [L. Carpentier impr., Montdidier], gr in-4°, 20 pages à 2 col. ; un portrait. Abonnements : France 12 francs ; Étranger 14 fr. 50 ; le numéro 50 centimes.

1896 (8e année). N° 13. Albert Peschard : Nouveaux Perfectionnements au système Electro-Pneumatique des Grandes Orgues (suite), avec figures explicatives. La musique aux Expositions de Nijni-Novgorod, Paris. J. M. de Lizos : Correspondance de Londres. N° 14. Compte-rendu de la séance de la Chambre syndicale des instruments de musique. Portrait de Miss F. E. Thomas. Nouvelles diverses. Concerts et Théâtres.

— The Monthly musical record. Mensuel. Directeur : Augener, éditeur. London, 199, Regent-Street [Cassell & C° impr.], in-8° carré, 20 pages de texte à 2 col., 4 pages de musique. Abonnements : 2 s. 6 d. Le numéro 2 d.

1896 (vol. XXVI). N° 312. Texte : The look-out for Opera. New and new-old musical instruments. Text-tinkering. North Staffordshire musical Festival. Reinecke : The Beethoven pianoforte Sonatas (avec des exemples de musique). Lettre de Leipzig. Informations. Musique. Edvard Grieg's « Children's songs » op. 61. N° 2. « Christmas Song ». N° 3. « Farmyard Song », avec accompagnement de piano. [Music printing officine 10, Lexington str. London].

— Musica sacra. Halbmonatschrift für Hebung und Fœrderung der kathol. Kirchenmusik. Bi-mensuel. Fondateur : Dr. Franz Xaver Witt. Directeur : Dr. Franz Xaver Haberl. Regensburg, librairie Fr. Pustet, in-8°, 12 pages et suppléments de musique. Abonnements : Allemagne et Autriche-Hongrie 4 mk ; Étranger 4 mk 80 pf.

1896 (29e année, nouvelle série VIII). N° 19. F. X. Haberl : Archaeologische und offizielle Choral melodien. N°s 20, 23. — : Organaria. N° 23. Gietmann : Einzelnes über Eigenart und Vortrag des aelteren chorals. N° 20. Notice sur Anton Walter. N°s 19, 21. Predigt über die liturgische Vesper.

— La Nouvelle France chorale. Moniteur des Orphéons et des Sociétés instrumentales. Bi-mensuel. Directeur : Camille de Vos. Paris, 3, rue d'Aboukir [Boullay impr.], in-fol., 4 pages à 4 col. Abonnements : France et Étranger, 12 francs, le numéro, 50 cent.

1896 (28e année). N°s 22. Oscar Comettant : Médaillons de compositeurs célèbres contemporains. Souvenirs intimes. Félicien David. II. A. Simon : Sancta Cæcilia. Concours de Rouen : appréciations du Jury. N° 23. Concours de Chalon-sur-Saône, Saint-Gaudens : id.

— La Nuova Musica. Mensuel. Directeur : E. Del Valle de Paz. Firenze, 10, via dei Conti. Gr. in-4, 8 pages de texte à 3 col., 8 à 12 pages de musique. Abonnements : Italie 8 l., Union Postale 10 l., le numéro 1 l.

1896 (1re année). N°s 10-11. Texte : Del Valle de Paz : La Teorica degli abbellimenti. G. Senigaglia : Libretti e librettisti. Emilio Pente : Giuseppe Tartini. N° 10. Samuel : Conversazioni musicali, N° 11. Marascotti : La Melodia dinanze al suffraggio universale. C. Cordara. I nostri buoni critici.

Ces numéros contiennent en outre des notices bibliographiques, des lettres ouvertes, en particulier de M. Samuel, auteur d'un humoristique *Dizionario biografico* inédit.

Comme dans les autres, le supplément musical offre un très réel intérêt : une partie est inédite, une autre comprend des pages oubliées. N° 10. « Petite berceuse », de Del Valle de Paz, pour violon et piano (gracieuse composition). « Mottetto », pour tenor et orgue, de Rolando Sandrucci, jeune compositeur de Florence. « Fughetta », pour piano, de Mademoiselle Margherita Cimino. N° 11. « Serenata » pour 4 voix d'hommes, de D. Duranti. « Cosettina », pour piano, de G. Rossi. « Sogno di Cieca » mélodie avec accompagnement de piano, de Vittorio Norsa, le compositeur milanais. « Il Silenzio » une page pour rire de Samuel, qui écrit à sa façon la musique descriptive.

— Oesterreichische Musik-und Theaterzeitung. Bi-Mensuel. Rédacteur en chef : B. Lvovsky. Wien, 45, Seilerstaette [Wallishausser impr.], gr. in-4, 12 pages de texte à 2 col., illustrations et morceaux de musique. Abonnements : 5 fl., le numéro 50 kr.

1896 (9e année). N° 6. Arthur Barde : Rosa Retty ; N° — : Erich Paetel (biographies avec portraits). N°s 6-7. Theodor Helm : Dreissig Jahre Wiener Musikleben, 1866-1896, erinnerungen eines Musikkritikers. Th. Andersen : Die Theater in Berlin. Critique théâtrale (théâtres de Vienne) et Notices bibliographiques par B. Lvovsky, Arthur Barde, etc. N° 7. Caliban VII : Die Theater in Hamburg. Correspondances de Paris, Bruxelles. Pittsburgh, Düsseldorf, Brünn, Graz, Genève. A. Morin : Felix Berber (biographie avec un portrait). N° 6. A. E. Simson : Die errungene Liebe, historische novelle. Theodor Helm : Anton Bruckner als tondichter. Correspondances de Prag, Berlin, Düsseldorf, Braunschweig, Graz, Elberfeld-Barmen, Bremen, Chicago.

Musique. N° 6. « Klagelied », pour chant et piano, de Franz Curti. N° 7. « Wenn isch ein Waldweglein waer », id., de Jos. B. Foerster.

— L'Ouest Artiste. Hebdomadaire. Directeur : A. Chevalier. Rédacteur en chef : Et. Destranges. Nantes, 10, rue du Calvaire [Salières impr.], in-4, 12 pages à 3 col. Abonnements : France et Belgique 5 fr., Union postale 7 fr., le numéro 10 cent.

1896. 12e année. N° 364. Et. Destranges : *Fervaal*, de Vincent d'Indy, analyse thématique *(Le Guide musical)*. N° 367. — : *Salammbô*, étude analytique. N°s 364-367. E. T. Duparquet : Soirée théâtrale. N°s 365-367. Jean d'Udine : De la corrélation des sons et des couleurs en Art.

— Le Progrès artistique. Musique, Théâtres, Beaux-Arts, Littérature, Sport, Escrime, Finances. Hebdomadaire. Fondateur : Victor Souchon. Rédacteur en chef :

Maurice La Rivierre. Paris, 12, rue Martel, [Durdilly impr.], gr. in-4, couverture illustrée, 8 pages de texte à 3 col. Abonnements : France 12 fr., Union postale 15 fr., le n° 25 cent.

1896 (19e année). N° 960. Jean Lobel : Une injustice ; les instruments de musique mécaniques. Nos 961, 962. Henry Eymieu : P. et L. Hillemacher.

— La Quinzaine musicale. Bi-mensuel. Directeur : W' Smyth. Paris, Librairie Hachette, 79, boulevard Saint-Germain [Durdilly impr.], gr. in-4, 1 page de texte à 3 col., 7 pages de musique. Abonnements : France 6 fr., Etranger 8 fr.

1896 (2e année). N° 23. Conseils des auteurs sur l'interprétation des pièces publiées. Block-Notes. Chronique théâtrale : Don Juan à l'Opéra-Comique (avec un portrait de M. V. Maurel). Musique : Les Larmes, mélodie inédite de Ch. Lefebvre. La Causerie au bord du ruisseau, pour piano, de P. Puget. N° 24. La Moabite, pour violon et piano, de Paul Ruben. L'Ange de Noël, chant et piano, de Laurent-Rolandez. Roses de Noël, mazurka pour piano, de W. Smyth.

— The School Music Review. A monthly periodical devoted to the interests of Music in Schools. Mensuel. Directeur-propriétaire : Novello, Ewer et Co, éditeurs, 1, Berners street, London, in-8, 20 pages à 2 col. et couverture. Abonnements : 2 s., le numéro 2 d.

1896 (5e année, vol. V). N° 55. An elementary theory paper for testing school classes. T. Dawson : Pupils and their pieces. Taylor's method. S. Cole : Thinking sounds directly or indirectly. Graduated exercises for school classes.... Musique (dans les deux notations) : « Sleigh song », à 2 voix, de G. Ernest ; « Old Father Christmas », à 2 voix, de Fred. H. Cowen. 4 pages d'études et exercices gradués.

— Zeitschrift für Instrumentenbau. Officielles Organ der Berufsgenossenschaft der Musikinstrumenten-Industrie, des Vereins Deutscher Pianoforte-Fabrikanten und des Vereins Deutscher Orgelbaumeister. Tri-mensuel. Directeur : Paul de Wit. Leipzig, 16, Thomaskirchhof [Frankestein & Wagner impr.], in-4°, 24 pages à 2 col. Abonnements : Par trimestre 2 mk 50 pf. ; étranger 3 mk.

1896. 17e année. N° 6. Eine vergessener Meister des Instrumentenbaues (avec figures). N° 7. Akustische Neuheiten. Die Savart' sche Theorie über den bau der Geige. Einiges über den Ton (article de M. V. Mahillon paru dans l'Echo Musical, N° 19).

Dans chaque numéro : Sprechsaal (lettres ouvertes). Vermischtes (nombreux renseignements sur la facture instrumentale de tous pays). Orgelbau-Nachrichten (composition d'orgues nouvelles). Illustrirte Patent-Uebersicht (avec figures).

PÉRIODIQUES DIVERS :

— Blackwood's Magazine. N° 969. Hetchings : Le tempérament musical et ses manifestations.

— GIL BLAS. Dans les numéros des 12, 23 novembre se trouvent les dépêches adressées par le critique musical de ce journal, M. SALVAYRE, de Vienne et de Prague, où il a assisté aux représentations de La Fiancée vendue de Smetana, lesquelles ont pris les proportions d'un évènement dans le monde musical. L'éminent compositeur français expose en outre ses impressions sur un concert de la Société Philharmonique, dirigée par M.. Hans Richter, qui exécutait ce jour-là la symphonie en mi majeur de Anton Bruckner, sur les représentations de deux autres œuvres de Smetana : Dalibor et Le Baiser. On comprend l'intérêt de ces dépêches, chroniques étendues en somme, au moment où il est question de monter La Fiancée vendue à Paris, et au lendemain de la mort d'Anton Bruckner.

— LE JOURNAL. Nos 1493, 1494, 1497, 1504. Victor Maurel : A propos de la mise en scène de Don Juan.

. . . .

A six heures et demie, je pénètre dans la coquette salle du Residenz-Theater, un grand public s'y presse déjà. A l'heure fixée, exactement, l'ouverture commence et je suis tout surpris de me trouver transporté vingt-cinq ans en arrière, avec les mêmes impressions éprouvées à Naples dans la petite salle du Fondo. Certains motifs s'accusent avec une telle netteté qu'ils me paraissent nouveaux ; mon oreille est agréablement flattée par des richesses de timbre que la fusion des instruments à cordes et des instruments de bois ne donnent pas généralement ; et, enfin, lorsque les grands forte arrivent, je suis d'abord surpris qu'un si petit nombre de musiciens puisse produire une telle puissance. Je m'explique facilement ces effets. Les motifs sont plus nets, parce que chaque instrumentiste, du fait qu'il est presque seul à le dessiner, assume une responsabilité plus grande que lorsqu'il se sent soutenu par ses voisins.

L'impression de richesse des harmonies et des timbres est due à la juste mesure qu'il y a dans la collaboration des instruments, mesure calculée par Mozart lui-même. La puissance tient encore à la même cause prévue : les crescendo sont produits par l'addition exacte, mathématique même des sonorités émises, et, pour toutes ces causes, cette œuvre, écrite pour 26 musiciens, et exécutée avec intelligence, ne manque pas de produire son effet maximum. . .

. . . .

Un détail de la reconstitution musicale qu'il faut noter spécialement, tant il m'a paru contribuer à l'exacte reproduction de la pensée de Mozart : c'est la manière dont sont accompagnés les récits. Une sorte de piano-épinette, d'un timbre plein en même temps que discret, et dont M. Strauss, le chef d'orchestre, se sert avec un art parfait, est le seul instrument que l'on entende au lieu du quatuor à cordes. Grâce à cet instrument et à la manière dont il est employé, on évite cette désagréable impression d'entendre, dans les récits, les chanteurs et les instrumentistes se couvrir l'un...

tinuellement après et se porter un tort réciproque. C'est ce malheureux mode d'accompagnement qui rend toujours les récits ennuyeux et confus et qui empêche de saisir le lien intime par lequel le compositeur a cru devoir unir les morceaux aux récits.

Le N° 1507 du *Journal* contient un compte-rendu d'une représentation de *La Fiancée vendue*, à l'Opéra-Impérial de Vienne, envoyé par M. Marcel Pradier.

— JOURNAL D'UN SOLITAIRE sur les gens et les choses de son temps, par l'Ermite de Châtillon. Paris, Hugues Robert et Cⁱᵉ, 12, rue de l'Abbaye. Abonnements : Paris 5 fr., Etranger 6 fr., le numéro mensuel 40 cent. 1896. N° 8. Octobre. Encore un fragment de ce très curieux journal. (Voy. le *Journal musical*, nᵒˢ 1, 3, 5.)

— Nous faisons de la *musique*, disent assez fréquemment les musiciens de la musique d'ouïe, et c'est de la musique que doivent faire, avant tout, les musiciens.

Hélas ! cet accaparement de l'esprit musical au profit d'un sens unique, fut-ce celui de l'ouïe elle-même, mène, comme tous les accaparements, à la disette. La musique n'est pas une propriété exclusive de l'ouïe, qui n'est que le *sens ouvrier* chargé de sa construction, sous la direction du cerveau et au profit de l'organisation générale. Au-dessus de l'ouvrier, simple manœuvre, plus ou moins « apte », règne et agit, en commandant, l'architecte, l'être entier. C'est lui qui fait l'œuvre d'art, non le sens directement intéressé.

La musique, en effet, est d'abord une forme, un moyen d'art, non l'art lui-même. Elle ne devient vraiment l'art lui-même, que lorsqu'elle atteint une expression philosophique absolue, comportant toutes les impressions devant satisfaire à la fois tous les sens, c'est-à-dire transporter tout l'être hors de lui, au moyen d'une émotion générale. C'est à ce résultat supérieur qu'aboutit toute œuvre humaine supérieure, quels que soient les moyens d'art employés.

En disant qu'ils font de la *musique*, les musiciens de la musique d'ouïe ont raison. Mais ils s'abusent, s'ils croient faire de l'art.

．．

La musique est un langage.

Une phrase musicale a ses périodes, ses inflexions, son style, comme une phrase littéraire. Enfin, *elle se pense* comme cette dernière.

La différence est dans l'image des mots, remplacée par l'image des rythmes.

Ce sont des paroles sans suite, que doivent murmurer les lèvres ou le cœur du compositeur, au moment où la pensée musicale se présente à lui ; sans suite, parce qu'il est, le plus souvent, préoccupé de saisir la pensée au vol, et que cette préoccupation d'écriture musicale domine la préoccupation littéraire qui l'a précédée ou accompagnée instinctivement. La vérité, c'est qu'à ce moment le mystère de la traduction s'est fait en deux langages à la fois : le langage littéraire et le langage musical, le premier précisant le second, mais le plus souvent, abandonné ensuite par le musicien,

plus pressé de jouir de sa conquête, par les plaisirs qu'elle va immédiatement procurer à ses sens, que par les ressources de sentiment qu'elle lui apporte. C'est bien la prise de possession rapide de la pensée par le corps, dont chaque molécule semble de suite vouloir apprécier sa part de charme. Plus tard seulement, ce charme acquis, admis, savouré, catalogué pour ainsi dire, le cerveau reprendra ses droits, et moins sensible aux joies plastiques, recherchera les joies élevées que peut lui valoir la pensée conquise, c'est-à-dire scrutera son caractère, et raisonnera sa valeur normale. Alors, le sens littéraire, plus ou moins heureusement retrouvé, viendra compléter la pensée musicale, désormais virilisée et fécondée par lui.

Si la gestation de la pensée musicale se fait sans aucune préoccupation littéraire, c'est qu'elle n'est pas susceptible de réflexion et d'appréciation de sentiment. Le germe qui donne la vie et la perpétue n'est pas en elle.

Ce qu'on vient de lire est développé dans le numéro de novembre du *Journal d'un Solitaire*, avec des applications directes à la musique ; d'ailleurs ce numéro porte en épigraphe :

SUR LA LUMIÈRE DANS LA PENSÉE
ET DANS LA MÉLODIE

L'Ermite part de cette considération, à savoir que la pensée musicale illumine la mélodie d'une sorte de lumière concrète, blanche : qu'elle passe à travers le prisme, « ainsi qu'en un arc-en-ciel, les couleurs secondaires apparaîtront, l'harmonie se révélera ». En somme, l'harmonie ne serait « que la décomposition de la mélodie, l'analyse spectrale de la pensée musicale... »

Il n'est pas extraordinaire, qu'en un siècle où l'esprit d'analyse captive si fort la pensée humaine, un courant accentué se soit dessiné en faveur des recherches exclusivement harmoniques. C'est là une preuve de plus de l'état d'angoisse de notre philosophie scientifique. Nous voulions connaître les mystères de la lumière qui semblait la négation des couleurs. Le prisme nous a révélé qu'elle les contenait toutes. Nous voulions connaître les mystères de la mélodie qui nous semblait indépendante de l'harmonie, et l'esprit d'analyse nous révèle qu'elle résume tous les accords en notes uniques, toutes les colorations harmoniques en un son mélodique.

Cela est tellement indéniable, que toutes les recherches, tous les travaux d'école concourent à ce résultat, d'édifier les lois assignant telles harmonies à telles mélodies et *vice versa*. Maintenant, il est bien vrai que quelques esprits troublés ne veulent pas d'une concordance qui s'impose, et s'épuisent, à leur tour, dans des spéculations harmoniques « inharmoniques ». Mais, de tout temps, il s'est trouvé d'excellents esprits mécontents d'un soleil tout blanc, et très disposés à le rêver vert ou bleu et à mettre leur colère en musique.

Suivent des observations du genre de celles-ci :

L'esprit harmonique d'une œuvre musicale ne se détache complètement de cette œuvre que lorsque celle-ci est entendue à distance convenable. Plus on s'éloigne du lieu d'exécution, moins l'harmonie devient saisissable. Les détails se perdent peu à peu, et l'esprit mélodique reste bientôt le dernier, seul, avant de disparaître à son tour. De même, les colorations d'un coteau vu de près se fondent, au loin, dans la forme d'ensemble monochrome du coteau.

La mélodie peut dire, en peu de notes, ce que l'harmonie ne peut dire qu'en beaucoup.

La mélodie est le dessin, l'harmonie la couleur.....

L'étude révèle les lois de l'harmonie à ceux à qui les aptitudes naturelles ne les ont pas révélées ; mais les lois de la mélodie ne s'apprennent à personne.....

Signalons trois autres points importants de cette étude. La pensée éclaire la forme, le dessin qu'est la mélodie : plus cette pensée est haute, plus la mélodie est belle. C'est ainsi que « le musicien comprenant la faiblesse d'expression que comporte son art, envisagé comme simple élément d'impression sensationnelle, cherche dans les collaborations littéraires les idées, les mots et les situations destinés à renforcer et à féconder sa tâche — sans cela vaine et sans durée ».

Après avoir examiné les diverses formes de la collaboration du musicien et du librettiste — M. Senigaglia, dans *La Nuova Musica*, les examine en ce moment au point de vue historique — l'Ermite s'attache à démontrer la nécessité pour le musicien de faire son livret lui-même. On se préoccupe bien, après lui avoir appris l'harmonie et le contre-point, de lui enseigner les principes de la composition musicale, mais on ne songe pas qu'on lui donne la moitié de ce qu'il lui faut.

Le Conservatoire est en lui-même, philosophiquement, une chose absurde, puisque son enseignement n'étant pas libre et public, comme la Sorbonne, peut manquer à des artistes indépendants, infiniment mieux disposés à la production que tels autres d'entre les favorisés.

Mais telle qu'elle est, cette institution pourrait encore rendre de véritables services aux jeunes compositeurs, si par le moyen d'une classe de compositions littéraires appliquées, par exemple, on y apprenait à faire des poèmes, comme on y apprend à faire des fugues.

La conclusion de cette importante étude est que les œuvres vraiment fortes et sincères sont celles qui résultent de l'unité littéraire et musicale.

L'art veut maintenant la floraison suprême, l'expression supérieure, l'intensité des œuvres définitives, qui consolera ce siècle de ses négations douloureuses et de ses positives mœurs. Il veut la lumière par l'art, comme il la veut par l'électricité. Il veut du ciel, de l'au-delà, du sentiment et du rêve. Il veut savoir ce que l'artiste pense, non ce qu'on lui a appris. A l'artiste de parler. Qu'il saisisse son luth et chante, seul, tout ce qu'il sent, tout ce qu'il voit, tout ce qu'il entend.

— The Monthly Index of periodical literature. A supplement to the *Review of Reviews*. London, Mowbray House, Norfolk str.

Sommaires des revues anglaises et américaines et de nombreuses revues étrangères.

— Nuovo Archivio veneto. V. n° 2. Wiel : Les théâtres musicaux de Venise dans le xviii° siècle.

— Revue Blanche. N° 75. H. Gauthier-Villars : Wagner d'après H.-S. Chamberlain.

— Revue Britannique. N° 8. Boselli : La Tétralogie à Bayreuth.

— Revue des Deux-Mondes. 1° octobre et 1° novembre. Émile Michel : Les Maîtres de la Symphonie.

— Revue Hebdomadaire. 7 nov. Paul Dukas : *Don Juan*.

CATALOGUE

Adresses d'éditeurs cités : Breitkopf & Haertel, 36, Nürnbergerstr, à Leipzig. Ernst Eulenburg, 8, Kœnigstrasse, à Leipzig. Fromont, boulevard Malesherbes (19, rue d'Anjou) à Paris. Lemoine & C°, 17, rue Pigalle, à Paris. Noel, 22, passage des Panoramas, à Paris. V° Richault, 4, boulevard des Italiens, à Paris. Ricordi, rue de Lisbonne, à Paris. Rouget, 5, rue Saint-Pantaléon, à Toulouse. Schott frères, 82, Montagne de la Cour, à Bruxelles.

LITTERATURE MUSICALE :

Brenet (Michel). Sébastien de Brossard.... Paris, Société de l'Histoire de Paris, 1896, in-8.

Chaminade (abbé Eugène). La Musique sacrée telle que la veut l'Église. Paris, Lethielleux, 1896, in-8.

Closson (Ernest). La Musique et les Arts plastiques. Bruxelles, Schott, 1896, in-18.

Combarieu (Jules). Etudes de philologie musicale. Théorie du rythme dans la composition moderne, d'après la doctrine antique, suivie d'un essai sur l'archéologie musicale au xix° siècle et le problème de l'origine *des Neumes*. Paris, Picard, 1896, in-8, IV-196 pages, musique notée, 12 fr.

TRAITÉS :

Romette (Jules). Le guide de l'harmoniste. Harmonie raisonnée et pratique, précédée de notions élémentaires de l'art musical. Cours complet en 65 leçons, suivies de questionnaire, d'exercices ou partimenti avec leurs corrigés, d'analyses ou d'exemples sur tout ce qui se rapporte à l'étude de l'harmonie et de l'accompagnement. — 2me partie: Harmonie dissonante, avec réalisation et corrigé des exercices, données complémentaires, exemples et modèles. — Le Barroux, par Malaucène (Vaucluse), chez l'auteur [1896], in-8, 180 pages, 5 francs.

PARTITIONS ET TRANSCRIPTIONS :

Honnoré (Léon). Aude et Roland. Poème lyrique de G. Hartmann et Ed. Adenis. Fromont. Partition, chant et piano, net 8 francs.

Répertoire français de l'Ancien Chant classique..... recueilli et annoté par Gevaert. Lemoine éditeur. No 346. Air de la Passion dans le *Messie* de Haendel, pour contralto. Nos 347-348. Deux morceaux de la *Passion*, selon saint Matthieu, de J. S. Bach, pour mezzo et contralto. No 349. Arioso et Air de la *Passion*, selon saint Matthieu, de J. S. Bach, pour contralto.

ORCHESTRE :

(Voy. ci-dessus, au Répertoire bibliographique : *The Leseler.*)

Kretschmer (Edmond). Hochzeitsmusik (suite d'orchestre), op. 54. Leipzig, Froberg, 1. Festzieg. 2 Brautgruss. 3. Reigen.

Nicodé (Jean-Louis). Sinfonische-Variationen, op. 27, pour grand orchestre. Breitkopf et Haertel.

Sitt (Hans). Cavatine. Eulenburg, net 4 mk.

MUSIQUE DE CHAMBRE

ET MORCEAUX POUR DIVERS INSTRUMENTS :

(Voy. ci-dessus, au Répertoire bibliographique: *Il Mandolinista italiano, Il Mandolino, La Nuova Musica, La Quinzaine musicale*).

Sitt (Hans). Miniaturen. 12 leichte stücke für violine, mit begleitung des Pianoforte. Op. 53. Eulenburg.
Heft 1 : pièces 1 à IV, 2 mk.
— II : — V à VIII, —
— III : — IX à XII. —

— . Cavatine und Barcarolle, für violine, mit begleitung des Pianoforte. Op. 25. Eulenburg.
No 1. Cavatine. 2 mk. No 2. Barcarolle, 2 mk.

PIANO :

(Voy. ci-dessus, au Répertoire bibliographique : *Illustracion musical*, la *Quinzaine musicale.)*

Camarate (Alfredo). Bucoliques, deux petites pièces. Richault.
No 1. Op. 10. Le Couchant, berceuse, net 1 fr.
No 2. Op. 11. Sous les tilleuls, rêverie, net 1 fr. 50.
Espen (Theodor). Abendglaeckchen (La Clochette du soir). Op. 5. Eulenburg, 1 mk 20 pf.
Redon (Ernest). Chant du matin, caprice. Op. 30. Richault, 7 fr. 50.

— MUSIQUE RELIGIEUSE :

- . (Voy. ci-dessus, au Répertoire bibliographique: *Cœcilia*, de Gurtler, *Le Journal des Organistes*.)

CHŒURS :

(Voy. ci-dessus, au Répertoire bibliographique : *La Nuova Musica, The School Music Review*.)

Nicodé (Jean-Louis). Sinfonie-Ode, op. 31, pour chœur d'hommes, solos, grand orchestre et orgue. Paroles de Karl Woermann. Breitkopf et Haertel.

FOLK-LORE :

Huit chants héroïques de l'Ancienne France. Paris, 152, rue de Vaugirard, net 5 fr.

MÉLODIES & LIEDER :

(Voy. ci-dessus, au Répertoire bibliographique : *Illustracion musical, La Lyre chrétienne, The Monthly Musical Record, La Nuova Musica, Oesterreichische Musik-und Theater Zeitung, La Quinzaine musicale.)*

Eymieu (Henry). Noël nouveau, pour 2 voix d'enfants. Poésie de Marc Legrand. Breitkopf & Haertel, 1 mk.
— . La Fuite inutile. Poésie de Fabre d'Eglantine. Noël, 5 fr.
Glies (Ed.). Les bœufs. Chanson lauragaise. Paroles de Gésa Darsuzy. Rougel, 3 fr.
La Tombelle (F. de). La Crèche. Tableau de Noël. Richault, 5 fr.
Lefebvre (Ch.). Charmeuse de serpents. Poésie de Labor. Noël, 5 fr.
Marti (Estéban). Chansons galantes. Poésies de Ludovic de Chavagnes. 1re série. Ricordi, net 2 fr. 50.

Le Propriétaire-Gérant :
BAUDOUIN-LA-LONDRE.

Bourges, imprimerie M. H. Sire.

LE

JOURNAL MUSICAL

Bulletin international critique

DE LA

BIBLIOGRAPHIE MUSICALE

DIRECTEUR

BAUDOUIN-LA LONDRE

11, rue de la Pépinière, 11

PARIS

Abonnements : France 6 fr ; Union Postale 7 fr. — Le numéro mensuel 50 centimes.

N° 9. Janvier 1897.

Chronique. — Informations. — Block-notes de la Bibliographie musicale. — Iconographie musicale. — Instruments anciens.

Le Comité français pour la musique à l'Exposition universelle de Bruxelles.

CHARLES MALHERBE. — *Don Juan*, de Mozart. — Notes bibliographiques.

Auditions et représentations. — Publications.

B. L. : A travers les journaux et les livres. (Sommaires et extraits des journaux de musique de tous pays ; extraits de journaux et livres divers.)

Catalogue des nouveautés. — Adresses d'éditeurs cités :

EULENBURG, S. Kœnigstrasse, Leipzig.
FISCHBACHER, 33, rue de Seine, Paris.
Alphonse LEDUC, 3, rue de Grammont, Paris.
RICORDI, 12, rue de Lisbonne, Paris.
Verlag der OESTERREICHISCHE MUSIK-UND THEATERZEITUNG, 15, Seilerstaette, Wien.

Qu'il me soit permis de consacrer aujourd'hui ces quelques lignes à un retour en arrière.

L'Appel que je faisais dans le premier numéro du *Journal musical* n'a pas été vain. On trouvera dans celui-ci une étude qui constitue une forte contribution à la Bibliographie musicale : l'objet en est très important ; les éléments n'en traînent pas dans les dictionnaires ou dans les ouvrages de seconde main, qui, sur ce point, présentent des erreurs de toute sorte ; quant à l'auteur, qui est le distingué archiviste-adjoint de l'Opéra, il a plus d'une fois prouvé son érudition dans ses écrits sur l'Art musical, sa technique et son goût dans ses pages de musique. Nos lecteurs sauront gré à M. Charles Malherbe de la peine qu'il a bien voulu s'imposer dans ce travail ardu.

Dans le même numéro, je me proposais de combler « une grosse lacune que regrettaient compositeurs et éditeurs », en publiant un supplément annuel. L'ouvrage est sous presse.

Je n'ai plus qu'à remercier tous ceux qui, à des titres divers, m'ont permis de réaliser mon programme.

INFORMATIONS

NOUVEAUTÉS, NOVITAETEN, NOVELTIES

Voir au Catalogue l'annonce des NOUVEAUTÉS.

Nota. — *Toutes les NOUVEAUTÉS sont* **annoncées gratuitement** au Catalogue du *Journal musical.*

Mais l'exemplaire doit nous être adressé **dès leur apparition.**

Baden-Baden. — Le musicographe Richard Pohl vient de mourir.

La Haye. — Un des collaborateurs de la *Revue Wagnérienne,* du *Guide musical* et des *Bayreuther Blaetter,* M. J. Van Santen Kolff, vient de mourir.

Leipzig. — *Donna Diana,* le charmant opéra-comique de E. de Rezniceks, n'est pas près de disparaître de notre répertoire, après le succès qu'il a partout, notamment à Mannheim.

Madrid. — M. Antonio Pena y Goni, l'auteur de l'ouvrage le plus important sur la musique en Espagne au XIXᵉ siècle, vient de mourir.

Paris. — Voici la composition du Comité de la Société des Auteurs, Editeurs et Compositeurs de musique pour l'année 1897 : MM. Laurent de Rillé, président ; Maquet, vice-président ; Darsay, secrétaire ; Meuriot, trésorier ; Ganne et Moreau, membres.

— Date des Concerts de l'Opéra. Série A : Dimanches 24 janvier, 14 février, 7 et 28 mars ; série B : 31 janvier, 21 février, 14 mars, 4 avril.

— Les membres du bureau du Cercle de la Critique musicale et dramatique pour l'année 1897 sont : MM. Henry Céard, président ; Albert Soubies et Camille Le Senne, vice-présidents ; Ed. Noël et Ed. Stoullig, archivistes ; Max. Vitu, secrétaire.

— L'Administration de la Société Philharmonique BREITNER ouvre une nouvelle série d'abonnements aux six derniers Concerts (orchestre, musique de chambre, musique vocale) qui seront donnés dans la Salle des Agriculteurs de France, 8, rue d'Athènes, les 23 janvier, 6 février, 20 février, 4 mars, 18 mars, 31 mars, à 8 h. 1/2 du soir. Abonnements aux six concerts avec places numérotées : Une personne 20 fr ; deux personnes 30 fr.; quatre personnes 50 fr.

Envoyer les adhésions à M. Breitner, 5, rue Daubigny, ou à M. Chevrier, administrateur de la Société Philharmonique, 21, rue Rochechouart.

— Les séances prochaines de l'Historique du Violon données en ce moment à la Salle Pleyel, par M. André Tracol, auront lieu les mercredis 27 janvier et 10 février.

— Quel est l'homme politique, l'écrivain, l'artiste qui ne souhaite savoir ce que l'on dit de lui dans la presse? Mais le temps manque pour de telles recherches.

Le COURRIER DE LA PRESSE, fondé en 1889, 21, boulevard Montmartre, à Paris, par M. GALLOIS, a pour objet de recueillir et de communiquer aux intéressés les extraits de tous les journaux du monde sur n'importe quel sujet.

Le COURRIER DE LA PRESSE LIT 6,000 JOURNAUX PAR JOUR.

Sondershausen. — Le musicographe Wasielewski vient de mourir. On lui doit des ouvrages d'une érudition élevée : « Le violon au XVIIᵉ siècle », Bonn, 1874, in-8, « Histoire de la musique instrumentale au XVIᵉ siècle » Berlin, 1878, in-8.

BLOCK-NOTES

DE LA

BIBLIOGRAPHIE MUSICALE

— La Maison Ricordi a entrepris la publication de l'Œuvre complet de VERDI en 27 volumes.

— Aux catalogues de la Maison Breitkopf tels que les *Mittheilungen,* dont le n° 47 contient un portrait de Johannes Ev. Habert, et celui des *Musik-Klassiker,* où l'on a les portraits de Palestrina, Orlando di Lasso, Bach, Gluck, Grétry, Mozart, Beethoven, Schubert, Mendelssohn, Chopin, Schumann, Wagner, etc., etc , vient de se joindre

Konzert-Handbuch. Lager deutschen und auslaendischen Verlages I. *Orchestermusik.*

où sont mentionnés les prix des parties séparées et des partitions de toute sorte de compositions pour orchestre, avec les concertos de violon, piano, etc.

Cette « bibliothèque de concert », dont la musique d'orchestre est la première partie, sera un bien précieux guide entre les mains de ceux qui préparent un programme, d'autant qu'on y trouve les œuvres anciennes aussi bien que modernes : les symphonies de Beethoven comme celles de Brahms, les concertos de Mozart comme ceux de Grieg, Dvorak, ici *Wallenstein* de Vincent d'Indy, là une fantaisie sur la *Fiancée Vendue* de Smetana.

— Existe-t-il des documents sur le séjour de Rameau à Lille, comme organiste de l'église Saint-Étienne ? A-t-il été publié des travaux sur ce séjour dans des revues locales? Prière d'adresser la réponse à M. le Directeur du *Journal musical.*

— En souscription chez Canuto Berea y Cª editores, 38, Real, La Coruna (Espagne) · *Teatro Lirico Espanol,* anterior al siglo XIX, de Felipe Pedrell.

ICONOGRAPHIE MUSICALE

— A l'occasion du centenaire de Schubert, une exposition réunira à Vienne tous les tableaux, dessins, sculptures, etc., que l'œuvre de ce compositeur a fait naitre.

— Les Maitres de l'Affiche. Publication mensuelle, contenant la reproduction en couleurs des plus belles affiches illustrées des grands artistes français et étrangers. Paris, Imprimerie Chaix, la livraison 2 fr. 50.

Instruments Anciens

— A ajouter à l'unique lettre connue jusqu'ici du célèbre luthier Stradivarius, celle qui se trouve dans la collection de M. Lozzi, procureur général à Bologne.

— La viole de gambe sur laquelle M. Ed. Jacobs a joué à la belle exécution de la « Passion » de Bach au Conservatoire de Bruxelles est une reproduction, faite chez M. Bernardel, d'un spécimen exposé au Musée du Conservatoire de Paris.

— Parmi d'autres instruments anciens ou curieux qui font un véritable musée de l'établissement de l'Union Musicale et Artistique, signalons la magnifique pochette d'un « maitre à danser », une viole de gambe, deux lyres, de jolies musettes du xviiie siècle et..... une énorme trompette persane.

Exposition internationale de Bruxelles
en 1897.

Le Ministre du commerce a signé, le 23 décembre 1896, un arrêté par lequel (Article premier) sont institués 31 Comités chargés de statuer sur l'admission des exposants français et sur l'installation de leurs produits dans les locaux de l'Exposition internationale de Bruxelles.

Le Comité XI portera le titre de « Imprimerie et industrie du livre » : le Comité XII, celui d'Instruments de musique. Art musical (Article 2).

Article 3. Chacun de ces Comités élira, dans son sein, un président, un vice-président et un secrétaire.

Art. 4. Le travail des Comités sera revisé par une commission composée des présidents de ces Comités et soumis ensuite à l'approbation du Ministre du commerce....

Art. 5. Les travaux des Comités et de la Commission de revision devront être terminés au plus tard le 1er mars 1897.

Par arrêté en date du 5 janvier 1897, sont nommés membres du Comité XII : M. Durand. l'éditeur de musique, déjà membre des Comités des Expositions de Paris, 1889, et Chicago, 1893, M. Bernardel, le luthier, MM. Blondel, Evette, Gaveau, Gouttière, Kriegelstein, Lartigue, Lyon, Mustel, Ruch, Serpette, Sudre, Thibouville-Lamy.

DON JUAN
DE MOZART

NOTES BIBLIOGRAPHIQUES

C'est le privilège des chefs-d'œuvre de pouvoir être envisagés sous différents aspects et de fournir ainsi aux curieux maint sujet d'observations, de recherches et d'études. *Don Juan*, ou plutôt, selon le titre primitif, *Il dissoluto punito ossia il don Giovanni*, est une de ces productions privilégiées, qu'a marquées le sceau divin du génie et qu'accompagne au cours des ans une admiration sans cesse renouvelée. S'il quitte le répertoire, ce n'est jamais sans espoir de retour, et, lorsqu'il y revient, il est l'objet de commentaires nouveaux et occupe à des points de vue divers l'attention des critiques sérieux, comme en témoigne la reprise récente simultanément faite à l'Opéra et à l'Opéra-Comique.

On devine qu'une telle partition, avec ses variantes, ses traductions, ses adaptations multiples, aurait pu depuis longtemps fournir la matière d'une importante bibliographie. Il n'en est rien pourtant ; l'Allemagne, non plus que la France, ne saurait présenter sur ce point un travail d'ensemble sérieux et complet. Je n'ai pas la suffisance de prétendre à combler une telle lacune ; le temps d'ailleurs et la place ici me feraient défaut ; enfin mes premières investigations sont encore trop sommaires pour conduire à un pareil résultat. Toute mon ambition se borne à rappeler quelques détails dignes d'intérêt et à rassembler quelques matériaux dont je laisse à des bibliographes plus autorisés le soin de tirer parti.

Au cours de ces notes, trois points seront examinés successivement ; trois petits chapitres qui forment comme l'ossature du sujet : les représentations, les livrets, les partitions.

I. — Les Représentations.

Il ne saurait être question, bien entendu, de cataloguer ici toutes les représentations qui ont marqué la carrière de *Don Juan* depuis son origine. Mais il importe de mentionner celles qui, à Paris surtout, ont eu le caractère d'une « reprise » ou qui, par la notoriété des interprètes, ont brillé d'un éclat particulier et laissé quelque trace dans le souvenir. Les représentations de cette nature ont exercé, si l'on peut s'exprimer ainsi, une action bibliographique, car elles ont déterminé le plus souvent la publication ou la réédition d'un texte poétique ou musical, c'est-à-dire d'un nouveau livret ou d'une nouvelle partition. On verra par la suite que le rapprochement des dates en fournit la preuve.

Rappelons d'abord que la première de toutes les représentations eut lieu à Prague, le 29 octobre 1787 (direction Bondini) et valut à Mozart un succès triomphal. Interprètes :

Don Giovanni	Luigi Bassi.
Leporello	Ponziani.
Don Ottavio	Baglioni.
Masetto	} Lolli.
Don Pedro	}
Donna Anna	Mlles Teresa Saporiti.
Donna Elvira	— Micelli.
Zerlina	Mme Bondini.

L'année suivante, *Don Giovanni* se rendit de Prague à Vienne, où il fut accueilli d'abord avec une certaine réserve. Mozart avait à cette occasion, et pour complaire sans doute aux caprices de ses interprètes, pratiqué quelques changements (suppressions et additions) dont il sera parlé plus loin. La représentation eut lieu le 7 mai 1788 (Théâtre de la Cour). Interprètes :

Don Giovanni	Stefano Mandini.
Leporello	Benucci.
Don Ottavio	Morella.
Masetto	} Bussani.
Don Pedro	}
Donna Anna	Mlles Aloisia Lange.
Donna Elvira	— Cavalieri.
Zerlina	— Mombelli.

Peu à peu le public viennois prit goût à *Don Giovanni*, qui parut en 1789 à Mannheim le 27 septembre, et à Hambourg le 27 octobre, à Berlin le 20 décembre 1790, puis se répandit aux quatre coins de l'Allemagne, et passa enfin la frontière. On le trouve à Florence en 1792, à Rome en 1811, à Milan en 1814 ; mais, chose singulière, ce chef-d'œuvre, écrit originairement en italien, n'a jamais été apprécié à sa valeur en Italie ; il a paru dans tous les grands centres musicaux, Naples, Turin, Gênes, Venise, sans obtenir beaucoup plus que le succès d'estime. En 1847, il est à Londres, et si fort acclamé, que le directeur de Covent-Garden fait faire une traduction anglaise, destinée à répandre l'ouvrage dans les principales villes de la Grande-Bretagne. En 1825, Garcia le transporte en Amérique, où New-York l'apprécie favorablement. Tour à tour le Danemark, la Suède, la Russie s'en emparent ; mais les moyens nous manquent pour suivre pas à pas chacune de ces étapes victorieuses. Il faut donc revenir en France, et fixer d'abord l'histoire de l'œuvre en notre pays.

Sa première apparition date du 30 fructidor an XIII (17 septembre 1805). L'Académie impériale de musique avait fait à *Don Juan* l'honneur de l'admettre, mais en le travestissant de telle sorte qu'aujourd'hui, sous cette forme, il revêt à nos yeux un caractère presque caricatural. Trois collaborateurs, disons trois malfaiteurs, deux librettistes et un musicien, s'étaient appliqués, sous couleur de traduction française, à défigurer poème et partition. L'étude du livret nous permettra d'en reparler ; mais, auparavant, constatons que cet arrangement, ou plutôt ce dérangement, ne déplut pas aux auditeurs de cette époque. Il est vrai que, l'original leur étant inconnu, ils ne pouvaient en jugeant la copie procéder par comparaison, et devaient nécessairement se montrer moins sévères. Voici quels furent les interprètes de cet opéra, qualifié, pour la circonstance, « drame lyrique en trois actes », où Donna Anna s'était changée en Octavie, et Don Ottavio en Alphonse :

Don Juan	Roland.
Leporello	Hubi.
Alphonse	Laforêt.
Masetto	Derivis.
Le Commandeur	Bertin.
Octavie	Mlles Pelet.
Elvire	— Armand.
Zerline	Mme Ferrière.

Quelques années après, *Don Juan* quitta son déguisement français pour se présenter enfin sous le costume italien. Les chanteurs de l'école milanaise ou napolitaine trouvaient alors à Paris un appui d'autant plus sérieux que l'on connaissait à cet égard les goûts musicaux de l'Empereur Napoléon ; les airs de Cimarosa et Paisiello l'emportaient à la cour sur les chants de Gluck et de Méhul. L'Odéon, nouvellement construit, et devenu le Théâtre de l'Impératrice, donnait asile à l'*Opera-Buffa*, dont l'administration avait été confiée à Spontini ; c'est là que *Don Giovanni* fut représenté le 12 octobre 1811 (et non le 2 septembre, suivant l'assertion de Castil-Blaze). Interprètes :

Don Giovanni	Tacchinardi.
Leporello	Barilli.
Don Ottavio	Benelli.
Masetto	Porto.
Le Commandeur	Angrisani.
Donna Anna	Mme Barilli.
Donna Elvira	Mlle Neri.
Zerlina	Mme Festa Maffei.

L'Empire disparait, mais la Restauration continue de prêter l'oreille au chant italien ; la salle Louvois porte le titre de Théâtre-Royal-Italien, et c'est là que *Don Giovanni* est représenté en deux actes, le 7 octobre 1820. Interprètes :

Don Giovanni	Garcia.
Leporello	Barilli.
Don Ottavio	Bordogni.
Masetto	Graziani.
Il Commendatore	Profeti.
Donna Anna	Mme Ronzi-Debegnis.
Donna Elvire	Mlle Favelli.
Zerlina	Mme Mainvielle-Fodor.

Dès lors l'ouvrage, acclimaté en quelque sorte, ne quitte presque plus le répertoire de la salle Louvois et ensuite de la salle Favart, où « les Italiens » se transportent. On le re-

trouve en 1821 avec Mme Mainvielle-Fodor, qui échange son rôle de Zerline contre celui de Donna Anna ; puis en 1824, en 1826. La reprise du 6 mai 1828, à la salle Favart, est confiée aux interprètes suivants :

Don Giovanni	Zuchelli.
Leporello	Graziani.
Don Ottavio	Blasis.
Masetto	Balfe.
Il Commendatore	Profeti.
Donna Anna	Mmes Blasis.
Donna Elvira	— Amigo.
Zerlina	Mlle Sontag.

En 1829, Mlle Sontag prend le rôle de Donna Anna, et Mme Malibran celui de Zerline. Désormais il ne se passe presque plus d'année sans qu'on vienne applaudir l'opéra de Mozart, interprété par les chanteurs les plus illustres que forme l'Italie : Lablache, Santini, Tamburini, Rubini, Mmes Méric-Lalande, Grisi, Heinefetter, etc., et il en va ainsi jusqu'à la fatale soirée du 14 janvier 1838, où la salle Favart est incendiée après une représentation de *Don Giovanni*.

Entre temps, un fait digne de remarque s'était produit à l'Odéon où la musique avait reparu comme en 1811, à l'époque de Spontini, mais cette fois avec une troupe française. Castil-Blaze avait essayé de traduire l'ouvrage en fondant tout ensemble l'opéra de Da Ponte et la comédie de Molière. La partie musicale était à peu près respectée ; mais les récitatifs avaient disparu pour faire place à un dialogue parlé dont le texte pouvait passer pour classique, vu son origine. Cette adaptation, un peu forcée, n'offrait déjà plus le caractère grotesque de la version de 1805 à l'Académie impériale de musique ; mais elle nous parait encore bien étrange, quand on parcourt la liste des personnages qui, pour la plupart, se sont vu débaptiser, ont revêtu l'habit à la française, et n'ont plus l'air d'avoir rien de commun avec la patrie du librettiste ou celle du compositeur :

Don Juan	Lecomte.
Sganarelle	Mondonville.
Lorédan	Duprez.
Lucas	Léon.
Le Commandeur	Leclère.
M. Dimanche	Doligny.
La Violette	Ribouille.
Donna Eleonore	Mme Mondonville.
Elvire	Mlle Buffardin.
Jeannette	Mme Schultz.

Cette soirée du 24 décembre 1827 peut passer pour mémorable, en ce sens qu'elle marque le point de départ véritable des traductions françaises ; le texte de Castil-Blaze, remanié et complété par son fils Henry Blaze et Émile Deschamps, est devenu le texte officiel de l'Opéra, dont le premier emploi se fit lorsque *Don Juan* fut monté pour la première fois à l'Académie royale de musique, intégralement, et même, pourrait-on dire *plus* qu'intégralement, si l'on songe à la coupe en cinq actes et à l'addition, devenue depuis traditionnelle, d'un grand ballet. Cette représentation solennelle eut lieu le 10 mars 1834 (direction Véron), et l'on peut mettre en regard des interprètes français qui y concoururent les interprètes italiens qui donnèrent *Don Giovanni* à la salle Favart le 26 décembre 1833. Car c'est de cette saison 1833-34 que date le premier exemple de la concurrence artistique dont l'ouvrage de Mozart a été dans la suite plusieurs fois le prétexte et le sujet entre l'Opéra et tel ou tel autre théâtre de musique. Voici donc les deux distributions :

	OPÉRA	SALLE FAVART
Don Juan.......	Nourrit.	Tamburini.
Leporello.......	Levasseur.	Santini.
Don Ottavio.....	Lafont.	Rubini.
Masetto........	Dabadie.	Berettoni.
Le Commandeur.	Derivis.	Profeti.
Donna Anna....	Mlle Falcon.	Mlle Grisi.
Donna Elvire....	Mmes Dorus-Gras.	Mmes Ungher.
Zerline........	— Cinti-Damoreau.	— Schultz.

Quelques années se passent. L'incendie de la salle Favart en 1838 a dispersé la troupe italienne ; l'Opéra français semble maître du terrain et reprend en effet *Don Juan* le 31 mars 1841 (direction Pillet). Interprètes :

Don Juan	Barroilhet.
Leporello................	Alizard.
Don Ottavio..............	Alexis Dupont.
Masetto..................	F. Prevost.
Le Commandeur...........	Derivis.
Donna Anna..............	Mme Dorus-Gras.
Donna Elvire	Mlles Heinefetter.
Zerline	— Nau.

Les Italiens ne reparaissent qu'un an plus tard, s'installent à Ventadour et s'empressent de produire *Don Giovanni*, dont les principaux rôles sont confiés à de grands artistes tels

que Tamburini, la Grisi et Mme Viardot, qui, tour à tour, avec la merveilleuse souplesse de son talent, passe de l'aimable Zerline à la sévère Anna.

Un temps d'arrêt se produit encor pour les deux théâtres rivaux. Les Italiens rentrent en scène les premiers ; ils possèdent des chanteurs de marque, Lablache, Tagliafico, Mario, Mme Persiani, et, grâce à eux, Mozart triomphe en 1847, en 1852, en 1853. A la date du 9 février 1856 (direction Calzado), je relève pour mémoire la distribution suivante :

Don Giovanni...............	Everardi.
Leporello...................	Zucchini.
Don Ottavio	Carrion.
Masetto...................	Baillon.
Il Commendatore...........	Angelini.
Donna Anna...............	Mme Frezzolini.
Donna Elvira	Mlle Pozzi.
Zerlina	Mme Borghi-Mamo.

Dix ans après, la lutte se rallume plus ardente, plus opiniâtre, et surtout plus originale, en ce sens que les rivaux se comptent non plus par deux, mais par trois. Le Théâtre-Lyrique est entré en lice, et, conduit par un chef habile, il peut figurer noblement dans le tournoi. Place du Châtelet, place Ventadour et rue Le Peletier on prépare en même temps une reprise de *Don Juan*, comptant pour enlever la palme ici sur les décors et le baryton, là sur une étoile, et ailleurs sur un trio féminin de premier choix. Les représentations ont lieu à un mois d'intervalle au cours de l'année 1866, aux Italiens (direction Bagier) le 1er mars, à l'Opéra (direction Perrin) le 2 avril, au Théâtre-Lyrique (direction Carvalho) le 8 mai, avec les trois distributions que voici :

	ITALIENS	THÉATRE LYRIQUE	OPÉRA
D. J..	Delle Sedie.	Barré.	Faure.
L....	Zucchini.	Troy.	Obin.
D.O..	Nicolini.	Michot.	Naudin.
M ...	Mercuriali.	Lutz.	Caron.
Le C..	Selva.	Depassio	David.
D.A..	Mme Lagrange.	Mme Charton-Demeur.	Mlle Sax.
D.E..	Mlles Vestri.	Mlle Nilsson.	Mme Gueymard.
Z....	— Patti.	Mme Miolan-Carvalho.	Mlle Marie Battu.

Les Italiens ne se lassent pas ; en effet nous ne tardons pas à y retrouver *Don Giovanni*, et, en 1868-69, la triple concurrence de 1866 se fait jour encore une fois : trois théâtres donnent le même ouvrage, à Ventadour le 15 février 1868, au Théâtre-Lyrique (direction Pasdeloup) le 24 janvier 1869, et à l'Opéra le 6 décembre 1869. Interprètes :

ITALIENS	THÉÂTRE-LYRIQUE	OPÉRA
D. J.. Steller.	Caillot.	Faure.
L.... Ciampi.	Bacquié.	Castelmary.
D.O.. Gardoni.	Bosquin.	Colin.
M.... Verger.	Géraizer.	Caron.
L.C.. Aguesi.	Giraudet.	David.
D.A.. Mme Krauss.	Mlles Schroder.	Mlle Hisson.
D.E.. Mlles Harris.	— Fidès-Devriès.	Mmes Gueymard.
Z.... — Patti.	— Jane Devriès.	— Carvalho.

La guerre de 1870 et la Commune anéantissent le Théâtre-Lyrique et dispersent les Italiens qui tentent un retour offensif en 1872, mais ne retrouvent plus l'éclat d'antan, agonisent lentement et meurent définitivement le 11 janvier 1879. Pendant vingt-six ans alors, l'Opéra va rester maître du champ de bataille. Lorsque l'incendie du 28 novembre 1873 l'oblige à chercher un abri provisoire au Théâtre-Ventadour, c'est par *Don Juan* que le directeur, M. Halanzier, inaugure ses nouveaux spectacles, le 19 janvier 1874. Interprètes :

Don Juan....................	Faure.
Leporello....................	Gailhard.
Don Ottavio..............	Villaret.
Masetto..................	Caron.
Le Commandeur.	Gaspard.
Donna Anna..............	Mmes Ferrucci.
Donna Elvire..............	— Gueymard.
Zerline....................	Mlle Berthe Thibault.

L'année suivante, le même ouvrage se joue encore, et presque avec les mêmes interprètes, sauf Vergnet succédant à Villaret, Mme Krauss à Mme Ferrucci, et Mme Carvalho à Mlle Berthe Thibault ; il se maintient sur l'affiche en 1876 et en 1877. Alors il s'éloigne de nouveau pendant près de dix ans et il faut pour le rappeler aux lumières de la rampe les fêtes organisées en l'honneur du Centenaire de la première représentation à Prague. Voici quels furent les interprètes en cette soirée du 25 octobre 1887 (direction Ritt et Gailhard) :

Don Juan..................	Lassalle.
Leporello..................	E. de Reszké.
Don Ottavio..............	Jean de Reszké.
Masetto..................	Sentein.
Le Commandeur..........	Bataille.
Donna Anna..............	Mmes Adini.
Donna Elvire..............	— Lureau-Escalaïs.
Zerline....................	— Bosman.

Une fois de plus le silence se fait. De 1888 à 1896, *Don Juan* semblait oublié, lorsqu'il y a quelques semaines, il s'est rappelé à notre souvenir, et l'on sait avec quel éclat. La vieille concurrence s'est réveillée entre nos deux premières scènes lyriques, et le public est allé applaudir deux fois au lieu d'une. Mentionnons donc pour finir ces deux distributions fort intéressantes à des titres divers : la première à l'Opéra (direction Bertrand et Gailhard), le 26 octobre, et à l'Opéra-Comique (direction Carvalho), le 17 novembre :

	OPÉRA	OPÉRA-COMIQUE
Don Juan........	Renaud.	Victor Maurel.
Leporello........	Delmas.	Fugère.
Don Ottavio......	Vaguet.	Clément.
Masetto........	Bartet.	Badiali.
Le Commandeur..	Chambon.	Gresse.
Donna Anna.....	Mmes Rose Caron.	Mlles Jane Marcy
Donna Elvire.....	— Bosman.	— Marignan.
Zerline.........	Mlle L. Berthet.	— Delna.

Le succès de ces soirées est trop récent et par conséquent trop présent à toutes les mémoires pour y insister longuement. Il a permis de constater une fois de plus que le temps ne saurait nuire aux chefs-d'œuvre. Si *Don Juan* n'a pas vieilli, malgré son âge, c'est qu'il porte l'empreinte du génie et la beauté de l'art est immortelle.

Les pages qui précèdent résument l'histoire de cet ouvrage, en quelques lignes à l'étranger, avec plus de détails en ce qui concerne Paris. Si arides que semblent les nomenclatures, celles-ci nous ont paru nécessaires ; en effet, toutes ces représentations, à des époques différentes et en des lieux divers, ont donné naissance, comme nous l'avons dit, à des traductions de livrets, à des publications de partitions ; elles sont donc le point de départ et la cause déterminante des notes spéciales et bibliographiques qui nous restent à tracer et formeront l'objet des chapitres suivants.

(A suivre.)
CHARLES MALHERBE.

AUDITIONS ET REPRÉSENTATIONS

Bruxelles. — Aux Concerts Ysaye, l'orchestre a exécuté la Symphonie héroïque de de Beethoven, la *Marche Écossaise* de Debussy ; M. Raoul Pugno, le Concerto de Grieg, la Fantaisie en *ut* de Schubert.

— Au Conservatoire, a été donnée une exécution mémorable de la « Passion selon saint Mathieu » de Bach, organisée par M. Gevaert ; à citer parmi les chanteurs MM. Warmbroodt, Seguin ; parmi les instrumentistes, MM. Anthoni, Gaidé et Ed. Jacobs.

La Haye. — Grand succès pour M. Arthur de Greef dans le Concerto en *sol* mineur de Saint-Saëns.

Lyon. — La première représentation en France des « Maîtres-Chanteurs » de Wagner a eu lieu, le 29 décembre, au Grand-Théâtre. La traduction est celle de M. Alfred Ernst. Cela a été un triomphe pour Wagner, pour son heureux traducteur qui mérite plus que cette mention. Il convient de féliciter particulièrement M. Vizentini, qui eut l'initiative et qui dirigea lui-même l'orchestre.

Paris. — Aux Concerts du Conservatoire, sous la direction de M. Taffanel, de très belles exécutions de la Symphonie en *si* bémol de Schumann et de l'Ouverture de *Benvenuto Cellini* de Berlioz.

— Aux Concerts-Lamoureux, un succès considérable pour la Symphonie en *ré* de César Franck. Le jeune et talentueux violoniste Henri Marteau a été très applaudi dans le concerto de Dvorak, et Mme Henri Jossic dans les *Djinns* de César Franck.

— Aux Concerts-Colonne, l'orchestre a donné une bonne audition de la musique de Xavier Leroux pour les *Perses* d'Eschyle : M. Diémer fut le virtuose parfait dans le Concerto n° 5 de Saint-Saëns. Accueil enthousiaste fait à *Rédemption* de César Franck.

— Aux Concerts de l'Opéra, la nouvelle symphonie du « franckiste » Paul Dukas méritait un accueil moins froid à cause de sa facture distinguée, qui en outre est celle d'un technicien accompli. Le prologue du *Mefistofele* de Boïto eut un meilleur sort ; l'orchestre, dirigé par M. Paul Vidal, y fut parfait.

— Aux Concerts de la Société Philharmonique, MM. Marsick, Hayot, Bailly, Loeb ont tenu sous le charme les vrais musiciens dans l'exécution du Treizième Quatuor de Beethoven ; M. Marsick a pu faire triompher son merveilleux talent dans une Sonate, op. 24, de Sjogren, d'une belle ampleur et d'une très remarquable écriture, entendue pour la première fois à Paris ; son partenaire, M. Ludovic Breitner, est incontestablement le meilleur pianiste-quartettiste qu'ait Paris en ce moment. Les mêmes artistes ont fait vivement applaudir le Quintette, op. 81, de Dvorak.

— Au Conservatoire, sous la direction de M. Taffanel, ont été exécutés les deux premiers actes de *Fiona*, légende irlandaise en 3 actes et tableaux, de M. Léon Durocher, mise en musique par M. Alfred Bachelet, grand prix de Rome de 1890.

— Le 4 décembre, les « Chanteurs de Saint-Gervais » ont exécuté la Messe « Assumpta est Maria in cœlum » de Palestrina, le *Deus Israël* de Vincent d'Indy, l'*Ave Maria* de Guy Ropartz.

Toulouse. — Sous la direction de l'auteur, *Guernica*, de Paul Vidal, a été joué dans sa forme première avec un grand succès.

Vienne. — Au 4e Concert de la Société Philharmonique, M. Richter a fait entendre le nouveau poème symphonique de Dvorak, op. 108, *Die Mittagshexe*, de la valeur de l'autre *Der Wassermann*, op. 107.

— Au Concert Grieg, en présence de l'auteur, M. Busoni a joué le concerto de piano avec une grande maîtrise.

PUBLICATIONS

Le Cinquantenaire de la Maison Roeder, de Leipzig. — La plus importante maison de gravure musicale du monde signale le cinquantenaire de sa fondation, 1846-1896, par une luxueuse publication :

Festschrift zur 50 Jaehrigen Jubelfeier des bestehens der Firma C. G. ROEDER. Leipzig. Mit einem anhang : Notenschrift und Notendruck bibliographisch-typographische Studie von Dr Hugo RIEMANN, dozent für musik an der Universitaet zu Leipzig. 1846-1896.

Leipzig, Roeder, 1896, in-4°, 16 pages de texte, y compris le titre orné, en bistre et or, pour les notices, 88 pages de texte pour l'étude de M. Riemann, 32 planches hors texte, une pour le frontispice en couleur, une pour les portraits des cinq directeurs de la maison, deux pour les vues des différents immeubles occupés par l'établissement, 28 pour les fac-simile de l'historique de la notation, et de nombreux exemples de musique et figures dans le texte, tranches rouges, reliure en toile grise ornée d'une composition en noir et or.

Accompagnée des magnifiques reproductions en fac-simile, l'étude de M. Riemann qu'on y trouve est de toute importance, elle nous fait passer par toutes les phases de la notation : ici la notation grecque avec une transcription de l' « Hymne au Soleil » du IIe siècle; les neumes, la notation mesurée, les « tabulatures » allemande, espagnole de l'orgue, italienne, française, allemande du luth; les chapitres suivants traitent des copistes de musique, de la typographie musicale dans les ouvrages liturgiques, les ouvrages profanes, celle de Petrucci, celle de Pierre Hautin; enfin les procédés modernes.

Voilà un livre à conserver.

.·.

Il y a une gracieuse phrase, soulignée d'arpèges, aux neuf premières mesures de la page 6 de

Matinée de mai. Mélodie. Paroles de Stéphan Bordèse. Traduction rhythmique de l'anglais de Frederic E. Weatherly. Musique de L. DENZA. Milan et Paris, Ricordi éditeur, net 4 fr.

A TRAVERS LES JOURNAUX

ET LES LIVRES

ALLGEMEINE MUSIK-ZEITUNG
CHARLOTTENBURG-BERLIN

1896. Nos 51-52. Gerhard Schjelderup : Helmotz und die musik.

Otto Lessmann et W. Klatte : Aus dem Konzertsaal.

Dans chaque numéro, nombreuses notices bibliographiques et critiques par Otto Lessman, W. Klatte, L. et O. Taubmann.

L'AMI DU CHANTEUR
PARIS

Nos 50-58. Histoire de la Chanson moderne.

Musique. — No 51. La Romance des cœurs brisés, de Sarnette. Cela ne s'est pas encore vu, d'Alberty.

No 53. Sur les bruyères, de Badin. La Légende des chansonniers, de Fragson. La Devise, de Pagès. Le bureau du commissaire, de Casemajor.

No 58. Lied, de Hébert.

L'AVENIR MUSICAL
GENÈVE

No 45. Ch. Romieux : Étude sur la prononciation. Toujours les droits d'auteur. Pétition au Conseil Fédéral. Georges Servières : l'Orchestre invisible.

Étude tirée du *Guide musical.*

LA CRONACA MUSICALE
PESARO

1896 (1re année). No 10, 32 pages.

Mantovani : Rossini maestro di canto.

X. X. X. : Buon gusto nella musica teatrale.

Conservatori e Licei : Milano, Parma, Bologna, Roma, Venezia, Pesaro.

Renseignements divers sur ces écoles de musique, les noms des professeurs, le nombre d'élèves, l'enseignement qui s'y donne, etc.

A. Tocci : Lettere fiorentine.

A. Cametti : Lettere Romane.

Teatri e Concerti.

Nel mondo dell'arte.

Bolletino bibliografico.

Concorsi.

L'ÉCHO MUSICAL
BRUXELLES

1896. Nos 25, 26. Le métronome.

No 25. Le « miroir des critiques musicaux berlinois ».

A propos d'une brochure de M. Robert Hermann, publiée chez Hofmeister à Leipzig, dans laquelle les jugements de critiques divers sur lui sont réunis dans une intention satirique. Pour en donner le ton, il suffit de citer les extraits de l'*Allgemeine Musikzeitung* qu'il a choisis : I. « Le jeune compositeur R. Hermann de Leipzig [a donné un concert] devant un public clairsemé qui lui a fait un accueil glacial : » II. « Les ouvrages du jeune compositeur témoignent indubitablement d'une tendance saine et sereine, et surtout d'une science musicale des plus respectables. » M. Hermann ignore donc qu'il y a « compte-rendu » d'un concert, et « analyse critique » des œuvres qui y sont interprétées. Dans le compte-rendu, le rédacteur doit se contenter de dire l'impression du public; dans l'analyse critique, il s'engage à donner son impression personnelle. En quoi donc M. Hermann voit-il une contradiction dans une revue aussi sérieusement rédigée que l'*Allgemeine Musikzeitung* ?

De la Flûte au tambour.

No 24. La Passion [de saint Mathieu] au Conservatoire.

Chronique musicale. Bruxelles : Etranger.

De la Flûte au tambour.

L'EUROPE ARTISTE
PARIS

No 16. F. Rhod : M. Fr. Nicolas Manskopf (avec un portrait).

Le *Journal musical* a dit l'importante part

que ce collectionneur éclairé a prise à l'Exposition du Théâtre et de la Musique ; elle n'est rien à côté de ce que M. Manskopf se propose de nous présenter en 1900.

1897. N° 1. Barnouin : M. Cossira (avec un portrait).

GAZETTE MUSICALE DE LA SUISSE ROMANDE
GENÈVE

1896. N° 20. Michel Brenet : Le Cinquantenaire de *La Damnation de Faust*.

Jaques-Dalcroze : Un peu de cravache.

Ceci est la suite d'un article paru dans le précédent numéro, et qui, à cause de sa sincérité et de sa franchise, a été fort commenté pendant ces dernières semaines.

Etienne Destranges : « Le Vaisseau Fantôme » (Der Fliegende Hollaender) ; *étude analytique et thématique.*

Chronique musicale et théâtrale par Jaques-Dalcroze, Henn, Ed. Combe.

Correspondances de Bruxelles, Lyon.

Notice sur le jeune violoniste Henry Marteau, avec un portrait.

LE GUIDE MUSICAL
BRUXELLES-PARIS

1896. N° 52. Daniel Paque : Musique descriptive.

Maurice Kufferath : « La Passion selon saint Mathieu » au Conservatoire royal de Bruxelles.

Avant de rendre compte de cette mémorable séance, le maître critique s'exprime dans des termes tels que nous nous faisons un devoir d'en reproduire une partie.

Gounod disait que si un cataclysme détruisait tous les monuments de l'art musical dans les siècles antérieurs, à l'exception de l'œuvre de Jean-Sébastien Bach, cet œuvre suffirait pour reconstituer toute la musique.

Le paradoxe est spirituel et il énonce, sous son apparente fantaisie, une appréciation profondément juste de l'incomparable génie du vieux kantor saxon. Cet homme est au sommet suprême de l'histoire de notre art. Puissance d'invention, intuition phénoménale des combinaisons sonores, pénétration extraordinaire de sentiment, grandeur de la conception poétique alliée à la tendresse la plus délicate de l'émotion, il résume véritablement dans ses créations les quatre siècles de musique qui ont précédé sa venue, et son œuvre se dresse dans sa magnifique ampleur et sa luxuriante richesse, au seuil de la musique moderne. Depuis deux siècles, il n'est pas de page musicale de maîtrise absolue qui n'ait ses racines en lui et qui ne soit nourrie de la sève surabondante de son art. Supprimez-le : il n'y a ni Haydn, ni Mozart, ni Beethoven ; Mendelssohn et Schumann auraient une autre physionomie ; même la plus récente et la plus radicale évolution de la musique moderne, l'art de Richard Wagner, ne se peut concevoir en dehors de son influence directe. Il est la pierre angulaire de nos monuments sonores ; il est le *credo* de notre foi artistique. De lui tout émane, à lui tout retourne.

HARMONIE
HANNOVER

N° 141. Karl Loewe.
Ritter : Altschottische Musik.
Kunstberichte etc. etc.
N° 142. Zuschneid : Die Moderne Musikpflege und die allgemeine musikalische Bildung etc. etc.
N°s 141, 142. — Opern-Stosseufzer eines Laien.

ILUSTRACION MUSICAL
BARCELONA

N° 213. Discurso de contestacion de l'Exc. S. Conde de Morphy. Notice sur M. F. A. Guilmant (avec un portrait).
Illustrations : Musicos ambulantes ; Santa Cecilia.

N° 214. Em. Cotarelo : Noticias sobre el musico espanol Jacinto Valledor y La Calle. Notice sur Camille Saint-Saëns (avec un portrait) ; Illustrations : Canto Arabo...

N°s 213, 214. Fascicules du *Diccionario Bio-Bibliografico* de Felipe Pedrell (Carnicer-Casanovas).

Musique. — Pages 129 à 184 de l'Album de la *Ilustracion musical* : El Paraguas, de J. Gaeta y Duran, tiempo de vals, duo, avec accompagnement de piano ; Danzas satiricas, de Bru, pour piano ; Con fuoco, de A. L. Lagunas, maz. pour piano ; Barcarola, pour piano, de Joaquin Malats ; Manolo, *scottisch pour piano*, de José Felin ; Somni, *pour piano*, de D. Mas y Serracant ; Chœur de Judas Macchabée de Haendel, paraphrasé pour l'orgue par Alexandre Guilmant ; Los Lirios, elegia, pour chant et piano ; Recuerdo de amor, de Amoros, pour chant et piano.

LE JOURNAL DES MUSICIENS
MONTARGIS

N° 3. Glulie : Les ménétriers.
Grimard : Les maîtres de l'opéra unique. Adolphe Adam etc. etc.

THE LEADER
BOSTON

1896. N° 12. History of music.
Our Berlin, New-York, Birmingham letters.
H. Parry : Persian and Hindoo scales.
Glimpses into the part.
Editorial. — Talent and patriotism. Music in Boston. Some puzzles. Litterary singers.
Rockstro : Tonal Fugue.
Wickam : Realism in music, etc. etc.

Musique. — Rose of Cuba, polka p. piano, de Christie ; The Elk's Reunion march, two step., pour orchestre, de Prendiville (avec toutes les parties séparées) ; Unter der linde, serenade, de Woods, pour orchestre militaire (avec toutes les parties séparées).

IL MANDOLINO
TORINO

1896. N° 23. Texte : Concours.

Musique. — Canzone melodica, de Navone di Vittorio, p. deux mandolines et guitare.

LE MÉNESTREL
PARIS

1896. Nos 50, 52. Julien Tiersot : Etude sur *Don Juan* de Mozart.

Nos 50, 52. Montaux : Journal d'un musicien.

No 50. Weckerlin : Le Chœur *La Charité* de Rossini.

No 51. P. d'Estrée : Musique et prison : Crimes de droit commun.

Nos 50, 52. Revue des grands concerts par Barbedette, A. Pougin, Boutarel ; Semaine théâtrale par Arthur Pougin et Chevalier.

LE MONDE ARTISTE
PARIS

1896. No 50. Dr West : Les Iseult illustres.

Traduction de l'article du Dr West paru sous le titre de « Berühmte Isolden » dans la revue de Leipzig *Die Redenhen Künste.*

Correspondances de Lille, Lyon, Nice, Toulon, Toulouse, New-York, Mian, Nouvelle-Orléans, Vienne.

Notes et informations.

Courrier de la semaine.

No 51. Tic-Tac. Chronique musicale.

Correspondances du Havre, de Lille, Lyon, Marseille, Nantes, Nice, Reims, Rouen, Toulon, Toulouse, Anvers, Berlin, Bruxelles, Gand, Hambourg, Milan, Vienne, etc., etc.

No 52. Tic-Tac. Chronique musicale.

Fernand Le Borne : Concerts.

Correspondances de Bordeaux, Lyon, Nantes, Toulon, Berlin, Londres, Milan, Vienne, etc., etc.

La page hebdomadaire d'illustrations du *Monde Artiste*, est consacrée à une scène de la nouvelle opérette d'Audran, *Monsieur Lohengrin.*

1897. No 1. Tic-Tac. Chronique musicale. Correspondances de Lyon, Marseille, Montpellier, Nice, Toulouse, Rouen, Bruxelles, Gand, La Haye, Le Caire, Milan, Monte-Carlo, Vienne, etc., etc.

LE MONDE MUSICAL
PARIS

8e année. No 15.

Portrait de M. Auguste Tolbecque, dont on connait l'habileté à reconstituer les instruments anciens.

Compte-rendu de séance de la Chambre syndicale des Instruments de musique.

Grandes orgues. — L'Orgue de Vichy.

Correspondances de Londres, New-York. Concerts.

No 16. Grandes orgues. — Notre-Dame-de-Beaune.

Correspondances de Londres, New-York. Examens du Conservatoire. Concerts.

LE MONITEUR INSTRUMENTAL
PARIS

1896 (5e année). No 58. Concours de La Plaine Saint-Denis, Choisy-le-Roi : appréciations du jury. No 59. Concours du Perreux, de Lisieux : *id.*

No 60. Concours de Lisieux, Evreux : *id.*

THE MONTHLY MUSICAL RECORD
LONDON

1897 (vol. XVI). No 313.
The Year 1896.

Notice sur la musique en Angleterre pendant l'année.

The students' concerts ; and a Moral.
Haydn's pianoforte sonatas.

Notice sur l'édition du Dr H. Riemann, publiée chez Augener.

Concerts.
Musical notes.

Bulletin international d'information.

Musique pour piano. — « New Year's gretting », de Arnold Grug.

Reinecke : The Beethoven pianoforte Sonatas (avec des exemples de musique).

Lettre de Leipzig.

MUSIC
CHICAGO.

Vol. XI. No 1.

J. V. Cheney : The Relation of music to life.

W. B. Chamberlain : Music in the work of the Church.

E. Liebling : The Common Sense of Piano teaching.

Tonello : Address of Welcome to Galesburg.

Hayden : Music as an educaton.

W. S. B. Mathews : The permanent element in Music.

— : A Live American singer : Mme Henson.

H. Hackett : Subsidized Opera in America.

L. A. Russell : M. Brahms again.

Il est fait allusion dans cet article aux récentes attaques que M. Edgar S. Kelley a dirigées contre le maitre symphoniste : elles furent vives, tendant à prouver que Brahms n'a aucune valeur : loin d'être le « Neue Messias » annoncé par Schumann, ou la troisième personne de la grande trinité de B selon le dire de Hans de Bulow (Bach, Beethoven, Brahms), il serait « a very tyro in composition, a man without musical concept or expressional idea ». Après avoir exposé les arguments de M. Kelley, M. Russell les dit avec raison peu concluants, et j'estime avec lui qu'une sortie si virulente fait tort à celui qui en est l'auteur. Car, à moins qu'il n'y ait méprise (alors que M. Kelley s'explique), que penser de l'esthétique d'un compositeur qui, au dire de M. Russell, compte pour rien dans le maitre de Hambourg ; « the undoubted sincerity of a great man,.. his straunch devotion to the purest of ideals » ?

Editorial Bric-a-Brac.

Dans ces notes, M. Mathews intervient à son tour et avec le même esprit que M. Russell, dans la question précédente.

J. Klauser : *Music in Munich.*
Things here and there.

Informations diverses.
Reviews and notices.

Bulletin bibliographique.

Mathews : *The Evenings with the great composers* : II. Haydn and Mozart.
Answers to correspondents.

Illustration de ce numéro de *Music : «* William Mason in his studio », portraits du pianiste Jœffy et des disparus : Anton Bruckner, Carlos Gomes.

Vol. XI. N° 2.

E. Swayne : *A Vermont musical Family* (la famille des Cheney, avec quatre portraits).
Fouillée : *The Nature and Evolution of Art.*
Mathews : *Personal glimpses of Teresa Carreno.*
C. Adam : *A new song composer : Mrs Gaynor.*
Wodell : *Music teachers and music teaching.*
Clarence Eddy : *Leading organists of France and Italy.* (Saint-Saëns, Théodore Dubois, Widor, Guilmant, Gigout, Pierné, Dallier, Capocci, Bossi...)
S. Wake : *Musical tone and color.*

Très curieux article accompagné de figures, à rapprocher du n° 9 du *Journal d'un Solitaire*, voy. le *Journal musical* n° 8.

Mathews : *Editorial Bric-a-Brac.*
— : *Ten Evenings with the great composers.* III Beethoven.
Remenyi : *A Short essay on Bach.*
Musique. — « *Christmas Carol* : Lo! On Bethlehem's... », de Mrs Gaynor.
Etc., etc.

MUSIC TRADES REVIEW
LONDON

1896. N° 233. Cherubino : *The month's music.*
Shedlock : *Reviews of music.*
A national chamber of master trades. Trades Unions and pickets. The Thomas Edward Brinsmead case. Musical revision and copyright etc. Our law reports. Trade in the provinces, etc. etc.

MUSICA SACRA
REGENSBURG

1896. N° 24. F. X. Hubert : *Gutta cavat lapidem* ; Alt-und Neujahrs-Gedanken.
Dr W. Baeumker : *Aus Archiven und Bibliotheken : Uber die melodie des liedes : «* Ach, wann kommt die Zeit heran », von A. Silesius.
Neuerschienene Kirchenkompositionen, etc. etc.

THE MUSICAL TIMES
LONDON

1896. N° 646. W. B. S. *John Dowland.*
X. : *From my study*, avec un fac-simile de la couverture de « The Redemption » de Gounod, sur laquelle signèrent, le jour de la première audition, Gounod et ses interprètes.
F. G. Edwards : *Bach's music in England.*
G. V. Bouncingham : *Is Beethoven played out ?*
Music in Belfast, Birmingham, Edinburgh, Glasgow, Liverpool, Manchester, Sheffield, The Southern Counties, etc., etc.
Musique. — « Anthem : God, that madest Earth.... », de Ch. L. Naylor, pour ténor ou soprano solo et chœur. « Sleep, baby », chœur à l'unisson, tiré de « The Holy Child », de Th. Adams. « Anthem : Lo God, our God has come », chœur à 4 voix, de B. Haynes. Gloria in Excelsis, de Barnby, chœur à 4 voix.
N° 647. J. Bennet : *Victorian Music.*
— : *Franz Schubert.*
— : *Facts, rumours, and remarks.*
Etc., etc.
Musique. — The Queen, God bless her, chœur à 4 voix, de Foster. Lord of Life, de Mackensie, chœur à 4 voix.

Ce numéro de *The Musical Times* contient en outre hors texte un fac-simile d'autographe de Schubert et la reproduction d'une aquarelle qui le représente au milieu de ses amis, à Alzenbruck, près de Vienne.

LA NOUVELLE FRANCE CHORALE
PARIS

Henri-Abel Simon : *1896-1897. Concours de Serquigny.* Honfleur : *Appréciations du jury.* La « Sainte-Cécile », à Paris, Oissel, Pacy-sur-Eure, Pau, Arras, Saint-Dié.

OESTERREICHISCHE MUSIK-UND THEATERZEITUNG
WIEN

1896. N° 8. Lvovsky : *Alexander Borodin, biographisch-kritische skizze* (avec un portrait).
Wiener Bühnen (critiques théâtrales de Lvovsky, Lindau, A. Barde, etc.). Wiener Concerte (comptes-rendus de Th. Helm et Lvovsky).
Dr Theodor Helm : *Zur Einführung in Litz's Oratorium « Christus ».* A. Barde : *Pepi Gloeckner* (notice avec portrait).
K. Wahlstedt : *Das Farbenhoeren.*
N°s 8-9. Th. Helm. *Dreissig Jahre Wiener Musikleben, 1866-1896, erinnerungen eines musikkritikers.*
N° 8. Lvovsky : *Slavische Concerte in Wien.* Musik-und Theaterbriefe ; Frankfurt a. M., Prag. Kritiken (notices bibliographiques), etc., etc.
N° 9. Lvovsky : *Michel de Sicard, violoniste* (avec un portrait). Otto Schmid : « Odysseus' Heimkehr », musiktragœdie von August Bungert. Musik-und Theaterbriefe : Lemberg, Brüssel, Elberfeld-Barmen, Berlin, Graz, Brunn, Bremen, etc., etc.
Musique. — Bonheur parfait, p. violon et piano, de Michel de Sicard.

OUEST-ARTISTE
NANTES

Nos 368-369. Jean d'Udine : De la corrélation des sons et des couleurs en art.

No 368. Ét. Destranges : *Salammbô*, étude analytique.

Nos 369-370. Ét. Destranges : *Le Roi d'Ys*, étude analytique.

No 371. Ét. Destranges : Un chef-d'œuvre inachevé : *Briséis*, d'Em. Chabrier.

No 370. Jaques-Dalcroze : Un peu de cravache. Louis de Romain : Notes sur les 1re, 2e et 4e Symphonies de Schumann.

Nos 368-371. Chroniques théâtrales, par Ét. Destranges, Gassorah.

PARIS-PIANO
PARIS

1896. No 118. *Musique.* — La Capricieuse, maz., de La Barbera.

No 119. Marche Turque, de Mozart, et Marche de la *Norma*, de Bellini.

No 120. Polka des étrennes, de Ellimac. Prélude, de Chopin. Trois petits airs populaires.

No 121. Blanche colombe. maz., de Putz.

LE PASSE-TEMPS
MONTRÉAL

1896. No 45. Léon Famelart : Chronique de quinzaine. E. Lacy : Causerie sur l'art. Notice sur Mlle Jennie Hoyle, violoniste, avec un portrait. Théâtres et Concerts.

Musique. — Hourida, valse pour piano, de Ernest Gillet. Duo espagnol de l'*Enlèvement de la Toledad*, de Audran. Chanson à boire de *Panurge*, de Planquette.

LA QUINZAINE MUSICALE
PARIS

1896. No 24. Ch. Gounod, par Théodore Dubois, avec un portrait.

Musique. — Coquetterie, de Smyth, valse p. piano. Lawn-Tennis, polka, de Auvray, p. piano.

ROMANIA MUSICALA
BUCURESCI

1896. No 19. Cordoneanu : Musica si patriotismul.

Nos 19-21. Grigorescu-Elvir : Cronica teatrala. Teatrul national. Correspondances de Paris, Dresde, etc.

No 20. Cordoneanu : Teatrul liric.

No 21. *Musique.* — Cântecul scolarilor, de Soloveanu, chœur mixte.

THE SCHOOL MUSIC REVIEW
LONDON

No 56. Edwards. Schubert as a boy.

Address on School singing to London head teachers.

Musique. — Dans les deux notations : Graduated exercices for school classes.

« The Queen ; God bless her ! », de Myles B. Foster, pour soprano solo et chœur.

« Forth the Meadows », tiré de « Rosamunde » de Schubert, et arrangé à 2 parties par Mac Naught.

SCHWEIZERISCHE MUSIKZEITUNG
ZÜRICH

1896. Nos 21, 23, 24. Aufführungsrecht (sur la Société des Auteurs).

Nos 23, 24. Heinrich Richter : Gedanken über das Punktum saliens im Musikleben, — Lehren und-Schaffen (avec des exemples de musique).

No 21. A. Gluck : Die Enstehung von Mendelssohns lied « Der Jaeger Abschied ».

No 22. Beetschen : Ein deutscher meistersinger

Nos 23, 24. Koeckert : Félix Mendelssohn-Bartholdy und sein « Paulus ».

STRINGS
LONDON

1896. Nos 33, 34. Règlement de l' « International Union of musicians » et programme des cours et examens.

LA TRIBUNE DE SAINT-GERVAIS
PARIS

1896. No 11. Dom Mocquereau : L'Art grégorien : Lhoumeau : Chantons en prose ou du rythme oratoire : Jean de Muris : Nos sociétés régionales : Mois musical.

WERNER'S MAGAZINE
NEW-YORK

1896. No 11. The New-York teachers of Oratory ; reports of three of the meetings of last season. The American Society for the improvement of speech. The Werner Society...

Suivent de nombreux conseils pour la déclamation ; ainsi que des pièces à dire. Sous la rubrique « Current Thought » on trouve des extraits de tous les journaux et revues sur le chant et la déclamation.

Le no 12 de *Werner's Magazine* est un « holiday number » ; outre un article de Miss Fannie Edgar Thomas, l'aimable correspondant du *Musical Courier* à Paris, intitulé « Joining Vocal and instrumental pratice », et un autre Do's and Dont's in Music », il renferme de très nombreux portraits d'artistes et une série de planches représentant les différentes scènes d'une pièce mimée.

ZEITSCHRIFT FÜR INSTRUMENTENBAU
LEIPZIG

1896-1897. No 8. Die Musikinstrumente auf der Allrussischen Ausstellung zu Nischny-Nowgorod. Villiam Steinway (avec un portrait).

No 9. Bericht der Leipziger Handelskammer über Musi-kinstrumenten-Fabrikation und Handel im Jahre 1895.

No 10. Busemann : Englands Kampf gegen den Wettbewerb in seinen Kolonien.

Nos 9. 10. Die Savart' sche Theorie über den bau der Geige.

Dans chaque numéro : Sprechsaal (lettres ouvertes). Ver-mischtes (nombreux renseignements sur la facture instrumen-tale de tous pays). Orgelbau-Nachrichten (composition d'orgues nouvelles). Illustrirte Patent-Uebersicht (avec figures).

LE FIGARO ILLUSTRÉ

Numéro de Noël 1896. J. Massenet : Noël dans la Campagne de Rome, souvenir musical.

LE GAULOIS

N° 5,534. 31 décembre. L. de Foureaud : Grand-Théâtre de Lyon. Les *Maîtres Chanteurs de Nuremberg*, comédie lyrique de Richard Wagner. Nouvelle version française par M. Alfred Ernst.

M. L. de Foureaud a donné là le compte rendu le plus important de la représentation de Lyon et une analyse de la partition qui occupe quatre colonnes de ce grand journal. En voici des extraits :

La nouvelle version française, due à M. Alfred Ernst, était essayée à la scène pour la première fois. Mon sentiment, très net, après la double épreuve de la lecture et de l'audition, c'est qu'on ne saurait aller plus loin dans l'équivalence rythmique d'un texte à chanter, en serrant le sens, en respectant l'énergie du tour, la particularité des métaphores, la suite du discours transporté membre à membre, trait à trait, intention à intention, d'une langue en une autre. Le traducteur ne s'est accordé à peu près nulle latitude : il est parvenu à laisser à l'œuvre traduite son exacte vocalité, sa précise sonorité verbale et, mot contre note, son caractère entier. Ce qu'elle présente parfois, quand on la lit à part, d'inégal, de rocailleux ou d'étrange, répond partout aux exigences de la phrase originale en sa valeur mélodique ou déclamative. Il s'ensuit qu'on a la sensation la plus voisine, au théâtre, de l'effet voulu par le compositeur. C'est pourquoi je tiens la traduction de M. Ernst pour un modèle de *version à chanter*, œuvre utile s'il en fut d'artiste et de musicien.

Ainsi, les premiers en France, « les Lyonnais ont salué en maître Hans Sachs la noble figure d'un Sébastien Bach, trait d'union entre les temps lointains et les jours futurs, en Walter la haute expression de l'idéal wagnérien, réconciliant en soi la grande forme libérée de ses esclavages et l'inspiration qui ne relève que de la contemplation du monde et de la vie ».

Suit l'appréciation des interprètes, à quoi M. de Foureaud ajoute : « M. Vizentini, qui a présidé à tout et conduit l'orchestre avec un talent incontestable, sera récompensé de sa vaillance. En faisant vivre louablement sur sa scène le chef-d'œuvre le plus ardu à interpréter qui soit, il a montré ce que l'on peut faire, avec de la volonté, dans un beau théâtre de province. »

N° 5535. Reynaldo Hahn : Pour Benjamin Godard.

Où il est montré que ce compositeur est « un illustre méconnu » parce qu'il... ... « mourut célèbre ». Je reconnais qu'il y a deux parts à faire dans les compositions de Benjamin Godard.

LE JOURNAL

N° 1552. Octave Mirbeau : César Franck et Monsieur Gounod.

Je ne signale cet article que pour faire voir à quelles exagérations on peut se porter en ce temps de marche en avant (tant mieux) dans l'esthétique musicale. Sans doute les œuvres de Gounod sont surtout passionnelles, sans doute il y a trop de mondanité dans sa musique dite religieuse, sans doute il est agréable de voir le public goûter enfin les pages inspirées par la foi pure, celles de Bach et de Franck ; mais tout dans Gounod n'a pas été d'un goût douteux ; enfin qu'on n'oublie pas qu'il a, si peu qu'on me l'accorde, entraîné le public de son temps dans la voie de la vérité dramatique et que même son *Faust*, à cause de cela, ne fut pas d'abord agréé de la masse des « dilettanti ».

LE JOURNAL POUR TOUS

1897. N° 1.

Musique. — Récitatif et air du 2ᵉ acte de la *Fiancée vendue* de Smetana.

Portrait avec autographe de Mᵐᵉ la Princesse de Metternich, à qui le compositeur tchèque doit une bien juste célébrité Un des prochains numéros du *Journal musical* sera en partie consacré à l'œuvre de ce maître.

LE MONDE MODERNE.

Revue mensuelle illustrée. A. Quantin, éditeur, 5, rue Saint-Benoît, Paris.

Novembre. Léon Pineau : Le Folk-Lore.

M. Léon Pineau, dans son fort intéressant article, plaide éloquemment en faveur de l'étude de ce qu'il appelle une science nouvelle :

Le paysan..... est extrêmement superstitieux . . . .

Il tient à tout ce passé de croyances par mille racines enchevêtrées en son âme, et que les siècles n'ont pu extirper. Le paganisme, chêne puissant, a été abattu ; mais la souche est restée dans le sol et mille rejetons en sont sortis : souvenirs de toutes sortes, explications des phénomènes physiques, interprétations, toutes originales, des voix de la nature. Partout dans nos campagnes, à de certaines époques de l'année, nous rencontrons, encore vivaces, de poétiques coutumes dont quelques-unes remontent aux plus hautes antiquités de la race indo-européenne : le Carnaval, le 1ᵉʳ mai, la grande fête du soleil à la Saint-Jean, celle du solstice d'hiver à la Noël et tant d'autres.

Or, c'est cet ensemble de traditions qui constitue ce qu'on a appelé le *Folk-Lore* d'un peuple. Ce mot semble barbare ; mais, une fois connu, il a l'avantage de tout embrasser : contes et chansons, légendes, cérémonies, institutions, coutumes et superstitions, toutes pratiques, toutes croyances, tous amusements qui se sont perpétués par la parole ou l'exemple.

N'est-ce pas là toute une science ? Depuis longtemps en faveur dans les pays étrangers — elle occupe une chaire aux Universités d'Helsingfors et de Christiana, — c'est à peine si chez nous le grand public en soupçonne l'existence, ou il en fait fi. Enfantillages que tout cela, dit-on, et qui ne mènent à rien. Assurément, de nos jours, ce qui est pratique seul a de la valeur. Mais aussi ce n'est point une vaine fantaisie, ni une distraction d'amateur. Cette étude s'impose : parce que seule, la littérature orale populaire peut amener une nouvelle floraison de notre littérature nationale. Déjà, parmi les œuvres classiques les plus admirées, l'*Iliade*, les *Niebelungen*, la *Chanson de Roland*, ne sont-elles pas sorties de l'inspiration populaire ? Corneille ne doit-il pas la plus aimée de ses tragédies au romancero du Cid, cette suave fleur de la poésie espagnole ? Et Shakespeare, et Gœthe, n'est-ce pas aux trésors du peuple qu'ils ont emprunté les joyaux les plus purs de leur couronne : Hamlet, Faust, les Lieds ?

M. Tiersot, un maître en la matière, complète cette étude sur le Folk-Lore par l'historique de la Chanson populaire à travers les âges, et l'accompagne d'airs notés.

Par le fait même de cette transmission, il arrive fréquemment, on le conçoit, que la forme primitive des chansons se trouve altérée, dénaturée de mille manières ; et cependant, la mémoire du peuple est si tenace que parfois elle a suffi à maintenir fidèlement des chansons d'origine très reculée. Il est en effet certains morceaux qu'on a retrouvés simultanément dans les régions les plus éloignées, et dont les diverses versions offrent encore tant d'analogies qu'en les comparant et les contrôlant les unes par les autres on a pu reconstituer, avec une très grande apparence de certitude, des textes fort anciens qu'aucune écriture n'avait conservés.

Quant à cette ancienneté même, elle est difficile à établir avec précision, en l'absence de documents écrits et datés. Ceux qui, séduits par le charme étrange des chansons populaires, ont les premiers attiré sur elles l'attention publique, se plaisaient à leur attribuer, peut-être avec trop de complaisance, des origines mystérieuses et infiniment reculées. Il se pourrait qu'en ce moment une tendance vers l'excès contraire se manifestât. Ce qui est certain, c'est que l'on a retrouvé des vestiges notés (musique ou poésie) de quelques chansons actuellement populaires dans des livres et des manuscrits du xvi° et du xv° siècle, et même antérieurement ; et, si ces documents sont en trop petit nombre, du moins est-il permis d'en généraliser, en quelque mesure, les conséquences, et d'étendre ces observations à d'autres chansons de même nature et de même forme ; et comme il est évident que ces écrits ou ces imprimés, loin d'être contemporains de l'origine des chansons, n'avaient en d'autre prétention que de conserver le souvenir de morceaux déjà connus, et fort anciens peut-être, il en résulte que la mémoire populaire nous a gardé des monuments de l'art lyrique de beaucoup antérieurs aux monuments de la littérature et de l'art musical des époques classiques.

Enfin, de même que les chansons se sont transmises à travers les âges, de même elles se sont répandues à travers l'espace. Aussi est-ce une grave erreur, trop fréquemment commise autrefois (et même encore aujourd'hui) de considérer une chanson comme appartenant à une région particulière, par la seule raison qu'on l'y a recueillie. La vérité est que la France est une grande province sur les diverses parties de laquelle sont répandues les mêmes poésies, naïves et frustes, les mêmes mélodies tour à tour vives, gracieuses et mélancoliques.

Phénomène bien digne de remarque : un pays très lointain, jadis colonie française, mais perdu pour nous depuis cinq quarts de siècle, le Canada, a si bien conservé le souvenir de l'occupation française que nos chansons populaires y sont encore dites avec amour ; l'on a pu, de notre temps, en faire plusieurs recueils dans lesquels se reconnaissent les mêmes chansons que savent aussi les marins de nos côtes de France, et qu'ils avaient portées si loin, et il y a si longtemps !

THE MONTHLY INDEX

Of periodical literature. A supplement to the *Review of Reviews*. London, Mowbray House, Norfolk str.

Sommaires des revues anglaises et américaines et de nombreuses revues étrangères.

LA REVUE DE PARIS

N° 23. Camille Saint-Saëns : *Don Giovanni*.

Varia.

— Le « Noël » d'Adam, disait Aubryet, « est de la musique qui a de la foi. »

— M. Anatole France, à sa réception à l'Académie Française, a entendu son collègue lui dire :

« Vous que le théâtre met en défiance, presque en tristesse, vous avez formé le dessein de tirer de sa vie [Jeanne d'Arc] une pièce nationale — non point un drame — une chronique dialoguée et accompagnée de musique — non point une œuvre d'art — mieux que cela, une œuvre de foi : quel dommage que vous n'ayez pas associé Gounod à ce projet ! »

— D'après un dictionnaire, le chœur des fiançailles, dans *Lohengrin*, mérite seul d'être signalé. « Le reste de la partition nous a paru long, confus, affublé d'une harmonie très tourmentée, enfin, et surtout, ennuyeux. »

Le répertoire de la Bibliographie musicale, que je tiens à jour, sera successivement, et sous des formes diverses, mis à la disposition des intéressés. Pour commencer, l'*Annuaire* de 1897, qui est sous presse, contiendra notamment le tableau complet, sans sélection, de la Bibliographie musicale de la France en 1896.

CATALOGUE

DES NOUVEAUTÉS

Livres et Recueils.

Soubies Albert. Musique russe et musique espagnole. 2e édition. Paris, Fischbacher, 1896, in-8, 1 fr.

— Un problème de l'histoire musicale en Espagne. Paris, Fischbacher, 1896, in-8, 1 fr.

Les Maîtres Musiciens de la Renaissance Française. Éditions publiées par M Henri EXPERT sur les manuscrits les plus authentiques et les meilleurs imprimés du XVIᵉ siècle avec variantes, notes historiques et critiques, transcriptions en notation moderne, etc. Claude GOUDIMEL. 2ᵐᵉ fasc. des 150 Psaumes (Édition de 1580). Alphonse Leduc. Un volume grand in-4°, 123 pages, 12 fr.

Recueil de 148 airs de danse bretons pour biniou et bombarde. Baudoux.

Études pour piano.

SCHMITT Aloys. 62 Klavier-Etüden aus Op. 16 und anderen Werken ausgewaehlt, progressiv geordnet und bearbeitet von Carl Beving, lehrer am Koenigl. Conservatorium zu Leipzig. Eulenburg, grand format, 133 pages, 3 mk.

Orgue-harmonium.

TOBY. Au bord de la mer. Mustel.
— Bercelonnette. —

Piano.

CHRISTIE. Singing in the Cottonfield. Ditson.
LAWTON. Constance. Pond.
LOWTHIAN. Flowers of beauty. Pond.
MICHEL. E. L'Abeille. Valse caractéristique. Ricordi, net 2 fr. 50.
MICHEL. E. Les Cigarières. Valse brillante. Ricordi, net 2 fr. 50.

Mélodies.

DELMET P. Chansons nouvelles. Quinzard.
DENZA L. Aime-moi. Paroles françaises de Ant. Roque. N° 1, pour soprano ou ténor. N° 2, p. mezzo-sopr. ou bar. N° 3, p. contralto ou basse. Ricordi. Chaque numéro grand format, chant et piano, net 2 fr.
— Crois-tu que je t'oublie? Paroles de Stéphan Bordèse. Traduction rythmique de l'anglais de Ellis Walton. N° 1, p. soprano ou ténor. N° 2, p. mezzo-sopr. ou baryton. N° 3, p. contralto ou basse. Ricordi. Chaque numéro grand format, chant et piano, net 2 fr.

— Matinée de mai. Paroles de Stéphan Bordèse. Traduction rythmique de l'anglais de Frederic E. Weatherly. N° 1, p. soprano ou ténor. N° 2, p. mezzo-sopr. ou baryton. N° 3, p. contralto ou basse. Ricordi. Chaque numéro, grand format, chant et piano, net 2 fr.

MICHEL. E. Chanson du page. Paroles et musique de E. Michel. Ricordi. Chant et piano grand format, net 2 fr

MUSIN. Franz. Es war Ein Traum voll seligkeit, lied für sopran oder tenor mit klavierbegleitung. Verlag des Oesterreichischen Musik-und Theater Zeitung.

Bourges, imprimerie M. H. SIRE.

LE
JOURNAL MUSICAL

Bulletin international critique

DE LA

BIBLIOGRAPHIE MUSICALE

DIRECTEUR

BAUDOUIN-LA LONDRE

11, rue de la Pépinière, 11

PARIS

Abonnements : France 6 fr ; Union Postale 7 fr. — Le numéro mensuel 50 centimes.

N° 10. — Février 1897.

Chronique. — Informations — Block-notes de la Bibliographie musicale. — Iconographie musicale. — Instruments anciens.

CHARLES MALHERBE : *Don Juan*, de Mozart. — Notes bibliographiques. (*Suite.*)

Auditions et représentations. — Théâtres et concerts

B. L., X., MONTEFIORE : Analyses critiques de partitions et de livres : *Kermaria*, de Camille Erlanger; *La Fiancée d'Abydos*, de Paul Lebrun; *Vénus et Adonis*, de Xavier Leroux; — *La Musique sacrée telle que la veut l'Eglise*, de l'abbé Chaminade; *Armonia*, de Bernardi.

B.L.: A travers les journaux et les livres. (Sommaires et extraits des journaux de musique de tous pays; extraits de journaux et livres divers.)

Catalogue des nouveautés. — Adresses d'éditeurs cités :

BEYER, 30, rue Digue de Brabant, Gand.
DECOURCELLE, 29, avenue de la Gare, Nice.
Oliver DITSON Company, Boston.
Paul DUPONT, 4, rue du Bouloi, Paris.
FISCHBACHER, 33, rue de Seine, Paris.
FORBERG, 19, Thalstrasse, Leipzig.
HENN, 14, rue de la Corraterie, Genève.
Alphonse LEDUC, 3, rue de Grammont, Paris.
RICHAULT, 4, boulevard des Italiens, Paris.

CE mois a été celui de Schubert. Partout on l'a fêté. Vienne surtout s'est mise en frais. L'hommage de Paris ne pouvait être mieux rendu que par le premier chef d'orchestre de ce pays, dans l'établissement qui, quoi qu'on dise, est le centre musical de la France.

Schubert est immortel parce qu'il a passé le peu de sa vie à chanter, comme tout jeune artiste chante, peut et doit exhaler, avec toute la fraîcheur du printemps de la vie, les *lieder*, qui simplement lui viennent aux lèvres. Ce n'est qu'à l'âge mûr qu'on exigera de lui le « labeur » de la « pensée ».

Les jeunes n'osent plus chanter; ils arrêtent la ligne mélodique même dans son plus bel essor. Pourquoi? Parce qu'un génie puissant s'est rencontré qui fit des merveilles incomparables avec des motifs de peu d'étendue..... mais sublimes.

Il est vrai qu'il y a aussi la grenouille qui veut se faire aussi grosse que le bœuf.

INFORMATIONS DIVERSES

A partir de ce numéro, il ne sera répondu qu'aux demandes de spécimens accompagnées de 55 centimes en timbres-poste.

Linz. — Au Musée régional, on va organiser une « salle Brückner », où seront rassemblés le piano, les manuscrits, partitions, portraits de l'illustre compositeur.

Paris. — Dates des CONCERTS DE L'OPÉRA. Série A : Dimanches 7 et 28 mars; série B : 21 février, 14 mars, 4 avril.

— Dates des CONCERTS de la SOCIÉTÉ PHILHARMONIQUE BREITNER (orchestre, musique de chambre, musique vocale) donnés dans la Salle des Agriculteurs de France, 8, rue d'Athènes : 20 février, 4 mars, 18 mars, 31 mars, à 8 1/2 du soir. Fauteuils, 8 fr. ; Chaises, 4 fr. Pour les conditions *spéciales* des abonnements aux derniers concerts avec places numérotées, s'adresser à M. Breitner, 5, rue Daubigny, ou à M. Chevrier, administrateur de la Société Philharmonique, 21, rue Rochechouart. Au programme de la séance du 20 février : le beau Quintette de Sgambati et une première audition du Quatuor à cordes que M. Fernand Le Borne a dédié à la mémoire de César Franck ; nous souhaitons que le public distingué et éclairé de ces concerts fasse un succès à l'œuvre d'un de nos « jeunes », dont le nom ne vient pas assez souvent sur les programmes. Comme pour satisfaire l'ensemble du public, Madame de Grandval accompagnera elle-même Mlle Eléonore Blanc dans quelques mélodies ; et Madame Breitner sera au premier pupitre de violon.

— Quel est l'homme politique, l'écrivain, l'artiste qui ne souhaite savoir ce que l'on dit de lui dans la presse ? Mais le temps manque pour de telles recherches. Le COURRIER DE LA PRESSE, fondé en 1889, 21, boulevard Montmartre, à Paris, par M. GALLOIS, a pour objet de recueillir et de communiquer aux intéressés les extraits de tous les journaux du monde sur n'importe quel sujet. Le COURRIER DE LA PRESSE LIT 6,000 JOURNAUX PAR JOUR.

— Dans la liste des récentes distinctions honorifiques, parues récemment au *Journal Officiel*, nous relevons les noms de MM. Paladilhe, Victorien Joncières, officiers de la Légion d'honneur ; Mme Lamoureux (Brunet-Lafleur), M. Samuel Rousseau, officiers de l'Instruction publique ; Mlle Eléonore Blanc, MM. Camille-Erlanger, Geispitz, Pérégally, Vaguet, Weingartner, officiers d'Académie. La liste complète des très nombreux noms d'artistes, professeurs, auxquels les palmes ont été conférées, est publiée dans le n° 18 du *Monde musical*.

Vienne. — L'exposition du centenaire de Schubert a été ouverte le 20 janvier par l'empereur; elle comprend un grand nombre de manuscrits, d'éditions princeps, l'édition complète de ses œuvres qu'a publiée la maison Breitkopf & Haertel, des portraits, les souvenirs des littérateurs, des artistes avec lesquels Schubert fut en relation. Cette exposition a un grand succès.

— On vient de célébrer également le centenaire de l'Hymne national composé par Haydn, dont le manuscrit original est conservé à la Bibliothèque impériale.

LES DISPARUS

— A Paris, Charles de Boigne, auteur de *Les Petits Mémoires de l'Opéra*.

— A Athènes, le compositeur Spiridion Xyndas, auteur de « Les Deux rivaux », « le Comte Julien », « le Candidat au Parlement ».

— A Leipzig, Guillaume Volkmann, petit-fils de Godefroid Haertel et associé avec le Dr Von Hase à la célèbre maison d'édition Breitkopf & Haertel.

— A Anvers, Anselme-Henry Possoz, éditeur de musique.

BLOCK-NOTES
DE LA
BIBLIOGRAPHIE MUSICALE

— Le catalogue de janvier 1897 de la librairie P. Lethielleux (Paris, 7, rue Cassette), annonce, au prix de 5 francs, la deuxième édition de l'*Archéologie musicale* de Th. NISARD (l'abbé Normand). Ce fort volume de 440 pages contient, outre des recherches érudites, les textes les plus importants touchant le rythme grégorien, leur traduction par divers auteurs accompagnée de curieuses annotations.

ICONOGRAPHIE MUSICALE

— Dans le 1er fascicule de 1897 de *La Rivista Musicale italiana*, on trouvera une série de treize portraits et caricatures de Beethoven.

INSTRUMENTS ANCIENS

— Dans le numéro 12 de la *Zeitschrift für Instrumentenbau*, est représentée une « lira da gamba » de Ventura Linarolo de Venise, 1577, faisant partie du « Musée historique de la musique » de M. Paul de Witt, le directeur de cette importante revue allemande, spécialement consacrée à la facture instrumentale.

— A New-York, M. W. Steinert, de New-Haven, a prêté pour une exécution du 6e Concerto de J. S. Bach pour violes et basses, douze violes « da braccia » et huit violes « da gamba ».

— A ajouter aux instruments anciens ou curieux, dont nous avons précédemment signalé la présence dans le bel établissement de l'UNION MUSICALE ET ARTISTIQUE, tels que pochette, viole de gambe, lyres, trompette persane, musettes du XVIIIe siècle : un luth, un archiluth, une viole d'amour, une épinette.

— Le 26 février, à l'hôtel Drouot, vente de la collection de V. de H., collectionneur de Lille. L'expert est M. Bernardel. Il y a deux violons de Stradivari, un alto de Bergonzi etc., des archets de Tourte, Vuillaume etc.

————◆————

DON JUAN

DE MOZART

————

NOTES BIBLIOGRAPHIQUES [1]

————

II. — Livrets et Traductions

Lorsqu'un opéra voit le jour de la rampe, il est rare que la publication du livret ne coïncide pas avec la date de la représentation. Cet usage, presque constant à notre époque, se pratiquait déjà au siècle dernier et s'explique, d'ailleurs, par des raisons d'ordre matériel ; car, s'il faut entendre pour comprendre, il faut comprendre pour s'intéresser à ce qui se dit sur la scène. Le livret a donc pour mission de suppléer tout ensemble à l'insuffisance d'articulation des chanteurs et au défaut de perception des auditeurs. Il s'impose même comme une impérieuse nécessité si la pièce est jouée dans une langue étrangère, et ce fut précisément, à Prague, le cas de *Don Juan*, produit d'abord en italien devant un auditoire tchèque. L'étude bibliographique de ce livret est assez complexe pour qu'il soit utile d'adopter quelques divisions et d'en suivre les diverses transformations tour à tour : 1° En Allemagne ; 2° en France ; 3° dans les autres pays d'Europe.

1° EN ALLEMAGNE

Au XVIIIe siècle, la langue italienne était par excellence la langue du « bel canto ». Sans pénétrer pour cela jusqu'aux classes populaires, elle rencontrait du moins une certaine faveur dans la noblesse et dans la haute bourgeoisie. Aussi des troupes italiennes sillonnaient-elles l'Allemagne, promenant leurs représentations de ville en ville ou s'établissant à poste fixe, suivant les ressources et les sub-

(1) Voir le n° 9.

ventions des localités. Par exemple, au temps de Mozart, la même troupe desservait Prague et... Dresde d'une façon assez irrégulière, on le devine, car le chemin de fer n'était pas là pour rapprocher les distances. Somme toute, le mouvement musical dramatique se menait en italien, et l'opéra allemand demeurait encore à l'état embryonnaire. Ce n'est qu'en 1791, l'année même de sa mort, que Mozart écrivit un grand ouvrage avec paroles allemandes, la *Flûte enchantée*, et encore s'agissait-il d'une œuvre à part, visant un but spécial auquel la franc-maçonnerie pouvait n'être pas étrangère ; jusque-là, il n'avait mis son idiome natal qu'au service de simples opérettes, comme *Bastien et Bastienne*, *Zaïde*, le *Directeur de Spectacle*, et. grands ou petits, tous les compositeurs d'alors en usaient ainsi.

Le livret « princeps » de *Don Juan* parut donc à Prague, et en italien, avec le titre suivant : *Il | dissoluto | punito | o sia | il D. Giovanni | = Dramma giocoso | in due atti | da rappresentarsi | nel teatro di Praga l'anno 1787. | In Praga | di Schœnfeld.* C'est un petit volume devenu si rare qu'on en connaît tout juste, à l'heure actuelle, deux exemplaires, ayant appartenu : l'un, au comte York von Wartenburg, à Klein-Œls, près Ohlau ; l'autre, à Kœchel, l'auteur du catalogue des œuvres de Mozart. Deux considérations d'ordre différent pourraient expliquer cette rareté : d'une part, le théâtre de Prague était petit, le nombre des spectateurs relativement peu considérable, et, par conséquent, pour les besoins du public, le tirage du livret dut être, en 1787, assez restreint ; d'autre part. la brochure étant imprimée grossièrement, sur un mauvais papier, ne pouvait, aux yeux des contemporains, passer pour un objet précieux, digne d'être conservé ; de là sa destruction assez rapide et sa disparition presque complète. Il nous est du moins connu par une réimpression qu'en a faite M. Léopold von Sonnleithner, chez Breitkopf et Hærtel. Leipzig (1867).

Lorsque *Don Juan* fut monté à Vienne en 1788, un nouveau livret parut. et. constatation singulière, ce livret est devenu tout aussi rare que le premier. M. von Sonnleithner avoue que, malgré toutes ses investigations, il n'a réussi à en découvrir également que *deux* exemplaires appartenant, l'un au compositeur viennois, Joseph Dessauer, et qui lui a servi pour sa réimpression ; l'autre à Richard Jastran, artiste de l'Opéra de Copenhague. Si l'auteur avait pris la peine de chercher ailleurs qu'en Allemagne, il n'aurait pas tant attendu pour connaître l'existence d'un troisième exemplaire (1), celui qu'a toujours possédé la Bibliothèque du Conservatoire de Paris. C'est un in-18 de 80 pages, d'apparence aussi médiocre que le livret-princeps et offrant presque le même titre, sauf, après les mots : *Da rappresentarsi,* la variante suivante : *Nel teatro di Corte / l'anno 1788 !* (ici, un petit ornement d'imprimerie) *In Vienna, / nella imper. Stamperia dei sordi e / muti.* L'affiche du théâtre portait, en outre, cette indication : *Die Bücher sind bloss italiænisch beim Logenmeister für 20 kr. zu haben.* (On peut se procurer le livret, mais italien seulement, chez le maître de loges, au prix de 20 kreutzer.)

Ces deux livrets, celui de Prague et celui de Vienne, ont une importance tout à la fois bibliographique et historique. C'est leur comparaison qui a permis de préciser les différences de l'une et de l'autre représentation, en fixant, d'une manière indubitable, les modifications apportées à l'ouvrage par ses auteurs. On a constaté ainsi la suppression du final primitif où tous les personnages reparaissaient pour chanter classiquement la morale de la pièce ; puis, la disparition, cette fois, plus regrettable, du fameux rondo d'Ottavio : *Il mio tesoro,* que le ténor Morella, sans doute, ne voulut pas ou ne put pas interpréter. On y trouve, en revanche, les trois morceaux nouveaux ajoutés par Mozart, savoir : Un air d'Ottavio : *Della sua pace,* afin de remplacer le rondo sacrifié ; un nouvel air pour Elvire, précédé d'un grand récitatif : *In quale eccessi ;* et un duo entre Leporello et Zerline : *Per queste manine,* précédé et suivi

d'un recitativo secco. Par suite, l'ordre et le numérotage de certaines scènes ont été changés ; par exemple, la scène x a pris le chiffre xv, quatre scènes supplémentaires ayant été intercalées. En outre, bon nombre de vers ont été retouchés par Da Ponte, les uns partiellement, les autres complètement, tout cela, d'ailleurs, par pure coquetterie littéraire, semble-t-il, et, en tout cas, sans grand souci de Mozart et de ses mélodies. Un exemple suffira.

On se rappelle que dans la scène finale un petit orchestre d'instruments à vent joue, en manière de musique de table, trois fragments d'opéras alors à la mode : *La Cosa rara,* de Martini ; *i Litiganii,* de Sarti, et *Le Nozze di Figaro.* L'apparition de chacun des motifs est soulignée par Leporello qui, notamment pour le dernier, s'écrie d'un air malicieux : « *Questo poi lo conosco pur troppo !* » (Celui-là, je ne le connais que trop !) Or, ces plaisanteries, dues à l'humeur enjouée de Mozart, ne figurent ni dans le livret de Prague, ni dans celui de Vienne. A Prague, on peut encore admettre qu'elles ont été improvisees au dernier moment, alors que le livret était déjà sous presse. Mais à Vienne ! Faut-il croire que Da Ponte ait eu assez de vanité pour exclure de son texte toute addition étrangère ? Il est plus probable qu'il livra simplement à l'imprimeur de Vienne un livret de Prague sur lequel il avait fait ses corrections personnelles, travaillant de son côté, comme Mozart travaillait du sien. C'est plus tard, lorsque la partition parut chez Breitkopf et Hærtel, avec la traduction de Rochlitz, que les éditeurs s'avisèrent d'intercaler dans les vers du poète les boutades du compositeur et, grâce à une révision plus complète, de mettre enfin partout d'accord les paroles avec les notes.

On croit généralement, en France, que cette traduction de Rochlitz est la première traduction allemande qui ait été faite. Elle est la première qui ait été publiée conjointement avec le texte musical ; elle est la première qui ait présenté quelques qualités littéraires et qui se soit répandue un peu dans tous les coins de l'Allemagne ; mais elle n'est pas la première en date. On n'a pas encore résolu la question de savoir si Mozart, dans les derniers temps de son existence, ne s'occupait pas d'en préparer une ; mais il est certain que, de

---

(1) L'occasion semble bonne de signaler ici avec quelle légèreté procèdent parfois les savants allemands qui passent pour travailler avec tant de conscience et d'exactitude :

Lorsqu'il a rédigé son grand catalogue des œuvres de Mozart, Kœchel a déclaré que le ballet *Les Petits Riens* devait être considéré comme « disparu à jamais ». S'il était venu en France et avait pratiqué quelques fouilles dans la Bibliothèque de l'Opéra, il aurait eu, comme Victor Wilder un peu plus tard, l'honneur de retrouver ce qui d'ailleurs ne s'était jamais perdu.

Lorsqu'il a publié la grande édition des œuvres de Palestrina, F.-X. Haberl a simplement disqualifié comme « non authentiques » les *Leçons de la Semaine Sainte* qui comptent justement parmi les plus belles inspirations du maître de Préneste. S'il s'était présenté à la Bibliothèque du Conservatoire, il aurait constaté *de visu* les preuves de son erreur. M. Julien Tiersot s'est chargé de les lui fournir d'ailleurs dans le *Ménestrel* (avril 1896), et il l'a fait avec autant de science que d'esprit.

A ces deux exemples on en pourrait ajouter bien d'autres.

son vivant, *Don Juan* fut chanté en langue allemande.

L'année 1789 vit éclore deux de ces traductions, à un mois d'intervalle, le 27 septembre à Mannheim, et le 27 octobre à Hambourg; la première avait pour auteur NEEFE; la seconde, SCHROEDER.

Neefe (Christian-Gottlieb), né à Chemnitz (Saxe), le 5 février 1748, était un compositeur de quelque talent, qui fit représenter un certain nombre d'ouvrages, surtout des opéras comiques, et fut directeur de musique tour à tour à Leipzig, à Bonn, et finalement à Dessau où il mourut le 26 janvier 1798. Il avait étudié la jurisprudence et a laissé quelques travaux de critique qui témoignent à tout le moins d'une certaine culture intellectuelle.

Schrœder (Ernst-Friedrich) était un chanteur, doué d'une assez jolie voix de baryton, qui, souvent, interpréta l'ouvrage de Mozart, et même en établit le rôle principal dans plusieurs villes d'Allemagne, notamment à Hambourg en 1789, à Francfort en 1794, et à Stuttgart en 1796. Il mourut en 1818. Son nom a été surtout illustré par sa femme, Sophie Schrœder, la célèbre tragédienne, et par leur fille, Mme Schrœder-Devrient, l'une des plus grandes cantatrices dramatiques de l'Allemagne au commencement de ce siècle.

Partant de ce principe que l'ouvrage de Mozart était une pièce gaie (*dramma giocoso*), Neefe n'avait pas hésité à en développer les côtés comiques. Il l'avait qualifié d' « *opérette* » et, sans plus parler de *Don Juan*, lui avait donné pour titre celui-ci : *Der bestrafte Wollüstling oder der Krug geht so lange zu Wasser bis er bricht.* (Le libertin puni, ou tant va la cruche à l'eau qu'à la fin elle se brise.) Le Commandeur s'était changé en Gouverneur ; Don Ottavio s'appelait Don Gussmann, et la liste des personnages s'était grossie d'*ein Juwelier* (un bijoutier) et d'*eine Gerichtsperson* (une sorte de commissaire). A l'adjonction de ces comparses, on devine quels bouleversements avait subis le texte primitif et ce qu'il était advenu des récitatifs. Ce travail, pour lequel Neefe avait reçu la somme de quatre ducats, tenait plus en somme de l'adaptation que de la traduction.

Schrœder avait procédé avec aussi peu de respect et plus de trivialité; il s'en tenait au sous-titre d'*opera buffa*, et, mettant surtout en dehors le côté burlesque, il émaillait son dialogue de plaisanteries vulgaires, souvent du goût le plus contestable. Par exemple, dans le trio de l'introduction, lorsque Donna Anna essaye vainement de retenir Don Juan, au lieu d'appeler à l'aide, elle crie : Au feu! au feu!!... Dans le premier finale, lorsqu'on se précipite vers la chambre où Don Juan a entraîné Zerline, Da Ponte fait dire à Ottavio, Anna et Elvire :

> L'iniquo da se stesso
> Nel laccio se ne va.

(Le méchant de lui-même se prend dans ses filets.) Mais Schrœder trouve cette réflexion trop sérieuse, et, prêtant à ces trois personnages l'allure joyeuse de gens qui vont voir devant eux administrer une bonne leçon, il transforme ainsi les deux vers :

> Mein Freund, nun setzt es Schläge,
> Ganz recht geschieht es dir.

(Maintenant, mon ami, tu vas recevoir des coups, et c'est bien fait pour toi). Ces exemples suffisent à donner le ton de la comédie.

D'ailleurs, tel était le prestige de la partition que ni Neefe à Mannheim, ni Schrœder à Hambourg, n'empêchaient la musique de triompher. Leurs traductions étaient parfois critiquées, mais circulaient quand même, modifiées par l'un ou par l'autre, suivant le goût des spectateurs et les exigences des interprètes, subissant à leur tour les altérations qu'elles avaient infligées au texte de Da Ponte. Chose curieuse, les titre et sous-titre de la pièce, ainsi que le nom des personnages étaient l'objet de maints changements qui nous semblent aujourd'hui sans raison et par conséquent inexplicables. Ainsi, le 16 septembre 1795, nous trouvons pour la première fois *Don Juan* sur l'affiche du théâtre de Dresde, avec la qualification bizarre de : *Grosse ernsthaft-komische oper* (grand opéra sérieux-comique), et les noms travestis de la sorte : Donna Laura pour Donna Anna ; Don Gonsalvo pour Don Ottavio ; Franz pour Leporello ; Kœlrchen et Peter pour Zerline et Masetto! Bien plus, lorsque, le 17 janvier 1797, *Don Juan* est donné pour la première fois en allemand à Dessau, sur le théâtre de la Cour et sous les yeux mêmes de Neefe, alors directeur de musique dans cette ville, sa version et celle de Schrœder fusionnent lamentablement et, sous ce seul titre, déjà cité, *der bestrafte Wollüstling* (le libertin puni), figure la liste des personnages suivants :

Herr von Schwankenreich.......	(Don Giovanni.)
Fræulein Elvira	(Donna Elvira.)
Fræulein Marianna.............	(Donna Anna.)
Herr von Frischblut...........	(Don Ottavio.)
Fickfack	(Leporello.)
Roeschen	(Zerline.)
Gürge, ein Bauer.............	(Masetto.)

C'est presque, on le voit, la distribution fantaisiste d'une pochade en temps de Carnaval : elle dispense de tout commentaire.

Une histoire du théâtre et de la musique à Mayence (1) nous révèle certaine représentation de *Don Juan* dans cette ville, au cours de l'année 1789, avec un « texte de Schmidter ». Il est peu probable qu'il s'agisse là d'une véritable traduction ou adaptation, car elle aurait amené sous la plume de l'historien, au lieu de ce mot vague « *Text* », ceux plus précis d' « Uebersetzung » ou de « Bearbeitung ». Comme ce Schmidter était alors, paraît-il, le poète à gages du théâtre de Mayence, il peut très bien s'être contenté d'apporter au travail de Neefe ou de Schrœder quelques changements de sa façon, tout en réservant à son amour-propre la satisfaction de se faire nommer seul sur l'affiche (2). Ce sont de petits subterfuges qui pourraient s'appeler des détournements de notoriété et qui se retrouvent à toute époque et en tout pays.

Entre temps, une troisième traduction allemande avait fait son apparition à Vienne dans une représentation extraordinaire donnée au théâtre An der Wien par la troupe de Schikaneder, le 5 novembre 1792. L'auteur s'appelait HEINRICH SPIESS et semble ne pas s'être montré moins fantaisiste que ses devanciers. A propos de ce livret, M. Rudolf von Freisauff, dans son étude sur *Don Juan* (3), a rapporté quelques détails nouveaux qu'il est intéressant de résumer ici. Tout d'abord, on n'en connait,

(1) PETH. *Geschichte des Theaters und der Musik zu Mainz*, p. 82. Cité par Rudolf von Freisauff dans son *Mozart's Don Juan*.

(2) Il n'y a pas si longtemps que sur les affiches de nos théâtres, même subventionnés, le nom de l' « adapté » figure à côté de celui de l' « adaptateur ». Il est vrai que chez nous, à l'heure actuelle, cette règle de bonne foi ne souffre plus d'exception. En Allemagne, sans indiquer toujours l'auteur d'origine, on use volontiers d'une formule vague, comme « nach dem franzœsischen » (d'après le français). En Italie, le procédé demeure plus simple : on n'indique rien et l'on change le titre.

(3) *Mozart's Don Juan*. 1787-1887. Ein Beitrag zur Geschichte dieser Oper, von RUDOLF VON FREISAUFF. (Salzburg, Herm-Kerber, édit. 1887.)
Ce livre, publié à l'occasion du centenaire de la première représentation de *Don Juan*, est un des plus complets et des meilleurs qui aient paru sur l'histoire de cet opéra. Il abonde en renseignements puisés à bonne source et généralement exacts. Nous y avons recouru plus d'une fois, notamment pour tout ce qui a trait aux représentations de *Don Juan* dans les petites villes d'Allemagne.

ou plutôt on n'en a connu qu'un exemplaire, vu jadis, aux environs de 1840, par un chanteur wurtembergeois, Franz. Jos. Schütky, et passé depuis en des mains ignorées. Le titre en était assez caractéristique : *Herr Johann, der leichtfertige Bœsewicht, oder der steinerne Gast. Komisches Singspiel in 2 Acten.* (Monsieur Jean, l'espiègle vaurien, ou le Convive de pierre).

Remarquons d'abord ce sous-titre : *der steinerne Gast*, qui ne s'était rencontré sous la plume ni de Da Ponte, ni de Mozart, qui se glisse ici pour la première fois, et qui depuis a la singulière fortune de passer à travers la plupart des traductions et de se maintenir sur les affiches avec une inexplicable continuité. Il se retrouve dans la première partition publiée par Breitkopf-Hærtel, et figure encore dans un livret qui date de 1878 et que je rapportai de Dresde, où j'avais assisté à une représentation de *Don Juan*. Peut-être faut-il y voir, du moins à l'origine, un indirect hommage rendu aux compositeurs qui avaient traité déjà le même sujet vers la même époque et avec un succès qui avait déjà popularisé les personnages et l'action dramatique. On trouve en effet un *Convitato di pietra*, musique de Tritto, à Naples en 1783 ; un *Convito di pietra ossia il Don Giovanni*, musique de Gardi, à Venise en 1787, et un *Convitato di pietra*, musique de Gazzaniga, à Bergame en 1788 (1).

Quoi qu'il en soit, Heinrich Spiess ne se contenta pas de changer certains noms ; il prétendit donner plus de gaieté à la pièce, et, pour en mieux accuser la bouffonnerie, il y ajouta trois personnages : Francesco, ein Klausner (un ermite) ; Adams, ein Kaufmann (un marchand), et Fangero, ein Gerichtsdiener (un huissier) ; plus un quatuor de paysannes, Babetta, Rosalia, Maria et Khatona. La scène de l'ermite, intercalée avant le tableau du cimetière, n'avait rien de religieux : c'était un prétexte à sottes balivernes et même à jeux de mots, en ce sens que Leporello interprétait tout de travers les réponses de l'ermite, et tombait ainsi dans plus d'un coq-à-l'âne. La scène du marchand qui précédait le second finale avait pour résultat de diminuer le prestige du seigneur libertin par la façon dont il agit avec ses créanciers. C'est la scène de

(1) Ce dernier eut même l'honneur d'être représenté à Paris (Théâtre Feydeau) le 19 octobre 1791, c'est-à-dire quatorze ans avant celui de Mozart.

Don Juan avec M. Dimanche, si l'on veut : mais on se rappelle avec quel esprit Molière l'a traitée, et comment le héros demeure gentilhomme jusqu'au bout. Dans sa version, Spiess ne s'était pas mis en peine d'une telle délicatesse de touche. Lorsque le marchand apportait ses billets, Don Juan les prenait, les lui brûlait sous le nez, et le faisait simplement jeter à la porte par ses laquais, avec force coups de poing et coups de pied pour égayer la galerie. La scène avec l'huissier qui venait au premier acte avant l'air à boire, n'était pas d'un tour plus relevé. C'est même ce qui a donné lieu de penser que Schikaneder, l'impresario viennois, ami de Mozart, avait bien pu commander cette traduction à Spiess, et en inspirer le ton général. Il dirigeait en effet le théâtre An der Wien, où elle fut jouée pour la première fois, et il avait un goût tout particulier pour ces plaisanteries un peu basses, pour ces farces de bateleurs qui charmaient alors l'esprit du public. En tout cas, le succès ne fut pas éphémère, car c'est encore avec cette version que *Don Juan* fut donné pour la première fois à Laibach vingt-trois ans plus tard, le 15 novembre 1815. Cette fois, seulement, le titre avait été changé pour celui de *Don Juan's Abenteuer in Spanien, oder der steinerne Gastmahl* (Aventure de Don Juan en Espagne ou le Festin de pierre). On qualifiait la pièce : *Ein unterhaltend komisches Singspiel in drei Aufzügen*, et, reportant à l'Espagnol Tirso de Molina l'honneur de ces élucubrations, on ajoutait : *nach dem Spanischen der Molinar* (sic). Quant à da Ponte et à Mozart, il n'était pas plus question de l'un que de l'autre : d'un trait de plume on avait rayé leurs noms, c'était une manière de les respecter.

Enfin, rappelons pour mémoire une quatrième traduction allemande, faite pour des représentations données à Riga, en 1799, et publiée sans nom d'auteur, chez G. F. Keil, imprimeur de cette ville. En voici, du reste, le titre complet : *Arien und Gesænge aus* Don Juan *oder der steinerne Gast, ein Singspiel in vier Aufzügen, die Musik ist von Mozart. Riga, gedruckt bei George Friedrich Keil, priviligirtem Buchdrucker, 1799.* Elle est tellement pitoyable, qu'on sait presque gré à ce manœuvre littéraire d'avoir eu la modestie de cacher son nom à la postérité. Avec elle se clôt d'ailleurs la série des adaptations ridicules. Désormais les traducteurs auront

un peu plus le respect du texte qu'ils essayent de faire passer d'une langue dans une autre, ou du moins ils apporteront à leur tâche un peu plus de souci artistique. Ils voudront perfectionner le modèle, et parfois épilogueront sur la concordance exacte des mots et de la pensée musicale ; ils pécheront ainsi par excès de zèle, et, suivant le conseil de Boileau, vingt fois sur le métier remettront leur ouvrage. Cette noble émulation entre traducteurs ne s'est jamais lassée, et de nos jours elle revêt encore par sa persistance la forme d'un culte spécial pour le chef-d'œuvre de Mozart.

(A suivre.)　　　CHARLES MALHERBE.

AUDITIONS & REPRÉSENTATIONS

Amsterdam. — THÉÂTRE. *Die Walküre*, sous la direction de Viotta, avec le concours d'interprètes de Bayreuth : Mmes Sucher, Staudigl, Wittich, MM. Perron, Gerhaeuser, Wachter.

Barcelone. — LICEO. *Samson et Dalila*, de Saint-Saëns, a eu un véritable succès.

— SOCIÉTÉ CATALANE. Quatuor à cordes, XVII de Mozart, XI, XVI de Beethoven, le premier de Schubert, le deuxième de Glazounow.

Berlin. — OPÉRA. *Benvenuto Cellini ; Tannhaeuser ; Don Juan ; Le Prophète ; Fra Diavolo ; Le Freischütz ; L'Africaine ; Les Noces de Figaro ; Carmen ; La Fiancée vendue ; Robert le Diable ; Le Grillon du foyer* de Goldmark ; *Les Maîtres Chanteurs ; Faust ; Le Bouffon ; Rienzi ; Fidelio ; Haensel et Gretel*, de Humperdinck ; *Les Huguenots ; Mignon ; Czar et Charpentier*, de Lortzing ; *Ondine*.

— SOCIÉTÉ PHILHARMONIQUE. Symphonie en *ut* de Schubert. *Vysehrad*, poème symphonique de Smetana.

— SING-AKADÉMIE. Prélude de Bach. « Tambourin » de Raff, « Polka poétique » de Smetana, le Quatuor en *ré* mineur de Mozart, dans l'exécution desquels Mlle Paula Szalit, une enfant de douze ans, a révélé un réel talent.

Bruxelles. — THÉÂTRE DE LA MONNAIE. *Le Domino noir ; Lohengrin ; Orphée ; Samson et Dalila*, avec le concours triomphal de Mme Brema.

—Concerts Ysaye. Symphonie en *si* bémol, op. 20, de Chausson ; Variations symphoniques (Istar), de Vincent d'Indy ; *Carnaval-Ouverture* de Dvorak ; 2e Concerto en *ré* mineur de Bruch ; Symphonie inachevée de Schubert ; *Hamlet*, étude symphonique de Lekeu ; Quatuor à cordes de Debussy ; Douzième Quatuor de Bœthoven ; Concerto en *ré*, pour archets, de Chausson ; Quatuor de Kopylow ; Quatuor en *la*, op. 7, de Vincent d'Indy ; Quatuor de Mendelsshon.

Budapest. — Opéra. *André Chénier*, de Giordano, avec un succès très vif.

Copenhague. — Opéra. *Raguhild*, d'Emile Hartmann ; *Coppélia*, de Léo Delibes.

Darmstadt. — Théatre. *Le Grillon du Foyer*, le nouvel opéra de Goldmark, a un succès relatif.

Dresde. — Sinfonie-Concert du Théatre Royal. 2e Symphonie (*do mineur*), de Gustave Mahler. Cette œuvre intéressante, d'un caractère particulièrement étrange, avait déjà été interprétée, il y a deux ans, par la Philharmonie de Berlin, sous la direction de l'auteur. La presse ne l'avait pas jugée favorablement. A Dresde, elle semble avoir été mieux comprise.

Gand. — Grand Théatre. *La Fiancée d'Abydos*, drame lyrique de Paul Lebrun, a été représenté pour la première fois, le 30 décembre 1896, avec un succès relatif.

Genève. — Théatre. *Esclarmonde*, de Massenet.

— A l'Aula de l'Université, audition de fragments de Smetana dans une conférence de Mlle Camille L'Huillier.

Hambourg. — Théatre. *Aucassin et Nicolette*, de Auguste Enna.

Liège. — Cercle Piano et Archets. Quatuor de Debussy ; Quintette de Castillon ; Trio de Brahms, pour piano, violoncelle et clarinette.

Londres. — Concerts-Promenades. *Scheherzade*, suite d'orchestre de Rimsky-Korsakoff.

Lyon. — Grand Théatre. — *Les Maîtres Chanteurs*, de Richard Wagner, avec la nouvelle version française de Alfred Ernst, sur laquelle une étude paraîtra prochainement dans ces colonnes, poursuivent leur brillante carrière.

— *L'Hôte*, pièce lyrique en 3 actes, de Missa, a été représenté pour la première fois avec succès.

Madrid. — Opéra. *Samson et Dalila*, de Saint-Saëns ; un succès surtout pour le duo.

Meiningen. — Opéra. *Haensel und Gretel*, de Humperdinck.

Milan. — Scala. *Le Crépuscule des Dieux*, de Wagner, représenté pour la première fois à ce théâtre avec un succès médiocre.

— *Phryné*, de Saint-Saëns, accueillie sans enthousiasme.

Munich. — Théatre royal. *Czar et Charpentier*, opéra de Lortzing, représenté avec un grand succès ; *Les Enfants royaux*, féerie de Humperdinck, représentée pour la première fois avec un immense succès.

Nancy. — Concerts du Conservatoire. *Lénore*, de Duparc ; *Le Chasseur maudit*, de César Franck ; La Symphonie inachevée de Schubert. Avec le concours du Quatuor Eugène Ysaye : Concertos de Lalo et de Mozart.

Paris. — Opéra. *Don Juan ; Tannhæuser ; Aïda ; Hellé ; La Favorite ; Lohengrin ; Rigoletto ; La Maladetta.*

— Opéra-Comique. *Kermaria*, idylle d'Armorique de Camille Erlanger, premier prix de Rome de 1888, représentée pour la première fois le 8 février, a été accueillie avec faveur. Si l'on considère que la partition est dense, féconde en imprévus, l'exécution a été suffisante de la part de l'orchestre, dirigé par M. Danbé, de la part des chœurs, dirigés par M. Carré. En dehors de Mlle Charlotte Wyns (Annette), MM. Bouvet (le moine), Jérôme (Yvon), qui se montra plus ténor « d'opéra-comique » que ténor « d'idylle », Mondaud (Yanne), Belhomme (Alain), il convient de signaler à part le succès, inespéré dans un début, de Mlle Guiraudon (Tiphaine). On a applaudi le décor du 1er acte ; mais on a regretté que les pages du « Ballet » eussent été jouées par l'orchestre, le rideau baissé.

Don Juan, avec M. Maurel ; *La Femme de Claude*, de Albert Cahen (Choudens, éditeur) ; *Carmen ; Lakmé ; Les Dragons de Villars ; Mignon ; Paul et Virginie ; La Fille du*

Régiment ; Le Maître de Chapelle ; Mireille ; Les Noces de Jeannette.

— CONCERTS DU CONSERVATOIRE. Symphonie en *ut* de Schubert, exécutée pour la première fois en France, sous l'éminente direction de M. Paul Taffanel ; Rapsodie norwégienne, de Lalo ; *Nuit persane*, de Saint-Saëns ; *Psyché*, de César Franck ; Symphonie en *si* bémol de Beethoven.

— CONCERTS DE L'OPÉRA. *Vénus et Adonis*, de Xavier Leroux, bien accueillie, avec le concours de Mme Héglon. L'Ouverture de *Léonore*, de Beethoven. *Nuit de Noël*, de Gabriel Pierné. L'orchestre sous la direction intelligente de M. Paul Vidal.

— CONCERTS LAMOUREUX. Symphonie de la *Nuit de Noël*, de Bach ; *Briséis*, le drame inachevé de Chabrier, a valu une ovation sans précédent à M. Lamoureux, à qui on devait d'entendre cette inégale mais pourtant admirable composition ; *Fantaisie dialoguée*, pour orgue et orchestre, de Boellmann ; première audition bien accueillie ; composition d'une venue aisée et bien construite. Symphonie en *ut* de Saint-Saëns. *Axel*, d'Alexandre Georges, première audition.

— CONCERTS COLONNE. *Dans la Montagne*, poème symphonique de M. Gédalge, habilement écrit, entendu pour la première fois ; *Walkyrie* : 1er acte, « l'Enchantement du Vendredi-Saint », sous la direction de Félix Mottl ; *Tannhaeuser :* air d'Elisabeth chanté en allemand par Mme Félix Mottl ; la 3e scène du 1er acte de la *Walkyrie*, chantée en français par Mme Félix Mottl et M. E. Cazeneuve ; *Ève*, de Massenet ; *Manfred*, de Schumann ; *Épisode oriental*, de Coquard, première audition bien accueillie ; Quatre pièces de Schumann, orchestrées par Théodore Dubois.

— SOCIÉTÉ PHILHARMONIQUE. Quintette de Dvorak ; Sonate op. 24, n° 2, de Sjögren, compositeur suédois, écrite pour violon et piano, de la manière la plus digne d'éloges et tout à souhait pour permettre à des virtuoses aussi musiciens que MM. Marsick et Breitner de manifester leur grand talent sous tous ses aspects ; le « treizième » de Beethoven ; le Trio de Brahms ; la grande Sonate de Schumann, cette sublime œuvre d'enthousiasme, dont MM. Breitner et Marsick ont donné une audition mémorable.

— Au Concert donné par M. JAQUES-DAL-CROZE, le jeune compositeur genévois, professeur au Conservatoire de Genève, rédacteur en chef de la *Gazette musicale de la Suisse romande,* son quatuor aux rythmes curieux, bien interprété par l'excellent Quatuor Parent, deux fragments de sa nouvelle comédie lyrique, *Sancho* (Henn, éditeur), pas de ceux que nous aurions désiré, à savoir les scènes comiques où M. Jaques-Dalcroze a révélé une des faces les plus originales de son grand talent, mais deux scènes d'amour, d'ailleurs charmantes comme les pages de sa *Janie*, où certes il montre l'art de donner à chaque détail telle forme musicale déterminée et non telle autre — sont-ils si nombreux les compositeurs de qui on peut en dire autant ? — mais où le public était tenté de ne voir qu'un cadre ordinaire ; *Là-bas*, pièce lyrique avec violoncelle et piano, dans laquelle perce la tendance de M. Jaques-Dalcroze à dramatiser plus qu'à « chanter ». Même observation pour ses pièces de piano qui semblent des préludes, des entr'actes. Qu'il fasse donc surtout du théâtre ! Il a son bagage tout prêt. Toutefois, pour arriver à la maîtrise, il devra s'imposer un sacrifice ; si la plupart de nos « groupeurs de notes » peinent pour traiter un sujet, M. Jaques-Dalcroze devra élaguer : ce jeune arbuste a une sève merveilleuse — le public parisien, à son tour, constate, par son accueil sympathique, ce que j'ai déjà avancé dans des chroniques diverses en ce journal et ailleurs — certaines de ses branches sont démesurément longues ; leur extrémité, celle qu'en musique on appelle cadence, doit être écourtée ; les menues pousses qui vont de droite à gauche de chacune des branches nuisent aussi à l'harmonie : c'est l'impression que m'a produite, par exemple, *Humoresque,* qui exige une trop grande tension de l'œil pour fixer dans le regard la ligne principale. Aussi comment voulez-vous qu'on résiste au plaisir d'amplifier lorsqu'on est maître du clavier comme M. Jaques-Dalcroze. Il a, dans ce concert, été assez bien servi par M. Gandubert, de l'Opéra-Comique, et Mlle Nina Faliero, une toute jeune femme qui fera des merveilles quand elle aura « posé » une des plus délicieuses voix de soprano que je connaisse.   B. L.

— Concerts de l'HISTORIQUE DU VIOLON. Sonate, de Porpora (1686 à 1766) ; Sonate, de

Tartini (1692 à 1770), dont le « trille du Diable » a fourni à M. André Tracol l'occasion d'un beau succès; Sonate en *ut* mineur, de Leclair (1697 à 1764); Aria, de J.-B. Senaillé (1687 à 1730); Le Labyrinthe, de P. Locatelli (1693 à 1764); Aria, de P. Francœur (1698 à 1787); Allegro, de J.-B. Guignon (1702 à 1775); Andante, de L. Guillemin (1705 à 1770); Caprice, de Franz Benda (1709 à 1786).

— PETITES AUDITIONS. « Mignonne, allons voir si la rose », de Guillaume Costeley, et un Psaume, de Goudimel, chanté par les Chanteurs de Saint-Gervais.

Prague. — THÉATRE NATIONAL. *Dubovsky*, opéra en 4 actes, de Napranik, représenté pour la première fois avec succès.

Rome. — *La Bohême*, de Puccini; *Andrea Chénier*, de M. Giordano.

Saint-Pétersbourg. — CONSERVATOIRE. Ouverture solennelle de Rubinstein.

Vienne. — OPÉRA IMPÉRIAL. *Tristan; Le Trompette de Sakkingen; Lohengrin; La Goetterdaemmerung; Verkauften Braüt* (la fiancée vendue) de Smetana; *Fidelio; Le Chevalier d'Harmenthal*, opéra-comique d'André Messager; *Hœnsel und Gretel; La Guerre domestique*, de Schubert; *Hamlet; Vierjahrige-Posten* (la Sentinelle), de Schubert; *Sylvia; Tannhaeuser.*

— SOCIÉTÉ PHILHARMONIQUE. Symphonie inachevée en *si* mineur, de Schubert; *Fierabras*, ouverture de Schubert; Symphonie en *ut* de Schubert, merveilleusement exécutée sous la direction de Hans Richter.

— MUSIKFREUNDE. Messe en *ré* mineur d'Anton Bruckner.

ANALYSES CRITIQUES

DE

Partitions et Livres.

Kermaria, idylle d'Armorique en trois épisodes précédée d'un prologue. Poème de P.-B. Gheusi. Musique de CAMILLE ERLANGER. Partition chant et piano réduite par l'auteur. Paris, Paul Dupont, 1897, petit format, 4 ff. lim., 270 pages, titre en bleu et noir, frontispice en couleur par V. Lorant, couverture en papier moiré ornée d'une aquarelle. Net 20 fr.

Il y a pour toute œuvre dramatique, basée sur des motifs conducteurs. deux analyses à faire : 1° l'analyse thématique, qui comprend l'énumération de ces thèmes, leur présence à travers les péripéties du spectacle et de la symphonie; 2° l'analyse critique. La première est un simple exposé du dessein de l'auteur.

M. Camille Erlanger l'ayant faite dans le *Journal* (n° 1,596, 9 février) dont il est le critique musical, je n'hésite pas à reproduire la partie de son article qui la renferme; j'y ajouterai l'indication des pages de la partition où se trouvent les thèmes énumérés et le lecteur aura, avant mon analyse critique, l'analyse thématique la plus complète qui soit, sachant mieux que jamais ce que le compositeur « a voulu faire ».

Sur un promontoire battu des vents, un prieur se réfugie, poursuivi par les voix vengeresses de ses remords : maudit pour un crime d'impureté, il implore vainement la clémence céleste. Un long gémissement part des profondeurs de l'orchestre et aboutit, en un crescendo ascensionnel et formidable, au thème du moine maudit (p. III, 20° mesure), clamé par tous les cuivres, pendant que le quatuor et les bois pleurent son repentir en chromatismes descendants.

Tandis qu'il supplie le ciel, — plus indulgent à sa complice, puisque la mort, au moins, l'a soustraite à son désespoir, — se dessinent les thèmes qui vont caractériser la fatalité (p. XI, 7° mesure), les légendes mystiques, la rédemption par l'amour pur et, après l'élan vers l'abime qui délivrerait aussi l'infortuné de ses douleurs terrestres, l'accalmie sidérale, la voix annonciatrice du pardon, celle de la pécheresse disparue qui l'exhorte à vivre pour l'expiation :

> Tu n'as point expié ; ne va pas te soustraire
> Aux tortures du repentir.
> Mérite le pardon de nos péchés, mon frère;
> Tu fus coupable ; sois martyr.

Aussitôt le thème du Moine, très lent, comme une plainte plus résignée, traverse les altos et les violoncelles (p. XXV, 1res mesures); il sera suivi, à mesure que la prophétie promettra de les réaliser, de ceux qui envelopperont l'idylle prochaine : — le thème des ruines de Kermaria (p. XXV, 8° mesure), où le Moine attendra son pardon, le motif enjoué et pathétique à la fois de Tiphaine (page XXVI, 8° mesure), dont le chaste amour effacera son péché brutal, celui des orgues légendaires (p. XXVII, 3° mesure), et des glorifications de l'amour pur.

Le prologue s'achève, rasséréné, ayant ainsi annoncé et exposé toute la trame de la pièce, prédestinée aux sublimités du Rêve et du Mystère par cette surhumaine mission.

Dans une ferme, au bord de la mer bretonne, au pied des ruines du manoir foudroyé de *Kermaria*, fleurira l'idylle prophétisée. Le prélude a peint en accords pesants les colonnes brisées, les remparts de granit, les tours croulantes du castel; un trait suraigu des violons symbolise le vol de l'âme qui hante encore les vieilles orgues de la chapelle, dont on reconnait le dessin, les harmonies et le rhythme, puis les deux motifs de fatalité (p. 5, 7°, 14° mesures qui planeront sur tout l'ouvrage).

Au lever du rideau, une marche chouanne décroît dans la coulisse, précisant l'époque de l'action; (mon très éminent confrère, M. Bourgault-Ducoudray, l'a publiée dans un de ses précieux recueils de *folk-loriste*). Passe un ermite mendiant, accompagné du thème du martyr; Annette, mère de Tiphaine, lui fait l'aumône et explique son mutisme comme un châtiment du ciel. Yvon, convalescent, rendu avec la vie à tous ses rêves de poète, s'informe du toit qu'il habite; les paysans et les pêcheurs l'ignorent; mais le motif des ruines hantées (augmenté de triolets, p. 9, 4ᵉ mesure) dénonce déjà, à l'orchestre, l'asile du centenaire pénitent.

Le blessé, au bras de Tiphaine, fille d'Annette et d'Alain, se dirige vers la lande où les chouans l'avaient laissé pour mort; Yann, chef des insurgés, mal pacifiés encore, s'indigne de la sollicitude de sa propre fiancée, Tiphaine, envers l'ennemi qu'elle a disputé au trépas. Violent, il dénonce aux parents l'amour de leur fille pour le convalescent et, exaspéré de voir Annette approuver cette inclination, quitte la ferme en proférant de terribles menaces.

Les scènes d'Yann, d'Annette et d'Alain, de pure déclamation lyrique, développent, dans l'orchestre, les motifs de l'insurrection (p. 13, 2ᵉ mesure, p. 18, 12ᵉ mesure), de l'enfance d'Yann et de Tiphaine (p. 31, 9ᵉ mesure et p. 40, 11ᵉ mesure), de la convalescence du soldat blessé (p. 32, 10ᵉ mesure), et des fermiers charitables (p. 26, 12ᵉ mesure).

Une sorte de fresque crépusculaire va nous ramener aux mélancoliques tableaux d'Armorique.

Nous les avons souhaités lents et gris, dolents et poétiques, rythmés aux chants des fileuses, évocateurs des soirs bretons, sur les rivages de la mer.

La monotonie de nos tableaux simples s'accidente d'un angélus lointain, de bavardages de commères, de légendes naïves, qui content le castel de Kermaria, sa chapelle hantée, ses orgues mystérieuses, lesquelles, soudain, ébranlant le scepticisme d'Yvon, résonnent sous la nuit tombante; elles effraient le village entier et séduisent le blessé empressé à gagner l'asile redouté pour s'y soustraire aux fureurs d'Yann, accouru à la tête de ses hommes. L'épisode se termine dans un mouvement très animé où se précipitent les thèmes insurrectionnels (souvenirs de la marche chouanne), ceux d'Yann (p. 13, 2ᵉ mesure, p. 18, 12ᵉ m., p. 119, 6ᵉ m.) et des ruines fatales.

Le court prélude du deuxième épisode rappelle les tourmentes sous lesquelles croulèrent les tours altières de Kermaria. des sonorités fantastiques, des cris d'oiseaux nocturnes, des harmonies plaintives décrivent la désolation des ruines géantes sur lesquelles se lève le rideau. La lumière bleue de la lune illumine, plus poétique encore que sinistre, la chapelle du manoir, envahie de végétations, éclairée de vitraux antiques, une perspective indistincte de tours, d'arcatures, de créneaux éventrés, de murailles chancelantes sous les lierres déchevelés.

L'Ermite prie dans la nef; à l'orchestre, le cor anglais dit son thème, plus poignant sous la nuit solitaire (p. 127, 4ᵉ mesure). Violoncelles et contrebasses scandent en pizzicati les pas d'Yvon qui s'approche, et, déterminant enfin la retraite du mendiant surpris, pénètre dans la nef irradiée par le clair de lune. Un cor discret esquisse la légende de Kermaria (p. 127, 14ᵉ mesure). Yvon explique le chant des orgues par les rumeurs du vent dans les tuyaux brisés, les lumières de la nef par les reflets métalliques de la lune; mais, séduit toujours davantage, en proie à la fièvre de l'insomnie, il évoque

les lutins, les follets et les korrigancs. Des échos, des bruits singuliers s'élèvent aussitôt; un nuage assombrit le ciel; une flûte saccadée annonce l'arrivée peureuse de Tiphaine qui, défaillante, rejoint Yvon, à qui elle apporte des baumes et des vivres. Les bruissements divers de la nuit affolent la vierge, qui voudrait repartir. Yvon la raille et nie l'existence de la Fille Bleue. L'obscurité se fait, brusque et tragique. Tiphaine, hallucinée, décrit avec tant de conviction les spectres qu'elle voit se mouvoir autour d'elle, que son vertige gagne le cerveau, encore si faible, du convalescent. Un dédoublement singulier s'opère en lui : son esprit — son *périsprit*, diraient les spirites — se dégage de l'humanité; il se voit emporté hors du réel et ne reconnaît plus en Tiphaine, nimbée par la lune, que l'ange dont furent naguère hantées ses fièvres d'agonie.

Exaltés, les deux amants ascendent vers l'infini; des musiques aériennes les emportent ensemble en un long duo, frémissant, passionné jusqu'à l'enthousiasme; ils ne discernent plus la réalité du rêve; la vierge s'éveille enfin à l'amour fatal et se livre toute au délire de son amant prédestiné. Lorsque les voix amoureuses et comme enlacées se taisent, par intermittences, l'orchestre plane toujours plus haut, gagne les régions vertigineuses où n'habitent plus que la Poésie et le Mystère, les sphères où les amants s'extasient

> ..... sans jamais connaître
> Le sommeil du cœur, la nuit des pensers,
> Où leurs âmes voient à jamais renaître
> Les lis éternels de leurs longs baisers.

Endormi enfin, prostré de fièvre, Yvon, que Tiphaine, confiante, laisse sous la garde de la Fille Bleue, sera veillé par l'Ermite, bouleversé d'espérance et d'attendrissement.

Le troisième épisode, avant de venir, au grand jour, dénouer la situation, prélude par un entr'acte symphonique entièrement composé sur un motif original breton, avec des sonorités de binious amalgamés de cordes, de cors, de bassons et de hautbois.

À l'Opéra-Comique, nous avons renoncé à faire exécuter ce morceau en raison de l'absence des éléments chorégraphiques; notre ballet de lutins, dansant autour d'Yvon halluciné, est substitué à cet entr'acte. Le glockenspiel saupoudre de son timbre étincelant et grêle la danse bizarre des follets; les violoncelles chantent la volupté langoureuse, les séductions charnelles de l'amour; l'orchestre déchaîné enfin en une bacchanale fantastique, use et délie ses sonorités insolites dans l'irruption du jour naissant; les esprits de la nuit s'évanouissent, aériens.

Yvon, réveillé, attend le retour de Tiphaine; dégagé des hallucinations mensongères, il ne garde plus, de ses extases, que la conscience de son manifeste amour pour la jeune fille; il l'avait, certes, aimée dès sa première rencontre avec elle; mais la fièvre de l'agonie la revêtait à ses yeux de l'immatérialité des légendes. Lorsqu'elle accourt pour lui annoncer l'arrivée prochaine d'Yann, à la tête de ses Chouans, Yvon, indifférent au danger, ne songe qu'à lui confirmer ses aveux, à les réaliser en quelque sorte, devant le soleil qui se lève, rutilant, sur la ruine.

Annette, Alain, Tiphaine s'interposeront vainement entre les deux rivaux; Yann va immoler Yvon, lorsque l'Ermite fait puissamment résonner les orgues. La foudre tombe sur

Kermaria au même moment. La terreur fait hésiter le Chouan et le désarme enfin lorsque l'Ermite, recouvrant la parole, lui enjoint de se soumettre au triomphe de l'amour pur, rédempteur de ses fautes passées. Un immense choral glorifie la passion victorieuse, l'éternité divine de l'amour ; les motifs du prologue, ceux des orgues éclatantes atteignent, en une ascension poussée aux dernières limites instrumentales et vocales, leur maximum d'intensité.

Kermaria, rêve lyrique, peu occupé de vie réelle, de passion violente, procède, on le voit, d'une conception du théâtre musical que j'avoue mienne avec une énergique sincérité. J'ai essayé d'écrire une partition simple ; je l'ai rêvée mélodieuse, mystique, attendrie, harmonisée au poème délicat de P.-B. Gheusi dont je ne la sépare point dans ma sollicitude.

Les derniers mots de M. Camille Erlanger sont pour son librettiste. Disons tout de suite que celui-ci a été bien près de lui jouer un mauvais tour. Au reste, sa tâche était on ne peut plus épineuse ; il faut, dans un tel sujet, beaucoup et beaucoup de mysticisme ; or, une très grande part est faite à la réalité et la fable en souffre ; et encore j'admets l'hallucination du poète Yvon et de Tiphaine au 7ᵉ épisode et tous la conçoivent ; pourtant elle se produit bien tôt ; et il était imprudent de la détruire une première fois par l'arrivée brusque (car elle vient en courant) de Tiphaine un panier à la main ; mais j'eusse préféré que les sons de l'orgue fussent restés un mystère, que les jeunes gens eussent été sauvés grâce à une prière ardente de l'Ermite ; le « deus ex machina » est bon pour un sceptique de parti-pris ; or, M. Gheusi n'a pas eu l'intention de manifester de scepticisme : il est sincère et il n'eût pu croire qu'il avait, par certains moyens employés, porté atteinte à une légende qui le séduisit et dont la naïveté poétique hanta son esprit, lorsqu'il voulut la dépeindre.

Sincère aussi a été M. Erlanger. Cela est mal de porter sur l'œuvre d'un artiste sincère un jugement d'ensemble d'après l'impression produite à la représentation ou même à la lecture de la partition, sans s'être pénétré, autant qu'on le peut, de son dessein ; il nous l'a dévoilé dans les lignes qui précèdent. Voyons ce qu'il fit.

L'orchestre gémit dans le prélude sombre et serre le cœur lorsque, à chaque éclat du thème de la malédiction, répond l'imploration du repentir exprimé par les chromatismes descendants ; l'anathème des voix célestes (*la* bémol, *si* bécarre, *do*) ajoute à l'horreur. « Grâce ! Grâce ! » — « Anathème ». L'orches-

tre dit l'expiation nécessaire et dévoile nettement les « signes » à retenir, ceux auxquels, dans le reste de la partition, on reconnaîtra que les temps de la rédemption sont proches, et, moins impitoyable semble vraiment, dans ce mouvement large de la fin du prologue, le thème du moine maudit.

1ᵉʳ épisode. Examinons les thèmes qui se succèdent et, s'entremêlant, forment seuls là trame orchestrale, de la page 8 à 46 : le thème du moine est sombre ; celui de la fatalité, avec sa quinte ascendante en syncope, douloureux ; celui de la brutalité d'Yann est caractéristique ; ceux des fermiers ne me satisfont pas : ils sont tourmentés, pas francs, pas « bonhomme » au fond ; je trouve celui de Tiphaine rien que morne et pénible ; il devait apporter la joie de la jeunesse ; de même, à la fin de la page 17, morne est « guide à droite, sergent ». Pourquoi n'avoir pas au moins pris la tonique à l'octave supérieure ?

Ah ! voici l'épisode de la veillée ; il y a à l'orchestre une assez longue trêve à l'enchevêtrement de thèmes ; le ton reste gris ; il est voulu ; un peu de gaité dans ces caquetages n'aurait pourtant pas déplu. Mais cette mélopée du chant des fileuses est bien « évocatrice des soirs bretons, sur les rivages de la mer » ; elle est une des pages les plus goûtées de la partition. La prière de l'Angélus était inévitable, comme la chute du jour après le lever ; ceci soit dit pour ceux qui, ne voyant que la banalité du procédé dramatique, n'eussent pas apprécié l'originalité qu'y a apportée M. Camille Erlanger ; je tiens cette page pour une des plus poétiques dans son réalisme.

Nous entrons maintenant dans la légende (pag. 69) : le thème de Kermaria mystérieux conduit le récit de Tiphaine, puis c'est (pag. 88) le chant lointain de l'orgue, trouvaille très heureuse avec ses accords tout gothiques, qui remue l'âme du spectateur, l'invocation, faite de la naïveté voulue, à la Fille Bleue, l'extase d'Yvon. Tout cela est bien réussi.

La péripétie qui rappelle tous ces êtres crédules à la réalité avec, dans la trame orchestrale, les souvenirs de la marche chouanne, est traitée de manière à faire un contraste heureux avec la dolence des mesures précédentes ; cela est animé, cela vit.

2ᵉ épisode. Kermaria ! le castel en ruines, qui toujours fit rêver les simples et les forts.

J'ai dit que je n'approuve pas le début brusquement interrompu de l'hallucination de Yvon qui pénètre en ces lieux ; la musique se ressent de la gêne causée par cette inopportunité du livret. Après l'arrivée de Tiphaine, la gradation avec laquelle le compositeur mène ses personnages de la réalité au rêve est habilement ménagée ; la description, si je puis dire, des esprits, des follets qui forment l'ambiance d'une scène fantastique, encore que rappelant telle autre page de Weber, est saisissante. Les jeunes gens exhalent des chants d'amour assurément de plus en plus vibrants, toujours variés, toujours nouveaux — dans la partition du moins : car, si l'on veut chicaner, M. Erlanger n'a pas toujours pu se dégager des souvenirs obsédants de formules de Gounod qu'on remarque dans toutes les scènes de ce genre. Qu'importe ! C'est inconsciemment que M. Erlanger l'a fait ; et il prouve par l'abondance de ses idées mélodiques qu'il n'a eu que faire d'aller échauffer sa verve en relisant, au moment même d'écrire, l'auteur de *Sapho* et de *Faust*. M. Erlanger est jeune ; il n'y a pas encore assez longtemps qu'il a fini de lire, et non de relire, les maîtres de l'École. « Yvon, je veux t'aimer... » — « Je t'aime, je ne sais que t'aimer... » (p. 164) ; « divine langueur » (p. 174) et d'autres tendres et passionnés aveux vont, de plus en plus intenses, jusqu'au bel unisson « Nous nous aimerons sans jamais connaître le sommeil du cœur... » (p. 182).

L'accalmie ! « Ne parle plus, la faiblesse du cœur réclame la paix du sommeil... » (p. 186), délicieuse musique, avec les suaves temps et contre-temps de l'accompagnement en berceuse, cela se terminant (p. 189, 23e à 27e mesure) par le dernier rappel d'un motif de la scène dit par l'orchestre sur lequel se pose simplement ce mot d'Yvon endormi : « Tiphaine ».

Cela est un de ces enchantements qui font murmurer d'aise une salle entière (1).

3e épisode. La musique de l'entr'acte et du ballet vient nous apporter une note enjouée, aimable, folâtre, avant la nouvelle entrevue des deux amoureux, signalée par un chant à deux parties séparées (p. 233) et une reprise de « Nous nous aimerons sans jamais connaître... »

L'idylle est finie : avec animation sont trai-

<hr>

tées les scènes du dénouement et bien charpenté est le chœur final à sept parties réelles.

Quant à l'écriture, elle est celle d'un musicien très expert qui peut rester clair, même dans les combinaisons de la polyphonie et de la symphonie ; sans parler des dures quintes voulues et opportunes des phrases gothiques (elles ont tant de charme), on voit bien dans cette partition plus d'une dissonance stupéfiante ; mais cela est tant un jeu pour le compositeur d'en éteindre ou noyer l'impertinence sous le jet brusque d'harmonies satisfaisantes qu'on ne peut lui tenir rigueur.

Kermaria est une très importante étape dans la carrière brillante que la nature promet à M. Camille Erlanger.   B. L.

<hr>

La Fiancée d'Abydos, drame lyrique en 2 actes. Texte d'Armand Piters. Musique de Paul LEBRUN. Op. 17. Partition réduite pour piano et chant par J. Vandermeulen. Gand, G. Beyer, éditeur, 1896, petit format, 108 pages. Net 12 francs.

Le sujet est emprunté à Lord Byron : 1er acte, Zulika, la fille du pacha d'Abydos, Djaffir, a longtemps considéré comme son frère Sélim, qui fut élevé auprès d'elle. Le jour où son père songe à la marier, Sélim lui révèle la vérité : il est son cousin ; son père a été tué par Djaffir et il l'engage à fuir avec lui. 2e acte. Après une courte absence, il revient avec ses compagnons, les armes à la main, retrouve la bien-aimée : mais il est surpris par Djaffir qui met son escorte en fuite et le tue. Zulika tombe inanimée.

Vingt-six mesures d'introduction, qui deviennent ensuite l'accompagnement d'un chœur de femmes du harem : dans le calme régnant, un motif sombre se fait entendre, qui, jusqu'au bout du drame, va, se modifiant, dire le remords de Djaffir, ranimé sans cesse par la présence du fils de sa victime.

Paraît ensuite le thème de l'amour des deux jeunes gens, qui alterne avec le premier dans l'entrevue de Sélim et de Djaffir (pages 18 à 25) ; celui de Zulika (page 26, 1re mesure, sans compter celui qui, dès la 7e mesure de la page 32, semble dire sa grâce, sa douceur) devient le chant passionné qui termine la scène d'amour (pages 45 à 48). Un autre thème se montre à la 5e mesure de la page 27, revient au prélude symphonique du deuxième acte ; il semble indiquer la destinée malheureuse des deux jeunes gens, mais fait place à un nouveau

<hr>

(1) C'est ce que fait le public de l'Opéra-Comique.

venu en triolets (1) qui demeure dans tout le reste de ce prélude (pages 50 à 55). Ensuite le premier thème va, en sa forme primitive, s'acharner contre les malheureux, dès le lever du rideau jusqu'au dénouement. Dans ce deuxième acte, il y a un épisode gracieux, c'est un nouveau chœur des femmes du harem, bien dans la couleur (pages 67 à 74) ; également bien venu est, dans l'entrevue de Sélim et de Zulika, « comme au gré du simoun.., » (pages 80 à 83.)

Il y a dans *La Fiancée d'Abydos* de l'indécision, un manque de précision dans la conduite et le développement des thèmes ; parfois le compositeur tourne court ; mais le pas qu'il a fait est le plus souvent d'une bonne écriture. Sa partition actuelle ferait croire qu'il manque de souffle ; pourtant il prouve le contraire lorsqu'il n'est pas préoccupé par le souci de compliquer l'orchestration, par exemple, dans les deux passages cités plus haut.   B.-L.

Vénus et Adonis, scène lyrique. Poème de L. de Gramont. Musique de Xavier LEROUX. Paris, Alphonse Leduc, 1897, in-4°, 4 ff. lim., 75 pages. Partition, chant et piano. Net 8 fr.

Fort d'une belle technique, M. Xavier Leroux use avec goût des ressources qu'il a à sa disposition. Dans sa dernière œuvre, il s'est révélé beaucoup plus que dans les précédentes, il se dégage des liens de l'école ou de l'influence des maitres préférés ; il a manifesté dans plus d'un passage de *Vénus et Adonis* la possibilité d'exprimer beaucoup... en peu de notes, il est donc sur le chemin de la maîtrise ; ils s'en écartent ceux qui, bénédictins de l'Art, étouffent leurs idées (ceux qui en ont) sous le fatras des combinaisons pénibles sans avoir le génie des maitres polyphonistes et symphonistes.

Sans doute, M. Xavier Leroux est encore près de Massenet pour la ligne mélodique, de Wagner dans la peinture de la passion ; mais on sent chez lui une tendance à résister aux entrainements de la génération actuelle. Il ne varie pas son thème principal? C'est peut-être parce qu'il veut se borner à des rappels de motifs, se contentant d'admirer les multiples faces du « leit-motiv » chez le Maitre qui, seul, avait le pouvoir de les produire. D'ailleurs,

trouvez-vous de la monotonie dans la scène II ? Non ; le thème principal forme le fond du décor devant lequel passent tant d'images variées, par exemple, le chœur des pages 35 à 41, qui le voilent ou le cachent, qu'on ne se plaint pas de le revoir souvent seul et immuable.

Laissant là cette question, je note le joli ensemble que forment, à la page 48 : 1° le chœur à quatre parties ; 2° les triolets des parties médianes de l'orchestre ; 3° le chant syncopé au grave. Et les jolies pages qu'a inspirées au compositeur la métamorphose d'Adonis (pages 59 à 63). Cela est frais, cela embaume comme les fleurs écloses du sang d'Adonis que chante Vénus.   B. L.

⁓⚜⁓

La Musique Sacrée telle que la veut l'Eglise, par l'abbé Eugène CHAMINADE, chanoine honoraire, ancien maitre de chapelle à la cathédrale Saint-Front de Périgueux. Paris, Lethielleux....., 10, rue Cassette, 10. 1897, in-8, 4 ff. lim., 156 pages. 2 fr. 50.

Le plain-chant est la musique spéciale du culte catholique, il accompagne la grande tétralogie de l'office divin : les Matines et Laudes, la Messe, précédée et suivie des petites Heures, les Vêpres et Complies, le Salut. Ce genre de musique, dont les sévères et diverses beautés n'apparaissent complètement que dans la célébration du drame sacré, s'adapte merveilleusement aux paroles liturgiques, aux cérémonies rituelles. Les préférences de l'autorité ecclésiastique vont donc au plain-chant.

Toutefois l'Église admet également, pour le culte, la musique figurée, polyphonique et chromatique, pourvue du caractère religieux.

La musique sacrée est une musique spéciale composée sur des paroles liturgiques et destinée à remplacer, dans des circonstances déterminées, le plain-chant. Pour y réussir, il faut la foi, un immense talent, du génie Palestrina et son école ont à peu près seuls atteint l'idéal ; on ne peut, en effet, regarder comme musique sacrée la musique religieuse qu'ont écrite pour le concert divers compositeurs.

Voilà ce qu'explique en excellents termes M. Chaminade, dans son commentaire, peut-être un peu sévère, du Règlement de la S. Congrégation des Rites, commentaire loué par le

---

(1) Par une coïncidence toute fortuite, ce thème a, au début, de l'analogie avec celui qui domine *Kermaria*, l'idylle dramatique de M. Camille Erlanger.

secrétaire de cette même Congrégation, par d'éminents évêques, et qu'approuvent les artistes les plus renommés, les critiques les plus compétents.   X.

Armonia di G. G. BERNARDI, professore del Civico Liceo « Benedetto Marcello » di Venezia, con prefazione del Direttore artistico M° Enrico Bossi.

Milano, Ulrico Hoepli, éditore-libraio della Real Casa [V. Bona impr., Torino.], 1897, in-16, xii-286 pages et 2 non ch., titre en rouge et noir, cartonnage toile, tranches rouges. 3 l. 50.

Ce volume fait partie de la collection des cinq cents Manuels Hoepli, qui sont en Italie, avec l'élégance en plus, ce que sont en France les Manuels-Roret ; il vient après *Cantante*, de L. Mastrigli, xii-132 pages, 2 l.; *Pianista*, du même, xvi-112 pages, 2 l.; *Storia della musica*, de Untersteiner, 300 pages, 3 l.; *Strumentazione*, de Eb. Prout, traduit par V. Ricci, 96 exemples, x-222 pages, 2 l. 50; *Strumenti ad arco e la musica da camera*, du duc de Caffarelli, x-235 pages, 2 l. 50.

Les chapitres d'*Armonia* sont tous accompagnés d'exemples et d'exercices ; ils se terminent par une table alphabétique bien comprise.

Ce livre se distingue par la clarté ; il lui manque peut-être de la proportion : en effet, tout ce qui regarde le son dans sa simplicité et sa complexité y est traité ; mais certains chapitres sont trop développés, d'autres ne le sont pas assez : parmi ces derniers, nous citons « la pédale ». Il y en a même qui n'ont pas de rapport avec un traité d'harmonie : l'étendue du quatuor, des voix et des cordes.

Si l'on veut traiter l'harmonie comme science et comme art, il ne faut pas mesurer l'espace ; si l'on veut donner un manuel pratique, il ne faut pas autant d'érudition, ni autant de luxe de terminologie.

Ces considérations ne nous empêchent pas de rendre justice à la compétence particulière de l'auteur ; mais nous la trouvons sacrifiée dans le cas spécial.   T. MONTEFIORE.

Les publications nouvelles sont mentionnées dans notre CATALOGUE dès que nous les recevons. En outre, une analyse en est faite, parfois dans le même numéro, parfois ultérieurement, selon le cas.

A TRAVERS LES JOURNAUX
ET LES LIVRES

ALLGEMEINE MUSIK-ZEITUNG
CHARLOTTENBURG-BERLIN

1897. Nos 1-4. D' R. Louis : Zur Musikaesthetik.

I. Ist musikaesthetik als metaphysik der Tonkunst überhaupt moeglich ?

N° 1. H. v. W. : Otto Wesendonck (avec un portrait).

Otto Lessmann : Ein brief von Hector Berlioz (décembre 1838) an Maurice Schlesinger in Paris.

Cette lettre, qui est représentée en fac-simile, fait mention du présent de 20,000 fr. que Paganini fit à Berlioz, à la suite de l'audition donnée en décembre 1838, de la symphonie de *Harold* avec la *Symphonie fantastique*.

N° 5. Heinrich Reimann : Franz Schubert (avec un portrait et un fac-simile d'autographes.)

Nos 5-6. C. E. R. Muller : Die gesammtausgabe der lieder Franz Schubert's.

N° 5. Die Schubert-Austellung in Wien (avec des illustrations.)

Dans chaque numéro de l'*Allgemeine Musik-Zeitung*, des analyses de livres et compositions musicales par Otto Lessmann, O. Taubmann, W. Klatte, des comptes-rendus des théâtres et concerts.

L'AMI DU CHANTEUR
PARIS

Nos 59-62. Histoire de la Chanson moderne.

Musique. — N° 59. Fleur de Castille, de Henri Gademne. Les billets d'faveur, de Fragson. Chien et rat, de Désaugiers.

N° 60. La Chanson des Outils, d'Abel Pagès. Si l'on s'aimait, de Gugnetto. Hymne à la gaieté, d'Alberty.

N° 61. Les Chantres du renouveau. Si j'étais papetier, de J. Charlet. L'amant fidèle, de de Mondoville. Plus on est de fous plus on rit, de Pasquel.

N° 62. Dans la galère capitane, de Lucien Rosenfeld. C'est pas tous les jours fête, de C. Garnot. C'est l'eau qui nous fait boire du vin, de Armand Gouffé.

AMPHION
LISBOA

1897. Nos 1, 2. A. Vargas : Chronica quinzenal. Concertos. Theatros. Noticiario (informations).

N° 1. Portraits, avec notices, de Idda Rappini, de Manuel Ferreira Cardoso, Alice Dias da Silva.

N° 2. A. M. : Palhaços, de Leoncavallo.

Portraits, avec notices, de Luiz Rosati, Henrique Sauvinet.

BAYREUTHER BLAETTER
BAYREUTH

1897. I et II. Ein brief Richard Wagners an Friedrich Schoen.

Cette lettre, datée de « Bayreuth, 28 mai 1882 », est suivie d'un commentaire de M. de Wolzogen.

*

Nach dem Ringe. Briefe und berichte über Bayreuther erlebnisse. I. Henry Thode : ueber die Kostüme im « Ring des Nibelungen » 1896. II. Rudolf Schloesser. III. Arthur Prüfer.

Karl Gjellerup : Wagner und Daenemark.

Sur le mouvement wagnérien en ce pays, où *Lohengrin* fut représenté pour la première fois le 30 avril 1870, les *Meistersinger* le 23 mars 1872, Tannhaeuser le 17 mars 1875, le *Fliegende Hollaender* le 7 septembre 1884, la *Walküre* le 7 mars 1891. Parmi les musiciens qui contribuèrent à répandre les œuvres du maître en Danemark, M. Gjellerup cite Niels W. Gade, Peter Heise « le Schumann danois », auteur de « Drot og Marsk », le premier drame lyrique danois où se manifeste l'influence wagnérienne; Henrik Hennings, qui revint si enthousiasmé de représentations, en Allemagne, de la *Walküre*, de *Tristan* et de la *Goetterdaemmerung*; le Kappelmeister Svendsen, à qui M. Gjellerup ne parait pas accorder le don de diriger les exécutions d'œuvres wagnériennes d'une manière satisfaisante.

Ludwig Schemann : Ueber die bedeutung der ballade für unsere zeit und unsere zukunft.

Weihnachtliches aus kunst und litteratur. I. Max von Millenkovics : Die « Federspiele » von Hans Thoma und Henry Thode. II. H. von Wolzogen : « Der Revolutienaer », drittes buch von Glasenapp's « das leben Richard Wagners ».

Les *Bayreulher blaetter* se terminent par le tableau des recettes, des dépenses du Comité de Bayreuth.

LA BELGIQUE MUSICALE
BRUXELLES

1897. N°s 3, 5. Paul Gilson : La Littérature musicale en Belgique.

La Belgique musicale donne dans chaque numéro hebdomadaire des nouvelles concernant les sociétés musicales et un fac-simile d'autographe d'une page de musique : N° 2. Oiseau des mers, chœur à 4 voix d'hommes, de Ferdinand Hinnens. N° 3. Lettre d'excuse, de Strauwen. N° 4. Extrait de *Perside*, opéra de Fr. Simon. N° 5. Finale de la Cantate inaugurale de l'Exposition de Bruxelles, de Paul Gilson; les opinions de différents musiciens sur les concours : (N° 1. M. Goossens. N° 2. Jan Blockx. N° 3. Henderickx. N° 4. M. Vincent d'Indy, qui considère « l'institution des concours, telle qu'elle est actuellement mise en pratique, comme éminemment préjudiciable au développement artistique d'une nation. » N° 5. Emile Mathieu).

BULLETIN OFFICIEL DE LA FÉDÉRATION MUSICALE DE FRANCE
BOURGES

1896. N° 7. Concours de Moulins, Les Aix-d'Angillon, Château-Gontier : Liste des prix. — Moulins, Les Aix-d'Angillon : Appréciations du Jury.

N° 8. Concours d'Evreux, Boulogne-sur-Mer : Liste des prix. — Saint-Martin-du-Tertre, Châlon-sur-Saône : Appréciations du Jury.

N° 9. Concours d'Honfleur : Liste des prix. — Châlon-sur-Saône : Appréciations du Jury.

N°s 8 à 10. Echos des Sociétés fédérées.

CŒCILIA
BONCOURT

N° 6. Texte. Un chœur d'église modèle. — De la transposition. — Nouvelles diverses. — Bibliographie.

Musique. — Faux-bourdons, suite et fin. O Salutaris hostia et Panis Angelicus à 3 voix, de J. Gürtler. Orgue. Larghetto, de Rinck et Fuguette de Fischer, pour orgue.

LE CRI-CRI
PARIS

Musique. — N° 257. Pavane galante, de Gauwin. N° 259. La princesse et l'herboriste, de Charton. N° 260. Plaisir d'amour, de Martini. N° 263. Valse des grenouilles, de Saint-Aubin. N° 271. Mignonne, allons voir, de Ludovic de Vaux. N° 275. La Fête des Rats, de Spencer. N° 276. Garde-moi ton cœur, de F. Wachs.

LA CRONACA MUSICALE
PESARO

1896. N°s 11 et 12. E. Prout : L'orchestra dal 1800 al 1900, traduction de Cametti.

M. Mazzoldi : Spontini et Wagner.

Leyda : Lettere Milanesi.

A. Cametti : Lettere Romane.

Pikpin : Fra Libri e Riviste.

Nel mondo dell'arte. Conservatori e licei. Teatri e Concerti. Concorsi.

L'ÉCHO MUSICAL
BRUXELLES

1897. N°s 1, 2, 3. Le Métronome.

Chronique musicale. Bruxelles; Etranger.

De la Flûte au tambour.

Questionnaire, avec réponses, mis à la disposition des lecteurs de l'*Echo musical*.

ÉCHO DES ORPHÉONS
PARIS

1896. N° 29. Concours de Moulins, Serquigny, Honfleur, Louviers : Appréciations du Jury. N° 30. La « Sainte-Cécile » à Paris et dans les départements.

1897. N° 1. Concours de Louviers, Villiers-sur-Marne, Langres, Châlon-sur-Saône : Appréciations du Jury. N° 2. Nouvelles diverses.

L'EUROPE ARTISTE
PARIS

1897. N°s 3, 5, 6. Fannie Edgar Thomas : Pour les jeunes professeurs français qui n'avancent pas.

Dans chaque numéro, un portrait, avec notice : (N° 3. Miss Fannie Edgar Thomas, correspondant du *Musical Courier*. N° 5. Mme Marie Dolina-Gorlinko. N° 6. Mlle Yamata-Tiero).

GAZETTE MUSICALE DE LA SUISSE ROMANDE
GENÈVE

1897. N° 1. Jaques-Dalcroze : Les *Maîtres chanteurs* à Lyon. — : Un peu de cravache.

Chroniques. — Genève, Lausanne, Vevey. Correspondances. — Bruxelles, Vienne.

Portrait de Jean Gérardy, avec une notice.

N° 2. Richter : Punctum Saliens, pensées sur la musique.

Mathis Lussy : Mimique ; physionomie et gestes.

Monastier : Huit chants de Gustave Roux.

Chroniques. — Genève, Lausanne. Correspondances. — Bruxelles.

Portrait de Justin Bischoff, avec une notice.

N° 3. Édouard Dujardin : Derniers quatuors de Beethoven.

Georges Becker : L'Épinette, son origine, son étymologie.

Richter : Punctum Saliens.

Chronique. — Genève. Correspondances. — Bruxelles, Leipzig, Vevey.

Portrait de Marcella Pregi, avec une notice.

LE GUIDE MUSICAL
BRUXELLES-PARIS

1897. N° 1. Eugène Berteaux : De l'immatérialité de la musique.

Hugues Imbert : Essai sur l'Art contemporain de Fierens-Gevaert.

N° 2. Chavarri : La Légende du Graal en Espagne.

Castigat : César Franck et Gounod (à propos de l'article de Octave Mirbeau. Voy. le *Journal musical* N° 9, page 14).

Imbert : Les Maîtres musiciens de la Renaissance française. (Sur le dernier fascicule du beau recueil de M. Henry Expert.)

N°s 3, 4, 5. Michel Brenet : Les aveugles musiciens.

N° 3. H. de Curzon : Marie Van Zandt.

N° 4. Hugues Imbert : Le Centenaire de Franz Schubert.

Le *rédacteur en chef parisien* du *Guide musical* fait très nettement voir les qualités et les défauts de Schubert ; ce qui rend encore sa notice intéressante c'est que, possesseur, comme on sait, de nombreux matériaux sur la vie et les œuvres de Schumann, il en a tiré quelques-uns des fragments qui concernent l'immortel auteur de *lieder*.

N° 5. Servières : Les débuts de Ernest Reyer.

HARMONIE
HANNOVER

N°s 143, 144. M. W. : Wagner, Chopin.

Girschner : Etwas über den Ton und seine Eigenschaften.

N° 144. Franz Schubert in seinen Werken.

ILUSTRACION MUSICAL
BARCELONA

N° 215. Carlos Cambronero : Los bailes de mascaras en tiempo de Carlos III.

J. D.: La tartamudez y el canto.

Felipe Pedrell : Diccionario biografico-bibliografico (Casana-Castillo).

Musique. — Pages 185 à 192 de l'album de la *Ilustracion musical* : Paso a cuatro, pour piano, de E. U. Plasencia ; Mazurka, pour piano, de R. Segura.

L'INSTRUMENTAL
PARIS

1897. N° 44. E. Guilbaut : A propos d'embouchures.

E. Mas : Comment on fabrique les instruments de musique (avec une figure).

LE JOURNAL DES MUSICIENS
MONTARGIS

N° 4. Guille : Causerie musicale, les droits d'auteur.

JOURNAL DES ORGANISTES
VERDUN

1897. N° 2. *Musique.* — Scherzo, de Guzman ; Sortie, de Vierling ; Elévation et Communion, de Maillochaud.

THE LEADER
BOSTON

1897. N° 1. Stories from the operas rustic chivalry. Cavalleria rusticana. — The romance of a singer. — Paul : Our Paris letter. — The old minstrels. — Our Berlin letter. — Streatfeild : Bizet. — A.-E. Daniel : Our Birmingham letter. — Warren K. Moorehead : Indian Songs. — Cameo : Our New-York letter.

Musique. — Primevere, mazurka, pour violon et piano, de Dancla ; Lady of the lake, marche pour piano, de Floyd J. St-Clair ; la Polka des Oiseaux, pour piccolo et piano, de Cox ; A Winter Story, pour cornet si bémol conducteur, de Michael Watson, arrangé par Christie.

IL MANDOLINO
TORINO

1896. N° 24 ^bis. *Musique.* — Bleu Léman, pour mandoline et guitare, de Sgallari ; A trip to fairfax, marche pour 2 mandolines et guitares, de Diancle ; Le prime viole, mazurka pour mandoline et guitare, de Rossi.

1897. N° 1. *Musique.* — Quei tempi ! pour 2 mandolines, mandole et guitare, de Rubaudo ; Solo, pour mandoline, de Pasquali.

N° 2. Mio Sogno, pour mandoline, mandole et guitare, de Carioso.

LE MÉNESTREL
PARIS

1897. N°s 2, 3, 4, 6. Julien Tiersot : Etude sur *Don Juan* de Mozart.

N° 5. — : Franz Schubert (avec un portrait).

N°s 2 à 6. Montaux : Journal d'un musicien.

N°s 2 à 4. P. d'Estrée : Musique et prison : Crimes de droit commun.

N°s 50, 52. Revue des grands concerts par Barbedette, A. Pougin, Boutarel ; Semaine théâtrale par Arthur Pougin et Chevalier.

LE MONDE ARTISTE
PARIS

Nos 2, 4, 5. Tic-Tac : Chronique musicale.

Nos 2, 4, 5, 6. Le Borne : Concerts.

No 2. Correspondances de Amiens, Lyon, Reims, Rouen, Saïgon, Toulon, Berlin, Genève, Le Caire, Milan, Vienne.

No 3. Léon Schlesinger : La modalité grecque dans la musique moderne.

Correspondances de Bordeaux, Lille, Marseille, Nantes, Lyon, Toulouse, Anvers, Berlin, Bruxelles, Gand, Vienne.

No 4. Albert Zollinger : l'Opéra de la Cour, à Vienne.

Correspondances de Bordeaux, Lyon, Marseille, Reims, Nice, Berlin, Milan, Monte-Carlo, Vienne.

No 5. Correspondances de Le Havre, Le Tréport, Lyon, Nice, Rennes, Toulouse, Berlin, Bruxelles, Gand, Milan, Vienne.

No 6. Blondel : Nos artistes à l'étranger.

Correspondances de Lyon, Marseille, Nantes, Rouen, Toulon, Berlin, Bruxelles, Le Caire, Milan, New-York, Tournai, Vienne.

LE MONDE MUSICAL
PARIS

8e année. No 18. Compte-rendu de séance de la Chambre syndicale des Instruments de musique.

Correspondances de Londres, New-York. Concerts.

Portrait de M. Gustave Lyon.

No 17. Correspondances de Londres, New-York. Examens du Conservatoire. Concerts.

Portrait de M. Hyllested, pianiste danois.

THE MONTHLY MUSICAL RECORD
LONDON

No 314. J. S. S. : Franz Schubert. Trevenen-Dawson : The autocraty of the Pianoforte.

Reinecke : The Beethoven pianoforte Sonatas (avec des exemples de musique).

Lettre de Leipzig. Reviews of music. Concerts. Musical notes.

Musique. — Hymn to the Queen, pour chant et piano, de Edm. Duncan.

MUSIC
CHICAGO

Vol. XI, No 3. Clifford : A great american tenor (Charles R. Adams, avec des portraits).

Experiments concerning the influence of music upon the cerebral circulation of man (avec des figures).

Saroni : Christmas of olden times.

Baltzell : The making of a song.

Gilbert : Folk-Melody.

W. S. B. Mathews : Editorial.

Bric-a-Brac. — The Evenings with the great composers : IV. Bach, Mozart, Beethoven compared.

Things here and there.

MUSIC TRADES REVIEW
LONDON

No 234. Cherubino : The month's music.

Shedlock : Reviews of music.

Trade events of 1896. — The musical year 1896.

Our law reports. Trade in the provinces. Patents and inventions. Our trade review, etc., etc.

LA MUSICA RELIGIOSA
MADRID

1896. No 11. Discursos pronunciados en la Fiesta internacional para la reforma de la Musica Religiosa celebrada en Bilbao (Discours de Charles Bordes, Tebaldini).

No 12. Felipe Pedrell : Estudio bio-bibliografico destinada a preparar una edicion completa de las obras del insigne maestro abulense Tomas Luis de Victoria.

Nos 11 et 12. Don Artiguez : Chronologia de los maestros de capilla de la Santa iglesia catedral de Segorbe. — Hagiografia musical. — Revista del movimiento musical religioso en Espana y en el extrangero.

MUSICA SACRA
TOULOUSE

Décembre 1896. — *Comire.* Notre direction. I. L'unité dans les points certains.

· —: Un recueil populaire d'anciens cantiques languedociens.

Cet article est la préface de :

Le Tableu de la bido del parfe crestia, du P. Amilia 1674, réédité par Mgr Rougerie, avec la reproduction exacte et pratique des airs par Comire, dont quelques-uns seront donnés dans les suppléments de musique de la *Musica Sacra.*

Morelot : Les Origines du plain-chant.

Musique. — O Salutaris, à 2 voix égales, soprano, alto ou ténor, baryton, G. Clari pour chant et orgue. Ave Maris Stella, id., de G. Clari, id. Tantum ergo à l'unisson, pour chant et orgue ; le même, à 4 voix mixtes et orgue.

THE MUSICAL COURIER
NEW-YORK

Ce journal musical hebdomadaire, le plus ample qui soit au monde, dirigé par M. Marc A. Blumenfeld, comprend dans chaque numéro de longues chroniques envoyées par des représentants-correspondants attitrés : Miss Fannie Edgar Thomas, à Paris ; Otto Floersheim, à Berlin ; Philip Hale, à Boston ; F. V. Atwater, à Londres ; Florence French à Chicago ; Emilie Frances Bauer, à Brooklyn ; Observer, à Buffalo ; Jos. Smith, à Florence ; Potter Frissel, à Vienne ; Neva Strauss, à La Nouvelle-Orléans ; H. S. North, à Bruxelles.

Ces correspondants joignent parfois à leurs lettres sur le mouvement musical dans le pays où ils sont établis, des articles de fonds ; par exemple, ceux de Miss Fannie Edgar Thomas : « Coincidences in musical Vriting » (no 877) ; « Art universal » (no 878) ; « Rythm in latin hymnography » (no 880) et « The value of rythm in music » (no 881) ; celui de M. Otto Floersheim : « Berlin versus Bayreuth » (no 880).

A la fin de chaque numéro, une considérable part est faite à la facture instrumentale.

De très nombreuses illustrations ornent *The Musical Courier* ; parmi les portraits citons : no 877, Miss Fannie Edgar Thomas ; no 878, Georg. Liebling ; no 880, Evan Williams ; no 881, Augustus Hyllested, le pianiste danois ; Miss Jenny Osborn.

THE ORGANIST'S QUARTERLY JOURNAL
LONDON

N° 112. *Musique.* — Andante con moto, de Wm A. Montgomery. — Fantasia in E Minor (mi mineur), de C. Harris. — Postlude at Ephes. V. v. 19. « Si tibi placeat.... », de W. Conradi. — Harvest march, de H. J. Poole.

OUEST-ARTISTE
NANTES

N°s 372-373. Et. Destranges : Un chef-d'œuvre inachevé : *Briséis* d'Em. Chabrier.

N°s 374-376. Richard Wagner : Une soirée heureuse, fantaisie sur la musique pittoresque.

RIVISTA MUSICALE ITALIANA
TORINO

1897. Fascicule 1er. G. E. P. Arkwright : Un compositore italiano alla corte di Elisabetta (16 pages).

La notice de M. Arkwright sur le compositeur du XVI° siècle, Alfonso Ferrabosco, de Bologne, comprend une courte biographie et la publication de lettres inédites de 1564, 1565, 1567, 1589.

Th. V. Frimmel : Ritratti e caricature di Beethoven (26 pages et 13 figures).

M. Frimmel, auteur de *Neue Beethoceniana*, 1887, donne là une étude fort curieuse, dans laquelle sont réunis les éléments qu'il vient de recueillir pour l'iconographie complète de Beethoven.

Arthur Pougin : Essai historique sur la Musique en Russie (50 pages, 8 portraits). 2° partie. II. La « Jeune école russe » : César Cui, Balakirew, Borodine, Moussorgsky, Rimsky-Korsakoff. III. Le mouvement actuel : Glazounow, Arlusky, Wihtol, Liadow, Blumenfeld.

Richard Wagner : Il Giudaismo nella musica (18 pages).

Cette notice est la traduction de celle qui parut en 1850 dans la *Neue Zeitschrift für Musik*, de Leipzig.

C. F. Gabba : Compositore di musica e poeta (30 pages).

Abele Engelfred : Un nuovo sistema di notazione musicale (3 pages).

Nouveau système de notation proposé par M. F. Walter.

Torchi : Per l'arte. Réplique à un article de M. Giani paru dans le dernier fascicule de la *Rivista*.

X. : Questione filologica reguardante la musica ee lesiastica (1 page).

Ce fascicule de la *Rivista musicale italiana* se termine par des analyses de livres, traités, partitions (50 pages), un dépouillement des périodiques (11 pages), des informations (7 pages), un catalogue des livres récemment parus, et des nouveautés musicales (9 pages).

ZEITSCHRIFT FÜR INSTRUMENTENBAU
LEIPZIG

1897. N° 11. Das Pianoforte-und Musikinstrumenten-Geschäft in Deutschland im Jahre 1896. Geigen-Auktion in London.

N° 12. Ein interessanter beitrag zur geschichte der violine avec deux figures).

N° 13. Nystroem's tonphonograph. Altenburg : Georgi's neue floete.

Dans chaque numéro : Sprechsaal (lettres ouvertes). Vermischtes (nombreux renseignements sur la facture instrumentale de tous pays). Orgelbau-Nachrichten (composition d'orgues nouvelles). Illustrirte Patent-Uebersicht (avec figures).

LA CORRESPONDANCE HISTORIQUE & ARCHÉOLOGIQUE

N° 37. Alphonse Roserot : Les grandes Orgues de l'abbaye de Morimond. 6 pages de documents puisés dans les archives de la Haute-Marne, à savoir « marché et quittance pour la facture du grand orgue de Morimond, 1er juin 1714 et 19 décembre 1718 », avec la composition de cet orgue, lequel était de huit pieds, « marché et quittance pour la sculpture et menuiserie des orgues de Morimond, 22 juillet 1714 ».

L'ÉVÉNEMENT

11 et 18 janvier. Julien Torchet : A propos de l'article de Octave Mirbeau. Voy. le *Journal musical*, n° 9, page 14.

LA GIRONDE, 10 janvier 1897. Paul Lavigne (pseudonyme de Anatole Loquin) : « Solennité de musique religieuse » donnée par les Chanteurs de Saint-Gervais, de Paris. Quelques réflexions sur les opinions et tendances de la « Schola cantorum ».

Varia.

Marie-Magdeleine, récit de jeunesse par Emile Ollivier. Paris, Garnier frères, éditeurs, 1897, in-18, 411 pages.

Dans ce livre que M. Léo Claretie déclare « un chef-d'œuvre d'une tenue ferme, sobre, solide, d'une pensée profonde...» qui « prendra place parmi les meilleurs romans psychologiques, entre le *Dominique* de Fromentin et l'*Adolphe* de Benjamin Constant...» M. Emile Ollivier met sur les lèvres de son héros l'éloge de grands et célèbres musiciens. Signalons les jugements portés sur Berlioz (p. 21); sur Wagner (p. 26); sur Mozart (p. 338); sur Beethoven (p. 340), dont « l'*andante* de la symphonie en *la* chante, pour toutes les sommités de ce monde, le panégyrique que Bossuet a prononcé sur quelques-uns »; sur les concerts du Conservatoire, « le sanctuaire le plus élevé et le plus clos de l'art musical »; sur la symphonie orchestrale que Raoul, pour qui « l'art fut le seul sourire » dans les déboires d'une vie désenchantée, trouve supérieure à la polyphonie.

J'espère pouvoir annoncer dans le prochain numéro, l'apparition de l'Annuaire offert à nos abonnés, qui, en partie, causent ce nouveau délai ; car c'est pour répondre aux désirs de plusieurs d'entre eux que j'ai fait des additions successives, et mis en train un travail beaucoup plus étendu que je ne me le proposais d'abord. Personne ne saurait donc se plaindre.

CATALOGUE
DES NOUVEAUTÉS

Livres.

Destranges (Etienne). Briséis, drame lyrique inachevé de Chabrier : analyse thématique. Paris, Fischbacher, 1897, in-8.

Partitions.

Erlanger (Camille-). Kermaria, idylle d'Armorique en 3 épisodes. Poème de P.-B. Gheusi. Partition de chant et piano réduite par l'auteur. Paul Dupont. Net 20 fr.

Lebrun (Paul). La Fiancée d'Abydos, drame lyrique en 2 actes. Texte d'Armand Piters. G. Beyer. Net 12 fr.

Leroux (Xavier). Vénus et Adonis, scène lyrique. Poème de L. de Gramont. Alphonse Leduc. Net 8 fr.

Méthodes pour piano.

Samuel (Adolphe). Petite méthode de piano pour les tout petits enfants.

— Méthode élémentaire de piano faisant suite à la petite méthode de piano. Beyer. Net 3 fr. 50.

Méthodes pour violon.

Beyer (G.). Méthode de violon, en deux parties, Beyer, chaque partie en deux cahiers, 4 fr. 50.

1re partie : 1er cahier, avec une planche représentant les parties du violon, la position des mains, la tenue de l'archet, 2 fr. 50.

1re partie : 2e cahier, 2 fr. 50.

Orgue.

Claussmann (Aloys). Première suite de 25 pièces d'orgue non difficiles et soigneusement doigtées, composées de : Offertoires, élévation, communions, marches, antiennes, versets, préludes, andante, sorties et autres morceaux servant pour les divers offices du culte et les récitals et divisés en 8 livraisons. Chaque livraison, Richault, net 3 fr.

6e livraison. No 16. Verset en *ré* majeur (D maj.). No 17 Méditation en *fa* majeur (F maj.). No 18. Marche nuptiale en *mi* majeur (E maj.).

8e livraison. No 22. Prélude en *mi* bémol majeur (E bémol maj.). No 23. Andante religioso en *sol* majeur (G. maj.). No 24. Antienne en *sol* majeur (G majeur). No 25. Berceuse en *mi* bémol majeur (E bémol maj.).

Deplantay (J.). Choral pour grand orgue sur Puer Nobis nascitur. Offertoire de Noël (Chritmas Offertory) Richault. Net 2 fr. 50.

Piano.

Damaré. Polka des Polichinelles. Decourcelle, 5 fr.
— Gavotte Louis XIV, Decourcelle, 5 fr.
Favoroff. Impromptu, Henn. Net 2 fr.

— Sonate en *si* bémol majeur, Henn. Net 3 fr.

Fischof (Robert). Deux barcarolles. Forberg. No 1. 1 mk 50 pf. No 2. 1 mk 50 pf.

— Deux morceaux de piano. Forberg. No 1. Mélodie (Souvenir de France), 1 mk 50 pf. No 2. Dans la pluie (Étude de concert), 1 mk 50 pf.

Gabriel-Marie. Pasquinade. Richault, 6 fr.

Jadassohn. Vier Charakterstücke. Forberg.
Tanz, valse, 1 mk.
Capriccio, 1 mk.
Erinnerung (Souvenir), 1 mk.
Marcia giojosa, 1 mk.

— Vier Phantasiestücke. Forberg. No 1. Romanze, 1 mk. No 2. Einsam, 1 mk. No 3. Intermezzo, 1 mk. No 4. Lied, 1 mk.

Jaques-Dalcroze (E.). Impromptu, valse. Henn. Net 2 fr. 50.

Lacome (P.). Marche tzigane. Richault, 4 fr.

Redon (Ernest). Deux Préludes. Richault. No 1. Andantino mesto, 5 fr. No 2. Andante con moto, 4 fr.

Sandré (Gustave). Deux morceaux de concert. Richault. No 1. Aubade norwégienne, 5 fr. No 2. Aubade alsacienne, 4 fr.

Teetzel (Lorenzo). Twilight, morceau de salon. Ditson, 50 cents.

Thurner aîné (Thre). Souvenir des Basses-Alpes. No 1. Fleur des Montagnes. No 2. Thorame Basse. No 3. Deux Papillons. Richault. Net 3 fr.

Tschaïkowsky. Symphonie pathétique transcrite pour piano, par Paul Klengel. Forberg. Net 6 mk.

Piano à 4 mains.

Gabriel-Marie. Sérénade badine. Richault, 7 fr. 50.

Violoncelle et Piano

Hubans (Ch.). Au Bord du Lac, rêverie. Richault, 7 fr. 50.

Gabriel-Marie. Rêverie. Richault, 6 fr.

Chant et Piano.

Fischhof (Robert), Sieben Lieder für eine Singstimme mit Begleitung des Pianoforte. Forbert. No 1. Im Maien, 1 mk. No 2. Grauer Vogel, 1 mk. No 3. Blümlein im Garten, 1 mk. No 4. Aufforderung, 1 mk. No 5. Lied der Ghawâze, 1 mk. No 6. Zur Geisterstunde, 1 mk. No 7. Es muss ein Wunderbares sein, 1 mk.

Gabriel-Marie. La Cinquantaine. Richault. Net 1 fr. 65.

Ratez (E.). Poème d'un jour. I. Réveil. II. Ses Yeux. III. Promenade. IV. Le Soir. Richault, 7 fr. 50.

Le Propriétaire-Gérant :

Baudouin-La Londre.

Bourges, imprimerie M. H. Sire.

LE

JOURNAL MUSICAL

Bulletin international critique

DE LA

BIBLIOGRAPHIE MUSICALE

DIRECTEUR

BAUDOUIN-LA LONDRE

11. rue de la Pépinière, 11

PARIS

Abonnements : France 6 fr ; Union Postale 7 fr. — Le numéro mensuel 50 centimes.

Nᵒ 11. — Mars 1897.

Chronique. — Informations — Block-notes de la Bibliographie musicale. — Iconographie. — Instruments anciens.

CHARLES MALHERBE : *Don Juan.* de Mozart. — Notes bibliographiques. (*Suite.*)

J. L. DE BRUNEVAL : L'Edition officielle de chant liturgique.

Auditions et représentations. — Théâtres et concerts (*Messidor* à l'Opéra; *Le Tonnelier de Nuremberg*. de Louis Lacombe, à Coblentz, etc.).

Analyses critiques de partitions et de livres. B. L. : *Messidor*, de Alfred Bruneau. — **HENRI EXPERT :** une brochure de H. Herluison.

Catalogue des nouveautés. — Adresses d'éditeurs cités :

CHOUDENS. 30, boulevard des Capucines, Paris.
Paul DUPONT, 4. rue du Bouloi, Paris.
EULENBURG, 8, Kœnigstrasse. Leipzig.
F. JANIN et ses fils. 8, rue Lafont. Lyon.
F. LAURENS, 18, rue de Richelieu, Paris.
Fr. A. URBANEK, Prague.

UNE ŒUVRE EST UNE ŒUVRE, disais-je dès le premier numéro du *Journal musical;* tout au moins « elle doit être respectée comme tout travail de l'homme. »

... Quand « l'homme » est un artiste désireux de vérité, épris du Sublime, la tâche de justice s'impose plus que jamais.

* *

Le nouveau drame lyrique de M. Alfred Bruneau tiendra une des places réservées dans les Annales du grand art, aux courageuses œuvres de tendance.

INFORMATIONS DIVERSES

Bourges — Le Grand Concours international de musique, patronné par la *Fédération musicale de France*, aura lieu les 15, 16 mai, 5, 6 et 7 juin 1897.

Paris. — Le bureau de la Société des Compositeurs de musique est ainsi constitué pour cette année : MM. Victorin Joncières, président ; Altès, Guilmant, Pfeiffer, Wekerlin, vice-présidents ; Balleyguier, secrétaire général trésorier ; Arthur Pougin, secrétaire rapporteur ; Büsser, Cieutat, Honoré, Vinée, secrétaires ; Wekerlin, bibliothécaire-archiviste.

— Dates fixées pour les épreuves du Concours pour les Prix de Rome :

Concours d'essai : entrée en loge le samedi 8 mai ; sortie le vendredi 14 mai. Concours définitif : entrée en loge le 22 mai ; sortie le mercredi 16 juin. L'audition au Conservatoire aura lieu le vendredi 2 juillet, à midi, et le jugement sera rendu à l'Institut le 3 juillet, à midi. Les candidats peuvent se faire inscrire au Secrétariat du Conservatoire jusqu'au samedi 1er mai ; ils doivent être porteurs de leur acte de naissance et d'un certificat d'études musicales. Le terme de rigueur pour le dépôt des poèmes est fixé au samedi 15 mai. Les jurés adjoints, appelés à prendre part aux jugements préparatoires sont : MM. Widor, Alphonse Duvernoy, Charles Lefebvre ; les jurés supplémentaires sont : MM. Barthe et Victorin Joncières.

— Tous les Concours de l'Institut ne suscitent pas un égal empressement : ainsi aucun mémoire n'a été présenté pour le Concours du prix Kastner-Boursault, dont le sujet était : « De l'influence réciproque des écoles françaises et étrangères dans les diverses branches de la musique depuis Lulli jusqu'à nos jours ; indiquer les causes de cette influence et citer, avec des appréciations critiques, les principaux ouvrages qui l'ont déterminée. » Souhaitons que le Prix Rossini soit brillamment disputé. Le poème choisi a pour titre : *La Vision du Dante* et pour auteur M. Jules Adenis. Le Concours est ouvert sur ce sujet et sera clos le 31 décembre 1897. Des exemplaires du poème choisi et du programme du Concours sont mis à la disposition des concurrents, au Secrétariat de l'Institut.

— Le 12 février, a été célébrée à Saint-Eugène la messe de bout-de-l'an, en commémoration de Ambroise Thomas, dont la notice d'usage à l'Institut a été faite par M. Lenepveu.

— M. Vergnet est nommé professeur de la classe de chant devenue vacante par la mort de M. Saint-Yves Bax.

— Voici le résultat des concours ouverts par la Société des compositeurs de musique pendant l'année 1896 : Le prix de *quatuor* à cordes, prix unique de 500 francs (allocation du ministère des Beaux-Arts), est attribué à M. Edmond Malherbe.
— Une mention est accordée au manuscrit portant pour devise : « Ils étaient quatre qui voulaient se battre. » — Le prix de *Sonate* pour piano et violoncelle, prix unique de 500 francs (fondation Pleyel-Wolff), n'a pu être décerné. Une mention est attribuée à chacun des deux auteurs des manuscrits portant pour devise : « *Fac et Spera* et *Egredere — Progredere — Ascendere*. » — Le prix unique de *Motet*,

200 francs (reliquat du prix Ernest Lamy) est remporté par M. Henri Busser. Une mention est attribuée au manuscrit ayant pour devise : « Une immense bonté tombait du firmament. » — Le prix de *Sextuor* pour instruments à vent, de 300 francs, offert par la Société, est attribué à M. Edmond Malherbe.

— Le centenaire de Donizetti sera fêté brillamment à Bergame en septembre prochain. Le président du Comité franco-italien, M. Delle-Sedie, 30, rue Saint-Pétersbourg, se tient à la disposition des personnes qui désirent joindre des portraits, des autographes, des partitions, des lettres, et tous documents qui prendront place dans l'exposition organisée pour ce centenaire.

— Quel est l'homme politique, l'écrivain, l'artiste qui ne souhaite savoir ce que l'on dit de lui dans la presse? Mais le temps manque pour de telles recherches.

Le COURRIER DE LA PRESSE, fondé en 1889, 21, boulevard Montmartre, à Paris, par M. GALLOIS, a pour objet de recueillir et de communiquer aux intéressés les extraits de tous les journaux du monde sur n'importe quel sujet.

Le COURRIER DE LA PRESSE LIT 6,000 JOURNAUX PAR JOUR.

Rennes. — Le grand concours musical, dont le jury sera présidé par M. Victorin Joncières, aura lieu le 6 juin. La commission vient d'augmenter les primes en espèces, lesquelles seront définitivement réparties comme suit : *Divisions d'excellence et supérieure.* — Orphéons et Harmonies : 1er prix, 1,500 fr.; 2e prix, 500 fr.; Fanfares : 1er prix, 1,000 fr.; 2e prix, 400 fr. — *Première division.* Orphéons et Harmonies : 1er prix, 500 fr.; Fanfares : 1er prix, 300 fr. — *Deuxième division.* Orphéons et Harmonies : 1er prix, 300 fr.; Fanfares : 1er prix, 200 fr. — *Troisième division.* Orphéons, Harmonies et Fanfares : 1er prix, 100 fr.

Vienne. — L'Exposition du centenaire de Schubert a été close le 28 février, en plein succès.

LES DISPARUS

— A Berlin, le compositeur Woldemar Bargiel.
— A Dresde, Carl Gramman.
— A Milan, Antonio Bazzini, directeur du Conservatoire.
— A Naples, Luigi Mazzone, compositeur et critique.
— A Paris, Cornélie Falcon. — M. Saint-Yves Bax.
— A Vienne, Charles Pfeffer.

BLOCK-NOTES

DE LA

BIBLIOGRAPHIE MUSICALE

— *Les Femmes compositeurs*, titre d'un ouvrage en préparation, pour lequel l'auteur prie les intéressés de lui adresser des renseignements (biographie, bibliographie, portrait). S'adresser à M. Laurent Parodi, 1, Piazza Serriglio, à Gênes (Italie).

— Le roi de Saxe vient d'offrir sa bibliothèque musicale particulière, qui a beaucoup de valeur, à la bibliothèque royale de Dresde.

— Un fragment autographe d'opéra de Richard Wagner, intitulé *Le Mariage*, daté du 1er mars 1833 et contenant trente-six pages in-folio, avec dédicace adressée à la Société de musique de Wurzbourg, qui s'en était ultérieurement dessaisie, vient d'être vendu à Mrs Burrell, de Londres.

— La Bibliothèque du Conservatoire de Paris vient de s'enrichir de la partition autographe de l'*Arbre enchanté*, opéra-comique de Gluck.

— C'est un bien curieux manuscrit que celui qui porte le nº 900 dans le catalogue de la Vente des Collections du Baron PICHON, publié par la Maison Techener, chargée de la vente. Nous l'avons eu entre les mains. C'est un « Recueil de chansons notées, italiennes et françaises » de l'époque d'Anne de Beaujeu (fin du xvᵉ siècle). Il est relié en bois, couvert de velours rouge, taillé en forme de cœur. Les chansons sont à trois parties (superius, ténor, contraténor) ; une première lecture nous a engagé à croire qu'elles sont inconnues ; elles intéressent donc vivement l'histoire de l'art musical ; elles ne sont pas indifférentes aux artistes, en ce sens que quelques-unes révèlent une facilité notable de composition. Mais voilà ! Le futur acheteur de ce précieux ouvrage va-t-il en autoriser la publication ? — Chaque page est ornée de miniatures, dans lesquelles on retrouve, avec les personnages, les instruments de l'époque : au folio 16, un diable jouant du chalumeau et du tambourin ; au folio 22 est une cornemuse ; au folio 28, un ange tient un rebec ; au folio 30, c'est un cornet.

Le nº 902 est un recueil manuscrit de chansons à quatre parties du xviᵉ siècle ; chaque partie est sur un volume séparé ; la basse seule manque.

Le nº 904 est le *Verger de musique conte-*

nant partie des plus excellents labeurs de M. C. Janequin à 4 et 5 parties, nouuellement imprimé en 5 volumes... Premier livre. Ténor. Paris, Adrian Le Roy et Robert Ballard, 1559, petit in-8 oblong de 44 feuillets, maroquin bleu, milieux ornés, tranches dorées (reliure de Trautz-Bauzonnet).

Bref, la vente des nᵒˢ 899 à 917 va être suivie de près par les amateurs des beaux livres de musique et les musiciens.

ICONOGRAPHIE

— A la vente des Goncourt, M. Nuitter a acquis, pour la bibliothèque de l'Opéra, au prix de 5.700 francs, un recueil de Boquet comprenant cent six costumes et travestissements de théâtre. Un portrait de Mᵐᵉ Dugazon, dans *Nina*, par Houin, a été payé 19.000 francs. Le « Concert agréable », de Lawrence, a été payé 6.250 francs ; « le Musicien », aquarelle de Portail, 3.150 fr.

— A lire, pour le commentaire et les reproductions de documents concernant l'iconographie de Schubert, fournis par M. Charles Malherbe, le nᵛ 9 du *Ménestrel* (28 février).

— La curieuse affiche illustrée de *Messidor*, le drame lyrique de Alfred Bruneau, orne les murs de Paris ; mais... la vente et même le don en sont interdits. Le propriétaire de l'affiche est l'éditeur de la partition.

INSTRUMENTS ANCIENS

— A la Bodinière, M. Julien Tiersot a donné une intéressante conférence sur *La Harpe à travers les âges*.

— Le clavecin de Paisiello vient d'être vendu 1.050 francs à Mᵐᵉ Arrigoni, de Milan.

— Les amateurs de lutherie artistique, d'instruments anciens, savent bien qu'il existe une maison toute spéciale à Paris. A peine avions-nous eu le temps d'admirer un superbe clavecin, dans les collections de l'UNION MUSICALE et ARTISTIQUE, que l'instrument était vendu. Mais la vogue oblige l'établissement de la rue de la Pépinière à combler les vides. D'autres merveilles sont attendues que nous aurons à joindre, dans la nomenclature faite chaque mois à cette place, aux autres instruments précédemment cités.

DON JUAN

DE MOZART

NOTES BIBLIOGRAPHIQUES [1]

II. — Livrets et Traductions

1° En Allemagne (Suite).

C'est de l'année 1801 que date la fameuse traduction due à ROCHLITZ, poète, compositeur, musicographe et finalement conseiller aulique du duc de Saxe-Weimar. Friederich-Johann Rochlitz, né à Leipzig, le 12 février 1769, et mort dans cette ville le 16 décembre 1842 [2], a laissé un nom dans les fastes de la critique musicale, grâce à sa collaboration très active au journal de musique jadis le plus important de l'Allemagne, *die Allgemeine musikalische Zeitung*. De 1798 à 1819, il fut l'âme de cette revue qui se pliait à sa direction artistique, et ouvrait ses colonnes à une foule d'articles biographiques, bibliographiques et esthétiques où s'affirmait d'ailleurs sa juste et haute compétence, car il avait fait, non-seulement pour la musique, mais aussi pour la philosophie, des études spéciales à l'Université; au demeurant, homme instruit, bon musicien et d'esprit cultivé. Lors d'un voyage de Mozart à Leipzig, il avait eu l'occasion de se rencontrer avec le maître, et de se lier avec lui, comme le prouvent les pages qu'il a publiées sous le titre d'*Anecdotes sur la vie de Mozart*. Peut-être le souvenir de cette précieuse amitié n'était-il pas étranger au projet qu'il avait formé de traduire une fois de plus, et mieux, pensait-il,

(1) Voir les n°° 9 et 10.

(2) Ces dates sont empruntées au *Musikalisches Conversations-Lexikon*, de Hermann-Mendel, et rectifient celles qu'avait inexactement données Fétis dans sa *Biographie des musiciens*

le livret de Da Ponte. En tout cas, cette traduction eut l'avantage pratique de servir à la première publication, dont la partition d'orchestre de *Don Juan* était l'objet à Leipzig, chez les éditeurs Breitkopf et Haertel, dix ans juste après la mort du compositeur, et l'on devine qu'un tel appui ne dut pas peu contribuer à sa prompte et générale diffusion à travers l'Allemagne...

Il s'en fallait pourtant, et de beaucoup, qu'elle fût à l'abri de tout reproche. Et d'abord, elle n'était qu'en partie originale. Sur plusieurs points, en effet, elle suivait la version de Schrœder, au point de lui emprunter maints vers pour les mêler aux siens, notamment ceux des morceaux connus et déjà populaires : tels l'air de Leporello au début de l'ouvrage, la chanson à boire de Don Juan, le duetto *Là ci darem*, etc. En revanche, elle échappait à tout blâme de vulgarité, et se parait ainsi d'un cachet plus noblement artistique, mais au prix de certains sacrifices. Entraîné par ses goûts de logicien, Rochlitz ne se gênait pas pour substituer sa pensée à celle que, selon lui, le librettiste aurait dû avoir ; il dérangeait ainsi le merveilleux équilibre qui règne entre le texte et la musique et aboutit, sous la plume de Mozart, à une fusion si intime des notes et des mots ; le sextuor du second acte en fournit un exemple. Puis, comme il avait assez de clairvoyance pour observer les défaillances poétiques ou scéniques du modèle, il s'appliquait à les dissimuler, et finissait, toujours au nom de la raison, par modifier le véritable caractère des personnages. Leporello prend ainsi des allures de mentor et semble se complaire parfois à prêcher la morale. La physionomie d'Elvire s'altère au point de rendre plus inexplicables encore toutes ses allées et venues. Notons que Rochlitz a, le premier, enlevé au second acte l'air *Mi tradi* pour le transporter après l'air du « Catalogue » de Leporello, déplacement qui, par la suite, a obtenu le singulier privilège d'être adopté presque partout. Il avouait d'ailleurs avoir introduit quelques changements dans la marche de l'action, mais « très peu », ajoutait-il. De ces changements, le plus grave à coup sûr était la suppression radicale de tout le *Recitativo secco* ; le dialogue musical était remplacé par un dialogue parlé, dont il avait écrit le texte, en prose de sa façon, où il se donnait libre carrière pour dessiner la figure des personnages et en accuser le relief, d'après les principes de son esthétique particulière.

Quels que fussent les défauts de cette traduction, on n'en vit d'abord que les qualités, et, comme elle l'emportait de beaucoup sur ses aînées, elle se répandit bientôt et se vit adopter par un grand nombre de scènes allemandes. Mais alors se produisit un fait qui nous semblerait aujourd'hui singulier, pour ne pas dire inadmissible, et que peut seulement expliquer ou le désintéressement de l'auteur, ou plutôt l'état d'enfance dans lequel se trouvait alors la propriété littéraire. Au lieu de publier un texte unique du livret, appartenant à celui qui en avait acheté le droit d'exploitation, et de le faire vendre dans toutes les villes qui adoptaient la version nouvelle, chaque théâtre eut son livret dont la version Rochlitz constituait le fonds. mais où tel passage était supprimé, telle scène transformée, tel vers changé, suivant les caprices des chanteurs. les exigences des directeurs, ou même les habitudes traditionnelles des pays. De là, pendant plus de trente années, cette multiplicité de brochures que l'on rencontre, soit avec le texte allemand seul, soit avec le texte italien en regard, imprimées çà et là, souvent sur mauvais papier et pour les seuls besoins de la représentation.

L'énumération complète en serait aussi malaisée à faire qu'inutile et fastidieuse ici ; mais à titre d'exemple, on en peut citer quelques-unes.

D'abord le livret même de Rochlitz, paru chez Breitkopf et Haertel, souvent réimprimé depuis 1801, et dont la dernière édition forme un volume grand in-8 ; puis dans la même maison, une sorte d'édition populaire dite « allgemeine Ausgabe » et une autre, dite « officielle » spéciale à la scène de Leipzig, et comprenant 46 pages.

A Berlin. « Mode's Verlag », un livret de 26 pages, qui s'est assez répandu pour atteindre maintenant sa sixième édition.

A Dresde, 1814, brochure de 14 pages sans nom d'éditeur ni d'imprimeur ; plus tard. brochure de 93 pages, imprimée par Meinhold et fils, à Dresde, sans date.

Parmi les éditions modernes, mentionnons :

1882. Dessau. Edition pour le Théâtre de la Cour, 82 pages.

1883. Vienne. Brochure de 64 pages, éditée par Künast.

1885. Munich. Edition pour le Théâtre de la Cour royale, 47 pages.

1887. Cologne. Brochure de 55 pages, éditée par A. Ahn.

1887. Leipzig. Edition pour le Théâtre municipal, 89 pages.

1890. Elberfeld. Brochure de x et 34 pages, éditée par S. Lucas.

1890. Livret de 99 pages, publié par F. Wittmann, sans désignation spéciale.

La liste pourrait s'allonger démesurément, sans grand intérêt bibliographique, puisqu'il s'agit de publications en quelque sorte locales où. par suite de l'habituel anonymat, les variantes de texte n'ont point d'auteur responsable. En effet, on y lit presque toujours, avec l'indication du lieu le nom de l'imprimeur, mais jamais celui du traducteur primitif. Et, juste retour des choses d'ici-bas, de même que Rochlitz s'était servi de Schrœder sans le nommer, de même on n'a plus nommé Rochlitz, tout en continuant à se servir de lui. Le malheureux conseiller n'aura guère ainsi bénéficié de son travail ; on s'est arrangé pour lui en retirer peu à peu et le profit et l'honneur.

L'une des premières retouches apportées à la tâche entreprise par Rochlitz fut la traduction poétique du *Recitativo secco* qu'il avait injustement négligé. On comprenait enfin que cette partie musicale de l'ouvrage ne devait pas être plus négligée que les autres, et que la pensée de Mozart méritait d'être respectée tout entière. Ce complément littéraire fut élaboré par les soins de Gut, et prit place dans une nouvelle édition de la partition, publiée par Breitkopf et Haertel en 1840.

Vers cette époque commençait justement à se manifester chez les critiques un sentiment qui, par la suite, s'est développé encore en s'affirmant, pour atteindre presque de nos jours aux limites de l'exagération : l'amour non plus aveugle, mais raisonné de l'œuvre d'art, avec une perception de plus en plus délicate de ses beautés et par-dessus tout le respect de son intégrité première.

Cette tendance esthétique devait avoir pour résultat d'encourager les traducteurs à remanier, suivant un sens plus conforme à la vérité, un texte dont le temps révélait chaque jour plus clairement les déplorables faiblesses. Mais il fallait attendre longtemps encore et subir bien des essais avant de toucher presque à la perfection.

Entre toutes les traductions, conçues dans ce nouvel ordre d'idées, la plus ancienne me paraît être celle qu'écrivit pour le Théâtre municipal et royal de Berlin (Kœnigsstaedtisches Theater), Mme EMILIE SEIDEL. Par un oubli singulier, elle ne figure dans aucun dictionnaire, ni même dans l'ouvrage de M. Rudolf von Freisauff (1), pourtant si documenté sous ce rapport. Elle méritait bien une mention. D'abord elle est la première et même la seule qui soit due à la plume d'une femme. Ensuite, elle ne saurait passer pour un simple essai littéraire, car elle a obtenu les honneurs de l'exécution et fourni, comme telle, une certaine carrière. M. von Freisauff déclare que Berlin est toujours resté fidèle à la version Rochlitz ; or cette fidélité a subi une éclipse d'au moins quatre années, puisque je possède deux livrets Seidel, l'un de 1844, l'autre de 1848, le premier, in-12 de 215 pages sans nom d'imprimeur, le second, in-12 de 209 pages, imprimé à Berlin chez Harth et Schultze. Cette traduction, en dépit de la mention « *frei ubertragen* » qui figure sur les deux exemplaires, a le mérite de suivre le texte avec une fidélité relative et d'être assez complète, car elle contient même la scène finale supprimée à Vienne. Quant aux particularités qu'une étude plus approfondie pourrait révéler sur ce point, je n'en veux retenir ici qu'une, amusante d'ailleurs, et propre à caractériser, comme on dit, le temps et le lieu. Dans la brochure, le texte italien figure en regard du texte allemand, mais quelque peu altéré ; les vers de Da Ponte ont été insérés avec un souci médiocre, et, par suite, ornés de fautes d'orthographe et de solécismes que l'auteur n'avait pas prévus. Certains même ont été changés, voici comme. On se rappelle la scène du bal, et l'ensemble qui ouvre le final du premier acte avec ces mots chantés gaiement par tous les personnages en scène : *Viva la libertà !*

De tels mots sonnent mal aux oreilles des rois.

Il en résulta que la censure intervint probablement et voulut sauvegarder à sa manière l'honneur intangible du principe gouvernemental. Donc, au lieu de *Viva la libertà !*, on imprima : *Viva la Società !* et Mme Emilie Seidel traduisit respectueusement : « *Hoch lebe Wirth und Gast !* » (Vive l'hôte et ses

invités !). C'est ainsi qu'on travaillait... pour le roi de Prusse en l'an de grâce 1843.

Une dizaine d'années plus tard, on vit se produire en Allemagne, parmi les traducteurs, une sorte d'émulation qui aboutit à de multiples et intéressants travaux. Il faudrait un volume pour les examiner en détail, mais on peut, par quelques noms et dates, consigner ici le souvenir de ces diverses traductions dont plusieurs ont eu le privilège d'être adoptées par certaines villes, tandis que les autres demeuraient à l'état d'essais, ou, si l'on veut, d'exercices littéraires. En voici le classement chronologique :

1854. SEVER.

1858. VIOL.

1860. BISCHOFF (Ludwig). *Eine neue Uebersetzung des Textes zu Mozart's ; « Don Juan ». Niederrheinische Muzikzeitung, n° 48.*

1860. WOLZOGEN (Carl August, baron von). *Don Juan... nach dem italienischen des Da Ponte für die deutsche Bühne bearbeitet, und mit vollstændigem Scenarium versehen.* Hambourg, *Deutsche Schaubühne,* 9e cahier.

1866. BITTER (C. H.). *Ein Versuch neuerer Uebersetzungen.* Berlin, Ferd. Schneider, édit., grand in-8, VIII et 487 pages. — Une deuxième édition avec modifications a paru en 1871.

1869. GUGLER (Bernhard von). *Partitur, erstmals nach dem Autograph herausgegeben, unter Beifügung einer neuen Textverdeutschung.* Breslau, Leuckart, édit., in-fol., XIX et 476 pages. La préface porte la date de décembre 1868. — Une deuxième édition de cette partition, revue et corrigée, a paru en 1877.

1869. WOLZOGEN (Carl August, baron von). *Don Juan, auf Grundlage des neuen Textuebersetzung von Bernhard von Gugler neu sceniert, und mit Erlaeuterungen versehen.* Leipzig, Leuckart. édit., XXIV et 124 pages.

1870. EPSTEIN (Th.). *Eine Studie zur Oper auf Grundlage des Da Ponte' schen Textes nebst einer verbesserten Uebersetzung des letzeren.* Francfort-sur-le-Mein, C. A. André, édit., gr. in-8, X et 137 pages.

1871. GRANDAUR (Franz). *Don Juan, nach dem italienischen Texte des Lorenzo Da Ponte für die deutsche Bühne neu bearbeitet.* Munich, Th. Ackermann, édit. — Une deuxième édition de cette traduction a paru dans la même librairie en 1882.

1874. NIESE (Karl). C'est la traduction qui a servi pour l'édition complète et critique des œuvres de Mozart, publiée à Leipzig, chez Breitkopf et Haertel.

1886. KALBECK (Max). *Don Juan, nach dem italienischen Original des Da Ponte für die deutsche Bühne frei bearbeitet und mit einem Vorwort versehen.* Vienne, Albert J. Gutmann, édit. C'est un remaniement, ou, si l'on veut, un perfectionnement de la version Gugler qui équivaut à un travail original et offre une réelle valeur.

La dernière en date des traductions publiées est celle de Hans Michel Schletterer qui a paru sous forme d'un livret in-16, à Leipzig, chez Breitkopf et Haertel.

Enfin mentionnons pour mémoire une traduction préparée vers 1870 par le Dr von Baumgart, et demeurée manuscrite, mais dont M. von Freisauff a cité quelques fragments dans l'intéressant travail auquel nous avons déjà rendu hommage : MOZART'S DON JUAN. 1787-1887, pages 81 et suivantes.

Comme on le voit, pendant une trentaine d'années consécutives, les adaptateurs ont rivalisé de zèle et travaillé sur le même fonds avec une ardeur qui ne se démentait point. Tout le monde aura pris part à ce tournoi poétique : des compositeurs comme Viol et Schletterer, des écrivains comme Bischoff, Gugler et Niese, des fonctionnaires comme le baron de Wolzogen, intendant du théâtre grand-ducal de Schwerin, et même des personnages officiels comme Bitter, ancien ministre des finances de Prusse !

Le résultat de tant d'efforts aurait dû être de doter enfin l'Allemagne d'une traduction qui satisfît à peu près tous les *desiderata* littéraires et musicaux, échappât à toute critique et fût adoptée sur toutes les scènes où se produit *Don Juan*. On put croire un instant, en 1883, que ce but allait être atteint. Une commission, dont faisaient partie des critiques d'art et des directeurs de théâtre, s'était constituée à Munich, sous la présidence du baron de Perfall, intendant général des théâtres de la Cour, homme intelligent de qui la haute situation et l'expérience reconnue des choses théâtrales permettaient d'attendre un résultat pratique et satisfaisant. Il s'agissait d'unifier les textes, de se rallier, après examen et comparaison, à la traduction qui aurait obtenu le plus grand nombre de suffrages, et de lui donner ensuite une sorte d'investiture officielle qui l'aurait sinon imposée, du moins singulièrement accréditée

au dehors. La version Grandaur faillit être adoptée ; il ne tint même qu'à son auteur d'obtenir la palme ; mais il refusa de faire quelques changements qui lui étaient demandés, et, l'obstination persistant des deux côtés, on ne put aboutir. C'est alors qu'on se retourna vers un critique viennois Max Kalbeck, l'invitant à se mettre à l'œuvre pour réaliser les vues de la commission, c'est-à-dire tâcher de fondre en un tout homogène les diverses traductions dont plusieurs contenaient d'excellents éléments qu'il importait de ne pas perdre et d'utiliser. La version de Max Kalbeck a été depuis envoyée à la commission qui, je le crois, ne s'est pas encore prononcée officiellement ; mais elle n'a pas attendu cette consécration pour se répandre dans les pays de langue allemande ; elle a même eu l'honneur d'être adoptée à Prague pour les représentations données, en 1887, lors du centenaire de *Don Juan* dans cette ville.

Au surplus, on peut se demander si ces projets d'unification ne demeureront pas longtemps encore à l'état chimérique, parce qu'ils se heurtent à des considérations d'ordre ethnographique et social qui en gênent l'essor. L'Allemagne, en effet, par certains côtés, ressemble à une vaste province, où règne ce que nous appelons l'esprit de clocher, où chaque grande ville a ses usages, où l'on met quelque fierté à ne pas faire comme ses voisins. Les traductions de *Don Juan* en fournissent un exemple qui s'ajoute à bien d'autres. Ainsi Vienne, Hambourg, Brünn, Prague, ont adopté Kalbeck ; mais Berlin, Hanovre, Wiesbaden, Cassel, restent fidèles à Rochlitz ; Schwerin tient à Gugler, comme Munich à Grandaur ; et Mannheim se souvient encore du vieux Neefe !

C'est que l'unité germanique a pour origine l'ambition d'un souverain et non la volonté d'un peuple, et que si l'action du pouvoir central se fait lourdement sentir sur le terrain de la politique, elle demeure presque sans effet dans le domaine des idées. Si puissant que soit l'Empereur, il doit compter avec l'autonomie de certains États ; il peut satisfaire tout caprice littéraire, toute fantaisie artistique dans son royaume de Prusse, mais non les imposer dans ceux de Bavière ou de Wurtemberg. Donc, en attendant qu'une initiative individuelle se montre assez forte pour concilier les divergences d'opinion et amener la transaction nécessaire, les traductions diverses continueront à fleurir, plantes vivaces, sur le sol allemand. Leur nombre même est un hommage indirect rendu à l'importance de la cause qu'elles plaident; *Don Juan* a ses fidèles, et sous cette forme littéraire un culte s'entretient *ad majorem gloriam*, c'est-à-dire pour la plus grande gloire de l'œuvre et du maitre divin qui l'a créée.

CHARLES MALHERBE.

(*A suivre.*)

L'ÉDITION OFFICIELLE DE CHANT LITURGIQUE

« Sous la bannière de la science, sous prétexte de rétablir la forme grégorienne du chant liturgique et d'en faciliter l'étude et l'exécution, l'édition officielle des livres de chant a été fréquemment attaquée tant de vive voix que par écrit; il était donc à propos de signaler ces objections et de les réduire en peu de mots à leur juste valeur. »

Ainsi s'exprime M. Haberl dans la nouvelle édition du

Magister Choralis. — Guide théorique et pratique pour l'étude et l'exécution du plain-chant romain officiel par Fr.-Xav. HABERL. Traduction française d'après la onzième édition originale approuvée par Mgr l'Evêque de Ratisbonne. Ratisbonne, Frédéric Pustet, libraire-éditeur, imprimeur du S. Siège et de la S. Congrég. des Rites [Paris, Lethielleux], 1896, in-8, VIII-256 pages, nombreux exemples de musique, tableaux de neumes, fac-simile de ms. dans le texte : 2 fr. 50, relié en toile, tranches rouges 3 fr.

livre indispensable aux liturgistes et maîtres de chapelle, qui définit le plain-chant, en résume l'histoire, en dit la valeur esthétique; explique les gammes, les tons, les intervalles, la notation, le rythme, les modes; analyse les divers recueils liturgiques du chant, les différentes pièces des offices; expose les rites de l'année ecclésiastique et enfin traite de l'accompagnement et de la haute intelligence du plain-chant.

Le plain-chant romain, dont M. Haberl prend la défense, a été attaqué par les promoteurs des éditions diocésaines et bénédictines soutenus par une partie de la presse. Il est bon de préciser la question, de la mettre dans son véritable jour en se plaçant au point de vue liturgique, commercial et artistique.

La liturgie n'est ni de notre domaine ni de notre compétence, aussi ne ferons-nous qu'une petite réflexion : neuf brefs et décrets de l'autorité ecclésiastique désignent comme seule officielle pour toute l'Eglise l'édition Médicéenne et la recommandent instamment pour obtenir l'unité du chant, tout en tolérant les éditions diocésaines « actuellement en usage ». Quelles raisons supérieures (est-ce seulement intempérance d'une admiration irraisonnée pour l'archéologie ?) poussent donc quelques religieux et ecclésiastiques à enfreindre ces décrets en introduisant dans les diocèses pourvus d'éditions abrégées encore en usage, soit les livres bénédictins « non approuvés pour l'usage de la liturgie (Léon XIII) », soit Reims-Cambrai qui n'a reçu, avec les éloges d'encouragement habituels, qu'une approbation restrictive et momentanée : « Voilà ce que, pour le moment (1856), nous avons cru devoir vous répondre », écrivait Pie IX à Mgr Parisis, en lui adressant un bref laudatif.

Cette phrase réservait les droits de la Médicéenne, dont le choix était en principe arrêté dès cette époque afin d'arriver à l'unité, de sorte que, en 1873, 1883, 1894, quand les décrets eurent définitivement choisi et maintenu l'édition officielle, depuis vingt, trente, quarante ans, l'expérience des éditions archéologiques était faite dans les livres de Reims-Cambrai, première copie du Graduel bénédictin.

Le côté commercial peut aussi se résumer brièvement. M. Pustet, en 1868, obtint pour trente ans le privilège d'imprimer les livres officiels; si donc l'Eglise imposait, avant 1898 ou 1900, la Médicéenne, elle créerait en faveur de M. Pustet un monopole nuisible aux intérêts commerciaux et industriels des autres pays.

Semblable éventualité n'était pas à redouter; toutefois, la Chambre des Imprimeurs, suivie du Syndicat ouvrier, à plusieurs reprises, adressa des pétitions aux ministres et à la Chambre des députés. La diplomatie fit parvenir au cardinal secrétaire d'Etat les craintes de la typographie française. Sa réponse a toujours été celle-ci : « Nous n'imposons pas nous conseillons l'édition officielle : l'usage des éditions diocésaines est permis en France. »

La Chambre des Imprimeurs, dans une de ses réunions générales, reconnut qu'elle avait toute satisfaction. Dès lors, la question commerciale n'existe plus, et tout imprimeur français peut aujourd'hui reproduire les livres de chant officiel.

La question artistique et archéologique demeure, elle, entière et est livrée aux interminables discussions des artistes et des savants, chacun pouvant apporter ses preuves ou exprimer son sentiment, son goût, sans qu'aucune autorité réelle, usurpée ou seulement empruntée, ait le droit d'imposer une opinion quelconque.

Que l'on manifeste donc ses préférences pour telle ou telle édition, soit. Mais dire que les livres officiels sont absolument contraires à l'art ou à la science musicale, sous prétexte qu'ils ne tiennent compte ni des récentes découvertes de la paléographie, ni des nouvelles théories rythmiques encore contestées des archéologues, c'est de beaucoup offenser la vérité; autant soutenir que les humanistes du XVIe siècle ne connurent rien du latin et manquèrent de goût et de science parce qu'ils ignoraient les méthodes comparées de la philologie contemporaine et ne soupçonnèrent pas la métrique d'Horace ou de Plaute.

Le plain-chant des éditions abrégées, précieux débris de la musique antique, nous tient au cœur. Sa disparition serait un grave malheur, un amoindrissement irréparable pour la formation artistique supérieure. Or, le seul moyen de conserver encore dans la mémoire et dans l'estime populaire quelques vestiges des sublimes antiphonies anciennes, c'est d'avoir l'unité du chant pour les mélodies types, de manière que les rares amateurs qui demeureront fidèles au plain-chant puissent au moins, partout, se reconnaître et se parler la même langue, le même dialecte.

Les éditions archéologiques étant le plus grand obstacle à cette unité ont attiré sur elles d'abord les critiques et la désapprobation de l'autorité ecclésiastique dans les deux décrets pontificaux et les attaques des partisans de la Médicéenne. Ces polémiques n'empêchent pas de rendre hommage aux travaux, aux recherches, d'acquiescer aux découvertes des savants bénédictins; cependant, l'admiration décroit et le doute point lorsque, abandonnant le terrain solide du document neumatique, historique, les néo-grégoriens émettent, sans preuve suffisante, la prétention d'avoir le texte authentique de saint Grégoire et le secret de l'exécution neumatique traditionnelle, etc.

Laissant de côté l'authenticité grégorienne, on demande seulement si le texte des anciens manuscrits a été scrupuleusement reproduit. Ecoutons le maitre :

La manière dont le chant se trouve noté dans les manuscrits offre plus d'une difficulté et même, disons-le, des impossibilités pratiques. Au lieu de finir en *ut*, comme nous le donnons plus haut, il est écrit de manière à se terminer *en sol*, ce qui oblige à diéser le *fa*.

Si, par principe, le notateur entendait qu'il fût laissé naturel, il se trompait et allait probablement contre l'idée musicale de l'auteur, à moins que celui-ci, lui aussi victime de l'esprit de système, n'eût pas en lui-même sur ce point sa liberté d'allure, d'inspiration. Ceux de nos lecteurs qui voudraient, malgré cela, s'en tenir rigoureusement à ce qui est noté dans les manuscrits, n'auront, en se servant de notre notation, qu'à chanter tout le morceau avec bémol continu, s'ils peuvent y réussir. (DOM JOSEPH POTHIER : *Planctus B. Mariæ Virginis*, d'après les manuscrits guidoniens du XIIIe siècle... *Revue de chant grégorien*, 15 septembre 1896).

Ce commentaire est franc. Voilà une pièce de chant du 7e mode avec *fa* naturel. Ce *fa* naturel semble impossible au R. P. Dom Pothier. Reviseur du manuscrit, il dit au notateur du XIIIe siècle : Vous vous trompez : il dit à *l'auteur* : Vous êtes victime de l'esprit de système ; vous n'avez pas votre liberté d'inspiration. Puis, il reproduit la mélodie, en la corrigeant, de sorte que les partisans rigoureux des manuscrits sont astreints, pour ne pas être induits en erreur et avoir le texte vrai de l'époque, ou de lire les savants commentaires des néo-grégoriens, ou de recourir directement aux manuscrits eux-mêmes. Habile manière de rendre obligatoire la lecture du commentaire, mais étrange preuve du respect des originaux.

Le même procédé de revision a-t-il été employé dans le *Liber gradualis* et faudra-t-il aussi recourir aux manuscrits pour être certain d'avoir le texte exact des documents du XIIe et du XIIIe siècle ?

Enfin, authentiques ou non, les éditions archéologiques répondent-elles au goût français ? Non (1)! Le neumatisme a été une formule d'art superbe, tout italienne, devenue impraticable aujourd'hui et encore incomplè-

(1) Il y a quelque temps, raconte un journal religieux, un évêque grand admirateur des neumes, appela Dom Pothier dans son diocèse pour juger de quelques exécutions grégoriennes. Après essai infructueux, l'éminent bénédictin donna à l'évêque ce conseil plein d'honnêteté et de bon sens pratique : « Laissez votre diocèse comme il est Pas de neumes. »

tement connue des musiciens les plus compétents. Quant à l'école française de musique, à toutes les époques elle s'est montrée essentiellement syllabique, affectant très rarement plus de deux ou trois notes à chaque syllabe du texte ; elle a créé la chanson, les proses (1), les hymnes, les tropes, première et énergique autant qu'effective protestation contre les vocalises neumatiques (on ne doit donc pas s'appuyer sur ces tropes pour rechercher le rythme primitif des neumes); elle a créé, en même temps que Luther, le choral avec Goudimel et G. Franck ; elle est demeurée depuis ses origines syllabique ; elle ne dérogera pas. Les éditions abrégées et officielles étant syllabiques répondent en tout état de cause au goût français ancien et moderne ; à elles seules l'existence est assurée.

J. L. DE BRUNEVAL.

AUDITIONS & REPRÉSENTATIONS

Agram. — *Smiliana*, opéra de Vilhar.

Anneberg. — *Potemkine sur les bords du Danube*, opéra de Hugo Afferni. représenté pour la première fois avec succès.

Anvers. — THÉATRE ROYAL. *Haensel et Gretel*, de Humperdinck, avec la traduction française de Catulle Mendès, donné pour la première fois en français, le 23 février. — *La Reine de Saba*, *Le Trouvère*, *Le Chien du Jardinier*, de Grisar ; *Le Toréador*, *La Traviata*, *Piccolino*, *Le Cid*.

Augsbourg. — THÉATRE MUNICIPAL. *La Grève des Forgerons*, opéra inédit tiré de la poésie de François Coppée, musique de Joseph Beer.

Barcelone. — *La Fada*, opéra de Morera, représenté avec beaucoup de succès.

Berlin. — OPÉRA. *Ondine* ; *Mignon* ; *Benve-*

nuto Cellini ; *L'Africaine* ; *Guillaume Tell*; *Haensel et Gretel*; *Le Prophète* ; *Le Grillon du Foyer* ; *Enoch Arden* ; *Tannhaeuser* ; *Les Huguenots* ; *Fidelio* ; *Carmen*.

Bordeaux. — GRAND THÉATRE. *Les Huguenots*, *Tannhaeuser*, *Les Amours du Diable*, opéra-féerie de Grisar.

Boulogne-sur-Mer. — *Rosette*, opéra-comique en un acte, de Antoine Mathieu, représenté pour la première fois et bien accueilli.

Bruxelles. — THÉATRE DE LA MONNAIE. *Aïda* ; *Le Domino noir* ; *Le Maître de Chapelle* ; *La Vivandière* ; *Samson et Dalila* ; *Don César de Bazan* ; *Faust* ; *La Traviata* ; *Manon* ; *Carmen* ; *La Fille du Régiment* ; *Myosotis* ; *Roméo et Juliette* ; *Le Barbier*.

— CONCERTS YSAYE. Sous la direction de Félix Mottl : Ouverture d'*Egmont* ; Symphonie en *sol* mineur, de Mozart ; Préludes de *Lohengrin* et des *Maîtres Chanteurs* ; et des pièces de Berlioz, Schubert, Mozart, Richard Strauss, chantées par Mme Félix Mottl, avec un grand succès pour l'artiste.

— Conférences-Auditions de M. Maurice KUFFERATH, consacrées aux maîtres de la musique moderne : Les classiques : Bach, Mozart, Haydn, Beethoven ; les romantiques : Schubert, Weber, Berlioz, Schumann, Mendelssohn, Chopin ; enfin Wagner. Ces conférences ont eu un très vif succès.

Budapest. — OPÉRA-ROYAL. Centième représentation de *La Reine de Saba*, de Goldmark.

Cerreto Guidi. — *Atenaide*, opéra de Alfredo Lotti, représenté pour la première fois.

Coblentz. — THÉATRE MUNICIPAL. *Meister Martin und seine gesellen (le Tonnelier de Nuremberg)*, opéra en deux actes, de Charles Nuitter, version allemande de Hugo Riemann, musique de Louis Lacombe, représenté, pour la première fois, le 7 mars, avec un grand succès, sur cette scène, qui avait déjà donné l'an dernier, *Winkelried*, du même auteur, précédemment joué à Genève.

La partition n'est pas publiée.

La scène se passe vers 1850. Thomas Martin vient d'être élu échevin et syndic de la corporation des tonneliers. Il ne veut marier sa fille qu'à un tonnelier comme lui et il hésite entre trois compagnons du métier qui se dis-

---

(1) Leur inventeur fut le B. Notker, qui nous raconte lui-même comment il fut amené à en composer. Un prêtre de Jumièges... était venu demander asile au monastère de Saint-Gall. Parmi les objets qu'il avait sauvés du pillage se trouvait un antiphonaire. Il était alors de mode d'ajouter à l'alleluia de la messe une longue vocalise... la *séquence*. Cet usage datait d'une centaine d'années à peine... L'exemplaire du prêtre étranger contenait non seulement ces vocalises, mais encore *on y avait appliqué des paroles*, et Notker fut ravi de cette innovation et eut l'idée de faire de même.

Il composa d'abord de simples phrases musicales, comme les *séquences de Jumièges*, puis il allongea peu à peu son morceau... (*Le Plain-Chant*, par le P. Soullier, 1894.)

putent le cœur de Rosa. Ces trois prétendus ouvriers sont, en réalité : Conrad, un riche seigneur désœuvré ; Frédéric, un poète, et Reinhold, un peintre. Rosa semble prendre à tâche de les décourager. D'abord irrités, ils conviennent de recourir à une lutte courtoise, qui a lieu au second acte. Le premier acte se termine par une entrée du cortège des corporations, précédées de trompettes et de porteurs de bannières, qui viennent couronner de fleurs le nouvel échevin et le porter en triomphe. — Après une introduction mouvementée sur un rythme en trois-quatre, nous signalerons une jolie romance de Rosa : « Pour orner dignement la table du banquet », avec un contre-chant de violoncelles, des traits piqués de flûtes et des trémolos de violons. Vient ensuite un trio d'une belle allure en *la* bémol avec mouvement de polonaise. Le final de ce trio, où les concurrents conviennent de s'incliner devant le vainqueur, s'élargit sur un bel unisson des violons. Le final de l'acte est divisé en plusieurs parties, dont les rythmes diffèrent suivant les personnages qui forment le cortège, pour se terminer sur un mouvement de valse de rythme allemand.

Deuxième acte. Dans la boutique de Maître Martin, les trois compagnons sont occupés à cercler des futailles : ils vont se disputer la main de Rosa en chantant chacun un air. Frédéric fait le panégyrique de la tonnellerie, Conrad entonne un air de chasse, seul Reinhold, le préféré de Maître Martin, ne chante pas, et, pendant qu'il s'entretient avec son patron, le perfide Frédéric, oubliant son serment, révèle son amour à Rosa. Conrad s'en aperçoit et, dans sa colère, fait sauter les douves d'un tonneau. Maître Martin, furieux d'une telle maladresse, en vient aux mains avec son compagnon, qu'il chasse, puis il prend Reinhold à part et lui accorde la main de sa fille. Ce dernier, chez lequel le goût des arts domine les sentiments du cœur, s'aperçoit, un peu tard, que ce qu'il aimait en Rosa c'était moins la femme que le modèle, et il révèle à son patron sa véritable profession. Désolé, Maître Martin se tournera vers Frédéric, qui fait le même aveu ; mais, comme il est en même temps l'auteur de la chanson de la tonnellerie qui a tant flatté son orgueil de vieux compagnon, le syndic pardonne au poète en faveur de la chanson.

Après un quintette d'introduction, citons la chanson de la tonnellerie et celle de la chasse,

dont les motifs se retrouvent dans le cours de la partition. Un duo d'amour entre Frédéric et Rosa, commencé par un joli solo de cor anglais et continué par un quatre-temps vif, se termine au moyen d'une modulation en *sol* bémol sur un *presto* résolu par quatre accords plaqués sur le temps faible. A remarquer aussi une romance de Reinhold : « Je traçais sa douce image. » Le violon, la clarinette, le hautbois font entendre successivement, avec le chanteur, une mélodie différente qui s'unit ensuite aux trois autres dans un effet de douceur. Le final est d'une sonorité puissante avec une conclusion heureuse *pianissimo*.

La mélodie abonde dans cette partition, sans que l'élément symphonique soit dépourvu de cette ampleur qu'on aime en Allemagne ; et, pourtant, des détails d'orchestre légers, pimpants viennent agrémenter cette partition faite de verve et qui ne manquera pas d'avoir du succès en France. Des félicitations sont dues à M. Graszl, le directeur du théâtre, qui monta l'œuvre de Louis Lacombe : des éloges à M. Sauer, chef d'orchestre, qui fit voir une si profonde connaissance de la partition ; à Mlle Alberti (Rosa), MM. Gaeszner (Martin), Boerner, Demuth, Landauer (les trois compagnons). Mme Lacombe, la veuve du regretté compositeur, assistait à la première ; elle a été acclamée. H. B. L.

Copenhague — OPÉRA. *Les Maîtres Chanteurs.*

Crémone. — THÉATRE PONCHIELLI. *Ranvald*, opéra en un acte de Michele d'Alessander représenté pour la première fois le 22 février.

Dresde. — OPÉRA. *Le Retour d'Ulysse ; Der Kurmaerker, Die Picarde*, ballets ; *Faust : Mignon ; Hachich*, opéra en un acte de Siegmond Berger, représenté pour la première fois sans succès.

Dusseldorf. — MUSIKVEREIN. Sous la direction de M. Buths, a été exécuté pour la première fois en Allemagne *Lucifer*, de Peter Benoit.

Fano. — *Il Cavaliere del Sogno*, opéra de Agostini, représenté pour la première fois le 24 février.

Gand. — GRAND THÉATRE. *Sigurd ; Carmen ; L'Attaque du moulin ; Patrie.*

Genève. — CONCERTS D'ABONNEMENTS. Symphonie n° 2 de Schumann ; *La Mer*, de Gilson ; la Symphonie inachevée de Schubert ; l'ouverture de *Coriolan*, de Beethoven ; *Sérénade*, suite d'orchestre de E. Combe, exécutée pour la première fois, avec succès.

Hambourg. — *André Chénier*, de Giordano.

Liège. — THÉATRE ROYAL. *Les Pêcheurs de perles*, de Bizet.

— CONCERTS DU CONSERVATOIRE. Poème lyrique de Glazounow ; *Légende et Danse slave*, de Dvorak ; *Scheherazade*, de Korsakof.

Lisbonne. — THÉATRE. *Manon*.

Londres. — QUEEN'S HALL. Concert du Quatuor Tchèque : Quatuor en *sol*, de Dvorak, et le célèbre Quatuor « Aus meinem Leben », de Smetana.

Lyon. — GRAND THÉATRE. *La Femme de Claude*, de Albert Cahen (Choudens, éditeur) ; *Fleurs de Neige*, ballet de Albert Cahen ; *Carmen* ; *La Navarraise* ; *Lohengrin* ; *L'Hôte*, de Missa, dont la Première a eu lieu le 6 février, d'une musique sans prétention, claire, et qui a l'avantage d'être bien écrite pour les voix.

— CONCERTS SYMPHONIQUES, organisés par M. Vizentini et dirigés par M. Miranne. *La Damnation de Faust*

Mexico. — Grand concert en l'honneur de Schubert : 2e Trio, op. 100, pour piano, violon et violoncelle : Quatuor en *ré* mineur.

Milan. — SCALA. *Le Sport*, ballet de Manzotti.

Monte-Carlo. — *Rigoletto*, *La Reine de Saba*, de Goldmark (avec le concours de M. Victor Maurel) ; *Werther* (avec le concours de M. Van Dyck).

Moscou. — OPÉRA. *Henry VIII*, de Saint-Saëns, a produit une impression profonde.

— SOCIÉTÉ IMPÉRIALE. Sous la direction de M. Safonoff : *Symphonie lyrique* en la bémol, de Korchtenko ; *Suite caractéristique*, de Hippolitoff-Ivanoff, pour chœur et orchestre ; Concerto pour violon de Max Bruch ; 3e Concerto de Beethoven pour piano (dans lequel Mme Roger-Miclos s'est fait acclamer).

Munich. — THÉATRE ROYAL. *L'Enlèvement au Sérail*, de Mozart.

Nancy. — CONCERTS DU CONSERVATOIRE. Au centième concert, sous la direction de M. Vincent d'Indy : fragments du *Chant de la Cloche* ; *Istar* ; *Wallenstein*. A l'occasion de ce festival, a été publiée une brochure donnant les programmes de la première centaine des concerts de Nancy organisés par M. Guy Ropartz et qui sont très rapidement arrivés

au succès. Aux autres séances : Concerto pour piano, de Castillon, *les Djinns* de César Franck, avec le concours brillant de Mme Henri Jossic. Ouverture de *Lénore* ; la 4e symphonie de Schumann.

New-York. — *Le Cid*, de Massenet, représenté pour la première fois en cette ville.

Nice. — OPÉRA. *Dolorès*, opéra de André Pollonnais, représenté pour la première fois, a eu un succès très franc. Le principal rôle est créé par Mme Adelina Patti ; *Thaïs* ; *La Navarraise* ; *Roméo et Juliette*.

Oldenbourg. — THÉATRE GRAND-DUCAL. *Fathmé*, opéra inédit du landgrave de Hesse.

Paris. — OPÉRA. *Messidor*, drame lyrique de Alfred Bruneau, représenté pour la première fois le 19 février, a été accueilli avec faveur. L'exécution a été excellente de la part de l'orchestre, sous la haute direction de M. Taffanel. Les chœurs ont été bons. La mise en scène de la figuration et des masses chorales laisse à désirer. Quant à la décoration, elle est merveilleuse : le décor du ballet-prologue est féerique ; ceux du troisième et du dernier acte superbes, avec une perspective admirablement disposée ; celui du 3e acte, avec la grande roue en mouvement mue par de l'eau véritable, laquelle fait un clapotement continuel, est le truc le plus hardi qu'on ait vu. Les costumes des paysans pyrénéens sont pittoresques. Mais disons le succès personnel très mérité de MM. Delmas (Mathias), Alvarez (Guillaume), Renaud (Le berger). M. Noté a eu, dans l'industriel Gaspard, une bonhomie de bon aloi. Enfin n'oublions pas Mme Deschamps et Mlle Berthet. Dans le ballet, gros succès pour Mme Subra.

Faust ; *Aïda* ; *Rigoletto* ; *Lohengrin* ; *Don Juan*.

— OPÉRA-COMIQUE. *Carmen* ; *Le Pré* ; *Le Maître de Chapelle* ; *Mignon* ; *Don Juan* ; *Kermaria* ; *Paul et Virginie* ; *Mireille* ; *L'Amour médecin* ; *Manon*.

— ODÉON. *Andromède*, de Corneille, avec musique de scène de Julien Tiersot.

— ATHÉNÉE-COMIQUE. *Madame Puliphar*, opérette de E. Depré et Xanrof, musique de Edmond Diet, représentée pour la première fois le 27 février.

— BOUFFES-PARISIENS. *La Peur du gendarme*, vaudeville-opérette de Paul Ferrier, musique de J. Darien, représenté pour la première fois le 21 février.

— FOLIES-BERGÈRE. *Phryné*, pantomime en trois tableaux de Auguste Germain, musique de Ganne, représentée pour la première fois le 10 février.

— FOLIES-DRAMATIQUES. *L'Auberge du Tohu-Bohu*, vaudeville-opérette en 3 actes de Ordonneau, musique de Victor Roger, représenté pour la première fois le 10 février.

— VARIÉTÉS. *Le Pompier de Service*, pièce de V. de Cottens et P. Gavault, musique de Varney, représentée pour la première fois le 18 février.

— GALERIE VIVIENNE. *Monsieur des Chalumeaux*, opéra-comique de Gaveaux.

— CONCERTS DU CONSERVATOIRE. Symphonie en *ut*, de Schumann; Symphonie en *mi* bémol, de Haydn; Concerto en *ré* mineur, de Haendel, pour orgue et orchestre.

— CONCERTS DE L'OPÉRA. Fragments de *Circé*, de Théodore Dubois; *La Mer*, de Victorin Joncières; *Tanger le soir*, de Lucien Lambert, agréable composition; Symphonie de Svendsen, dont l'andante maestoso surtout a été fort goûté; *La Damnation de Faust*, audition intégrale.

— CONCERTS COLONNE. *Épisode oriental*, de Coquard; Quatre pièces de Schumann, orchestrées par Th. Dubois; Première audition de la musique de scène écrite par M. Pierné pour *Yanthis*, le drame de Jean Lorrain, musique distinguée et claire; Ouverture du *Carnaval romain*; Fragments du 3e acte du *Crépuscule des Dieux*.

— CONCERTS LAMOUREUX. Fragments de *Fiona*, de Bachelet; *Notre-Dame de la Mer*, de Théodore Dubois, exécutée pour la première fois et bien accueillie: Symphonie en *ut* mineur, de Beethoven; Ouverture de *Rienzi*: Ouverture de *Freischütz*; Fragments de *Parsifal* et du *Crépuscule des Dieux*.

— SOCIÉTÉ PHILHARMONIQUE BREITNER. Trio « Dumky », de Dvorak; Quintette pour clarinette et quatuor de Mozart; Quatuor à cordes, op. 23, de Fernand Le Borne, dont les rythmes sont étranges, le développement plein de fantaisie, avec un « lied » bien joli, planant sur le tout.

SOCIÉTÉ NATIONALE. — Sous la direction de M. Gustave Doret: Suite d'orchestre en *mi* bémol, de Stojowski; Fantaisie sur des chants populaires angevins, de Guillaume Lekeu; *Laendler*, de Henri Duparc.

— CONCERTS DIVERS: Armand PARENT. Trio en *ut* mineur, de Brahms. — PETITES AUDITIONS. Trio, pour piano, violon, violoncelle, de Smetana; Terzetto, de Dvorak. — Concerts LEFORT. Quintette, de Castillon; Sonate, de Grieg; Quatuor pour piano et cordes, de Fauré; Sérénade pour quatuor, de Guy Ropartz.

Ratisbonne. — *Absalon*, opéra de Stehle, représenté pour la première fois.

Rennes. — THÉATRE. *Aben Hamet*, de Théodore Dubois.

Rome. — THÉATRE QUIRINO. *In cerca di marito*, opérette de A. Calzelli, représentée pour la première fois.

Saint-Pétersbourg. — SOCIÉTÉ IMPÉRIALE. Sous la direction de M. Ermansdoerfer. Concert-Festival en l'honneur de Schubert: *Symphonie inachevée*, *Divertissement à la hongroise*, et, avec le concours de Mme Roger-Miclos, *Wanderer Fantaisie*, *Impromptu varié*, *Deux moments musicaux*.

— CONCERT SYMPHONIQUE. — 6e Symphonie, de Glazounow, exécutée pour la première fois; 2e Symphonie, de Borodine.

San Remo. — THÉATRE DU PRINCE-AMÉDÉE. *Il Padrone*, opéra en 2 actes, de Domenico Bolognesi, représenté pour la première fois le 24 février.

Sassari. — *Dopo l'Ave Maria*, opéra en un acte de Alfredo Donizetti.

Savone. — THÉATRE CHIABRERA. *Rosedda*, opéra de Nino Alassio, représenté pour la première fois le 20 février, et bien accueilli.

Schwerin. — *La Fiancée de Chypre*, opéra de Kulen-Kampff, représentée pour la première fois avec succès.

Toulouse. — *Don Juan*, avec la version de l'Opéra-Comique.

Tournai. — THÉATRE. *Le Pilote*, opéra de Urich; *Thaïs*, de Massenet.

Turin. — *Tristan et Iseult*.

Vienne. — OPÉRA IMPÉRIAL. *Faust*; *Les Conjurés*; *Tannhaeuser*; *Autour de Vienne*; *L'or du Rhin*; *La Sentinelle*; *Haensel et Gretel*; *L'homme de l'Évangile*; *Traviata*; *Les Maîtres Chanteurs*; *Werther*; *Walkyrie*; *Guillaume Tell*; *Mignon*; *Les Joyeuses Commères*; *Le Grillon*; *Le Barbier*; *Carmen*; *Excelsior*; *La Fiancée vendue*.

— AN DER WIEN. — *Les Hirondelles*, opérette de Léo Held, représentée pour la première fois avec succès.

CARL-THEATER — *Le Roi de Cognac*, opérette inédite de François Wagner.

— ~⌢⌢~ —

ANALYSES CRITIQUES

DE

PARTITIONS ET LIVRES

Messidor, drame lyrique en quatre actes et cinq tableaux. Poème de Emile Zola. Musique de Alfred BRUNEAU. Partition chant et piano. Paris, Choudens, 1897, format grand in-8°, 4 ff. lim., 324 pages, couverture ornée d'un dessin à la sanguine de Jules Chéret. Net 20 fr.

LE LIBRETTISTE. — Ce que j'ai voulu faire ? Donner le poème du travail, la nécessité et la beauté de l'effort, la foi en la vie, en la fécondité de la terre, l'espoir aux justes moissons de demain.

Incontestablement, cette conception poétique se dégage du livret de M. Emile Zola. Un homme, jeune, vaillant et fort, peine pour rendre fertile une terre ingrate, poussé par cette espérance saine qu'un jour viendra où les durs labeurs porteront leurs fruits Les champs, ensemencés par une belle nuit, se couvriront de luxuriantes moissons. La fortune passera de l'habile industriel, père de sa fiancée, au patient laboureur. Devenue pauvre, Hélène apportera au foyer, naguère désolé, de Guillaume, une autre joie, la plus douce. D'autres personnages traversent ce drame lyrique : un ouvrier paresseux, Mathias, qui voudrait détruire tout pour... avoir quelque chose ; une paysanne (Véronique, mère de Guillaume), qui explique les grands faits de la Nature par de simplistes superstitions ; le berger, un rêveur. Dans le langage de ces personnages, la critique autorisée a regretté un mélange fâcheux de réalisme et de raffinement (1).

LE MUSICIEN. — Ce que j'ai voulu faire?... Par le moyen des sons, sans que cela porte préjudice à la bonne harmonie de l'œuvre, à son équilibre, dessiner de manières très différentes les six personnages de ce poème, chantant, les uns et les autres, selon la logique de leurs caractères, selon la vérité du drame. A l'aide des multiples couleurs instrumentales, mettre ces personnages dans l'atmosphère changeante des quatre saisons de l'année, en lesquelles se passent les quatre

(1) *Le Gaulois* a publié la polémique courtoise entre MM. Emile Zola et de Foureaud, à ce sujet.

actes de la pièce, et mêler ainsi la voix mystérieuse et puissante de la nature au cri de passion et d'espérance que jette toute âme humaine...... C'est dans la lutte de certaines passions, de certaines forces, de certains éléments : l'amour, la haine, le travail, la misère, la justice, la foi, l'or, la terre, l'eau, conflit moral d'où naît une *action* humaine et vivante, que le drame trouve son intensité. Ces passions, ces forces, ces éléments, j'ai dû les figurer par des thèmes caractéristiques, facilement transformables selon la diversité des situations, et cependant toujours reconnaissables. Car, s'il est impossible de fixer, à l'aide d'un trait musical, la physionomie d'un individu, en revanche, notre art a pour fonction essentielle et magnifique d'exprimer des sentiments, d'éveiller des sensations, de pénétrer jusqu'au plus profond des cœurs afin d'en surprendre le secret, d'évoquer l'invisible.

Les thèmes ? Il en est qui atteignent de prime abord le but cherché ; ce sont les deux principaux : « le Travail » (page 14, 11e mesure ; il naît dans l'angoisse, à la 8e mesure de la page 6) ; « l'Amour » (page 184, 1re mesure). D'autres : « L'Enfant Jésus » !? (page 161), « l'Or » (163, 5e mesure), sont si brutalement exposés par les cuivres — tels des *tutti* orphéoniques, le dernier surtout entraîné dans un mouvement de valse (1) — qu'ils ne paraissent pas heureux. Toutefois, dans le reste de la partition, ils se présentent d'une manière agréable, par exemple « l'Or » (page 34 ; page 10, 7e mesure). Mais voyez la différence d'impression ressentie lorsque l'un ou l'autre des deux premiers traverse la symphonie, ou se chante : ici, « l'Amour » (page 54, 9e mesure : pages 305 et suivantes) ; là, « le Travail » (page 64, 5e mesure ; page 79). Ce sont les joyaux de *Messidor*. D'autres thèmes rehaussent l'action dramatique : le *lied* du semeur porte aisément sans doute ; mais le thème des semailles (page 82, 3e mesure et, au Prélude de l'Acte IV, 7e mesure de la page 249), au rythme large, puissant, dans sa naïveté de choral campagnard à deux voix, lui donne la force, murmurant l'espérance. — Le thème du printemps, au 4e Acte, inspiré aussi par la nature, ajoute par lui-même à la beauté d'ensemble de cet acte. L'effet produit par le thème du berger est dû à un moyen simple ; mais il contribue aussi au succès du chant de la page 290.

Revoyons la partition. On peut dire que le prologue (pages 161 à 202 ; la page 203 est supprimée), qu'il soit symphonie à programme

(1) Le premier tableau du 3e acte étant, à la représentation, le prologue, je dois tenir compte, dans mon analyse, de cette modification.

ou... à pantomime, sauf un épisode, n'a pas une valeur ou une utilité propre telle que son absence soit regrettable. Acte I. C'est bien la misère, l'accablement qui règnent des pages 1 à 9. Doublée par les instruments au grave, la plainte amère de Mathias (page 25) est bien venue. Banales, les mesures 5 et 6 de la page 29. Curieuse, à la page 31 (mesures 3 à 7), la lutte du chant de Mathias contre les sollicitations du thème du « travail ». Le thème de l' « Enfant-Jésus », à la page 36 et le thème du « collier » (page 42, 6e mesure) fournissent des récits agréables. La musique dévolue à Gaspard, le père d'Hélène, a réellement de la bonhomie ; les altérations de la page 51, destinées à dépeindre son angoisse, sont dures en effet. Vient la délicieuse scène des pages 54 à 59, où les violons font aimer « le travail » et les cors posent si heureusement le motif de « l'amour », chanté ensuite, aux pages 64 et 66, et dont les transformations (page 72, 3e mesure ; page 77, 10e mesure, etc.) sont à suivre avec intérêt.

Acte II. La tristesse du laboureur s'efface en présence du thème du travail (page 79) et de celui des semailles (page 82, 3e mesure). Pourquoi la partie du récit du berger, aux premières mesures de la page 92, étant une interrogation, a-t-elle la même allure que ce qui précède ? L'Idylle (pages 94 à 118) est gâtée par l'expansion vulgairement joyeuse des trombones (page 108, 4e mesure) et le motif de l'or, qui la traverse, aux pages 117 et 118, paraît caressant alors qu'il est l'obstacle ! A la page 121, le contrebasson, sombre, prélude on ne peut mieux à la scène du complot, dans lequel les répliques de la foule sont une trouvaille. Mais la merveille, c'est de la page 155 à la fin de l'acte, la scène des semailles avec le *lied* cité plus haut.

Ajoutons, toutefois, la beauté des 4e, 5e, 6e mesures de la page 156. Belle aussi est, à l'Acte III, la phrase de la 8e mesure de la page 221.

L'Acte IV est plein de vie : le dur labeur des champs est récompensé ; l'humanité est heureuse, malgré les imprécations (musicalement superbes) de Mathias. Signalons particulièrement la joliesse de la page 260 ; notons la reprise en chœur du motif du printemps, par lequel l'Acte avait débuté, le beau chant du berger, à la page 290, accompagné des harpes, enfin le triomphe du thème d'amour à l'orchestre, appuyé sur le chant du prin-

temps et les mélopées liturgiques des Rogations dans l'immense ensemble des pages 313 à la fin.

On est aujourd'hui, au théâtre, tant assoiffé de vérité que, par horreur de quelque racinienne ou académique peinture du cœur humain, on court aux scandinaves dissections de ce pauvre cœur. *Messidor* aura été un noble effort pour empêcher en musique les tentatives des pessimistes auxquels les œuvres purement mystiques, symboliques, de nature épique ou légendaire, pour sublimes qu'elles soient, laissent la voie libre. C'est un de ces obstacles qui détournent un jour le courant. Par un compromis dans le livret (1) plus que par des faiblesses dans la partition, *Messidor* n'a pu être la digue solide, cause durable d'un cours nouveau. ....B. L.

Noël fait en manière de dialogue sur l'air : « A l'ombre d'un buissonnet », publié en fac-simile d'après l'imprimé de O. Petrucci, par H. HERLUISON, membre de la Société de l'histoire de l'Art français, Chevalier de la Légion d'honneur. Orléans, H. Herluison, 1896, in-32, 16 pages.

Il faut se réjouir de toute publication qui nous redit un écho de la vieille France. Nos remerciements à M. H. Herluison, l'éditeur artiste si connu, pour son opuscule tiré sur papier de luxe avec un soin et une habileté remarquables. Ce Noël, trouvé dans la reliure d'un vieux livre, n'existe complet, quant aux paroles, que dans le manuscrit reproduit par M. Herluison. Paroles d'une charmante naïveté, mélodie délicieuse : voilà plus qu'il ne faut pour obtenir la reconnaissance des musiciens, des poètes, comme aussi des amateurs de jolies impressions. Le tirage restreint à soixante exemplaires fait de cette plaquette une rareté de prix. Puisse la reconnaissance des amis du bel art « donner à M. H. Herluison bon appétit à nous servir » souvent de ces petites merveilles ! HENRY EXPERT.

(1) Sur ce point, il est indispensable de lire les articles de M. Emile Zola et les savantes remarques dues à la plume de M. de Fourcaud (*Le Figaro* n° 51 ; *Le Gaulois*, n°* 5588, 5591, 5593.)

Au prochain numéro, après les « Analyses de Partitions et Livres », une revue d'ensemble de méthodes et pièces pour divers instruments ; et « A Travers les Journaux et Livres ».

CATALOGUE

DES NOUVEAUTÉS

Livres.

BIBLIOGRAPHIE MUSICALE. Catalogue annuel (1) de la musique et des ouvrages techniques publiés en France, en 1896, avec une partie de la Bibliographie musicale étrangère, rédigé par BAUDOUIN-LA LONDRE, directeur du *Journal musical*. Paris, Le Journal musical, 11, rue de la Pépinière, 1897. Bourges, imprimerie Sire, in-4° écu, 92 pages. 5 francs.

CONSOLO (Fed). Cenni sull'origine e sul progresso della musica liturgica, con appendice intorno all'origine dell'organo. Firenze, Le Monnier [Stab. tip. Fiorentino, 1897], in-8, VII-104 pages, figg. 5 l.

JAELL (Marie). Le Mécanisme du toucher. L'Étude du piano par l'analyse expérimentale de la sensibilité tactile. Paris, Armand Colin, 1897, un vol. in-8, 146 pages, figg. 5 fr.

JAHRBUCH der Musikbibliothek PETERS für 1896. Dritter Jahrgang. Herausgegeben von Emil Vogel. Leipzig, Peters, 1897, in-8, 102 pages et une planche (portrait d'Haendel d'après l'original).

KIRCHENMUSIKALISCHES Jahrbuch für das Jahr 1897. Herausgegeben von Dr Fr. HABERL. Regensburg, Pustet, 1897, in-8, IV-IV-144-8 pages, avec deux fac-simile dans le texte et 44 pages de musique.

MENIL (F. de). Les Grands musiciens du Nord. Josquin de Près. Paris, Baudoux, 1897, in-8, 44 pages.

PESCHARD (Albert). Etudes sur l'orgue électrique. Paris, Larousse, 1897, in-8, 40 pages.

Partitions.

BRUNEAU. Messidor, drame lyrique en 4 actes et 5 tableaux. Poème de Emile Zola. Partition, chant et piano. Choudens. Net 20 fr.

POLLONNAIS (André). Dolorès, drame lyrique en deux actes de Georges Boyer. Partition, chant et piano. Paul Dupont. Net 12 fr.

Piano.

ESPEN (Theodor). Abschiedsstraeusschen (Bouquet d'adieux). op. 43. Eulenburg. 1 mk 20.

— Barfüssle. Op. 45. Eulenburg. 1 mk 20.

— Blauveilchen (La violette). Op. 42. Eulenburg. 1 mk 20.

— Libellentanz (Danse des libellules). Op. 44. Eulenburg. 1 mk 20.

— Schoene Winzerin (La Belle Vigneronne). Op. 41. Eulenburg. 1 mk 20.

— Wunderblumen (Fleurs ravissantes). Op. 46. Eulenburg. 1 mk 20.

EYMIEU (Henry). Andante avec variations. Op. 45. Janin. Net 2 fr. 50.

(1) Extrait à l'usage des marchands de musique, de l'*Annuaire de la Musique*, ce dernier offert aux abonnés du *Journal musical*. L'envoi de l'*Annuaire de la Musique* se fait dans l'ordre d'inscription; il ne sera mis dans le commerce qu'après l'achèvement des envois gratuits, dont la liste est close à partir de ce jour.

— Hymne funèbre. Op. 51. Janin. Net 2 fr.

FIBICH (Zdenko). Nalady dojmy a upominky (Stimmungen, Eindrücke et Erinnerungen). Op. 47. Urbanek.

    I. Nalady (Stimmungen). Theil 1. 3 zl. (6 mk.)

    II. Nalady (Stimmungen). Theil 2. 6 k (6 mk.)

MEISL (Fr.). Rada Tancnich skladeb (Divertissement de danses). 1. « Trianon », polka. 2. « La Dame aux Camélias ». 3. Polka-mazurka. 4. « La Rose Noire », galop. Urbanek. 1 zl. (2 francs).

Piano à 4 mains.

FIBICH (Zdenko). Boure der Sturm Symfonicky obraz k. Shakespearove bachorce pro velky orchestr. Symphonisches stimmungsbild zu Shakespeare's Maehrchenspiel für grosses orchester. Réduction pour piano à 4 mains. Urbanek, 5 k. (5 mk).

Violon et piano.

REHFELD (Fabian). Des Violinisten Lieblinge (Morceaux choisis, doigtés, annotés avec accompagnement de piano). Band 1 : 1. Chant sans paroles, de Tschaïkowsky; 2. Mélancolie, de Prum; 3. Wiegenlied, de A. Simon; 4. Air varié, de P. Rode; 5. Barcarolle, de Spohr; 6. Elégie, de H. W. Ernst; 7. Menuet, de Boccherini; 8. Andante spianato, de H. W. Ernst. Eulenburg. Net 1 mk. 50.

SPENGLER (L.). Mazurka (avec accompagnement de piano de Aug. Doering). N° 21. des « Salongeiger neuere compositionen ». Eulenburg. Net 1 mk. 20.

Chœur.

CERNE (Titus). Liturgia S. Joan Chrisostomul. Imne si Respunsuri pentru cor bartatesc (musique d'église pour 4 voix d'hommes).

Chant et Piano.

FAMECHON (E.). Les Cochons, chansonnette. Paul Dupont, 3 fr.

GLIES (Ed.). Soir d'automme, Chanson galante. Paroles de Gesa Darsuzy. F. Laurens, 6 fr.

JOUBERTI (A.). Ce que j'aime, chanson. Paroles de C. Bénédic et G. Marguery. Paul Dupont, 3 fr.

— Le Nègre de la cocotte, chansonnette. Paroles de Gil et Bonnardel. Paul Dupont. 3 fr.

— L'Origine du Moulin rouge, chansonnette. Paroles de C. Bénédic et G. Ringard. Paul Dupont. 3 fr.

— Sous un buisson de roses « j'ai vu », chansonnette. Paroles de Edmond Pecquenr. Paul Dupont. 3 fr.

Le Propriétaire-Gérant :

BAUDOUIN-LA LONDRE.

Bourges, imprimerie M. H. Sire.

LE JOURNAL MUSICAL

Bulletin international critique

DE LA

BIBLIOGRAPHIE MUSICALE

DIRECTEUR

BAUDOUIN-LA LONDRE

11, rue de la Pépinière, 11

PARIS

Abonnements : France 6 fr ; Union Postale 7 fr. — Le numéro mensuel 50 centimes.

N° 12. — Avril 1897.

Chronique. — Informations — Les Disparus. — Block-notes de la Bibliographie musicale. — Iconographie. — Instruments anciens.

Auditions et représentations — Théâtres et concerts.

Analyses et notices critiques (Partitions, compositions diverses, livres) : *Vendée*, de Gabriel Pierné ; *Dolorés*, de A. Pollonnais. — Pièces pour piano, de Zdenko Fibich ; Etudes pour piano, de A. Schmitt ; Pièces pour violon, de Hans Sitt ; Méthode de violon, de G. Beyer ; Méthodes de piano, de Adolphe Samuel, etc.

A travers les journaux (Sommaires et Extraits des journaux de musique de tous pays).

LA Musique allemande a perdu un de ses représentants, un des plus illustres.

Brahms demeura Brahms. Allemand, il ne se laissa pas séduire par la fortune wagnérienne.

La Musique française a gagné un compositeur dramatique.

M. Vincent d'Indy, pour son début, se recommande du Titan de Bayreuth.

L'Idéal de Brahms fut le Beau, simplement le Beau, le Beau dans la Nature, qu'il vénérait et savait consulter.

L'Idéal de M. Vincent d'Indy est le Sublime, le Sublime dans le « supra-humain », le « supra-naturel ».

Nouvel Icare, M. Vincent d'Indy pourra-t-il longtemps suivre son père vers les régions éthérées ?... Aujourd'hui nous n'avons qu'à nous incliner devant le plus grand effort fait dans le drame lyrique depuis *Parsifal*.

Brahms, lui, n'aura pas connu la chute. — Ses œuvres, dites-vous, ont la froideur du marbre. — Dans le marbre, se taillent les impérissables chefs-d'œuvre.

INFORMATIONS DIVERSES

Bayreuth. — Date des représentations : 19, 27, 28, 29 juillet, 8, 9, 11, 19 août, *Parsifal* ; 21, 22, 23, 24 juillet, 2, 3, 4, 5 et 14, 15, 16 et 17 août, *l'Anneau des Nibelungen* en trois séries.

Bourges. — Les 15 et 16 mai, aura lieu le Concours pour les Symphonies, Quatuors à cordes et Estudiantinas ; les 5 et 6 juin, pour les Orphéons et Harmonies ; le 7 juin, pour les Fanfares, Trompes de chasse et Trompettes.

Francfort-sur-le-Mein. — 5 et 7 mai, débuts de Francesco Tamagno. 15 à 25 mai, WAGNER-CYCLUS : *Rheingold*, *Walkyrie*, *Siegfried*, *Le Crépuscule des Dieux*, *Tristan*, *Les Maîtres Chanteurs*. Artistes engagés : MM. Vogl, de Munich ; Gerhaeuser, de Carlsruhe ; Friedrichs, de Bayreuth.

Prochainement, le nouvel opéra de Humperdinck : *Kœnigskinder*.

Paris. — Le 6 mai, aura lieu, au Conservatoire, un concours public de la classe d'orchestre.

— A l'Institut, le prix Kastner-Boursault est réparti de la façon suivante : Prix de 1,000 fr. à M. Jules Combarieu pour ses deux ouvrages : *Les Rapports de la musique et de la poésie et Théorie du rythme dans la composition musicale* ; Prix de 500 fr. à M. Pirro (*L'Orgue de J. S. Bach*) ; prix de 500 fr. à M. Lavignac (*La Musique et les musiciens*).

— En remplacement de M. Laurent de Rillé, démissionnaire, le Syndicat de la Société des Auteurs, Compositeurs et Éditeurs de musique vient de nommer président de la Société M. Octave Pradels.

— Les membres du jury du Concours Cressent sont MM. Théodore Dubois, Victorin Joncières, Charles Lefebvre, Lenepveu, Henri Maréchal et André Messager.

— La Société des Compositeurs de musique met au concours, réservé aux musiciens français seuls, pour 1897 : 1° Un *Quintette* pour piano et instruments à cordes. — Prix unique de 500 francs (offert par M. le Ministre de l'Instruction publique et des Beaux-Arts) ; 2° Une *Sonate* à deux pianos, pour être exécutée sur le double piano Pleyel. — Prix unique de 500 francs (fondation Pleyel-Wolff) ; 3° Une *Scène lyrique* pour deux personnages au moins, avec ou sans chœur, et accompagnement d'orchestre. — Prix unique de 500 francs (offert par la Société) ; 4° *Madrigal* pour soprano, contralto, ténor et basse, sans accompagnement. — Prix unique de 100 francs (offert par la Société).

Le concours sera clos le 30 novembre 1897. — Les manuscrits devront être adressés à M. Weckerlin, archiviste, au siège de la Société, 22, rue de Rochechouart, maison Pleyel-Wolff et Cie. Pour le règlement et tous renseignements, s'adresser à M. D. Balleygier, secrétaire général, impasse du Maine, 9, Villa Rubens.

— Quel est l'homme politique, l'écrivain, l'artiste qui ne souhaite savoir ce que l'on dit de lui dans la presse ? Mais le temps manque pour de telles recherches.

Le COURRIER DE LA PRESSE, fondé en 1889, 21, boulevard Montmartre, à Paris, par M. GALLOIS ; a pour objet de recueillir et de communiquer aux intéressés les extraits de tous les journaux du monde sur n'importe quel sujet.

Le COURRIER DE LA PRESSE LIT 6,000 JOURNAUX PAR JOUR.

Sceaux. — Le 1er août, grand concours de musique : Orphéons, harmonies et fanfares.

LES DISPARUS

— A Dresde, le 13 mars dernier, Bruno Ramann, né à Erfurt le 12 avril 1832. Poète et musicien, il laisse de nombreuses compositions pour piano, chant et orchestre, toutes remarquables par leur netteté harmonique, l'originalité des mélodies et le pur sentiment artistique.

En voici la liste :

Op. 1. — 5 Lieder und Gesaenge ; Doerffel in Leipzig (Jetzt Wolf in Dresden).

Op. 2. — 10 Kleine Tondichtungen ; Breitkopf und Haertel in Leipzig.

Op. 3. — 4 Lieder fur Maennerchor. Luckhardt in Cassel.

Op. 4. — 6 Lieder und Gesaenge ; Doerffel (Jetzt Wolf in Dresden).

Op. 5. — 10 Kleine Tondichtungen ; Luckhardt in Cassel.

Op. 6. — Lob der Frauen ; Breitkopf und Haertel in Leipzig.

Op. 7. — Frühlingslied ; Kranz in Hambourg.

Op. 8. — 2 Lieder fur Maennerchor.

Op. 9. — 10 Kleine Tondichtungen ; Luckhardt in Cassel.

Op. 10. — 4 Charakterstücke ; Bote und Bock in Berlin.

Op. 11. — Charakterstudien ; Hoffarth in Dresden.

Op. 12. — 5 Lieder und Gesaenge ; Luckhardt in Cassel.

Op. 13. — (?)

Op. 14. — 5 Lieder und Gesaenge ; Bote und Bock in Berlin.

Op. 15. — Wandlungen ; Breitkopf und Haertel in Leipzig.

Op. 16. — 4 Charakterstücke ; Hofmeister in Leipzig.

Op. 17. — Liebesfrühling ; Bote und Bock in Berlin.

Op. 18. — 5 Lieder ; Hoffarth in Dresden.

Op. 19. — Album Poesien ; Hoffarth in Dresden

Op. 20. — 3 Duette ; Schott, Soehne, in Mainz.

Op. 21. — Lieder und Gesaenge ; Hofmeister in Leipzig.

Op. 22. — Ein Tanz-Poem ; Breitkopf und Haertel in Leipzig.

Op. 23. — Drei Chorlieder ; Breitkopf und Haertel in Leipzig.

Op. 24. — 2 Maersche ; Cranz in Bremen.

Op. 25. — Schwert und Minne ; Breitkopf und Haertel.

Op. 26. — 6 Lieder ; Hofmeister in Leipzig.

Op. 27. — Chorlieder ; Schott, Soehne, in Mainz.

Op. 28. — 2 Maersche ; Cranz in Bremen.

Op. 29. — 4 Lieder ; Hientzsch in Breslau.

Op. 30. — Lieder und Gesaenge ; Neumann in Dresden.

Op. 31. — Faschings-Scenen ; Hientzch in Breslau.

Op. 32. — 6 Clavierstücke ; Siegel in Leipzig.

Op. 33. — 6 Clavierstücke; Siegel in Leipzig.
Op. 34. — 4 Chorlieder.
Op. 35. — (Inédit).
Op. 36. — 6 Duetti; Hoffarth in Dresden.
Op. 37. — 2 Maersche; Hientzel in Breslau.
Op. 38. — (Inédit).
Op. 39. — 5 Lieder und Gesaenge; Ries in Dresden.
Op. 40. — 4 Lieder und Gesaenge; Ries in Dresden.
Op. 41. — 4 Lieder und Gesaenge; Ries in Dresden.
Op. 42. — 3 Lieder und Gesaenge; Ries in Dresden.
Op. 43. — Clavierstücke; Stanley, Lucas, Weber in London.
Op. 44. — 3 Lieder und Gesaenge; Ries in Dresden.
Op. 45. — Maerschen und Erzaehlungen, für Clavier; Ries in Dresden.
Op. 46. — Staendchen für Clavier; Hientzsch in Breslau.
Op. 47. — 4 Lieder und Gesaenge; Ries in Dresden.
Op. 48. — (Inédit).
Op. 49. — 3 Lieder für Frauenchor; Hientzsch in Breslau.
Op. 50. — 3 Lieder für Frauenchor; Bahn in Berlin.
Op. 51. — (?)
Op. 52. — 10 Duetti für Sopran & Alt; Hientzsch in Breslau.
Op. 53. — Miniaturen (Clavierstücke); Stanley, Lucas, Weber in London.
Op. 54. — 2 Lieder im Volkston; Naumann in Dresden.
Op. 55. — Scherzo capriccioso für Clavier; Hientzsch in Breslau.
Op. 56. — Musik zum Gastmahl von Rudolstadt, für Orchester, chor, Solo und Gesang.
(Das Gastmahl von Rudolstadt, Schauspiel in 2 Akten gedichtet vom componisten).
Op. 57. — 12 Duetti in Volkston; Siegel in Leipzig.
Op. 58. — 3 Lieder für Frauenchor; Brauer in Braunschweig.
Op. 59. — 3 Lieder für eine Stimme; Rieter-Biedermann in Leipzig.
Op. 60. — Weihnachtslied; Pabst in Leipzig.
Op. 61. — 4 Lieder für Maennerchor; Naumann in Dresden.
Op. 63. — 2 Lieder für Frauenchor; Praeger und Meier in Bremen.
Op. 64. — 2 Maersche (4 mains); Praeger und Meier in Bremen.
Op. 65. — 2 Maersche (4 mains); Praeger und Meier in Bremen.
Op. 66. — 6 Maersche (4 mains; Hoffarth in Dresden.
Op. 67. — Spielmannslieder für Gesang; Pabst in Leipzig.
Op. 68. — Unterhaltungen am Clavier; Pabst in Leipzig.
Op. 69. — Unterhaltungen am Clavier; Pabst in Leipzig.
Op. 70. — Germania; Pabst in Leipzig.
Op. 71. — Romanze für Violine & Clavier; Pabst in Leipzig.
Op. 72. — Unterhaltungen am Clavier; Pabst in Leipzig.
Op. 73. — 2 Clavierstücke; Hoffarth in Dresden.
Op. 74. — Unterhaltungen am Clavier; Pabst in Leipzig.
Op. 75. — Rheinsage für Violine et Clavier.
Op. 76. — Weihnachtlieder.
Op. 77. — 3 Clavierstücke; Arthur Schmidt in Leipzig & Boston.
Op. 78. — Lieder und Gesaenge; Stolle (Pabst).
Op. 79. — Fest-Taenze.
Op. 80. — Ballabend für Clavier; Stolle (Pabst).

Op. 81. — Faschings-Novelle für Clavier; Stolle (Pabst).
Op. 82. — Tanz-Scene für Clavier; Schmidt in Leipzig-Boston.
Op. 83-101. — (Inédit).

— A Florence, T. Mabellini, compositeur. — G. A. Biaggi, critique musical.

— A Londres, Berthold Tours.

— A Lugano, G. F. Noufflard, littérateur musical.

— A Paris, J. B. Thibouville-Cabart, facteur d'instruments de musique. — Jules Philipot.

— A Toulouse, Paul Mériel.

— A Vienne, Johannés Brahms, le Maître symphoniste, dont les obsèques ont eu lieu le 7 avril. (Voy. Le *Guide musical*, n° 15 ; Le *Ménestrel*, n° 15 ; Le *Monde artiste*, n° 15, qui contient un jugement intéressant, signé Tic-Tac.)

BLOCK-NOTES

DE LA

BIBLIOGRAPHIE MUSICALE

— Liste de bibliothèques privées. I. Etats-Unis. Canada. Leipzig, G. Hedeler, 1897, in-8, 100 pages. 10 fr.

Ce premier volume d'un recueil aussi précieux contient la description abrégée de six cents collections importantes de l'Amérique du Nord, suivie d'une table géographique et d'un index des spécialités. Cet index mentionne chaque collectionneur, suivant les différentes branches principales de sa bibliothèque, sous une ou plusieurs rubriques.

On apprend par cet ouvrage l'existence de bibliothèques musicales considérables comme celle de Mr Allen A. Brown, qui comprend 5.000 volumes de littérature musicale et de musique, 3.000 partitions d'opéras, 2.000 volumes de biographies dramatiques et d'histoire du théâtre.

— En vente le n° 79 de 1897 du « Catalogue of old music and musical books on sale by William Reeves, 185, Fleet str London ». (Subscription 1 s. 6, per year).

— La vente des n°s 899 à 917 de la Bibliothèque du Baron Pichon, dont nous avons parlé dans notre précédent numéro (page 39), se fera exactement le lundi 10 mai. C'est dans cette série que se trouve le fameux recueil

manuscrit de chansons du xve siècle en forme
de cœur. Les vacations s'étendent du 3 au
14 mai.

Le Catalogue de la vente a été rédigé par
M. Georges Vicaire, directeur du *Bulletin du
Bibliophile*, et publié par la librairie Techener
(Leclerc et Cornuau successeurs, 219, rue
Saint-Honoré). C'est un précieux recueil de
notices savantes, orné de figures et de douze
belles planches hors texte (dont quelques-unes
en couleur). Voici les numéros qui concernent
la Bibliographie musicale : 376, 384, 385, 415,
425, 429, 529 à 553, 584, 626 à 629, 685, 846, 899 à
918, 936 *bis*, 958 à 961, 964, 1337. Nous donne-
rons ultérieurement la description de chacun,
avec les prix atteints aux enchères.

—⁓⊕⊙⁓—

ICONOGRAPHIE

— Dans son musée historique de la musique, M. Paul de Witt, le directeur de la
Zeitschrift für Instrumentenbau, possède un
buste de Paganini, dû au ciseau de Danton,
qui donna au plâtre la couleur du teint de
l'artiste et l'expression des souffrances dont
le mal qui l'emporta l'accablait alors.

— M. W. Oppenheim a fait don à la ville de
Francfort d'un magnifique buste en marbre de
Clara Schumann, pour être placé dans la salle
où l'illustre artiste joua pour la dernière fois
en public.

— A Hambourg, au Théâtre municipal, on
a inauguré le buste en marbre de Hans de
Bulow.

—⁓⌇⁓—

INSTRUMENTS ANCIENS

— La panoplie d'instruments anciens exposés par M. Tolbecque à l'Exposition du Théâtre
et de la musique, a été achetée par M. Charles
Petit, de Blois. Le n° 45 de l'*Instrumental*
contient, hors texte, une reproduction photo-
graphique de cette panoplie, avec légende
explicative. Le *Progrès artistique* consacre,
dans son n° 974, trois colonnes à ce sujet.

— Le Clavecin transversal, qui appartint
à Franz Schubert et fut fabriqué par Walter
Soehn, de Vienne, est aujourd'hui la propriété de Mme Rieder. Cet instrument excellent est en parfait état de conservation.

— Dans le n° 16 de la *Zeitschrift für Instrumentenbau*, est représentée, avec un commentaire, une « lira da braccio » de « Caspar
Duiffopruggar, bononiensis, anno 15.. »

— Le violon préféré de Bazzini était un
« Guarnerius », qu'il avait refusé de vendre
l'an dernier à un riche Anglais, pour 25,000 fr.
L'artiste vient de mourir ; le violon va se
vendre ; quel prix atteindra-t-il donc ?

— A la vente de la collection de M. V. de
W., de Lille, un alto, marqué Bergonzy, a
été vendu 300 francs ; un autre, du même
luthier, 900 francs ; un violoncelle, même
marque, 3,500 francs ; un violon, de Guarneri,
a atteint 900 francs ; un autre, de Stradivari
(1698), 7.100 francs ; un troisième, également
de Stradivari (1696), a été acquis, au prix de
11.800 francs, par M. le Dr Sillen, de Paris.

— Les Collections de l'UNION MUSICALE,
l'établissement parisien de lutherie artistique,
viennent de s'enrichir d'un luth, d'un archiluth et d'un sistre.

—⁓⌇⁓—

AUDITIONS ET REPRÉSENTATIONS

THÉATRES ET CONCERTS

Anvers. — INSTITUT MUSICAL PAINPARÉ.
Conférences-auditions sur l'Histoire de la
musique, avec le concours de M. Maurice
Kufferath, conférencier, et de Mlle Céleste
Painparé, la jeune et talentueuse pianiste.

Berlin. — OPÉRA. *Ondine* ; *Mignon* ; *Les
Maîtres Chanteurs* ; *Haensel et Gretel* ;
Ondine ; *Le Barbier de Séville* ; *Ondine* ;
L'Homme de l'Evangile ; *Les Maîtres Chan-
teurs* ; *Mignon* ; *1812* ; *Willehalm* ; *Ondine* ;
Enoch Arden, opéra en un acte, d'après
Tennyson ; livret de C. W. Marschner, musique
de Victor Hansmann, représenté pour la pre-
mière fois, le 27 mars ; *L'Enlèvement au
Sérail* ; *Le Prophète* ; *Le Vaisseau Fantôme* ;
Enoch Arden ; *Guillaume Tell* ; *Ondine* ;
Enoch Arden ; *L'Africaine* ; *Ondine* ; *Le
Maçon* ; *Freischütz* ; *Cavalleria* ; *Ondine* ; *Les
Noces de Figaro* ; *Ondine* ; *Tannhaeuser* ;
Tristan ; *L'homme de l'Evangile* ; *Les Maîtres
Chanteurs*.

— SING-AKADEMIE. Chef d'orchestre : Siegfried Ochs. *Franciscus*, de Edgar Tinel.

Bordeaux. — GRAND THÉÂTRE. Chef d'orchestre : Haring. *Tannhaeuser, Hérodiade*.

— CONCERTS POPULAIRES. Chef d'orchestre : Gabriel-Marie. *Antar*, de Rimsky-Korsakoff: la 2e symphonie de Borodine; l'*Enterrement d'Ophélie*, de Bourgault-Ducoudray; *Le Cœur d'Hialmar*, de l... ... *Landes*, de Guy Ropartz; *La Belle au ... dormant*, de Georges Hue; la *Symph...* ..i bémol, de Chausson; *La Vie du Poète*, de Charpentier; le 5e Concerto de Bach; la Fantaisie avec chœur, de Beethoven, les Variations symphoniques; les *Djinns*, de César Franck, avec le concours du pianiste Francis Planté; enfin la Symphonie sur des thèmes montagnards, et la *Forêt enchantée*, de Vincent d'Indy, ces deux dernières œuvres dirigées par l'auteur lui-même.

Bourges. — Toute tentative de décentralisation faite au prix de gros sacrifices, mérite d'être signalée. Disons donc qu'une saison d'opéra vient d'être inaugurée au théâtre municipal; on a déjà donné *Faust, Carmen*...

Bruxelles. — THÉÂTRE DE LA MONNAIE. *Manon; Carmen: Ferraal: Le Domino Noir: Le Maître de Chapelle: Carmen: Ferraal: Les Charmeurs; La Fille du Régiment: Myosotis: Faust: Ferraal; Roméo et Juliette; Les Deux Billets: La Traviata: Nuit de Noël; Ferraal; Le Domino noir; Myosotis: Les Dragons de Villars: Le Barbier de Séville: Lakmé: Les Deux Billets: Ferraal: Les Dragons de Villars: Nuit de Noël: Les Charmeurs: Phryné: Jarotte: Les Pêcheurs de Perles: Les Deux Billets: Carmen; Nuit de Noël: Les Pêcheurs de Perles: Ferraal: Roméo et Juliette: Ferraal: Le Domino Noir: Myosotis: Mignon: Faust; Ferraal: Les Pêcheurs de Perles: Les Charmeurs: Ferraal.*

Ferraal, action musicale en un prologue et trois actes, poème et musique de Vincent d'Indy, a été représenté pour la première fois, avec un immense succès, le 12 mars. Il n'y a qu'une voix pour féliciter MM. Stoumon et Calabresi, directeurs de la Monnaie, à qui cette représentation mémorable est due. L'orchestre fut parfait sous la direction de M. Philippe Flon. Les décors sont brillants. Parmi les interprètes, il faut retenir les noms de MM. Imbart de La Tour, Seguin, Mme Raunay. La partition est parue en 1896, chez l'éditeur Durand, ainsi que le livret et l'excellente analyse thématique de M. Étienne Destranges. De grands comptes-rendus ont été donnés par M. de Fourcaud (Le *Gaulois*, du 13 mars), M. Kufferath (Le *Guide musical*, no 11), M. Adolphe Jullien (Le *Journal des Débats*, du 28 mars).

— CONSERVATOIRE. Symphonie en ut, de Schubert; Siegfried-Idyll et ouverture de *Faust*, de Wagner; Passion selon saint Matthieu, de Bach.

— CONCERTS YSAYE. Concerto en *ré* mineur, pour 2 violons, de Bach, joué par MM. César Thomson et Eugène Ysaye: Concerto de Becker (M. César Thomson); Symphonie italienne, de Mendelssohn, ouverture de *Lénore*, variations d'*Istar*, de Vincent d'Indy, exécutées sous la direction de l'auteur: *Joyeuse marche*, de Chabrier; La Cène des Apôtres, de Wagner; *Judas*, de Sylvain Dupuis; *Rébecca*, de César Franck; fragment de *Parsifal*; l'Ouverture tragique de Brahms.

Crémone. — THÉÂTRE PONCHIELLI. La *Figlia di Jorio*, drame lyrique en 2 actes, de Guglielmo Branca, représenté pour la première fois.

Dresde. — OPÉRA. *Haschich*, opéra en un acte, de Axel Delmar, musique de Siegfried Berger, représenté pour la première fois, le 17 février. *Ondine: Les Maîtres Chanteurs: Martha: Le Retour d'Ulysse: Freischütz: Le Crépuscule des Dieux: Cavalleria; Orphée.*

— CONCERTS NICODÉ. *Te Deum* de Bruckner, pour soli, chœurs et orchestre, exécuté pour la première fois à Dresde, avec un grand succès: Neuvième Symphonie de Beethoven.

— CONCERT DE L'OPÉRA. *Requiem* d'Hector Berlioz (3 mars et 11 avril).

Francfort. — MUSEUM. Ouverture d'*Euryanthe*: Symphonie héroïque de Beethoven: Concerto en *si* mineur de Dvorak.

Gand. — GRAND-THÉÂTRE. *Dilara*, ballet en un acte, de Edmond Van Damme-Chiara.

— CONCERTS DU CONSERVATOIRE. Le *Forellen-quintett*: Fantaisie pour piano et violon et des lieder, de Schubert.

Genève. — CONCERTS D'ABONNEMENT. Chef d'orchestre: Willy Rehberg. Symphonie en *ut*, de Brahms; l'*Iliade*, poème symphonique de G. Weber; Symphonie héroïque de Beethoven;

fragment de l'*Anneau des Nibelungen* et des *Maîtres Chanteurs* ; Concerto pour violon (M. Alfred Brun) et orchestre, de Mendelssohn ; Concertstück, de Weber ; Prélude et fugue de Bach ; Variations, op. 1, de Schumann ; *Erlkœnig*, de Schubert-Liszt, exécutés par le pianiste Busoni.

La Haye. — OPÉRA FRANÇAIS. *Hérodiade* ; *Carmen*.

Liège. — CONCERTS DU CONSERVATOIRE. 9ᵉ Symphonie de Beethoven.

Lille. — CONCERTS POPULAIRES. Ouverture de *Jean Ziska*, de Canoby ; *Suite à la hongroise*, pour violon et orchestre, de Paul Chabeaux (avec le concours de M. Lefort) ; Symphonie en *la*, de Beethoven ; La *Damnation de Faust*.

Lyon. — GRAND-THÉÂTRE. Directeur : Vizentini. *Faust*. *Carmen*. La *Navarraise*, *Lakmé*, *Samson et Dalila*, *Roméo et Juliette*, *Lohengrin* ; la 30ᵉ représentation des *Maîtres Chanteurs*, avec la version française de Alfred Ernst.

Vendée ! drame lyrique en 3 actes et 4 tableaux, poème en vers libres de Charles Foley et Adolphe Brisson, musique de Gabriel Pierné, a été représenté, pour la première fois, le 15 mars, avec un grand succès. L'orchestre était admirablement dirigé par M. Vizentini. Parmi les interprètes, Mᵐᵉˢ Chrétien-Vaguet, Cossira ; MM. Delvoye, Bucognani, Chalmin.

Madrid. — THÉÂTRE RÉAL. *Samson et Dalila* ; le *Vaisseau Fantôme*.

Marseille. — GRAND-THÉÂTRE. *Guernica*. le drame lyrique de Paul Vidal, représenté dans sa forme primitive, avec un très grand succès ; La *Navarraise*. *Thaïs* (avec le concours de M. Delmas), *Rigoletto*. *Lakmé*, *Manon*, Les *Huguenots*.

— CONCERTS CLASSIQUES. Chef d'orchestre : Adler. Audition intégrale du 3ᵉ acte de *Siegfried* ; Symphonie en *ré* de Franck.

Milan. — SCALA. Chef d'orchestre : Mugnone. *Bohême*, de Puccini.

Monte-Carlo. — OPÉRA. Chef d'orchestre : A. Vigna.

Moïna, grand opéra en 2 actes et 3 parties, de Louis Gallet. musique de Isidore de Lara. représenté pour la première fois le 14 mars, a été bien accueilli. Les interprètes étaient :

Mᵐᵉ Bellincioni ; MM. Van Dyck, Victor Maurel, Bouvet, Melchissédec, Boudouresque. Les chœurs ont été bons ; l'orchestre parfait, sous la direction de M. Jehin. La décoration magnifique ; la mise en scène soignée.

Amy Robsart, de Isidore de Lara (en italien).

Munich. — THÉÂTRE ROYAL. *Theuerdank*, opéra en 3 actes de W. Ehm, musique de Ludw. Thuille, représenté pour la première fois le 12 mars.

— SING AKADEMIE. — Chef d'orchestre : Erdmannsdœrfer. *Anacréon*, symphonie de Cherubini ; suite en *si* bémol pour flûtes et instruments à cordes, de Bach ; *Zorahayda*, légende musicale de Svendsen.

Nancy. — CONSERVATOIRE. Directeur et chef d'orchestre : Guy Ropartz. Fantaisie sur des thèmes populaires angevins, de Lekeu ; Fantaisie sur des mélodies populaires canadiennes, de Paul Gilson ; Symphonie en *ré*, de Adolphe Samuel. Symphonie pastorale, de Beethoven ; Fragment de *Parsifal*.

Naples. — SAN CARLO. *Andrea Chenier*.

Nice. — OPÉRA. Directeur : Olive Lafon. *Rigoletto* (M. Maurel) ; *Aïda* ; *Ernani* ; *Tannhaeuser*.

— CASINO. Chef d'orchestre : Gervasio. *Manon*, *Rip* (avec le concours de M. Soulacroix).

Nouvelle-Orléans. — *Hamlet* ; *Sigurd* ; *L'Africaine* ; *Carmen* ; *Cavalleria* ; La *Navarraise*.

Olmütz. — THÉÂTRE MUNICIPAL. *Hans Volkert*, de Edgar Krones, représenté pour la première fois.

Paris. — OPÉRA. *Messidor* ; La *Favorite* ; *Coppélia* ; *Faust* ; *Don Juan* ; *Lohengrin* ; *Aïda* ; La *Favorite* ; *Coppélia* ; *Lohengrin* ; *Hamlet* ; *Faust* ; *Messidor* ; *Hamlet* ; La *Favorite* ; *Lohengrin* ; *Hellé* ; *Messidor* ; La *Favorite* ; La *Maladetta* ; *Hamlet* ; *Don Juan* ; *Otello* (avec le concours de M. Tamagno) ; La *Favorite* ; *Coppélia*.

— OPÉRA-COMIQUE. *Don Juan* ; *L'Amour médecin* ; *Orphée* ; *Mignon* ; *Carmen* ; Le *Chalet* ; *Orphée* ; *Galathée* ; Le *Barbier* ; *L'Amour médecin* ; *Orphée* ; *Don Juan* ; Le *Domino noir* ; La *Navarraise* ; *Carmen* ; *Manon* ; *Don Juan* ; Le *Chalet* ; *Kermaria* ; *Mignon* ; *Don Juan* ; La *Vivandière* ; Le *Chalet* ; Les *Dragons; Le *Domino noir*; Les *Rendez-vous bourgeois*; *Don Juan*; Le *Chalet*; *Kermaria*. La *Vivandière*; *Galathée*; *Mireille*; La *Vivandière*; *Don Juan*; La *Navarraise*; La *Dame Blanche*; La *Vivandière*; *Carmen*; La *Dame Blanche*; *Don Juan*.

— THÉATRE DE LA PORTE-SAINT-MARTIN. La *Montagne enchantée*, pièce fantastique en cinq actes et douze tableaux, de Émile Moreau et Albert Carré, musique de André Messager et Xavier Leroux, représentée pour la première fois le 12 avril, avec succès.

— GALERIE VIVIENNE. La *Fée aux roses*, opéra-comique de Halévy.

— CONCERTS DU CONSERVATOIRE. Chef d'orchestre : Paul Taffanel. Symphonie en *ut*, de Beethoven ; *Athalie*, de Mendelssohn ; Ouverture de *Patrie*, de Bizet ; Symphonie en *ré* majeur, de Mozart ; Le *Paradis perdu*, de Th. Dubois ; Scènes de *Faust*, de Schumann ; Ouverture de *Coriolan*.

— CONCERTS DE L'OPÉRA. La *Damnation de Faust*.

— CONCERTS COLONNE. Ouverture de *Coriolan* ; Le *Rouet d'Omphale* ; Concerto en sol, de Mendelssohn, avec le concours de Mme Roger-Miclos ; fragments de *Tannhaeuser* et des *Noces de Figaro*, chantés par Mme Mottl.

Rédemption, de César Franck, avec le concours de Mme Mottl ; Ouverture de *Phèdre*, de Massenet ; *Jeunesse*, de Georges Hue ; Suite pastorale, de Chabrier ; Marche de la *Damnation de Faust* ; Concerto espagnol, de Lalo et Rondo Cappricioso, de Saint-Saëns, avec le concours de M. Sarasate ; Ouverture de *Lénore*, n° 3 ; Prélude à l'*Après-midi d'un faune*, de Debussy ; une scène de *Roméo et Juliette*, de Berlioz ; introduction de *Lohengrin* ; le Troisième Acte de *Siegfried*, de Wagner, avec la Version française de Alfred Ernst ; Concerto de Beethoven ; Sonate en *ré*, de Bach ; Concerto en *si* mineur, n° 3, de Saint-Saëns et *Poème* de Chausson, avec le concours de M. Eugène Ysaye ; *Faust-Symphonie*, de Liszt ; Ouverture du *Roi d'Ys* ; prélude de la *Reine Berthe*, de Joncières ; prélude d'*Eloa*, de Charles Lefebvre ; Le *Chasseur maudit*, de César Franck ; pièces romantiques, de R. Pugno et le Concerto en *la* mineur, de Schumann, avec le concours de M. Pugno. Fragments de l'*Anneau des Nibelungen*.

— CONCERTS LAMOUREUX. Ouverture d'*Hermann et Dorothée*, de Schumann ; *Notre-Dame de la Mer*, de Théodore Dubois ; Marche hongroise de la *Damnation de Faust* ; Ouverture de *Manfred*, de Schumann ; Neuvième Symphonie, de Beethoven ; 2e Concerto, de Wienaski, exécuté par M. Sechiari.

— SOCIÉTÉ NATIONALE. Pièces diverses de Chabrier, Fauré, Chausson, Lazzari, avec le concours de M. Rissler.

— SOCIÉTÉ PHILHARMONIQUE BREITNER. Sextuor, de Thuille, pour flûte, hautbois, clarinette, cor, basson et piano ; Trio, de Brahms, pour piano, violon et cor ; Divertissement, de Émile Bernard, pour 2 flûtes, 2 hautbois, 2 clarinettes, 2 cors, 2 bassons ; Quatuor n° 17, de Mozart ; Quintette, de Svendsen ; Sonate, de Saint-Saëns, pour violoncelle (M. Liégeois), et piano ; Trio, op. 51, de Schutt, joué pour la première fois ; Sonate, pour 2 pianos, de C. P. Bach, exécutée par MM. Diémer et Breitner ; et le Quintette, avec clarinette, de Brahms.

— ECOLE D'ORGUE. Directeur : Eugène Gigout. *Rouet d'Omphale*, de Saint-Saëns, transcrit pour piano et orgue ; *Rapsodie sur des airs Catalans*, et fragments de l'*Album grégorien*, de Eugène Gigout ; *Heures mystiques* et *Suite gothique*, de Boëlmann ; compositions diverses de Bach.

— SOCIÉTÉ DE MUSIQUE NOUVELLE. *Eau dormante, eau courante*, de Massenet, exécuté par M. Diémer ; Sonate de Saint-Saëns, exécutée par MM. Diémer et Delsart.

CONCERTS DIVERS : Joseph DEBROUX. Concerto en *si* mineur de Saint-Saëns ; Concerto en *sol* de Max Bruch ; Concerto, op. 21, de Hans Sitt, joué pour la première fois en France. L'orchestre sous la direction de M. Gabriel-Marie. — WHITE. Quatuor en *mi*, de Smetana ; Concerto de violoncelle de Cherubini avec le concours de M. Casella. — Armand PARENT. Dixième Quatuor de Beethoven. Sonate de César Franck et le Quatuor inachevé de Guillaume Leken ; Quintette, de Schumann ; Quintette en *sol* de Mozart. — RISSLER. Sonates de Beethoven. — CHEVILLARD Trios de Brahms et de Schumann. Beethoven ; Sonate de Grieg. Quatuor de Brahms. — PHILIPP. *Suite miniature*, pour petit orchestre, de Théodore Dubois ; deuxième Trio de Saint-Saëns ; Concerto à 3 pianos et orchestre de Saint-Saëns ; Caprice de Saint-Saëns, sur des

60   LE JOURNAL MUSICAL

airs danois et russes; Sonate pour piano et
violon, de Emile Bernard; scènes villageoises,
pour hautbois, de René de Boisdeffre. —
FALCKE (salle Erard). Fantasia et Toccata, de
Bach, Sonate, op. 110, de Beethoven; Etudes
symphoniques de Schumann; Toccata de
Saint-Saëns; deux valses de René Lenor-
mand; *Elfenspiel*, de Heymann; Rapsodie de
Litz. — LEFORT. Quatuor pour piano et cordes
de Saint-Saëns; Quatuor n° 17 de Mozart;
Sonate, pour violon et clavecin, de Lulli;
Scherzo, pour 2 pianos, de Saint-Saëns, avec
le concours de Mme Henry Jossic. — Concerts
de l'EUTERPE. Quatre chœurs pour voix de
femmes, de Brahms (op. 17). — Concerts des
PETITES AUDITIONS. Trio, op. 50, de Tschaï-
kowski. Quatuor en *ré* mineur, de Mozart.

— Soirée de la Société de l'Histoire de la
Révolution française consacrée à l'audition
d'œuvres composées pour les fêtes nationales
de la première République : le « Chant du 14
Juillet » de Gossec (1790); le « Chant du Départ » de Méhul (1794) dans la version originale; le « Chant du banquet républicain pour
la Fête de la Victoire » de Catel (1796); le
« Chant pour la fête de l'Agriculture » de H.
Jadin; l' « Hymne à la Victoire » (1796) et le superbe « Hymne funèbre en l'honneur d'Hoche »
(1797) par Cherubini; enfin l' « Hymne à la
République » de Martini (1798).

Rome. — ARGENTINA. Le *Crépuscule des
Dieux*.

Schwerin. — THÉATRE GRAND-DUCAL. *Du
troggst de Pfann weg*. opérette de Conrad
Schrœder, joué avec un très grand succès.

Toulouse. — THÉATRE DU CAPITOLE. *Carmen*
(avec le concours de Mlle Tarquini d'Or).
Bianca Torella. opéra en 3 actes et 4 tableaux.
de Armand Silvestre. musique de la baronne
Durand de Fontmagne. représenté pour la
première fois. Abondant en mélodies, bien or-
chestré, cet opéra a eu du succès. *Ascanio*.

Turin. — THÉATRE ROYAL. *Forza d'amore*.
idylle dramatique en 4 tableaux. de Buzzi-
Peccia. représenté pour la première fois avec
succès.

Venise. — THÉATRE ROSSINI. *Refugium
peccatorum*. drame lyrique en un acte de de
Lorenzi-Fabris. représenté pour la première
fois.

— SOCIÉTÉ BENEDETTO MARCELLO. Le Prologue de la trilogie *I Pirenei*, de Filippo

Pedrell, exécuté les 12, 14, 17 ma' - avec un
immense succès.

Vienne. — OPÉRA IMPÉRIAL. *Freischütz* ;
Le *Grillon du foyer* ; *Tristan* ; *Mignon* ; *Tra-
viata* ; Le *Trompette de Saekkingen* ; *Haensel
et Gretel* ; Le *Prophète* ; *Cavalleria* ; La
Fiancée rendue ; La *Reine de Saba* ; Le
Parjure ; Le *Porteur d'eau* ; *Fra Diavolo* ; La
Flûte enchantée ; *Fidelio* ; Le *Grillon* ; Les
Joyeuses Commères ; *Carmen* ; La *Fiancée
rendue* ; *Faust* ; La *Juive* ; *Haensel et Gretel* ;
Les *Huguenots* ; *Werther* ; Le *Barbier de
Bagdad* ; *Lohengrin* ; Le *Bouffon* ; Le *Barbier
de Bagdad* ; Le *Freischütz* ; *L'Homme de
l'Evangile* ; *Tannhaeuser* ; Le *Grillon du
foyer*.

— SOCIÉTÉ PHILHARMONIQUE HANS RICHTER.
Symphonie fantastique, de Berlioz ; 9e Concerto de Spohr ; 4e Symphonie de Brahms ;
Ouverture d'*Euryanthe* ; Cinquième Symphonie, de Beethoven ; *Also sprach Zarathustra*,
le nouveau poème de Richard Strauss, a été
acclamé ; Neuvième Symphonie ; Concerto de
Bach; *Maurerische-Trauer-Musik*, de Mozart.

—THÉATRE AN DER WIEN. La *Déesse Raison*,
opérette de Johann Strauss.

━━━━━━

ANALYSES ET NOTICES
CRITIQUES

Vendée ! Drame lyrique en trois actes et quatre tableaux.
Poème en vers libres de Charles Foley et Adolphe Brisson.
Musique de Gabriel PIERNÉ. Partition chant et piano. Paris,
Alphonse Leduc, éditeur, 3, rue de Grammont, 1897, in-4,
72 pages de texte, 335 pages de musique, couverture illustrée
et un frontispice hors texte. (Le livret est joint à la partition.)
Prix net, 20 fr.

Le Livret. En 1793, un prêtre réfractaire
(Jagault) vient exhorter à la guerre un village
vendéen. Là vivait le duc de Guérande, dont
deux femmes se disputaient le cœur : la Comtesse de Julignac et Jeanne. Tous répondent
à l'appel du prêtre. Mais les « Bleus » sur-
viennent et la Comtesse n'a que le temps de
sauver les papiers compromettants. Les Chefs
sont arrêtés, ainsi que Jeanne, qui a favorisé
la fuite de la Comtesse en prenant son nom.
Les conjurés attaquent les républicains pour
délivrer les prisonniers; dans le combat Jeanne
est tuée; le duc et Jagault sauvés se mettent
à la tête des Chouans.

Dans l'Introduction et la Scène I, des fanfares alternent avec les chœurs des chasseurs.
C'est un tableau musical très animé. où le
compositeur a su éviter la banalité. Je n'en
dirai pas autant pour la Scène II. La Scène VII,
avec le retour bruyant des chasseurs. les
imprécations de Jagault qui répond à leurs
chants : « Ce n'est pas sur le cerf qu'il faut
lancer vos meutes ». et les ensembles « Aux
armes » est fort dramatique ; c'est bien du
théâtre. Le 2ᵉ tableau. avec ses mélodies
populaires disposées en chœurs. est ravissant.
Au 3ᵉ tableau, il faut noter les accents éner-
giques (p. 218) de Jagault et l'ensemble final.
La scène entre le Duc et Jean (p. 256) est
traitée heureusement. Le début du 4ᵉ tableau
(p. 287) avec les chants religieux et leur belle
harmonisation. venant se poser sur le curieux
motif du Chêne d'Armor. est d'un véritable
artiste. Encore une scène charmante entre le
Duc et Jeanne. prisonniers dans le camp des
soldats. et puis c'est le dénouement tragique
avec les chants d'espérance.

M. Gabriel Pierné sait écrire avec sûreté les
passages de force. avec grâce les passages de
douceur. Son orchestration est le plus souvent
fraîche. vraiment neuve et bien personnelle.
Tout en faisant usage de motifs, il n'a pas
adopté de système : il a suivi les impulsions
de son propre tempérament.

Dans la suite de sa carrière. M. Gabriel
Pierné n'aura pas à répudier cette œuvre de
jeunesse. B.-L.

Dolorès, drame lyrique en deux actes, de Georges
Boyer. Musique de André POLLONNAIS. Partition chant et
piano. Paris, Paul Dupont, éditeur, 4, rue du Bouloi. 1897,
gr. in-8, 4 ff. lim.. 194 pages. Net 12 fr.

Le sujet : en Espagne. en 1808 ; un détache-
ment français entre dans une ville espagnole
si rapidement que les habitants ne peuvent
sauver le seigneur de l'endroit, le comte d'Al-
vina. qu'en simulant ses obsèques. — Acte II.
Les soldats organisent une fête à laquelle la
fiancée du comte. Dolorès. est contrainte de
se rendre sur les injonctions du commandant
français Fauvel. Pris de jalousie. le comte a
l'imprudence d'abandonner sa retraite. Pour
le sauver. Dolorès tue Fauvel qui. par amour
pour elle. laisse croire qu'il a été vaincu dans
un duel loyal et... Dolorès entre au couvent.

La partition : après une courte introduction
et une scène d'ensemble sans relief. on arrive
à la mélodie bien venue de la page 23 :

« Allez, mes chers amis » ; suit un duo d'amour
(pages 31 à 41) avec unisson.

Les ensembles des pages 43 et suivantes.
formés par le « De Profundis » des Espagnols
et les chants de route des soldats français sont
intéressants.

L'entr'acte symphonique est agréable.
L'Acte II se compose surtout de musique de
danses accompagnées de chant qui témoignent d'une certaine ingéniosité : la gavotte
(page 109) ; le ballet (page 125), aux combinaisons de timbres heureuses ; l'Andante. avec
un chant syncopé des cors au grave (pages 124
à 133) ; puis c'est l'Habanera (page 134). puis
d'autres danses, scandées de l' « Alza » des
chanteurs. enfin une chanson espagnole (composée par Mᵐᵉ Patti). La scène finale est bien
traitée.

Comme on le voit. Dolorès se compose de
morceaux naturellement détachés et qui,
après le succès de la représentation. béné-
ficient du succès dans les salons. La partition
est simple ; les mélodies sont claires. bien
rythmées : l'orchestration correcte satisfait
toujours l'oreille et souvent la charme.

***

Nalady, dojmy a upominky. Drobné skladby pro pianoforte, zlozil Zdenko FIBICH. Op. 47. Prag, Fr. A. Urbanek.
Chaque fascicule. 6 mk. III. 1ᵉʳ fascicule (nᵒˢ 1 à 26). prix
6 mk ; 2ᵉ fascicule (nᵒˢ 27 à 44). prix 6 mk.

Ce recueil de pièces pour piano. dont nous
avons reçu les 44 premiers numéros. est d'une
lecture agréable. Citons les nᵒˢ 5. 18. 19. 22.
25. 34.

Boure (La Tempête). Symfonicky obraz k Shakespearove
tragoedie pro velky orkestr, slozil Zdenko FIBICH, pro piano
na 4 ruce upravila Anezka Schulzova. Prague. Fr. A. Urbanek. 5 mk.

Cette réduction pour piano à 4 mains. par
A. Schulzova. du morceau symphonique de
M. Zdenko Fibich. d'une lecture facile. tout
en reproduisant les phases dramatiques de la
composition. est à grand effet.

Symphonie pathétique, de P. TSCHAIKOWSKY.
Op. 74. Réduction pour piano par Paul KLENGEL. Leipzig.
Rob. Forberg. 1897. Prix net, 6 mk.

La Symphonie pathétique est devenue célèbre. Aussi sera-t-on satisfait de pouvoir.
après le concert. la relire au piano. Cette
réduction est bien écrite : l' « Allegro vivace »
a été simplifié autant qu'il était possible.

62 Klavier-Etüden... (62 Etudes pour piano de Aloys SCHMITT, tirées des op. 16, etc., revues et arrangées en ordre systématique par Carl BEVING, professeur au Conservatoire de Leipzig.) Leipzig, Ernst Eulenburg. 3 mk.

Ces études sont graduées et variées (notes répétées, chant et accompagnement simultané à la main droite ; chant large à la main gauche avec des triolets à la main droite). Le doigté est soigneusement indiqué.

Miniaturen. 12 leichte Stücke für Violine, mit Begleitung des Pianoforte, von Hans SITT. Op 53. Leipzig, Ernst Eulenburg. Prix 2 mark.

Cavatine und **Barcarolle** für Violine, mit Beg. des Pianoforte. Op. 25, von Hans SITT. Leipzig. E. Eulenburg. Chaque numéro 2 mark.

M. Hans Sitt ne compose pas seulement pour les virtuoses qui apprécient son écriture. Les *Miniaturen* et la *Barcarolle* sont simples. Il y a, dans la *Cavatine*, deux traits à étudier.

Méthode de violon, par G. BEYER, professeur aux Conservatoires de Gand et de Bruges. 1re partie (1er et 2e cahiers). Gand, Mme Beyer. Chaque cahier 2 fr. 50 ; les deux cahiers 4 fr. 50.

Au début de cette méthode, sont deux pages de texte accompagnées de neuf illustrations destinées à faire connaitre à l'élève son instrument, la manière de tenir le violon, l'archet. Ce sont ensuite des exercices (nos 1 à 7) sur cordes à vide, avec un accompagnement pour le maitre. Puis on aborde le mécanisme des doigts de la main gauche : premier doigt (nos 8 à 12) ; deux doigts (nos 13 à 16) ; trois doigts (nos 17 à 20) : quatre doigts (nos 21 à 24). Viennent les gammes, les intervalles (nos 25, 26) : les coulés par deux, trois et quatre, six et huit notes (nos 27 à 34). Les nos 35 à 39 sont des petites pièces récréatives sur les coulés. Puis c'est le détaché (nos 40 à 46), le martelé (nos 47 à 51), le grand détaché (nos 52 à 54), chaque subdivision étant accompagnée de petites pièces mélodiques. Deux pages de texte expliquent les termes italiens et présentent la liste des violonistes célèbres et des luthiers italiens.   B.-L.

Petite méthode de piano, pour les tout petits enfants, par Adolphe SAMUEL, directeur du Conservatoire. Gand, Mme Beyer (Quinzard à Paris).

Ceci est plus qu'une méthode de piano ; c'est un manuel qui permet à l'enfant d'apprendre ses notes, les touches correspondantes et, du même coup, sans difficulté aucune, les deux clefs de *sol* et de *fa*, et cela sans théorie fastidieuse. Dès le premier numéro, — il y en a 30 — on entre dans la pratique. C'est un amusement de poser le doigt sur le clavier en comptant quatre temps, scandés par l'accompagnement du maitre. Car à chaque exercice est joint un accompagnement intéressant qui forme, avec les notes données par l'élève, de véritables petits morceaux de piano. Ce manuel est donc destiné aux mamans et aux grandes sœurs qui veulent donner aux petits le goût de la musique et les premières notions. Si on est allé jusqu'au bout, on pourra confier l'enfant à un professeur ; alors seulement les méthodes en usage seront indiquées et le véritable apprentissage du piano commencera.   B.-L.

Méthode élémentaire de piano, faisant suite à la petite méthode de piano, par Adolphe SAMUEL. Gand, Mme Beyer. Prix net 3 fr. 50.

M. Adolphe Samuel a répondu à de nombreux désirs en se décidant à donner une suite à sa *Petite méthode*. Il s'est inspiré, en le faisant, du principe qui domine dans le premier ouvrage : « le cerveau doit être développé avant les doigts et les mains. » Aussi M. Adolphe Samuel recommande au professeur de ne se soucier que secondairement de faire acquérir de l'agilité à son élève, de se préoccuper avant tout d'obtenir de lui une interprétation vivante et expressive.

Au point de vue pratique, M. Adolphe Samuel ne préconise nullement — même pour des mains d'enfants — les études dites des cinq doigts. « La position de la main sur cinq touches blanches contiguës est loin d'être normale. » C'est au doigté par extension et par contraction, et aux sauts dans toute l'étendue du piano que l'auteur veut, dans cette méthode, habituer l'élève.

La *Méthode élémentaire de piano* comprend vingt-quatre numéros. Ce sont surtout des morceaux ; les exercices proprement dits qui les précèdent sont des sortes de préludes à lire, sans s'y appesantir, avant de jouer l'air, sous lequel se cache l'étude progressive.   B.-L.

* * *

Annuaire de la Musique pour 1897, publié par BAUDOUIN-LA LONDRE, Sous-Bibliothécaire à la Mazarine, Directeur du « Journal musical ». Paris, Le « Journal musical », 11, rue de la Pépinière [Sire imp. à Bourges]. 1897, in-4e écu, XLVIII-74 pages, avec 4 portraits. Prix 10 francs.

Voici les divisions de cet ouvrage :

Direction des Beaux-Arts. — Membres des

Conseils supérieurs. — Inspecteurs de l'Enseignement musical (page VI).

Institut de France : Académie des Beaux-Arts. Notice sur les musiciens membres de l'Institut, de 1795 à 1896. Liste des membres associés, des membres correspondants.

Grands prix de Rome, de 1803 à 1896. Prix divers. (Pages VI à XIV.)

Conservatoire national. Succursales. Écoles nationales. Maitrises. Écoles diverses. (Pages XV et XVI.)

La Part de la musique dans le budget. — Bibliothèque de l'Opéra. (Pages XVI et XVII.)

Théâtres et concerts et aperçu des auditions et représentations. (Pages XIX à XXII.)

Les Disparus. (Page XXIII.)

Les Livres. Catalogue des livres concernant la musique parus en 1896. (Pages XXIV à XXIX, douze colonnes.)

La Critique musicale de Paris. — Librettistes, paroliers, poètes. (Pages XXXII et XXXIII.)

La Presse musicale, avec des renseignements sur chaque journal ou revue. (Pages XXXIV à XXXVIII, dix colonnes.)

Répertoire général. Principaux sujets traités dans les livres et les journaux de l'année. (Pages XL à XLII, six colonnes.)

Éditeurs. (Page XLVIII.)

Bibliographie musicale. Catalogue de toute la musique (avec les ouvrages techniques) parue en France pendant l'année 1896, et une partie de la Bibliographie musicale étrangère. Ce catalogue comprend : 1° une table par ordre alphabétique de matières et le noms d'instruments; 2° une table alphabétique par noms de compositeurs, suivis de la nomenclature méthodique et alphabétique de leurs œuvres (pages 1 à 74, cent quarante-huit colonnes).

A TRAVERS LES JOURNAUX

ALLGEMEINE MUSIK-ZEITUNG

CHARLOTTENBURG-BERLIN

Nos 5-6. Heinrich Reimann : Franz Schubert (avec un portrait et un fac-similé d'autographe).

Nos 5 à 8, 15. C. E. R. Müller : Die Gesammtausgabe der Lieder Franz Schubert's.

No 5. Die Schubert-Ausstellung in Wien (avec figures).

No 5. Goethe und Schubert.

Nos 8, 10 à 13. Aus Briefen Richard Wagner's an seinen Freund Otto Wesendonck, mitgetheilt von Alb. Heintz.

No 12. H. Reimann : Die Orgel in der Kaiser Wilhelm-Gedaechnisskirche zu Charlottenburg-Berlin.

No 12. H. Bischoff : « Theuerdank ».

No 13. Th. Bohlmann : Das Gastspiel der « Damrosch Grand Opera Company » in Cincinnati.

Nos 14-15. R. Louis : Zur Musikaesthetik.

Otto Lessmann : « Enoch Arden ».

Fr. Volbach : « Deutscher Liederhort », von L. Erk, neubearbeitet von Fr. M. Boehme.

No 15. Otto Lessmann : Johannes Brahms (avec un portrait).

15. « Koenigskinder » [Les « Enfants royaux », de Humperdinck] und Wagnerianer; eine replik von Fr. Roesch.

Nos 5 à 15. Revue des concerts, par Otto Lessmann et Wilhelm Klatte.

Revue des livres et de la musique, par Otto Lessmann et Otto Taubmann.

L'AMI DU CHANTEUR

PARIS

Nos 63 à 71. Histoire de la Chanson moderne.

No 64. Les Débuts de Boïeldieu.

No 66. Marcel Legay.

Nos 69 à 71. Chebroux : Les Chansons de Jules Jeannin.

No 70. Hébert : Cabarets et Chansonniers.

No 71. Auguste Jolly.

Musique. — No 63. Paysage, de Destouche, arrangé en trio par Calvès. Le Contre et le Pour, de A. Nonyme. L'Éloge du long, de Désaugiers. — No 64. Le Ménestrel et le Guerrier, romance de Boïeldieu. Auprès de ma blonde. Avant et après, de Désaugiers. — No 65. La petite tirelire, de Hébert. Le Foin, de Désaugiers. — No 66. La Chanson de l'inconnu, de Marcel Legay. Le Réveil de la Chanson, de Denis Langal. Premier amour, de Octave Isoré. Monsieur et Madame Denis, de Désaugiers. — No 67. Le Vent d'antan, de V. Bériot. Sous les saules, de Rosenfeld. — No 68. La Chanson des trépassés, de Abel Pagès et Ch. Hébert. Fleur de sportsmann, de E. Weiller. Le Rosier, de Jean Jacques Rousseau. Ma philosophie, de Désaugiers. — No 69. Chanson d'automne, de J. Pons. Le Tourtereau tué à la chasse, romance du XVIIIe siècle. Tout ce qui luit n'est pas or, de Désaugiers. — No 70. Ma tant douce colombelle, de Monsigny. L'Éternel refrain, de Alberty. — No 71. Mon idole, de H. Gadenne. Les Filles d'Ecos, de Charles Hébert.

AMPHION

LISBOA

Nos 3 à 6. A. Vargas : Chronica quinzenal.

No 3. A. M. « La Bohème » de Puccini.

Vianna da Motta : O Centenario de Schubert.

Nos 4 à 6. Vianna da Motta : Os conservatorios na Allemanha.

No 4. J. M. « Asrael » de Franchetti.

Nos 3 à 6. Vianna da Motta : Carta de Berlim.

Portraits avec notices : No 3. Cesira Ferrani — No 4. G. de Grazia — No 5. Magini Coletti. — No 6. Miguel S'galdi.

L'AVENIR MUSICAL

GENÈVE

No 48. Jean Delarue : La Gamme. Ses transformations de l'antiquité à nos jours.

Supplément à l'*Avenir Musical*.

LA BELGIQUE MUSICALE
BRUXELLES

Nᵒˢ 6 à 15. Suite des opinions de personnalités diverses sur les concours.

Page de musique en fac-simile d'autographe, de : MM. Emile Siroux (Nᵒ 6); Charles Melant (Nᵒ 7); Georges Haakman Nᵒ 8); Louis Canivez (Nᵒ 9); J. E. Strauwen (Nᵒ 11); V.) Declercq (Nᵒ 13); Ferdinand Hinnem (Nᵒ 14); L. J. Baudouck (Nᵒ 15).

BERLINER SIGNALE
BERLIN

1897. Nᵒ 4. Verhallende Akt-Schlüsse. Eine Oper-und Drama-Plauderei, von F. van Santen Kolff. — Kritische Briefe aus Wien.

Nᵒ 5. Leo Berg : Kritik.

Nᵒ 6. Alfred Gattel : Musiker-handschriften.

Franz Magnus Boehme, von J. Lewalter

Nᵒ 7. Heinrich Richter : Gedanken über das Punctum saliens.

Portraits, avec notices. Nᵒ 4. Franz Litterschied. — Nᵒ 5. Eduard Caudella. — Nᵒ 7. Léon Jehin.

BIBLIOGRAPHIE MUSICALE FRANÇAISE
PARIS

1897. 23ᵉ année. Nᵒ 105. Nomenclature complète de toute la musique (avec les ouvrages techniques) parue en France pendant les mois de janvier, février, mars 1897.

La *Bibliographie musicale française*, publiée sous la direction de la Chambre syndicale du commerce de musique, annonce également les nouveautés parues à l'étranger, dans des pages mises à la disposition des éditeurs, au prix de 20 francs la page (soit soixante lignes environ).

Les principaux éditeurs de Paris cités dans le nᵒ 105 sont : MM. Auguste Durand, Alphonse Leduc, Philippe Maquet, Henry Lemoine, Enoch, Costallat, Gallet, Evette et Schaeffer, Quinzard, Tellier, Le Beau, Grus, Hamelle, Heugel, Baudoux, Pérégally et Parvy.

Voici, alphabétiquement, tous les éditeurs des départements cités : MM. Bossard-Bonnel, à Rennes; — Boutifard, à Poitiers; — Clot, à Lyon; — Colonge, à Lyon; — Decourcelle, à Nice; — Dupont-Metzner, à Nancy; — Etesse, à Tours; — Gras, à Lille; — Guille, à Montargis; — Guy, à Alençon; — Humbert, à Saint-Dié; — Jacot, à Audincourt; — Janin, à Lyon; — Labole (Le *Festival artistique*), à Bordeaux; — Lagueny, à Limoges; — Lambert, à Toulon; — Larquier, à Narbonne; — Malart, à Vernon; — Marin, à Lyon; — Martin frères, à Châlons-sur-Marne; — Martin (F.), à Marseille; — Mingardon, à Marseille; —

Mougeot, à Nancy; — Odieuvre, à Evreux; — Poulet, à Constantine; — Rey, à Lyon; — Vernède, à Versailles.

Éditeur de l'Étranger : M. R. Maurri, à Florence (Italie).

— Additions au nᵒ 105 : Page 12. Rameau. Œuvres complètes. Tome II. Partition format in-4, net 20 fr. Parties séparées, net 15 fr. — Page 13. Saint-Saëns. Op. 36. Romance pour cor; op. 37. Romance pour flûte. — Errata, dû à une insuffisance dans les renseignements fournis par l'éditeur : Page 7. Thomé. La Noce au château. Ces modifications sont enregistrées ici avec empressement; mais on ne saurait trop recommander aux intéressés d'envoyer complets à la Rédaction les éléments nécessaires pour établir le numéro de la *Bibliographie musicale française*, avant le 8 du mois de son apparition.

BULLETIN OFFICIEL
DE LA FÉDÉRATION MUSICALE DE FRANCE
BOURGES

Nᵒˢ 11 et 12. Concours entre les membres affiliés. — Tribune libre. — Echos des Sociétés fédérées. — Concours et festivals de 1897.

COURRIER DE SAINT-GRÉGOIRE
LIÉGE

1896. Nᵒ 12. Un chœur d'église moderne. La Musique palestrinienne à Bruges, etc.

1897. Nᵒˢ 1-2. A. Dirven : Décadence de la musique d'église. — A. Dirven : La Musique d'église en Italie.

Musique. — Nᵒˢ 1-2. Jesu dulcis memoria, à 2 voix et accompagnement d'orgue, de Corn. Schmuck. — Interludes, pour orgue. — Te, Joseph, à 2 voix égales et accompagnement d'orgue, de G. Tebaldini.

LA CRONACA MUSICALE
PESARO

1897. Nᵒ 1. Italo Piazza : Le Vittime.

Pietro Mascagni : A proposito dell' *Iris* (prochain opéra de l'auteur de *Cavalleria Rusticana*.

Nᵒ 2. I. Piazza : Antonio Bazzini.

A. Tocci : « Sinfonia marinaresca », del Mᵒ Scontrino.

Eudonimo : Guglielmo *Ratcliff*, de Mascagni, al Rossini di Pesaro.

Nᵒ 3. Radiciotti : Il Primo spettacolo dato nel pubblico teatro di Pesaro (en 1637).

Marescotti : *Esclarmonde* (de Massenet).

Il Cristiano errante : Il prologo alla Trilogia *I. Pirenei*, di Filippo Pedrell.

Nᵒˢ 1 à 3. Nell mondo dell'arte. — Theatri e Concerti. — Bibliografia. — Concorsi.

Corrispondenze. Nᵒ 1. Roma, Genova, Firenze, Torino. — Nᵒ 2. Bologna, Genova, Firenze, Torino, Roma. — Nᵒ 3. Genova, Milano, Bologna, Roma.

Nᵒˢ 1 et 3. Conservatori e licei.

THE DOMINANT
PHILADELPHIA

Vol. IV. N° 12. Gevaert : Music. The Art of the XIX centuri (translated by Marie H. Dollinger). —Rockwell : Modern orchestral instruments. — Lombard : Dances of Spain. — Eva Best : Woman and music. — Nouvelles diverses.

Musique. — Gismonda waltz, pour piano, de Selmar Meyer. — « Darling Flo ». scottish chantée pour orchestre militaire, de R. W. Hall (parties séparées). — Golf polka, pour orchestre et piano conducteur, de J. A. Silberberg (parties séparées). — March Eighth Regiment, pour orchestre militaire, de Rockwell (parties séparées). — Babbling brook waltz, pour guitare, de Paul Eno.

L'ECHO MUSICAL
BRUXELLES

N° 4. E. C. : Le Métronome.
N° 6. Question d'étymologie. — A propos d'Ambroise Thomas.
N° 7. Clavecins à double clavier.

ÉCHO DES ORPHÉONS
PARIS

Concours ; appréciations du jury : N° 3. Rouen. — N° 4. Figeac. — N° 5. Figeac, Chalon-sur-Saône, Soissons, Montpellier, Semur, Moulins. — N° 6. Moulins, Montpellier. — N° 7. Louviers, Montpellier, Chalon-sur-Saône.

L'EUROPE ARTISTE
PARIS

Notices avec portraits : N° 7. Franz Schubert. N° 9. Mlle Catherine Zoegger. N° 10. Alfred Bruneau. N° 12. Vergnet. N° 13. Bne Durand de Fontmagne. N° 14. Henriette Robin.

GAZETTE MUSICALE DE LA SUISSE ROMANDE
GENÈVE

Nos 4 à 6. H. Kling : Mozart, enfant, à Genève, en 1766.
N° 5. X. X. : Les mélodies populaires suisses.
N° 6. Jaques-Dalcroze : Eugène Ysaye.
N° 7. Michel Brenet : Meyerbeer et le docteur Schucht.
H. Kling : Etude sur le cor (avec cinq exemples de musique).
Jaques-Dalcroze : Frédéric Klose ; sa messe en *ré* mineur.
Correspondances. N° 4. Bruxelles. Copenhague. Dresde. Liège. Londres. — N° 5. Londres. — N° 6. Bruxelles. — N° 7. Londres. Vevey. Montreux.
Portraits. N° 6. Eugène Ysaye. — N° 7. Frédéric Klose.

LE GUIDE MUSICAL
BRUXELLES-PARIS

N° 6. Paul Lavigne : La « Schola Cantorum » et son programme (reproduction partielle de l'article de *La Gironde.*
Nos 7, 8, 10, 13, 14. H. Kling : Franz Liszt pendant son séjour à Genève en 1835-1836.
N° 8. Charles Bordes : La Musique religieuse et la « Schola Cantorum. » — E. E. : A propos de la symphonie inachevée de Schubert.
N° 10. Hugues Imbert et Fierens-Gevaert : La Falcon.
N° 11. Kufferath : *Fervaal,* de Vincent d'Indy.
Ernest Thomas : A propos du Théâtre-Lyrique.
N° 12. A. Loquin : A propos de musique religieuse.
N° 13. H. de Curzon : Croquis d'artistes : M. J. Delmas.
N° 14. La Musique religieuse et la « Schola Cantorum. »

N° 15. Johannès Brahms.
N° 16. La Musique religieuse et la « Schola Cantorum ». Lettre de M. Vincent d'Indy.

HARMONIE
HANNOVER

N° 145. Franz Schubert in seinen Werken.
Nos 147, 148. Die Militaermusik.

L'INSTRUMENTAL
PARIS

4e année. Nos 45, 46. J. Brenot : Les musiques militaires.
N° 45. E. Mas : Les Instruments disparus (Notice accompagnée d'une planche hors texte reproduisant la panoplie d'instruments de musique exposée par M. Tolbecque, à l'Exposition du Théâtre et de la Musique, avec une légende explicative, d'un grand intérêt).
N° 46. H. A. Simon : La Mission de l'art musical dans le peuple.

LE MÉNESTREL
PARIS

Nos 7 à 15. Julien Tiersot : Etude sur *Don Juan* de Mozart.
N° 9. O. Berggruen. L'Exposition du Centenaire de Schubert à Vienne (avec portraits et fac-simile d'autographes).
Nos 10, 11, 13, 14. Montaux : Journal d'un musicien.
Nos 10, 12. Paul d'Estrée ? Musique et prison (fin). Crimes de droit commun. In extremis.
N° 13. O. Berggruen : Gluck, entrepreneur de spectacles (extrait du *Neues Wiener Tagblatt*).
Nos 14, 15. Louis Gallet : Guerre et Commune, impression d'un librettiste.
N° 15. O. Berggruen : Johannès Brahms (avec un portrait et deux fac-simile d'autographe : la signature du maître et quelques lignes de musique).
Nos 7 à 15 Semaine théâtrale, par Arthur Pougin, Lucien Solvay et P. E. Chevalier. — Revue des grands concerts, par Arthur Pougin, Barbedette, Boutarel. — Nouvelles diverses. — Soirées et concerts.

LE MONDE ARTISTE
PARIS

N° 7. Blondel : Artistes étrangers. Marie Lavalle (avec 3 portraits).
Nos 7 et 8. H. Fernand Le Borne : *Kermaria.* — *Messidor.* — *Fervaal.*
Nos 9, 11, 13, 14. Tic-Tac : Chronique musicale.
Nos 9, 12, 13, 15. Fernand Le Borne : Concerts.
Nos 7-15. Stoullig : Chronique dramatique.
N° 9. Charles Malherbe : Les Livres.
Nos 7 à 13. Correspondances de Lyon. Nantes, Reims. Rennes. Toulouse, Berlin, Bruxelles, Gand, Milan, Monte-Carlo, Vienne, Angers, Bordeaux, Nice, Rouen, Londres. Lille, Marseille, Toulon, Le Havre, Moscou, New-York. Montpellier, Anvers, Constantinople, Dresde, La Haye, Nouvelle-Orléans, Strasbourg.
Notes et informations. — Courrier de la semaine.
La page d'Illustrations du *Monde Artiste* : N° 8. Une scène de *Kermaria;* N° 9. Une scène de *Messidor;* N° 13. Une scène du *Pompier de service.*

LE MONDE MUSICAL
PARIS

N° 19. Compte-rendu de la séance de la Chambre syndicale des Instruments de musique.

Nos 19, 21, 22, 23. Correspondance de Londres.

Nos 19 à 23. Correspondance de New-York.

No 20. Les Orgues de Notre-Dame, à Boulogne-sur-Mer.

No 21. Tolbecque : Dangers d'une expertise.

Notices avec portraits : No 19. Louise Filliaux-Tiger ; No 20. Cherubini ; No 21. Bernard Sarrette ; No 22. Auber ; No 23. Brahms.

Renseignements sur les Expositions.

Nombreux comptes-rendus de concerts.

MUSIC
CHICAGO

Vol. XI. No 4. W. S. B. M. : William Shervood, pianist (avec portrait et plusieurs figures).

F. Everham : The Singing boys of Luca della Robia (avec 3 figures).

Karleton Hackett : An evening at the Cornelia.

R. Wallaschek : The Task of musical science.

A. Knapp Whitney : Robert Franz.

L. Kuba : A greek musical composition of the third century. (L'auteur de cet article ne connaît que la version Reinach de l'*Hymne à Apollon*).

B. C. Henry : The Development of musical conception.

A. C. Gordon Weld : The Modern orchestra.

M. Aronson : Franz Schubert.

MUSIC TRADES REVIEW
LONDON

Nos 235, 236. Cherubino : The Month's music. — Shedlock : Reviews of music. — Our law reports. — Trade correspondence. — Our gazette. — New models and inventions. — Patents and inventions. — Legal questions. — Our trade review. — Abridgments of patent specifications.

THE MUSICAL COURIER
NEW-YORK

The Musical Courier, fondé en 1880, par M. Marc A. Blumenberg, est le plus ample journal de musique hebdomadaire. Chaque numéro, de 40 pages environ, grand format, à 3 colonnes, contient des correspondances régulières et étendues de Paris (Miss Fannie Edgar Thomas), Berlin, Vienne, Chicago, Dresden, Londres.

Outre les correspondances, voici quelques chroniques :

No 886. Miss Fannie Edgar Thomas : A piano study. — No 891. E. F. Frissell : Schubert celebration and Schubert exhibition (à suivre). Dans ce même numéro, une analyse thématique de *Mastawintha*, l'opéra de Xavier Scharwenka.

La partie du *Musical Courier* consacrée à la facture instrumentale est, depuis le no 887 (24 février), détachée, et paraît à part le samedi ; *The Musical Courier* devient ainsi bi-hebdomadaire.

De nombreuses illustrations ornent le *Musical Courier* ; parmi les portraits de première page, citons celui de M. Xavier Scharwenka (no 891).

OUEST ARTISTE
NANTES

Nos 377-379. Destranges : Les Troyens, de Berlioz.

No 380. A. Richard : Essai sur l'Evolution du Théâtre contemporain.

Une nouvelle forme dramatique, un genre littéraire original est apparu au cours de ce siècle : c'est le *Drame musical*, que certains critiques ont appelé le drame wagnérien, car Richard Wagner est le premier des dramatistes qui ait su réaliser ce qu'un grand nombre d'esthéticiens et de philosophes avaient entrevu dans leurs œuvres critiques. Le *Drame musical* est une sorte de synthèse des arts. Il réunit dans un ensemble harmonieux, dans une unité savante, l'architecture, la sculpture, la peinture, la musique, la poésie. Par tous ces moyens, l'émotion esthétique résultant de la représentation d'un tel drame est agrandie et fortifiée. Le spectateur est ému non seulement par la beauté de l'intrigue, mais par la disposition habile du milieu où le drame évolue, par le geste des acteurs, cette sculpture mouvante, par le charme du décor, par la richesse de la symphonie, qui sait exprimer les sentiments des héros du drame, et enfin par la grandeur des idées morales et la puissance de l'expression poétique.........................

Dans l'esthétique nouvelle... tout concourt à accroître l'émotion, à créer le véritable Idéal humain, l'idéal de Justice et de Bonheur. Trois dramatistes français viennent enfin d'écrire des drames conçus selon cette poétique — où tous les moyens capables de donner de fortes émotions sont mis en œuvre avec un art supérieur. M. Vincent d'Indy en écrivant *Fervaal* et MM. E. Zola et Bruneau, *Messidor*, ont réalisé cette forme d'art attendue et annoncée par les sociologues, l'Art de la démocratie socialiste. Selon le mot d'Amiel, ces œuvres marqueront des dates importantes dans l'évolution du théâtre français. MM. d'Indy, E. Zola et Bruneau ont voulu, dans leurs drames, traduire sous une forme concrète, accessible à tous, de grandes idées-forces ! *Fervaal*, c'est l'exaltation de cette pensée que le sacrifice volontaire de l'individu à l'ensemble des êtres est le point culminant de la vie humaine. Dans *Messidor*, MM. Zola et Bruneau ont fait l'apologie de la Bonté, ils ont montré la grandeur du Travail et, par de profondes paraboles ils ont illustré cette pensée de Montchrestien : « Les choses utiles à la vie valent mieux que tous les Pérous du monde. »

Maintenant que la voie est tracée, il faut que les poètes les suivent pleins de confiance dans leur mission sociale et qu'ils donnent bientôt sur la scène française des œuvres comme *Fervaal* et *Messidor* capables de laisser dans l'esprit de leurs auditeurs une consolation et une espérance.

No 381. Louis de Romain : Gluck et J. J. Rousseau précurseurs de Wagner.

No 382-385. Destranges : *Le Vaisseau fantôme*, étude analytique et thématique.

No 383. Louis de Romain : Charles Lamoureux (avec un portrait).

No 385. Louis de Romain : L'Archaïsme en musique. — Jean d'Udine : Sur une interprétation de la symphonie en *ut mineur*, de Beethoven.

LE PROGRÈS ARTISTIQUE

PARIS

Nᵒˢ 963, 964. Henry Eymieu : Artistes et musiciens. Ch. Widor.

Nᵒˢ 963-965, 967. F. de Ménil : « Haensel et Gretel ». Le Poème. La Partition.

Nᵒˢ 963, 968. René Brancour : Les « Maîtres Musiciens de la Renaissance française ».

Nᵒˢ 968, 969, 972. Henry Eymieu : Vincent d'Indy.

Nᵒˢ 969, 971. La Rivierre : Le Rythme et la mesure.

Nᵒ 974. La Rivierre : Les Instruments disparus.

Nᵒ 976. René Brancour : Josquin de Près.

Nᵒ 978. F. de Ménil : La musique dramatique chez les peuples du Nord.

Nᵒ 979. La Rivierre : Brahms.

LA QUINZAINE MUSICALE

PARIS

3ᵉ année. Nᵒˢ 2, 4. Ch. Gounod, par Théodore Dubois.

Musique. — Nᵒ 2. Fraîcheur des bois, impression pour piano, de Anthiome. — Nᵒ 3. Deux morceaux de lecture à vue, pour piano, de Charles René. Bonjour, soleil, mélodie avec accompagnement de piano, de G. Meugé. — Nᵒ 4. Regrets, mélodie avec accompagnement de piano, de Georges Marty. Fête paysanne, pour piano, de W. Smyth. — Nᵒ 5. Chanson bohême, mélodie avec accompagnement de piano, de Edmond Laurens. Vieux souvenir, pour piano, de Paul Ruben. — Nᵒ 6. Rêverie, pour violon et piano, de Adrien Bérou. Scherzo, pour piano, de Balutet.

REVUE DU CHANT GRÉGORIEN

GRENOBLE

Nᵒ 7. Don Joseph Pothier : Un chant du « Gloria in excelsis » en sixième mode tritonique (texte musical suivi d'un commentaire).

Dom Alexandre Grospellier : Le rythme des oraisons.

Dom E. Bourigaud : Au sujet du rythme dans le chant grégorien.

Vigourel : Renouvellement du vœu national. Le chant grégorien et les grandes églises.

Dom André Mocquereau : L'art grégorien, son but, ses procédés, ses caractères (suite).

Amédée Gastoué : Essai sur la formation des modes liturgiques (suite. Avec un tableau en musique notée).

DIE SAENGERHALLE

LEIPZIG

1897. Nᵒ 3. August Reiszmann : Franz Schubert (intéressante notice accompagnée d'illustrations : le portrait, la maison natale de Schubert et un concert donné par Schubert).

Nᵒ 9. Der Kaimsaal in München (avec une vue de la salle).

Nᵒ 13. Cursch-Bühren : Der Konzertsaal im Staedtischen Kaufhause zu Leipzig (avec une vue de la salle).

Musique. — Chœurs, à 4 voix : Nᵒ 3. Die Nacht, de Schubert; Klinge, Sichlein. Klinge, de Gaudamus; Was sich die Schwalben erzaehlen, de Hofmann. — Nᵒ 9. Troestung, de Burgstaller; Es ist ein Brünnlein geflossen, de Phüddemann; Die drei Farben, de J. Feyhl. — Nᵒ 13. Letzter Wille, de H Pfeil; Lang', lang' ist's her, irische Volksweise, arr. v. C. K.; Stelldichein, de K. F. Weinberger; Zieh' hin, mein lied, de K. Hunger.

SCHWEIZERISCHE MUSIKZEITUNG

ZÜRICH

Nᵒ 2. Niggli : Franz Schubert (avec un portrait).

Nᵒ 3. Niggli : Richard Wagners erste Zürcherjahre.

Nᵒˢ 4 à 6. Niggli : Das Schubert. Jubilaeum in Wien.

LA TRIBUNE DE SAINT-GERVAIS

PARIS

1897. Nᵒˢ 1, 2. R. P. Dom A. Mocquereau : L'Art grégorien, son but, ses procédés, ses caractères.

Nᵒ 1. Ch. Bordes : Charles Gounod et l'art palestrinien (avec un fac-simile d'autographe).

Nᵒˢ 1, 3. A. Gastoué : Grecs et Latins. Le chant du « Gloria in excelsis » (avec les exemples de musique).

Nᵒˢ 2, 3. Michel Brenet : Les anciennes « Passions » en musique.

Nᵒ 3. R. P. Dom Pothier : Etude grégorienne, les chants de l'Ordinaire de la messe. — Pierre Aubry : L'Idée religieuse dans la poésie lyrique et la musique française au Moyen-Age (avec la musique de l'Epître de Saint-Estevene hors texte).

ZEITSCHRIFT FÜR INSTRUMENTENBAU

LEIPZIG

Nᵒ 15. Oesterreich-Ungars Aussenhandel in Musikinstrumenten im Jahre 1896.

Nochmals Mr. Benjamin und das Ausstellungs-Unternehmen in der Agricultural Hall in London.

Nᵒ 16. Eine lira da braccio von Caspar Duiffopruggar (avec trois figures).

Nᵒ 18. Der Geigenbauer W. E. Hill.

Dans chaque numéro : Vermischtes (nombreux renseignements sur la facture instrumentale de tous pays). Orgelbau-Nachrichten (composition d'orgues nouvelles). Illustrirte Patent-Uebersicht (avec figures).

La **Réponse à quelques lettres** que nous avons reçues à propos de l'article de M. J. L. de Bruneval sur « l'Édition officielle de chant liturgique » se trouvera dans un article qui paraîtra prochainement. Aujourd'hui, nous dirons seulement que par « édition officielle » on entend l'édition adoptée par la S. Congrégation des Rites, que usqu'ici la S. Congrégation a confié l'impression de l'édition approuvée par elle à M. Fr. Pustet, mais qu'elle la confiera, après l'expiration du traité, à tel imprimeur de son choix.

Dans les prochains numéros du *JOURNAL MUSICAL* on lira une Causerie musicale très indépendante, signée **CASTIGAT** et la suite de l'importante étude de **M. CHARLES MALHERBE.**

BIBLIOGRAPHIE MUSICALE
FRANÇAISE

PUBLIÉE SOUS LA DIRECTION DE LA CHAMBRE SYNDICALE DU COMMERCE DE MUSIQUE

(25, RUE DE LONDRES, PARIS)

PAR

BAUDOUIN - LA LONDRE
Directeur du *Journal musical* et de l'*Annuaire de la musique*

Rédaction et Administration : 11, rue de la Pépinière, Paris

AGENT POUR L'ALLEMAGNE : M. C. HEDELER
Grimmaischer Steinweg, 3. Leipzig

Abonnement : 2 fr. 50 par an. — Le Numéro : 50 centimes.
ANNONCES. — UNE PAGE : 20 FRANCS

LA *BIBLIOGRAPHIE MUSICALE* PARAIT TOUS LES TROIS MOIS

La **BIBLIOGRAPHIE MUSICALE FRANÇAISE** est un
BULLETIN TRIMESTRIEL DE TOUTES LES NOUVEAUTÉS MUSICALES DE FRANCE
et d'une partie de la Bibliographie musicale étrangère.

23ᵉ ANNÉE

Le Nᵒ de Janvier-Mars 1897 vient de paraître.

Tarif des **TIRAGES A PART** commandés par les éditeurs, pour leur usage
personnel, des **ANNONCES** parues dans la *Bibliographie musicale française :*

Une page	1ᵉʳ mille	10 fr.
—	2ᵉ —	8 fr.
Deux pages ensemble (recto et verso)	1ᵉʳ mille	11 fr.
—	2ᵉ —	9 fr.

Envoi franco pour toute la France.

Les pages d'annonces parues dans la *Bibliographie musicale française* trimestrielle et dont les clichés ont été conservés, sur la demande des intéressés, peuvent
être reproduites dans les numéros mensuels du *Journal musical*, à prix réduit, soit
10 francs la page.

BOURGES, IMPRIMERIE M. H. SIRE.

LE JOURNAL MUSICAL

Bulletin international critique

DE LA

BIBLIOGRAPHIE MUSICALE

DIRECTEUR

BAUDOUIN-LA LONDRE

11, rue de la Pépinière, 11

PARIS

Abonnements : France 6 fr ; Union Postale 7 fr. — Le numéro mensuel 50 centimes

N° 13. — Mai 1897.

Chronique. — Informations. — Les Disparus. — Block-notes de la Bibliographie musicale. — Iconographie. — Instruments anciens.

Théâtres et Concerts.

LA FONT : La *Cantate Inaugurale*, de Paul Gilson.

J. L. DE BRUNEVAL : *Dix Cantiques.*

HENRY EXPERT : *Sébastien de Brossard*, de Michel Brenet.

B.-L. : *La Musique et les Arts plastiques*, de E. Closson. — Morceaux de musique pour piano, chant et piano, etc.

B.-L. : A travers les Journaux (Sommaires et extraits des journaux de musique et de journaux divers).

À la dernière Réunion des Sociétés des Beaux-Arts des Départements, quelques mots à retenir furent prononcés, germe fécond dans un terrain fertile.

La Destinée des discours n'est-elle pas subordonnée à l'autorité, à l'influence de l'orateur ?

Depuis longtemps, M. de Fourcaud a mis son autorité et son influence au service des idées décentralisatrices. Cette fois il a déclaré, devant l'auditoire le mieux désigné, l'urgence « d'inciter et d'encourager les forces régionales à prendre conscience d'elles-mêmes et à se manifester. »

« L'État », ajouta-t-il, « soyez-en certains, tendra la main aux audacieux, jaloux de montrer que pas un coin de la terre française ne demeure en dehors de l'art. »

Enregistrons ces bonnes paroles en ce journal qui, placé en dehors des coteries, est prêt à faire connaître tous les efforts véritablement artistiques, où qu'ils se produisent. Portons-les à nos amis des départements, comme une espérance réconfortante. Car elles viennent de qui peut, après la harangue, prêter main-forte.

INFORMATIONS DIVERSES

Bayreuth. — Pendant les FESTSPIELE de 1897, MM. Hans Richter et Siegfried Wagner dirigeront alternativement l'orchestre, aux représentations de l'*Anneau des Nibelungen* ; MM. Félix Mottl et Anton Seidl, aux représentations de *Parsifal*.

Voici les noms des artistes engagés pour le *Ring* : Mmes Ellen Gullbranson (Brunehilde) ; Rosa Sucher (Sieglinde) ; Brema (Fricka) ; Schumann-Heinke (Erda et Waltraute) ; Reuss (Gutrune) ; Weed (Freya). — MM. Burgstaller et Gruning (Siegmund) ; Vogl (Loge) ; Friedrichs (Alberich) ; Breuer (Mime) ; Greeff (Hagen et Hunding) ; Elmblad (Fafner) ; Wachter (Fasolt) ; Stary (Gunther) ; Bucksath (Donner) ; Burgstaller et Ankenbrauk (Froh). — Pour *Parsifal* : Mmes Brema et von Mildenburg (Kundry) ; MM. Van Dyck et Gruning (Parsifal) ; Grengg et Wachter (Gurnemanz) ; Perron et Van Rooy (Gurnemanz) ; Friedrichs et Stary (Klingsor) ; Fenten (Titarel).

Les rôles des Filles du Rhin, Nornes, Walkyries, seront tenus par Mlle Von Artner, Mme Geller-Walker ; Mlle Gleiss ; Mme Schumann-Heink ; Mlles Hieser, Kempees ; Materna, Pazofsky ; Reichinger ; Weed.

Bernay. — Le dernier délai pour la réception des adhésions au grand concours d'Orphéons, Symphonies, Harmonies, Fanfares, Trompettes et Trompes de chasse, est fixé au 31 mai. Le concours aura lieu le 25 juillet.

Paris. — Un dernier hommage est dû ici à S. A. R. Mme la duchesse d'Alençon, qui périt, dans la catastrophe du Bazar de la Charité, victime de son dévouement : elle voulut en effet, avant de s'enfuir, que les jeunes femmes qui l'entouraient eussent la vie sauve. C'est sous le patronage de cette princesse si généreuse qu'eurent lieu l'an dernier les beaux Concerts Historiques, dirigés par M. Vincent d'Indy.

A la cérémonie funèbre, célébrée à Notre-Dame, pour le repos de l'âme des victimes inconnues, l'orchestre sous la direction de M. Paul Taffanel, et les chœurs sous la direction de M. Samuel Rousseau, ont exécuté la Marche funèbre de la Symphonie en *la* de Beethoven et le *Libera me*, pour chœur et orchestre, de Théodore Dubois.

— Le Concours public qui devait avoir lieu au Conservatoire le 6 mai, a été remis au 19 mai.

— Résultats du Concours Cressent : Un prix d'opéra-comique a été attribué à la partition écrite par M. Henri Hirschmann, sur le livret en deux actes de M. Lassus : *L'Amour à la Bastille* ; un prix d'opéra à la partition écrite par M. Honnoré, sur le poème en deux actes de M. Saint-Luth : *Roudra*.

En vue de préparer le 10e concours triennal institué pour les compositions de musique par la fondation Cressent, le concours préalable de poèmes est ouvert. Les manuscrits seront reçus à la Direction des Beaux-Arts, Bureau des Théâtres, 3, rue de Valois, du 16 au 31 janvier 1898 inclusivement. (Avis du Ministre de l'Instruction publique et des Beaux-Arts, en date du 8 mai. Voy. le *Journal officiel* du 11 mai.)

— M. Armand Vivet est nommé maître de chapelle et M. Paul Verdeau organiste accompagnateur à l'église Saint-Augustin. Tous deux sont élèves de l'Ecole d'orgue, dirigée par M. Eugène Gigout.

— A la séance générale annuelle de la Société des Auteurs et Compositeurs dramatiques, ont été élus membres du comité : MM. François Coppée, Philippe Gille, Paul Ferrier, Louis Varney, en remplacement de MM. Ludovic Halévy, H. Lavedan, de Porto-Riche, Feydeau, Massenet. Parmi les sociétaires admis à cette séance citons M. Vincent d'Indy.

Voici la constitution du Bureau pour 1897-1898 : MM. Victorien Sardou, président ; Georges Ohnet, François Coppée, Henri de Bornier, vice-présidents ; MM. J. Normand, André Messager, secrétaires ; Philippe Gille, trésorier ; Charles de Courcy, archiviste.

— Informons nos lecteurs que M. Charles Malherbe, archiviste-adjoint de l'Opéra, dont l'importante étude sur *Don Juan* sera continuée dans le *Journal musical*, est secrétaire du COMITÉ FRANÇAIS DE L'EXPOSITION DONIZETTI DE BERGAME.

— L'assemblée générale annuelle de l'Association des Artistes musiciens aura lieu le 17 mai, à une heure précise, dans la grande salle du Conservatoire.

— Quel est l'homme politique, l'écrivain, l'artiste qui ne souhaite savoir ce que l'on dit de lui dans la presse ? Mais le temps manque pour de telles recherches.

Le COURRIER DE LA PRESSE, fondé en 1889, 21, boulevard Montmartre, à Paris, par M. GALLOIS, a pour objet de recueillir et de communiquer aux intéressés les extraits de tous les journaux du monde sur n'importe quel sujet.

Le COURRIER DE LA PRESSE LIT 6,000 JOURNAUX PAR JOUR.

Périgueux. — Par décret en date du 3 mai, M. Jaendel est nommé chef de musique au 50e régiment d'infanterie.

Rennes. — Un concours est ouvert pour l'attribution d'une place de professeur d'harmonie élémentaire et de solfège à l'Ecole Nationale de Musique de Rennes, succursale du Conservatoire de Paris.

Les appointements sont de neuf cents francs par an. Les épreuves imposées aux candidats, qui devront préalablement justifier de leur nationalité française, consisteront en : 1° un devoir d'harmonie ; 2° une dictée musicale ; 3° une lecture au piano.

Ce concours est fixé au jeudi 3 juin, à 9 heures du matin. Pour tous autres renseignements, écrire à M. le Secrétaire du Conservatoire, rue Saint-Yves, 14, à Rennes (Ille-et-Vilaine).

Vienne. — M. Gustave Mahler est nommé chef d'orchestre à l'Opéra Impérial.

LES DISPARUS

— A Gênes, le ténor Roberto Stagno.

— A Rome, Salvatore Meluzzi.

BLOCK-NOTES

DE LA

BIBLIOGRAPHIE MUSICALE

— La seconde partie de la « Bibliothèque de concert » publiée par la Maison Breitkopf et Haertel, de Leipzig, vient de paraître sous ce titre :

Konzert-Handbuch. Lager deutschen und auslaendischen Verlages. II. Gesangmusik mit Orchester.

C'est une brochure de 117 pages in-16 qui comprend la musique religieuse (Groupe XI), avec les Cantates et Motets de Bach, de Becker, Haendel, Mozart, etc. ; les Messes et Requiems (Groupe XII), de Bruckner, Cherubini, Habert, Haller, Mozart, etc. ; les oratorios et « Passions » (Groupe XIII), de Bach, Haendel, Rubinstein, Saint-Saëns, Edgar Tinel, etc. ; la musique pour chant et orchestre, soli et chœurs, musique de scène, transcriptions (Groupe XIV), de Beethoven, Brahms, Bruch, Gade, Hummel, Mendelssohn, Reinecke, Rheinberger, Schubert, Schumann, Wagner, Weinzierl, Zoëllner, etc. ; les partitions d'opéras et opérettes de Auber, Audran, Banès, Berlioz, Herold, Mascagni, Mozart, Offenbach, Rossini, Smetana, Joh. Strauss, etc. ; les mélodies, lieder, duos, trios, avec orchestre, de Grieg, Mozart, Nicodé, Schubert, etc.

— Le Catalogue XXVI de la Librairie Ancienne de Ludwig Rosenthal, 16, Hildegardstrasse, à Munich, mentionne une précieuse collection (n°⁸ 4486 et 8713 à 9007), de manuscrits, de livres imprimés, de gravures, dessins, plans, concernant l'histoire, la théorie, la pratique de la Musique, de la Danse et du Théâtre ; et des pièces de théâtre en toutes les langues.

— *XL Musicale Boerkmerken*... (XL Ex-Libris musicaux avec une liste de plus de CCC devises, qui se trouvent sur ce genre d'ex-libris, par J. F. Verster). Amsterdam, Frederik Muller et Cⁱᵉ, 10 Doelenstraat, 1897, in-8.

Ce livre comprend 23 pages de texte, accompagnées de 40 planches. Dans les ex-libris reproduits, se trouvent des cors de chasse, harpes, grelots, cloches, lyres, trompettes, violons, tambours, flûtes.

— La vente des livres et manuscrits de la Bibliothèque du baron Jérôme PICHON est terminée. Le total, atteint par les enchères, a été de 512.434 francs. Nous donnons, avec le prix de vente de chacun, la description des ouvrages à signaler en ce journal de la *Bibliographie musicale*. Ajoutons que M. Georges Vicaire, directeur du *Bulletin du Bibliophile*, nous a très courtoisement informés que ce n'est pas lui qui a rédigé le catalogue de la vente, mais bien MM. Leclerc et Cornuau. Il a écrit la notice bio-bibliographique ; mais, dans le reste, son rôle s'est borné à la correction des épreuves du luxueux catalogue rédigé et publié par MM. Leclerc et Cornuau, successeurs de Techener.

376. Recueil de 59 planches de costumes de théâtre, travestissements, gravé par Joullain d'après Gillot. Paris, Duchange, s. d., en 1 vol. gr. in-8, demi-rel. vél. — 50 fr.

384. Principaux habits de théâtre ; 7 pi. non numérotées en un vol. in-8, demi-rel. mar. vert. — 26 fr.

385. Costumes de théâtre ; recueil de 34 planches numérotées 1-34, à un ou deux personnages par planche, grav. sur cuivre par Copia, en un vol. in-8, demi-rel. mar. bleu. — 21 fr.

415. Les Aventures parisiennes, almanach nouveau, galant, historique, moral et chantant, sur les plus jolis airs, mélange de nouvelles chansons, d'anecdotes plaisantes, de contes, d'épigrammes, de bons mots, de maximes curieuses, d'observations intéressantes, etc., etc. Paris, Jubert, s. d. (Calendrier pour 1784), in-24, mar. rouge, fil., dos orné, tr. dor., anc. reliure, 12 figures. — 266 fr.

425. Les Agréments du spectacle ou recueil d'ariettes les plus nouvelles. Paris, Janet, s. d. (Calendrier pour 1801), in-24, mar. vert, dent., dos orné, glace à l'intérieur, gardes de tabis rose, pochette, tr. dor. Etui de mar. vert, dent. (Ancienne reliure, titre frontispice et 6 figures). — 21 fr.

426. L'Hortensia. Almanach chantant. Paris, Janet, s. d. (Calendrier pour 1810), in-24, mar. vert, compart. de dent. et fil., fig. allégorique sur les plats, tr. dor. (Anc. rel.), titre-frontispice et 12 figures. — 50 fr.

529. « L'Art, science et pratique de plaine musique. » (A la fin :) Imprimé à Paris par Gaspard philippe demourant en la rue sainct iaques aux deux daulphins couronnés au dessoubz saint Yues, s. d., pet. in-8 goth. de 28 ff. non chiff., musique notée gravée sur bois, mar. rouge jans., aeublé de mar. bleu, dent. (Trautz-Bauzonnet.) — 630 fr.

530. Traité de la Musette avec une nouvelle méthode pour apprendre de soy-même à jouer de cet instrument facilement et en peu de temps. Lyon, Jean Girin et Barthelemy Rivière, 1672, 2 part. en un vol. in-4, demi-rel. veau fauve, tr. roug. Volume peu commun, orné de fleurons, cul-de-lampe, initiales, d'un frontispice, de 3 planches et de 12 pages de musique notée, le tout gravé en taille-douce. — 95 fr.

531. Élémens de musique théorique et pratique suivant les principes de M. Rameau, éclaircis, développés et simplifiés, par M. d'Alembert, de l'Académie française. Lyon, Bruyset, 1762, pl. de musique notée. — Traité des accords, et de leur succession, selon le système de la Basse-Fondamentale, avec une méthode d'accompagnement (par Roussier). Paris, 1764

—Ens. 2 ouvrages en 1 vol. in-8, mar. rouge, fil., dos orné, tr. dor. (Anc. rel.) — 44 fr.

532. Dictionnaire de musique, par J. J. Rousseau. Paris Vᵉ Duchesne, 1768, in-8, pl. de musique grav. mar. vert, dent. et fil., dos orné, gardes de pap. doré, tr. dor. (Anc. rel.) — 56 fr.

533. L'Entretien des musiciens par le sieur Gantez, prieur de la Magdaleine en Prouance, chanoine semiprebandé, maistre des enfans de chœur et de la musique, en l'église insigne et cathedrale sainct Estienne d'Auxerre. Auxerre, Jacques Bacquet, 1643, in-16 de 6 ff. prél. et 295 pag., parch (Anc. rel.) Petit volume rare, réimprimé en 1875. — 160 fr.

584. Festin joyeux, ou la cuisine en musique, en vers libres (Par J. le Bas). Paris, Lesclapart, 1738, 2 part. en 1 vol. in-12, musique grav., veau marbré. (Anc. rel.) — 62 fr.

626. Des ballets anciens et modernes selon les règles du théâtre. (Par le P. Cl. F. Menestrier.) Paris, Robert Pepie, 1686, in-12, veau fauve, fil., dos orné, dent. int., tr. dor. (Duru.) — 27 fr.

627. Orchesographie et traicte en forme de dialogue, par lequel toutes personnes peuvent facilement apprendre et practiquer l'honneste exercice des dances, par Thoinot Arbeau demeurant a Lengres. Imprimé audict Lengres par Jehan des preyz, 1589, in-4 de 104 ff., veau fauve, fil., tr. dor. (Rel. angl.) Livre des plus rares, orné de musique notée et de figures gravées sur bois représentant les différentes attitudes des danseurs. — 701 fr.

628. Nuoua e curiosa scuola de balli theatrali : Norintbergæ, 1716, in-fol., cart. Volume rare, contenant 4 feuillets préliminaires comprenant un frontispice avec le portrait de l'auteur, le titre et 2 feuillets pour l'avertissement et la table des planches ; 50 planches représentant des danses burlesques, avec la musique de chacune, et au bas l'explication en allemand. Le titre est en italien et en allemand ; l'avertissement et la table sont en italien. — 230 fr.

629. Le Maitre à danser. Paris, Jean Villette, 1725, in-8, mar. bleu, jans., tr. dor. (Chambolle-Duru.) — 67 fr.

630. Positions et attitudes de l'Allemande par le Sᵣ Guillaume, Mᵉ de Danse. Se vend à Paris, chez l'auteur et chez Crépy, rue Saint-Jacques, s. d. (1768), in-4, demi-rel. chagr. rouge. Un titre dans un cadre ornementé, 12 planches gravées par Jeanne Chapoulaud et 1 feuillet de musique pour contredanses, le tout gravé. — 96 fr.

631. — La Contre-danse. Réunion de 7 planches gravées par Lebas et coloriées. En 1 vol. pet. in-4 obl., demi-rel. mar. orange.

635. Recueil de fanfares pour la chasse à une ou deux trompes ro. posées par feu Monsieur le Marquis de Dampierre, gentilhomme des chasses et plaisirs de Sa Majesté, gravé par Mᵐᵉ Oger. A Paris, chez Le Clerc, s. d., avec privilège du Roy, pet. in-fol., mar. bleu, dent., dos orné, doublé de mar. rouge, dent., tr. dor. (Chambolle-Duru.) Ce volume rare contient : un titre, un beau portrait de l'auteur gravé par B. L. Henriquez et 61 pages renfermant : 1º l'avertissement de M. de Dampierre ; 2º 33 fanfares, et 9 planches gravées par Henriquez d'après Breton, (Les Animaux. — Le Rut des Cerfs. —

Le Valet de limier au bois. — L'Assemblée. — La Chasse du Cerf. — Les Chasseurs crient Vol-ce-l'est. — La Mort du Cerf. — La Curée. — La Chasse du Sanglier.) — 376 fr.

846. Poésies diverses et chansons que le hasard a occasionnées, faites et mises en musique, par le même Particulier. Rassemblées en 1757, in-4, mar. rouge, fil., dos orné, gardes de papier doré et étoilé, tr. dor. (Anc. rel.) Manuscrit du XVIIIᵉ siècle, 136 pages et 2 feuillets de table. Il renferme entre autres choses : Criséis, opéra et la parodie de cette pièce. — 45 fr.

899. Mémoires historiques sur Raoul de Coucy. On y a joint le recueil de ses chansons en vieux langage, avec la traduction et l'ancienne musique [par de La Borde]. Paris, Imprimerie de Pierres, 1781, 2 tomes en 1 vol. in-18, 3 portr. et 1 fig. non signés, plus 12 pages de musique grav., mar. rouge, fil., dos orné, tr. dor. (Anc. rel.) — 16 fr.

900. Recueil de Chansons notées, italiennes et françoises, pet. in-4, rel. en velours, étui de mar. bleu.

Manuscrits précieux de la fin du XVᵉ siècle, sur vélin, avec miniatures, fleurons, lettres ornées et encadrements. Relié en bois, couvert de velours rouge taillé en forme de cœur. — 6,900 fr.

901. Sensuiuet plusieurs || Belles chansons nouuelles. Et sont en || nombre iiii. xx. & dix. Et premièrement || ..... S. l. n. d. [vers 1530], pet. in-8 goth. de 24 ff. non chiff., sign. A-F, mar. rouge, jans., tr. dor. (Chambolle-Duru.) — 45 fr.

902. Chansons à quatre voix, 3 vol. in-8 [le 4ᵉ manque], oblong, mar. noir, comp. de fil. et de rinceaux, petits caissons mosaïque rouge, tr. dor. (Rel. du XVIᵉ siècle.) Manuscrit du XVIᵉ siècle avec musique notée. Il est divisé en deux parties : la première contenant 51 chansons de Sandrin (28), Belin (4), Claudin (2), Certon (3), Boyvin (2), Gardane (1), Godard (1), Harcadelt (1), Maillé (2), Lupi (3), Maillard (1), Jacotin (1), Villiers (2) et 9 chansons sans nom d'auteur. La seconde partie renferme onze psaumes mis en musique par Claudin, Sohyer, Belin et Pinel. — 2,655 fr.

903. Beau recueil de plusieurs belles chansons spirituelles, auec ceux des huguenots heretiques & ennemis de Dieu, & de nostre mere saincte Eglise : faictes & composees par maistre Christofle de Bourdeaux. A Paris, chez Magdeleine Berthelin, s. d., in-16 de 94 ff., les deux derniers non chiff., mar. orange, dent., tr. dor. (Chambolle-Duru.) — 300 fr.

904. Verger de musique contenant partie des plus excellents labeurs de M. C. Janequin..... Premier livre. Ténor..... (Trautz-Bauzonnet.) — 45 fr.

905. Chanson de la bataille donnée entre Paris & sainct Denys la veille de la sainct Martin 1567. Sur le chant les Bourguignons ont mis le camp denant la ville de Peronne. S. l., 1568, pet. in-8 de 3 ff. non chiff. dont le derrier blanc, mar. bleu, dent., tr. dor. (Chambolle-Duru.) — 70 fr.

906. Chanson nouvelle du miracle advenu à Paris..... — Chanson nouvelle contre les Huguenotz. — Chanson nouvelle des triomphes et magnificences qui ont esté faictes à Paris, au mariage du roy de Navarre. — Chanson nouvelle à l'encontre des Huguenots..... — 810 fr.

907. Recueil de chansons, in-4 de 63 ff., demi-rel. mar. noir. Recueil du commencement du xviie siècle, calligraphié et orné. — 145 fr.

908. Le Trésor des chansons amoureuses. Recueillies des plus excellents Poëtes de ce temps. Augmenté de plusieurs airs de cour non encor veuz ny imprimez. A Rouen, chez Jacques Cailloué, 1622, 264 pag. et 4 ff. de table. — L'Eliste ou recueil des chansons amoureuses. Recueillies des plus excellents Poëtes de ce temps. Augmenté de plusieurs Airs de Cour non encor veuz ny Imprimez. Id., id., 1623, 164 pag. et ff. de table, 2 ouv. en un vol. pet. in-12, mar. rouge, fil., dos orné, tr. dor. (Trautz-Bauzonnet.) Recueil rare. — 190 fr.

909. Cantates françoises à une et deux voix mêlées de symphonies, par monsieur Morin, ordinaire de la musique de S. A. R. monseigneur le duc d'Orléans. Le premier livre imprimé en 1706, le second livre imprimé en 1707. Paris, Ballard, 1706-1707, 2 parties, musique notée. — La Chasse du cerf, divertissement chanté devant sa Majesté à Fontainebleau le 25e jour d'aoust 1708. Mis en musique par Monsieur Morin... ce divertissement est mêlé de plusieurs airs à boire. Paris, Ballard, 1709, musique notée. — Ens. 3 parties en 1 vol. in-4 obl., veau marbré. (Anc. rel.) — 82 fr.

910. Recueil de chansons et vaudevilles en musique avec plusieurs figures faites à la main par J. D. (Dalichamps), 1713, pet. in-8, mar. bleu, fil., tr. dor. (Bruyère.) — 181 fr.

911. Nouveau Recueil de chansons choisies. Quatrième édition. La Haye, chez Jean Neaulme, 1735-1743, 8 vol. in-12, airs notés, veau marbré, fil., tr. roug. — 52 fr.

912. Recueil de duos avec musique notée. Manuscrit in-4 de 212 pag. et table, mar. rouge, large dent. à pet. fers, tr. dor. (Anc. rel.). Manuscrit du xviiie siècle. — 330 fr.

913. Recueil de chansons. 2 vol. [Tomes II et III], in-8, mar. rouge, dent., dos ornés, gardes de pap. doré et étoilé, tr. dor. (Anc. rel.) — 205 fr.

914. Les A-propos de Société, ou chansons de M. L... (Laujon). S. l. (Paris), 1776, 2 vol. avec musique notée, 1 frontisp. par Moreau servant à chaque volume, 2 fig. par Moreau, grav. par de Launay et Simonet, 2 vign. et 2 culs-de-lampe par Moreau. — Les A-propos de la Folie, ou chansons grotesques, grivoises et annonces de parade (par le même). S. l. (Paris), 1776, 1 vol. avec musique notée, 1 front., 1 fig. et 4 vig. par Moreau, grav. par Martini, et 1 cul-de-lampe par Moreau seul. — Ens. 3 vol. in-8, mar. citron, fil., dos ornés, tr. jasp. (Anc. rel.) — 31 fr.

915. Chansons nouvelles de M. de Piis, écuyer, secrétaire-interprète de Mgr le Comte d'Artois, dédiées à Monseigneur Comte d'Artois et ornées de douze jolies Estampes gravées par Gaucher, d'après les dessins de Le Barbier. Paris, Defer de Maisonneuve, s. d. (1785), in-8, front. de Choffard. 12 figures de Le Barbier et 21 pag. de musique gravée, mar. orange, dent., dos orné, doublé de mar. bleu, dent., tr. dor. (Chambolle-Duru.) — 390 fr.

916. Recueil de chansons. Manuscrit pet. in-8 de 124 pag., mar. rouge, larges dent. sur les plats, dos orné de cœurs, colombes se becquetant, tr. dor. (Anc. rel.). Manuscrit de la fin du xviiie siècle. — 80 fr.

917. Recueil complet des chansons de Collé. Hambourg et Paris, 1807, 2 tomes en 1 vol. in-16, mar. vert, fil. à fr., dent. int., doré sur tr., non rog. (Duru.) — 9 fr.

918. Sisuinet les noelz tresexcelens. Conforme à la description donnée par M. Emile Picot dans le Catalogue du Bon James de Rothschild (nᵒ 1.016). — Acquis par la Bibliothèque Nationale. 310 fr.

956 bis. Les Trois Théâtres de Paris, ou abrégé historique de l'établissement de la Comédie-française, de la Comédie italienne et de l'Opéra : avec un précis des lox, arrêts, réglemens et usages, qui concernent chacun de ces spectacles. Par M. dés Essarts, avocat au Parlement. Paris, Lacombe, 1777, in-8, demi-rel. mar. orange, tr. peigne. (Durnier.). 17 planches de costumes de théâtre, gravées par Joullain. — 32 fr.

958. Administration de l'Académie Royale de musique. 1781 à 1783, en 1 vol. in-4, mar. rouge, fil., dos orné, tr. dor. (Anc. rel.). Manuscrit du xviiie siècle. — 142 fr.

959. Reglement pour servir au payement des appointemens et gratifications annuelles des acteurs, actrices, danseurs, danseuses, simphonistes et préposés pour le service du théâtre et des écoles de l'Académie royale de musique pendant l'année 1789 à 1790. Pensionnaires de l'Académie royale de musique, pour l'année 1789 à 1794, etc., en 1 vol. in-8, mar. vert, fil., dos orné, tr. dor. (Anc. rel.). Manuscrit du xviiie siècle. — 67 fr.

960. Ballet comique de la Royne, faict aux nopces de Monsieur le Duc de Joyeuse & madamoysele de Vaudemont sa sœur, par Baltasar de Beaujoyeulx, valet de chambre du Roy & de la royne sa mere. A Paris, par Adrian le Roy, 1582, in-4 de 3 ff. prél., 75 ff. chiff. et un f. non chiff. pour le privilège, planch. et musiq., parch., fil., étui. (Anc. rel.) — 610 fr.

961. Ballet royal de la Nuict, divisé en quatre parties, ou quatre veilles et dansé devant Sa Majesté le 23 février 1653. A Paris, par Robert Ballard, 1653, in-fol., mar. marbré, fil., dos orné, tr. dor. (Anc. rel.) — 3,420 fr.

962. La Corbeille et la Flûte enlevées, ou la fête de Palémon, pastorale. En un acte en vers, mêlés d'ariettes. Représentée le 30 juin 1752, dans le jardin et à l'occasion de la fête de M. Poissonnier, conseiller d'État. Par M. de Bonne Carrère... In-8, veau fauve, fil., dos orné, tr. doré. (Anc. rel.) Manuscrit du xviiie siècle. — 37 fr.

1337. Argenterie, menus plaisirs et affaires de la Chambre du Roi : 1771, in-4, mar. rouge, fil., fl. de lis aux coins et au dos, gardes de pap. doré, tr. dor. (Anc. rel.). Manuscrit du xviiie siècle. (Reglemens concernant les opéra, ballets, comédies et concerts, les arrêts du Conseil d'État du Roi... pour les spectacles et les reglemens faits en conséquence.) — 2.886

ICONOGRAPHIE

— Une Exposition internationale d'affiches illustrées aura lieu à Saint-Pétersbourg, en novembre 1897. S'adresser au Secrétariat de l'Exposition, au siège de la Société d'encouragement aux arts, 38, Grande-Morskay à Saint-Pétersbourg.

— Au Salon des Champs-Elysées. PEINTURE. « La Musique », par Mlle Abhéma; « Harmonie », par M. Gabriel Ferrier; « Orphée », par M. Foreau; « Sainte-Cécile », par M. de Migl; « Wotan », par M. Dupuy; « Mireille », par M. Leydet; « Salammbo », par M. Levreau; « Le Baiser de Dahut » (Le Roi d'Ys), par M. Presseq.

INSTRUMENTS ANCIENS

— Les Violons célèbres. Voy. *The Leader*, n° 3.

— A la suite d'une matinée musicale donnée dans un des salons les plus connus de la colonie étrangère, les artistes amateurs ont fait l'acquisition d'un grand nombre des instruments anciens sur lesquels avaient été exécutées les pimpantes compositions des XVIIe et XVIIIe siècles, et de ceux qui avaient été disposés sur les tentures, en décoration appropriée, tous fournis par l'établissement parisien de l'UNION MUSICALE.

AUDITIONS ET REPRÉSENTATIONS

THÉATRES ET CONCERTS

Amsterdam. — OPÉRA NÉERLANDAIS. La *Walkyrie*, représentée pour la première fois en hollandais.

Augsbourg. — THÉATRE MUNICIPAL. *Agnola*, opéra de A. Krachmer, musique de K. J. Schwab, représenté pour la première fois avec succès.

Barcelone. — LICEO. Chef d'orchestre : Rodolfo Ferrari. *Lohengrin*, *Samson et Dalila*.

— NOVEDADES. *Notre-Dame de Paris*, mélodrame lyrique, de Manuel Giro, représenté pour la première fois.

Berlin. — OPÉRA. *Ondine*; *L'Africaine*; *Ondine*; *Mignon*; *Alexandre Stradella*; *Enoch Arden*; *Le Maçon*; *Ondine*; *Lohengrin*; *Ondine*; *Cavalleria*; *Enoch Arden*; *Ondine*; *Le Prophète*; *Le Trouvère*; *Huguenots*; *Tannhaeuser*; *Carmen*; *Le Maçon*; *L'Africaine*; *Ondine*; *Le Bouffon*.

Bruxelles. — THÉATRE DE LA MONNAIE. Du 19 avril au 3 mai. *Faust*; *Orphée*; *Roméo et Juliette*; *Tannhaeuser*; *Les Pêcheurs de Perles*; *Sylvia*; *Carmen*; *Samson et Dalila*; *Orphée*; *Le Domino noir*; *Nuil de Noël*; *Fervaal*; *Les Pêcheurs de Perles*; *Mignon*; *Myosotis*; *Faust*; *Tannhaeuser*.

— EXPOSITION UNIVERSELLE. La *Cantate Inaugurale*, de Paul Gilson, a été exécutée pour la première fois le 10 mai, à l'inauguration de l'Exposition. Les ensembles comprennent mille chanteurs; les instrumentistes (orchestre et quatre musiques militaires) sont au nombre de six cents, tous dirigés par M. J. Dupont. L'exécution a eu lieu en plein air, au milieu d'un immense enthousiasme de la foule, qui acclama l'auteur de cette œuvre puissante.

Clermont-Ferrand. — THÉATRE. *Faust*.

Cologne. — THÉATRE. *Die Halliger*, opéra en trois actes, de F. Koch, représenté pour la première fois, avec un succès d'estime.

Elberfeld. — THÉATRE MUNICIPAL. *Don Quichotte*, opéra de Rauchenecker, représenté pour la première fois avec succès.

Gand. — CONSERVATOIRE. Messe en *ré*, de Adolphe Samuel, exécutée pour la première fois, le 17 avril.

Iglau (Moravie). — THÉATRE MUNICIPAL. *Milena*, opéra de Ernst Bruckmüller, représenté pour la première fois.

Leipzig. — THÉATRE MUNICIPAL. Le *Chevalier d'industrie*, opérette de Gustave Meyer, représentée pour la première fois.

Linz. — THÉATRE MUNICIPAL. *Miss Brown*, opérette de Charles Kohler, représentée pour la première fois, avec quelque succès.

Lyon. — GRAND-THÉATRE. Directeur : M. Vizentini. Les *Maîtres Chanteurs*, avec la version française de Alfred Ernst (31e et 32e représentations). La moyenne des recettes des représentations des *Maîtres Chanteurs* vient d'être établie : elle est de trois mille deux cents francs par soirée.

Manchester. — THÉATRE. *Bohême*, de Puccini.

Mannheim. — Théatre. *Gernot*, opéra en trois actes, de E. d'Albert, représenté pour la première fois avec succès.

Marseille. — Grand-Théatre. Directeur : Mobisson. La *Walkyrie ; Faust ; Roméo et Juliette*.

Menton. — Casino municipal. *Djaïla*, opéra-comique en trois actes, de Gabriel Bernard, musique de Castégnier, représenté pour la première fois.

Milan. — Scala. *Il Signor di Pourceaugnac*, opéra-comique en trois actes, de Fontana, musique de Alberto Franchetti, représenté pour la première fois le 10 avril, avec un succès relatif.

Moscou. — Opéra. Chef d'orchestre : Vanyo. *André Chenier*, de Giordano.

Nancy. — Conservatoire. Directeur et chef d'orchestre : Guy Ropartz. La *Damnation de Faust*.

Nantes. — Grand-Théatre. Directeur : Martini. *Evangéline*, de Xavier Leroux, représenté pour la première fois, en France, sous la direction de l'auteur.

New-York. — Broadway Theatre. Chef d'orchestre : Seidl. L'*Arlésienne* (The *Woman of Arles*), de Daudet et Bizet.

— Metropolitan Opera House. Directeur de la troupe allemande : Walter Damsroch *Mastawintha*, de Xavier Scharwenka : *Lohengrin ; Siegfried*.

Paris. — Opéra. *Tannhaeuser ; Otello; Roméo et Juliette; Otello; Faust; Messidor; La Favorite; Maladetta; Otello; Lohengrin; Otello; Don Juan; Lohengrin; Roméo et Juliette; Lohengrin; Messidor*.

— Opéra-Comique. *Mireille; Mignon* (rentrée de M*** Van Zandt); *Don Juan* (rentrée de M. Victor Maurel; La *Dame blanche* (1.587* représentation); L'*Amour médecin; Mignon; Don Juan; La Dame blanche; Les Noces de Jeannette; Domino noir; Mignon; Don Juan; La Dame blanche; Mignon; Don Juan; La Dame blanche; Mireille; Orphée; Les Noces de Jeannette; Don Juan; La Dame blanche; Don Juan*.

— Athenée Comique. Le *Jour et la Nuit*, opéra-bouffe de Charles Lecocq, représenté pour la première fois, à ce théatre, avec beaucoup de succès.

— Porte Saint-Martin. La *Montagne enchantée*.

— Variétés. Le *Petit Faust*, opéra-bouffe, de Hervé, représenté pour la première fois, à ce théatre, le 7 mai.

— Eldorado. La *Jarretière*, opérette en 1 acte, de Barré et Billaud, musique de Banès, représentée pour la première fois le 27 avril.

— Olympia. Chef d'orchestre : de Lagoanère. *Pierrot au Hammam*, pantomime-ballet en 2 tableaux, de Bertol Graivil, musique de Toulmouche, représenté pour la première fois, le 1er mai.

— Conservatoire. Festival-Vieuxtemps. Chef d'orchestre : Paul Taffanel. 4* concerto de Vieuxtemps, avec le concours de M. Marsick.

— Orchestre Philharmonique de Berlin. Chef d'orchestre : Nikisch. Ouverture de *Leonore* (n° 3), et *Symphonie héroïque*, de Beethoven; ouverture de *Tannhaeuser*; fragments de l'*Anneau des Nibelungen*, des *Maîtres Chanteurs*, de *Tristan*; Ouverture d'*Oberon* ; 2e Symphonie, de Schumann : Ouverture de *Rienzi*.

— Concerts Colonne. Ouverture de *Patrie*, de Bizet; fragments de *Psyché*, de César Franck; *Marche troyenne*, de Berlioz. Avec le concours de M. Eugène Ysaye : *Divertissement*, de Lalo ; Prélude et Fugue, de Bach: *Poème*, de Chausson ; Concerto de Mendelsshon. Avec le concours de M. Raoul Pugno : Concerto en *la* mineur, de Grieg; le *Carnaval*, de Schumann. Avec le concours de M. Cantié : Nocturne pour flûte du *Conte d'Avril*, de Widor.

— Concerts divers : Paderewski (Concert pour le monument de Henry Litolff. L'orchestre sous la direction de M. Paul Taffanel. Concerto en *fa* mineur, de Chopin; Le *Roi Lear*, ouverture inédite, de H. Litolff et concerto en *mi* bémol, de Liszt; Scherzo du Concerto en *ré* mineur, de Henry Litolff; Les *Girondins*, drame symphonique de Henry Litolff. — Marsick Bauer et Salmon. Sonates en *ut* mineur, de Beethoven, en *la* majeur, de César Franck; Trio en *ré* mineur, de Schumann. — Eugène Ysaye et Raoul Pugno : Sonates en *si* mineur, de Bach: en *sol* majeur, de Lekeu: en *sol*, de Beethoven (n° 9: en *mi* mineur, de Raff: n° 3.

op. 108, de Brahms; en *la mineur*, op. 105, de Schumann. — GUILMANT. 2ᵉ Concerto en *si* bémol, de Haendel; *La Fille de Jephté*, de Carissimi; Oratorio de Noël, de Saint-Saëns; des quatuors vocaux de Guillaume Costeley, Jannequin, avec le concours des chanteurs de Saint-Gervais et de l'orchestre dirigé par M. Gabriel-Marie. — SOCIÉTÉ DES COMPOSITEURS DE MUSIQUE. 1ᵉʳ Quatuor et sextuor, de Edmond Malherbe; Sonate, de Wiernsberger; mélodies de Henri Büsser, de Paul Rougnon et un duo d'*Aude et Roland*, de L. Honnoré. — Armand PARENT. Quatuor, op. 41, de Schumann; 1ᵉʳ trio en *fa*, de Saint-Saëns; Sonate à Kreutzer; fragments de *Xavière* et des mélodies de Théodore Dubois. — Séance consacrée par M. Armand PARENT à l'école du violon des XVIIᵉ et XVIIIᵉ siècles (œuvres de Vitali, Haendel, Bach, Corelli, Bach, Leclair, Vivaldi, Tartini). — Instruments anciens (MM. Diémer, Delsart, Van Wæfelghem, Grillet). Pièces diverses de Rameau, Martini, Lulli. — Clotilde KLEEBERG. Variations sur un thème de Schumann, de Brahms; Sonate en *mi* mineur, de Weber; Rondo en *sol* majeur, de Beethoven; l'*Allée solitaire*, de Théodore Dubois; Suite en *sol* mineur, de Haendel; Sonate, op. 90, de Beethoven.

— SOIRÉES. Chez Mᵐᵉ Ménard - Dorian (Œuvres de Jaques - Dalcroze). — Chez Mᵐᵉ Ludovic Breitner (Trio, de Schütt, et des pièces de Wagner, Mendelssohn, B. Godard, avec le concours de M. et Mᵐᵉ Breitner, le violoncelliste Liégeois et l'altiste Bailly).

Pavie. — THÉÂTRE GUIDI. *Aurora*, opéra en deux actes, de Soffredini, représenté pour la première fois avec succès.

Reims. — THÉÂTRE. *Mephistophélès*, de Boïto.

Saint - Pétersbourg. — CONSERVATOIRE IMPÉRIAL. *Lénore*, opéra en quatre actes, de Jules Kapry, représenté pour la première fois.

Strasbourg. — Sous la direction de M. Stockausen, *Requiem*, de Brahms.

Toulouse. — CAPITOLE. *Faust*.

Turin. — THÉÂTRE BALBO. *Donna avocate*, opérette de Giuseppe Galimberti, représentée pour la première fois.

Venise. — FENICE. *Werther*.

Vérone. — *Léna*, drame lyrique en quatre actes, de Torquato Zignani, représenté pour la première fois.

Vienne. — Directeur: Jahn. OPÉRA IMPÉRIAL. La *Fée des poupées* ; *Guillaume Tell* ; *Lohengrin* ; *Werther*; *Le Barbier de Séville* ; *Die Walküre* ; *Roméo et Juliette* ; *L'Africaine* ; *Siegfried*; *Werther* ; *Le Bouffon* ; *Crépuscule des Dieux*; *Faust*; *Le Barbier de Bagdad* ; *Le Vaisseau fantôme* ; *Manon* ; *Le Barbier de Bagdad*; *Fidelio*; *La Fiancée vendue*; *Les Maîtres Chanteurs*.

ANALYSES ET NOTICES
CRITIQUES

Cantate inaugurale. — (Exposition universelle de Bruxelles 1897), composée sur des thèmes populaires flamands. Paroles de G. Th. Antheunis. Musique de Paul GILSON. Bruxelles, Schott frères [Imp. Nationale de musique, Bruxelles]. Partition chant et piano, 51 pages in-8. Net 4 fr.

D'un commun accord, le librettiste et le compositeur ont adopté les divisions suivantes : I. Invocation à la Paix ; II. Salut aux étrangers; III. Vive le mois de mai! IV. Invocation à la Patrie.

Très lent, un appel de trompettes, qui zébrera tout le reste de la partition, retentit. L'orchestre répond en tutti par l'indication des principaux motifs, qui seront développés en suite. Cela est une courte ouverture de deux pages. I. Ténors et basses entonnent gravement l'Hymne « Salut à toi, salut grande et noble Paix », repris par les sopranos, puis par l'ensemble. Quatorze mesures d'orchestre. Alors, sur un thème populaire en 6/8, les sopranos chantent le second motif « Vous, race brune et blonde, vous, hôtes attendus... ». Nouvel ensemble. III. Sur un autre lied populaire en rythme alternatif à 9/8 et à 6/8, voici la chanson de mai (page 14). Des pages 22 à 29, l'orchestre seul reprend les motifs précédents et les commente de la manière la plus ingénieuse, dans une riche symphonie. Puis les ténors et contraltos font entendre un motif également populaire de ronde vive et gaie, neuf fois repris par les autres parties chorales (pages 29 à 45). Enfin, sur le thème initial s'étend, d'abord en canon avec l'orchestre, le chant qui couronne l'œuvre (« O ma Belgique »), produisant une vive impression.

Ce thème initial (« Salut à toi » et « O ma Belgique ») est un choral du XVIe siècle « Wilt ontspringen, lofsangls singen ». Le second une chanson flamande du XVe, « Den Dach en wil niet werbroghen sijn ». Le troisième est du XIVe, « Ik spring in diesem Ringe ». La tradition du quatrième. « Daer ging een pater langs het land... », s'est encore conservée davantage et c'est peut-être le plus ancien.

Avec de semblables éléments, il est facile de plaire aux masses ; mais il s'agit, dans ces sortes de cantates, d'éviter la banalité pour se concilier l'autre partie du public. Dans le *Poème alpestre*, cantate inaugurale de l'Exposition de Genève, M. Jaques-Dalcroze avait su atteindre le double but. M. Paul Gilson a fait de celle de Bruxelles une partition qui intéresse les artistes comme elle enthousiasme la foule.

Son entr'acte symphonique est à retenir : il démontre une fois de plus l'usage heureux qu'on peut faire, dans le développement, des emprunts à la muse populaire ; très chromatiques, ces pages ravissent l'artiste moderne et... « portent ».   LA FONT.

Dix cantiques en l'honneur de saint Joseph. Paroles de Paul Debuchy, S. J., musique de André HEIDET, S. J. Gand, de Vylder, 1896, in-8, 22 pages. — En vente chez A. Heidet, 18, rue de Rome, à Verviers ; P. Debuchy, école Notre-Dame, à Boulogne-sur-Mer.

Les cantiques ont souvent, sous couleur de popularité, des paroles banales et une musique vulgaire. Ceux des PP. Debuchy et Heidet échappent à ce double défaut. Les poésies du premier, en une langue châtiée, grave, retracent, avec un grand sentiment de piété et une profonde science doctrinale, la vie et les vertus de saint Joseph ; les mélodies du second, d'une harmonie moderne, osée, ont un rythme distingué, une élégance, une correction peu communes. Le P. Heidet connaît et aime les compositeurs contemporains : Gounod, Wagner, Schumann, Tinel. Les accords de neuvième, les anticipations, les retards, les modulations, les altérations abondent dans ses cantiques. On doit donner une attention particulière au no 2 qui a un accord de septième diminuée (1re mesure), de neuvième majeure (1e mesure), d'un caractéristique effet : au no 3, pour son dessin mélodique et harmonique ciselé de ... on originale, au no 7, en *fa* mineur, qui se termine solennellement par une diatonique phrase en majeur, sévère comme la mort, douce comme l'espérance ; au no 8, pour cette délicieuse phrase : *mi. ré. do. si. la. sol dièse. fa. mi. si. ré. do*, à laquelle quelques musiciens d'esprit janséniste trouveront peut-être un accent trop humain et légèrement mondain : mais il nous déplait de bannir du cantique, voire de la musique sacrée, les accords et intervalles diminués, sous peine de réduire le compositeur à mal parler une langue morte, et cela pour le plus grand ennui de tous.

Ces cantiques, qui plairont à beaucoup, peuvent être chantés non seulement au mois de mars, mais conviennent pour toutes les fêtes solennelles ou privées qui ont lieu en l'honneur du Patron de l'Eglise universelle.
      J. L. DE BRUNEVAL.

Sébastien de Brossard, prêtre, compositeur, écrivain et bibliophile (165...-1730), d'après ses papiers inédits, par Michel BRENET. Paris [Société de l'histoire de Paris], 1896, in-8°, 53 pages.

Dans cette notice sur Brossard, M. Michel Brenet nous fait un portrait de l'auteur du premier dictionnaire de musique français. Cette figure intéresse M. Brenet, elle l'attire : est-ce à cause d'une certaine conformité d'esprit entre l'érudit maître de chapelle de Meaux et le sagace, le laborieux et infatigable musicographe, auteur de cette étude ?

Brossard (165..-1730), fut à la fois compositeur, écrivain, bibliophile. Après avoir habité Caen, Paris, Strasbourg, il fut nommé maître de chapelle à Meaux vers 1698. Là, il remplit avec grand soin les devoirs de sa charge, ne s'occupa plus, lui l'auteur de six recueils d'*airs sérieux et à boire*, que de musique sacrée, de travaux tant historiques que théoriques sur son art : c'est là qu'il mit en ordre, catalogua et enfin légua à Louis XV (en 1726), moyennant deux titres de pension, son admirable bibliothèque.

On eût souhaité que M. Brenet analysât plus longuement « le talent honorable » du compositeur ; il s'est étendu plutôt sur l'érudit, relevant de nombreuses erreurs chez Fétis, Fayolle et autres, signalant au passage de curieux détails sur Bouteiller, Pechon, Coupillet, Tabart, Lemaire, René Ouvrard, Etienne Loulié, Demoz, Homet (né vers 1690). Cette dernière date, d'une grande importance, permet d'attribuer sûrement à Homet le célèbre faux-bourdon du *Dies iræ*, attribution qu'a contestée autrefois la *Musica Sacra* de

Toulouse, parce que, d'une part, Fétis faisait Homet enfant de chœur en 1730, et que, d'autre part, le supplément d'un *Graduale romanum*, imprimé en 1722 à Toulouse, chez Jean Guillemette, contenait ce faux-bourdon.

M. Michel Brenet se complait à louer « la patience et la ténacité, le travail personnel, les connaissances théoriques et littéraires tout à fait exceptionnelles » de Brossard, et ressent pour ce « savant modeste » une « sympathie respectueuse ». L'éloge accordé à Brossard peut, en vérité, être retourné à M. Michel Brenet: nous le faisons volontiers et avec plaisir.   HENRY EXPERT.

La Musique et les Arts plastiques, par Ernest CLOSSON. Bruxelles, Schott frères, éditeurs, 82, Montagne de la Cour, 1896, in-18.

Il y a dans cette brochure de 56 pages des aperçus ingénieux, au milieu de jugements qui seraient oiseux dans un traité parachevé, mais peuvent s'admettre dans une causerie, surtout lorsque la thèse connue est relevée par un exposé intéressant, comme dans la comparaison de l'architecture à la musique (page 11).

Parmi les aperçus ingénieux, il en est que je loue fort, sauf pour la forme, par exemple : « La musique pure communique peut-être avec difficulté une idée déterminée, — encore que ce point serait à discuter, — mais elle donne à penser, ce qui est ici l'important. Elle dirige le cours de nos idées et par là, occupe la première place parmi les facteurs qui influencent à notre insu notre manière d'agir (page 19). »

D'autres sont d'une métaphysique superficielle : « la musique que l'on pourrait définir... une forme qui se dessine dans le temps. » L'auteur veut dire « la succession » opposée à la simultanéité (page 11).

M. Ernest Closson a abordé encore un sujet important: « l'expression dans l'imitation », mais en se tenant dans les généralités (1). Le « tableau » musical, dit-il à ce propos, « ne serait pas complet s'il n'éveillait en nous une impression subjective ». — On peut dire que esthétiquement il n'existerait pas.

La conclusion de cette brochure est à retenir, pour sa parfaite justesse : « Aussi n'est-il pas vrai de dire que la musique descend jusqu'à la foule, elle l'élève plutôt jusqu'à elle.

(1) Voy. le *Journal musical*, n° 7, page 100.

pour lui faire pressentir cet au-delà dont aucun art ne saurait lui communiquer la notion. »   B.-L.

Mélodies choisies. Chant et piano, de Johannès BRAHMS. Version française de Maurice Kufferath. N° 1. Chanson de Thibaut, comte de Champagne, XIIIe siècle, op. 14, n° 4. Bruxelles, Schott frères, 4 fr.

La ligne simple de la musique a été composée sur une traduction allemande de la chanson du Moyen-Age. M. Maurice Kufferath a dû modifier quelques vers du vieux poète pour les conformer au rythme de la mélodie.

Sérénité. Proses rythmées de Léon Donnay. Six interprétations pour chant et piano par Ernest CLOSSON. N° 1. Confidence, mélodie, 2 fr. 50. — N° 2. Bocal, ariette, 2 fr. 50. N° 3. La Chasse, air, 3 fr. N° 4. Prologue, récit, 3 fr. N° 5. Les Corbeaux, air, 3 fr. N° 6. Comparse, scène, 3 fr. Recueil complet, net 4 fr. Bruxelles, Schott frères.

La musique des n°s 3, 5, 6 n'est rien moins que banale; chant et accompagnement sont faits de verve. Le n° 3 est une fantaisie musicale amusante, qui suit, souligne ou commente les paroles. « On allait ainsi par la ville remorquant le fantôme héroïque qui radotait ses campagnes. ... On adoptait pour la remorque une démarche militaire et des allures l'épopée... Puis... rentrés.. on calait le vieux... dans son fauteuil. » Et plusieurs mesures encore les notes vacillent au piano... Le voilà d'aplomb !

Neuf mélodies d'Albert Eibenschütz. Poésies de Mirza Schaffy et Maurice Plaeschke. Paroles en allemand et en français. Version française de Lucien Solvay. N° 1. Zuleika, 4 fr. N° 2. Sommernacht, (Nuit d'été), 3 fr. — N° 3. In der Frende (A l'Etranger), 4 fr. — Die Verlassene (L'Abandonnée), 2 fr. 50. — N° 5. Bist du's (Le Rossignol), 3 fr. — N° 6. Alte Notenblaetter (feuillets jaunis), 3 fr. — Liedeswerben (Mon Secret), 2 fr. 50. — N° 8. Sehnsucht (Aspiration), 4 fr. — Verlust (Tu n'es plus là), 3 fr. Le Recueil, net 5 fr. Bruxelles, Schott frères.

Pièces agréables, dont nous retenons les n°s 1, 7, 8

Mélodies. Poésies d'André Van Hasselt. Musique d'Arthur de Greef. I. L'Etoile, 2 fr. 50. II. Doux oiseaux de mai, 3 fr. III. Dans la verte forêt, 3 fr. IV. A le voir tout cœur soupire, 5 fr. Bruxelles, Schott frères.

Courtes pièces, finement écrites, dont les deux premières n'ont rien de banal; la troisième a de l'élégance.

Six Chants nationaux norwégiens, pour 3 voix de femmes, harmonisés et arrangés par Jos. MERTENS. Paroles de L. de Casembrool. Dédié au Trio Hollandais : Mlles Anna

Corver, J. de Jong et Marie Sneyders (avec leurs portraits sur la couverture). Bruxelles, Schott frères. Partition, net 2 fr. 50. Chaque partie, 40 c.

Point n'est besoin de dire l'intérêt spécial de ces chants, dont la transcription est heureuse. En voici les titres : « Coucher de soleil » ; « La Noce dans le Hardang » ; « Les Feuilles nouvelles » ; Evocation des esprits de la forêt » ; « Au bois des roses » ; « A la Patrie ».

Mélodias populares espanoles (des îles Baléares), pour piano, par A. Noguera. Bruxelles, Schott frères. Net 3 fr.

C'est avec un grand plaisir qu'on lit ces transcriptions d'une « Cancion con estribillo » ; d'une « melodia » ; de « La Balanguera » ; d'une « Tocata; de la « Janza », air de la « flor de murta », lent et triste; enfin la « festa ».

Valse pour piano, par A. EIBENSCHUTZ, op. 14. Bruxelles, Schott frères, 6 fr.

Cette composition ne sort pas du gris.

Finale du Concerto pour violon, en *mi* mineur, op. 64, de MENDELSSOHN, transcrit pour piano par Etienne MARTIN. Bruxelles, Schott frères. Net 1 fr.

C'est le Concerto dont le thème principal rappelle un des principaux de *Lohengrin*.

Suite, en forme de Sonate, pour violon et piano, par A. EIBENSCHUTZ. Op. 11. Bruxelles, Schott frères. Net 5 fr.

Composition étendue, très intéressante.

Autres compositions reçues par le *Journal musical* :

Musique pour piano. Album de Salon : G. Bachmann : Le Petit Poucet. En chasse. — Dreyschock : Sérénade. — Th. Hermann : Mignonne gavotte. — P. Jullien : Pavane Duchesse. — Michiels : Czardas, n° 1. — Schmoll : Primavera. — Van Damm : Lied dansé. Valse. — Villac : Les Pages du Roi. — Wallner : Feuille d'album. — G. Wilson : Noël. Bruxelles, Schott frères. Net. 3 fr.

Gillis (Ant.). Chant du page, morceau caractéristique, op. 113... 4 fr.

Lebierre (O.). Le Chant du gondolier, op. 140... 5 fr.

— Fête villageoise, rondo facile et élégant, op. 138... 5 fr.

— Mazurka espagnole, op. 129... 5 fr.

Stadtfeldt (A.). Air de ballet, de l'Opéra « Les Bohémiens », op. 39... 4 fr.

Van Gael (A.). Le Laurier. Six feuilles d'album faciles. N° 1. La Voix du cœur, romance. N° 2. Le Petit pâtre, pastorale. N° 3. Guitares et mandolines, sérénade. N° 4. La Viennoise, valse. N° 5. Les Glissades, mazurka. N° 6. Les Petits chasseurs, marche. Chaque numéro... 2 fr. 50.

— Le Palmier. Six petits morceaux faciles. N° 1. La Petite revue, marche. N° 2. La Bonne étoile, valse. N° 3. Pierrette, mazurka. N° 4. Les Mascarades, polka. N° 5. Gavotte mignonne. N° 6. En chasse. Chaque numéro... 3 fr.

Streabbog (L.). Les Jeunes virtuoses. 12 morceaux pour piano à 6 mains. Op. 100. N° 7. Le Départ. N° 8. Les Amazones. N° 9. La Fileuse. N° 10. Rondino. N° 11. Chanson napolitaine. N° 12. Echo des montagnes. Chaque numéro... 5 fr.

Musique pour violon et piano. Hillier (L. H.). Due Mezzi. I. Malinconia. II. Valse lente. Chaque numéro... 6 fr.

— Deux morceaux. I. Sérénade enfantine. II. Fable. Chaque numéro... 4 fr.

Lagye (Bénoni). Morceaux faciles, Op. 94. Boléro. Op. 95. Aubade printanière. Op. 96. Douce espérance. Op. 97. Chant d'adieu. Op. 98. La Chanson de la brise. Op. 99. Nuit étoilée, nocturne. Op. 101. Pensée fugitive. Op. 102. Danse espagnole. Chaque numéro, 4 fr.

— Six morceaux faciles. Op. 88. Sur l'onde, barcarolle. Op. 89. Chant du soir, nocturne. Op. 90. Simple chanson, berceuse. Op. 91. Doux réveil, aubade. Op. 92. Chanson d'automne, romance. Op. 93. Prière d'enfant. Chaque numéro... 4 fr.

Ribas (N. M.). Mazurka de salon, à la Portugaise. Accompagnement *ad libitum*. Op. 41... 5 fr.

Musique pour chant et piano. Dell'Acqua (Eva). Mélodies. (N°s 11 à 15 et 17. Paroles de F. Van der Elst.) N° 11. Ritournelle (joli mai, 4 fr. — N° 12. Amour défunt, 4 fr. — N° 13. Les Songes, valse. 6 fr. — N° 14. Reviens ! en 3 tons, 4 fr. — N° 15. Ils sont venus les jours moroses, virelai, 3 fr. — N° 16. Sonnet d'amour, en 2 tons, paroles de Melchior Bonnefois. — N° 17. Vision, en 2 tons, 4 fr.

Gillis (Ant.). Chœurs, mélodies et chansonnettes pour pensionnats. — Op. 122. Chant de reconnaissance, chœur à 2 voix avec solo pour la fête d'un supérieur, net 2 fr., chaque partie 25 c. — Op. 125. La Revue du général, scène enfantine avec marches et évolutions sur le théâtre, 3 fr. — Op. 126. Chœur de chasse, à 2 voix égales, net 1 fr. 50, chaque partie 20 c. — Op. 127. Le Fuseau de ma grand'mère, chansonnette, 2 fr. 50.

Mercier (Victor). La Chanson du bûcheron. Poésie de André Theuriet. 3 fr.

— Les Matins bleus. Poésie de Georges Touchard. 4 fr.

Reznicek (E. N. de). Trois mélodies. Poésies de Maurice Reymond. I. Loin de moi ou je veux fuir. II. S'il revient. III. Chanson de mai. Chaque n° 4 fr.

Varia. Ribas (Nicolas). Caprice sur un thème favori pour violon seul. Op. 42, 3 fr.

Falconnier (B. C.). Soirées de familles et d'amateurs. Douze morceaux ou septuors récréatifs, pour piano et violon obligés, flûte, 2e violon, alto, violoncelle et contrebasse *ad libitum*. Op. 114. N° 13. Sérénité, 6 fr. N° 14. Douce impression, 6 fr. N° 15. Bon conseil, 9 fr.

Jacobi (C.) Polonaise pour le basson (fagott), avec accompagnement de piano. 7 fr. 50.

Wallner (Léopold). Suite polonaise (Polnische Suite), pour alto-viola, avec accompagnement de piano. A. Danse mélancolique. B. Intermezzo. C. Mazurka. 7 fr. 50.

Delator (Angèle). Palmyre, valse, pour mandoline ou violon, avec accompagnement de piano. 6 fr.

Dell'Acqua (Eva). Sérénade joyeuse. Paroles de F. Van

der Elst, pour piano, 5 fr.; pour piano à 4 mains, 6 fr.; pour violon et piano, 5 fr.; pour mandoline et piano, 5 fr.; pour chant et piano, 5 fr.; pour duo ou chœur à deux voix et piano, 5 fr.

Douze exercices journaliers pour le développement et l'agilité de la voix, par C. VAN DEN BERGHE, Bruxelles, Schott frères, 15 pages in-8. Net 2 fr. 50.

Chacune des études est en plusieurs tons, avec un accompagnement de piano, dont la dernière note prépare au changement de ton de la reprise suivante.

Hymne delphique à Apollon. Musique antique découverte à Delphes en mai 1893 pendant les fouilles exécutées par l'Institut archéologique français d'Athènes, traduit, complété et arrangé à Athènes par Louis Nicole. Chant seul récité, avec les caractères découverts sur la pierre, net 4 fr. — Piano seul, net 3 fr. — Chant seul récité, avec accompagnement de piano, net 3 fr. 50. — Chœur pour 4 voix d'hommes, avec accompagnement de quatuor et flûtes ou piano, net 15 fr. — Chœur mixte à 4 voix, paroles françaises, net 3 fr. — Chœur à 4 voix d'hommes, paroles françaises, net 3 fr. — Le même, paroles françaises et paroles grecques.

Notes sur la musique grecque. Conférence faite à Athènes par M. Louis Nicole, lors de l'exécution de l'Hymne delphique à Apollon, avec un tableau, contenant les exemples de notation, 1 fr. 50. — Tableau synoptique des signes d'Alypius, avec leur équivalent en notation moderne dressé par Louis Nicole, 1 fr. 50. — Suppléments à l'*Avenir musical* et en vente à l'Union Artistique, rue du Général-Dufour, à Genève.

M. Louis Nicole avait, lors des exécutions de la version Reinhach-Fauré du même hymne, fait des réserves : MM. Reinhac et Fauré n'avaient pas cru, en effet, devoir se conformer rigoureusement à l'inscription ; ils y avaient fait des coupures et des remaniements ; ils n'avaient pas indiqué les notes introduites par eux; enfin leur mesure à 5/8 était très discutable. (Voir le *Guide musical*, 3-17 juin, 4-29 juillet 1894.) M. Nicole, avec le consentement de M. Hornolb, directeur de l'École d'Athènes, collationna les textes et les traduisit d'après un tableau synoptique fait préalablement par lui de tous les signes d'Alypius. Les publications mentionnées ci-dessus sont le résultat intéressant de ses travaux.

Le Vaisseau Fantôme. Étude analytique et thématique, par Étienne DESTRANGES. Paris, Fischbacher, 33, rue de Seine, 1897, in-18.

Cette nouvelle analyse thématique qui vient après les nombreuses autres du même auteur, telles que Briseis, Fervaal, Le Rêve, etc., paraît au moment opportun, à la veille de la première du *Vaisseau fantôme* à l'Opéra-Comique. L'analyse du poème y est faite en quinze pages. En analysant longuement la partition, M. Étienne Destranges fait voir qu'on a tort de ne pas comprendre ce drame lyrique dans les œuvres vraiment wagnériennes, puisque Wagner y fit pour la première fois un usage carastéristique du thème conducteur du *leitmotiv*. La musique de dix-huit motifs principaux complète cette brochure.

Liturgia Sfintului Joan Chrisostomul. Imne si Respunsuri pentru Cor Bartatese, de Titus CERNE. Jassy, chez l'auteur. Partition, 3 lei ; voix séparées, 75 bani. Édition grand format et édition petit format.

Ce recueil, dédié à l'archimandrite, directeur du Séminaire de Jassy, et approuvé par les autorités religieuses de Bukarest, comprend six chants religieux de l'office avec les répons : « Antifonul I; Antifonul II; Antifonul III; Heruvicul; Action; Kenonic. » Ils sont pour chœurs d'hommes à 4 voix. La partition est écrite sur deux portées (clef de *sol* et clef de *fa*) et présente en cette forme l'aspect d'une réduction pour orgue ou piano. A Paris, il n'intéressera pas que les orthodoxes, car il y a beaucoup de catholiques qui suivent les offices de l'église grecque à cause du caractère sévère des chants.

Le Mécanisme du Toucher. L'étude du piano par l'analyse expérimentale de la sensibilité tactile, par Mme Marie JAELL. Paris, Armand Colin et Cie, éditeurs, 5, rue de Mézières, 1897, in-8, viii-146 pages, 49 figures dans le texte. 5 fr.

Ce livre comprend six chapitres : I. La Pulpe des doigts ; II. Les représentations visuelles des contacts ; III. Les Empreintes du toucher; IV Les Empreintes et la souplesse des mouvements ; V. Les Empreintes dans l'exécution des œuvres musicales ; VI. Les Mouvements non adaptés. La Dissociation. L'Immobilité.

Après avoir, dans la *Méthode du toucher* et dans *la Musique et la psycho-physiologie*, indiqué le rôle capital du toucher pour produire, dans l'étude du piano, les sonorités les plus variées, Mme Marie Jaëll, dans son nouvel ouvrage, nous offre la preuve expérimentale des différences de toucher chez les pianistes. Elle explique la diversité de la sonorité tirée du même instrument par des exécutants différents en révélant les différences frappantes existant dans leurs contacts, grâce à des reproductions en photogravure des empreintes qu'ils laissent sur le clavier.

C'est un moyen de contrôle simple, mais sûr et dont la connaissance sera utile aux professeurs de piano et qui permettra d'apprécier la valeur de chaque enseignement et de constater les progrès des élèves.

A TRAVERS LES JOURNAUX [1]

BAYREUTHER BLAETTER
BAYREUTH

N°s III-IV. Gustav Wittmer : Zu Goethe's Paedagogik.

Nach dem *Ringe* : Briefe und Berichte über Bayreuther Erlebnisse. IV. August Trinius. V. Friedrich Hoffmann. VI. Houston Stewart Chamberlain.

Harold Graevell : Germania oder Siegfried ?

Arthur Prüfer : Zum Gedaechtnisse Franz Schuberts.

Arthur Seidl : Richard Pohl.

Alfred Ernst : Die *Meistersinger* in Lyon.

N°s V-VI. Heinrich v. Stein : Seelische Grundthatsachen des Schoenen und der Kunst, nebst Einführung von F. Poske.

N°s III à VI. Max von Millenkovics : Poetisch und Musikalisch.

N°s V-VI. Rudolf Schloesser : Kleine Beitraege zum Verstaendniss der Ring-Dichtung. I. Rheingold. II. Die Walküre. III. Siegfried. IV. Goetterdaemmerung.

Max Zenker : Die Verschiedenheiten in den Lesarten der Ringdichtung (avec un tableau en douze pages de ces variantes dans chacune des parties de l'*Anneau des Nibelungen*).

Alois John : Die Natur in *Tannhaeuser*.

Neue Litteratur des Auslandes (analyses critiques des livres nouveaux concernant l'œuvre de Wagner, par José Vianna da Motta, W. Golther, Reinold Freiherr von Lichtenberg).

Bayreuth und Drausen. — Aus den Vereinen. — Ausserhalb der Vereine. — Ergaenzungen zum Verzeichnisse der ersten Aufführungen Wagnerischer Werke. London. — Litterarische Anzeigen.

BIBLIOGRAPHIE MUSICALE FRANCAISE
PARIS

1897. 23° année. N° 105. Nomenclature complète de toute la musique (avec les ouvrages techniques) parus en France pendant les mois de janvier, février, mars 1897.

La *Bibliographie musicale française*, publiée sous la direction de la Chambre syndicale du commerce de musique, annonce également les nouveautés parues à l'étranger, dans des pages mises à la disposition des éditeurs, au prix de 20 francs la page (soit soixante lignes environ).

Le prochain numéro de la *Bibliographie musicale française* paraîtra le 15 juillet.

On est prié d'envoyer les éléments nécessaires pour établir ce numéro dès maintenant jusqu'au 8 juillet inclusivement.

GAZETTE MUSICALE DE LA SUISSE ROMANDE
GENÈVE

N° 8. Edouard Combe : Johannès Brahms (avec un portrait).

H. Kling : Etude sur le cor (avec deux exemples de musique).

Edouard Combe : Chronique.

Marcel Guy : *Vendée*, de Gabriel Pierné.

Nouvelles diverses. — Concerts.

(1) Nous ne reproduisons plus ici les renseignements (adresses, abonnements) concernant chaque revue, puisque nos abonnés les trouvent dans l'*Annuaire de la musique*.

LE GUIDE MUSICAL
BRUXELLES-PARIS

N° 17. H. Kling : Franz Liszt pendant son séjour à Genève en 1835-1836.

N°s 18 à 20. Hugues Imbert : Charles Gounod, les mémoires d'un artiste et l'autobiographie.

N° 18. John Cecil : La Musique religieuse et la « Schola Cantorum ».

N°s 19-20. Julien Tiersot : La Musique religieuse et la « Schola cantorum ». Une lettre de M. Vincent d'Indy.

H. de Curzon : Croquis d'artistes, Mme Renée Richard.

N°s 17 à 20. Chronique de la semaine (Paris, Bruxelles). — Correspondances (Dison, Francfort, Gand, Lille, Luxembourg, Mulhouse, Namur, New-York, Vienne, Anvers, Barcelone, Bruges, Dresde, Hanovre, La Haye, Liège, Londres, Monte-Carlo, Rome, Charleroi, Nancy, Strasbourg, Verviers). — Nouvelles diverses. — Bibliographie. — Répertoire des théâtres et concerts.

Rédaction du *Guide musical* : A Paris, 33, rue Beaurepaire ; à Bruxelles, 2, rue du Congrès.

INTERCOLONIAL BANDSMAN
SYDNEY

Vol. II. N° 11. G. P. C. E. : On transposition.

N°s 10 et 11. Notices nombreuses concernant les Sociétés orphéoniques australiennes et nouvelles diverses.

LE JOURNAL DES MUSICIENS
MONTARGIS

N°s 4 à 7. Grimard : Les Maîtres de l'Opéra-Comique Adolphe Adam.

N° 5. Viardot : De l'emploi du violon dans la musique religieuse.

N° 6. Jules Vasseur : L'Orgue.

N° 7. Durand : La Musique et l'hygiène.

N°s 5 à 7. En feuilleton, un livret d'opérette (Le « Nouveau Jonas »). — Curiosités musicales. — Un conseil par mois.

JOURNAL DES ORGANISTES
VERDUN

Musique. — N° 3. Andante de Louis Jacob. Offertoire pour mariage (musette), de Louis Jacob. Andante cantabile, de J. M. Guzman. Entrée solennelle, de Etienne Héméry. — N° 4. Offertoire, de Louis Jacob. Final symphonique, de J. M. Guzman. Elévation ou communion, de Kaelaz. — Supplément du n° 4 : 8 pages de musique qui doivent être mises à la place des pages contenant le Prélude de Bouault, dans le numéro 1 (janvier). Ce supplément contient : Pastorale, de Bellando ; Invocation, de J. E. Martin ; Communion, de Octave Bouault.

THE LEADER
BOSTON

N° 2. Stories from the Operas. The Girl of Navarre (*La Navarraise*). — The Romance of a singer. — Music and conspiracy, etc.

N° 3. Stories from the Operas. *Aïda*. — Some old dances. Paganini. — Polonaski : Celebrated violins and their owners.

N°s 2-3. Lettres de New-York, Berlin, Birmingham.

Musique. — N° 2. Minnie Martl. Two step, pour orchestre, de L. W. Ballard (parties séparées). — N° 3. « Our naval officers », march, pour piano, de C. W. Bennet. Romanza, pour violon et piano, de W. D. Armstrong. « Veuve Cliquot », polka, pour cornet en *si* bémol et piano, de Lon Dinsmore. Menuet, pour guitare, de C. J. Dorn.

LA LYRE CHRÉTIENNE
VERSAILLES

N° 19. Le plain-chant. — Petite chronique théâtrale. — Chronique musicale. — Les Fêtes de Noël. — Petites nouvelles. — Catalogue de musique religieuse, pièces de théâtre, monologues, chansonnettes, etc., à l'usage de la jeunesse.

Musique. — La Mort du Papillon, romance de J. Saint-Lass. &

LE MÉNESTREL
PARIS

N°s 16 à 18. Julien Tiersot : Etude sur *Don Juan*, de Mozart.

N°s 16, 19. Louis Gallet : Guerre et Commune, impression d'un librettiste.

N°s 17 à 19. Camille Le Senne : La Musique et le Théâtre au Salon des Champs-Elysées.

N° 17. Arthur Pougin : L'Hymne national grec.

Julien Tiersot : Musique de Semaine sainte.

N°s 16 à 19. Semaine théâtrale, par Arthur Pougin, P. E. Chevalier. — Revue des grands concerts, par Arthur Pougin, Barbedette, A. Boutarel. — Nouvelles diverses. — Soirées et concerts.

LE MONDE ARTISTE
PARIS

N° 16. Blondel : Reportage roumain.

Fernand Le Borne : Brahms.

Robert Kemp : Le Concert Litolff.

N° 18. Rameau : Notes wagnériennes.

N°s 17 à 19. Robert Kemp : Les Salons de 1897.

Tic-Tac : Chronique musicale.

N°s 16 à 19. Edmond Stoullig : Chronique dramatique.

N° 17. Ratoin : Causerie judiciaire (les chansonnettes).

N° 19. Fernand Le Borne : Concerts.

N° 19. Pierre Sandoz : La Semaine artistique : Lettres et Beaux-Arts.

N°s 16 à 19. Correspondances de Bordeaux, Lyon, Marseille, Nice, Toulouse, Berlin, Bruxelles, Constantinople, Milan, Monte-Carlo, Odessa, Vienne, Menton, Nantes, Reims, Saint-Etienne, Toulon, Gand, Milan, New-York, Saint-Pétersbourg, Clermont-Ferrand, Londres, Lille, Le Caire. — Notes et informations. — Courrier de la semaine.

La page d'illustrations du *Monde Artiste* : N° 18. Trois scènes de *Madame Putiphar*; N° 19. Quatre scènes du *Papa de Francine.*

THE MONTHLY MUSICAL RECORD
LONDON

N°s 315, 316. A study in conductors and conducting. I. Richter and Mottl. II. Lamoureux, Levy and Colonne.

Reinecke : The Beethoven pianoforte sonatas (analyse thématique).

Letter from Leipzig. — Review of music. — Concerts. — Musical notes.

N° 316. Van der Straeten : Some remarks by Beethoven with regard to the performance of his works.

Musique. — N° 315. « When I wander in the twilight » (n° 4 des 12 Songs, de Richard Gompertz, pour chant et piano). — N° 316. Hamisch Mac Cunn's « Highland Memories ». Op. 30, n° 3. Harvest dance, pour piano.

MUSIC
CHICAGO

N° 5. W. R. Knupper : Modern musical conductors (notices sur MM. Felix Weingartner, Richard Strauss, Arthur Nikisch, Hans Richter, Siegfried Wagner, avec leurs portraits).

J. K. Murray : Opera in English at the Castle Square (avec 2 portraits).

J. P. Sousa : A word as to orchestration.

A. von Ende : The Symphony crank.

B. C. Henry : Consonance and dissonance.

P. Jennings : Music in Syracuse university.

Schoultz-Adiewsky : Popular cradle songs (intéressante étude, avec des exemples de musique).

N°s 4 et 5. Ira G. Tompkins : Shakespeare and music.

Welton : Hearing music.

W. S. B. Mathews : Editorial bric-a-brac. — The Evenings with the great composers. — Things here and there.

MUSICA SACRA
NAMUR

16e année. N° 3. L. R. : A propos des trois motets. Réponse de M. Adolphe Samuel.

N°s 3 à 5. Dom Mocquereau : L'Art grégorien.

N° 4 5. P. Sosson : Constance Teichmann.

Tebaldini : L'Ecole vénitienne de musique sacrée.

Le Répertoire moderne de la « Schola cantorum ».

Nouvelles. — Bibliographie.

Musique. — N° 3. Quatre miserere, à 4 voix d'hommes, par Em. Delhier. — N° 4. Ave Maria, à 2 voix égales et orgue, de Joseph Jongen. Ecce sacerdos, à 4 voix mixtes et orgue, de L. Vanhoutte.

THE MUSICAL COURIER
NEW-YORK

N°s 892-894. Nombreuses correspondances, notamment celles de Paris (Miss Fannie Edgar Thomas), Berlin, Vienne, Chicago, Londres.

« Editorial » par M. Marc A. Blumenberg, directeur du *Musical Courier.*

Portraits. — N° 893. Mme Nordica dans le rôle d'Iseult. N° 894. M. John Philip Sousa.

MUSICAL OPINION
LONDON

N° 233. H. Smith : The Correlation of musical pitch and temperature. — H. Hiles : On the increase of musical knowledge and its influence upon organists. — Leodiensis : Some organs ins South East of London.

N°s 234, 235. H. Hiles : On the grammar of music.

N° 235. X. The ethics of counterpoint.

THE MUSICAL TIMES
LONDON

N° 648. F. G. E. : Schubert's music in England.

N°s 648, 649. J. Bennett : Victorian music. II. The music of the church.

N°s 648, 649. H. von Bulow in his writings.

N° 648. X. : From my study (avec un portrait de Wm Beale et de Onslow.) — W. B. S. : John Dowland.

N° 649. F. C. : Richard Wagner's method.

Musique. — Chœurs à 4 voix, avec accompagnement d'orgue : N° 648. « Bow down Thine ear », anthem by W. Beale. « My heart is inditing of a good matter », festival anthem, de Myles B. Foster. — N° 649. « The strife is o'er », anthem de Br. Steane. « The Queen's Song », de Eaton Faning.

LA NOUVELLE FRANCE CHORALE
PARIS

1897. N°s 1 à 4. Louis Lacombe : Philosophie et musique. N°s 5 à 7. Lettres de Mendelssohn.

N° 6. C. de Vos : De la composition musicale.

N° 8. Oscar Comettant : De l'influence de la musique sur le style littéraire.

LA NUOVA MUSICA
FIRENZE

N° 12. Ricardo Gandolfi : Di una ballata con musica del Secolo XIV.

Arnaldo Bonaventura : Musica Russa e musica spagnuola (à propos du livre de Albert Soubies).

N° 13. Marescotti : Wagneriana.

N° 14. Del Valle de Paz : Paderewski.

Abate : « La Sinfonia Marinaresca », de Scontrino.

N° 15. Montefiore : « Il crepuscolo degli Dei », de Wagner.

N°s 12, 15. Della Valle de Paz : La Teorica degli abbellimenti.

N°s 12, 13, 15. Senigaglia : Libretti e librettisti.

N°s 12, 14, 15. Samuel : Conversazioni, intermezzi musicali.

N°s 12, 13. Notiziario. — Corriere teatrale. — Bibliografia. — Concerti.

Corrispondenze. — N° 12. Torino, Edinburgh. — N° 13. Palermo, Milano. — N° 14. Napoli, Milano. — N° 15. Venezia, Milano, Palermo, Napoli.

Musique. — N° 12. Offertorio, de Gandolfi, pour 2 violons, alto, orgue, violoncelles, contrebasse. — Preghiera della sera, mélodie, avec accompagnement de piano, de Marescotti. — Andantino, pour violoncelle et piano, de Gasperini. — Caprice pour piano, de Del Valle de Paz. — Ballata, Secolo XIV.

N° 13. Before the rain, à 4 voix, de La Villa. — Cantilène, pour piano, de Giudici. Romanza, pour quatuor à cordes, de L. S. Giarda. Introito alla messa di Pentecoste, à 4 voix, de Cotrufo. — N° 14. Rispetto, de Paolini, pour soprano et contralto, avec accompagnement de piano. Chagrin d'amour, pour piano, de L. Filiasi. Ninna-Nanna, pour quatuor à cordes, de Bellio. — N° 15. Minuetto cantato, de T. Traetta, trascriz. di Tebaldini, pour chant et piano. Buona notte, à 4 voix d'hommes, de Garanti. Calma funebre, mélodie, avec accompagnement de piano, de C. de Simone.

ŒSTERREICHISCHE MUSIK-UND THEATERZEITUNG
WIEN

N° 10. A. Vom Ende : Fannie Bloomfield-Zeisler (notice avec portrait).

N°s 10 à 15. Théodor Helm : Dreissig Jahre Wiener Musikleben (1866-1896). — A. E. Simson : Corona Schroeter, historische Erzaehlung.

N° 11. Lvovsky : Henri Kling (notice avec portrait). — Th. Helm : Franz Schubert.

N° 12. A. Barde : Die Kaiserliche Hofoper in Peking. — Th. Helm : Die Schubert-Feier in Wien. — J. Debrnov : Aus dem leben Friedrich Smetana's.

N°s 10 à 15. Théâtres, par Fr. Weislein, W. Lindau, A. Barde, Florestan. — Concerts, par Lvovsky, Th. Helm, Max Jentsch.

Portraits, avec notices. N° 13. Anatole Liadow. — N° 14. Gisela Andrieu. — N° 15. Wilhelm Kurz.

Illustrations. — N° 12. La rédaction de l'*Œsterreich'sche Musik-und Theaterzeitung*.

Musique. N° 11. Romantische Stücke, pour piano, de C. M. Hrazdira. — N° 12. « Si j'étais Dieu », mélodie avec accompagnement de piano, de Eugène Thomas. — Nachtgruss, pour 2 voix et piano, de Rudolf Lorenz. — N° 14. Durch, chant et piano, de A. Myon. — « Der erste Kuss », pour chant et piano, de Franz Musil.

L'*Œsterreichische Musik-und Theaterzeitung* a un supplément littéraire.

RIVISTA MUSICALE ITALIANA
TORINO

1897. Fascicule 2e. Luigi Torri : Vincenzo Ruffo, madrigalista e compositore di musica sacra, nel sec. XVI. (Suite et fin, 18 pages).

Griveau : Parallèle de la musique et du langage (14 pages).

G. Tebaldini : Filippo Pedrell ed il dramma lirico spagnuolo (avec un portrait de M. Pedrell, 32 pages).

Dans cette étude, M. Tebaldini fait une analyse thématique approfondie, avec la musique des principaux motifs, du prologue de *I Pirenei*, la trilogie de M. Pedrell.

Alfred Bruneau : Le Drame lyrique français (5 pages).

J. Combarieu : *Messidor*, de Alfred Bruneau (8 pages avec un portrait).

Maurice Kufferath : *Ferraal*, de Vincent d'Indy (15 pages avec un portrait).

Cette étude est inspirée par une grande et sincère admiration pour le maître français. Elle est à lire immédiatement après l'article ci-dessus de M. Alfred Bruneau. « La jeune génération française », dit le critique autorisé. « dont Wagner fut le prophète et César Franck le père intellectuel, prend avec *Ferraal* possession de la scène d'une façon singulièrement saisissante. Ce qui nous réjouit surtout, c'est qu'en dépit des analogies de principes et des ressemblances de procédés qui ne se peuvent nier, on devine déjà dans *Ferraal* une œuvre future, issue, il est vrai, du drame wagnérien, mais complétement dégagée de tout alliage et qui sera l'accomplissement original et absolument personnel d'un art nouveau, continuant et renouvelant celui du maître de Bayreuth..... Confiante, la France peut désormais attendre les œuvres les plus nobles de celui qui, au seuil de sa maturité, nous a apporté une conception d'art de cette ampleur poétique et musicale ».

G. C. Ferrari : Ricerche sperimentali sulla natura dell' emozione musicale (12 pages).

E. de Guarinoni : Antonio Bazzini (4 pages, avec un portrait).

Ce fascicule intéressant, on le voit, de la *Rivista musicale italiana* se termine par des analyses de livres, traités, partitions (50 pages), un dépouillement des journaux et revues (7 pages), des informations (10 pages), un catalogue des livres et des nouveautés musicales (7 pages).

ROMANIA MUSICALA
BUKAREST

Nos 4 à 6. Cordoneanu : Importanta musicei in scola. — Correspondances. — No 1. Genève. — No 2. Dresde. — No 4. Vienne. — No 5. Paris. — No 7. Dresde.

Nos 1 à 7. Théâtres. — Concerts. — Nouvelles diverses. *Musique*. — No 1. Imn de Serbare, de Podoleanu. — No 2. Canteeul scolarilor, de Soloveanu. — No 3. Imn scolar, de J. Filip. — No 5. Imn de marire, de A. Flechtenmaher. — No 7. Fericirea, de Cordoneanu (séries de chœurs mixtes, du Répertoire scolaire de la *Romania musicala*).

THE SCHOOL MUSIC REVIEW
LONDON

Musique (dans les deux notations). — No 57. How merrily we live, à 3 voix, de Michael Este. Now pray we for our country, à 3 voix, de Eliza Flower; The Arethusa, chant et piano, de Shield. — No 58. Welcome, bright Dawn, à 2 voix, de Roeckel. Rose, softly blooming, chant et piano, de Spohr. — No 59. May does ev'ry fragrance bring, à 3 voix, de Dr. Hayes. Patter, patter, à 3 voix et piano, de J. L. Hatton. We'll crown our Queen with roses, chant et piano, de Elliot Button. — Nos 57 à 59. Graduated exercises for school class.

WERNER'S MAGASINE
NEW-YORK

1897. Nos 1, 2, 3. Physical and mental Unison.

Nos 1, 2. The Laryngoscope and Singing.

Nos 2, 3, 4. Musically accompanied recitations.

Dans chaque numéro du *Werner's Magazine* : Current Thought (extraits des journaux et revues concernant le chant et la déclamation.

ZEITSCHRIFT FUR INSTRUMENTENBAU
LEIPZIG

No 21. Gutatchen über eine Disposition für Herstellung von 9 Glocken......

No 22. Die neue elektrische Orgel für die Mc. Ewan Hall der Universitaet in Edinburg (avec une figure).

Dans chaque numéro : Vermischtes (nombreux renseignements sur la facture instrumentale de tous pays). Orgelbau-Nachrichten (composition d'orgues nouvelles). Illustrirte Patent-Uebersicht (avec figures).

———

LE JOURNAL OFFICIEL. No du 24 avril, page 2410. Discours in extenso de M. L. de Fourcaud, qui présidait la dernière séance de la Réunion des Sociétés des Beaux-Arts des départements. Le résultat des récentes manifestations artistiques de Lyon et de Nancy, pour ne citer que celles-là, a engagé M. de Fourcaud à dire : La Musique « c'est un art jeune, magnifique, en pleine floraison, en pleine promesse. Encouragez les concerts symphoniques et poussez les directeurs de théâtres à renouveler le répertoire, un peu épuisé à cette heure, à vous offrir des nouveautés. De belles tentatives faites en plusieurs grandes villes ont démontré que la province est parfaitement en état de jouer même des œuvres inédites... »

———

Nous venons de recevoir le nouvel ouvrage de M. Hugues Imbert, rédacteur en chef du *Guide musical*. Le volume, dont le titre est *Profils d'artistes contemporains* (Alexis de Castillon, Paul Lacomte, Charles Lefebvre, Jules Massenet, Antoine Rubinstein, Edouard Schuré) est en vente à la librairie Fischbacher, 33, rue de Seine. Une notice analytique lui sera consacrée dans notre prochain numéro.

———

REVUE BIBLIOGRAPHIQUE BELGE, rédigée par une réunion d'écrivains, suivie d'un bulletin bibliographique international, publié par la Société belge de librairie. Bruxelles, 16, rue Treurenberg 9e année, no 3, 146 pages.

La Revue bibliographique belge contient des notices sur un grand nombre de livres belges ou étrangers et le sommaire complet de nombreux périodiques.

Bourges, imprimerie M. H. SIRE.

LE JOURNAL MUSICAL

Bulletin international critique

DE LA

BIBLIOGRAPHIE MUSICALE

DIRECTEUR

BAUDOUIN-LA LONDRE

11, rue de la Pépinière, 11

PARIS

Abonnements : France 6 fr ; Union Postale 7 fr. — Le numéro mensuel 50 centimes.

N° 14. — Juin 1897.

Chronique. — Informations. — Les Disparus. — Block-notes de la Bibliographie musicale. — Iconographie et Beaux-Arts. — Instruments anciens.

CHARLES MALHERBE : Le Centenaire de Donizetti et l'Exposition de Bergame.

Théâtres et Concerts (Berlin. Bonn. Darmstadt, Dresde. Fiume. Florence. Francfort. Gratz. Londres. Lyon. Marseille. Milan. Palerme. Paris. Rome. Venise. Vienne, Wiesbaden).

HENRY EXPERT : Artistes contemporains.

Notices critiques (Catalogue de la Schubert-Ausstellung. — Jahrbuch der Musikbibliothek Peters. — Kirchenmusikalisches Jahrbuch.)

B.-L. : A travers les Journaux.

DU BUT : Les résultats d'un enseignement nouveau de la musique.

Si le peintre et le sculpteur sont jugés d'après ce qui a été conçu et exécuté par eux, le musicien voit sa renommée ou sa gloire subordonnée à la valeur de ses interprètes.

De son vivant, il a pu parfois, en dirigeant la première audition de son œuvre, laisser dans la mémoire des hommes le souvenir de ses intentions. Mais plus tard ?

Plus tard un chef d'orchestre de grand talent pourra renouveler cette audition. Mais à quel prix ? Il aura dû s'astreindre à une longue et scrupuleuse étude de la partition. Il lui aura fallu une phalange expérimentée, excellente, très disciplinée, qui, consciente de sa mission artistique, aida un chef respecté et non redouté — la violence ne tient pas lieu de talent — à reconstituer l'édifice souhaité par le maître disparu.

Les concerts donnés pendant ces dernières semaines à Paris par deux sociétés étrangères réfréneront-ils les engouements déplacés en ce pays où l'on « sert » tant de musique et où les vrais « régals » sont rares ?

INFORMATIONS DIVERSES

Le dix-neuvième congrès de la Propriété littéraire et artistique s'est tenu à Monaco le mois dernier. Relativement à la musique, il a été demandé par M. Souchon une revision de quelques clauses de la Convention de Berne et le vœu a été émis par le Congrès que des Sociétés, ayant pour but la protection des œuvres musicales, fussent créées dans tous les pays. Le Congrès s'est occupé aussi de la propriété des articles de journaux. Le prochain aura lieu en 1898 à Turin.

Aix-les-Bains. — M. Albert Vizentini, directeur du Grand-Théâtre de Lyon, vient de prendre possession de la direction artistique du Casino de la Villa des Fleurs. Le premier chef d'orchestre est M. A. Luigini.

Bayreuth. — Le 22 mai, a été célébré le vingt-cinquième anniversaire du jour (22 mai 1872) où Wagner posa la première pierre du théâtre.

Bergame. — C'est sous le patronage du prince et de la princesse de Naples que seront célébrées les fêtes en l'honneur de Donizetti.

Rappelons que le Secrétaire du Comité Français pour l'exposition Donizetti est M. Charles Malherbe, le distingué archiviste-adjoint de l'Opéra de Paris.

Lonjumeau. — Sur l'initiative du maire, M. Robelin, un monument a été élevé en cette ville à Adolphe Adam, le 23 mai. Des discours ont été prononcés par MM. Charles Lenepveu, membre de l'Institut, représentant le Ministre; Théodore Dubois, membre de l'Institut, directeur du Conservatoire, où Adolphe Adam fut le maître de Poise et de Delibes. Pendant la messe dite en l'honneur du compositeur, la maîtrise a chanté un arrangement du fameux *Noël*, et M. l'abbé Vautrois, aumônier du lycée de Versailles, a prononcé un discours sur la musique religieuse.

Munich. — La série des représentations modèles de cette année comprendra des œuvres de Mozart et de Wagner : 1er et 17 août : *Idoménée*; 4, 18 août, 8 septembre : l'*Enlèvement au sérail*; 7, 21 août, 1er septembre : les *Noces de Figaro*; 14, 28 août, 4 septembre : *Don Juan*; 11, 25 août, 11 septembre : *Cosi fan tutte*; — 10 août, 2 septembre : *Rienzi*; 3 août, 7 septembre : Le *Vaisseau-Fantôme*; 31 août, 14 septembre : *Tannhaeuser*; 24 août, 9 septembre : *Lohengrin*; 5, 12, 19, 26 août, 5 septembre : *Tristan*; 8, 15, 22, 29 août, 12 septembre : Les *Maîtres Chanteurs*.

Paris. — A l'Institut, le prix Trémont (1,000 francs) a été attribué à M. Paul Puget; le prix Chartier, pour la musique de chambre (500 francs) à M. Émile Ratez, directeur du Conservatoire de Lille.

M. Gabriel Monod, dont nous enregistrions l'an dernier la juste promotion dans l'ordre de la Légion d'honneur, vient d'être élu membre de l'Institut.

— La place située en face du Cirque d'Hiver porte maintenant le nom de Pasdeloup.

— Sont entrés en loge le 22 mai pour le Prix de Rome : MM. d'Ollonne, Croce-Spinelli, d'Ivry, Caussade, Schmidt. Le livret qu'ils ont à mettre en musique est *Frédégonde*, de M. Charles Morel.

— L'Assemblée générale annuelle de l'Association des artistes musiciens, fondée par le baron Taylor, a eu lieu le 17 mai. Elle était présidée par M. Le Brun, qui a fait l'éloge de M. Colmet-Daage, mort le 31 décembre dernier. Du rapport lu par M. Paul Rougnon, il résulte que les revenus de l'Association ont été en 1896 de 127,207 francs, que 88,325 francs ont été consacrés au service des pensions et 25,000 francs distribués sous forme de secours. Ont été élus membres du Comité MM. O'Kelly, de Franqueville, Debruille, Neustedt, Mangin, Dallier, Poulat, Pierret, Bausse, Lafitte, Le Brun, Delsart, Augé de Lassus, Claudius Blanc, de Saint-Quentin, Chassaing. Le Bureau pour 1897-1898 est ainsi constitué : M. de Franqueville, président; MM. Émile Réty, Albert Lhote, Migeon, Ed. d'Ingrande, Le Brun, Arthur Pougin, vice-présidents; MM. Paul Rougnon, Ch. Callon, O'Kelly, P. Girod, Guilhaut, Augé de Lassus, secrétaires; MM. Laurent, Ad. Papin, bibliothécaires; MM. O'Kelly et H. de Thaunberg, archivistes.

— Quel est l'homme politique, l'écrivain, l'artiste qui ne souhaite savoir ce que l'on dit de lui dans la presse? Mais le temps manque pour de telles recherches.

Le COURRIER DE LA PRESSE, fondé en 1889, 21, boulevard Montmartre, à Paris, par M. GALLOIS, a pour objet de recueillir et de communiquer aux intéressés les extraits de tous les journaux du monde sur n'importe quel sujet.

Le COURRIER DE LA PRESSE LIT 6,000 JOURNAUX PAR JOUR.

Vichy. — M. José Bussac, directeur artistique du Casino, a constitué sa troupe pour la saison. Le premier chef d'orchestre est toujours M. Gabriel-Marie.

Vienne. — Les objets qui feront partie de la section autrichienne à l'Exposition Donizetti de Bergame, ont été réunis au Musée des Arts décoratifs, où le public s'est empressé d'aller les visiter.

LES DISPARUS

— A Liverpool, l'organiste William Best.

— A son château de Totis (Hongrie), le comte Nicolas Esterhazy, ce mécène aussi éclairé que généreux.

— A Francfort-sur-le-Mein, le 13 mai, Gustave Barth.

— A Lemberg, Charles Mikuli, directeur du Conservatoire, élève de Chopin.

BLOCK-NOTES

DE LA

BIBLIOGRAPHIE MUSICALE

— Œuvres de Félix Draeseke :

Sonate, pour piano et violoncelle, op. 51. Forberg, à Leipzig.

Messe en *fa* dièze mineur. Junne-Scholt, à Leipzig.

Concerto en *mi* bémol majeur, pour piano et orchestre, op. 36. Fr. Kistner, à Leipzig. — Ce concerto a été exécuté, pour la première fois, en octobre 1886, par Mme Laura Rappoldi et la Chapelle Royale, direction Hagen.

Symphonie tragique n° 3 pour grand orchestre, op. 40. — Exécutée le 13 janvier 1888 au 4e *Sinfonie-Concert* de la chapelle royale, direction Schuch.

Félix Draeseke, âgé aujourd'hui de 61 ans, fut ami intime de Richard Wagner. Il est actuellement professeur de composition au Conservatoire de Dresde. Un de ses opéras, *Herrat*, a été représenté, il y a 4 ans, pour la 1re fois, sur la scène de Dresde. Félix Draeseke est un des plus savants compositeurs allemands de l'époque.

ICONOGRAPHIE ET BEAUX-ARTS

— Salon des Champs-Elysées (*suite*) PEINTURE. « Musica me juvat », par M. Weber; « Portrait de M. Fugère, de l'Opéra-Comique », en costume de Bartholo, par M. Zier; « Moines chantant matines à la Grande-Chartreuse », par M. Chartran; « Passe-temps musical au XVI° siècle », par M. Steinheil; « Jeune fille jouant de la guitare », par Mme Gonin de Lurieux; un « luthier », par M. Debaene; « Danse au biniou », par M. Chetwood; « Portrait de M. Camille Saint-Saëns », par M. Glaize; « Portrait de Mlle Calvé », par Mlle Lemennier. — SCULPTURE. Bas-relief de M. Mercié pour le tombeau de Mme Carvalho; « Orphée », par M. Mélin; « Orphée expirant », par M. Guilloux; « David » jouant de la harpe, par M. Theunissen; « Sainte-Cécile », statue, par M. Morine; « Sainte-Cécile », buste, par M. Montillié; « Leçon de musique », par Mme Jane Hammond; « Pâtre pompéien » jouant de la flûte, par M. Sortini; « Le Joueur de harpe égyptien », par M. Reinitzer; « Menuet » et une statue de « Lulli », par M. Laoust. Busies : de Ambroise Thomas, par M. Hannaux; de Henri Litolff, par M. Pallez; de Gounod, par M. Corbel; du violoncelliste Joseph Hollmann, par M. Wade; de Mlle Marie Lafargue, de l'Opéra, par M. Massoulle; de Mme Léa Maujan, en walkyrie, par Mme Syamour. Médaillons de M. Trojarowiski : Chopin, Liszt, Wagner. Pastels de M. Bellery-Desfontaines sur la *Walkyrie* et sur *Sigurd*. — ARCHITECTURE. Projet d'un conservatoire de musique, par M. Arnold ; un plan de théâtre lyrique, par MM. Gromont et Leclerc.

— Le monument d'Adolphe Adam, inauguré le 23 mai à Longjumeau, se compose d'un buste en bronze du compositeur, drapé dans le manteau romantique. Sur le rebord du soubassement, orné d'une guirlande de lauriers et d'une lyre, est accoudé le fameux postillon. Sur la stèle, sont gravés les titres du *Postillon de Longjumeau*, du *Chalet*, *Si j'étais Roi*, *Giralda*. L'auteur de ce gracieux monument est M. Paul Fournier.

— Le Grand Théâtre de Palerme, qui vient d'être inauguré, est aussi vaste que les Opéras de Paris et Vienne. C'est à la suite d'un concours international que M. Filippo Basile, l'architecte qui en conçut le plan, fut chargé des travaux en 1867. La première pierre fut posée le 12 janvier 1875. L'artiste mourait le 16 juin 1891, laissant à son fils, M. Ernesto Basile, le soin d'achever son œuvre. Le plancher, sur lequel peut se tenir un orchestre de cent musiciens, est disposé de façon qu'on puisse le rendre à volonté invisible ou visible. La salle n'a pas de lustre et est entièrement éclairée à l'électricité; l'acoustique en est excellente. (Voyez la *Cronaca musicale*, n° 4.)

INSTRUMENTS ANCIENS

— Parmi les instruments exposés dans l'établissement de L'UNION MUSICALE : un piano en très bel état, ayant appartenu à l'Impératrice Marie-Louise, orné de bronze doré selon le goût de l'époque, dont le meuble se transforme à volonté en secrétaire surmonté d'un miroir (singulière fantaisie!); deux clavecins, une épinette, une vielle et des pochettes luxueuses, sans compter les instruments exotiques.

LE

Centenaire de Donizetti

ET

L'EXPOSITION DE BERGAME

Au cours de la présente année 1897, Bergame célèbre par des fêtes solennelles le centenaire d'un de ses plus illustres enfants, Gaetano Donizetti, qui naquit dans cette ville le 29 novembre 1797 et revint pour y mourir, après une longue et lamentable agonie, le 8 avril 1848. Sa carrière fut glorieuse presque autant que brève, car de bonne heure, il connut le succès ; sa popularité, depuis, a fait le tour du monde, et l'on peut dire qu'à l'heure actuelle même, il n'est pas un coin de terre civilisée où ne résonne encore l'écho de quelque cantilène, triste ou gaie, issue de son génie.

Certes, les principes sur lesquels s'appuyait l'art au temps de Donizetti différaient sensiblement de ceux qui régissent l'esthétique contemporaine. On demandait à la musique théâtrale presque toujours plus de charme que de profondeur, et le plaisir de l'oreille y devait tenir plus de place que celui de l'esprit ; l'art du chant se cultivait encore avec la seule ambition de faire briller la voix, et l'on songeait moins à la portée philosophique du drame qu'à l'effet d'un chœur sonore ou d'une gracieuse cavatine.

Aujourd'hui, la science des sons relève de tout autres lois ; on s'est engagé dans une voie nouvelle, et bien des pages de l'œuvre du maître ont perdu leur saveur d'antan. Mais en dépit de la mode, infatigable Pénélope qui, trop souvent, défait le lendemain ce qu'elle avait fait la veille, en dépit des systèmes, le nom de l'artiste demeure, et avec lui le souvenir d'œuvres que le temps n'a pas entièrement effacées. Si la facilité dont il était doué a nui parfois à la solidité de ses productions, elle lui a souvent inspiré, sous le coup de l'improvisation, des chants presque sublimes, et son abondance mélodique se pourrait comparer à quelque torrent roulant en ses eaux rapides et transparentes, tout à la fois un limon banal et des paillettes d'or. Il a chanté, comme l'oiseau chante, sans effort, sans étalage de science inutile, toujours sincère en sa tristesse comme en sa gaieté, et, grâce à la merveilleuse souplesse de son talent, il a pu montrer de la verve et de l'esprit dans l'*Elisire d'amore* et *Don Pasquale*, de la grâce et du charme dans la *Fille du Régiment* et *Linda di Chamounix*, de la force et de la passion dans *Lucie de Lammermoor* et la *Favorite*, même de l'ampleur et de la puissance dramatique dans quelques scènes des *Martyrs* et de *Dom Sébastien*.

C'est donc avec juste raison que ses concitoyens lui rendent des honneurs posthumes et organisent en sa mémoire une sorte d'Exposition rétrospective où l'on tente de rassembler tout ce qui se rapporte à lui,

tout ce qui peut éveiller aux yeux de notre curiosité le souvenir de sa personne et de ses œuvres.

Pour atteindre pleinement le but proposé, un comité général s'est formé en Italie qui, avec l'appui du gouvernement, a fait appel aux pays étrangers. L'Autriche et la France y ont répondu avec empressement : l'Autriche, où Donizetti avait séjourné à plusieurs reprises et mérité le titre honorifique de « directeur de la musique impériale et compositeur de la cour », donnant à Vienne la primeur de deux de ses derniers ouvrages, *Linda di Chamounix* et *Maria di Rohan* ; la France, qui était devenue pour lui une seconde patrie, car il y avait passé, d'une façon intermittente, plus de dix années, connu la joie du triomphe, et payé noblement son hospitalité en écrivant spécialement pour elle quelques-uns de ses chefs-d'œuvre. C'est à Paris, en effet, qu'ont été donnés pour la première fois, en 1835, *Marino Faliero* ; en 1840, année féconde et glorieuse entre toutes, la *Fille du Régiment*, les *Martyrs* et la *Favorite* ; en 1843, *Don Pasquale* et *Dom Sébastien*, le chant du cygne, opéra dont la chute imméritée contribua, dit-on, aux troubles de son esprit et, par conséquent, à sa fin prématurée.

Comme en cette Exposition « donizettienne » une place spéciale était réservée à la section française, le comité de Bergame devait être secondé par un sous-comité français ; il chargea donc du soin de le former un artiste éminent, professeur de chant, que sa nationalité, son caractère et son talent désignaient de préférence à tous, M. Delle Sedie. Lui-même s'entoura de collaborateurs, et ce sous-comité fut ainsi constitué :

Son Excellence le Comte Tornielli, ambassadeur de S. M. le Roi d'Italie, *Président d'honneur* :
MM. E. Delle Sedie, *Président* ;
    Charles Malherbe, archiviste-adjoint de l'Opéra de Paris, *Secrétaire* ;
    Adolfo Calzado ;
    Ciampi ;
    Eugène Lecomte, agent de change honoraire ;
    Sighicelli.

En prenant l'entreprise sous sa haute protection, Son Excellence le Comte Tornielli lui assurait le plus solide et le plus précieux des appuis. Grâce à lui, le Gouvernement français voulut bien s'intéresser à cette œuvre. M. Rambaud, ministre de l'Instruction publique, et M. Roujon, directeur des Beaux-Arts, invitèrent aussitôt nos dépôts publics, et en particulier les bibliothèques du Conservatoire de musique et de l'Opéra, à prêter pour l'Exposition quelques-uns de leurs trésors. MM. Ciampi et Sighicelli se chargèrent des visites aux éditeurs et libraires parisiens, et firent avec un plein succès ce qu'on pourrait appeler la chasse aux livres et aux partitions. M. Adolfo Calzado, fils de l'ancien directeur du Théâtre-Italien, et possesseur de nombreux documents relatifs à l'histoire de cette scène, et M. Eugène Lecomte, si connaisseur en matière d'art et si dévoué à toutes les œuvres où la musique a sa part, s'occupèrent plus spécialement de la partie d'iconographie relative à Donizetti et à ses interprètes. Enfin bien des amateurs consentirent à extraire de leurs collections particulières maintes pièces dignes d'intérêt, livres et partitions, lettres et documents.

Grâce au concours de toutes ces bonnes volontés, les éléments d'une exposition vraiment documentaire ont été réunis. Leur nombre même et leur valeur ont paru d'une importance suffisante pour qu'on s'occupât de les classer méthodiquement et d'en publier, sous forme de catalogue, la description sommaire ; c'est le meilleur moyen d'en perpétuer le souvenir, car l'Exposition disparaît, mais le volume reste et constitue par la suite une sorte de répertoire que les chercheurs consultent et que les travailleurs mettent à profit.

Sans prétendre dresser une bibliographie complète pour laquelle les moyens et le temps surtout nous faisaient défaut, nous avons tenu cependant à établir des catégories rationnelles, et à répartir logiquement en des sections diverses tous les matériaux rassemblés. Nous avons voulu donner, faute de mieux, une idée sommaire mais juste de tout ce qui se rattachait au souvenir du compositeur, et rappeler par la présence d'un ou de plusieurs exemplaires les principales publications dont ses œuvres avaient été l'objet *en France*. A cet effet, il n'est pas superflu d'indiquer ici, en les accompagnant de quelques mots explicatifs, les divisions du catalogue actuellement sous presse :

I. — AUTOGRAPHES

SECTION I. — DONIZETTI.

  1. *Musique.*

    a. Œuvres dramatiques.
    b. Œuvres diverses.

  2. *Lettres et contrats.*

SECTION II. — POÈTES (librettistes et collaborateurs de Donizetti).

SECTION III. — MUSICIENS (ayant arrangé ou transcrit des ouvrages de Donizetti).

II. — PUBLICATIONS MUSICALES

SECTION I. — MUSIQUE DRAMATIQUE.

  1re *série. — Partitions d'opéra.*

    1. Orchestre.
    2. Piano et chant.

      a. Grand format.
      b. Petit format.

    3. Piano seul.

      a. A deux mains.
      b. A quatre mains.

    4. Chant seul.

  2e *série. — Morceaux de chant tirés des opéras.*

SECTION II. — MÉLODIES.

  1. *Réunies en albums.*

    a. Recueils originaux.
    b. Recueils factices.

  2. *Séparées.*

SECTION III. — MUSIQUE RELIGIEUSE ET INSTRUMENTALE.

SECTION IV. — TRANSCRIPTIONS ET ARRANGEMENTS.

III. — PUBLICATIONS THÉÂTRALES

SECTION I. — LIVRETS.

    a. Français.
    b. Français et italien.

SECTION II. — ARGUMENTS ET PROGRAMMES.

SECTION III. — MISES EN SCÈNE.

SECTION IV. — AFFICHES.

IV. — ICONOGRAPHIE

SECTION I. — PORTRAITS.

  1. Donizetti.
  2. Collaborateurs de Donizetti.
  3. Interprètes de Donizetti.

a. Gravures et lithographies.
b. Photographies.

SECTION II. — DÉCORS ET SCÈNES TIRÉS DES OPÉRAS.

SECTION III. — CARICATURES ET PARODIES.

SECTION IV. — VUES DE THÉÂTRES.

V. — PIÈCES DIVERSES

Livres, bustes, etc.

Pour la facilité des recherches, nous avons observé presque partout l'ordre alphabétique. Une seule exception a été faite en faveur des autographes, parce que notre collection personnelle était assez riche pour permettre d'adopter l'ordre chronologique : on pouvait ainsi mieux suivre l'écriture de Donizetti en ses diverses transformations depuis ses débuts au théâtre jusqu'à la fin de sa carrière, et présenter ainsi une sorte de tableau graphologique plus documentaire et, partant, plus instructif. Il était facile d'augmenter le nombre des autographes autres que ceux de Donizetti ; on aurait pu présenter, par exemple, lettres et signatures des directeurs de théâtre qui avaient monté ses ouvrages, des chefs d'orchestre qui en avaient dirigé l'exécution, des interprètes qui en avaient chanté les rôles ; mais une telle recherche nous eût entraînés trop loin. Nous nous sommes donc contentés des autographes se rapportant directement à la partie musicale, ceux des poètes qui avaient fourni les vers des opéras ou des mélodies, et ceux des musiciens dont les arrangements avaient contribué à la propagation des œuvres. Encore parmi ces derniers, n'en avons-nous guère retenu que deux : l'un dans le genre sérieux, Richard Wagner; l'autre, dans le genre fantaisiste et léger, Musard !

Pour les ouvrages gravés, il ne fallait pas songer à rassembler *toutes* les partitions et *tous* les morceaux parus ; une telle réunion, actuellement presque impossible à faire, eût d'ailleurs tenu trop de place dans une Exposition, et sans profit pour le plaisir des yeux. Toutefois, nous avons essayé de donner, par quelques spécimens, une idée de tout ce qui avait été publié dans tous les genres et sous toutes les formes De préférence nous avons recueilli les éditions originales, ou du moins les premières publiées en France, indiquant toujours le nom de l'éditeur primitif et mentionnant la date de dépôt quand il nous était permis de la retrouver. Quant aux arrangements et transcriptions, on devine qu'ils se chiffrent par centaines et que nous avons dû nous contenter de certains morceaux-types empruntés aux « fournisseurs » jadis les plus renommés en un genre trop souvent plus commercial que vraiment artistique.

La série des portraits comprend ceux du compositeur et ceux de ses interprètes les plus éminents, ceux-ci naturellement plus nombreux que ceux-là. En outre, plusieurs morceaux originaux et arrangements sont ornés d'une lithographie qui se rapporte à quelque scène de l'œuvre ou reproduit le portrait d'un artiste ; nous avons eu soin de les rappeler dans la partie iconographique par leur numéro d'ordre, afin d'établir la concordance entre les diverses sections.

Enfin, à titre de renseignement, nous avons reproduit la liste de tous les ouvrages dramatiques de Donizetti avec l'indication de la ville et de l'époque où ils avaient été donnés pour la première fois ; nous y avons joint le titre des opéras non représentés, dont plusieurs causeront quelque surprise, car ils n'ont jamais, à notre connaissance, été mentionnés par les biographes ; mais leur existence ne saurait être mise en doute, puisque les manuscrits originaux se trouvent entre nos mains.

Si incomplet qu'il demeure, puisse le présent essai servir de guide bibliographique à ceux qu'attire l'Exposition de Bergame, et plus tard en rappeler les curiosités à ceux qui l'auront visitée ! Puisse-t-il apprendre quelque chose aux curieux qui le consulteront ! Puisse-t-il enfin être une modeste pierre apportée au monument qu'il conviendra d'élever en l'honneur de Donizetti, maintenant surtout que la propriété de ses ouvrages est tombée dans le domaine public : d'abord un catalogue, puis l'édition des œuvres complètes, monument aussi glorieux, plus durable peut-être et surtout plus utile à la postérité que les statues de marbre ou d'airain.

CHARLES MALHERBE,

Archiviste-adjoint de l'Opéra.

AUDITIONS ET REPRÉSENTATIONS

THÉATRES ET CONCERTS

Berlin. — Opéra. *Ondine; Lohengrin; L'Homme de l'Évangile; Haensel et Gretel; Ondine; Le Grillon du foyer; Aïda; Ondine; Lucie; L'Africaine; Ondine; Carmen; Cavalleria; Le Barbier de Séville; Les Maîtres Chanteurs; Traviata; Le Prophète* (avec le concours de M. Tamagno); *Don Juan; Aïda; Guillaume Tell; Ondine; Lucie; Ondine; L'Homme de l'Évangile.*

Bonn. — Troisième année des fêtes organisées par la Société du Beethoven-Haus. Les Douzième, Treizième, Quatorzième Quatuors de Beethoven ont été exécutés avec une incomparable maîtrise par le Quatuor Joachim, de Berlin : les Cinquième et Onzième par le Quatuor Heerman, de Francfort : le Huitième Quintette par le Quatuor Kess, de Cologne. Le célèbre clarinettiste Muhlfeld a donné en outre la sonate avec piano de Brahms et a prêté son concours au Quatuor Joachim pour l'exécution du Quintette, du même maître. Il faut citer encore le corniste M. Koyer, dans le Trio avec cor de Brahms. Mlle Pregi a fait entendre des « lieder » des deux maîtres (Voy. le compte-rendu de M. Marcel Remy dans le *Guide musical*, nos 23-24, pages 404).

Darmstadt. — Opéra grand-ducal. Directeur : Emile Werner. *Marion*, opéra de C. Flinsch, représenté pour la première fois avec quelque succès.

Dresde. — Opéra royal. *Odysseus' Heimkehr (Le Retour d'Ulysse)*, l'opéra de August Bungert, représenté vingt-cinq fois en cinq mois, avec un succès toujours croissant. *Die Rosenthalerin*, opéra en 3 actes de Anton Rückauf, représenté pour la première fois, avec un succès d'estime.

Fiume. — Théatre. *Fidalta*, opéra de Carlo Geranisi, représenté pour la première fois.

Florence. — Théatre Alfieri. *Viaggio nel regno del tempo*, opérette de Pancani, représentée pour la première fois.

Francfort-sur-le-Mein. — Opéra. Du 15 au 25 mai, ont eu lieu les représentations du « Wagner-Cyclus » (*L'Anneau du Nibelung*, sans coupures, *Tristan* et les *Maîtres-Chanteurs*). Parmi les interprètes, il convient d'ajouter à ceux dont nous avions annoncé le concours (MM. Vogl, Friedrichs, Gerhaeuser). M. Anthes, de Dresde. L'orchestre était excellemment dirigé par le capellmeister Rottenberg. (Voy. le compte-rendu de M. Georges Servières dans le *Guide musical*, nos 23-24, page 406).

— Théatre municipal. *Le Fils d'Achille*, opérette de Fritz Baselt, représenté pour la première fois avec peu de succès.

Gratz. — *La Dernière Chanson*, opéra en un acte de Ed. Schweiger, représenté pour la première fois, avec succès.

Londres. — Covent-Garden. *Faust; Roméo et Juliette; Tannhaeuser; Aïda; Carmen.*

— Alhambra. *Victoria et la Joyeuse Angleterre*, ballet, semé de mélodies populaires, écrit par M. A. Sullivan à l'occasion du jubilé de la Reine, représenté pour la première fois.

Lyon. — A Saint-Michel, sous la direction de M. de Labenus, maître de chapelle, excellente exécution de la nouvelle *Messe pontificale*, de Théodore Dubois.

Marseille. — Grand-Théatre. *Mazeppa*, opéra de Mme de Grandval; *Lohengrin; Carmen.*

Milan. — Concerts de la Scala. Sous la direction de M. Charles Lamoureux : La *Symphonie pastorale*; la *Neuvième symphonie*, de Beethoven; ouverture d'*Iphigénie en Aulide*, de Gluck.

Palerme. — Grand-Théatre Victorio-Emmanuele. Chef d'orchestre : Leopold Mugnone. *Falstaff*, de Verdi, représenté pour l'inauguration de la salle, le 17 mai.

Paris. — Opéra. *Faust; Sigurd; Messidor; Roméo et Juliette; Sigurd; Rigoletto; Don Juan; Faust; Lohengrin; Samson et Dalila* (98e représentation, avec le concours de Mme Héglon); *La Maladetta; Sigurd; Don Juan; Thaïs; L'Étoile.*

L'Étoile, ballet-pantomime en 2 actes, de Camille de Rodaz et Adolphe Aderer, chorégraphie de Hansen, musique de A. Wormser, a été représenté pour la première fois le 31 mai, avec succès.

Le premier acte, qui se passe en 1797 sur la place de l'École, proche du Pont-Neuf, est très vivant avec la parade des saltimbanques et les débuts sur la place publique, en présence de Vestris, de la future étoile de l'Opéra. Car, au second acte, on assiste aux examens de la danse du grand théâtre, dans lesquels la fille du peuple l'emporte facilement, à la grande satisfaction du célèbre danseur, qui avait deviné son succès ; dans le défilé ordinaire, qui est conforme à celui de nos jours, il y a à signaler l'entrée des coryphées et celles des enfants, tout en reconnaissant que, dans plusieurs autres passages, on retrouve la finesse et l'élégance de la partition de l'*Enfant prodigue*. L'Étoile, c'est Mlle Mauri, dont le succès fut très grand ; Vestris, c'est le chorégraphe M. Hansen. Parmi les autres interprètes, il convient de nommer Mlles Invernizzi, Torri, Robin, Lobstein, Hirsch, de Mérode et M. Ladam.

— OPÉRA-COMIQUE. *Carmen ; Orphée ; Les Noces de Jeannette ; Don Juan ; Mignon ; La Dame blanche ; Orphée ; La Navarraise ; La Dame blanche ; Le Vaisseau Fantôme ; Lakmé ; La Dame blanche ; Le Vaisseau Fantôme ; Lakmé ; Le Vaisseau Fantôme ; Mireille ; Le Vaisseau Fantôme ; Les Noces de Jeannette ; La Dame blanche ; La Navarraise ; Le Vaisseau Fantôme ; Falstaff ; Le Vaisseau Fantôme ; Carmen ; Falstaff.*

Le *Vaisseau Fantôme*, de Wagner, avec l'adaptation française de Charles Nuitter (Durand, éditeur) a été représenté pour la première fois à ce théâtre, le 17 mai. Les rôles étaient tenus par MM. Bouvet (le Hollandais) ; Jérôme (Erich) ; Belhomme (Daland) ; Carbonne (le Pilote) ; Mlle Marcy (Senta) ; Carré-Delorn (Marie). L'orchestre était dirigé par M. Danbé.

— PORTE SAINT-MARTIN. La *Montagne enchantée*, musique de André Messager et Xavier Leroux (Alphonse Leduc éditeur).

— THÉÂTRE-MARIGNY. *Le Chevalier aux fleurs*, ballet-pantomime, en deux tableaux, de Armand Silvestre, musique de André Messager et Raoul Pugno, représenté pour la première fois le 15 mai, avec succès.

— ORCHESTRE PHILHARMONIQUE DE BERLIN. Chef d'orchestre : Nikisch. *La Jeunesse d'Hercule*, de Saint-Saëns ; *Le Camp de Wallenstein*, de d'Indy ; Symphonie en *ré*, de Chausson ; Ouvertures du *Carnaval romain*, de Berlioz, d'*Euryanthe* ; Symphonie en *la*, de Beethoven ; *Conte d'avril*, de Widor, et, avec le concours de MM. Diémer, Pugno et Rissler, le concerto pour 3 pianos de Bach.

Le succès de ces concerts a été considérable. Une ovation a été faite à M. Nikisch.

—La SOCIÉTÉ DU QUINTETTE DE ROME, dirigée par l'éminent pianiste-quartettiste, M. Luigi GULLI, a donné à la salle de la rue d'Athènes, les 21 et 24 mai, deux concerts qui ont eu, devant un auditoire d'élite, le plus grand succès. Au programme : Quintette, op. 14, de Saint-Saëns, Quatuor, op. 66, de Widor, Quatuor en *ut* de Mozart, Quintette, op. 44, de Schumann, le 1e Quatuor de Beethoven, et surtout le Quatuor, op. 25, de Brahms, dont l'exécution fut une pure merveille. M. Gulli a été félicité avec beaucoup d'empressement et de cordialité par les artistes parisiens présents à ces belles séances.

— SOCIÉTÉ D'ART. 30e concert : Trio, pour piano, violon et violoncelle, de Paul Lacombe, très bien accueilli.

— CONCERTS DIVERS. MARSICK, BAUER et SALMON. Sonate en *ré* mineur, op. 121, de Schumann ; Trio en *ut* mineur, op. 101, de Brahms ; Sonate « à Kreutzer », de Beethoven. — DELABORDE. Sonate op. 57, de Schumann ; *Novelettes* de Schumann ; pièces diverses de Chopin. — Mme ROGER-MICLOS. Première audition, à Paris, le 17 mai, d'œuvres de Fr. W. Rust, maître de chapelle du duc d'Anhalt Dessau (1739-1796) : Sonates en *ut* majeur et en *ré* bémol, en *ré* mineur, pour piano ; une autre, pour violon ; un fragment de cantate et une autre pièce de chant « La Jeune fille au bord du ruisseau » traduits l'un en prose rythmée, l'autre en vers endécasyllabes par M. Alfred Ernst.

Des nombreuses compositions de Rust, dit M. E. Prieger, à peine quelques-unes parurent de son vivant et il n'y a qu'une dizaine d'années que son petit-fils, Wilhem Rust, cantor de la Thomana de Leipzig, fit publier la plus grande partie des œuvres de son aïeul. Friederich-Wilhem Rust comble une lacune dans l'histoire de la Musique, entre Haydn-Mozart et Beethoven. Sa musique n'a rien perdu de sa valeur. Par la beauté de l'inspiration, l'énergie de la phrase et la déclamation mélodique, Rust peut rivaliser avec les plus grands classiques et revendiquer le titre de précurseur de Beethoven. Des rapprochements curieux peuvent se faire entre ses œuvres et celles du maître de Bonn, notamment dans l'Adagio de la Sonate en *ré* bémol composée sept ans après la naissance de Beethoven.

— Au concert organisé le 18 mai, au profit de l'Association des Artistes musiciens par

MM. Widor et Delsart, et pleinement réussi, ont été données deux cantates de Bach pour soli, chœurs et orchestre : 1° *Magnificat* (1723) ; 2° l'*Actus tragicus* (1711 ?).

Rome — Théâtre Métastase. *Il Terremoto*, opérette de Pascucci, représenté pour la première fois le 16 mai avec quelque succès.

Venise. — Fenice. La *Bohème*, de Léoncavallo.

— Rossini. La *Bohème*, de Puccini.

Vienne. — Opéra impérial. *Don Juan* ; *Haensel et Gretel* ; *Lohengrin* ; La *Juive* ; *Le Grillon du Foyer* ; *Les Joyeuses Commères* ; *Hans Heiling* ; *L'Africaine* ; *Le Trompette de Sakkingen* ; *Guillaume Tell* ; *La Fiancée rendue* ; *Orphée et Eurydice* ; *Le Barbier de Séville* ; La *Fiancée de Corée*, ballet composé par M. J. Bayer, représenté pour la première fois avec un grand succès, le 22 mai ; 2°, 3°, 4° représentations les 23, 25, 28, 31 mai ; *Freischütz* ; *Walkyrie* ; *Faust* ; *La Flûte enchantée* ; Les *Huguenots*.

Wiesbaden. — *Le Barbier de Séville*, avec le concours de Mlle Erica Wedekind et de M. le Generalmusikdirector Schuch, tous deux de Dresde, a été un triomphe pour la jeune cantatrice et son éminent directeur.

ARTISTES CONTEMPORAINS

Profils d'artistes contemporains : Alexis de Castillon, Paul Lacombe, Charles Lefebvre, Jules Massenet, Antoine Rubinstein, Edouard Schuré, par Hugues IMBERT. Paris, Librairie Fischbacher, 33, rue Seine, 33. 1897, in-8.

4 ff. lim., 335 pages, pl. h.-t. (six portraits gravés à l'eau-forte par E. Burney). Prix 6 francs.

M. Hugues Imbert, rédacteur en chef du *Guide musical*, a entrepris vers 1888 la difficile et délicate tâche de retracer l'histoire de la musique durant la seconde moitié du xix° siècle.

Esprit perspicace, ouvert aux jeunes et ardentes aspirations de l'école de l'avenir, ayant pénétré profondément les théories nouvelles, en possession de renseignements de biographie et de bibliographie exacts et nombreux, M. Imbert était naturellement désigné pour raconter et dire les essais pleins de promesses, les tentatives glo-

rieuses, les succès définitifs des compositeurs modernes.

Ses trois premiers volumes contiennent les portraits de P. Tschaïkowsky, J. Brahms, E. Chabrier, Vincent d'Indy, G. Fauré, C. Saint-Saëns, R. de Boisdeffre, Th. Dubois, Ch. Gounod, Augusta Holmès, E. Lalo, E. Reyer, César Franck, Ch. M. Widor, Ed. Colonne, J. Garcin, Ch. Lamoureux, Rob. Schumann, G. Bizet ; le présent ouvrage, 4° volume des *Profils et portraits*, renferme ceux de Castillon, P. Lacombe, Ch. Lefebvre, J. Massenet, A. Rubinstein, E. Schuré.

Marie Alexis, vicomte de Castillon de Saint-Victor, né à Chartres en 1838, fut « pour la musique de chambre ce que Berlioz avait été pour les œuvres lyriques » ; ses compositions offrent un cachet particulier, dénotent un tempérament original en même temps qu'un goût très marqué pour les symphonistes allemands.

Dès son enfance, A. de Castillon s'était révélé musicien ; jeune homme, il n'en embrassa pas moins la carrière des armes pour répondre aux désirs de sa famille. Ce fut un bel officier de cuirassiers, puis de lanciers, mais son penchant pour la musique devint tellement irrésistible qu'il démissionna de bonne heure ; le contrepoint et la fugue l'emportèrent sur la théorie militaire et le service des places.

César Franck enseigna la composition à Castillon : parurent alors successivement le *Quintette*, le *Quatuor*, les *Esquisses symphoniques*, la paraphrase du *Psaume LXXXIV*, l'ouverture de *Torquato Tasso* et une vingtaine d'autres œuvres qui toutes « portent la griffe du compositeur et laissent entrevoir son originalité » ; chez Castillon, en effet, « le plan et l'harmonie générale sont le plus souvent grandioses, la pensée plane sur les hautes cimes », mais on regrette que parfois la main le trahisse dans la facture.

Le vicomte, « grand garçon blond avec la moustache et des côtelettes, la mâchoire inférieure proéminente, un peu de bleu de pervenche dans les yeux, plein de distinction », de grande intelligence, avait une âme rêveuse, mélancolique ; et cette tristesse intérieure dont fut remplie toute son existence imprègne chaque page de son œuvre d'un sentiment poignant qui émeut. Par l'émotion il atteignit souvent au beau.

PAUL LACOMBE possède un bagage considérable : soixante-quatorze compositions importantes, sans compter la musique pour piano à quatre mains et la musique de chant. Ces œuvres, écrites dans un style clair et facile, sous la bannière des classiques, ne nous ravissent pas violemment et avec éclat, mais elles viennent à nous « comme de douces pensées dans un rêve »; et on se laisse charmer par la 2e Symphonie en *ré* majeur, la *Marche élégiaque*, la *Ballade*, les *Esquisses et souvenirs*, l'*Album pour piano*.

Paul Lacombe est né à Carcassonne, en juillet 1838 ; son père était un riche industriel, sa mère, une excellente musicienne qui « jeta dans l'âme de son jeune Paul les semences qui devaient germer plus tard ». Mendelssohn, Schumann, Chopin furent ses maîtres préférés ; on retrouve leurs traces même dans ses œuvres les plus originales. L'amitié de Lacombe pour G. Bizet est connue ; elle donna lieu à une correspondance des plus intéressantes, que M. Imbert a publiée dans *Portraits et études*.

M. CHARLES LEFEBVRE, professeur de la classe d'ensemble instrumental au Conservatoire, est né à Paris, où sa jeunesse s'écoula dans le milieu le plus artistique et le plus propre à développer son goût inné pour le beau en ses manifestations les plus variées : Jules Sandeau, Sauzay, Maxime David, le graveur Oudiné, Gounod, A. Chauvet, tels sont les artistes qu'il fréquenta, en compagnie desquels s'épanouit sa vocation musicale.

Prix de Rome en 1870, Ch. Lefebvre partit pour la villa Médicis. La ville aux sept collines qui, lors d'un premier voyage en Italie (1866), l'avait séduit et passionné, l'accapara entièrement. Il s'y trouvait en même temps que Mercié, Olivier Merson, E. Barrias, et y fit la connaissance de Liszt. Il revient à Paris à la fin de l'année 1873, et le salon où on l'accueille avec le plus de joie est celui de M. et Mme Viardot. La famille Viardot recevait Gounod, Saint-Saëns, Renan, Flaubert, H. Martin, J. Simon, Tourgueneff, etc. La vie de

M. Charles Lefebvre s'écoula donc toujours au milieu des plus grandes célébrités.

En musique, Mendelssohn, Schumann, R. Wagner, s'imposèrent vivement à son admiration ; en littérature, ses préférences allèrent à A. de Musset, Sully-Prudhomme, F. Coppée.

Quant à ses œuvres, leur « faire n'est ni très puissant, ni très frappant dès l'abord, et la musique de Ch. Lefebvre a été comparée à un délicat pastel », elle a la grâce des jolis pastels de Rosalba. C'est l'impression que donnent *Eloa, Ici-bas tous les lilas meurent*, le *Banc de pierre*, la *Première larme*, l'*Aurore*, *Soir d'été*, etc. ; mais *Judith*, le *Psaume XXIII, Lucrèce, Djelma* dénotent un talent vigoureux, énergique et dramatique. Le duo entre Judith et Holopherne, si maladroitement supprimé par Pasdeloup aux Concerts populaires, est une page de haute envergure qui demeurera. *Zaïre*, dont l'exécution est d'un musicien et l'idée d'un poète, traduit si bien la pensée de Voltaire, que celui-ci « se réveillerait pour applaudir », disait M. de Récy.

MASSENET est la figure la plus importante du volume de M. Imbert, la plus curieusement fouillée, celle où il a déployé avec le plus d'ampleur les qualités maîtresses de sa plume vive, alerte, de sa critique habile à mettre au point juste, méthodiquement mais sans pédanterie, l'œuvre d'un musicien, à découvrir ses aptitudes, sa nature intime, voire ses faiblesses ou ses vertus cachées. Si quelques ombres légères se remarquent dans le brillant tableau brossé par M. Imbert, elles ont pour objet de faire mieux resplendir par contraste les chefs-d'œuvre du maître, et de prouver, par la distribution raisonnée du blâme et de l'éloge, l'impartialité du critique.

Un souvenir heureux de J.-J. Rousseau et de Mme de Warens commence cette belle étude. Puis on voit Massenet, déjà élève du Conservatoire à l'âge de 10 ans (1853), obligé de suivre sa famille à Chambéry et de quitter ses chères études musicales. Mais, tourmenté par son génie, il abandonne bientôt le toit paternel pour retourner à Paris, la ville dont on rêve, la ville qui de tout temps mit le bâton de pèlerin entre les mains des amants passionnés de l'art et du beau. Massenet, comme Boïeldieu, voyait dans Paris la grande dispensatrice de la gloire et des succès. Il ne fut pas déçu dans ses espérances: grand-prix de Rome d'abord, puis, à 36 ans, membre de l'Institut et de la Légion d'honneur, joué et applaudi sur les premières scènes, rien ne manque à sa gloire.

Son œuvre décèle un tempérament dramatique vigoureux, témoigne d'un énorme talent, d'une habileté technique inouïe, d'une imagination féconde, mais surtout d'une sensibilité exquise qui lui a inspiré ses plus admirables créations.

Les Erynnies, Marie-Magdeleine, Phèdre, Eve, le Roi de Lahore, Hérodiade, Manon, Werther sont les étapes les plus glorieuses de sa carrière musicale et marquant de points lumineux la vie du grand artiste. Comme le sublime poète de *Phèdre*, Massenet monte de chef-d'œuvre en chef-d'œuvre; comme Racine il est le chantre inspiré de l'amour féminin ; mieux que tout autre il a traduit en une langue divine les ardeurs, les entraînements de la passion, les violentes jalousies des amours méconnues, les félines et cruelles tendresses du cœur de la femme.

A. Rubinstein a été un virtuose incomparable et incontesté, un compositeur discuté, un critique aussi faible que partial.

Edouard Schuré, poète, critique, auteur de l'*Histoire du lied*, du *Drame musical*, est la dernière figure que nous peint M. Imbert.

C'est un de ces nobles esprits auxquels incombe la sublime charge de conduire les artistes et les foules au génie ignoré : il fut en France l'apôtre du dieu inconnu de Bayreuth : et cela suffit à illustrer un écrivain.

Ainsi nous apparaissent pleins de vie, de probité, d'admiration franche les *profils d'artistes contemporains* de M. Hugues Imbert. Une planche de portraits gravés à l'eau-forte par E. Burney et une liste des œuvres de chaque auteur ajoutent un nouvel intérêt documentaire à ce volume si attachant.

Henry Expert.

NOTICES CRITIQUES

Schubert-Ausstellung der K. K. Reichshaupt-und Residenzstadt Wien verbunden mit einer Ausstellung von Werken der Maler Moriz v. Schwind, Joseph Danhauser und Leopold Kupelwieser. Wien, Künstlerhaus, Verlag des Gemeinderaths-Praesidiums, 1897, in-8, 229 pages, 11 planches (nombreux portraits). Prix 30 kr.

Après une préface de M. Karl Glossy le savant et aimable directeur de la Bibliothèque et du Musée de la ville de Vienne, sous la direction duquel cet intéressant catalogue a été rédigé et un avertissement pour le visiteur, suit la nomenclature des tableaux, aquarelles, portraits, partitions, autographes, programmes, exposés : nos 1 à 155 et 864 à 1037 (Schubert); nos 156 à 718 et 1038 à 1150 (Moriz v. Schwind); nos 719 à 762 et 1151 à 1177 (Leopold Kupelwieser); nos 763 à 863 et 1178 à 1273 (Joseph Danhauser).

Le catalogue de l'Exposition de Schubert se termine par une liste des propriétaires des objets exposés. Les planches reproduisent, d'après les originaux, les portraits suivants : Franz Schubert, par Kupelwieser, avec autographe de Schubert; Schubert et Vogl, par M. V. Schwind; J. B. Jenger, A. Hüttenbrenner et Franz Schubert, par J. Teltscher; Franz v. Schober, par Kupelwieser; M. v. Schwind, par Kupelwieser; Fr. Grillparzer, par M. v. Schwind; Ed. v. Bauernfeld, par M. v. Schwind; F. Raimund, par M. v. Schwind; J. Danhauser, par lui-même; Kupelwieser, dessin de Michalek; enfin une esquisse du tableau de Vienne « Ein Schubertabend », exposé par la ville de Vienne, sous le numéro 1.

Jahrbuch der Musikbibliothek PETERS für 1896. Dritter Jahrgang. Herausgegeben von Emil Vogel. Leipzig, Verlag von C. F. Peters, 1897, in-8, 102 pages et un portrait hors texte de Haendel.

Ce livre est destiné à faire connaître le fonctionnement et la composition de la Bibliothèque musicale mise par la grande maison d'édition Peters à la disposition des travailleurs, tous les jours, sauf au mois d'août, de 11 heures à 1 heure et 3 à 7 heures l'été, de 11 heures à 1 heure et 3 à 8 heures l'hiver. Le fonds du catalogue a été publié dans le *Jahrbuch* de 1894, qui contient en outre la publication de lettres de Schubert par M. Max Friedlaender. Le *Jahrbuch* de 1895, orné d'un beau portrait de Bach, renferme les additions, en outre un répertoire général des publications de l'année et des études : « Die Originalstimmen zu Haendel's *Messias* », par Friedrich Chrysander. — « L'Influence de la musique allemande sur la musique française », par Jules Combarieu. — « Die Zukunft des evangelischen Chorgesanges », par R. v. Liliencron. — « Der erste mit beweglichen Metalltypen hergestellte Notendruck für Figuralmusik », par Emil Vogel, conservateur de la Bibliothèque musicale Peters.

Voici enfin les divisions du *Jahrbuch* de 1896 : « Jahresbericht », par C. F. Peters et Emil Vogel ; — « Bach-Portraits », par Emil Vogel ; — « Haendel-Portraits », par Emil Vogel ; — « Kritische Besprechungen einiger Bücher und Schriften über Musik aus dem Jahre 1896 », par Emil Vogel ; — « Die für das Konzert bestimmte Komposition grossen Stils im Jahre 1896 », par Hermann Kretzchmar ; — « Kleine Mitteilungen ; » — « Schicksale der Borghese-Musiksammlung » ; — « Verzeichnis der im Jahre 1896 erschienenen Bücher und Schriften über Musik. Mit Einschluss der Neuauflagen und Übersetzungen », par Emil Vogel.

On voit quels renseignements précieux pour la Bibliographie musicale on peut trouver dans cet annuaire.

Kirchenmusikalisches Jahrbuch für das Jahr 1897. Zwoelster Jahrgang. Herausgegeben von Dr. Fr. X. Haberl. Regensburg, Verlag von Friedrich Pustet [1897], in-8, iv-iv-144-8 pages, avec deux fac-similé dans le texte, et 44 pages de musique. 2 mark 60 pf.

Voici les notices de cet annuaire de la musique religieuse : « Der Mensural-Codex des Magister Nikolaus Apel von Koenigshofen » (Ms. 1494 de la Bibliothèque de l'Université de Leipzig), par Hugo Riemann ; — « Die Sechs Trienter Mensuralcodices », par Fr. X. Haberl ; — « Bertraege zur Geschichte des Katholischen Orgelspieles », par E. von Werra ; — « Das Traditionelle Musikprogramm der Sixtinischen Kapelle nach den Auszeichnungen von Andrea Adami da Bolsena », par Fr. X. Haberl ; — « Zur Geschichte der Singknaben-Institute », par Karl Walter ; — « Joseph Victor von Scheffel über Erhart Oeglins Liederbuch von 1512 », par Fr. X. Haberl ; — « Uber Abraham Mergerle, Kapellmeister und Komponist », par Fr. X. Haberl (avec des figures et des exemples de musique) ; — « La

Mélopée antique, de Gevaert », par Kormüller ; — « Alter und neuer Choral », par Edmund Langer ; — « Kirchenmusikalische Jahreschronik ». (Tableau de tous les journaux et revues de musique religieuse et des journaux de musique ayant consacré des articles à la musique religieuse, de octobre 1895 au 1er janvier 1897.)

A la fin, se trouve une table des matières du *Kirchenmusikalisches Jahrbuch* pendant les années 1886 à 1895.

Vient de paraître, en élégante brochure, la seconde édition du livret de la *Symphonie humaine*, dont la musique et le poème sont de Emile Ab. Chizat.

Des notices seront consacrées dans le prochain numéro aux nouveautés envoyées par les Maisons Breitkopf et Haertel, de Leipzig ; Urbanek, de Prague ; Decourcelle, de Nice.

A TRAVERS LES JOURNAUX

L'AMI DU CHANTEUR
PARIS

Nos 72 à 79. Histoire de la chanson moderne. Desaugiers et son temps (avec la musique de ses chansons). — Nos 72, 73. E. Chebroux : Les Chansons de Jules Jeannin. — Nos 75 à 79. Les Chansons de J. B. Clément. — Nos 77, 78. L. Hébert : Marcel Legay.

Musique. — No 72. La Chanson de l'aiguille, de Marcel Legay. Près du berceau, de Schubert. — No 73. Chantons le Hainaut, de Abel Pagès. Guillaume, de A. Jolly. — No 74. Complainte de l'apprentissage, de Abel Pagès. Mon ami Remi, de A. Nonyme. — No 75. L'Adieu du grand-père, de Victor Bériot. Le Loriot, de F. Valin. — No 76. Yan, de Ch. Hébert. Content et pas content, de Abel Pagès. — No 77. Dans les blés, de E. Couthier. L'Hirondelle, de J. Charton. L'Ennui, d'Alberty. — No 78. L'Outrecuidance, de A. Nonyme. Bonjour, mai, de Alberty. Le Froment, de Abel Pagès. — No 79. Le Merle, de Abel Pagès. Le Troubadour enrhumé, de Fr. Raynaud.

Pour la rédaction, s'adresser à M. H. Hazart, 65, rue Manin, Paris.

LA CRONACA MUSICALE
PESARO

2e année. No 4. T. Mantovani : Brahms.
Augusta : L'Originalita nell'arte.
Marescotti : A proposito dello studio del canto.

Nos 5. C. Cinelli : Memorie cronistoriche del Teatro di Pesaro, 1637-1897.

Albini : La *Bohême*, de Leoncavallo.

L'Infognato : La *Bohême*, de Leoncavallo alla Fenice di Venezia.

Nos 4, 5. Correspondances. Palermo, Genova, Roma, Firenze, Torino, Milano, Venezia.

Nos 4, 5. Nel mondo dell' arte. — Conservatori e licei. — Bibliografia. — Teatri e Concerti. — Concorsi.

La *Cronaca musicale* consacre un article de quatre pages, dans le no 5, à la description du nouveau théâtre de Palerme et au compte-rendu de la première représentation.

L'EUROPE ARTISTE
PARIS

Nos 15 à 23. Soirées parisiennes (Théâtres). — Cabarets artistiques et Cafés-Concerts. — Concerts. — Revue théâtrale et artistique : Province. Étranger (très nombreux comptes-rendus des Théâtres, des Casinos, des Concerts avec les tableaux de troupes). — Échos. — Informations. — Les Livres.

No 20. X.: Contre l'incendie dans les théâtres parisiens.

Nos 16-17. Lydia Torrigi-Heiroth : L'Art du chant.

Nos 16-23. Paul Georges. Salon du Champ-de-Mars et des Champs-Élysées et Expositions diverses.

Portraits avec notices : No 20. M. Charles Lamoureux. No 21. Mlle Marie de Labounskaya, première danseuse du Théâtre Impérial de Saint-Pétersbourg, dans son rôle du *Chevalier aux Fleurs*, le nouveau ballet du Théâtre Marigny. Nos 22-23. Madame Conneau.

LE GUIDE MUSICAL
BRUXELLES-PARIS

Nos 21-24. Hugues Imbert : Charles Gounod. Les Mémoires d'un Artiste et l'Autobiographie.

Nos 21-22. Le *Vaisseau Fantôme* à l'Opéra-comique.

Georges Servières : Les Deux *Vaisseau-Fantôme*.

T. Montefiore : La *Bohême* de Léoncavallo.

Chronique de la Semaine (Paris, Bruxelles). — Correspondances (Liège, Londres).

Nos 23-24. M. R.: Les Fêtes de Bonn.

G. S.: Cycle Wagnérien de Francfort.

John Cecil : La Musique religieuse et la Schola Cantorum.

Epilogue de la polémique soulevée à propos de l'article de M. Loquin paru dans la *Gironde*. Je rappelle à celui que tenterait un article d'ensemble sur cette question qu'il trouvera les pièces du procès (lettres de MM. Vincent d'Indy, Charles Bordes, J. Tiersot, etc.), dans les nos 6, 8, 12, 14, 16, 18, 19-20 du *Guide musical*.

M. K.: Les Abus de la Société des Auteurs, Compositeurs et Éditeurs.

Chronique de la semaine (Paris, Bruxelles). — Correspondances (Anvers, Copenhague, Dresde, Liège, Londres, Madrid, Montréal, New-York, Ostende, Rouen).

Nos 21-24. Nouvelles diverses. — Bibliographie. — Nécrologie. — Répertoire des théâtres et concerts.

Rédact. a du *Guide musical* : à Paris, 33, rue Beaurepaire ; à Bruxelles, 2, rue du Congrès.

IL MANDOLINO
TORINO

Ce journal, spécial pour les amateurs de mandoline et de guitare, contient dans chacun de ses numéros bi-mensuels une page d'informations (Vita mandolinistica, Concorsi, Bibliografia, Novita musicali), et un ou deux morceaux de musique. Directeur : G. Monticone, 38, via Po, Torino. Abonnements : Italie 5 l.; étranger 7 l.

Musique. — No 4, Maria, valse pour guitare, de L. Chiarini. No 5. Au bord de la mer, petite gavotte, pour 2 guitares, de J. Sgallari. No 7. Tendre aveu, sérénade impromptu pour mandoline, de J. Sgallari. Morceaux pour 2 mandolines et guitare : No 3. Gentillezze, valse de Schmi. No 4. Veglione, marche de L. Todo. No 5. La Prière du matelot, de C. Grosso. No 6. Grisantemo, valse de Sartori. No 7. Fiori di Primavera, mazurka de G. Guindani. No 8. Una Gita a Vogogna, polka-marche, de G. Navone. No 9. Volutta, valse de E. Carosio. No 10. Alpinismo, polka, de Racca.

LE PROGRÈS ARTISTIQUE
PARIS

Nos 980 à 982. — F. de Ménil : La musique dramatique chez les peuples du Nord. Le Théâtre lyrique anglais.

No 981. Les formalités exigées pour la constatation du droit d'auteur.

Nos 980 à 986. Chronique théâtrale. Revue des concerts par la Rivierre, F. de Ménil, R. Brancour et J. Br.

REVUE DE L'ENSEIGNEMENT MUSICAL POPULAIRE
NANCY

Cette nouvelle revue mensuelle a pour but de faciliter des échanges de vues sur l'enseignement musical entre les professeurs et de faire connaître les œuvres des compositeurs abonnés, en publiant gratuitement les conducteurs pour harmonies et fanfares, ou des extraits d'autres compositions, pour guider les professeurs dans leur choix. L'abonnement est de 3 fr. 50 par an. Secrétaire-gérant : E. Souron, 4, rue de la République, à Nancy.

No 1 (février 1897). De l'enseignement musical populaire. — Le solfège à l'école. — No 2. Les Sociétés musicales et le solfège. — No 3. Le chant aux cours d'adultes. — No 4. Isoré : Ce que doit être le chant à l'école primaire. — Nos 1 à 4. Petite correspondance. — Bulletin bibliographique. — Nos 2 à 4. Des concerts de sociétés.

Musique. — No 1. Ninon, tu n'aimes pas, romance de Tonnelier. Chagrin d'enfant, mélodie de Isoré. — No 2. Beaucoup d'amour, de Haller, chant et piano. Marche des bleus, chœur et piano de E. de Waele. La Petite Olga, valse pour piano, de Kraweltamygatsky. Les Enfants de la France, chœur de Duluc. — No 3. Le long des grèves, chant et piano, de E. de Waele. Voici l'avril, mélodie de Isoré. Marche arabe, pour piano, de Gadenne. Violettes et roses, mazurka pour piano, de Decerf. — No 4. Ne touchez pas aux nids, mélodie de Duluc. Premier amour, romance de Isoré. Rêverie pour violon et piano, de E. de Waele. — Conducteurs complets pour harmonies ou fanfares : N° 1. Le Bataillon alpin, pas redoublé de E. Branet. Après la chasse, mazurka de E. de Waele. — Cécile, valse, de Decerf. Le Débutant, pas redoublé, de Georges. Marche des bleus, pas redoublé, de E. de Waele. — N° 2. Salut au printemps, ouverture, de E. de Waele. — N° 3. Les refrains populaires arrangés en pas redoublé, par E. D. Passe-Partout, pas redoublé, de E. de Waele. Gavotte marquise, de H. Cadenne. L'Écuyère, polka, de E. de Waele. — N° 4. Marche russe, de Cadenne. Marche Tourquennoise, de Cadenne. Nos amourettes, polka, de Bary.

LA SEMAINE MUSICALE

LILLE

N°s 48 à 52. Historique de l'orchestre du théâtre de Lille. I. Coup d'œil sur la formation et les développements de l'orchestre en France.

N°s 51-52. E. Giraudet : Statistique chorégraphique. Du nombre de tours qu'il faut faire pour connaître à fond les danses classiques.

LE JOURNAL D'UN SOLITAIRE (Paris). N° 12. Cela n'est pas une boutade qu'on trouvera dans le fragment qui suit. L'Ermite fait le procès des livrets écrits en prose sans souci du rythme. La rime ? Qu'importe. Les lignes ou vers longs ou courts ? Qu'importe encore. Mais la mesure, le mètre, la cadence, le rythme, n'est-il pas prodigieux de les oublier ? Quel cas fait-on des origines, des principes, de l'essence de l'Art musical ?

Encore un opéra en prose, sur la scène de l'Académie de musique.

Depuis les *Auditions voilées*, données en 1891 et 1893 par un compositeur fort sympathique à l'ermite, les essais de prose, appliqués à la musique, ont été innombrables.

Non, certes, que ces Auditions fussent les premières à employer la prose en musique. Pour ne parler que de la musique religieuse, le latin qu'on chante à l'église, de temps immémorial, n'est qu'une prose, et l'on pourrait trouver quantité d'exemples sérieux et fantaisistes, de l'éternelle attirance des phrases libres, dans l'interprétation musicale.

Mais il n'en est pas moins évident que ce furent les *Auditions voilées* qui démontrèrent la possibilité d'une mise en œuvre rationnelle de la prose rythmée. Les mots mêmes de prose rythmée ne sont employés que depuis ces auditions.

L'accueil empressé fait à ces manifestations était donc de nature à influer beaucoup sur l'esprit des producteurs musicaux, en prouvant que la prose renfermait des ressources d'interprétation jusqu'alors négligées.

Malheureusement, dans leur empressement à suivre le sentier frayé par un audacieux, les intéressés ont oublié, ou méconnu, l'essentiel. La prose musicale est et doit rester une poésie libre de rimes, mais non de rythme. Car la rime n'est qu'un procédé, une forme (que la musique suppléera), — mais le rythme est le fond, c'est-à-dire le caractère, l'élément de germe et de fécondation

Enfin, la prose musicale n'a de raison d'être, c'est-à-dire d'excuse, que lorsqu'elle peut se plier, avec plus de souplesse, aux nécessités de l'inspiration musicale. Il semble, alors, qu'il s'agisse, avec elle et par elle, de mettre la musique en paroles, plutôt que les paroles en musique. Elle n'est donc vraiment intelligente — et intelligible — que lorsqu'elle concourt à l'œuvre d'art seule, vraie et sincère, du musicien écrivant lui-même son poème.

Ainsi, quoi qu'on fasse, quoi qu'on tente en dehors des nécessités précitées, la prose musicale, au lieu de constituer un merveilleux instrument d'expression, restera un leurre, une duperie, une hypocrisie de facture dont le musicien sera toujours victime, en devenant bourreau à son tour.

Ces vérités ont été proclamées plusieurs fois par le compositeur des proses rythmées des *Auditions voilées* aussi haut qu'il l'a pu. Elles n'ont pu empêcher le déluge des prolifications prosaïques dont l'opéra d'hier est la dernière ondée.

Peut-être serait-il temps de demander à l'initiateur du mouvement d'exposer à la scène la preuve dramatique d'une théorie qu'on s'égare à chercher ailleurs.

Mais cette simplicité de conduite n'est pas dans l'ordre des théâtres subventionnés. Un procédé de composition est lancé, heureux, utile, intéressant. Cent applications sans intérêt, inutiles, malheureuses, sont essayées de toutes parts. Et personne ne se préoccupe de savoir si l'application réalisée par l'auteur du procédé lui-même ne serait pas, mieux que toutes les autres, logique et féconde

Pis encore, il ne serait pas étrange que ledit auteur, présentant l'œuvre définitive, fût accueilli par des réserves ou des non-recevoirs, par la raison, peut-être, que son procédé, ne réussissant pas pour les autres, risque de ne plus réussir pour lui-même. Ah ! combien il vaut mieux rire que pleurer devant la stupide et admirable inconscience des choses et des gens. Car, enfin, tout cela, c'est du temps gaspillé pour l'expérience décisive désirée par les amateurs en mal de recherche de plaisirs qui sont à leur porte et qu'ils ne savent pas ramasser ; mais, c'est du temps gagné pour l'auteur retardé dont l'œuvre se parachèvera mieux en cette sorte d'exaltation intérieure née des obstacles mêmes.

L'artiste, contraint à se replier sur lui-même, en arrive à ne plus rien demander qu'à lui seul et fait, alors, de l'art en égoïste. Plaisirs des dieux ! Ce n'est plus lui qui est à plaindre.

Que les proses étiques, brutales ou confuses, continuent donc en paix ou en bruit leurs évolutions multiples. Et, qu'avec elles, les idéals bizarres qui se partagent le ciel nuageux de la musique actuelle jouissent de leurs gloires éphémères. Il faut des pluies et des orages dans la vie artistique comme dans la vie naturelle. Mettons nos capuchons et soignons nos bronches. Le jour ne peut tarder où quelque souffle bienfaisant balayera ces brouillards et dissipera ces vapeurs, laissant apercevoir le vrai ciel, celui qui a du soleil et des étoiles en lui, et le véritable idéal, celui qui s'ouvre sur l'infini au lieu de le masquer.

_____

La Revue bibliographique belge, rédigée par une réunion d'écrivains, suivie d'un bulletin bibliographique international publié par la Société belge de librairie. Bruxelles, 16, rue Treurenberg. 9ᵉ année. Nᵒ 1 (janvier), ɪv-44 pages. Nᵒ 2 (février), vɪɪɪ-93 pages. Nᵒ 3 (mars), pages 1-xɪɪ et 6 à 146. Nᵒ 4 (avril), pages 1-xvɪ et 147 à 186. Nᵒ 5 (mai), pages xvɪɪ-xx et 187 à 235. Abonnements : Belgique, 3 fr.; Union postale, 4 fr. 50. Le numéro 25 centimes.

La *Revue bibliographique belge* contient des analyses et notices sur un grand nombre de livres belges ou étrangers et le sommaire complet de la plupart des périodiques de tous pays.

_____

LES RÉSULTATS

D'UN

ENSEIGNEMENT NOUVEAU DE LA MUSIQUE[1]

(Suite)

_____

M. Alfred Josset vient de recueillir, devant le grand public, les applaudissements que méritent ses vaillants efforts, et cela par trois fois. Car c'est à lui qu'il faut attribuer le succès qu'a obtenu le jeune compositeur Clément Coling, dans un concert donné par lui à la salle de la place Saint-Germain-des-Prés, le 24 février.

Au reste, nous avons retrouvé M. Clément Coling dans le second concert du 24 mars au cirque des Champs-Élysées, qui, pendant trois heures, retentit d'acclamations, et, enfin, au beau concert du 28 mai, à l'Hôtel Continental.

Sur des notes données par les auditeurs, on l'a vu évoquer les maîtres de l'Art musical, par l'improvisation : tour à tour, M. Clément Coling fut sémillant avec Mozart, correct et placide avec Bach, capricieux avec Mendelssohn, tendre et mélancolique avec Chopin, acrobate avec Liszt ; Wagner, Schumann et d'autres furent également évoqués.

(1) Voy. le *Journal musical*, nᵒ 7 et nᵒ 8.

Voilà pour le passé. Le présent fut représenté par des compositions du jeune artiste. Nous avons retenu surtout la scène lyrique : *A la mémoire d'un héros*, dont il est le poète et le musicien. Son interprète fut, au premier concert, Mᶫᶫᵉ Thérèse Josset, dont l'organe est déjà magnifique et le jeune talent plein de promesses ; au second, M. Auguez, de l'Opéra.

La musique de l'avenir, c'est la Typophonie, invention due au maître, à M. Alfred Josset, et qui permet à de tout jeunes enfants de composer aisément. M. Clément Coling a fait voir quels superbes résultats un intellectuel peut tirer de cette invention.

Poète, musicien, improvisateur dans tous les styles, compositeur, M. Clément Coling est aussi un virtuose, et les applaudissements d'un public enthousiaste l'ont suivi à l'orgue, au piano, sans compter la flûte, le violoncelle qu'il possède à merveille. Nous ne croyons pas qu'on puisse citer un artiste de son âge aussi complet que lui.

Son maître, sur qui les succès de sa déjà célèbre élève Jeanne Blancard avaient appelé l'attention, peut être fier.

Tous les membres de l'École de musique des Frères Saint-Jean-de-Dieu étaient là : l'Orchestre et l'Harmonie (ensemble cent dix exécutants) ont exécuté des compositions de Beethoven, Bizet, Berlioz, Saint-Saëns, des pages dues aux élèves de l'École, Clément Coling, A. Derepas, S. Lucowicth, et aussi à l'heureux directeur, M. Alfred Josset.

Du But.

_____

Annuaire de la Musique pour 1897, publié par Baudouin-La Londre. Paris, le *Journal musical*, 11, rue de la Pépinière [Sire, impr. à Bourges]. 1897, in-4° écu. xlvɪɪɪ-74 pages à 2 colonnes, avec 4 portraits. Prix 10 francs.

_____

Dans le prochain numéro, un article de de M. J.-L. de Bruneval à propos de l'*Art grégorien*, étude préliminaire de l'ouvrage en souscription chez Fischbacher (Prix, 10 fr.) : *Le Rythme du chant dit grégorien d'après la notation neumatique*, par G. Houdard.

BIBLIOGRAPHIE MUSICALE
FRANÇAISE

PUBLIÉE SOUS LA DIRECTION DE LA CHAMBRE SYNDICALE DU COMMERCE DE MUSIQUE

(25, RUE DE LONDRES, PARIS)

PAR

BAUDOUIN - LA LONDRE

Directeur du *Journal musical* et de l'*Annuaire de la musique*

11, rue de la Pépinière, 11, PARIS

AGENT POUR L'ALLEMAGNE : M. C. HEDELER

Grimmaischer Steinweg, 3, Leipzig

Abonnement : 2 fr. 50 par an. — Le Numéro : 50 centimes.
ANNONCES. — UNE PAGE : 20 FRANCS

LA *BIBLIOGRAPHIE MUSICALE* PARAIT TOUS LES TROIS MOIS

La BIBLIOGRAPHIE MUSICALE FRANÇAISE est un

BULLETIN TRIMESTRIEL DE TOUTES LES NOUVEAUTÉS MUSICALES DE FRANCE

et d'une partie de la Bibliographie musicale étrangère.

Chaque page, mise entièrement à la disposition des éditeurs, marchands de musique, facteurs de la France ou de l'étranger, au prix de 20 francs, représente environ 60 lignes.

23ᵉ ANNÉE

Tarif des **TIRAGES A PART** commandés par les souscripteurs, pour leur usage personnel, des **ANNONCES** parues dans la *Bibliographie musicale française :*

Une page................... .... 1ᵉʳ mille........   10 fr
    — .... 2ᵉ   — ....   8 fr.
Deux pages ensemble (recto et verso) . 1ᵉʳ mille.... ... 11 fr.
    —   —   . 2ᵉ   — ....   9 fr.

Envoi franco pour toute la France.

Adresser les commandes, ainsi que tout ce qui concerne la Rédaction, les Abonnements et les Annonces, à M. Baudouin-La Londre.

LE NUMÉRO D'AVRIL-JUIN PARAITRA LE 15 JUILLET

Les Abonnés à la BIBLIOGRAPHIE MUSICALE FRANÇAISE sont priés d'envoyer sans délai le montant de leurs abonnements échus ou des renouvellements en mandats, bons ou timbres-poste.

BOURGES, IMPRIMERIE M. H. SIRE.

LE JOURNAL MUSICAL

Bulletin international critique

DE LA

BIBLIOGRAPHIE MUSICALE

DIRECTEUR

BAUDOUIN-LA LONDRE

11, rue de la Pépinière, 11

PARIS

Abonnements : France 6 fr ; Union Postale 7 fr. — Le numéro mensuel 50 centimes.

2e Année. — No 15. — Juillet 1897.

Chronique. — Informations. — Les Disparus. — Block-notes de la Bibliographie musicale. — Iconographie et Beaux-Arts.

Exposition internationale de Bruxelles.

HENRY EYMIEU : La Musique moderne dans les grands concerts. I. Société des Concerts du Conservatoire (*A suivre*).

J.-L. DE BRUNEVAL : La Notation neumatique.

HENRY EXPERT : Un Grolier musical.

J.-L. DE B. : L'Édition officielle de chant liturgique.

Théâtres et Concerts. Aix-La-Chapelle. Barcelone. Berlin. Brünn. Clermont. Dijon. Dresde. Genève. Gorlitz. Leipzig. Londres. Mannheim. Milan. Munich. Paris. Prague. Saragosse. Scheveninghe. Turin. Vevey. Vichy. Vienne. Weimar. Zurich.

R.-D. et B.-L. : Notices critiques. Le *Matériel sonore* de V. Mahillon. — *Trio* de P. Scharwenka. — Transcription pour piano de *Sarka*, du *Kœnig-Lear*, poëmes symphoniques de Smetana et de Félix Weingartner. Pièces pour piano de Zdenko Fibich. Curtis. Pièces diverses pour piano, violon et piano, chant.

B.-L. : A travers les journaux.

ES Congrès se succèdent. Après les grandes assises de la Propriété littéraire et artistique, voici le Congrès des Éditeurs, le Congrès de la Presse.

Ces réunions de délégués internationaux apportent-elles une pierre à l'édifice pour longtemps en construction de la Concorde des peuples ?

Avant tout, elles préparent de nouveaux liens par la communauté des intérêts ; elles rapprochent des distances.

Le Rapprochement des distances, le coude à coude ne produit pas partout, dans le monde des musiciens en particulier, dites-vous, des résultats heureux. Alors à quoi bon l'abolition des frontières ?

Mais songez donc que le jour de l'Union universelle naîtra le Bonheur, le Bonheur, père du Désintéressement et de l'Aménité.

A ces époques-là, tous sans doute communieront en l'Idéal, le seul, celui du Rêve.

Rêvons.

Dans le rêve s'esquissent les belles aurores des temps futurs.

INFORMATIONS

Bayreuth. — Nous avons annoncé qu'il y aurait cette année huit représentations de *Parsifal*. Notons en outre que la représentation du 19 août sera la centième de l'immortel chef-d'œuvre.

Bergame. — Une publication de luxe sera publiée à l'occasion du centenaire de Donizetti. On y trouvera des articles des personnalités musicales les plus en vue, des fac-similés d'autographes précieux, des manuscrits originaux appartenant à M. Charles Malherbe et qui figureront à l'Exposition.

Trois œuvres de Donizetti : *Dom Sébastien*, *L'Elisire d'Amore*, *Lucia di Lammermoor* seront représentés pendant l'Exposition.

Berlin. — D'après le *Berliner Tageblatt*, on attend à l'Opéra royal le baryton Jean Lassalle, de Paris.

Jusqu'ici on compte deux cents concerts organisés pour la saison prochaine.

Bourges. — A l'inauguration du buste de Louis Lacombe, la musique de l'École d'artillerie a joué l'ouverture de *Winkelried* et la « Marche des Racoleurs » d'*Arva*, deux œuvres du maître berrichon. La veuve du grand artiste assistait à cette solennité et a été l'objet des plus sympathiques hommages. Si on a regretté que M. Henri Boyer, critique musical du *Courrier du Soir*, à qui est due la première biographie de Louis Lacombe, n'ait pu venir prononcer un discours en l'honneur de notre compatriote, disons que les applaudissements les plus enthousiastes ont salué les très remarquables paroles de M. Octave Roger, président du Comité du monument.

Comme Berlioz, a-t-il dit, Lacombe était un novateur hardi. Trop personnel, pour se borner à courir les sentiers battus et faciles, il exprime des idées originales et neuves. Il a été un précurseur, un isolé, ne voulant jamais condescendre à flatter le vulgaire, à faire de lâches concessions au mauvais goût pour obtenir de trop faciles succès.

Il est resté, dit M. Marmontel, un type malheureusement bien rare dans notre siècle de scepticisme : un artiste qui marche dans la vie les yeux levés au ciel et les regards fixés vers l'idéal.

Pour ce musicien-poète « l'art ne doit pas se borner à charmer les loisirs des badauds, des ignorants et des imbéciles », mais tendre vers les hauteurs sublimes où « l'artiste devient le collaborateur de Dieu ». Pour lui, « l'art est un grand missionnaire. Il a charge d'âmes. Il ne demande pas simplement du génie à ses adeptes, il exige d'eux de sérieuses études, une conscience scrupuleuse, un sens moral profond ; il attend de ses prophètes qu'ils se dévouent à sa cause, qu'ils supportent pour lui la souffrance, le sacrifice, le martyre ».

Cette conception élevée de l'art se retrouve exprimée de mille manières, mais toujours avec la même conviction, dans les écrits de Louis Lacombe. Cette idée le poursuit sans cesse ; c'est elle qui le soutient, qui le console. Certain d'avoir travaillé en honnête ouvrier, il attend, non sans appréhension mais sans trouble, l'arrêt équitable du temps. Que l'avenir accueille ou repousse ses œuvres, il aura « la satisfaction suprême qu'on éprouve à suivre une voie droite menant à quelque grand but » ; il lui restera « la conviction, la consolation d'avoir respecté l'art et l'humanité ». Cela lui suffit...

Louis Lacombe avait donc conscience de sa valeur. Ce qui lui manquait, c'était l'habileté et ce savoir-faire presque indispensable de nos jours pour arriver au succès. Il était, comme la plupart des Berrichons, d'une timidité extraordinaire, fuyant la lutte, ignorant les intrigues, ne sachant pas profiter des occasions qui s'offraient à lui et encore moins les faire naître, se contentant d'écrire des œuvres remarquables sans chercher à les faire connaître et à les vulgariser.

Peu d'hommes ont autant souffert que Louis Lacombe. Et pourtant, malgré l'indifférence de ses contemporains et l'hostilité de ceux qui voyaient en lui un rival redoutable, il est mort résigné, ayant foi dans son génie, convaincu que l'avenir vengerait sa mémoire.

C'est ce qu'il exprime d'une façon si touchante dans une des dernières poésies, « Anniversaire », dont je citerai seulement les derniers vers qui reflètent si bien l'état de son âme :

> Oublions les méchants, travaillons sans relâche ;
> Notre œuvre est commencée, il la faut bien finir.
> La conscience calme, allons où Dieu nous mène,
> Sans nous préoccuper de l'injustice humaine.
> Léguons tranquillement notre œuvre à l'avenir.

Bruxelles. — Au Congrès des éditeurs, les représentants français pour la musique étaient M. Philippe Maquet, successeur de Brandus, président de la Chambre syndicale du commerce de musique, et M. Souchon, agent général de la Société des auteurs.

Dresde. — Le 27 juin, clôture de la saison d'opéra. Après les vacances, en août, on préparera une nouvelle partition de Reinhold Becker, *Ratbold*.

Evian. — La saison a recommencé brillamment. M. Francisque Perrier, l'intelligent et sympathique directeur-administrateur du Casino-Théâtre municipal depuis cinq ans, a repris possession de son poste. Les baigneurs ont retrouvé avec joie l'orchestre excellent de M. Nicolas Gervasio, le chef d'orchestre du Casino municipal de Nice.

Lille. — Dimanche 8 août 1897, aura lieu le grand Concours international d'ORPHÉONS, exclusivement réservé aux Sociétés d'excellence. Il est offert par la Société l'Union chorale des Orphéonistes lillois, à l'occasion du cinquantenaire de sa fondation.

En dehors des couronnes de vermeil et objets d'art qui seront offerts comme prix, il y aura des primes en espèces : 1er prix, 2,000 fr.; 2e prix, 1,000 fr.; 3e prix, une couronne de vermeil. D'autres prix seront ajoutés suivant le nombre de sociétés concurrentes. Toutes les correspondances et demandes de renseignements doivent être adressées à M. le Secrétaire général, 25, boulevard Victor Hugo, Lille.

Paris. — M. Ganne vient d'être chargé d'une mission par le Ministre de l'Instruction publique pour aller étudier aux Indes la musique du pays et transcrire des airs populaires qui seront exécutés à l'Exposition de 1900.

— Les concours publics du Conservatoire auront lieu dans l'ordre suivant :

Mardi 20 juillet, à neuf heures : contrebasse (2e concerto de Verrimst), alto (concertino de P. Rougnon), violoncelle (concerto de Franchomme).

Mercredi 21, à une heure : chant, hommes.

Jeudi 22, à une heure : chant, femmes.

Vendredi 23, à dix heures : harpe (concertino d'Oberthur), piano, hommes (andante et finale de la sonate op. 57 en *fa mineur* de Beethoven).

Samedi 24, à midi : piano, femmes (allegro de concert de Guiraud).

Lundi 26, à une heure : opéra comique.

Mardi 27, à midi : violon (2e concerto de Vieuxtemps).

Jeudi 29, à une heure : opéra.

Vendredi 30, à midi : instruments à vent : flûte (solo de Andersen, arrangé par Taffanel), hautbois (2 pièces de M. Charles Lefebvre), clarinette (fantaisie de J. Marty), basson (andante et rondo de Mozart).

Samedi 31 : instruments à vent : cor (solo de Xavier Leroux), cornet à piston (solo de Parès); trompette (solo de Hillemacher), trombone (solo de Widor).

— Les répétitions des *Maîtres chanteurs* se poursuivent activement à l'Opéra. Elles ont lieu en présence de M. Alfred Ernst, dont la version française a été adoptée et qui, par sa connaissance parfaite de la partition, peut éclairer les artistes sur la compréhension des personnages et l'accent à donner au dialogue si varié de la comédie wagnérienne.

— M. Henri Maréchal est nommé membre du Syndicat de la Société des auteurs, compositeurs et éditeurs de musique, en remplacement de M. Laurent de Rillé.

— M. Alexandre Luigini, du Grand-Théâtre de Lyon, est nommé second chef d'orchestre de l'Opéra-Comique.

— L'audition donnée à la salle Pleyel, le 10 juin, de la *Légende du Roi de Sicile*, scène dramatique déclamée et chantée, poème de S. B. de Courpon, musique de C. Carissan, a fait désirer à l'assistance que cette œuvre fût bientôt exécutée dans un de nos concerts symphoniques.

— Quel est l'homme politique, l'écrivain, l'artiste qui ne souhaite savoir ce que l'on dit de lui dans la presse? Mais le temps manque pour de telles recherches.

Le COURRIER DE LA PRESSE, fondé en 1889, 21, boulevard Montmartre, à Paris, par M. GALLOIS, a pour objet de recueillir et de communiquer aux intéressés les extraits de tous les journaux du monde sur n'importe quel sujet.

Le COURRIER DE LA PRESSE LIT 6,000 JOURNAUX PAR JOUR.

Rennes. — Le grand concours de musique a été on ne peut plus brillant. A cette occasion, M. Mézières, secrétaire du Conservatoire, a reçu les palmes académiques.

Stockolm. — Le 25 juin, s'est ouvert le Congrès international de la Presse.

LES DISPARUS

— A Paris, le compositeur Adolphe David.

— A Moscou, Paul Pabst, directeur du Conservatoire et de la Société impériale de musique.

— A Saint-André (Autriche), le Kapellmeister François Krenn.

BLOCK-NOTES
DE LA
BIBLIOGRAPHIE MUSICALE.

— M. le Dr Von Hase, le très distingué et très aimable directeur de la Maison Breitkopf et Haertel de Leipzig, vient de prendre l'initiative d'une édition des œuvres complètes de Liszt.

— Œuvres de BERNHARD ROLLFUSS (1837), compositeur-pianiste saxon. « Mozartspieler ».

Chez L. Hoffarth, Dresde : Nocturne in F moll no 1. Tarantelle. 4 Mazurkas. 2 Walzer. Zwei Salonstücke. Frühlingslied. Salonstück. 6 Melodioese Etuden. Op. 1, 2, 8, 9, 10, 11, 12. — Morgengruss, Lied f. 1 Singstimme. Tonleiterausgabe (Deutsch, englisch, franzoesisch). Melodische Fingerübungen. Modulations-Beispiele (Deutsch und englisch).

Chez Breitkopf und Haertel, Leipzig : Zwei Polonaisen. 2 Notturni. Scherzo. Zehn Etüden f. d. 4 u. 5 Finger. Op. 18, 23, 24, 25.

Chez Kistner, Leipzig : Andante cantabile. Intermezzo. Drei Clavierstücke. Op. 26, 27, 30.

Chez W. Bock, Leipzig : 1 Walzer. 4 Lieder f. Sopran u Tenor. Jagdstück. Op. 3, 4, 5.

Chez Haring, Hambourg : 2 Lieder f. Sopran u. Tenor. Op. 15.

Chez Litolff, Braunschweig : Walzer-Impromptu.

Chez G. Naumann, Dresde : Acht instructive Clavierstücke. Op. 28

— En préparation : La *Musique populaire en Espagne*, par M. Silvari, professeur honoraire de l'Ecole de musique de Madrid.

— Le livre de Praeger « Wagner tel que je l'ai connu » a été retiré de la vente et mis au pilon par la Maison Breitkopf et Haertel de

Leipzig, laquelle a, à ce sujet, écrit à M. H. Chamberlain : « Nous vous sommes reconnaissants de nous avoir exposé toute l'affaire, car nous ne voulons pas qu'un ouvrage qui travestit manifestement la vérité paraisse chez nous ».

— A l'exposition du Jubilé, au Palais de Cristal, à Londres, se trouve la collection appartenant à la succession de Sir Michael Costa ; on y voit plusieurs compositions autographes du prince Albert et la série complète des programmes des Concerts de la Cour donnés de 1837 à 1860, c'est-à-dire pendant la période où sir M. Costa dirigeait l'orchestre.

— Vient de paraître le 5ᵉ fascicule des *Maîtres Musiciens de la Renaissance française*. Editions publiées par Henry EXPERT. Trente et une chansons musicales de Claudin (de Sermisy), Consilium, Courtoys, Deslouges, Dulot. Gascongne, Hesdin, Jacotin, Janequin, Lombart, Sohier, Vermont et anonymes (Attaingnant 1529). Paris, Alphonse Leduc, éditeur, 3, rue de Grammont, 1897, in-4, 117 pages de musique et 3 fac-similé. Prix : 12 francs.

EXPOSITION INTERNATIONALE
De Bruxelles

Le Ministre du Commerce. par arrêté en date du 28 juin. a nommé MEMBRES DU JURY international des récompenses : — Comité 12. Musique. Groupe XXIV. Classe 79.— MM. Acoulon, de la Maison Thibouville-Lamy, Auguste Durand, éditeur, Gustave Lyon, Gaston Serpette; jurés suppléants : MM. Paul Bernardel et A. Mustel.

*

La Compagnie des CHEMINS DE FER DU NORD met à la disposition des personnes qui veulent visiter la Belgique. en allant à l'Exposition de Bruxelles, des billets valables 30 jours, permettant de s'arrêter à Ostende, Gand, Bruges, Anvers, Bruxelles, Liège, Dinant. Namur, Spa, et autres localités du parcours. Le prix du billet en 1ʳᵉ classe est de 84 fr. 10 et en 2ᵉ classe 64 fr. 30.

*

Le Conseil des bourgmestre et échevins de la ville de Bruxelles a créé un BUREAU DE REN-SEIGNEMENTS pour logements à l'usage des étrangers pendant la durée de l'Exposition.

Une liste y a été dressée avec les prix de tous les appartements et chambres mis à la disposition des étrangers par les habitants de la ville. Cette liste peut être consultée par le public, 54, rue du Midi, près de l'Hôtel de Ville.

ICONOGRAPHIE ET BEAUX-ARTS

Salon du Champ de Mars. — PEINTURE. « Le Solfège », par M. Boulard : « Au piano », par M. Picard : « Madame Renée Richard », par M. Brindeau de Jarny. — SCULPTURE. « Les Neuf Symphonies de Beethoven », par M. Ringel d'Illzach.

— Le Buste de Louis Lacombe (voy. le nº 8 du *Journal musical* et plus haut) a été inauguré solennellement le 20 juin à Bourges.

— Un beau monument vient d'être élevé sur la tombe de Suppé à Vienne.

— Un monument consistant en un obélisque orné d'un médaillon représentant Chopin, vient d'être érigé à Reinerz.

LA MUSIQUE MODERNE
DANS LES GRANDS CONCERTS

Société des Concerts du Conservatoire

On sait que l'harmoniste Antoine Elwart a écrit une histoire très complète de la *Société des Concerts du Conservatoire* depuis l'année 1828, date de sa fondation, jusqu'à l'année 1859 ! Cet ouvrage contient les programmes exacts de tous les concerts donnés au Conservatoire pendant la période que nous venons d'indiquer, les noms des interprètes, le chiffre approximatif des recettes de chaque année, etc.

Pour faire suite à l'*Histoire de la Société des Concerts* d'Antoine Elwart, M. Deldevez, le célèbre chef d'orchestre, écrivit à son tour en 1887 un intéressant ouvrage contenant, entr'autres choses, la suite de la série complète des programmes, depuis le

22 avril 1859 jusqu'au 4 avril 1885, un résumé général des travaux de la Société, comprenant le dénombrement par année des concerts, le relevé des dates des premières auditions des œuvres exécutées, ainsi que la liste des exécutants.

Notre but, beaucoup plus modeste, sera de compléter par l'étude qu'on va lire l'histoire de la *Société des Concerts* en faisant pour la période qui s'étend de 1885 à 1893 ce qu'A. Elwart et E. Deldevez ont fait pour celles qui précèdent. Pour les œuvres classiques nous renverrons aux volumes d'Elwart et de Deldevez et nous nous attacherons spécialement à relever les premières auditions des ouvrages de l'école moderne de musique française en signalant les débuts au Conservatoire des virtuoses qui depuis lors sont devenus célèbres.

Cependant, pour donner plus d'unité à notre travail, dans cette étude comme dans celles qui suivront, sur l'histoire des autres Sociétés de Concerts, nous citerons plus d'une fois les grands classiques et les compositeurs morts qui se rattachent par leurs tendances au mouvement moderne de la musique en France

Berlioz, par exemple, qu'on peut considérer comme le génial initiateur de la musique moderne dans notre pays, fut joué pour la première fois en 1834 au Conservatoire. A cette époque il était âgé de trente-trois ans.

Le morceau choisi pour être exécuté au concert du 14 avril 1834 était l'ouverture de *Rob Roy*, page qui est peu connue et qui ne fut pas, croyons-nous, rejouée depuis lors.

Voici ce que dit Elwart de l'accueil fait par le public à l'ouverture de Berlioz :
« C'était la première fois qu'une œuvre de
» l'élève de Le Sueur, de l'auteur de la
» *Symphonie fantastique*, se produisait au
» sein de la Société des Concerts. Le succès
» du jeune compositeur fut très flatteur
» pour son amour-propre. »

Au concert spirituel du 17 avril 1835, Listz vint jouer le Concerto pour piano de Weber, un autre romantique, qui devançait singulièrement son époque. « C'était la

» première fois, dit également Elwart, que
» Listz se faisait entendre au Conserva-
» toire : son succès fut immense. »

En 1836 (6 mars), le programme porte une ouverture de Girard qui fut, comme on sait, le successeur d'Habeneck aîné au pupitre de chef d'orchestre de la Société des Concerts.

Il nous faut feuilleter les programmes jusqu'en 1846 pour trouver une œuvre importante d'un compositeur très original, ne se rattachant, pour ainsi dire, à aucune école, qui est resté comme un des musiciens les plus charmants et les plus poétiques de notre siècle, bien que la mort l'ait arrêté fort jeune au milieu de ses succès. Nous voulons parler de Félicien David, dont la *Symphonie nouvelle inédite* fut jouée le 5 avril 1846.

« Le public fit un accueil sympathique à la symphonie de l'auteur du *Désert*. Dans cette œuvre, le compositeur n'a rien changé à la forme consacrée pour la symphonie. Il a su être original sans être bizarre, et marcher sur les traces des maîtres sans les imiter servilement. » ELWART.

Le 28 janvier 1849, on donne la 4ᵉ partie de *Christophe Colomb*, du même auteur. Sur le programme du 15 avril 1849, nous lisons :

« Nº 3 : Chœur et ballet de gnomes et de sylphes, suivis de la marche hongroise ; fragments de la *Damnation de Faust*, de M. H. Berlioz. »

Et, au bas de la page, cette note d'Elwart :

« Cette vaste composition, exécutée en entier pour la première fois dans un concert donné par l'auteur à l'Opéra-Comique, en 1847, révéla en M. Berlioz une grande flexibilité de talent. »

Cette appréciation d'Elwart sur Berlioz se passe de tout commentaire.

En 1849, Girard succède à Habeneck comme chef d'orchestre.

Dans les années suivantes, les fragments d'opéras de Meyerbeer et Rossini sont beaucoup joués au Conservatoire. Gounod est, pour la première fois, au programme le

8 janvier 1860, au dernier concert que conduisit Girard, qui mourut le 17 du même mois, subitement, pendant une représentation des *Huguenots* qu'il dirigeait. Ce fût M. Tilmant qui lui succéda au Conservatoire.

Le superbe chœur de Gounod : *Près du Fleuve étranger*, donné en 1860, eut un tel succès, qu'il fut bissé à la première audition.

Le 11 janvier 1863, le nom d'Ambroise Thomas figure au programme avec le chœur des Nymphes de *Psyché*.

En 1864, Georges Hainl succède à Tilmant comme chef d'orchestre.

Le 11 mars 1866, on retrouve Ambroise Thomas avec l'introduction du 1er acte de *Psyché*.

Egalement en 1863 (22 mars), première audition du délicieux duo nocturne de *Béatrix et Bénédict*, de Berlioz, chanté par Mme Viardot et Van den Heuvel Duprez.

(*A suivre.*)   HENRY EYMIEU.

———————※———————

LA NOTATION NEUMATIQUE

———

Dans son étude intitulée :

L'art dit grégorien, d'après la notation neumatique, étude préliminaire par Georges HOUDARD. Paris, librairie Fischbacher, 33, rue de Seine, 1897, grand in-8 jésus de 39 pages, un tableau plié. 2 fr. 50.

M. Houdard, compositeur de musique, offre le résultat de ses minutieuses recherches sur les notations neumatiques. J'ai trouvé, dit-il avec une ferme assurance, la clef du rythme dans l'art grégorien. Les signes de la notation neumatique sont simples et cependant d'une merveilleuse clarté pour indiquer le rythme, la nuance, « bien plus la note réelle à émettre, dans bien des cas, sous la seule réserve d'un enseignement harmonique préparatoire ». Et en six chapitres, M. Houdard résume les différentes parties de sa thèse : aperçu général sur la notation neumatique ; sens rythmique et expressif des éléments fondamentaux ; mode de formation des groupes ; constitution de la phrase mélodique primitive ; temps rythmiques et mesure ; formes diverses techniques des pièces primitives ; de la note sous-entendue dans les neumes ; et tableau de 390 signes usités dans les manuscrits de Saint-Gall.

Cette brochure n'est qu'une longue préface au grand ouvrage en souscription : *Le Rythme du chant dit grégorien d'après la notation neumatique, par G. Houdard* (1), où l'art musical du moyen âge sera exposé, expliqué, analysé avec toute l'ampleur que mérite un tel sujet, et où se trouveront les exemples et des pièces grégoriennes avec la notation neumatique sangallienne au-dessus de la portée.

Elle est également une œuvre de polémique contre la restauration bénédictine, que M. Houdard juge en ces termes :

« La théorie bénédictine est essentiellement vague, permettant à chacun des maîtres qui se sont voués à sa diffusion d'en proposer une application différente. C'est un premier signe de faiblesse, sinon d'incohérence...

» Loin de combler par des données certaines l'abîme qui sépare la musique antique de celle du moyen âge, la restauration bénédictine crée tout simplement un système musical *sui generis* propre à elle-même, prétendument conforme à la tradition qu'elle reconnait, d'autre part, totalement perdue.

» Le chant bénédictin n'a conservé ni le *rythme*, de par sa théorie que toutes notes sont égales, ni la *nuance*, qu'elle supprime graphiquement par principe et qu'elle altère par sa théorie d'exécution arbitraire, ni souvent la *note*, puisque ses livres sont la réimpression des livres du moyen âge, trop souvent fautifs. »

Voilà l'occasion de poser à nouveau la question des livres liturgiques : de bonne foi, quand les éditions et les doctrines bénédictines, en 1897, se voient encore combattues et contestées avec une telle vigueur, une telle apparence de vérité, peut-on blâmer la S. Congrégation des Rites d'avoir repoussé les éditions neumatiques (2) et d'avoir choisi, pour l'usage de l'Eglise, les éditions abrégées du xvie siècle ? Devait-elle

(1) Un volume grand in-8 jésus de 272 pages. Prix : 10 fr., en souscription à la librairie Fischbacher, 33, rue de Seine, Paris.

(2) Consulter sur ce sujet : Ein freundschaftlicher Streit über den Vortrag des Chorals nach Dom Pothier's Methode nebst offenem Brief aus den Vorstand des Elsaessischen Caecilien-Vereins von M. P.

attendre la fin de discussions interminables ? Défendre les éditions officielles est donc sage, ce qui n'interdit nullement de s'intéresser aux travaux et aux recherches archéologiques sur les neumes.

Quel est le devoir de la critique devant les travaux de M. Houdard, où les questions demandent une compétence si spéciale ? La prudence, certes ; mais, bon gré mal gré, il faut opiner pour ou contre.

Tout conspire en faveur de M. Houdard, les textes des anciens théoriciens, les variations de rythme qui se sont glissées dans le chant grégorien par la fissure de la musique figurée, enfin l'ordonnance logique dans les développements de l'art musical qui se doit toujours rencontrer.

L'exiguïté de cette analyse ne permet de s'arrêter qu'à cette dernière preuve.

Il est admis presque sans discussion que le chant grégorien ne possède que des intervalles simples : l'unisson, la seconde, la tierce, la quarte, la quinte, quelquefois la sixte et l'octave; que la notation neumatique exprime peu ou point les degrés de la gamme ; que les formules mélodiques, toujours les mêmes, s'apprenaient vite et se retenaient facilement. Pourquoi alors 600 signes neumatiques différents ? Pour indiquer, non la mélodie, mais le rythme et l'expression : les rythmes proprement dits seront vite limités (rythme binaire et ternaire avec leurs plus simples subdivisions); les signes d'expression, au contraire, seront multipliés à l'infini. Que fait le virtuose médiéviste d'un chant qui lui paraît trop nu? Il le couvre de fioritures, il le pare même avec un tel luxe que ce chant deviendrait absolument méconnaissable si le mode n'avait été presque toujours scrupuleusement conservé. Pour enrichir ce que son goût, amoureux de brillantes vocalises, appelle des pauvretés mélodiques et rythmiques, il a recours à toutes les délicatesses, à toutes les variations d'expression possible : il se hâte, et ralentit; il se précipite, puis s'arrête brusquement; il accentue, il glisse; il pique hardiment les notes, il les lie en courbe gracieuse; tantôt il a des trémulations houleuses, tantôt des ondulations langoureuses, et des roulades éperdues, et des staccato perlés; ici sa voix scintille avec éclat, là elle s'assombrit mystérieusement : tel est l'art du moyen âge, et les neumes traduisent ces rythmes, ces nuances, car telle était leur seule fonction utile, nécessaire.

A M. Houdard appartient l'honneur de cette découverte. nous nous en réjouissons et adressons nos sincères félicitations au savant compositeur qui, après avoir passé de si longues veilles sur ces vieux manuscrits, animé du seul souci de leur ravir le secret d'un art oublié pendant des siècles et que l'on estimait perdu à tout jamais, a enfin retrouvé l'explication logique, scientifique et artistique de la notation neumatique.

J. L. DE BRUNEVAL.

UN GROLIER MUSICAL

Nous avons à trois reprises (1) attiré l'attention des lecteurs de ce journal à la fois de critique musicale et d'érudition bibliographique sur une partie de la bibliothèque du Baron Pichon. Un des ouvrages que nous citions, le n° 902, vient de soulever un grand émoi. Cela va être tout un évènement dans le monde bibliophile et musical. Nous l'apprenons au moment de mettre sous presse. Les lecteurs du *Journal musical* qui ont eu la primeur de l'étude de M. Charles Malherbe sur le Centenaire de Donizetti vont en avoir une autre.

Voici ce qui est survenu. L'acquéreur du n° 902, M. Lortic, après un examen minutieux des volumes qui le constituent, aurait reconnu que ce recueil a été formé par le célèbre bibliophile Jean Grolier. Du coup le n° 902 deviendrait infiniment précieux. Si vous ajoutez à cela que l'étude faite, sur la demande de M. Lortic, par M. Henry Expert, — pour qui l'érudition bibliographique n'a pas plus de secret que le contrepoint, — permet d'en affirmer l' « extrême valeur musicale », vous comprenez l'importance de la découverte. L'ami des *Maîtres musiciens de la Renaissance française* met la dernière main à une notice savante qui va paraître sur ce sujet. Il a bien voulu

____

(1) Voy. le *Journal musical*, n°s 11, 12, 13, pages 39, 55, 71.

nous laisser publier les quelques lignes de son travail que voici.   **B.-L.**

La formation du présent manuscrit peut, sans trop de témérité, être fixée à l'année 1550 *au plus tard*, car, d'une part, il contient des œuvres publiées dans des imprimés français de 1533 à 1538, d'autre part il ne comprend aucune des compositions qui, à partir de cette époque, fort répandues dans le monde musical, s'imposèrent aux recueils de ce genre.

Ce manuscrit comprend deux parties : la première renferme 60 chansons françaises, chansons d'amour, de tendre galanterie, sauf la dernière, une chanson spirituelle ; la seconde, 9 pièces sur des traductions de Marot (le Pater, l'Ave, le cantique de Siméon, les psaumes XI, XII, XIII, CXIII, CXXVIII, CXXXXVIII (1) et deux motets latins.

Il est contenu en quatre volumes que, d'après les appellations françaises du temps, nous nommerons *Superius*, *Contratenor*, *Tenor*, *Bassus*. Ce dernier, très malheureusement, nous fait défaut ; mais, des trois volumes que nous possédons, le Superius et le Tenor, voix chantantes par excellence, offrent cet avantage de présenter la mélodie principale, le thème, qui était comme la clef de voûte des édifices polyphoniques où les vieux maîtres se plaisaient à prodiguer les savantes arabesques de leur écriture, les ingénieuses inventions de leur esprit (2).

En tête des deux parties du recueil, aux tables, on lit les noms des auteurs des chansons et motets : Harcadelt, Chlr. (Jennequin) (3), Lupus, Maillard, Godard, Gardane, Jacotin figurent avec une seule chanson ; Claudin (de Sermisy), Villiers, Boyvin, Lupi, Maille, chacun avec deux chansons ; Certon avec trois, Belin avec quatre, et Sandrin avec vingt-huit. Huit chansons demeurent anonymes. Quant aux motets, deux sont attribués à Claudin de Sermisy, sept à Belin, un à V. Sohyer, un à F. Pinel.

Ces noms, essentiellement français, se trouvent presque tous cités au second prologue du *Quart du livre* du *Pantagruel*, parmi les bandes de *ioyeulx musiciens*, disons parmi les musiciens les plus fameux de la première moitié du seizième siècle.

Il serait difficile de faire un nouveau choix dans ce choix des plus jolies inspirations de nos vieux maîtres. Il faudrait s'arrêter à chacune de ces œuvres qui, toutes, sont d'un style correct et poli, noble et gracieux. Rien de heurté, de violent : tout y est fin, délicat ; un tel recueil décèle un poète, un musicien, un galant homme. Quel en est l'auteur ?

M. Lortic a découvert sur la reliure de chaque volume, dans un *monogramme* d'une complication des plus savantes, la fameuse devise de Jean Grölier, et estime que le recueil provient de sa bibliothèque.

L'hypothèse, très vraisemblable, se confirme de plus en plus quand on se rappelle que J. Grolier a été un protecteur des arts, un Mécène dont les musiciens et les poètes du temps ont chanté la gloire :

> ... Grolieria tendite ad Antra,
> Mille sonant cantus dulcia mille modos.

> Attolent vates Grolieri nomen in auras,
> Et ligent nostris annua festa locis.

En musique, la compétence de Grolier était reconnue de tous : le savant Gafori lui dédiait ses plus importants ouvrages et le prenait pour arbitre dans ses démêlés avec Spataro.

Il n'est personne ayant ouvert les beaux ouvrages de Gafori qui n'ait lu les dédicaces à Grolier et la devise du trésorier de France ami des arts : IOANNES GROLIERIUS MUSARUM CULTOR (1).

On ne s'étonne plus alors que chansons et motets aient été colligés avec un goût si exquis : là aussi, mieux que jamais, il nous faut dire que les livres de Grolier participent de la politesse de leur maître.

Un nom de femme, *Magdalaine Tourne-bulle*, se lit sur une feuille de garde de l'un des volumes, et M. Lortic a grande raison, ce nous semble, de supposer que Jean Grolier aura offert à une amie ce délicieux écrin des plus douces et des plus gracieuses chansons d'amour. La lecture des textes et de la musique de ce chansonnier est bien faite pour nous confirmer dans le sentiment de M. Lortic.

---

(1) Un fait très important à relever pour l'histoire de la musique et aussi pour l'histoire du psautier huguenot, c'est que nous voyons ici des psaumes de Marot mis en musique pour la première fois.

(2) Peut-être, d'ailleurs, le Bassus se retrouvera-t-il un jour et permettra la reconstitution intégrale du chansonnier.

(3) Sous ce chiffre singulier nous avons reconnu la musique de Clément Jennequin.

(1) Franchini Gafuri Laudensis regii publice profitentis delubrique Mediolanensis phonasci de Harmonia musicorum instrumentorum opus. *Mediolani*, 1518, in-folio.

Apologia Franchini Gafuri musici adversus Joannem Spatarium et complices musicos Bononienses. Impressum Taurini per magistrum Augustinum de Vicomercato. Anno Domini 1520, in-folio.

Signalons à ce sujet une coïncidence des plus piquantes : cette devise : *Iohannes Grolierius Musarum cultor*, comme la devise du bibliophile : *Iohannis Grolierii et amicorum*, tombe sous le même monogramme découvert par M. Lortic.

Cette particularité originale n'est peut-être pas l'œuvre du hasard, elle nous paraît voulue et semble une nouvelle preuve que le recueil a été formé pour Jean Grollier.

Une bibliographie sommaire de notre manuscrit peut s'établir ainsi : des 71 pièces qui le composent, 48 sont éparses dans 22 imprimés français publiés de 1533 à 1548. 11 de ces pièces parurent d'abord à Lyon. chez Jacques Moderne. 37 à Paris, chez Pierre Attaingnant. Restent 23 pièces qui ne figurent dans aucune bibliographie moderne et dont voici la liste :

De Claudin : Si mon malheur (à 4 voix). — Pater noster. — Père de nous... — Ave sanctissima Maria... ; — *D'un Anonyme* : Puisque vivre... — Laissez la verde couleur... — Mons et vaulx... — Si sa vertu et grace... — Voyez le tort... — D'où vient l'esiouyssance... — Honneur, beaulté... : — *De Belin* : Autant et plus... — Plus ay desir... — Nunc dimittis servum tuum. — Or laisses, Créateur... — Usquequo Domine. — Iusques a quand as estably... — Confitebor tibi Domine. — Il fault que de tous mes espritz... — Laudate pueri Dominum. — Enfans qui le Seigneur servez... — Beati omnes qui timent Dominum. — Bienheureux est quiconques... — In Domino confido. — Veu que du tout en Dieu... — Salvum me fac Domine. — Donne secours, Seigneur...: *De V. Sohyer* : Ave Maria. — Resiouys toy Vierge Marie. ; — *De F. Pinel* : Benedictio et claritas... : — *De Sandrin* : Hélas pourquoy... — Puisque i'ay d'un amy...

HENRY EXPERT.

L'ÉDITION OFFICIELLE DE CHANT LITURGIQUE

Quelques personnes se sont émues de mon article sur le chant officiel et ont cru à une réclame pour M. Pustet.

Jamais je n'ai eu cette intention, n'étant ni le représentant ni l'agent de M. Pustet. Cette simple affirmation suffira, j'espère, aux honorables personnes à qui je réponds.

Comme beaucoup d'éditeurs, M. Pustet a un représentant à Paris, M. Lethielleux.

Quant à moi, je défends l'édition officielle de chant grégorien de la S. C. des Rites. parce qu'il est de l'intérêt des éditeurs, des organistes, des chantres, d'obtenir l'unité du chant dans chaque diocèse; or, cette unité ne peut se faire qu'au moyen de l'édition officielle, parce que, seule, elle est pratique. et surtout parce que, SEULE, elle a L'APPROBATION DÉFINITIVE DE L'AUTORITÉ.

Il est inutile de faire ressortir les avantages de l'unité du chant pour les éditeurs, organistes, maîtres de chapelle, car, alors,

plus de variantes et plus de monopole en faveur de tels ou tels éditeurs. L'édition officielle tombe en 1898 dans le domaine public; chacun pourra l'éditer, l'harmoniser et la vendre dans tous les diocèses. d'où débit plus considérable pour celui qui fera le mieux et le meilleur marché. Avec les anciennes éditions diocésaines, il n'en va plus ainsi : pour les reproduire. il faut l'autorisation du propriétaire-éditeur : en 1892, l'abbé Brune publiant une méthode d'accompagnement, nous en donnait une preuve par ces mots de sa préface : « Beaucoup des pièces de plain-chant contenues dans notre méthode sont extraites de l'édition rémocambrésienne (éditée en 1851). Nous nous faisons un devoir de remercier M. Lecoffre de nous avoir gracieusement accordé la liberté de reproduire les mélodies de ses livres. »

L'édition officielle, au contraire. comme le Missel, la Bible, appartiendra à tous. On en demande une belle édition française en notation musicale rythmée.

Quelques éditeurs craignent peut-être de voir l'autorité ecclésiastique adopter les éditions de Solesmes. le document suivant les rassurera :

Question posée à la S. C. des Rites.

« *Question 159.* — Nonobstant le décret de la S. C. des Rites du 10 avril 1883... l'église N. à N. a conservé ses livres choraux, employés avant le décret précité. Mais. ayant formé le projet de changer de livres, on veut maintenant adopter l'édition de Solesmes au lieu de l'édition officielle. Que faut-il penser de cette manière d'agir?

« *Réponse.* — La S. C. des Rites, en déclarant, par ses décrets du 10 avril 1883 et du 7 juillet 1894, que l'édition imprimée chez Pustet était la seule authentique, n'a pas eu l'intention de l'imposer directement à chaque église, mais elle la recommande très chaleureusement dans l'intérêt de l'unité du chant ecclésiastique. *Hortabatur... imponeret.* (Voir le décret du 7 juillet 1894.) Mais il ne faut pas en conclure que les églises, dans le choix de leurs livres choraux, *ont pleine liberté,* car le décret dit expressément que le Saint-Siège. pour faire disparaître les abus de ce genre, se sert ordinairement plutôt de la bienveillante persuasion que d'ordonnances positives. parce que ses exhortations sont toujours acceptées par les évêques comme des ordres.

Or, si l'on peut admettre que le chapitre de

l'église à **N.** conserve ses anciens Antiphonaire et Graduel, le choix, lors d'un changement de livres, d'une autre édition que l'édition déclarée authentique par le Saint-Siège, et recommandée si vivement dans un but aussi noble et élevé que l'unité du chant, doit être qualifié de « souverainement indigne et blâmable ». (*Il Monitore ecclesiastico*, 31 déc. 1896.)

Que les éditeurs français impriment le chant officiel, ils y trouveront honneur et profit.

J.-L. DE B.

THÉATRES ET CONCERTS

Aix-la-Chapelle. — Le 6 juin et jours suivants, 74ᵉ festival de la Province rhénane, sous la haute direction de M. Hans Richter. Avec la plus grande perfection, la *Missa solemnis* de Beethoven a été exécutée par 364 chanteurs. Autres parties du programme :

La *Symphonie héroïque* de Beethoven, la Symphonie en *mi* de Brahms, la suite en *ré* de Bach, la Symphonie inachevée de Schubert, l'ouverture du *Carnaval* de Dvorak, les *Béatitudes* de César Franck, les *Vier ernste Gesaenge* (Quatre chants graves), op. 121, de Brahms, *Don Juan*, de Richard Strauss et des pages de Gluck, Bizet, Haendel, Chopin. Rubinstein, Wagner.

Parmi les solistes, Mᵐᵉˢ Teresa Carreno, Camilla Landi, MM. Von Zurmühlen, Perron.

Barcelone. — NOVEDADES. *Artus*, opéra de Amadeo Vives, représenté pour la première fois.

Berlin. — OPÉRA. *Don Juan*; *Ondine*; *Le Hollandais volant*; *Le Barbier de Séville*; *Haschich*; *Le Bouffon*; *Faust*; *Le Prophète*; *Les Maîtres Chanteurs*; *Haensel et Gretel*; *Carmen*; *Tannhaeuser*; *Don Juan*; *L'Africaine*; *Lohengrin*; *Les Joyeuses Commères*; *Aïda*; *Mignon*; *Tannhaeuser*; *Carmen*; *Mignon*; *La Bohême*, de Puccini; *Haschich*; *Le Bouffon*; *La Bohême*; *Lohengrin*; *La Bohême*; *Tannhaeuser*; *La Bohême*; *La Rose de Schiras*; *Freischütz*.

Brünn. — THÉATRE MUNICIPAL. *Manon*, de Massenet.

Clermont. — THÉATRE. *Hérodiade*, *Tannhaeuser*.

Dijon. — A la Société des Concerts, sous la direction de l'auteur, des fragments de *Velleda*, du *Florentin*, de *Jeanne d'Arc*, de Lenepveu ont été applaudis avec enthousiasme.

Dresde. — OPÉRA. Le *Retour d'Ulysse*; Le *Démon*; *Rheingold*; *Freischütz*; La *Walkyrie*; Le *Barbier de Séville*; *Siegfried*; La *Flûte enchantée*; Le *Crépuscule des Dieux*.

Genève. — Concerts de l'orchestre de Berlin et de l'orchestre Colonne.

Gorlitz. — Trentième fête de musique de la province de Silésie. 1ᵉʳ acte de *Parsifal*; pièces de Bruckner, Cherubini, Berlioz, Beethoven, Weber, Haendel.

Parmi les solistes, MM. Carl Perron et Eugen Franck, de Dresde; Halir, de Berlin; Mˡˡᵉ Sandra Drouker, de Pétersbourg. Orchestre : la Chapelle royale de Berlin, forte de cent vingt musiciens.

Leipzig. — *Tannhaeuser*; *Cavalleria*; *Radcliff*; *Freischütz*; *Silvano*; *Mignon*.

A l'occasion de l'Exposition, la troupe de l'Opéra royal de Stuttgart, dont l'intendant M. le baron von Putlitz, est connu par sa haute compétence artistique et ses procédés de parfait gentilhomme, a donné une série de dix représentations. Le début, dimanche 13 juin, avec *Tannhaeuser*, a enthousiasmé le nombreux auditoire. Il est, en effet, impossible de rêver une héroïne plus poétique, plus touchante que Mˡˡᵉ Elisa Wiborg. Cette jeune cantatrice norvégienne, fort appréciée à Bayreuth où elle a chanté Elisabeth, est douée d'une voix fraîche et expressive; sa méthode est excellente, sa diction claire, chaque note est perlée, le timbre est du plus pur cristal. En un mot, Mˡˡᵉ Wiborg est une artiste d'élite. A côté d'elle, M. Rothmühl (Tannhaeuser) paraît bien apprêté. Cependant il a une voix solide dont il sait se servir en bon musicien qu'il est. Mˡˡᵉ Wiesner (Vénus) a de l'accent, mais peu de séduction. M. Moritz Frauscher (Landgrave) a une sympathique voix de basse. Quant au magnifique rôle de Wolfram, il a été tenu au dernier moment par un baryton de Leipzig; celui de Stuttgart, M. Carl Somer, s'étant subitement trouvé empêché. L'orchestre de la deuxième ville saxonne a fait de son mieux, sous la direction exacte, mais quelquefois un peu molle, du Kapellmeister de Stuttgart, M. Aloys Obrist.

Mˡˡᵉ Elisa Wiborg, la charmante prima donna très applaudie chaque soir, a obtenu, dans *Mignon*, d'Ambroise Thomas, un succès tout particulier. C'est qu'il est rare de rencontrer une Mignon aussi naturelle et aussi touchante. M. Peter Müller est un très bon Wilhelm Meister ; M. Frauscher, un beau Lothario à la voix sympathique et vibrante.

Dans un grand concert au *Gewandhaus*, où Mlle Elisa Wiborg a bien voulu prêter son concours, le grand air de *Tannhaeuser* a valu à l'excellente artiste de si chaleureux rappels qu'elle a donné en bis la Styrienne de *Mignon*. Des *Lieder* norwégiens, qu'elle détaille très poétiquement, l'ont fait acclamer à plusieurs reprises. TALON.

Londres. — COVENT-GARDEN. Chef d'orchestre : A. Seidl.

La *Traviata*, *Faust*, *Roméo*, Les *Huguenots*, *Tristan* (avec le concours de M. Jean de Reszké), La *Walkyrie*, *Siegfried*, *Lohengrin*, *Tannhaeuser*.

— SAINT JAME'S HALL. Concert donné par M. JAQUES-DALCROZE. Le *Poème alpestre* (voy. Le *Journal musical*, n° 51), a valu au jeune compositeur genevois un fort beau succès. Le public a en outre admiré son abondance d'inspiration dans plusieurs de ses compositions déjà publiées et dans d'autres qui furent improvisées de toute pièce sur des thèmes fournis par l'assistance.

— CRYSTAL PALACE. — Quarantième anniversaire du Festival Haendel.

Mannheim. — Fêtes de musique, du 26 mai au 1er juin, particulièrement solennelles pour le 33e anniversaire. Dans la soirée consacrée à Brahms, Mme Margarethe Stern, de Dresde, a joué avec autorité la partie de piano du Quartetto op. 25, en *sol* mineur. On a ensuite entendu la *Symphonie sur des thèmes montagnards* de Vincent d'Indy, et des œuvres de Berlioz, César Frank, Ponchielli, Massenet. Mlle Camille Landi, cantatrice, et M. Edouard Risler, pianiste, ont été très appréciés.

Milan. — THÉÂTRE CARCANO. *Tirsa*, opéra de Lombardi, représenté pour la première fois le 13 juin.

Munich. — THÉÂTRE ROYAL. *Yolanthe*, opéra en un acte, de Tschaïkowsky, représenté pour la première fois avec beaucoup de succès.

— RESIDENZ-THEATER. Directeur : Possart. Chef d'orchestre : Erdmannsdoerffer. Le 7 juin, La *Part du Diable*, d'Auber, repris avec un succès énorme. Les décors sont neufs et les costumes composés d'après des modèles purement espagnols. Mlle Bianchi est accomplie dans le rôle de Carlo Broschi.

Paris. — OPÉRA. La *Favorite* : L'*Etoile* ; *Faust* ; *Samson et Dalila* ; L'*Etoile* : Les *Huguenots* ; Les *Huguenots*: *Samson et Dalila* : L'*Etoile* ; *Othello* ; Les *Huguenots* : *Thaïs* ; L'*Etoile* : Les *Huguenots* ; *Samson et Dalila* : L'*Etoile* : *Faust* ; Les *Huguenots* : *Thaïs* ; L'*Etoile* ; *Samson et Dalila* ; L'*Etoile* : Les *Huguenots*.

— OPÉRA-COMIQUE. Le *Vaisseau Fantôme* : La *Dame blanche* ; La *Navarraise* ; *Falstaff* : Le *Vaisseau Fantôme* : *Falstaff* ; *Mignon* : La *Dame blanche* ; Les *Noces de Jeannette* ; *Lakmé* ; La *Nuit de Saint-Jean* ; Le *Vaisseau Fantôme* : *Falstaff* ; Le *Vaisseau Fantôme* : *Falstaff* : *Carmen* : La *Dame blanche* ; La *Nuit de Saint-Jean* ; *Don Juan* ; *Mignon* ; *Werther* ; *Mireille* : *Galathée* : *Werther* ; *Mignon* : *Lakmé* ; La *Nuit de Saint-Jean* : *Don Juan* : *Carmen* (avec le concours de Mme de Nuovina) : *Werther* : *Carmen* : *Werther* ; *Cavalleria* : La *Dame blanche* ; *Werther* : *Carmen* : *Werther*.

— BODINIÈRE. *Ruse d'amour*, saynète de Stephan Bordèse, musique de Charles Lecocq, représenté pour la première fois le 21 juin.

— Sous les auspices de Mme la princesse de Metternich-Sandor, une grande partie de la *Fiancée rendue*, de Smetana, a été donnée le 19 juin, dans les salons de M. Victor Maurel, qui chantait le principal rôle. Le succès de l'œuvre tchèque a été fort grand.

— Concert donné par Mme Etta Madier de Montjau, le 17 juin. Le *Triangle*, mimopérette en un acte, de M. Mültzer, musique de Duval-Izelen, a été représentée avec succès, bien que l'accompagnement ne fût fourni que par une réduction au piano. Il y a de la souplesse dans la façon de transformer ou juxtaposer les thèmes mélodiques, dont la ligne semble indiquer que Lalo est un des maitres préférés de M. Duval-Izelen. Un mouvement de valse et un air chanté par Colombine, vers la fin, ont particulièrement un charme incontestable. Car dans cette mimopérette, Arlequin seul mime : Colombine et Pierrot chantent.

— Le 21 juin, première audition dans l'église de la Sorbonne par les « Chanteurs de Saint-Gervais », de la Messe *Ecce ego Joannes*, de Palestrina.

Prague. — Théatre national tchèque. Directeur : J. A. Subert. *Perdita*, opéra en 3 actes tiré de Shakespeare, musique de Joseph Nesvera, joué avec succès.

— Théatre allemand. *Pepita Jimenez*, opéra de J. Albeniz, représenté pour la première fois avec succès.

Saragosse. — Grand Théatre. *Los Prufugos*, zarzuela de Moya, musique de Puchades, représenté pour la première fois avec succès.

Scheveningue. — L'Orchestre philharmonique de Berlin a commencé la série de ses concerts.

Turin. — Théatre Balbo. *Il Capitan Fortunio*, opérette en 2 actes, de Gervasio, représenté pour la première fois.

Vevey. — Un *Hymne*, pour chœur mixte et orchestre, nouvellement composé par M. Gustave Doret, exécuté pour la première fois avec succès. Ouverture d'*Iphigénie en Aulide*, de Gluck.

Vichy. — Casino. Chef d'orchestre : Gabriel Marie. *Samson et Dalila* (avec le concours de Mme Deschamps).

Vienne. — Opéra. Les *Noces de Figaro* ; La *Fiancée de Corée* ; La *Fiancée vendue* ; La *Fiancée de Corée* ; Le *Hollandais volant* ; *Lohengrin* ; La *Fiancée de Corée* ; La *Fiancée Vendue* ; La *Fiancée de Corée* ; L'*Armurier* ; Le *Trompette de Sakkingen* ; La *Fiancée de Corée*.

Weimar. — Théatre grand-ducal. *Marion*, opéra en un acte de C. Ohnesorge, musique de Carl Flinsch, représenté pour la première fois avec beaucoup de succès. — *Dichter und Welt* (Le Poète et le Monde), opéra de Petri, musique de Waldemar Van Baussnern, de Dresde, représenté pour la première fois avec succès.

Zurich. — Concerts de la Tonhalle. Chef d'orchestre : F. Hégar, directeur du Conservatoire. *Requiem* de Brahms. Les *Sept Paroles*, de Gustave Doret, exécutés avec le plus grand succès. *Te Deum*, de Franz Wüllner.

NOTICES CRITIQUES

Le Matériel sonore des orchestres de symphonie, d'harmonie et de fanfares, ou Vade mecum du compositeur, suivi d'une échelle acoustique permettant de calculer très facilement la longueur théorique de tous les instruments à vent à un diapason quelconque, par Victor MAHILLON, Bruxelles, Mahillon & Co, 23, chaussée d'Anvers, 1897, in-8. v-48 pages, figg. et exemples de musique.

Après une préface explicative, on trouve dans cette intéressante brochure « l'échelle des sons musicaux », portant chacun un numéro et divisés en octaves. Aux numéros de cette échelle correspondent ensuite les chiffres des figures représentant la tessiture de l'orgue, de l'harmonium, des voix d'hommes, enfants ou femmes, des instruments à cordes, des instruments à vent, des instruments de percussion ; tout cela compris en des tableaux très clairs, accompagnés de renseignements succincts sur la construction des instruments, d'explications sur les instruments transpositeurs et leur tonalité réelle.

Vient ensuite une « Note explicative de l'échelle acoustique », avec des applications à la facture instrumentale.

C'est un ouvrage qui, en peu de pages, évite de nombreuses recherches aux compositeurs, aux chefs d'orchestre et directeurs de sociétés orphéoniques. Grâce au plan ingénieux de M. Victor Mahillon, on saisit d'un coup d'œil l'ensemble de toute une famille d'instruments et les rapports entre les tessitures de ceux de différentes familles.   B.-L.

Piano, violon, violoncelle.

Trio in Cis moll (*ut dièse mineur*) für Klavier, Violin und Violoncell, comp. von Philipp SCHARWENKA. Op. 100. Leipzig, Breitkopf & Haertel : 7 mk. 80.

Ce trio, d'une facture élégante, débute par un « andante con moto » où se remarquent des thèmes d'un charme langoureux et d'heureux développements qui ne manquent point de chaleur ; il y a peu de remplissage, mais les pensées n'ont pas toutes la distinction qu'il faudrait, défaut sensible surtout dans le « scherzo », sans préjudice de son allure assez pimpante. L'« allegro finale » accuse d'intéressantes recherches de rythmes et d'harmonies ainsi que des mélodies d'un tour expressif, sinon personnel. En somme, œuvre non médiocre, écrite avec une grande sûreté de main et le souci des effets sérieux propres à faire briller chaque instrumentiste ; œuvre d'un art franchement objectif, dans laquelle l'auteur ne voulant pas s'engager témérairement dans les voies nouvelles ouvertes par Borodine et par Grieg, reste fidèle aux traditions de Schubert et de Brahms.   R. D.

Piano.

Sarka. Poème symphonique par B. SMETANA, pour piano concertant à 2 mains par Henri de Kaan. Prague, Fr. A. Urbanek. Prix 4 mk.

Voici une réduction pas continuellement facile, surtout dans le « Moderato », aux rythmes sans cesse contrariés, et le « Piu Vivo » aux rythmes opposés, du troisième des six poèmes symphoniques du grand compositeur tchèque. Les cinq autres sont : I. *Vysehrad.* II. *Vltava.* IV. *Z. Ceskych luhuv ahaju* (« Dans les prairies et bois de Bohême »). V. *Tabor.* VI. *Blanik.* Les différents mouvements de *Sarka* (« La Guerre féminine ») sont : « allegro con fuoco » ; « Piu moderato a la marcia » ; « Moderato ma con calore », dont le « lied » très doux, assez italien, est si vite suivi des « Moderato », « Molto Vivo », « Frenetico », « Piu Vivo ».

Koenig Lear. Symphonische Dichtung für grosses Orchester von Felix WEINGARTNER. Op. 20. Bearbeitung für Pianoforte zu 4 Haenden von Otto Singer. Leipzig, Breitkopf & Haertel.

Cette réduction pour piano à 4 mains est d'une exécution aisée, et tout en faisant connaître le poème symphonique de M. Félix Weingartner en ses détails chromatiques, lesquels abondent et caractérisent cette composition tourmentée encore par les syncopes et où les thèmes n'apparaissent que brefs, comme les bruits que portent les rafales. Les mouvements sont : « Allegro moderato » ; « Allegro » ; « Poco meno » alternant avec « Allegro » ; « Furioso ; le poème symphonique s'achève lentement dans un dernier rappel du thème principal et de celui du début allant « pianissimo ».

Nalady, Dojmy a Upominki. Drobné Skladby pro Pianoforte slozil Zdenko FIBICH. Op. 47. Prague, Fr. A. Urbanek. III. 3e cahier (nos 45 à 54), prix 4 mk ; 4e cahier (nos 56 à 67), prix 6 mk.

Ces deux nouveaux cahiers du recueil des pièces de M. Zdenko Fibich présentent une lecture plus agréable encore que les premiers. Le no 46 rappelle Chopin ; le 49, fugué, a de la noblesse ; le 53 de la force ; le 56 intéresse par une légère couleur archaïque ; le 57 a la joliesse des airs de Gounod ; le no 63 vient de là-bas : il est d'une parfaite originalité : le no 66 est quelque chevauchée fantastique : le no 67 a de l'étrangeté.

10 pièces poétiques pour piano à 2 mains par S. CURTIS. Op. 3. No 1. Légende ; No 2. Valse-caprice ; No 3. Humoreske ; No 4. Le Gondolier ; No 5 Conte d'enfant ; No 6. Scherzo ; No 7. Rives du Nil ; No 8. Chant cosaque ; No 9. Lied ; No 10. Le Rêve. Gand, Mme G. Beyer. Prix net 3 fr. 50.

Simples de lignes, les numéros 2, 4, 5, 6, 7 ont : le premier de l'élégance : le septième beaucoup de charme : les autres présentent quelque complication d'une bonne écriture.

Praeludien für Pianoforte zu 2 handen komp. von Alexander von FIELITZ. Op. 61. Leipzig, Breitkopf et Haertel. Prix 3 mk.

Courts préludes aux multiples modulations.

Fleur de Mai, mazurka par Georges AUVRAY. Nice. Decourcelle. 5 fr.

Lili-Tsec. Japanisches Maerchen-Capriccio in einem Auszuge von Wolfgang Kirchbach. Musik von Franz CURTI. Pot-pourri pour piano par F. Th Clasen-Bommes. Leipzig, Breitkopf & Haertel. 3 mk.

Petite Gavotte par Léon LEMAITRE. Nice, Decourcelle. 5 fr.

La Madriparivienne, pastiche-valse par H. TELLAM. Edition pour piano à 4 mains. Nice, Decourcelle. 7 fr. 50.

A la bonne Franquette, polka par H. TELLAM. Nice, Decourcelle. 5 fr.

Violon et piano.

Hedy. Zpevohra o 4 jednanich slozil Zdenko FIBICH. Op. 43... (Extrait du 2e acte arrangé pour piano et violon par Jan Marak). Prague, Fr. A. Urbanek. Prix 2 mk 50 pf.

Cet extrait comprend un des motifs les mieux venus de l'opéra en 4 actes *Hedy.*

Ukolebavka.... (Berceuse pour violon et piano) slozil Jan SRAMEK. Prague, Fr. A. Urbanek. Prix 3 mk.

Six petites pièces pour violon avec piano par G. BEYER. Op. 14. 1 Canzona à la 1re position ; 4. Serenata à la 1re position ; 5. Capriccietto à la 1re position. Gand, Mme G. Beyer. Chaque no 1 fr. 75.

Compositions faciles de l'auteur de l'excellente *Méthode de violon* (voy. le *Journal musical* no 12, p. 62).

Chant.

Collection de chants modernes pour 4 voix d'hommes. 1. ABT : Op. 192, no 2. Ave Maria (avec ténor solo) ; — 2. RHEINBERGER : Op. 85, no 4. Le Renouveau ; — 3. PFEIL : Op. 10, no 1. Soir d'été ; — 4. HAERTEL : Aubade ; — 5. STURM : Op. 10, no 1. Sous le tilleul ; — 6. SCHRADER : Op. 41. Nuit de la lande ; — 7. JUENGST : Op. 29, no 1. Fleurs diverses ; — 8. KROEGEL : Op. 14.

Sérénade nocturne. Leipzig, C. F. W. Siegel (R. Linnemann). Chaque numéro, en partition, 50 cent.

Babillage. Paroles de Antonin Louis. Musique de Ernest GILLET. Nice, Decourcelle, 6 fr.   R.-L.

A TRAVERS LES JOURNAUX

ALLGEMEINE MUSIK-ZEITUNG

CHARLOTTENBURG-BERLIN

Nᵒˢ 16, 17, 22 à 26. Dr. R. Louis : Zur Musikaesthetik.

Nᵒ 16, Brahmsiana. — Aus dem Konzertsaal.

Nᵒ 17. Otto Lessmann : *Gernot*, oper von Eugen d'Albert.

Nᵒ 19. Friedrich Roesch : Noch einmal die *Kœnigskinder*.

Nᵒ 20. Paul Marsop : Gegen das Melodram !

Nᵒ 21. Otto Taubmann : *Gernot* (analyse thématique, avec la musique de 27 motifs).

Nᵒˢ 22-23. Otto Lessmann : Herr Camille Saint-Saëns gegen die deutsche Kunst.

Ein ungedrucker Brief Franz Liszt's (avec un portrait et une caricature).

Otto Lessmann : Vincent d'Indy (avec un portrait et l'analyse thématique de la symphonie pour orchestre et piano).

Félix Weingartner : *Das Gefilde der Seligen*, Sinfonische dichtung (analyse thématique).

W. Klatte : César Franck (avec un portrait et l'analyse thématique des *Variations smyphoniques*).

O. Lessmann : E. Risler (avec un portrait).

X. : *Lelio* (de Berlioz).

Nᵒˢ 24, 25. O. Lessmann : Die XXXIII Tonkünstler-Versammlung zu Mannheim.

F. Volbach : Die Wiesbadener Festspiele.

Nᵒˢ 24 à 26. A. Seidl : Dresdner Musik-Winter 1896-97.

Nᵒ 25. W. Klatte : Die Kammermusik-Konzerte.

Nᵒ 26. O. Lessmann : Das 74 Niederrheinische Musikfest in Aachen (festival rhénan d'Aix-La-Chapelle. 6-8 juin).

Nᵒˢ 16 à 26. O. Lessmann, R. Louis, Taubmann, W. Klatte, Gehrmann, D. R. : Revue des livres et de la musique.

L'ART MUSICAL

MONTRÉAL

Nᵒ 9. Chronique. — Causerie. — De l'origine et des maîtres de la symphonie. — Petit cours d'harmonie.

Musique. — A l'Angelus, mélodie de Broutin. — Valse, pour piano, de Meyer-Olbersleben. — Les Pifferari, impromptu pour piano, de Ch. Gounod.

L'ÉCHO MUSICAL

BRUXELLES

Nᵒ 8. E. C.: La Caractéristique des tonalités.

Nᵒˢ 9, 10. Coulisses et pistons.

Nᵒˢ 11, 12. Chevaliers du lustre.

Nᵒ 13. Concours au Conservatoire.

Dans chaque numéro de l'*Écho musical* : Chronique musicale (Belgique et Étranger). — De la Flûte au Tambour (échos et informations).

GAZETTE MUSICALE DE LA SUISSE ROMANDE

GENÈVE

Nᵒˢ 9 et 10. Edouard Combe : Limite d'âge.

Michel Brenet : Petits concerts et récitals.

Chroniques et correspondances. Genève. (E. Combe); Neufchâtel (C. D.); Vevey (E. C.); Dresde (Damon); Paris (Pierre Maurice).

Nouvelles diverses. — Nécrologie. — Concerts. — Bibliographie. — Revue des Revues.

LE GUIDE MUSICAL

BRUXELLES-PARIS

Nᵒˢ 25-26. Michel Brenet : L'Auteur des *Répons* de Palestrina.

Hugues Imbert : Charles Gounod. Les Mémoires d'un artiste et l'Autobiographie (suite).

E. E.: Le 74ᵉ festival rhénan d'Aix-la-Chapelle.

Julien Tiersot : La Musique religieuse et la « Schola Cantorum ».

Nous avions, on le voit, annoncé trop tôt que cette polémique intéressante était achevée.

Chronique de la semaine (Paris-Bruxelles). — Correspondances de Dijon, Dresde (Alton), Genève (W. Cart), La Haye, Londres. — Nouvelles diverses. — Nécrologie. — Bibliographie. — Répertoire des théâtres et concerts.

LE MÉNESTREL

PARIS

Nᵒˢ 20 à 24 et 26. Louis Gallet : Guerre et Commune. Impressions d'un librettiste.

Nᵒˢ 20 à 25. Camille Le Senne : La Musique et le Théâtre aux Salons des Champs-Elysées et du Champ-de-Mars.

Nᵒˢ 22, 23. H. H. : La Démission de M. Laurent de Rillé.

Nᵒ 22. A. Pougin : Le Monument d'Adolphe Adam.

O Bn : L'Exposition Donizetti à Vienne.

Nᵒˢ 20, 21, 23. Semaine théâtrale par Arthur Pougin et P. E. Chevalier.

Nᵒ 24. Julien Tiersot : Encore l'auteur de la *Marseillaise*.

Nᵒ 25. J. Tiersot : Les 27 répons de Palestrina.

Nᵒ 26. Paul d'Estrée : Artistes et musiciens du XVIIIᵉ siècle, d'après des documents inédits.

A. Montaux. Journal d'un musicien.

Nᵒˢ 20 à 26. Nouvelles diverses. — Concerts et soirées.

LE MONDE ARTISTE

PARIS

Nᵒˢ 20, 24, 26. Tic-Tac : Chronique musicale.

Nᵒˢ 20, 21, 23. Fernand Le Borne : Concerts.

Nᵒˢ 20, 21, 22. Ch. M. : Concerts.

Nᵒ 21. Rameau : Notes wagnériennes (avec 2 figures et 2 portraits).

Fernand Le Borne : *Le Vaisseau Fantôme*.

Nᵒ 23. Fernand Le Borne : l'*Etoile*.

Nᵒ 25. Blondel : Profils de compositeurs étrangers. Daniel de Lange (avec 3 portraits).

Nᵒˢ 20 à 26. Edmond Stoullig : Chronique dramatique.

Correspondances diverses : Province et Etranger. — Notes et informations. — Courrier de la Semaine. — Courrier de la mode.

Illustrations du *Monde Artiste* : N° 20. Fac-simile de l'affiche originale de Roedel pour les *Chansons nouvelles*, de Paul Delmet. N° 21. Deux caricatures extraites du *Kunstwereld*, d'Amsterdam; Portraits de M. Van der Linden, chef d'orchestre d'Amsterdam, et de Mᵐᵉ Adiny. N° 23. Une scène du 1ᵉʳ acte de l'*Etoile*, le ballet de M. A. Wormser. N° 26. Caricature à propos du *Vaisseau Fantome*.

MUSIC

CHICAGO

Vol. XII. N° 2. N. Boyerson : Jean-Philippe Rameau (avec 2 portraits et 2 fac-similés extraits des « Œuvres complètes » de Rameau, publiées par la Maison A. Durand).

— interview with M. Clarence Eddy (avec 4 portraits).

— A. C. G. Weld : The First grand opera (avec un exemple en musique).

— Liebling : Finale from Sonata op. 35 by Chopin.

— A. Pougin : The Young Russian School (avec un portrait).

— H. E. Knapp : How to teach the violin pupil with a springing bow (avec 2 figures).

— R. Wagner : A Pilgrimage to Beethoven.

— Noteworthy Personalities (avec 6 portraits et figures).

Vol. XI. N° 6. Vol. XII. N°ˢ 1 et 2. W. S. B. Mathews : Editorial Bric a Brac.

— W. S. B. Mathews : Evenings with great composers. Chopin. Bach. Beethoven. Schumann. Liszt.

— Things here and there.

Vol. XII. N°ˢ 1 et 2. H. M. Davies : The Musical Consciousness.

THE MUSICAL COURIER

NEW-YORK

Le *Musical Courier* reçoit de nombreuses correspondances de tous les points des Deux-Mondes, en particulier de Paris (Miss Fannie Edgar Thomas), Berlin (M. Otto Floersheim), Vienne, Londres.

« Editorial », par M. Marc A. Blumenberg, directeur du *Musical Courier*.

The *Musical Courier* a, depuis le mois de mai, une nouvelle division : « The Drama », consacrée uniquement aux Théâtres, aux pièces et aux artistes.

Parmi les nombreux portraits publiés par le *Musical Courier*, citons celui de M. Adolphe Neuendorff, le remplaçant de M. Anton Seidl, comme chef du « Metropolitan permanent Orchestra » (N° 896).

LE PROGRÈS ARTISTIQUE

PARIS

N°ˢ 989 à 991. La Rivierre : Les Transformations de la législation internationale sur le droit d'auteur. A propos du Congrès de Monaco.

F. de Ménil : La Musique dramatique chez les peuples du Nord. I. Le Théâtre lyrique anglais.

REVUE DE MUSIQUE RELIGIEUSE

MARSEILLE

N°ˢ 15-16. Un Gallo-Romain : Le Plain-Chant de Ratisbonne.

N° 15. J. Dupoux : S. Grégoire et le Chant liturgique. I. La Cantilène romaine.

N°ˢ 15 à 18. Soullier : Etude sur la tonalité.

N° 16. J. Dupoux : La « Mélopée antique », de Gevaert, 2ᵉ appendice.

N° 17. Le Solitaire de l'Esterel : Simples réflexions d'un Curé de village au sujet de la méthode d'exécution du plainchant de l'école bénédictine. 2ᵉ lettre (avec des exemples en musique).

N° 18. Viator : Les Livres de chant officiels.

— Jean Olive : Le Chant à notes égales.

N° 19. J. Dupoux : L' « Art dit grégorien, d'après la notation neumatique », étude préliminaire de G. Houdard (avec des exemples en musique).

— J. Olive : Le Livre de M. Chaminade.

LA TRIBUNE DE SAINT-GERVAIS

PARIS

N°ˢ 4-5-6. A. Pirro : Les Chorals pour orgue, de J. S. Bach.

N°ˢ 4, 6. P. Aubry : L'Idée religieuse dans la poésie lyrique et la musique française au Moyen-Age

N° 5. A. Gastoué. Grecs et Latins. La Psalmodie grecque et les Litanies (avec des exemples en musique).

— A. Lhoumeau : De l'accompagnement du Chant grégorien.

N° 6. A. Marie : De l'originalité dans la musique religieuse.

— J. de Muris : La « Musica religiosa en España ».

N°ˢ 4 à 6. Nos Sociétés régionales. — Nos concours. — Mois musical. — Nécrologie.

ZEITSCHRIFT FÜR INSTRUMENTENBAU

LEIPZIG

N°ˢ 23 à 27. Berufsgenossenschaft der Musikinstrumenten-Industrie.

N° 23. Deutschlands Aussenhandel in Musikinstrumenten in ersten Viertel 1897.

N° 24. Die Orgel in der Johannis-Kirche in Leipzig

— Musikinstrumenten-Aussenhandel der Schweiz im Jahre 1896.

N°ˢ 25 à 27. Die Musikinstrumente auf der Saechsisch-Thüringischen Industrie-und Gewerbe-Ausstellung in Leipzig 1897.

N°ˢ 25, 27. Zur Verstaedigung.

N° 26. Das Hornwerk auf der Festung Hohen-Salzburg (avec une figure et la musique du choral de A. Ebler, 1502).

N°ˢ 23 à 27. Vermischtes (nombreux renseignements sur la facture instrumentale de tous pays). Orgelbau-Nachrichten (composition d'orgues nouvelles). Patent-Nachrichten.

La REVUE BIBLIOGRAPHIQUE BELGE, rédigée par une réunion d'écrivains, suivie d'un bulletin bibliographique international publié par la Société belge de librairie. Bruxelles, 16, rue Treurenberg. Abonnements : Belgique, 3 fr.; Union postale, 4 fr. 50. Le numéro 50 centimes.

9ᵉ année. N° 6, juin, pages XXII-XXIV. 237-281. Chronique. — Analyses et notices sur un grand nombre de livres belges ou étrangers. — Sommaires complets de nombreux périodiques de tous pays.

LA REVUE DE PARIS. 1897. N° 12. Camille Saint-Saëns : Charles Gounod.

BIBLIOGRAPHIE MUSICALE

FRANÇAISE

PUBLIÉE SOUS LA DIRECTION DE LA CHAMBRE SYNDICALE DU COMMERCE DE MUSIQUE

25, RUE DE LONDRES, PARIS

PAR

BAUDOUIN - LA LONDRE

Directeur du *Journal musical* et de l'*Annuaire de la Musique*

AGENT POUR L'ALLEMAGNE : M. C. HEDELER

18, Nürnbergerstrasse, Leipzig

Abonnement : 2 fr. 50 par an. — Le Numéro : 50 centimes.

ANNONCES. — UNE PAGE : 20 FRANCS

LA *BIBLIOGRAPHIE MUSICALE* PARAIT TOUS LES TROIS MOIS

La BIBLIOGRAPHIE MUSICALE FRANÇAISE est un

BULLETIN TRIMESTRIEL DE TOUTES LES NOUVEAUTÉS MUSICALES DE FRANCE

et d'une partie de la Bibliographie musicale étrangère.

Chaque page, mise entièrement à la disposition des éditeurs, marchands de musique, facteurs
de la France ou de l'étranger, au prix de 20 francs, représente environ 60 lignes.

23ᵉ ANNÉE

Tarif des **TIRAGES A PART** commandés par les souscripteurs, pour leur usage
personnel, des **ANNONCES** parues dans la *Bibliographie musicale française* :

Une page...................... .... 1ᵉʳ mille........ 10 fr
— .... 2ᵉ — .... 8 fr.
Deux pages ensemble (recto et verso) . 1ᵉʳ mille........ 11 fr.
— — ; 2ᵉ — .... 9 fr.

Envoi franco pour toute la France.

Adresser les commandes, ainsi que tout ce qui concerne la Rédaction, les Abonnements et les
Annonces, à M. Baudouin-La Londre.

LE NUMÉRO D'AVRIL-JUIN PARAITRA LE 15 JUILLET

Les Abonnés à la BIBLIOGRAPHIE MUSICALE FRANÇAISE sont priés d'envoyer sans délai le
montant de leurs abonnements échus ou des renouvellements
en mandats, bons ou timbres-poste.

BOURGES, IMPRIMERIE M. H. SIRE.

LE JOURNAL MUSICAL

Bulletin international critique

DE LA

BIBLIOGRAPHIE MUSICALE

DIRECTEUR

BAUDOUIN-LA LONDRE

11, rue de la Pépinière, 11

PARIS

Abonnements : France 6 fr. ; Union Postale 7 fr. — Le numéro mensuel 50 centimes.

2e Année. — No 17. — Septembre 1897.

Chronique. — Informations. — Les Disparus.
Block-notes de la Bibliographie musicale.
Iconographie et Beaux-Arts.
Instruments anciens.

CHARLES MALHERBE : Exposition du Centenaire
de Donizetti à Bergame.

B.-L. : Exposition internationale de Bruxelles.

HENRY EYMIEU : La Musique moderne dans les
grands concerts. I. Société des Concerts du Conservatoire (*A suivre*).

Théâtres et Concerts. — Bayreuth, Bergame, Berlin, Blankenberghe, Brunswick, Bruxelles, Carlsbad, Dresde, Eecloo, Munich, Orange, Ostende,
Palerme, Paris, Scheveninghe, Spa, Vichy, Vienne.

B.-L. : Notices critiques. Centenaire de Donizetti :
1° Catalogue de la section autrichienne; 2° Le
Catalogue bibliographique de la section française,
à l'Exposition de Bergame; 3° *Gaetano Donizetti*,
numero unico. — *Missa solemnis*, de Beethoven,
esquisse analytique de Marcel Remy. — Une fantaisie pour violon et piano de Hans Sitt. — Études
techniques pour le violon de Victor Hussla.

B.-L. : A travers les journaux.

A décision récemment prise par un des
premiers chefs d'orchestre français a fait
écrire des notices rétrospectives sur les concerts qu'il fonda et qu'il délaisse aujourd'hui.

Ses défauts et ses qualités ont été présentés
en bloc au public par la presse.

On lui reproche surtout d'avoir laissé trop
souvent subsister sur ses programmes les
mêmes numéros.

On a tort. Ces concerts sont une entreprise
particulière, encouragée, il est vrai, par une
subvention, mais non soumise à un cahier des
charges. Et quand cela serait, la Direction des
Beaux-Arts aurait-elle interdit à ce chef d'orchestre de donner plusieurs fois de suite ce
qui fait « salle comble », puisqu'elle ne l'interdit pas aux théâtres dits subventionnés ?

En vérité, trop sots seraient les directeurs
qui, à plaisir, renouvelleraient leur affiche
sans se soucier des goûts du public.

Je vous entends. Vous désirez comme moi
un théâtre et une salle de concert où l'on nous
fasse connaître sans cesse quelque nouvelle
œuvre.

Cela viendra un jour. En attendant, ne con-
damnons pas l'artiste coupable d'avoir chaque
jour servi un plat wagnérien, puisque partout
en France on en « demande » et on en « rede-
mande ».

INFORMATIONS

Bruxelles. — Parmi les noms des artistes engagés au Théâtre royal de la Monnaie, pour cette saison, nous remarquons ceux de Mmes Landouzy, Ganne, Bossi, Domenech, de MM. Imbart de la Tour, Seguin, Soulacroix, Journet.

Evian. — Les Concerts du Casino-Théâtre, avec l'excellent orchestre de M. N. Gervasio, sont fort goûtés. Le sympathique directeur M. Francisque Perrier a récemment été assez heureux pour faire entendre dans son coquet établissement Mme de Nuovina. Le succès de cette soirée a été considérable et très généreusement le produit de la recette a été donné aux pauvres.

Hambourg. — Dans son voyage de noce à Innspruck, M. Pollini a découvert un merveilleux ténor tyrolien qu'il va préparer pour le Stadttheater.

Milan — Le Conseil municipal refusant la subvention votée jusqu'à ce jour, la Scala a fermé ses portes. L'Ecole de danse de ce théâtre a été prise par M. Sonzogno à son compte.

Munich. — On démolit en ce moment la maison où a demeuré Orlando di Lasso.

Nice. — Un grand concours de musique s'organise sous le patronage de la municipalité pour les 20, 21, 22 novembre. Il y aura 125,000 francs de prix, dont 20,000 affectés à deux grands prix pour les Harmonies concourant en excellence. Le siège du Comité est au Casino municipal.

Paris. — A l'Opéra populaire de la Porte-Saint-Martin, cette entreprise intéressante et si heureuse de MM. Milliaud, on répète la *Mégère apprivoisée*, de M. Le Rey, qui n'a pas encore été représentée à Paris.

— La Société des auteurs, compositeurs et éditeurs de musique vient d'acquérir un immeuble rue Chaptal, n° 10, où les services administratifs seront installés en janvier 1898.

— A l'Opéra, les études des *Maîtres Chanteurs* se poursuivent activement. La première de la comédie wagnérienne sera le grand événement de cet hiver.

Les directeurs de l'Opéra ont engagé Mlles Aklé et Christianne, MM. Hans et Demauroy, lauréats des derniers concours. M. Carvalho a engagé MM. Vieuille et Dumontier.

— La distribution des prix du Conservatoire a eu lieu le samedi 7 août, sous la présidence de M. Georges Berger, qui prononça le discours.

Voici les prix spéciaux, provenant de legs et de donations, qui ont été distribués à quelques lauréats :

Legs Nicodami, 500 francs, à Mlles Stroobants et Houssin, premiers prix de harpe. — Prix Guerineau, 300 francs, à M. Hans, premier prix de chant, et Mlle Ackté, premier prix d'opéra. — Prix Georges Hainl, 900 francs, à M. Destombes, premier prix de violoncelle. — Prix Popelin, 1,200 francs, à Mlles Fulcran, Masson et Decroix, premiers prix de piano. — Prix Henri Herz, 300 francs, à Mlle Fulcran, premier prix de piano. — Prix J. Garcin, 200 francs, à M. Duttenhofer, premier prix de violon. — Prix veuve Girard (rente d'un capital de 10,000 francs), à Mlle Percheron, second prix de piano. —

Prix Sourget de Santa Coloma (rente d'un capital de 3,000 fr.), à M. Hans, premier prix de chant.

La rentrée des classes est fixée au lundi 4 octobre.

— Voici les résultats du concours de la danse à l'Opéra : Sujets : Mlles Barbier, Esnel, Soubrier, Carrelet.

Coryphées, première division. — Mlles Tétard, Meunier, Dockes, Billon, Hatrel, Moormans.

Deuxième section. — Mlles Bossu, Keller, Mante II, Didier, Sirede, de Verrey II.

Deuxième division. — Mlles Lainé, Richaume, Couat II, Souplet, Courcelet, Hugo II, Bouissavin, Robiette.

Premier quadrille, première division. — Mlles Mendès I, Mendès II, Klein, Poncet, Joucla, Nictens, Labatoux, Charrier II.

Deuxième division. — Mlles Hauguels, Yves Koch, Bordier, Poulain, Metzger, Coudaire, François, Guillemain, Gillet, Piron I, de Folly.

Deuxième quadrille, première division. — Mlles Hugon I, Dontard I, de Verrey I, Marcelle, Lucie Dubois, Louvelle, Choinska I, Vinchelin.

Deuxième division. — Mlles Fouchard, Nicloux, Lozeron, Piron II, Choinska II, Chouat.

Deuxième section. — Mlles Perroni, Thangh, Rambla, Hugard I, Louppe, Maurial, de Croly, Dantard II, de Maulde.

— Les magasins de M. Jacques Pisa, éditeur de musique, sont transférés 8, rue Pigalle.

— M. Eugène GIGOUT, en ce moment en Suisse pour une série de concerts, sera de retour à Paris le 8 octobre et reprendra la direction de sa célèbre ÉCOLE D'ORGUE.

— L'Académie des Beaux-Arts vient d'accepter une part du legs de M. Pierre Lasserre; de ce fait les compositeurs ont désormais un nouveau prix à se disputer à l'Institut.

— M. Edmond Missa est nommé organiste de Saint-Thomas-d'Aquin.

— C'est décidément exact. M. Lamoureux délaisse la direction des Concerts qu'il a fondés.

— Le pianiste Ludovic Breitner, le fondateur de la SOCIÉTÉ PHILHARMONIQUE, dont les séances sont si goûtées à Paris, va rentrer à Paris après une tournée très heureuse à Vichy, Aix-les-Bains, Cobourg et Trouville. Un grand succès, constaté par toute la presse, l'a justement suivi partout.

— Signalons la reprise des COURS, LEÇONS DE CHANT ET COURS D'ENSEMBLE, donnés sous la direction de M. BALLARD, de l'Opéra, dans les salons de M. Maquet, éditeur de musique, 25, rue de Londres.

— L'adresse de Mlle FANNIE EDGAR THOMAS, rédacteur-correspondant du *Musical Courier* de New-York est, à partir de ce jour, 107, AVENUE HENRI MARTIN.

— Pouvoir recueillir dans les journaux du monde entier tout ce qui paraît sur un sujet quelconque, sur une question dont on aime à s'occuper, surtout savoir ce que l'on dit de vous et de vos œuvres dans la presse, qui ne le souhaite parmi les hommes politiques, les écrivains, les artistes?

Le COURRIER DE LA PRESSE, fondé en 1880, par M. GALLOIS, 21, boulevard Montmartre, à Paris, répond à ce besoin de la vie moderne avec autant de *célérité* que d'exactitude.

Le COURRIER DE LA PRESSE LIT 6,000 JOURNAUX PAR JOUR.

Rome. — Une société vient de se fonder pour la réforme de la musique religieuse.

Stuttgart. — Une plaque commémorative va être placée au n° 1 de l'Augustenstrasse, qu'habita plusieurs années Antoine Rubinstein au début de sa carrière.   T.

Worms. — La saison d'hiver 1897-98 sera inaugurée par un opéra en 3 actes, de Joseph Dokowicz, *La Ruine de Worms (Die Zerstörung von Worms).* Sur le refus des troupes ordinaires du théâtre de Worms (théâtres de Darmstadt, de Mayence, de Mannheim), une société de dilettanti, encouragée par l'Intendance de la ville, s'est mise à étudier la partition de Joseph Dokowicz, avec le concours d'un seul professionnel. C'est ainsi qu'elle sera représentée.   TALON.

LES DISPARUS

— A Bruxelles, Martin Lazare, pianiste et compositeur.

— A Crémone, le violoniste-quartettiste Nicolas Bassi.

— A Ostende, Henri Gillet, violoncelliste des Concerts-Lamoureux, Colonne et d'Harcourt.

BLOCK-NOTES

DE LA

BIBLIOGRAPHIE MUSICALE

— Œuvres d'HENRI RUEGGER, compositeur-pianiste brésilien (San Paolo).

1. Sérénade mauresque pour piano	3	»
Richault & Cie (Paris).		
2. Caprice-Mazurka, pour piano	5	»
Richault & Cie (Paris).		
3. Esquisses musicales, pour piano	6	»
Richault & Cie (Paris).		
4. Rêveuse, pour piano (air de ballet)	5	»
Le même, pour orchestre, partition	net 3	»
Parties séparées	net 5	»
Richault et Cie (Paris).		
5. Improvisations, pour piano	7 50	
Richault & Cie (Paris).		
6. L'Hirondelle, pour chant	»	»
Moreno & Ensinck (Buenos-Ayres).		
7. Relato intimo, pour piano	»	»
Moreno & Ensinck (Buenos-Ayres).		
8. La Cana de Veracruz, réduction pour piano	»	»
F. G. Hartmann (Buenos-Ayres).		
9. Poème musical, pour piano	»	»
Hardoy & Cie (Buenos-Ayres).		
10. Gavotte du Trianon, pour piano	»	»
Moreno & Ensinck (Buenos-Ayres).		
11. Soupir, pour chant, avec accompagnement d'orgue ou de piano	»	»
Moreno & Ensinck (Buenos-Ayres).		
12. Traeumerei auf den Meere, pour piano et violon.	1	20
G. A. Zumsteeg (Stuttgart).		
13. Habanera, pour piano	»	»
Levy-Filhos (S. Paulo. Brésil).		
14. Aubade, pour piano	»	»
Levy-Filhos (S. Paulo. Brésil). TALON.		

— Nous portons à la connaissance de nos lecteurs, qu'il existe un stock important d'années et de numéros de la *Revue et Gazette musicale,* jadis publiée par les éditeurs Brandus. Ceux d'entre eux qui désireraient la collection complète ou quelques années détachées sont priés de consulter le tableau suivant et de faire connaître leurs propositions d'achat ou d'échange à M. le Directeur du *Journal musical.*

Année 1839. 1 collection.		Année 1860. 7 collections
— 1840. 7 —		— 1861. 12 —
— 1841. » —		— 1862. 24 —
— 1842. 3 —		— 1863. 20 —
— 1843. 3 —		— 1864. 23 —
— 1844. 4 —		— 1865. 19 —
— 1845. 3 —		— 1866. 17 —
— 1846. 4 —		— 1867. 5 —
— 1847. 2 —		— 1868. 15 —
— 1848. 3 —		— 1869. 9 —
— 1849. 4 —		— 1870-1871. 5 collect.
— 1850. 3 —		— 1872. 3 collections.
— 1851. 3 —		— 1873. 12 —
— 1852. 4 —		— 1874. 20 —
— 1853. 3 —		— 1875. 18 —
— 1854. 11 —		— 1876. 17 —
— 1855. 2 —		— 1877. 8 —
— 1856. 24 —		— 1878. 1 —
— 1857. 19 —		— 1879. 5 —
— 1858. 24 —		— 1880. 33 —
— 1859. 38 —		

ICONOGRAPHIE ET BEAUX-ARTS

— M. Possart, l'éminent intendant des théâtres royaux de Munich, vient de fonder une école de peinture décorative, avec l'aide des peintres Seitz et Leubach et du sculpteur

F. de Miller. On conçoit l'importance de cette innovation.

— Inaugurations : à Lindau, d'un buste à Pierre Lindpaintner, auteur du chant patriotique « Die Fahnenwacht »; à Glatz, d'un médaillon en bronze d'Edouard Tauwitz, auteur de mélodies populaires en Allemagne ; à Troppau, d'un autre monument au compositeur E. S. Engelsberg (Edouard Schoen), 1825-1879.

— Les sommes recueillies jusqu'à ce jour pour le monument à élever à Schumann atteignent le chiffre de 32.000 marks.

— Une souscription ouverte pour un monument à Sir Augustus Harris a produit 60.000 fr.

INSTRUMENTS ANCIENS

— Le violon préféré de Bazzini, un superbe Guarneri del Gesù, vient d'être acquis par M. W. H. Hamming, de Leipzig, au prix de 18.000 francs.

— La mode des concerts de musique ancienne sur des instruments anciens gagne l'Angleterre. Dans une séance de ce genre, donnée par M. Arnold Dolmetsch, on a chanté des mélodies anglaises du XVIIe siècle, entre autres un ravissant madrigal d'Henry Purcell (1670) accompagnées par le luth. On a exécuté des pièces de Marais (1696) sur la viole di gamba, de d'Ariesti (1720) sur la viole d'amour. de Scarlatti et de Bach sur le clavecin. Le programme comprenait encore une pavane de Thomas Tomkins (1600) pour guitare, viole et clavecin ; enfin deux morceaux pour virginale, joués sur un instrument ancien datant de 1500 et qui possède une sonorité superbe.

— Les amateurs d'instruments anciens trouvent un beau choix dans l'établissement de l'UNION MUSICALE, 11, rue de la Pépinière.

Exposition du Centenaire
DE DONIZETTI
A BERGAME

M. Charles Malherbe fit, dès les premiers préparatifs des fêtes donizettiennes, partie du comité français d'organisation. Il se désigna bientôt, par sa compétence, à l'attention du Gouvernement, qui le délégua à Bergame.

Ce qui suit est le rapport qu'il vient d'adresser à M. le Ministre de l'Instruction publique et des Beaux-Arts pour lui rendre compte de sa mission.

Les lecteurs du *Journal musical* apprécieront cet avantage de pouvoir lire les premiers ce document officiel que je suis personnellement satisfait d'avoir l'autorisation de publier.

Les glorifications, les apologies de Donizetti étonneront beaucoup de gens à l'heure où la sublime musique wagnérienne fait tant d'adeptes. A côté du colosse qui sut exprimer les multiples voix de la Nature. bien petits sont les compositeurs qui n'en ont entendu qu'une.

— Une voix, vous exclamez-vous, mais une voix dont les chants sont trop colorés, trop chauds, trop vibrants dans leur vive clarté, leur pleine lumière, trop criards, le plus souvent de mauvais goût.

— Soyons justes. Ces chants viennent du pays où le soleil luit intense, où l'atmosphère convie aux expansions brûlantes de l'homme qui cueille les roses de la vie.

Dans ce pays, un musicien connut la passion amoureuse, ses élans, ses pâmoisons, ses pleurs — toute la fièvre de la *Nouvelle Héloïse* — ; il exprima tout cela comme un italien seul peut le faire et personne n'a chanté — en des mélodies — l'amour avec autant d'intensité que lui, parce qu'il exprima ce qu'il sentait. Ces derniers mots suffisent pour nous rappeler au respect de celui qui écrivit le 4e acte de la *Favorite*, tout en faisant des réserves sur les grosses inégalités, sur les chutes mêmes — combien parfois il est trivial ! — d'un artiste qui demeura dans ses œuvres un homme, avec ses faiblesses et ses envolées.

B.-L.

MONSIEUR LE MINISTRE,

En cette année 1897, la ville de Bergame a voulu célébrer le Centenaire de la naissance d'un de ses plus illustres enfants : Gaetano Donizetti. Parmi les éléments principaux des fêtes projetées figurait une Exposition spéciale où l'on se proposait de réunir le plus grand nombre possible d'objets et de souvenirs se rapportant soit à la personne même, soit aux œuvres du compositeur, et pouvant ainsi présenter comme un tableau rétrospectif de sa vie et de sa production artistique. Sous le haut patronage du Prince et de la Princesse de Naples, un Comité local s'était formé qui avait fait appel non seulement aux diverses provinces de l'Italie, mais encore aux pays étrangers où Donizetti avait séjourné et laissé, avec ses opéras, le témoignage indubitable de son génie musical, notamment l'Autriche et la France [1]. Par une lettre du 27 juillet dernier, vous m'avez délégué, Monsieur le Ministre, pour organiser la section française de cette Exposition et vous représenter officiellement au jour de son inauguration. Le présent rapport a pour objet de porter à votre connaissance tous les détails relatifs à cette affaire, et de vous rendre ainsi compte de la mission que vous avez bien voulu me confier.

I. — Avant l'Exposition

L'ouverture de l'Exposition était fixée au 22 août. Mais, comme je pouvais craindre les lenteurs italiennes et surtout, en ces matières spéciales, l'inexpérience très excusable d'une ville ouvrière où l'art tient nécessairement moins de place que l'industrie, j'avais jugé prudent de partir une dizaine de jours à l'avance. Après les visites officielles au commandeur Pietro Serafini, préfet de la province, et au chevalier Giuseppe Luigi Malliani, syndic (maire) de Bergame, je me mis en rapport avec le Comité de l'Exposition, dont le Président était M. Tassetti ; le Vice-Président, M. Tacchi, et le Secrétaire, M. Filippini. Des Sous-Commissions de finances, d'organisation administrative et d'installation matérielle avaient été instituées et assuraient en somme à l'entreprise un fonctionnement normal et pratique.

Le choix de l'emplacement était particulièrement heureux. On avait profité de l'époque des vacances pour occuper tout le local d'un institut pédagogique appartenant à la Ville. Cette école des *Tre Passi* est un vaste bâtiment d'aspect monumental, situé presque au centre de la ville neuve, composé d'un rez-de-chaussée et d'un premier étage, prenant jour au nord, sur une des voies principales de la cité ; au sud, sur des jardins ; à droite et à gauche, sur des espaces non bâtis ; de sorte que les constructions se trouvent en somme isolées de toutes parts. La porte d'entrée ouvre sur un vestibule formant atrium, orné de colonnes et de peintures à la manière pompéienne, donnant accès à un jardin dont les deux côtés sont bornés par deux ailes perpendiculaires au corps principal de l'édifice et reliées par une galerie à arcades. Un large escalier, que décorent des fresques artistiquement improvisées pour la circonstance par M. Filippini, prend son point de départ à droite du vestibule et mène au premier étage, où la disposition du rez-de-chaussée se reproduit à quelques détails près. Les salles spacieuses, bien éclairées, d'une notable hauteur, offrant de larges surfaces murales, se prêtaient merveilleusement à tous les genres d'installation. Une équipe de tapissiers, menuisiers, peintres, etc., était commandée pour le service des exposants. Vitrines, cadres, étoffes, tout était mis libéralement à leur disposition ; on n'avait qu'à commander pour être servi à souhait, de sorte que, le zèle et la bonne volonté du Comité aidant, on peut dire que le succès pour chaque section dépendait du plus ou moins d'initiative et d'ingéniosité de ceux qui s'étaient chargés de l'organiser.

Les caisses contenant les objets français avaient été expédiées de Paris par l'entremise du Ministère des Affaires étrangères, afin d'éviter les visites de la douane italienne et les retards qui pouvaient en résulter. Elles arrivèrent presque en même temps que moi

---

1. Pour la France, un Sous-Comité avait été créé à Paris et était ainsi constitué : S. E. le Comte Tornielli, ambassadeur d'Italie, *Président d'honneur* ; M. Delle Sedie, *Président* ; MM. Charles Malherbe et Ezio Ciampi, *Secrétaires* ; MM. Eugène Lecomte, Adolphe Calzado et V. Sighicelli, *Membres*.

à Bergame, et j'eus alors tout le loisir d'en disposer le contenu dans les deux salles qui nous étaient réservées.

II. — INAUGURATION (22 août).

Le premier acte de l'inauguration se passa dans l'ancien théâtre Riccardi, restauré pour la circonstance et nouvellement dénommé théâtre Donizetti. C'est là que, vers 11 heures du matin, se réunirent, sous la présidence de S. Exc. le comte Suardi, sous-secrétaire d'État, et délégué par le ministère italien, tous les invités officiels : représentants de l'étranger, préfet, député, général commandant la subdivision, sans oublier le petit-neveu du compositeur, M. Giuseppe Donizetti, qui, pour la circonstance, était venu de Constantinople, son lieu de résidence habituel. Devant une nombreuse assistance, car les portes du théâtre avaient été librement ouvertes à tous, M. le professeur Eugenio Checchi, de Rome, fit alors une conférence des plus intéressantes sur la vie et les œuvres de l'illustre auteur de la *Favorite*. Avec une véritable éloquence et un sens critique des plus aiguisés, il sut définir le génie du compositeur et montrer la place qu'il occupe dans l'histoire de la musique dramatique au XIXe siècle, rendant hommage à la France, qui était devenue pour lui « une seconde patrie », et remerciant avec un rare bonheur d'expressions tous ceux qui, par leur collaboration à cette Exposition, avaient préparé au Maître une apothéose digne de lui.

Après la conférence, écoutée avec une grande attention et soulignée par de fréquents applaudissements, le cortège se rendit à l'Exposition, dont les bâtiments étaient presque contigus à ceux du théâtre, et en fit la visite officielle. Lorsque S. Exc. le comte Suardi parut sur le seuil de la section française, je lui adressai un petit discours pour saluer sa bienvenue et lui dire l'intérêt qu'avait pris à cette Exposition le Ministre de

l'Instruction publique et des Beaux-Arts en France : intérêt bien justifié, si l'on songe à la gloire que Donizetti avait de son vivant conquise à Paris par ses succès, et à la place que ses ouvrages occupent encore, cinquante ans après sa mort, au répertoire de l'Opéra et de l'Opéra-Comique. Dans sa réponse, M. le comte Suardi me chargea de vous transmettre tout spécialement, Monsieur le Ministre, l'expression de ses remerciements pour l'honneur que la France faisait à l'Italie en s'associant ainsi au Centenaire du grand artiste de Bergame ; puis il parcourut la section française, en me demandant de lui servir de guide et de *cicerone*. Au cours de cette visite, il exprima plusieurs fois sa satisfaction pour l'heureuse participation de Paris à l'Exposition, le nombre et la variété des objets recueillis, le goût et la méthode qui avaient présidé à l'installation générale et à leur groupement particulier.

Une Cantate en l'honneur de Donizetti, avec chœurs et accompagnement de musique militaire, due à la plume du maestro Pizzi, directeur de l'École de musique de Bergame, fut ensuite exécutée dans les jardins de l'Exposition, et les applaudissements qui l'accueillirent marquèrent la fin de la cérémonie officielle.

III. — L'EXPOSITION

1° Sections italiennes et étrangères.

Sans faire un rapport détaillé sur tous les objets figurant à cette Exposition, je crois devoir au moins indiquer le caractère général de chaque section, afin de mieux montrer, par voie de comparaison, comment la France avait compris son rôle, et par quels traits spéciaux elle se distinguait des autres pays. Pour cela, parcourons les salles dans l'ordre où elles se présentent au visiteur, lorsqu'il pénètre dans le vestibule d'entrée : A droite, la section Donizetti, organisée par les petits-neveux du compositeur ; à gauche, la section allemande ; plus loin, donnant sur les jardins : dans l'aile droite, la section autrichienne ; dans l'aile gauche, la section française. Au premier étage, à gauche, un salon réservé à l'histoire même de la ville de Bergame ; un autre consacré aux souvenirs de Rubini, l'un des plus célèbres parmi les interprètes de Donizetti ; en face, deux chambres noires où, sur un théâtre éclairé à l'électricité, des mannequins costumés et de grandeur naturelle, reproduisent ici une scène de *Belisario*, là une scène de *Lucrèce Borgia*. A droite, la reconstitution de la chambre où est mort Donizetti ; puis, dans les pavillons d'angle : à droite, la section Ricordi, et à gauche, les sections italiennes proprement dites, Naples, Rome, Bologne, Bergame, Venise, etc.

Section Donizetti. — Cette section est sans contredit la plus riche en souvenirs personnels du Maître. MM. Giuseppe et Gaetano Donizetti ont, en effet, conservé comme de précieuses reliques tout ce qui, par voie d'héritage, leur est venu de leur grand-oncle. Aussi voit-on dans leurs vitrines : le chapeau et l'habit de cour de Donizetti, qui, on le sait, était maître de musique et directeur de la chapelle impériale à Vienne ; les cadeaux à lui offerts par les souverains qui le protégeaient (horloge incrustée de pierres précieuses, montres, bagues, chope en verre de Bohême, bijoux, etc.) ; ses décorations, brevets de toute espèce et de tout pays, médailles frappées en son honneur ; les portraits de toute la famille, lui-même à différents âges, son père, sa mère, son frère, sa belle-sœur et son neveu ; de nombreuses lettres, émanant de lui ou à lui adressées ; toutes les pièces relatives à sa dernière maladie (certificats, journal intime, ordonnances de médecins) ; enfin, des centaines de pages musicales, œuvres de jeunesse ou de l'âge mûr, tracées d'une main ferme avant le naufrage de sa raison, mais demeurées inconnues à tous, tristes et respectables

épaves dont plusieurs mériteraient d'échapper à l'oubli du temps.

Section allemande. — Cette section n'est, à proprement parler, que la collection particulière de M. Nicolas Manskopf, de Francfort-sur-le-Mein. Elle compte une centaine de portraits et caricatures se rapportant soit au compositeur, soit aux artistes qui ont interprété ses ouvrages en Allemagne, en France et en Italie, dans le passé comme dans le présent. Pour obtenir une série complète en cette matière, il faudrait, on le devine, un nombre de pièces beaucoup plus considérable ; mais, quelques-unes ont le mérite de la rareté et suffisent à justifier l'intérêt d'une telle réunion.

(La fin au prochain numéro.)

CHARLES MALHERBE.

EXPOSITION INTERNATIONALE
De Bruxelles.

D'après une entente entre les éditeurs et les facteurs, tous les exposants de la section française étaient réunis dans une seule galerie. De cette manière, dès l'entrée, le visiteur pouvait se rendre compte de la grande coopération prise par la France à cette exposition, laquelle a d'ailleurs un succès financier remarquable.

La conservation et la surveillance générale de la « collectivité française » avaient été confiées à M. P. W. Dubruel, qu'une médaille d'or très méritée vient de récompenser des soins apportés à l'accomplissement de sa tâche.

Commençons notre visite : voici les clarinettes et les bassons de la maison Evette et Schaeffer, puis la vitrine de l'éditeur Henry Lemoine et Cie ; dans un coin, et formant un petit salon élégant, l'importante exposition de la maison A. Durand et fils : l'œil est attiré par les belles partitions d'orchestre du *Vaisseau Fantôme*, d'*Ascanio*, de la *Symphonie en ut* mineur de Saint-Saëns.

Chez M. Maquet, les partitions du *Winkel-ried* de Louis Lacombe, et de la *Montagne noire* d'Augusta Holmès. La maison Heugel expose la collection des clavecinistes, les œuvres de Chopin, les solfèges du Conservatoire et la grande partition d'orchestre du *Cid*. Chez Quinzard, les *Temps de guerre* de Fernand Le Borne, et quelques volumes de la collection du *Monde artiste*. Du fonds Baudoux : le *Concert* de Chausson, la Sonate pour piano et violon de Lekeu, la 2ᵉ suite pour piano de Paul Lacombe, les *Landes*, paysage breton pour orchestre, de Guy Ropartz. Ici, les collections de musique étrangère de la maison Enoch et Cⁱᵒ, et encore *Espana*, *Gvendoline*, de Chabrier ; *Chansons de femmes*, de Paul Delmet ; les *Eolides*, les *Djinns*, de César Franck ; le *Drac*, de Hillemacher ; là, la vitrine Poulalion.

M. Jacquot, luthier du Conservatoire de musique de Nancy, présente un violon de Jérôme Amati, de 1675, réparé par M. Albert Jacquot en 1896. Dans la même vitrine, un livre : *La Musique en Lorraine*, étude rétrospective d'après les archives locales, 3ᵉ édition. Paris, Fischbacher, 1886, in-4.

Ici s'étagent les instruments de cuivre argenté de la maison Millereau, les flûtes de M. Djalma Julliot, luthier à La Couture-Boussey (Eure). La maison O. Bing, de Paris, expose ses cordes près des cordes de pianos de la Société des Aciéries et Forges de Firminy. A côté, les orgues-célestas Mustel, les fournitures pour pianos et orgues de la maison Muller. M. Bernardel a là un violon Gand père (1829), un « Lupot » (1812) appartenant au violoniste Armand Parent. Citons encore les pianos et harpes des maisons Erard et Pleyel.

Il faut ensuite se livrer à des recherches pour trouver la musique dans les sections étrangères. Citons au hasard de nos trouvailles les instruments de cuivre de la maison J. H. Kessels, de Tilburg (Pays-Bas), 3 pianos Decker-Mullendorff (Luxembourg), des cymbales de Sternberg, Armin et Frère, de Budapest (Hongrie), une cithare Abplanalp bien cachée (Suisse) et de nombreuses boîtes à musique du même pays, les cordes

harmoniques de Andrea Ruffini (Rome et Naples), des mandolines de Tedesco Giovanni, des frères Tassinari (Naples). A côté, une vitrine d'instruments de la maison belge Darche, placée ici à cause des mandolines italiennes.

Ah ! voici de l'édition musicale : des ouvrages sur la musique de Mgr Grassi Laudi, de Rome, des compositions musicales de M. Giuseppe Monticone, notre aimable confrère, directeur de *Il Mandolino*, de Turin, le journal avec texte et musique cher aux estudiantinas ; les sonates de Mozart et de Beethoven, édition Pauer, publiées par la maison Novello.

Puis encore de la facture qui tient à Bruxelles aussi la plus grande place. Sans quitter les pays anglais, nous voyons six belles orgues « Bell », exposées par la maison Beyer, de Gand, seul dépositaire pour la Belgique.

Peu de chose en Espagne : une méthode d'orgue, exposée par M. Goberna Roberto de San-Servasco, et le « Taquidactilo », méthode pour le mécanisme du piano, exposée avec les accessoires par Mme veuve de Haas, de Barcelone.

En Allemagne, un violon, un alto, un violoncelle, de la maison Juehling, Franz et Moritz (Dresde), des pianos de Rodolph Ibach (Barmen), des pianos très sculptés de Jacob Noe (Erkelenz), de Herman List (Berlin).

Dans la galerie voisine, des cithares de Bohême, des pianinos des Frères Stingl (Vienne). Deux de nos confrères autrichiens ont exposé leurs feuilles : La *Deutsche Kunst und Musik Zeitung* et l'*OEsterreichische Musik und Theater Zeitung,* tous deux de Vienne.

En Belgique, on est attiré par les sons des pianos de l'estrade de la Maison Beyer, de Gand : un employé y fait connaître à un groupe serré de visiteurs, qui se renouvellent sans cesse, les compositions du fonds, dont quelques-unes sont exposées au même endroit dans de petites vitrines. Près de là, sont les intéressants pianos de Smet, de Bruxelles. Tous, en passant, se font expliquer pourquoi ces pianos droits ont la sonorité des pianos à queue : on remarque la plaque de métal réduite autant qu'il se peut et isolée, la pédale qui passe dans du feutre et tout le système qui permet de donner au son plus ou moins de durée, plus ou moins d'intensité, plus ou moins de douceur. Cela est très ingénieux.

Ici, la grande Maison Mahillon et C°, de Bruxelles, expose ses instruments de cuivre, qu'on trouve répandus dans tout le pays. Là, la claviharpe-Dietz ; les pianos Berden ; le long d'une travée, les produits de l'Imprimerie nationale de musique bruxelloise ; la vitrine de la Maison Schott, de Bruxelles, où trône la *Cantate inaugurale*, de Paul Gilson, qui a trop peu été exécutée. Dans la vitrine de la Maison Katto, de Bruxelles et Anvers, le *Clavecin bien tempéré*, de Bach, édition Wouters, la *Légende humaine*, cycle lyrique en 5 phases, de Auguste Dupont. La Maison Breitkopf expose les œuvres de Grétry et la partition de *Godoleva*, d'Edgar Tinel, qu'on vient d'applaudir aux Concerts de l'Exposition.

Il est question de ces Concerts plus loin.

Est-ce tout pour la musique à l'Exposition de Bruxelles ? Non, il y a constamment des festivals donnés en plein air ou dans la grande salle par des Sociétés orphéoniques venues de toutes parts.

Une visite à l'Exposition se complète par une autre au précieux Musée du Conservatoire, dont l'éminent conservateur, M. Victor Mahillon, a réuni et classé les riches collections avec une si grande patience et une si grande sûreté de mains. Aussi érudit qu'obligeant, M. Victor Mahillon a encore donné avec générosité les instants que lui laisse la direction de l'importante manufacture d'instruments qui porte son nom pour les opérations du jury, auxquelles il a pris une part énorme.

Ces opérations pénibles et délicates viennent de le rendre à ses chers travaux.

On connaît aujourd'hui les récompenses. Les Maisons Durand, Mahillon, Pleyel, Katto, etc., sont hors concours. Parmi les lauréats, nous remarquons les Maisons Evette et Schaeffer, Heugel, Aciéries de Firminy, Enoch, Lemoine. La Maison Beyer, de Gand, se trouve récompensée par la médaille d'or décernée aux orgues « Bell » ; elle a une autre médaille pour ses pianos. Les Maisons Schott, Baudoux, Quinzard, Poulalion et nos confrères le *Monde Artiste*, la *Deutsch Kunst und Musik Zeitung*, l'*Œsterreichische Musik und Theater Zeitung*, ont remporté des médailles, ainsi que M. G. Choisnel, de la maison Durand.

Les Maisons de Smet (pianos), Erard, Jacquot (luthier). Ph. Maquet (éditeur), avaient désiré ne pas concourir.

B.-L.

LA MUSIQUE MODERNE

DANS LES GRANDS CONCERTS

Société des Concerts du Conservatoire

(Suite) (1).

En 1883, nous relevons l'exécution de la scène de la conjuration de *Velléda*, de Lenepveu, chantée avec un grand succès par Mᵐᵉ Krauss ; la *Mort d'Ophélie*, chœur si expressif, de Berlioz ; des fragments d'*Herculanum*, de Félicien David ; la puissante symphonie en *ré* majeur de Brahms. M. Ysaye, puis ensuite M. Marsick, jouent le Concerto de Vieuxtemps. Les *Argonautes*, d'Augusta Holmès, ainsi que des scènes de *Sapho*, de Lacombe ; le chœur de Salvayre, « Super flumina Babylonis », d'un grand effet, figurent aussi sur les programmes.

Le 2 février 1885, M. Garcin prend le bâton de chef d'orchestre, qu'il ne quittera plus, sauf deux exceptions, jusqu'en 1893.

Le *Réveil de la Forêt*, de William Chauvet, et *Hérode*, la partition qui obtint le prix au concours Rossini, chantée par Mᵐᵉ Salla, MM. Maurel et Escalaïs ; l'andante et finale du Concerto pour hautbois de Mᵐᵉ de Grandval ; la *Méditation*, de Lenepveu, sur un poème de Paul Corneille,

<hr>

(1) Voy. le *Journal musical*, nᵒˢ 15 et 16.

interprétée par Mmes Bilbaut-Vauchelet et Conneau ; le charmant duo : « D'un cœur qui t'aime », de Gounod, merveilleusement chanté par Mme Conneau et Mlle Fanny Lépine, sont exécutés en 1885-86.

L'année suivante, citons l'admirable symphonie en *ut* mineur de Saint-Saëns, une des plus belles productions de l'école moderne, mais découlant dans sa forme (malgré la suppression de certaines coupures, comme par exemple celle entre l'allegro et l'andante), des grands maîtres classiques ; le chant de Verdi, « Pater Noster », sans accompagnement ; la pièce de Max Bruch, *Kol Nidrei*, pour violoncelle, exécuté remarquablement par M. Loeb ; le *Chant des Guelfes*, de Littolf ; la si curieuse *Rapsodie Norvégienne*, de Lalo ; la *Mélodie provençale*, non moins colorée dans son genre, de Théodore Dubois, dite par Mme Brunet-Lafleur ; *Ludus pro patria*, d'Augusta Holmès ; les fragments de *Mors et Vita*, de Gounod ; l'ouverture de *Phèdre*, de Massenet, etc.

En 1888, une Symphonie en *ré* majeur, de Th. Gouvy, d'un art très délicat, est joué avec succès ; un Chœur, sans accompagnement, bien joli et peu connu, de Meyerbeer : « Adieu aux jeunes mariés » ; la superbe Symphonie en *ré* mineur de César Franck, un des monuments de l'école moderne, comme celle de Saint-Saëns, mais d'une forme plus personnelle ; la *Symphonie Espagnole*, de Lalo, avec M. Sarasate ; la *Communion des Saints*, de Gounod, d'après Mistral, chantée par Mme Landi, un remarquable Contralto qui a disparu de nos Concerts ; la 4° Symphonie de Brahms ; une Suite d'orchestre, de M. Garcin, etc., sont à citer.

Henry Eymieu.

(A suivre.)

THÉATRES ET CONCERTS
Et Auditions diverses.

Bayreuth. — 2e et 3e série des représentations de l'*Anneau des Nibelungen* et les représentations de *Parsifal* (dont la centième dirigée par M. A. Seidl). Parmi les interprètes,
nous citerons Mme Brema (Kundry), M. Gruning, de Hambourg (Parsifal), M. Van Rooy (Wotan), M. Burgstaller (Siegfried et Froh), Mme Sucher (Sieglinde), M. Vogl (Loge, Siegmund), M. Breuer (Mime), M. Friedrichs (Alberich), M. Perron (Amfortas), M. Greeng (Gurnemanz).

Bergame. — Théâtre Donizetti. Le 21 août, La *Favorite*, représentée pour l'ouverture, sous la direction de M. Toscanini.

Berlin. — Opéra. *Ondine ; Mignon ; Lohengrin ; Ondine ; La Bohême ; La Rose de Chiras ; Faust ; Don Juan ; Tannhaeuser ; La Traviata ; Don Juan ; La Bohême ; Lohengrin ; Haensel et Gretel ; Cavalleria ; Le Barbier de Séville ; Don Juan ; Carmen ; Rigoletto ; La Bohême ; Don Juan ; La Traviata ; Cavalleria ; L'Africaine ; Le Barbier de Séville ; Carmen ; Lohengrin ; Le Trouvère ; Freischütz ; Fra Diavolo ; Ondine ; Le Bouffon ; Cavalleria ; Haensel et Gretel.*

— Théâtre Belle-Alliance. *Enoch Arden,* paroles de Vittorio di Dio, musique de Robert Erben, représenté pour la première fois, le 14 août, sous la direction de l'auteur.

Blankenberghe. — Kursaal. Le 15 août, Festival en l'honneur de M. Théodore Dubois : fragments de *Xavière,* de *Notre-Dame-de-la-Mer* et la *Suite villageoise,* exécutés par l'orchestre, sous la direction de l'auteur ; le concerto pour piano, joué par Mlle Painparé, et des pièces chantées par Mlle Mary Garnier. Le 21 août, Festival-Wagner, avec le concours de Mme Kutscherra, MM. Sistermans, Kauffmann. Le 26 août, la jeune violoncelliste Kufferath s'est fait très vivement applaudir dans le premier mouvement du Concerto de Dvorak, et dans l'*Aria* de Bach, où l'on a admiré le charme et l'ampleur de son style. Le 29, le célèbre violoniste César Thomson a donné le 2e Concerto de Max Bruch, la *Fantaisie variée* de Paganini.

Brunswick. — Théâtre. *Cartouche,* opérette de Félix Stegemann, représentée pour la première fois avec succès.

Bruxelles. — Exposition. 8 août. Sous l'artistique direction de M. Sylvain Dupuis, la Messe en *ré* de Beethoven a été exécutée pour la première fois à Bruxelles avec un immense succès par l'orchestre des Nouveaux-Concerts et la « Legia », l'excellente société de Liège.

Les solistes étaient des plus remarquables :

M. Sistermans, basse excellente, Mlle Nathan, soprano exquis, tous deux de Francfort. Mme Haas et M. Dierich. Le solo de violon fut donné par M. Ysaye.

Le 22 août, Concert donné par les chœurs mixtes de la Société royale les « Mélomanes de Gand » et l'orchestre des Concerts Populaires de Bruxelles : *Don César de Bazan*, ouverture de Ch. Hannsens ; Symphonie en *mi* bémol, de Waelput. — *De Vlaamsche Nacht*, cantate de O. Roels, exécutée avec succès sous la direction de l'auteur. Cette dernière œuvre se distingue par une réelle tenue ; elle rayonne, elle vit. Les solos étaient remarquablement chantés par M. Leysen. — *Jacob Van Artevelde*, la cantate toujours applaudie de M. F. A. Gevaert.

Le 25 août, Concert donné par l'orchestre de la Monnaie, sous la direction de M. Léon Du Bois. *Suite Norwégienne*, de Lalo, *Rêverie*, de Saint-Saëns, *Roma*, de Bizet, *Aspiration*, de Léon Du Bois, *Fantaisie Canadienne*, de Gilson. Le lied du Printemps de la *Walküre*, chanté par M. Imbart de La Tour et des pièces diverses par Mme de Nuowina.

— A l'inauguration du monument Anspach, nous avons eu une merveilleuse audition de quelques pages de *Tannhaeuser*, avec un formidable tutti (le Chant des Pèlerins) de trompettes placées à la hauteur de trois étages au-dessus des autres exécutants qui comprenaient trois musiques militaires, dont je me plais à constater la perfection artistique. B.-L.

Carlsbad. — Théatre municipal. *L'Ecole de la Cuisinière*, opérette de Charles Henop, musique de Robert Haas, représenté pour la première fois avec un grand succès.

Dresde. — Opéra royal. *Tannhaeuser; Les Noces de Figaro; La Fille du Régiment; Le Vaisseau Fantôme.*

Fidelio a été représenté d'une manière splendide, avec le concours de Mme Wittich. MM. Anthes, Perron, Decarli, à l'occasion du jubilé de M. Schuch, kapellmeister, puis generalmusikdirector à l'Opéra royal. Le Bénéfice de la soirée a été versé au Chorpensionsfonds et M. Schuch a reçu de nombreux témoignages d'admiration. T.

Eecloo. — Le 29 août, a été exécutée par un millier de chanteurs et instrumentistes la Cantate *Ledeganck Herdacht*, écrite par M. Peter Benoit pour l'inauguration du monument élevé au poète Ledeganck. La fraicheur des épisodes, la puissance de l'ensemble final, tout a valu un succès considérable au compositeur.

Munich. — Grand-Théatre Royal. *Lohengrin*.

Orange. — Théatre antique. Les *Erynnies*, d'Eschyle, traduction de Leconte de Lisle, musique de Massenet, représenté le 2 août, avec le concours de l'orchestre Colonne : *Antigone*, de Sophocle, adaptation de Paul Meurice et A. Vacquerie, musique de Saint-Saëns, représenté le 3 août avec le concours du même orchestre. Les rôles étaient tenus par les frères Mounet. MM. Silvain, Leloir, Villain, Mmes Dudlay. Lerou. Bartet, Moréno, tous de la Comédie française. Le succès de ces deux solennités a été fort grand.

Ostende. — Kursaal. Directeur : Brunfaut. Concerts symphoniques quotidiens sous la direction de M. E. Périer. Concerts classiques hebdomadaires sous la direction de M. L. Rinskoff.

Autres concerts : Concert du Choral mixte du Cercle Cecilia d'Ostende. dirigé par M. Rinskoff. — Le 19 août, le pianiste Camille Gurickx a exécuté le concerto en *la* de Schumann, avec l'orchestre de M. Rinskoff. — Le 23 août, festival consacré aux œuvres de Fernand Le Borne, sous la direction de l'auteur : *Fête bretonne; Ouverture guerrière; Temps de guerre*, exécutés l'an dernier à l'Opéra et très applaudis à Ostende comme à Paris : diverses pièces de chant. notamment la Berceuse de l'*Amour de Myrtho*, chantée avec un très franc succès par Mlle Mary Garnier.

Palerme. — Théatre des Variétés. *Cinko-ka*, opérette de Lommer. représentée pour la première fois avec succès.

Paris. — Opéra. *Aïda; Samson et Dalila; Don Juan; Les Huguenots; Lohengrin; Faust; Don Juan; Les Huguenots; Lohengrin; Faust; Aïda; Don Juan; Lohengrin; Don Juan.*

— Porte-Saint-Martin. — Opéra populaire. Directeur : MM. Milliaud. Le *Trouvère; Le Voyage en Chine.*

— Folies-Dramatiques. *Quel Coquin d'Amour*, vaudeville-opérette en 3 actes, de d'Juin et R. de Noter, musique de Armand Picheran, représenté pour la première fois le 18 août.

— Aujourd'hui un certain nombre d'artistes font connaître par de savantes publications et de superbes exécutions les œuvres des musiciens français et étrangers du seizième siècle; il ne faut pas, en semblable occurrence, laisser passer inaperçue la .curieuse tentative d'orchestration d'une Messe de Palestrina. Or le samedi 31 juillet, au Collège de l'Immaculée Conception de Vaugirard, le *Gloria* et le *Sanctus* de la messe *Iste confessor,* orchestrées par M. Verschneider, organiste du collège, ont été exécutées avec un plein succès. Qu'en dites-vous ?　　　　J.-L. de B.

Scheveninghe. — KURSAAL. Concert-Brahms : *Ouverture tragique*; Concerto de violon exécuté par le maître violoniste-quartettiste M. Hugo Heermann, de Francfort; quelques « lieder ». — Concert-Beethoven. *Symphonie héroïque*; Ouvertures d'*Egmont* et de *Léonore* (nᵒ 3), 2 romances pour violon, exécutées par M. Heermann ; « lieder » chanté par Mᵐᵉ Kutscherra. — Concert-Wagner. Préludes des *Maîtres Chanteurs,* de *Parsifal,* de *Lohengrin,* la Marche impériale ; enfin, après la marche funèbre du *Crépuscule des Dieux,* la scène finale du même drame et celle de *Tristan,* avec le concours de Mme Kutscherra.

Spa. — CONCERTS SYMPHONIQUES. Chef d'orchestre : Jules Lecocq. 2 août, grand concert donné sous les auspices de l'administration communale pour l'œuvre du monument Vieuxtemps, avec le concours du Cercle royal Vieuxtemps : Ouverture symphonique et Hymne national belge op. 41, pour orchestre et chœur, de Vieuxtemps, Ode à Vieuxtemps, de A. Dupuis. — La *Chevauchée du Cid,* de Vincent d'Indy, la *Noce au hameau,* de Bouhy. — Abenstern, de *Tannhaeuser,* air du Sénéchal de *Jean de Paris,* de Boïeldieu et mélodies de Schubert, César Cui, Pessard, chantés par M. Antoine Sistermann, de Francfort. — Air de la *Belle Arsène,* de Monsigny, chanté par Mme Dyna Beumer. — Concerto pour violoncelle, de Saint-Saëns, exécuté par M. Fr. Grutzmacher, professeur au Conservatoire de Cologne ; 4ᵉ Concerto pour violon, de Vieuxtemps, exécuté par M. César Thomson. Pour cette séance mémorable, où retentirent les acclamations justement enthousiastes du public, un élégant programme fut tiré en une brochure de huit pages en deux couleurs, contenant en outre le portrait de Vieuxtemps, les vers de l'Hymne belge et la poésie de Grandmougin « A Henry Vieuxtemps ».

Le 4 août, l'orchestre, dirigé par M. Léon Du Bois, chef d'orchestre de la Monnaie, a donné quelques œuvres de M. Alfred Goffin, soit un concerto pour violon, une symphonie en *la* accueillies avec faveur ainsi que diverses mélodies.

Le 11 août, l'orchestre dirigé par l'auteur, qui fut applaudi par tous, a exécuté le prélude de *Sémélé,* de Paul Litta.

— CERCLE PIANO ET ARCHETS. Quatuor nᵒ 21, de Mozart ; Sonate op. 32, de Saint-Saëns; Quatuor inachevé, de Lekeu. M. Augenot, qui tient le premier pupitre, mérite de grands éloges. Que M. Lejeune me permette de lui faire un reproche : pour un groupe de notes liées, il prend d'abord beaucoup d'archet, mais un mouvement brusque le mène vite au talon et la fin ne sonne plus assez. Toutefois, je ne voudrais pas que cette critique l'empêchât de voir ainsi que ses camarades l'intérêt que j'ai pris à leurs séances. Des labeurs artistiques tels que les leurs doivent être signalés avec sympathie. C'est ce que je fais en ajoutant que l'exécution de l'andante du Quatuor de Mozart et le « Lent et passionné » de celui de Lekeu fut absolument parfaite et souleva l'émotion.　　　　B.-L.

Vichy. — CASINO. Chef d'orchestre : Gabriel-Marie. *Moïna,* le drame lyrique de Isidore de Lara.

Vienne. — OPÉRA. *Lohengrin;* la *Fiancée de Corée; Guillaume Tell;* l'*Africaine, Haensel et Gretel;* le *Hollandais volant;* la *Fiancée de Corée ; Tristan et Iseult ; Guillaume Tell;* la *Fiancée vendue;* les *Joyeuses Commères de Windsor ;* la *Fiancée de Corée ;* les *Noces de Figaro ;* le *Prophète ;* la *Fiancée de Corée;* le *Freischütz ; Cavalleria ;* les *Maîtres chanteurs; Haensel et Gretel; Excelsior ; Don Juan;* le *Trompette de Sakkingen;* la *Fiancée de Corée ;* l'*Or du Rhin;* la *Walkyrie; Valse viennoise ;* la *Fée des Poupées; Siegfried, Goetterdaemmerung ;* la *Fiancée de Corée;* le *Hollandais volant.*

—————>☆<—————

NOTICES CRITIQUES

Katalog des Donizetti-Ausstellung (Ausstellung der für die Centenarfeier in Bergamo bestimmten oesterr. Objecte). Saal IX des K. K. OEsterr. Museums für Kunst und Industrie in der Zeit vorn 15 *bis* 25 mai 1897. Wien, Verlag des Comites [Johann N. Verney impr.], 46 pages in-16.

Les objets faisant partie de la section autrichienne, à Bergame, furent d'abord exposés à Vienne. Le catalogue que les visiteurs de Vienne avaient eu en mains eut son utilité à Bergame, où, grâce à un procédé ingénieux, toute la section autrichienne se trouva instantanément installée comme à Vienne.

Cette brochure renferme : 1° la liste du Comité de l'Exposition viennoise qui comprenait, en particulier, MM. Hanslick, Jahn, Carl Glossy; 2° une courte préface de M. A. v. Eisner-Eisenhof; 3° la nomenclature et explication des 244 objets : portraits et autographes de souverains, de Donizetti; billets de théâtre; portraits d'interprètes de Donizetti (La Sontag, Pasta, Tamburini, Malibran, Pauline Viardot, Lablache), des portraits et lettres d'amis ou correspondants : Mercadante, Bellini, Carafa, Meyerbeer.

Les exposants cités sont, notamment MM. A. v. Eisner, A. Posonyi, le Musée historique, la Société des « Musikfreunde », l'Intendance des Théâtres impériaux, de Vienne.

Centenaire de Gaetano Donizetti. Catalogue bibliographique de la section Française à l'Exposition de Bergame, dressé et publié par CHARLES MALHERBE, archiviste-adjoint de l'Opéra. Paris [Maretheux, impr.], 1897, in-12, 2 ff. lim., XVI (les 3 dernières non ch.) et 216 pages (les 5 dern. non ch.), couverture et titre en rouge et noir, ornés d'un portrait-médaillon de Donizetti, une planche dans le texte contenant un portrait de Donizetti (Collections Charles Malherbe), onze planches doubles hors texte : 1° et 2° deux pages de musique autographes de Donizetti (Coll. Ch. Malherbe); 3° un contrat autographe de Donizetti) Coll. Le Boulch); 4° une page de musique autographe de Wagner (Coll. Ch. Malherbe); 5° un fac-simile du titre orné de la 1re édition de *Lucie* (Coll. Ch. Malherbe); 6° un fac-sim. du titre orné de l'édition originale de *La Hart*, mélodie de Donizetti (Coll. Ch. Malherbe); 7° un fac-sim. du titre, orné d'une composition de Gavarni, du quadrille de Jullien sur l'*Elisir d'Amore* (Coll. Ch. Malherbe); 8° un fac-sim. d'affiches de la première et de la seconde représentation des *Martyrs* (Bibliothèque de l'Opéra); 9° une esquisse d'un dé-

cor de *La Favorite* (Bibl. de l'Opéra); 10° une caricature de Donizetti parue dans le *Charivari* (Coll. Ch. Malherbe); 11° fac-sim. de seize signatures de Donizetti tirées des collections Charles Malherbe, Chararay, Mᵐᵉ de Castrone, Pougin, Le Boulch et de la Bibliothèque du Conservatoire.

La vue seule de ce gros livre fait comprendre l'importance de la part prise par la France à l'Exposition donizettienne, grâce au zèle merveilleux de celui qui le publia.

Les lecteurs du *Journal musical* ont eu la primeur de la note préliminaire de cet ouvrage. Ils en avaient remarqué le plan énorme. Ils voient aujourd'hui que M. Charles Malherbe sait passer du projet le plus vaste à l'exécution. Sont-ils si nombreux ceux qui peuvent en faire autant? Donc, notre très distingué confrère élabora une longue classification, visita sans relâche les uns et les autres pour remplir ses cadres, puisa largement et avec abnégation dans ses propres collections, enfin rédigea un gros catalogue et présida à l'installation de la plus belle exposition documentaire de la musique depuis celle que nous admirâmes à Vienne en 1892.

Ce livre sera un des plus précieux de nos bibliothèques. Les descriptions des numéros sont parfois très étendues, toujours très claires et très précises. Les planches qui l'ornent sont très bien venues.

Les exposants les plus cités sont MM. Charles Malherbe, Eugène Lecomte, Calzado, Le Boulch, Richault, Chararay, Pougin, Lemoine, Grus, la Bibliothèque de l'Opéra.

Gaetano Donizetti. Numero unico nel primo centenario della sua nascita. 1797-1897. Bergamo, off. de'l' Istituto italiano d'arti grafiche, 1897, in-fol., 56 pages et une couverture vert et or, ornée d'une composition de Hohenstein, illustration et fac-simile dans le texte : trois vues du monument de Donizetti; 4 portraits de Donizetti; 3 portraits de Virginia Vaselli-Donizetti; portraits de ses parents; portrait de Gaetano et Andrea Donizetti; autographes de A. Boito (musique), François Coppée, Théodore Dubois (musique), Adelaide Ristori; Sarah Bernhardt, Paul Bourget, Alessandro Parodi, Maurice Barrès, Ernest Reyer, Massenet, Emile Zola, J.-M. de Heredia, E. Duse, Dantan jeune, Ernest Daudet, Alberto Franchetti, J. Barbier, Paladilhe (musique), Weckerlin (musique), Edouard Rod, Alfred Bruneau, Tamagno, H. Duguez, Verdi, Adelina Patti, Marcella Sembrich, E. Humperdinck, Mascagni (musique), Saint-Saëns, Lenepveu (musique); portraits de Angela Tondi, Giuseppe Donizetti. Gian Simone Mayr, Padre

Stanislao Mattei, Enrichetta Méric-Lalande, Marietta Bram-billa, Lorenzo Salvi, Giuseppina Strepponi, I. Marini, Fanny Eckerlin, Giovannina Ronzi de Begnis, Domenico Donzelli, Sabina Heinefetter, Luigia Abbadia, Levasseur, J. Ferretti, F. Romani, Badia, Cammarano, Matteo Salvi, E. Hanslick, Giulia Grisi, Carolina Ungher, Tamburini, Luigia Boccabadati, Do-rus-Gras, Lorenzani; brevet de la décoration du « Nicham-Iftikar », conférée à Donizetti, avec la décoration, les derniers moments du maître, une vue des maisons où il naquit, où il mourut, des maisons où il habita à Paris, à Auteuil; son fau-teuil; son piano; une page du livret de *Poliuto*, avec une esquisse musicale de Donizetti, le monument de Donizetti à Sainte-Marie, des groupes des premiers interprètes de *Beli-sario*, de *Anna Bolena*, de *Lucia di Lammermoor*, de *Linda di Chamounix*, de *Don Pasquale*, de *La Favorite*, de *Caterina Cornaro*, de *Torquato Tasso*; enfin la statue de Donizetti exécutée par M. Gayrard à Vienne et une couronne de ses funérailles.

Voilà un numéro unique vraiment luxueux, bourré de documents intéressants. Je viens d'énumérer les illustrations et les fac-simile qui l'ornent. Le sommaire du texte prouvera autant la valeur de cette publica-tion. Je nomme successivement les collabo-rateurs, en donnant entre parenthèses la matière de leurs articles : Parmenio Bettoli, Eugenio Pirani, G. Gallignani, Antonio Fogazzaro (« Per Gaetano Donizetti »); Cor-rado Ricci (« Donizetti a Bologna. Appunti e documenti »); Jean Lahor (quelques lignes fort sages); A. Centelli (« La Musica di Do-nizetti a Venezia »); Pompeo Molmenti (« Paradossi musicali »); Neera (« Un Ri-cordo »); Raffaello Barbiera (dix lignes); Arthur Pougin (« Les Opéras de Donizetti en France »); Alberto Giuseppe Weltner (« Gaetano Donizetti ed il teatro di Corte a Vienna »); Giovanni Pascoli (« Anno Mille, dramma musicale, prologo », poésie); P. Bettoli (« Le Opere di Gaetano Doni-zetti »); A. de Eisner-Eisenhof (quelques mots); Giuseppe Costetti (huit lignes); Charles Malherbe (sur les difficultés d'une bibliographie donizettienne complète); P. Platania (quelques mots); Raffaelo Giova-gnoli (« Gaetano Donizetti giudicato dal pubblico ». Long et intéressant article, très élogieux pour « l'éternelle jeunesse » des œuvres du maître de Bergame); Anton Giu-lio Barrili, Ciro Caversazzi, Leo di Castel-novo (poésies); Edoardo Hanslick (sur un mot de Mendelssohn à propos de l'*Elisir*

d'Amore); Caterina Pigorini Beri (« Pa-role... »); Duchessa di Andria (quelques mots); Giulio Ricordi (une anecdote); Gino Monaldi (« L'Ultimo atto della *Favorita* »); F. Fontana, D. Gnoli (poésies); Albert Ca-hen (quelques lignes); Annibale Gabrielli (« Gaetano Donizetti. L'Uomo qual era ». Très long et curieux article sur les senti-ments du maître, dont M. Gabrielli exalte la « bonté » et la « simplicité »); Gerasimo Marcoras, Clelia Bertini-Attil (sonnets); Achille Torelli (« La Sovrana fra le arti »); F. Giarelli (« Il grande infelice »); Ferdi-nando Resasco (« Il gran demente »).

On voit quelle vaste collaboration a été apportée par tous à ce journal; je dois, à cause de l'étendue, me borner aux notes précédentes. Toutefois, j'adresserai mes félicitations particulières à un collborateur du *Gaetano Donizetti*, celui qui en fut le rédacteur en chef, M. Parmenio Bettoli.

Gaetano Donizetti. Numero unico. Bergamo, 8 aprile 1897. Bergamo, Istituto italiano d'arti grafiche, 1897, in-fol. 6 pages avec figures (portrait-médaillon de Donizetti; son mo-nument; une vue de Bergame; une matinée musicale en pré-sence de Donizetti; un autographe).

Le luxe de la précédente publication ne doit pas nous faire oublier l'hommage rendu en premier lieu au maître de Bergame par M. Carnazzi, en cette feuille dont le sommaire était: Presentazione (I. Carnazzi); Monumento Donizetti (P. B.); Lucrezia Borgia (Parmenio Bettoli); Donizetti a Milano (V. E. C.); Donizetti e Barbaia (Carlo Verbianchi); Monumenti e feste (S. Orsini); Memento (poésie de F. Valli) : La Parisina (Alessandro Sartori) ; In Memo-riam (G. F.); Lucrezia Borgia (Edoardo Verzino); Autografo di Donizetti (V. E. C.); Comitati per le feste Donizettiane.

Missa solemnis. (Messe solennelle en *ré*) de L. Van Beethoven. Op. 123. Esquisse analytique par MARCEL REMY. Bruxelles, aux Bureaux du *Guide musical*, 2, rue du Con-grès [1897], 23 pages in-12, avec 25 exemples de musique.

La Messe en *ré* est encore si peu connue que ce guide thématique a son utilité, d'au-tant qu'une œuvre aussi complexe, aussi vaste, ne s'embrasse pas d'un coup d'œil; d'ailleurs on n'a pas au concert, comme au musée, le loisir de contempler et nous ne sommes pas tous capables de l'attention soutenue nécessaire pour saisir au passage ce qui a son importance dans l'ensemble. L'auteur de cette brochure fait connaître par avance à l'auditeur ce qu'il devrait bien — non pas qu'il doit, M. Marcel Rémy se défendrait de dogmatiser — remarquer. En particulier, son interprétation de l' « Agnus Dei » est des plus intéressantes.

Drei Fantasien für Violine mit pianoforte-begleitung von Hans Sitt, op. 66, in progressiver Reihenfolge : 1. Fantasie über boehmische Volkslieder. Leipzig, Ernst Eulenburg, 1897. 4 mk.

Cette fantaisie sur une sorte de rapsodie présente de moyennes difficultés d'exécution, sauf vers la fin. Le doigté est indiqué. Il y a une série de variations en triolets, puis en doubles croches, et une cadence.

Technische Studien für Violine von Victor Hussla. Leipzig, Ernst Eulenburg, 1897. Prix 4 mk.

Ce sont les exercices gradués depuis les plus élémentaires, c'est-à-dire la pose des quatre doigts sur chaque corde, successivement, dans les tons majeur, mineur, ascendant, descendant, les gammes diatoniques, chromatiques, puis les exercices sous les notes répétées ou tenues d'un seul doigt, les positions, enfin les différents coups d'archet, le tout accompagné d'explications en allemand et en portugais.

B.-L.

A TRAVERS LES JOURNAUX

MUSICA SACRA

TOULOUSE

1897. Nos 2, 3, 5. Comire : Notre Direction (suite). II. La Liberté dans les points douteux. III. La Charité dans les questions de musique sacrée. IV. La Charité envers Dieu dans la musique sacrée.

Nos 2, 3, 4. 6. St. Morelot : Les Origines du plain-chant (suite).

Nos 5 à 9. Artigarum : La Restitution de la mesure dans les chants de l'église latine.

4. E. Soullier : Musique palestrinienne.

4. St. Morelot : Les Intonations du *Gloria* et du *Credo*.

5. St. Morelot : Musique palestrinienne.

6. E. Soullier : La Conservation du chant grégorien.

Nos 8, 9. St. Morelot : L'Art grégorien et l'accent latin.

No 9. Comire : Acoustique. L'Accord parfait majeur et mineur (avec un exemple).

Musique. — No 2. Versets d'orgue, de F.-L. Comire, en style grégorien, pour les antiennes des vêpres de l'Épiphanie. — Tribus miraculis, de L. X***, plain-chant grégorien harmonisé pour 3 voix (A. T. B.) ou pour orgue seul. — No 3. 1er Tantum ergo, de F.-L. Comire, sur un chant grégorien du 1er mode à l'unisson, avec accompagnement d'orgue. Le même, arrangé pour chœur. 2e Tantum ergo, sur un choral de J. S. Bach, à 2 ou 4 voix. — No 4. Communion, de F.-L. Comire, pour orgue. Vir fidelis, motet, de G. Clari, pour 2 voix égales et orgue, en l'honneur de saint Joseph. Cantique à N.-D. des Sept-Douleurs, en languedocien et en français, musique du P Anilia, harmonie du P. Comire. Stabat, pour 4 voix mixtes, avec ou sans orgue, sur la même mélodie, avec l'harmonie de St. Morelot. — No 5. Tantum ergo, à 4 voix mixtes, avec ou sans orgue, de G. Tebaldini. Regina cœli, à 2 voix égales, avec orgue, de G. Clari. — No 6. Benedicta et venerabilis es, graduel à 4 voix mixtes, avec orgue, de G. Tebaldini. Cantique à la Très Sainte Vierge Marie, strophes et refrain à 2 voix et orgue, dans le 3e mode grégorien, de F.-L. Comire.

No 8. Sub tuum præsidium, antienne à la Vierge, motet à 4 voix mixtes, avec ou sans orgue, de l'abbé C. Boyer. Sub tuum præsidium, pour 2 voix égales et orgue, de l'abbé Pancaldi. — No 9. Cinq versets d'orgue sur le plain-chant des antiennes des vêpres de l'Assomption, de F.-L. Comire. Antienne en Faux-Bourdon du Magnificat de l'Assomption pour 3 voix, de F.-L. Comire. Cantique pour orgue, de Félix Clément

---

Nous n'avons pas encore reçu le no 7 de la *Musica Sacra*. A ce propos, nous recommanderons à nos confrères de veiller à l'envoi régulier de leurs numéros. La rédaction des sommaires de quelques journaux se trouve pour plusieurs ajournée, à cause des lacunes qui se présentent dans les séries que nous avons entre les mains.

REVUE DES DEUX-MONDES. 15 août 1897. Camille Bellaigue : Beethoven et ses neuf Symphonies.

Ce titre est la traduction de celui qu'a adopté M. George Grove, pour son ouvrage publié par la maison Novello, l'an passé. L'article lui-même est un assez long commentaire du *Beethoven and his nine Symphonies*, de M. Grove, avec de nombreuses citations. Il ne dispense pas de la lecture de cet excellent travail d'un érudit et d'un artiste.

REVUE ENCYCLOPÉDIQUE. 24 juillet 1897. Henry Maubel : La Musique en Belgique.

REVUE GÉNÉRALE. Juin 1897. William Ritter : Edgar Tinel.

BIBLIOGRAPHIE MUSICALE

FRANÇAISE

PUBLIÉE SOUS LA DIRECTION DE LA CHAMBRE SYNDICALE DU COMMERCE DE MUSIQUE

25, RUE DE LONDRES, PARIS

PAR

BAUDOUIN - LA LONDRE

Directeur du *Journal musical* et de l'*Annuaire de la Musique*

AGENT POUR L'ALLEMAGNE : M. G. HEDELER

18, Nürnbergerstrasse, Leipzig

Abonnement : 2 fr. 50 par an. — Le Numéro : 50 centimes.

ANNONCES. — UNE PAGE : 20 FRANCS

LA *BIBLIOGRAPHIE MUSICALE* PARAIT TOUS LES TROIS MOIS

La BIBLIOGRAPHIE MUSICALE est un

BULLETIN TRIMESTRIEL DE TOUTES LES NOUVEAUTÉS MUSICALES DE FRANCE

et d'une partie de la Bibliographie musicale étrangère.

Chaque page, mise entièrement à la disposition des éditeurs, marchands de musique, facteurs de la France ou de l'étranger, au prix de 20 francs, représente environ 60 lignes.

23ᵉ ANNÉE

Tarif des **TIRAGES A PART** commandés par les souscripteurs, pour leur usage personnel, des **ANNONCES** parues dans la *Bibliographie musicale française* :

Une page...................... .... 1ᵉʳ mille........ 10 fr
— .... 2ᵉ — .... 8 fr.
Deux pages ensemble (recto et verso) . 1ᵉʳ mille........ 11 fr.
— — . 2ᵉ — .... 9 fr.

Envoi franco pour toute la France.

Adresser les commandes, ainsi que tout ce qui concerne la Rédaction, les Abonnements et les Annonces, à M. Baudouin-La Londre.

LE NUMÉRO DE JUILLET-SEPTEMBRE PARAITRA LE 15 OCTOBRE

Prière d'envoyer les éléments nécessaires pour établir ce numéro, le 1ᵉʳ octobre.

Les Abonnés à la BIBLIOGRAPHIE MUSICALE FRANÇAISE sont priés d'envoyer sans délai le montant de leurs abonnements échus ou des renouvellements en mandats, bons ou timbres-poste.

BOURGES, IMPRIMERIE M. H. SIRE.

LE
JOURNAL MUSICAL

Bulletin international critique

DE LA

BIBLIOGRAPHIE MUSICALE

DIRECTEUR

BAUDOUIN-LA LONDRE

11, rue de la Pépinière, 11

PARIS

Abonnements : France 6 fr. ; Union Postale 7 fr. — Le numéro mensuel 50 centimes.

2e Année. — No 18. — Octobre 1897.

Chronique. — Informations. — Les Disparus.
Bibliographie musicale. Block-notes.
Iconographie et Beaux-Arts.
Instruments anciens.

CHARLES MALHERBE : Exposition du Centenaire de Donizetti à Bergame. *(Fin.)*

BAUDOUIN-LA LONDRE : Les Compositeurs critiques musicaux.

HENRY EYMIEU : La Musique moderne dans les grands concerts. I. Société des Concerts du Conservatoire *(A suivre)*.

Théâtres et Concerts. — Aix-les-Bains, Amsterdam, Anvers, Bergame, Berlin, Bologne, Breslau, Bruxelles, Carlsruhe, Civita-Vecchia, Dresde, Gand, Hambourg, Leipzig, Londres, Ostende, Paris, Reggio, Rome, Saint-Pétersbourg, Scheveninghe, Spa, Tournai, Trieste, Venise, Vienne.

Bibliographie musicale. Notices critiques, J.-L. de **BRUNEVAL :** *Godolera*, drame musical de Edgar Tinel.

B.-L. : A travers les journaux.

Concours de composition musicale.

Après les semaines du pèlerinage enchanteur à la colline de Bayreuth, un des maîtres capellmeisters wagnériens, de retour en son théâtre, a consacré ce dernier mois à des représentations que tous s'accordent à qualifier de modèles.

Modèles par la valeur artistique de l'exécution, elles le sont aussi par l'exemple d'intellectuel éclectisme que d'aucuns sont étonnés de rencontrer en un apôtre convaincu de la nouvelle foi. Etonnés et décontenancés ces détracteurs qui nient encore l'avènement du Maitre et prétendent prouver son usurpation par quelque intransigeance de ses fidèles.

Que dites-vous cette fois? Un artiste vous montre que l'avènement d'un prince ne voile pas la noblesse ou la notabilité, les vertus ou les mérites de ceux dont le siège n'atteint pas la hauteur du sien : car ces derniers ont leur domaine à eux aussi ; ils peuvent s'en montrer fiers et on leur doit l'admiration ou le respect dont ils sont dignes.

Les turpitudes seules—réputations imméritées, faux talents — ont à souffrir du lever du soleil.

Vous, mes compatriotes, qui lancez vos cris d'alarme contre un prétendu envahisseur, qui criez qu'on étrangle vos amis, jetez les yeux sur cette ville étrangère, où, grâce à la belle initiative d'un noble champion du côté opposé, on acclame, en un tournoi, les couleurs de vos Chevaliers.

INFORMATIONS

Berlin. — M. Ferdinand Hummel vient de terminer un opéra en 3 actes, *Assarpai*, libretto de Dora Duncker.

Au théâtre de la cour, on donnera d'ici en janvier : *A Basso Porto*, de Niccola Spinelli ; *L'Epée de bois*, de Heinrich Zoellner ; *Le Retour d'Ulysse*, de August Bungert ; *Lobetanz*, de Ludwig Thuille ; *Don Quichotte*, de Wilhelm Kienzl. Puis on reprendra : *La Dame blanche*, de Boïeldieu ; *Czar et Charpentier*, de Lortzing ; *Iphigénie*, de Gluck. De la fin de novembre au commencement de décembre, les opéras de Mozart.

Bruxelles. — Le prix de Rome a été remporté par M. Joseph Jongen, élève de MM. Sylvain Dupuis et Th. Radoux, dont on connaît, avec quelques autres pièces, un quatuor en *ut* mineur, publié chez l'éditeur Muraille, de Liège.

Dresde. — Le hoftheater prépare la suite de la trilogie de August Bungert, dont la première partie, *Le Retour d'Ulysse*, a obtenu un grand et durable succès. *Kirke, Nausikaa, Odysseus' Tod*, formeront, avec *Odysseus' Heimkehr*, un tout complet.

Herr Kantor Hans Faehrmann, dont les soirées d'orgue — allemandes-françaises — de l'hiver dernier ont été fort appréciées, continue la série de ses intéressantes auditions par des œuvres allemandes-anglaises. On y entendra le grand *Magnificat* à cinq voix, de Bach.

Pour les différents concerts d'orchestre avec solistes, ont été engagés : Mmes Marie Brema, Camilla Landi, Alma Fohstroem, MM. Arthur van Rooy et Raoul Walther (chant) ; Mlle Sophie Jaffé, MM. Petschnikoff et Besekirsky (violon) ; Mlle Marie Panthes, MM. Josef Lhevinne, Ossip Gabrilowitsch et Edouard Rissler (piano).

Le 7 octobre, jour anniversaire de Félix Draeseke, aura lieu, à Musenhaus, un festival où seront exécutées plusieurs œuvres de l'éminent compositeur, et dont le produit sera versé à la caisse de secours aux inondés.   T.

Munich. — Les nombreux admirateurs de Richard Strauss sont satisfaits. Il reste kapellmeister du Koenigl.-Hoftheater. En août et septembre 1898, le Koenigl.-Residenz-theater donnera 60 représentations des opéras de Mozart. En même temps, au Koenigl.-Hof und Nationaltheater, seront interprétés les drames de Shakespeare.

Mlle Milka Ternina est décidément engagée à Hambourg pour la somme de 60,000 marks, tandis qu'à Munich elle n'en pouvait obtenir que 40,000. Il est vrai que l'emploi de prima dona auprès de M. Pollini n'est pas une sinécure.   T.

Nice. — Le GRAND CONCOURS INTERNATIONAL DE MUSIQUE, qui aura lieu les 20, 21 et 22 novembre, est assuré dès maintenant d'un très grand succès. A peine ouverte, la liste des sociétés adhérentes est devenue d'une longueur inusitée ; des sociétés espagnoles, italiennes, belges renommées y figurent en tête.

Paris. — A l'Opéra, les répétitions d'ensemble des *Maîtres Chanteurs*, avec la nouvelle version française d'Alfred Ernst, ont commencé. Les artistes ont été aidés pendant quelques jours dans leur tâche énorme par M. E. Risler, désigné spécialement par Mme Cosima Wagner et continuellement par M. Alfred Ernst, présent à toutes les répétitions. Il n'y a eu, au cours de ces travaux préparatoires, aucune défaillance ; l'émulation des uns et des autres, leur désir de réaliser les intentions du maître de Bayreuth font, dès maintenant, espérer que la première satisfera les plus difficiles et que, étant données les ressources uniques de la grande scène française, elle occupera une des premières places dans l'historique du théâtre wagnérien.

— Le pianiste Ludovic BREITNER, le fondateur de la SOCIÉTÉ PHILHARMONIQUE, dont nous avons annoncé le retour prochain à Paris, a eu de nouveaux succès à Spa, Ostende, Scheveninghe.

— Date des concours d'admission au Conservatoire : 18 octobre, Harpe ; 21, Piano (hommes) ; 25, 26 et 28, Piano (femmes) ; 2, 3, 4 et 6 novembre, Chant ; 8, Contrebasse, Alto, Violoncelle ; 9 et 10, Violon ; 13, Flûte, Hautbois, Clarinette et Basson ; 15, Cor, Cornet à pistons, Trompettes, Trombone.

— Nous avons annoncé la reprise, dans les salons de M. Ph. Maquet, éditeur de musique, 25, rue de Londres, des COURS ET LEÇONS DE CHANT, COURS D'ENSEMBLE ET DE SOLFÈGE, dirigés par M. BALLARD, de l'Opéra. Ajoutons qu'on est prié de s'adresser, pour les inscriptions, à M. Goullet, de la Société des Concerts du Conservatoire, secrétaire en même temps que professeur de ces cours très artistiques.

— Pouvoir recueillir dans les journaux du monde entier tout ce qui paraît sur un sujet quelconque, sur une question dont on aime à s'occuper, surtout savoir ce que l'on dit de vous et de vos œuvres dans la presse, qui ne le souhaite parmi les hommes politiques, les écrivains, les artistes ?

Le COURRIER DE LA PRESSE, fondé en 1880, par M. GALLOIS, 21, boulevard Montmartre, à Paris, répond à ce besoin de la vie moderne avec autant de célérité que d'exactitude.

Le COURRIER DE LA PRESSE LIT 6,000 JOURNAUX PAR JOUR.

Stuttgart. — A l'étude, la *Manon*, de Puccini.

Worms. — C'est dans la salle des fêtes qu'a eu lieu la représentation de l'opéra de Dakowiez, la *Ruine de Worms*. Les exécutants étaient des bourgeois et des bourgeoises de la ville que l'on a fort applaudis.   TALON.

LES DISPARUS

— A Joinville, Alix Fournier, Prix de Rome de 1891, né à Paris en 1864, auteur de *Stratonice*, et d'un certain nombre de mélodies d'un lyrisme personnel.

— H.-C. Chivot, auteur dramatique librettiste, né à Paris, le 15 novembre 1850.

— A Cortenova, G.-B. Meiuers, compositeur, né à Milan en 1826.

— A Leipzig, Othon Günther, directeur du Conservatoire royal.

— A Prague, Charles Bendl, compositeur, né à Prague, le 16 avril 1838.

— A Bruxelles, Joseph Fischer, maître de chapelle de Sainte-Gudule, né à Bruxelles, le 23 avril 1819, mort dans la même ville, le 21 septembre.

— En Allemagne, Wilhelm Heiser, compositeur de « lieder » populaires, mort le 9 septembre.

BIBLIOGRAPHIE MUSICALE
BLOCK-NOTES

— On annonce, pour la fin du mois d'octobre, la vente par lots des propriétés littéraires, artistiques, musicales : des pierres, planches, matériel, servant à l'impression des ouvrages appartenant à A. MANUEL, éditeur de musique, 33, rue Joubert, à Paris.

— La riche bibliothèque musicale du musicographe Richard Pohl vient d'être acquise par la ville de Baden-Baden, pour la bibliothèque municipale.

— M. F. Nicolas Manskopf, le collectionneur de Francfort, vient d'acquérir le manuscrit original du fameux poème que Richard Wagner composa en 1871 et qui figure dans le 9e volume de ses écrits « An das deutsche Heer vor Paris ».

— « Les hasards de l'encan », dit M. Arthur Pougin dans le *Ménestrel* (n° 37), « nous ont fait faire récemment la découverte d'un petit ouvrage relatif à un grand artiste, ouvrage singulièrement ignoré, et dont aucune biographie jusqu'à ce jour n'a fait mention. Cela s'appelle *Roland de Lattre, épisode historique en un acte et en vers, mêlé de chant, par M. Adolphe Mathieu, représenté pour la première fois sur le théâtre de Mons, le 14 janvier 1852. Bruxelles, Lelong, 1852, in-32.* — Adolphe Mathieu avait déjà, en 1840, publié une notice biographique sur « Roland de Lattre », qu'il n'a jamais consenti à appeler Roland de Lassus..... »

— Vient de paraitre chez l'éditeur Bock, à Dresde : *Hoffnung*, mélodie, paroles d'une princesse royale, musique de Georg Pittrich. Prix 1 mk 50.

ICONOGRAPHIE ET BEAUX-ARTS

— A Copenhague, inauguration, en présence de la famille royale, du monument élevé en l'honneur de Niels Gade.

— A Bergame, le 26 septembre, a été inauguré le monument de Donizetti, œuvre du sculpteur Jerace.

— Un comité s'est formé à Hambourg, pour élever une statue à Brahms.

— Brahms en aura une autre à Meiningen. En attendant, le Conseil communal d'Ischl a fait apposer une plaque de marbre commémorative sur la maison que le maître de Hambourg habita en cette ville pendant douze étés.

— La ville de Graz (Styrie) a décidé de construire un grand théâtre et un théâtre populaire. Les dépenses prévues sont de deux millions pour le premier, de un million pour le second.

— La ville de Weimar fait construire un nouveau grand théâtre à la place de l'ancien. Il sera inauguré l'année prochaine, à l'occasion du quatre-vingtième anniversaire de la naissance du grand-duc Karl Alexander.   T.

— A l'Institut de France, l'Académie des Beaux-Arts a mis au concours pour le prix Chaudesaigues, destiné à permettre à un jeune architecte de séjourner deux ans en Italie, le sujet suivant : « Un Théâtre de jour spécialement destiné aux matinées. » L'Académie a décerné le prix à M. Léon Joussely et accordé des mentions à MM. Alex. Bruel, Scellier (de Gisors), Léon Mourier, Jean Sandier.

— A Barmen, le 22 septembre, on a inauguré un Palais communal contenant une belle salle de concerts, où 2.000 personnes peuvent aisément prendre place. Les frais ont été de 6.750.000 francs.

— La ville d'Évreux ouvre un concours pour la construction d'un théâtre. Les prix seront de 2.000, 1.200 et 800 francs. Les projets et devis ne devront pas être signés, mais porter une devise répétée sur une enveloppe cachetée contenant l'extrait de naissance, les titres et travaux des concurrents.

L'ANNUAIRE DE LA MUSIQUE POUR 1898, livre d'adresses pour les Artistes et le Commerce de la Musique, contiendra en outre la Table annuelle de la *BIBLIOGRAPHIE MUSICALE* (Musique, Livres, Journaux).

ℐnstruments ℘nciens

— Une musique militaire de Budapest vient de remettre en honneur un instrument ancien, le « tarogato », dont les Hongrois d'autrefois se servaient en guise de clairon, en exécutant dans un concert quelques morceaux écrits pour « tarogato » et orchestre. Et, dès le lendemain, les amateurs hongrois se sont mis à la recherche des instruments de ce genre qui sont d'ailleurs rares. Avis aux collectionneurs.

— Les amateurs d'instruments anciens trouvent un beau choix dans l'établissement de l'UNION MUSICALE, 11, rue de la Pépinière, Paris.

Exposition du Centenaire
DE DONIZETTI
A BERGAME
(Suite et fin.)

Section autrichienne. — Cette section, pour laquelle un Sous-Comité spécial s'était constitué à Vienne, sous la présidence de M. Édouard Hanslick, avait déjà été exposée dans cette ville du 15 au 25 mai, et, passant en quelque sorte par l'épreuve d'une répétition avant la représentation de Bergame, elle avait même été l'objet de la publication d'un catalogue spécial. Préparée ainsi avec grand soin et un visible souci de l'élégance, cette réunion d'objets est l'œuvre à peu près exclusive du baron Angelo von Eisner-Eisenhof, gentilhomme autrichien, que son amour pour la musique et son goût pour les choses du théâtre désignaient tout spécialement comme organisateur d'une telle exposition. Grand collectionneur de gravures, il a laissé deviner ses préférences artistiques par le raffinement avec lequel il n'a recueilli que de belles épreuves pour l'importante collection de portraits qui forme la partie principale de cette section. On remarque en outre, parmi les lettres autographes, toute une correspondance entre Donizetti et deux Viennois de ses amis, MM. A. Thomas et Leo Herz ; une suite très curieuse d'affiches de théâtre relatives aux ouvrages de Donizetti, et quelques extraits de journaux du temps. Par contre, les autographes musicaux sont rares, et les partitions imprimées (sauf deux), les mélodies gravées, les costumes et reproductions de scènes ou décors, font absolument défaut.

Section de Bergame. — Là, se trouvent rassemblées des centaines de tableaux, dessins, gravures et aquarelles, pièces originales, appartenant pour la plupart à des habitants du pays, montrant les parties pittoresques de la vieille cité, conservant l'image de nombreux coins aujourd'hui disparus, et, par leur ensemble, donnant une idée de la ville à l'époque où Donizetti y naquit et y mourut (1797-1848).

Section Rubini. — C'est une espèce de petit musée spécial où l'on peut admirer une foule de souvenirs personnels, ayant appartenu au célèbre ténor qui passe pour l'un des plus grands chanteurs de ce siècle : portraits, lettres, présents offerts à l'occasion de ses représentations, son piano et jusqu'à son costume « militaire », car il avait rang de colonel de la musique en Russie.

Chambre mortuaire. — Donizetti est mort à Bergame, dans une chambre du palais Scotti, qui, depuis, a été conservée pieusement par les membres de la famille Basoni-Scotti. Cette pièce a été reconstituée à l'Exposition, et les meubles authentiques y ont été transportés. On voit ainsi le fauteuil à haut dossier dont les bras sont réunis par une tablette de bois comme pour certains sièges d'enfant, et où s'est traînée sa lente agonie, pendant les derniers mois de son existence ; le lit sur lequel il a rendu le dernier soupir, et les images saintes qui ornaient les murs ; dans une petite salle contiguë figurent un certain nombre d'objets, provenant de la même origine et se rapportant à lui : cheveux, bijoux, portraits, papiers intimes, lettres et musique.

Section Ricordi. — Cette section aurait pu être l'une des plus riches, si le grand éditeur milanais avait voulu puiser plus largement dans son fonds et grouper avec méthode tous les documents manuscrits ou imprimés qu'il possède ; il aurait pu présenter au public ses premières éditions, certains tirages exceptionnels, et reconstituer bibliographiquement toute la carrière de Donizetti en Italie. Il a bien exposé quelques partitions gravées, quelques livrets, quelques maquettes, mais exclusivement modernes ; tout l'intérêt se concentre sur les deux vitrines où sont placées, trésor d'ailleurs inestimable, les partitions autographes de six opéras de Donizetti qui comptent parmi ses plus célèbres : *Anna Bolena, Torquato Tasso, Il Furioso, Belisario, Lucrezia Borgia* et *Don Pasquale.*

Section Italienne. — Cette section comprend deux salles, l'une réservée à l'exposition de Naples, l'autre contenant les objets qui proviennent de sources diverses et sont tirés de collections privées ou publiques : *Rome.* Coll. Gabrielli-Vasselli (une centaine de lettres adressées par Donizetti à la famille) ; Coll. Ferretti (lettres) ; Bibliothèque de l'Académie Sainte-Cécile (lettres et musique) ; Coll. de la marquise Medici (quatre recueils manuscrits de mélodies, la plupart inédites) ; *Parme.* Coll. Stefano Sanvitale (67 photographies des chanteurs ayant établi les rôles des ouvrages de Donizetti) ; *Milan.* Bibliothèque de la Brera (aquarelles pour les costumes de la Scala, dessins et articles concernant les opéras de Donizetti donnés à Milan) ; Coll. Pompeo Cambiasi (autographes) ; Coll. Guido Visconti di Modrone (lettres autographes de Donizetti, de Felice Romani, son librettiste, et de Giovanni Ricordi, son édi-

teur) ; *Florence.* Coll. Varesi Boccobadati (lettres et musique) ; *Venise.* Théâtre de la Fenice (lettres, partitions, et album de croquis pour les décors d'opéras de Donizetti) ; *Bologne.* Liceo musicale, Academia filarmonica, et Coll. Lozzi (lettres et partitions autographes dont plusieurs datant de sa jeunesse lorsqu'il était élève au Conservatoire de cette ville) ; *Bergame.* Coll. Giovanni Dolci (correspondance comprenant 65 lettres adressées à Antonio Dolci) ; Coll. du Cercle Philharmonique, de la Congrégation de la Charité, Camozzi-Vertova, Lupi, Locatelli, etc. (lettres, portraits, médailles, musique, etc.)

Dans la salle principale, un coffret vitré contient une partie du crâne de Donizetti qui fut enlevée par le médecin chargé de faire l'autopsie, et qui, par un volontaire oubli, ne fut pas restituée au tombeau ; là encore se trouvent l'habit avec lequel son cadavre fut enseveli, et le piano sur lequel il a composé la plupart de ses ouvrages. Quant aux portraits, lettres et autographes musicaux, l'énumération ci-dessus suffit à donner une idée de leur nombre qui finit même par nuire à leur intérêt, en ce sens que tout classement méthodique est devenu impossible, et que la quantité forcément empêche de mettre en valeur la qualité. L'œil se lasse de l'excès des richesses, et l'esprit ne sait trop où fixer utilement son attention.

Au contraire, la petite salle réservée aux envois de Naples a été disposée avec un ordre parfait par l'archiviste du Conservatoire de cette ville, M. Pagliara, un savant doublé d'un artiste. Lui seul, en Italie, a eu l'idée de recueillir les partitions, mélodies et livrets, en première édition, et d'apporter ainsi une contribution précieuse à l'histoire bibliographique des œuvres du Maître. Si l'on ajoute à cette collection les autographes précieux enfermés dans les vitrines, car, outre maintes pièces détachées, le Conservatoire de Naples possède les manuscrits originaux de la moitié des opéras de Donizetti, on comprendra qu'une telle section puisse fixer longtemps la curiosité du visiteur, et être à bon droit considérée comme un des joyaux de l'Exposition.

2º Section française.

Par le nombre des pièces envoyées à Bergame, la section française était la plus importante ; mais il est juste d'ajouter que les imprimés en composaient la majeure partie. Avant tout, le Sous-Comité parisien s'était appliqué à rassembler tous les matériaux pouvant donner une idée de la production artistique de Donizetti en France. Il ne s'était pas attaché à telle ou telle spécialité, mais avait essayé, par des spécimens heureusement choisis, de former un ensemble dont chaque partie eût sa signification propre et son intérêt. Tel est le principe, d'après lequel j'ai publié le catalogue de notre section, dont je vous demande la permission, Monsieur le Ministre, de vous offrir un exemplaire. Vous verrez qu'il contient exactement 870 numéros, ainsi répartis : Autographes musicaux de Donizetti (42) ; Lettres et contrats (10) ; Lettres de ses collaborateurs (19) ; Partitions gravées pour orchestre, chant et piano, piano à quatre mains, piano seul, chant seul (120) ; Morceaux tirés des opéras (117) ; Albums de romances et mélodies séparées (138) ; Musique instrumentale, transcriptions et arrangements (43) ; Livrets (36) ; Arguments, programmes, mises en scène et affiches (24) ; Portraits en lithographie (119) ; Portraits en photographie (124) ; Décors, scènes et costumes (39) ; Caricatures et parodies (17) ; Vues de théâtre et pièces diverses (20).

Pour le classement particulier et la répartition dans les vitrines ou sur les murs de notre section, je me suis inspiré d'une règle qui me semblait conforme à vos vues personnelles, Monsieur le Ministre, et dont l'esprit peut se résumer ainsi : Une exposition n'est un lieu de distraction qu'à la condition d'être un sujet d'enseignement, et tout doit y être disposé moins pour la vanité des exposants que pour l'instruction des visiteurs. C'est ainsi que pour la clarté des recherches j'avais toujours adopté, suivant les cas, l'ordre alphabétique ou l'ordre chronologique ; c'est également ainsi que, groupant les pièces diverses, je n'ai jamais négligé d'établir des catégories bien distinctes, permettant à l'œil d'embrasser pour chacune d'elles l'ensemble d'un seul coup, et à l'esprit de fixer son attention sur tel ou tel point précis, car les mêmes objets peuvent ne pas offrir le même intérêt pour tout le monde. Ce soin d'ailleurs ne m'avait pas fait négliger le côté purement décoratif de l'aménagement, la France ayant en matière d'ornementation et d'installation un renom de bon goût qu'il importait de ne pas compromettre aux yeux des étrangers.

Sur les murs de la première des deux salles qui nous étaient réservées, j'avais fait peindre à fresque des médaillons enguirlandés de fleurs et de fruits, au milieu desquels se détachaient en lettres décoratives les noms des *sept* opéras que Donizetti a composés spécialement pour la France. Tout autour sur deux rangées, et au milieu dans des cadres spéciaux, s'alignent les portraits lithographiés et photographiés des chanteurs les plus renommés qui ont interprété à Paris les ouvrages du compositeur. En outre deux vitrines contiennent, l'une, les dessins des costumes qui ont servi aux représentations de ces ouvrages, l'autre, les autographes des librettistes qui ont travaillé avec Donizetti. Cette première salle est donc comme un vestibule où les interprètes et les collaborateurs semblent monter la garde en l'honneur du Maître qui, lui, règne seul dans la seconde salle, plus vaste, plus lumineuse et plus digne de sa gloire. Là, tout autour, dans les vitrines placées contre le mur, les autographes musicaux sont rangés chronologiquement et montrent un spécimen de son écriture depuis ses débuts jusqu'à la fin de sa carrière. Une grande armoire vitrée abrite tous les imprimés dont l'énumération a été faite ci-dessus, et qui, s'ils n'offrent pas une attraction spéciale au public indifférent, forment pour les érudits un précieux sujet d'études et de comparaisons. Le plaisir des yeux reprend du moins ses droits avec les nombreuses images accrochées aux murs et groupées dans l'ordre suivant à partir du panneau gauche : Caricatures; décors ayant servi aux représentations de l'Opéra et des Italiens; mélodies illustrées; portraits de Donizetti; scènes tirées des opéras et gravées dans les journaux ou sur la couverture de morceaux de musique; vues des théâtres de Paris où les opéras de Donizetti ont été donnés pour la première fois. Des affiches, empruntées au fonds de l'Opéra, ornent la partie supérieure des murs, et deux vitrines de milieu contiennent les premières éditions des livrets italiens et français, la mise en scène des opéras, certains programmes et de curieuses brochures de l'époque.

Les félicitations chaleureuses adressées par le Comité et les appréciations flatteuses formulées par les journaux locaux et étrangers, me laissent espérer que votre délégué, Monsieur le Ministre, a rempli à votre satisfaction cette partie de sa tâche et justifié ainsi l'intérêt que vous aviez daigné porter à l'Exposition de Bergame [1] . . . .

CHARLES MALHERBE,
Archiviste-Adjoint de l'Opéra.

[1]. (La fin de ce rapport est consacrée à des remarques d'ordre administratif, qui intéressent seulement M. le Ministre de l'Instruction publique et des Beaux-Arts.)

L'ANNUAIRE DE LA MUSIQUE POUR 1898, livre d'adresses pour les Artistes et le Commerce de la Musique, contiendra en outre la Table annuelle de la *BIBLIOGRAPHIE MUSICALE* **(Musique, Livres, Journaux).**

LES COMPOSITEURS

CRITIQUES MUSICAUX

Charles Gounod. Les Mémoires d'un Artiste et l'Autobiographie. Par HUGUES IMBERT. Extrait du *Guide musical.* Paris, Fischbacher, 33, rue de Seine, 1897, in-16 82 pages, couverture avec titre en rouge et noir.

Dans ce nouvel ouvrage, M. Hugues Imbert, rédacteur en chef du *Guide musical,* qui, par la sagesse et la pondération de ses critiques, s'est acquis une grande sympathie chez les artistes et ses confrères, commence par un court portrait, moins du compositeur que de l'homme. Puis il constate, comme plusieurs d'entre nous, l'insuffisance en quantité documentaire et en valeur intrinsèque de ce qui, nommé *Mémoires d'un Artiste* [1], parut l'an dernier. A ce livre, que M. Hugues Imbert définit avec raison « un précis très succinct de la vie de Gounod jusqu'à la première représentation de *Faust* en 1859 », il préfère l'Autobiographie, éditée à Londres en 1875, par Mme Georgina Weldon, où le compositeur a développé son opinion sur « tous sujets ayant trait à l'art musical », voire « sur des points scabreux, entrant souvent avec vivacité dans maints détails », et cela jusqu'à l'année 1871.

La première moitié du livre de M. Hugues Imbert est consacrée à des extraits, suivis de commentaires curieux de l'Autobiographie; la seconde, à un examen des *Mémoires,* parcourus page par page, avec un arrêt sur Palestrina.

Deux opinions de Gounod tirées de l'Autobiographie amènent notre confrère à s'étendre sur la présence trop fréquente des compositeurs au pupitre du chef d'orchestre et aux fauteuils de la « Critique musicale ».

En ce qui concerne les compositeurs chefs d'orchestre, M. Hugues Imbert fait voir l'inconvénient d'un tel usage, en citant des exemples caractéristiques.

Il n'en cite qu'un concernant les compositeurs critiques musicaux ; mais son opinion personnelle tient sur ce point plus de place. Elle diffère de celle de l'auteur de *Faust,* qui souhaitait que le compositeur tint la plume de critique, sans songer que « l'opinion d'un artiste sur les œuvres de ses confrères doit être le plus souvent partiale ».

[1] Calmann Lévy, éditeur.

M. Hugues Imbert a, au cours de ce chapitre, touché du doigt ce qui serait la plus importante pièce du procès pendant : à savoir le parallèle entre les compositeurs qui furent critiques et ceux qui ne le furent pas, entre le profit que le lecteur tira de leurs écrits et le bénéfice intellectuel aussi bien que moral qu'ils en tirèrent eux-mêmes à l'égard de la production et de la destinée de leurs œuvres. Qu'on se hâte de faire cette statistique, qu'on lève la toile sur un spectacle devant instruire les compositeurs qui brûlent d'entrer dans la lice.

Après cela, comment résister au désir du public qui aime à savoir ce que tel compositeur favori pense de l'œuvre de son confrère, comme, après la fin de la pièce, il va voir le portrait des « artistes » ou se placer sur leur passage? Le compositeur est aussi flatté que l'acteur de cette curiosité et il cède vite aux sollicitations du journal en quête de l'attraction nouvelle.

Au demeurant, nous aussi, comme le bon public, nous lirions avec intérêt sa boutade ou son dithyrambe, plus encore celle-là que celui-ci. Tant pis si dans la suite sa sortie lui joue un mauvais tour ! Toutefois, pour quelle raison celui qui a les reins solides ne l'aurait-il pas fait, et pourquoi d'autres ne le feraient-ils pas ?

En un mot, qu'il se laisse tenter lorsqu'il a quelque chose à dire, rien de plus naturel.

Mais cela n'est pas ainsi qu'il procède. Un jour il devient « critique musical », c'est-à-dire celui que, de notre temps, une besogne continuelle appelle de tous côtés et oblige de « publier » bien vite un jugement sur les productions les plus diverses, une besogne accablante, déprimante pour le novice, à la hauteur de laquelle seul peut être le critique de profession, digne du moins de ce nom.

Parlez-moi de l'impression spontanée — mais au point — de tel maître en certaines circonstances, encore que le plus souvent une analyse critique technique ferait mieux l'affaire.

En ceci, le musicien aura l'avantage de l'emporter sur plus d'un de ces soi-disant « critiques musicaux », dont le rôle devrait se borner, non même pas à rédiger leur opinion (!) sur ce qu'ils viennent tout juste d'entendre, mais à préparer simplement un compte-rendu de la représentation, à noter les passages applaudis, sifflés, à tâter le pouls de la salle, de l'orchestre au dernier amphithéâtre, en passant par les loges. La « copie » qu'ils feraient avec ces éléments aurait de l'importance; leur avis sur une partition, dans laquelle ils ne peuvent — cela s'est vu — découvrir le faire particulier du compositeur, n'en a point du tout.

Les choses iront mieux le jour où les directeurs de journaux confieront la rubrique absorbante de la critique musicale à un rédacteur qui, — faut-il donc écrire cette vérité ? — sache ni plus ni moins lire la grande partition, l'analyser, même s'il n'a pas utilisé ses connaissances plus que pour transcrire, réduire, pasticher ou se livrer à l'enseignement. Cela ne saurait les empêcher d'insérer parfois des articles ou « études » dus à la plume du compositeur en vedette. Il y aura en ce cas d'une part le jugement impartial, réfléchi, rationnel, de l'autre — n'en doutez pas — ce que j'ai appelé la boutade ou le dithyrambe, ceci ou cela, comme le prouve M. Hugues Imbert en ce qui concerne Gounod; il y aura des deux côtés des articles que tous liront avidement, tandis qu'on passe la « Critique musicale » de ceux dont on connait l'incapacité ou l'insuffisance, la complaisance ou le ressentiment.

BAUDOUIN-LA LONDRE.

LA MUSIQUE MODERNE
DANS LES GRANDS CONCERTS

Société des Concerts du Conservatoire

(Suite) (1).

La même année, Mme Roger-Miclos joue au Conservatoire l'intéressant 3º Concerto pour piano, de G. Pfeiffer. Mmes Leroux-Ribeyre et Nardi soupirent délicieusement le duo de *Béatrix et Bénédict*, de Berlioz. Les fragments de *Psyché*, d'Ambroise Thomas, sont exécutés avec des interprètes de premier ordre : Mmes Krauss, Landy et M. Delmas. Dans *Gallia*, de Gounod, nous entendons Mme Sibyl Sanderson. L'orchestre de la Société des Concerts détaille à merveille les airs de ballet du *Roi s'amuse*, de

(1) Voy. le *Journal musical*, nos 15, 16 et 17.

Léo Delibes. L'andante et le scherzo de la 1ʳᵉ symphonie de G. Bizet et les scènes de *Faust*, de Schumann, sont encore joués en 1890.

L'année suivante, nous trouvons au programme : la 1ʳᵉ symphonie d'E. Lalo, trop oubliée par nos capellmeisters, les fragments de *Sapho*, de Louis Lacombe, le beau Concerto pour violoncelle et orchestre, de Saint-Saëns, magistralement interprété par M. Delsart, le pittoresque *Carnaval*, d'E. Guiraud, le *Déluge*, ce chef-d'œuvre de Saint-Saëns, la fine musique de scène écrite par M. Fauré pour le *Caligula*, d'Alexandre Dumas, le Concerto de violon de Max Bruch, joué par M. Hayot, la belle scène de *Saint-François d'Assise*, de Gounod, chantée par MM. Sellier et Auguez, la *Biblis*, de Massenet, avec Mᵐᵉ Domenech, MM. Warmbrodt et Auguez, l'Epithalame de *Gwendoline*, la 2ᵉ symphonie de Brahms, l'air d'*Erostrate*, de Reyer, et la Marche des Pèlerins d'*Harold en Italie*, de Berlioz.

Aux deux premiers concerts de l'année 1892, M. Danbé, second chef d'orchestre, remplace, à l'improviste et avec maëstria, M. Garcin au pupitre. Sous sa direction est joué le prélude de *Tristan et Yseult*.

Dans les premières auditions de l'année, nous relevons la charmante *Fantaisie* pour piano et orchestre de Widor, jouée par M. I. Philipp ; comme ouvrage classique, *Egmont* de Beethoven, puis la *Symphonie légendaire*, une des œuvres les mieux venues de Benjamin Godard, avec Mˡˡᵉ Marcella Pregi et M. Seguy pour interprètes, le concerto de violoncelle d'E. Lalo, exécuté par M. Cros Saint-Ange, le deuxième tableau de *Parsifal* avec M. Dufriche, etc.

Le 20 et le 27 mars, c'est encore M. Danbé qui prend la direction de l'orchestre. La *Fantaisie Écossaise* de Max Bruch est jouée à cette époque par M. Sarasate, puis le *Requiem* et le *Rouet d'Omphale* de Saint-Saëns.

Le 27 novembre 1892, M. Taffanel, l'excellent chef d'orchestre de l'Opéra, succède à M. Garcin, comme chef d'orchestre de la Société des Concerts.

Mˡˡᵉ Eléonore Blanc, qui est devenue notre meilleure cantatrice de Concerts, débute au Conservatoire et a un éclatant succès dans la *Messe en ré* de Beethoven. Elle chante aussi dans le chœur d'E. Chabrier : *A la musique*. La *Lyre et la Harpe* de Saint-Saëns est exécutée avec Mᵐᵉˢ Leroux, Terrier, MM. Alvarez et Auguez pour interprètes, puis c'est le 3ᵉ acte du *Tannhaeuser*, chanté par Mᵐᵉ Bosman, MM. Saleza et Renaud. L'*Ave verum*, chœur sans accompagnement, et le 3ᵉ Concerto pour violon de Saint-Saëns, joué par M. Ysaye, sont aussi inscrits sur les programmes de 1893, avec le chœur des nymphes de *Psyché*, d'Ambroise Thomas.

Cette même année, M. Raoul Pugno joue le Concerto en *la* mineur de Grieg, et le succès de ce charmant musicien qui n'était alors connu que comme compositeur, est très grand. Mˡˡᵉ Eléonore Blanc se fait de nouveau entendre dans la courte mais si périlleuse partie de soprano de la IXᵉ symphonie avec chœurs de Beethoven.

La suite de Raff pour violon, exécutée par M. Sarasate, le *Paradis et la Péri* de Schumann, avec Mᵐᵉˢ Chrétien, Héglon, MM. Lefeuve et Manoury pour interprètes, les *Saintes Maries de la mer* de M. Paladilhe, le *Chant des Parques* de Brahms, d'après Gœthe, ouvrage inconnu en France jusqu'alors, le Concerto en *mi* pour piano de Saint-Saëns, joué par le maître Delaborde et le *Requiem* de Gounod, chanté par Mᵐᵉˢ Eléonore Blanc, Boidin, Puisais, MM. Warmbrodt et Auguez, sont les principales auditions d'œuvres modernes à signaler en 1894.

Henry Eymieu.

(A suivre.)

L'ANNUAIRE DE LA MUSIQUE POUR 1898, livre d'adresses pour les Artistes et le Commerce de la Musique, contiendra en outre la Table annuelle de la *BIBLIOGRAPHIE MUSICALE* (Musique, Livres, Journaux).

THÉATRES ET CONCERTS
Et Auditions diverses.

Aix-les-Bains. — THÉATRE DU CERCLE. *La Favorite.* — *Tristan et Yseult*, représenté pour la première fois en France le 10 septembre, au milieu d'ovations enthousiastes du public.

— VILLA DES FLEURS. La *Gaudriole*, opéra-comique en 3 actes de Charles Nuitter et Etienne Tréfeu, musique de Albert Vizentini, représenté pour la première fois avec un succès très franc, le 12 septembre.

Amsterdam. — OPÉRA NÉERLANDAIS. Directeur : G. Van der Linden. L'*Africaine; Roméo et Juliette; Lohengrin.*

Anvers. — A l'occasion de la transformation de l'Ecole de musique en Conservatoire royal, le *Feestzang* de M. Peter Benoit a été exécuté par 1,200 instrumentistes et chanteurs, au milieu des acclamations les plus chaleureuses d'une foule, qui, pendant trois jours, a fêté le chef de la musique flamande.

Bergame. — THÉATRE DONIZETTI. *Lucie de Lammermoor.*

— Le 4 septembre, la grand'messe de *Requiem* de Donizetti, a été chantée dans l'église Sainte-Marie, sous la direction de M. Emilio Pizzi, maître de chapelle.

Berlin. — OPÉRA. L'*Homme de l'Evangile; Les Huguenots; Le Trompette de Sakkingen; Mignon; L'Africaine: Lohengrin; L'Homme de l'Evangile; Haensel et Gretel; Le Bouffon; Don Juan; Le Trompette de Sakkingen; Ondine; La Bohême; Ondine: Haensel et Gretel; Don Juan; L'Homme de l'Evangile; Mignon; Le Prophète; Lohengrin; Haensel et Gretel; L'Homme de l'Evangile; Faust; Guillaume Tell; La Fiancée rendue; Fidelio; Rheingold; La Walkyrie; Siegfried; Goetterdaemmerung.*

Bologne. — POLITEAMA. L'*Innocente*, paroles et musique de Andrea d'Angeli, représenté pour la première fois sans succès.

Breslau. — STADTHEATER. Directeur : Lœwe. Pour l'inauguration de la 6e année, 200e représentation de *Lohengrin.*

Bruxelles. — THÉATRE ROYAL DE LA MONNAIE. Chef d'orchestre : Flon. *Faust; Carmen; Les Dragons de Villars; Coppélia; Les Noces de Jeannette; Sylvia; Roméo et Juliette; Faust; Carmen; La Fille du Régiment; Sylvia; Lohengrin; Mignon; Faust; Carmen; Lohengrin; Manon; Faust; La Fille du Régiment; Les Charmeurs; Myosotis; Carmen; Aïda; Manon, Faust; Le Barbier de Séville; Aïda; Manon.*

— EXPOSITION. Concerts de la « Concordia » d'Aix-la-Chapelle, directeur : Kube; de la « Société Philharmonique » de Quaregnon, directeur : Van Remoortel; des « Bardes du Hainaut ». Par ces deux dernières Sociétés réunies ont été exécutées, avec le plus grand succès, le chœur des romains d'*Hérodiade*, de Massenet, et la Marche des Nobles de *Tannhaeuser.*

Carlsruhe. — THÉATRE GRAND-DUCAL. Chef d'orchestre : Félix Mottl. Le 5 septembre, *Tristan et Iseult;* le 7, La *Flûte enchantée;* le 9, *Lohengrin;* le 12, *Tannhaeuser;* le 16, La *Légende de Sainte-Elisabeth;* le 18, La *Prise de Troie;* le 19, Les *Troyens à Carthage;* le 21, Le *Drac;* le 23, Les *Maîtres Chanteurs;* le 26, *Orphée;* le 28, *Fidelio;* le 30, *Orphée.* — Lire le compte-rendu de ces très artistiques représentations dans le *Guide musical*, Nos 38, 39, 40.

Civita-Vecchia, — THÉATRE. *Fiore d'arancio*, opérette de Cesare Fedele, représentée avec assez de succès.

Dresde. — OPÉRA. *Fidelio; Benvenuto Cellini; Mignon;* La *Muette;* Le *Barbier de Séville;* le *Trouvère.*

Gand. GRAND-THÉATRE. Directeur : de La Fuente. *Faust; La Juive.*

Hambourg. — La *Bohême*, de Leoncavallo, représentée pour la première fois en Allemagne, le 24 septembre, a été très bien accueillie.

Leipzig. — Au STADTTHEATER, la *Bohême*, de Puccini. Grand succès.

Londres. — HER MAJESTY'S THEATER. *Rip van Winkle*, opéra de William Ackerman, musique de Franco Leoni, représenté pour la première fois avec succès.

— SHAFTESBURY THEATER. Le *Magicien du Nil*, opérette de Victor Herbert, représentée pour la première fois avec succès.

Ostende. — KURSAAL. Directeur : Brunfaut. Chefs d'orchestre : E. Périer et L. Rinskoff. *Scènes Pittoresques*, de Massenet. — Concerto de Schütt, exécuté avec le concours du pianiste Ludovic Breitner dont on a admiré ici le « superbe mécanisme ». — *Zorahayda*, poème symphonique de Svendsen, ouverture de *Rosamunde* et la Symphonie inachevée de Schubert ; la 2ᵉ Symphonie de Brahms, toutes œuvres dont l'excellente exécution a valu de légitimes applaudissements à l'orchestre et à M. Rinskoff.

Paris. — OPÉRA. *Faust* ; Les *Huguenots* ; *Tannhaeuser* ; Les *Huguenots* ; *Faust* ; Les *Huguenots* ; *Don Juan* ; *Tannhaeuser* ; *Faust* ; *Tannhaeuser* ; *Aïda* ; *Tannhaeuser* ; *Faust*.

— OPÉRA-COMIQUE. La *Dame blanche* ; *Carmen* ; *Mignon* ; La *Dame blanche* ; *Carmen* ; La *Dame blanche* ; *Mignon* ; *Cavalleria* ; Le *Barbier de Séville* ; *Werther* ; *Phryné* ; Le *Caïd* ; *Werther* ; *Mignon* ; *Carmen* ; Le *Barbier de Séville* ; *Cavalleria* ; *Werther* ; *Mireille* ; *Phryné* ; *Mignon* ; *Lakmé* ; *Mignon* ; Le *Chalet* ; La *Dame blanche* ; *Cavalleria* ; *Carmen* ; Le *Barbier de Séville* ; *Cavalleria* ; *Mignon* ; *Mireille* ; *Phryné* ; *Lakmé* ; Le *Barbier de Séville* ; *Carmen* ; *Lakmé* ; Les *Noces de Jeannette* ; *Werther* ; *Phryné* ; Le *Barbier de Séville* ; *Cavalleria* ; *Mignon*.

— OPÉRA POPULAIRE. Directeurs : MM. Milliaud. *Ernani* ; Le *Voyage en Chine* ; Le *Trouvère* ; *Lucie de Lammermoor*. — La *Coupe et les Lèvres*, opéra en 5 actes et 6 tableaux, poème, d'après Alfred de Musset, de E. d'Hervilly, musique de G. Canoby, représenté pour la première fois à Paris, le 13 septembre.

— La *Mégère apprivoisée*, comédie lyrique, d'après Shakespeare, de Emile Deshays, musique de Fr. Le Rey, représentée pour la première fois à Paris, le 17 septembre, avec succès, a prouvé le talent orchestral et l'instinct dramatique d'un compositeur dont la verve lui assure l'avenir.

— ATHÉNÉE-COMIQUE. Le *Cabinet Piperlin*.

— OLYMPIA. *Sardanapale*, ballet pantomime en 2 tableaux de Lucien Puech et Max Maurey, musique de Edmond Diet.

— PARISIANA. *Au Tonneau des Danaïdes*, vaudeville-opérette en un acte, de Jean Meudrot et Pol Héric, musique de Laurent Halet, représenté pour la première fois le 23 septembre.

Reggio. — La *Vergine della Montagna*, action dramatico-lyrique en 2 parties, de Vito

Fedeli, représenté pour la première fois le 6 septembre, avec succès.

— Le 20 septembre, on a exécuté une messe nouvelle avec soli, chœurs et orchestre, du même compositeur.

Rome. — SALLE PALESTRINA. *Accidazzu*, opéra en un acte de Antonio Giustiniani, musique de Enrico Morlacchi, représenté pour la première fois avec succès.

Saint-Pétersbourg. — THÉATRE IMPÉRIAL MARIE. Chef d'orchestre : Naprawnik. La *Vie pour le Tsar*, de Glinka.

Scheveninghe. — KURSAAL. Ouverture d'*Otello*, de Dvorack ; Le *Chasseur maudit*, de César Franck ; *Sheherazade*, de Rimsky Korsakoff ; *Scènes arabes*, de E. de Hartog. — Concerto de Schütt, avec le concours du pianiste Ludovic Breitner, qui eut les honneurs de trois rappels.

Spa. — CONCERTS SYMPHONIQUES. Chef d'orchestre : Jules Lecocq. Festival en l'honneur de M. Massenet : Ouverture de *Phèdre* ; Les *Erinnyes* ; Prélude de *Werther* ; *Scènes alsaciennes* ; Fragments d'*Esclarmonde* et d'*Hérodiade*.

Tournai. — A l'inauguration du monument élevé à la mémoire des soldats français morts pour « l'indépendance de la Belgique ». une cantate de M. Paulin Brogneaux pour les paroles, de M. Nicolas Daneau pour la musique, a été exécutée par 200 instrumentistes, 500 chanteurs, auxquels on avait adjoint 700 enfants des écoles.

Trieste. — AMPHITHÉATRE. *Dramma*, action lyrique en un acte de Ferruccio Zernitz, représenté pour la première fois le 14 septembre, avec assez de succès.

Venise. — THEATRE ROSSINI. La *Falena*, légende en 3 actes de Silvio Benco, musique de Antonio Smareglia, représenté pour la première fois le 4 septembre avec un gros succès, surtout pour le musicien.

Vienne. — OPÉRA IMPÉRIAL. — Les *Noces de Figaro* ; *Faust* ; *Autour de Vienne* ; Le *Barbier de Séville* ; *Tannhaeuser* ; L'*Homme de l'Evangile* ; *Cavalleria* ; *Lohengrin* ; Le *Bouffon* ; La *Fiancée de Corée* ; *Czar et Charpentier* ; L'*Africaine* ; L'*Homme de l'Evangile* ; *Czar et Charpentier* ; *Excelsior* ; *Haensel et Gretel* ; Les *Maîtres Chanteurs* ; *Faust* ; La *Fiancée Vendue* ; Le *Barbier de Séville* ; *Czar* *et Charpentier ; La Walkyrie ; Le Hollandais volant ; La Fiancée de Corée ; Le Postillon de Longjumeau ; L'Homme de l'Evangile ; Les Noces de Figaro ; Guillaume Tell ; La Fiancée de Corée ; Le Bouffon.*

BIBLIOGRAPHIE MUSICALE
NOTICES CRITIQUES

Godoleva (Sainte Godelive), drame musical, traduction française de G. Th. Antheunis, par EDGAR TINEL (Op. 43). Partition piano et chant. Breitkopf et Haërtel. 1897. 345 pages et VI pages pour la dédicace et préface. Couverture illustrée. Prix : 20 francs.

La nouvelle partition de M. Edgar Tinel, comme toutes les œuvres qui sont sorties de sa plume vaillante et féconde, est d'un maître dans la polyphonie. M. Edgar Tinel sait écrire ; il a du style, chose plus rare qu'on ne le croit dans la moderne école chromatique, qui, par sa recherche maladive de combinaisons étranges et d'accords inentendus, tombe si souvent dans un pathos musical incompréhensible pour les profanes et les initiés eux-mêmes.

La lecture de *Godoleva* sera un régal pour les connaisseurs : ils y trouveront à chaque page des détails d'écriture curieux, des délicatesses de raffiné, des simplicités voulues — par exemple dans les chœurs des pauvres —, une dextérité merveilleuse pour opposer les voix les unes aux autres ou les fondre en un tout harmonieux ; les autres, le grand nombre, la foule, seront charmés par une orchestration distinguée, chaude, vibrante, qui met bien en lumière l'œuvre vocale. L'attention de tous, légèrement distraite pendant l'ouverture, trop longue, sera retenue par la grâce et le souffle des mélodies : la ballade, le récit et là romance d'Elsa, la ronde d'Hakka ; par les motifs d'une ligne si pure, si aérienne, si simplement noble de Godoleva ; par les chœurs des hommes d'armes, des servantes ; par les chorals des pauvres, d'une inspiration grave et digne ; par les superbes ensembles de la scène nuptiale, de la brillante, grandiose glorification de Godoleva, la sainte martyre.

M. E. Tinel a inscrit en tête de son œuvre le titre « Drame musical », justifiant dans son avant-propos l'abandon de la forme traditionnelle de l'oratorio.

« Le martyrologe ne décide point de la forme artistique à donner à ses héros », écrit-il, « c'est le genre de vie de ceux-ci et le milieu où ils ont exercé leur apostolat ou pratiqué leurs vertus qui déterminent les conditions d'art dans lesquelles ils seront présentés. En ce qui concerne sainte Godelive, élevée sur les autels, le front orné de l'auréole des vierges et martyres, il suffit d'un coup d'œil dans sa vie pour être convaincu que la forme de l'oratorio, même dramatisé, ne pouvait lui convenir. Seule la forme du drame musical était de nature à faire valoir la touchante figure de l'héroïne, mais le drame musical n'excluant point les masses chorales, les réclamant au contraire et leur faisant la place large. »

La donnée de son « drame musical » est des plus simples : Heinfrid, seigneur de Londefort, de race gallo-romaine, donne la main de sa fille Godoleva au puissant et fier normand Bertholf, seigneur de Ghistelles. Fêtes et cérémonies du mariage, où Godoleva paraît parée de toutes les splendeurs de la femme civilisée, de toutes les craintives et charmantes pudeurs de la vierge chrétienne. Loin de conquérir le cœur du barbare Bertholf, les vertus de Godoleva l'effarouchent. Il regrette les ardeurs brutales dont l'enivraient les femmes du Nord. Déçu dans sa grossière sensualité, il repousse Godoleva, qui offre sa vie en holocauste à Dieu pour Bertholf, son époux ; celui-ci, poussé par sa mère Iselinde, femme jalouse et cruelle, fait assassiner Godoleva. L'Eglise met sur les autels l'héroïque victime ; enfin Bertholf, repentant, confesse publiquement son crime et est absous au nom de sa sainte épouse.

On trouve cinq rôles principaux dans ce drame musical : Godoleva, Bertholf, Heinfrid, père de Godoleva ; Iselinde, mère de Bertholf, et Radbod, évêque de Tournai. Chacun de ces personnages y garde son caractère propre, bien déterminé par un motif principal et par la tonalité de la gamme employée. Godoleva, douce, mélancolique, mais aimante et dévouée, paraît pour la première fois dans un thème caractéristique (*fa. do* dièse. *mi. ré.*) en *ré* mineur. Cette gamme nous rappelle la ballade où Eloa pressent le martyre de la jeune fiancée. L'intervalle *fa do* dièse est à la fois passionné et mélancolique. Cette tonalité fera place à la gamme de *la* majeur, quand Godoleva promettra tout son amour à Bertholf (Ier acte. 37-38) (1), gamme sonore et franche ; en *la* majeur, elle consolera ses pauvres et les conjurera d'avoir confiance en Dieu (Ier acte. 90) ; quant à son triomphe, il éclatera en *mi* majeur, dans la joie (IIIe acte. 41), pour se terminer en la majestueuse et religieuse simplicité de la gamme de *do* majeur, calme, immobile comme l'éternité.

Bertholf, violent, brutal, hypocrite, s'exprimera presque toujours dans les gammes de *mi* mineur, *si* majeur, *fa* dièse mineur. Les insultes d'Iselinde descendront dans les notes les plus sépulchrales de la voix de femme en *la* mineur, si profondément triste (IIe acte. 23).

Aux menaces d'Iselinde, à la froideur calculée de Bertholf, il faut opposer l'affection paternelle de Heinfrid, si pénétrante dans les tonalités en *sol* et en *fa* (Ier acte. 42-46) ; il faut également leur opposer la voix de l'Eglise en la personne de l'évêque Radbod qui, dans le ton pieux et angélique de *ré* majeur (IIIe acte. 55-56), entonne une hymne glorieuse en l'honneur de Godoleva, vierge et martyre.

Telle est l'œuvre châtiée, sévère et personnelle d'un grand artiste.

J.-L. DE BRUNEVAL.

(1) Chiffres de repère de la partition.

A TRAVERS LES JOURNAUX

L'EUROPE ARTISTE
PARIS

N° 27. Pascal-Estienne : Silhouettes contemporaines. Louis Lacombe (avec un très bon portrait et un fac-simile d'autographe).

Ecrite à propos de l'inauguration du buste de Louis Lacombe, à Bourges, cette notice est substantielle et intéressante : la carrière artistique du maître y est exposée en entier ; ses œuvres musicales y sont énumérées ; ses œuvres littéraires ne sont pas oubliées ; M. Pascal-Estienne cite. en un assez long extrait de *Philosophie et Musique,* de « nobles paroles dictées par un penseur qui avait gravi la voie douloureuse de la vie ».

N° 28. Octave : Silhouettes contemporaines. Clarence Eddy (avec un portrait).

N° 31. Jactal : Silhouettes contemporaines. Laurent Léon, chef d'orchestre de la Comédie-Française (avec un portrait).

— L. Lenglet : Nouveaux instruments de musique. La Harpe chromatique sans pédales.

N°s 35-36. Joseph Harrach : A Budapest. I. L'Art musical. II. Instruments de musique.

N° 36. Armant Castel : Silhouettes contemporaines. Mme Anna de Vianne, de l'Opéra populaire de la Porte-Saint-Martin (avec un portrait).

N° 37. L. Lenglet : Silhouettes contemporaines : George Alex. Kasatschenko, compositeur russe (avec un portrait).

Cet article comprend une notice sur le compositeur et une analyse purement musicale — faite sur la partition manuscrite même, que M. Kasatschenko a envoyée en hommage à l'*Europe Artiste* — de sa cantate de réception exécutée lors des récentes fêtes franco-russes en Russie.

N° 38. J. Poulalion : Silhouettes contemporaines. Gustave Canoby, auteur de la *Coupe et les Lerres* (avec un portrait).

N°s 35-36. L. Lenglet : Les Livres. Littérature musicale.

N°s 29 à 37. Critique musicale ; Théâtres et Concerts, par Léon Garnier, L. Lenglet, etc.

Rédaction et Administration de l'*Europe Artiste*, 123. rue Montmartre.

LE GUIDE MUSICAL
BRUXELLES-PARIS

N°s 31-32. A. Hasselmans : La Harpe chromatique (avec une figure).

— M. Kufferath : Première exécution de *Sainte Godelive*, d'Edgar Tinel.

— E. Th.: La question Lamoureux.

— Correspondances de Liège, Nancy, Ostende.

N°s 31-32. 35-36. M. Kufferath : Les abus de la Société des Auteurs.

N°s 33-34. G. Lyon : La Harpe chromatique sans pédales.

— Hugues Imbert : Charles Gounod. Les Mémoires d'un artiste et l'Autobiographie (fin).

— Correspondances de Barcelone, Charleroi, Dijon, La Haye (E. de Hartog), Spa (Baudouin-La Londre).

N°s 35-36. H. Fierens-Gevaert : La Psychologie dans l'opéra français.

— Hugues Imbert : Les Maîtres Musiciens de la Renaissance française.

— Jean d'Avril : Notes bayreuthoises.

— Correspondances de Dresde (Alton) ; New-York.

N° 37. Gustave Robert : La Symphonie de César Franck (Analyse thématique, avec la musique).

— Michel Brenet : Prose en musique.

— A. H.: A propos de Bayreuth.

— Correspondances de Anvers, Blankenberghe, Eecloo, Ostende (L. L.).

N° 38. Michel Brenet : Deux nouveaux commentateurs de Beethoven.

— Correspondances de Anvers (M. Kufferath), Copenhague (Frank Choisy), Genève (H. Kling), Ostende (Baudouin-La Londre), La Haye (E. de Hartog), Spa.

N° 39. Édouard Lopez-Chavarri : La Musique en Espagne.

— Offenbach et M. Camille Bellaigue.

— Un discours de M. Peter Benoit.

— Le Prix de Rome de Belgique.

— Correspondances de Dresde (Alton), Ostende (L. L.).

N° 40. Etienne Destranges : *Messidor*, étude analytique et critique.

— Henry Maubel : Petites notes d'histoire.

— M. K. : Masques et Bergamasques.

— Correspondances de Madrid, Ostende (L. L.), Strasbourg.

N°s 38 à 40. Gustave Samazeuilh : Les Représentations de Carlsruhe.

N°s 31 à 40. Chronique de la Semaine, par Maurice Kufferath et Hugues Imbert (Paris et Bruxelles). — Nécrologie. — Bibliographie. — Répertoire des Théâtres et Concerts.

Rédaction du *Guide musical* : à Bruxelles, 2, rue du Congrès ; à Paris, 33, rue Beaurepaire.

LE MÉNESTREL
PARIS

N°s 27 à 30, 33 à 40. Louis Gallet : Guerre et Commune. Impression d'un librettiste.

N° 27. J. Tiersot : Étude sur *Orphée*. Appendice.

N°s 27 à 29, 33, 35. Paul d'Estrée : Artistes et Musiciens du xviiie siècle, d'après des documents inédits.

N°s 29, 33, 37 à 39. Montaux : Journal d'un musicien.

N°s 30 à 32. Arthur Pougin : Concours du Conservatoire.

N° 32. Edmond Neukomm : La Danse Candiote et la Farandole.

N°s 34 à 36. Arthur Pougin : Donizetti en France.

N° 34 : Edmond Neukomm : Les têtes automatiques aux buffets des orgues d'églises.

N° 36. Julien Tiersot : Les têtes automatiques aux buffets des orgues d'églises.

N° 37. Edmond Neukomm : La Chanson de la reine Berthe et la ronde du chevalier Oger.

N° 39. Edmond Neukomm : Le Rigaudon dans le Trièves.

N° 40. Arthur Pougin : Deux lettres inédites de Charles de Bériot.

— E. Neukomm : Une Marseillaise royaliste.

N°s 27 à 40. Nouvelles diverses. — Concerts. — Nécrologie.

ZEITSCHRIFT FUR INSTRUMENTENBAU
LEIPZIG

N°s 28 à 36. Die Musikinstrumente auf der Saechsisch-Thüringischen Industrie-und Gewerbe-Ausstellung in Leipzig 1897.

N° 30. Hugo Scholl : Tonentwickelung der Klaviersaiten.

N° 37. Die Weltausstellung in Brüssel 1897.

N°s 33 à 36. Die Musikinstrumente auf der Markneukirchener Gewerbeund Industrie-Ausstellung vom 8 bis 15 August 1897.

N° 35. Egalisatoren an Flügeln und Pianinos ; Zweck, Construction und Vortheile derselben (avec une figure).

N° 36. Zwei Orgel-Harmoniums in gothischem style (avec deux figures).

— Wilh. Altenburg : Rocktro's grosses Werk über die Floete.

N°s 28 à 36. Vermischtes (nombreux renseignements sur la facture instrumentale de tous pays). Orgelbau-Nachrichten (composition d'orgues nouvelles). Patent-Nachrichten.

La REVUE BIBLIOGRAPHIQUE BELGE, rédigée par une réunion d'écrivains, suivie d'un bulletin bibliographique international publié par la Société belge de librairie. Bruxelles, 16, rue Treurenberg. Abonnements : Belgique, 3 fr.; Union postale, 4 fr. 50. Le numéro 50 centimes.

9e année. N° 7 et 8, juillet et août, pages xxv-xxxii, 285-367. Chronique. — Analyses et notices sur un grand nombre de livres belges ou étrangers. — Sommaires complets de nombreux périodiques de tous pays.

Le numéro 8 (août) est le numéro classique.

REVUE ENCYCLOPÉDIQUE. Extrait du sommaire de « La Belgique », numéro spécial de la *Revue Encyclopédique Larousse*. Prix : 1 fr. 50. — Henry Maubel : La Musique et l'Art dramatique. A. Bogaert-Vaché : Le Folklore belge.

REVUE DE PARIS. N° 17. D. Melegari : Une amie de Liszt.

CONCOURS DE COMPOSITION MUSICALE

M. Léon Idzikowski, éditeur de musique à Kiev, ouvre un concours pour la composition d'une marche solennelle à l'occasion de l'inauguration du monument de Mickievicz à Varsovie. Les compositeurs polonais seuls pourront prendre part à ce concours. La marche devra être composée pour piano à deux et quatre mains ; le compositeur devra joindre aussi la partition et les parties séparées pour un orchestre symphonique.

Les manuscrits devront être envoyés à M. L. Idzikowski, au plus tard le 1er février 1898 (nouveau style). L'éditeur les remettra à l'examen d'un jury composé de MM. Barcievicz, Michalowski, professeurs au conservatoire de Varsovie ; Bobinski, Fouknowski et Lissenko, professeurs au conservatoire de Kiev. L'éditeur s'engage à verser la somme de 300 roubles (environ 1,000 francs) à l'auteur jugé digne du prix, et à éditer son manuscrit avec luxe.

La Direction du théâtre de Lemberg (Galicie) ouvre un concours avec un prix de 2,000 couronnes pour la composition d'un opéra écrit sur un sujet polonais.

GRAND CONCOURS, " **La Marche de l'Alliance** ". Ce qui n'est vraiment pas banal, c'est le grand concours patriotique organisé par notre confrère *L'Eclair* de Paris. Il met au concours une marche musicale, dite *Marche de l'Alliance*, entre tous les compositeurs **français et russes**. Le règlement de ce Concours, qui vient d'être publié par *L'Eclair*, comporte douze articles, où il est dit que les concurrents pourront garder l'anonymat. Ils devront seulement adresser une réduction pour piano, mais en y joignant l'orchestration des trente premières mesures. Il leur est recommandé de conserver une copie de leur envoi. Un jury spécial composé de neuf membres choisis parmi les compositeurs les plus autorisés sera chargé d'examiner les œuvres des concurrents. Dans la quinzaine qui suivra le dépôt des morceaux, le jury statuera et désignera six partitions qui devront être orchestrées par leurs auteurs afin d'établir le classement définitif.

L'Eclair distribuera les prix suivants : Au premier, 1,000 francs. Au deuxième, 400 francs. Une indemnité de 100 francs sera attribuée à chacun des quatre derniers concurrents ayant pris part au concours d'orchestration. Le compositeur ayant obtenu le premier prix, conserve ses droits d'auteur, mais son manuscrit appartiendra en toute propriété à *L'Eclair*, qui se réserve le droit de l'éditer. Une audition publique à grand orchestre des six morceaux primés sera donnée aux frais de *L'Eclair* par une de nos grandes associations musicales.

Ce tournoi pique singulièrement la curiosité du public : il y a là aussi une lutte entre deux écoles artistiques dans le même genre de composition, qui intéresse fort le monde musical. Nos compliments à notre confrère pour son heureuse initiative.

En préparation

La Table Annuelle

DE LA

BIBLIOGRAPHIE MUSICALE

FRANÇAISE

PUBLIÉE SOUS LA DIRECTION DE LA CHAMBRE SYNDICALE DU COMMERCE DE MUSIQUE

25, RUE DE LONDRES, PARIS

Les insertions de la Table annuelle seront gratuites comme dans les numéros périodiques de la *Bibliographie musicale*. Comme dans ces numéros, des pages d'annonces seront mises aussi bien à la disposition des Editeurs de l'Etranger — qui désireront y voir figurer leurs Nouveautés de l'année — qu'à la disposition des Editeurs de la France qui désireront, outre les mentions gratuites — dans la Table — des œuvres de leurs fonds, publier des pages spéciales où ces mentions fussent réunies.

Les souscripteurs d'annonces pourront — ainsi qu'ils procèdent à l'égard de celles qu'ils commandent dans la *Bibliographie musicale* — les faire tirer à part pour leur usage personnel, soit en feuillets séparés, soit en brochures et avoir ainsi un prospectus ou catalogue annuel tiré à peu de frais sur les clichés de leurs annonces, conservés sur leur demande.

On est prié de faire connaître dès maintenant les erreurs ou les lacunes qui auraient pu se présenter — dans les numéros de la *Bibliographie musicale* de l'année 1897. Il sera tenu compte, dans la rédaction de la Table, de toutes les indications précises fournies par les intéressés.

ANNUAIRE DE LA MUSIQUE

A cette Table annuelle — qui faisait complètement défaut avant l'essai qui en fut tenté dans l'*Annuaire de la Musique pour 1897* — doivent être jointes les adresses de tous les Editeurs de la France mentionnées partiellement dans les numéros périodiques de la *Bibliographie musicale*. Il convient d'y ajouter les adresses de tous les Facteurs, Marchands de Musique de la France et des principaux Editeurs, Facteurs, Marchands de Musique de l'Etranger.

Ce qui trouve naturellement place dans cet Annuaire, ce sont les Théâtres lyriques, avec leur personnel et le tableau de leurs représentations de l'année : les Concerts et leurs programmes ; les Conservatoires, les Ecoles de Musique, les Sociétés musicales — conséquemment les adresses des Compositeurs, Librettistes, Critiques musicaux, Professeurs, Artistes — ; la liste des Revues et Journaux de Musique de tous pays, leur Sommaire méthodique de l'année.

Toutes ces insertions sont gratuites, que l'intéressé souscrive ou non à l'ouvrage.

Que les Editeurs, les Facteurs, les Marchands de musique, de même que nos Confrères de la Presse, les Secrétaires des Théâtres, Concerts, Sociétés Musicales et les Artistes aussi s'empressent donc de nous envoyer tous les renseignements possibles à ce sujet, puisque de leur concours dépendra l'exactitude, l'étendue des matières d'un ouvrage destiné à être — sous le titre strictement justifié d'*Annuaire de la Musique* — leur vade-mecum journalier.

Pour les abonnés anciens et nouveaux à la *Bibliographie musicale*, pour les nouveaux abonnés au *Journal musical*, inscrits depuis le 1er janvier 1897, pour les souscripteurs à l'*Annuaire de la Musique* seul, inscrits **avant le 1er janvier 1898**, le prix de l'*Annuaire de la Musique*, contenant la Table annuelle de la Bibliographie musicale (Janvier-Décembre 1897), au lieu de 10 francs, est de **6 francs** (frais d'envoi compris).

Tarif des **TIRAGES A PART** commandés par les éditeurs, pour leur usage personnel des **ANNONCES** parues dans la *Bibliographie musicale* :

	1 mille.	2 mille.	3 mille.	4 mille.	5 mille.	6 mille.	7 mille.	8 mille.	9 mille.	10 mille.
Une page séparée	10 »	18 »	25 »	31 50	37 50	43 »	48 »	52 50	56 50	60 »
Deux pages ensemble..	11 »	20 »	28 50	36 50	44 »	51 »	57 50	63 50	69 »	74 »
Quatre pages ensemble.	15 »	29 »	42 »	54 »	65 »	75 »	84 »	92 »	99 »	105 »
Huit pages ensemble ..	23 »	45 »	66 »	86 »	105 »	123 »	140 »	156 »	171 »	185 »

Envoi franco pour toute la France.

Adresser les commandes de Tirages à part ainsi que tout ce qui concerne la Rédaction, les Abonnements et les Annonces, à M. Baudouin-La Londre.

Bourges, imprimerie M. H. Sire.

LE

JOURNAL MUSICAL

Bulletin international critique

DE LA

BIBLIOGRAPHIE MUSICALE

DIRECTEUR

BAUDOUIN-LA LONDRE

11, rue de la Pépinière, 11

PARIS

Abonnements : France 6 fr. ; Union Postale 7 fr. — Le numéro mensuel 50 centimes.

2e Année. — No 19. — Novembre 1897.

B.-L. : Chronique.

L. DE FOURCAUD : *Les Maîtres Chanteurs* à l'Opéra.
Informations. — Les Disparus.
Bibliographie musicale. Block-notes.
Iconographie et Beaux-Arts.
Instruments anciens.

Théâtres et Concerts. — Agram, Alger, Amiens, Amsterdam, Angers, Anvers, Bâle, Berlin, Birmingham, Bordeaux, Bruxelles, Budapest, Cologne, Dresde, Gand, Genève, La Haye, Liége, Lille, Londres, Lyon, Madrid, Marseille, Milan, Montpellier, Mulhouse, Munich, Nancy, Nantes, Naples, Nimes, Paris, Reims, Rouen, Saint-Pétersbourg, Stockolm, Strasbourg, Toulon, Toulouse, Tournai, Trévise, Turin, Venise, Versailles, Verviers, Vienne.

Bibliographie musicale. Notices critiques. BAUDOUIN-LA LONDRE : *The Versin phono-rhythmic Method.* — *La Musique de Chambre,* 4e recueil. — Chants moraux et patriotiques. — *Suite* pour violon et piano, de Lago. — Pièces diverses.

B.-L. : A travers les journaux.

LE 9 de ce mois précédent, le compositeur qui, fidèle toutefois à la symphonie accompagnante, modernisa en Italie l'« opéra buffa », franchissait le seuil de sa quatre-vingt-cinquième année au moment où, à Paris, après le succès de son *Falstaff,* se préparait le triomphe de la « comédie lyrique allemande », antérieure à *Falstaff,* autrement révolutionnaire, à cause de l'emploi hardi et constant du contrepoint vocal et instrumental.

Et c'est ce robuste vieillard, ce vaillant artiste qui montre qu'on peut être de son temps, tout en demeurant de son pays. Laissant à d'autres compatriotes, illustrant aujourd'hui la musique italienne — il ne s'agit pas, bonnes gens, de l'École des Mascagni, mais bien de celle des Sgambati, dont les journaux vous entretiennent moins — leur laissant, dis-je, le souci de s'avancer plus que lui dans la voie tracée par le maître de Bayreuth, Verdi n'a pas renoncé au « bel canto », apanage de sa patrie.

En France, qui a dépassé la quarantaine est regardé comme « vieux jeu ». On accorde plus volontiers l'avantage d'être représenté à des jeunes qui ne parlent pas leur langue. Foin de la verve gauloise, de la finesse des harmonies françaises !

J'aurais eu garde, compatriotes et camarades, de laisser passer l'occasion, offerte par l'actualité de cet anniversaire, de vous déclarer qu'on vous rend mauvais service en vous produisant trop tôt, ivres encore d'un breuvage généreux qui fait sombrer la personnalité. Vos œuvres déjà représentées et jugées ne devaient être que vos esquisses qui, ornées ensuite, à loisir, avec les ressources de la palette nationale, deviendront les pièces à succès de vos rêves, parce que, malgré votre première passion — qui peut s'y soustraire ? — pour le nouveau crû allemand — Wagner, pardonnez-moi ce grossissement d'image — vous n'aurez pas dédaigné ceux de nos coteaux.

Mais, pour Dieu, ne donnez pas si tôt vos *Messidor,* dont la représentation hâtive compromet le succès dû aux généreuses et sublimes conceptions.

Attendez qu'ils soient vos *Falstaff,* vos *Roi d'Ys,* ces œuvres que leurs auteurs ne virent pas représenter l'une dès la jeunesse, l'autre dès la première élaboration.

Richard Wagner
LES MAITRES CHANTEURS
Version française de ALFRED ERNST

Partition complète Chant et Piano, format in-8°.................. *net.* **20** »

MORCEAUX SÉPARÉS POUR CHANT & PIANO

N° 2. Walther devant la corporation des Maîtres (ténor). « Au cher foyer du vieux château »............... 5 »

N° 4. Monologue de Sachs (basse). « Combien ce soir cet arbre embaume »...................... 5 »

N° 7 Méditation de Sachs (basse). « Rêve ! Rêve de fous ! ».......................... 5 »

N° 11. Quintette (2 sopranos, 2 ténors et basse)..... 4 »

N° 11 bis. Air d'Ève (soprano). « Claire comme l'aurore »........................... 3 »

N° 13. Chant de concours de Walter (ténor). « L'aube vermeille brillait dans les cieux »............... 5 »

N° 13 bis. « L'aube vermeille brillait... » (baryton)... 5 »

PIANO SEUL

Partition complète, grand format in-4°, avec texte explicatif en allemand .... *net.* 25 »

La même, format in-8°.................... 15 »

Ouverture, édition originale..................... 6 »

— arrangée par H. de Bulow.............. 7 50

— (prélude) du 3e acte.................. 3 »

Behr (F.). Chant de concours de Walther........ 6 »

— Walther devant la corporation des Maîtres.... 6 »

Beyer (F.). Op. 36. Répertoire des jeunes pianistes, n° 109..................... 5 »

— Op. 42. Bouquet de mélodies. n° 88 .... 6 »

Brunner (C.-T.). Trois pièces :

   N° 1. Au cher foyer .... 5 »

   N° 2. Au Jourdain..................... 5 »

   N° 3. Près de cet arbre................. 5 »

Bulow (H. de). Réunion de la corporation des Maîtres. 5 »

— Quintette du 3e acte, paraphrase............ 5 »

Cramer (H.). Pot pourri, n° 172................. 6 »

— Marche.. .... 5 »

— Danse des apprentis................. 5 »

Gobbaerts (L.). Op. 154. Transcription.......... 6 »

Jaell (A.). Op. 137. Deux transcriptions :

   N° 1. Walther devant la corporation des Maîtres. 6 »

PIANO SEUL

Jaell (A.). N° 2. Chant de concours de Walther..... 7 50

— Op. 148. Au cher foyer, transcription........ 7 50

Lassen (E.). Transcriptions de salon :

   Cahier I. Marche de la corporation. — Chant de Walther. — Sérénade de Beckmesser. — Chant de concours de Walther..................... 6 »

   Cahier II. Choral. — Monologue de Sachs. — Final du 1er acte. — Danse des apprentis. — Romance de Sachs — Chœur des apprentis. — Marche des Maîtres chanteurs.................... 9 »

Leiter (O.). Op. 26. Transcription................. 4 »

Liszt (F.). Au cher foyer........................ 9 »

Raff (J.). Réminiscences :

   Cahier I. Choral. — Chœur des apprentis. — Chant de Walther. — Final... .... 7 50

   Cahier II. Scène entre Walther et Ève. — Romance de Sachs. — Scène du tumulte.............. 7 50

   Cahier III. Chant populaire de la Saint-Jean. — Morceau d'ensemble. — Danse.......... 7 50

   Cahier IV. Marche de la corporation. — Marche des Maîtres chanteurs .... 9 »

Rubner (G.). Paraphrase de concert .... 12 »

Rupp (H.). Chant de concours de Walther, transcription 6 »

Piano à 4 mains

Partition complète, grand format in-4° .... *net.* 35 »

Ouverture, arrangée par C. Tausig................. 10 »

— — A. Horn................. 9 »

Prélude du 3e acte.............................. 4 »

Beyer (F.). Op. 112. Revue mélodique, n° 56 ..... 6 »

Bulow (H. de). Réunion de la corporation des Maîtres (paraphrase).................... 6 »

Cramer (H.). Pot pourri, n° 82.................. 10 »

— Marche.................. 6 »

Rupp (H.) Chant de concours de Walther, transcription.................. 6 »

Vilbac (R. de). Illustrations en 2 suites, chaque ... 12 »

Violon et Piano

Ouverture........................ 10 »

Prélude du 3e acte............................. 5 »

Goltermann (G.). Chant de Walther........... 4 »

Grégoir (J.) & Léonard (H.). Duo n° 35.......... 12 »

Herman (A.). Fantaisie 7 50

Singelée (J.-B.). Op. 137. Fantaisie brillante...... 10 »

Wichtl (G.). Op. 98, n° 1. Petit duo............. 7 50

Wickede (J. de). Pièces lyriques :

   N° 1. Walther devant la corporation des Maîtres... 6 »

   N° 2. Chant de concours de Walther........... 6 »

Wilhelmy (A.). Chant de concours de Walther, paraphrase :

   Avec accompagnement de piano.................. 10 »

   Avec accompagnement d'orchestre............... 15 »

Deux Pianos à 4 mains

Behn (H.). Ouverture, en partition.............. 12 »

Violoncelle et Piano

Becker (H.). Chant de concours de Walther, arrangé d'après la Paraphrase de Wilhelmy............. 10 »

Goltermann (G.). Chant de Walther.............. 4 »

Wickede (F. de). Pièces lyriques :

   N° 1. Walther devant la corporation des Maîtres.. 7 50

   N° 2. Chant de concours de Walther............ 6 »

Deux Pianos à 8 mains

Debrosse (A.). Ouverture..................... 18 »

Trois Pianos à 12 mains

Livonius (A. de). Ouverture.................. 18 »

TRANSCRIPTIONS, arrangements divers pour grand et petit Orchestre. — Musique militaire. — Orgue. — Harmonium. — Violon et Orgue. — Harmonium et Piano — Harpe. — Violon seul. — Alto et Piano. — Contrebasse et Piano — Flûte seule. — Flûte et Piano. — Cornet à pistons et Piano. — Mandoline et Piano. — 2 Violons et Piano. — Piano, Violon e Harmonium. — Piano, Violon, Violoncelle et Harmonium. — 2 violons, Alto et Violoncelle.

Grande Partition d'orchestre. Livrets et Guide thématique.

LES
MAITRES CHANTEURS
A L'OPÉRA

En donnant dès ce numéro l'étude suivante et l'appréciation de la Première mémorable de cette semaine, j'ai failli au programme du *Journal musical*, dans lequel nos lecteurs ont accoutumé de ne trouver que le mouvement musical du mois précédent. Qu'on ne l'ignore pas. Mon intention a été, en le fondant à mes propres risques et périls, sans doute de donner avant tout chaque mois un tableau de ce mouvement, précis, sommaire, mais le plus étendu qui soit. Peu à peu les documents s'y pressent plus nombreux au fur et à mesure des concours que me procurent la vitalité et l'expansion de cette feuille aux débuts modestes. Toutefois je savais qu'il faut plus encore. A ce tableau précis, mais sévère, qui nous faisait défaut, j'avais prévu, dans mon plan, l'addition de chroniques et comptes-rendus plus attrayants, plus d'actualité. En un mot, dans ce plan primitif, le *Journal musical*, outre son bulletin mensuel, devait comprendre la feuille hebdomadaire plus dégagée d'allures, plus proche des évènements artistiques du jour. Mais, déterminé à ne m'avancer en la carrière épineuse du journalisme, qu'à pas assurés, j'ai basé mes débuts sur le nombre des souscripteurs actuels. L'espoir de leur donner plus souvent à lire s'accroît en raison directe de l'extension des listes nominales. A ceux que la musique intéresse et qui souhaitent les progrès d'une feuille ouverte à toutes les aspirations artistiques sincères et tendancielles, de hâter, par leurs souscriptions, ce jour qui n'est déjà plus si lointain.

Voici donc l'étude inédite que, pour satisfaire une fois de plus la curiosité de mes fidèles abonnés, je leur fais la surprise d'insérer dès aujourd'hui.

M. L. de Fourcaud s'indiquait à mon choix pour le soin d'apprécier cette Première wagnérienne de l'Opéra et de juger avec compétence la nouvelle version française adoptée (1). Je ne fais pas mystère des difficultés que je rencontrai en faisant ma proposition au maître critique.

Je le trouvai plongé dans la préparation de ses cours d'Esthétique annuels de l'Ecole Nationale des Beaux-Arts, où, avec tant d'autorité, il se montre digne successeur de Taine, ce géant.

Un compte-rendu, passe encore, bien qu'il lui fallût prendre la peine d'en donner un différent de celui qu'il réservait au *Gaulois*. — Mais plus que le compte-rendu ? Une analyse documentée de la nouvelle version, un parallèle avec le texte allemand ? Je le bouleversai...

Je tins bon, j'invoquai la nécessité de son étude en cette feuille, je concédai que celle-ci est encore bien humble, bien peu digne de sa plume, malgré le mérite d'être pourtant la seule feuille musicale française où cette étude spéciale pût prendre place.

Et la voici, précédée de la gratitude, déclarée à M. de Fourcaud, en votre nom, lecteurs et amis.   B.-L.

I. — La représentation des *Maîtres Chanteurs* de Richard Wagner à l'Académie nationale de Musique est un de ces évènements prévus et nécessaires auxquels on assiste avec joie, mais si tardivement survenus qu'il devient difficile de leur attribuer une grande portée. Quelles que soient les raisons qui ont fait écarter, durant tant d'années, de notre répertoire les chefs-d'œuvre wagnériens, nous nous sentons, à cette heure, vis-à-vis de l'étranger, dans un état d'infériorité pénible à notre amour-propre. Les drames du Maitre de Bayreuth ont rayonné de toutes parts ; à répandre leurs hautes leçons, ils se sont assuré une gloire définitive et nous sommes les derniers à les accueillir. En ce qui touche les *Maîtres Chanteurs*, la province française a même donné l'exemple de l'initiative à la capitale puisque, dès l'hiver passé, le Téâtre de Lyon, sous la direction de M. Albert Vizentini, montait l'admirable ouvrage en des conditions exceptionnellement honorables. C'était l'exacte répétition du cas de *Lohengrin*, représenté à Rouen, sous la direction de M. Taillefer, une année avant de l'être à Paris, — abstraction faite de la vaillante et généreuse tentative de

(1) **Les Maitres Chanteurs de Nüremberg**. Poème et Musique de RICHARD WAGNER. Version française de ALFRED ERNST. Partition pour chant et piano réduite par R. Kleinmichel [avec les paroles allemandes et les paroles françaises]. Paris, Editions Schott, E. Fromont, boulevard Malesherbes-rue d'Anjou, 40. Grand in-4, 2 ff. pour le titre en 3 couleurs, l'avertissement, les personnages, 467 pages, couverture ornée en 3 couleurs. Prix net 20 francs.

M. Lamoureux à l'Éden-Théâtre, avortée par suite de déplorables circonstances politiques. Nous avons perdu, de la sorte, une suprématie esthétique, jadis incontestée et qui servait l'art universel. Combien de temps devrons-nous maintenant travailler pour la ressaisir et la mettre hors d'atteinte ? Sur quelles œuvres supérieures pouvons-nous compter en vue de ce relèvement ? La situation, il sied d'en convenir, est assez triste. Constatons-en les effets, au surplus, non pas pour décourager, mais pour prendre, au contraire, le vif sentiment du devoir qui s'impose. Le but à poursuivre se définit de lui-même. On n'y arrivera point en persévérant, par exemple, dans la tradition des partitions écrites sur commande, au détriment des œuvres librement conçues, patiemment et délibérément exécutées, pour lesquelles les compositeurs se voient contraints de solliciter des hospitalités étrangères. On n'y parviendra pas davantage en faisant passer avant tout la pompe plus ou moins éblouissante du spectacle. C'est pure vérité que nous mourons de routines, d'artifices, de préjugés tels qu'il nous semble avoir été singulièrement hardis pour quelques indépendances de détail. J'applaudis, certes, à l'introduction à l'Opéra des *Maîtres Chanteurs* ; mais je ne peux m'empêcher de me souvenir que le chef-d'œuvre date de bientôt trente ans ; que notre Académie de Musique ne l'a pas conquis, mais qu'il a conquis notre Académie de Musique, ayant reçu sa consécration du monde entier ; qu'on lui a, par crainte injustifiée du public, préféré, en connaissance de cause, de médiocres productions ; qu'on l'a traité, enfin, comme *Samson et Dalila* et comme *Sigurd*... Puissent, en conclusion, de pareils errements s'abolir à jamais ! Nous ne les soulignons ici, dans une occasion considérée comme solennelle, que par espoir de susciter des réflexions opportunes et des fermes propos essentiels.

On ne saurait s'attendre à trouver, en ce journal destiné à des musiciens, une nouvelle analyse des *Meistersinger*. Nos lecteurs en connaissent de longue date le magnifique poème, d'une familiarité si noble, d'une intimité si puissante, et la musique, qui est l'âme même, une et diverse, de l'action. Cette comédie lyrique sans seconde, aussi riche d'émotion humaine que de mouvement et de gaîté, a été l'objet d'études innombrables en son histoire, sa conception, son appareil motival, son instrumentation, ses caractères de tout ordre. Nous estimons qu'il serait vain de faire, à cette place, de la philosophie ou de la technique. La seule tâche qui nous incombe est de qualifier brièvement l'interprétation parisienne, et de définir ensuite les particularités de la version française, vraiment exemplaire, de M. Alfred Ernst.

II. — A l'endroit de l'interprétation, nous reconnaîtrons tout d'abord que l'effort de la direction de l'Opéra est immense. Je n'ai jamais vu, sur ce théâtre, une représentation mieux préparée et plus soutenue. Deux des chanteurs chargés des premiers rôles, M. Delmas et M. Renaud, sortent de pair avec éclat. M. Delmas rend la fière bonhomie, la sérénité profonde, la grandeur d'âme du poète-artisan Hans Sachs, d'une dignité et d'une simplicité sincères. Son merveilleux organe ne perd rien à cette sobriété. On oublie le chanteur pour penser au personnage, et la sensation d'art n'est que plus vive. A M. Renaud est dévolu le rôle de Sixtus Beckmesser, type du pédant, jaloux, plein de convoitises, capable d'une infamie pour arriver à ses fins. L'artiste apporte une certaine discrétion dans le côté caricatural du cuistre et il n'exagère en rien le côté sombre et pervers de cette nature enfiellée. Le rôle est excellemment établi à tous égards. Je n'en puis dire autant, par malchance, du personnage de Walter de Stolzing, tel que nous le montre le ténor Alvarez. Ce chanteur, doué d'une si belle voix, ne semble avoir vu dans le jeune chevalier franconien, en qui l'amour éveille le génie, qu'un bellâtre. Pas d'autre préoccupation chez lui que celle des « effets de chant ». Sous prétexte de s'échauffer, il dénature à chaque instant le rythme, même dans les parties purement mélodiques, où le chant est doublé à l'orchestre, et où, par conséquent, toute infidélité rythmique devient spécialement choquante. Je passe sur les inégalités de son jeu tout conventionnel. Franchement, on espérait mieux.

Mlle Bréval incarne Eva, non sans grâce, et Mlle Grandjean personnifie Madeleine, non sans esprit ni rondeur. Le charmant petit rôle de l'apprenti de Hans Sachs, David, est tenu agréablement par le ténor Vaguet. On a mis en avant, pour représenter les principaux maîtres de la Ghilde des chanteurs nurembergeois, M. Gresse, M. Bartet, M. Douaillier, que sais-je ? Les chœurs ont appris à s'agiter, à se trémousser, à se comporter suivant l'action. Il est à souhaiter qu'ils n'oublient plus désormais la bonne leçon reçue. Les espiègleries des apprentis, au premier acte, les violences imprévues de la bagarre nocturne à la fin du second, les nobles enthousiasmes populaires en l'honneur de Hans Sachs au troisième, se manifestent d'une vie inconnue jusqu'à ce jour à l'Opéra. D'une façon générale, la mise en scène — et j'entends par là la mise en saillie des évènements du drame et non pas uniquement le luxe des décors, toujours trop pittoresques, et le goût des costumes, presque trop riches — l'emporte de beaucoup sur ce que nous avons coutume de voir. M. Ernst, délégué par Mme Wagner à la direction des études scéniques, a fait prévaloir de son mieux l'esprit bayreuthien. Je dirai plus : il a obtenu le maximum de vérité théâtrale possible en notre « Académie de Musique ».

Sur l'orchestre, quelques réserves sont d'urgence. Par des motifs que je vais indiquer, l'enchanteresse symphonie n'a point toute sa vertu enveloppante, son infinie et libre variété. Elle ne peut être que délicieuse, mais son exquise sensibilité se paralyse. On n'a pas encore, chez nous, l'accoutumance de ces orchestrations où tout pense, où tout est expressif. Chaque instrumentiste fait sa note avec exactitude. Seulement, c'est au chef d'orchestre de dégager à chaque moment la note dominante, immédiatement expressive. Wagner a créé la symphonie d'enveloppement ; on est toujours, en nos théâtres, à la symphonie accompagnante.

Je n'entends pas être trop sévère à M. Taffanel, musicien épris de son art, qui étudie les partitions en artiste. Il n'est, en somme, qu'à ses débuts comme conducteur de représentations théâtrales, et l'expérience seule lui donnera l'entier gouvernement de soi, en souplesse et en fermeté. Aussi bien, si la phalange instrumentale de l'Opéra, où les virtuoses accomplis sont nombreux, s'est montrée, dans cette occasion, inférieure aux masses chorales, d'ordinaire médiocres, il n'est que juste de faire peser sur elle-même une notable part de responsabilité. Habitués aux effets d'accompagnement du répertoire, les exécutants ne paraissent pas nettement comprendre l'intime et profonde nécessité d'une cohésion absolue, harmonique et organique, du rendu orchestral en des œuvres caractérisées par la constante déduction motivale symphoniquement représentative. Ce n'est pas assez de jouer ce qui lui incombe ; il faut que tous se préoccupent de l'ensemble et que, par conséquent, l'autorité du chef d'orchestre, maître unique du grand clavier sonore, soit ponctuellement respectée. Le malheur veut que les musiciens de l'Opéra, si distingués soient-ils, marquent une sorte de dédain de l'homogénéité de l'interprétation ou, si l'on préfère, une indolence confinant parfois à l'indiscipline. Il en résulte un refroidissement ou un décousu, un flottement ou une sécheresse dont nul *capellmeister*, en de telles conjonctures, n'aurait complètement raison. L'exemple des masses chorales, tout d'un coup disciplinées et quasi transformées, vient, d'ailleurs, à point nommé, nous fournir la plus forte preuve de l'efficacité de l'obéissance intégrale à une intelligence directrice.

Il convient de tout dire : un grand obstacle contrevient, à l'Académie nationale de musique — et particulièrement pour des ouvrages du genre des *Maîtres Chanteurs* — aux désirs de perfection : c'est l'énormité de la scène. Ce cadre immense a dévoré le *Freischütz*, de Weber, et dévore en partie le charme du *Don Juan*, de Mozart. Voici qu'il exerce sa désastreuse influence sur la resplendissante comédie lyrique de Wagner. Au point de vue de la présentation scénique, on tente de remédier au mal en avançant le proscénium — et le mal persiste. Dans l'impossibilité de laisser toujours les acteurs à leur vrai plan, on a dû modifier par places la mise en scène allemande : l'impression n'y gagne rien. La logique des relations de personnage à personnage, dès là qu'on voudra pousser un peu loin vers la vérité, sera, dans un tel milieu, forcément violée en mainte occurrence. En outre, le trop vaste espace ne se meuble que par une surabondance décorative et ne se peuple que par des multitudes. C'est pourquoi tout s'enfle et se déséquilibre, sous peine de paraître amoindri. Musicalement, de graves inconvénients s'ensuivent. Les traits de finesse, qu'on ne saurait renforcer, se perdent ou, du moins, s'atténuent et s'amortissent. Plus nous allons, plus il nous devient clair que ce théâtre n'est conçu qu'au bénéfice des gros drames purement extérieurs, des prouesses des chanteurs s'évadant volontiers de la fiction et des majestueux placages meyerbeeriens. Il a déjà désolé plus d'un compositeur; il en désolera bien d'autres, et plus gravement encore, à l'avenir — sans parler des concessions où il

les entraînera par la force des choses. Le pis est que personne n'y peut rien. On ne désertera point l'Opéra; mais, quoi qu'on y fasse, le sort de la musique y donne à trembler.

Nous nous expliquons par ces causes qu'un chef-d'œuvre avéré comme les *Maîtres Chanteurs*, éprouvé sur trop de scènes pour qu'on soit effleuré, à son sujet, du plus léger doute, semble moins pénétrant en notre Académie nationale qu'ailleurs. On a tout fait pour le monter dignement; on est arrivé, je le répète, au prix des plus méritoires efforts, à un résultat qu'on n'avait jamais atteint sur ces planches et, à certains égards, supérieur. Et, pourtant, en dépit des efforts, du talent dépensé, du succès même, je ne saurais disconvenir que j'ai été souvent plus touché, plus charmé, en de moindres théâtres, avec des moyens moindres, voire des exécutions plus incomplètes. Voilà le fait brutal. N'en accusons, si l'on veut, que la fatalité. Je ne puis, au demeurant, qu'exprimer ce que j'ai senti.

On a chaudement applaudi. Eh! c'est le mieux du monde. Comment ne pas acclamer un si prestigieux épanouissement de génie poétique et lyrique? J'espère fermement que les représentations seront très suivies. M'adressant ici à des artistes, j'ai cru pouvoir et devoir raisonner ma sensation en toute franchise. Mais jamais — ceci est de justice — les bonnes volontés ne s'étaient si bien éveillées à l'Opéra et des félicitations sont dues à MM. Bertrand et Gailhard.

III. — Ce serait le moment d'aborder l'examen de la version française de M. Ernst, œuvre de haute conscience, de rare compétence et d'un art surprenant en son mode. Mais cet examen doit s'étendre aux principes mêmes de la traduction, aux recherches de littéralité, de plastique verbale, de rythmes littéraires correspondant aux rythmes musicaux, d'accentuations françaises équivalant aux accentuations allemandes, et ces importantes questions m'entraineraient aujourd'hui trop loin. La Direction du *journal musical* voudra bien m'accorder l'hospitalité dans son prochain numéro pour les exposer. Qu'il me suffise d'indiquer, dès à présent, la très particulière estime que je fais de cette version d'un ca... ..è... nique de vibrante authenticité.

(*A suivre.*)   L. DE FOURCAUD.

INFORMATIONS

* **Bruxelles** — Déjà l'on met en avant des noms pour la future direction du Théâtre royal de la Monnaie. L'*Eventail*, toujours si bien renseigné, annonce qu'il est question de mettre à la tête de cette grande scène, à la place des deux directeurs actuels, trois co-directeurs : MM. Maurice Kufferath, Ysaye et Guidé.

— M. César Thomson s'est démis de ses fonctions de professeur au Conservatoire de Liège. Suivi d'une vingtaine d'élèves de différentes nationalités, il est venu s'installer ici. En dehors de ses cours, le maître violoniste donnera des séances de musique de chambre et des récitals.

— L'Académie de Belgique a décerné le premier prix pour son concours spécial de musique de chambre à M. Fr. Rasse, 1er second grand prix de Rome, auteur d'un trio pour piano, violon et violoncelle.

— Au Palais des Académies, le 31 octobre, a été exécutée *Comala*, la cantate du premier prix de Rome, M. Jongen, de Liège, dont le poème est de M. Paul Gilson.

Louviers. — M. Fonthonne, flûtiste de la Garde républicaine, est nommé chef de la Musique municipale.

Lyon. — On annonce la représentation, sur le Grand-Théâtre, pour les premiers jours de février, d'une tragédie lyrique en cinq actes, de MM. Louis de Fourcaud et Noël Desjoyeaux. Titre : *Renaud d'Arles*.

M. Albert Vizentini compte, par la manière dont il présentera cette œuvre à la critique et au public, prouver que la décentralisation n'est pas un vain mot.

Paris. — Les professeurs du Conservatoire, dans une assemblée tenue à la Direction des Beaux-Arts, ont élu M. Bussine, membre du Conseil supérieur de l'enseignement en remplacement de M. Saint-Yves Bax.

— Par arrêté en date du 18 octobre, M. Lhérie est nommé professeur de la classe d'opéra-comique au Conservatoire, en remplacement de M. Taskin.

— Le Décret, portant promulgation de l'acte additionnel et de la déclaration du 4 mai 1896, modifiant la convention internationale de Berne du 9 septembre 1886, pour la protection de la propriété littéraire et artistique, a paru dans le *Journal officiel* du 20 octobre.

— Mademoiselle Fanny LÉPINE a recommencé ses leçons et repris ses COURS DE CHANT ET D'ENSEMBLE. L.

distinguée professeur donnera des auditions mensuelles, dans ses salons, 89, Boulevard Malesherbes.

— A l'Institut, la séance publique annuelle de l'Académie des Beaux-Arts a eu lieu le 30 octobre. Parmi les lauréats proclamés, outre les grands prix de Rome, citons M. Paul Puget, à qui est décernée une partie du prix Trémont, MM. Combarieu (pour ses ouvrages : *Les Rapports de la musique et de la poésie au point de vue de l'expression* et *La Théorie du rythme dans la composition musicale*), A. Piro (pour son ouvrage: *L'Orgue de J.-J. Bach*), A. Lavignac (pour son ouvrage : *La Musique et les Musiciens*), qui se sont partagé le prix Kastner-Boursault. — Pendant la séance, qui fut très brillante, l'orchestre, dirigé par M. Taffanel, a exécuté une ouverture de M. Busser, ancien pensionnaire de Rome, et *Frédégonde*, la cantate de M. Charles Morel pour les paroles, et de M. Max d'Ollone, 1er grand prix de Rome, pour la musique.

— Nous avons annoncé la reprise, dans les salons de M. Ph. Maquet, éditeur de musique, 25, rue de Londres, des COURS ET LEÇONS DE CHANT, COURS D'ENSEMBLE ET DE SOLFÈGE, dirigés par M. BALLARD, de l'Opéra. Ajoutons qu'on est prié de s'adresser, pour les inscriptions, à M. Goullet, de la Société des Concerts du Conservatoire, secrétaire en même temps que professeur de ces cours très artistiques.

— Pouvoir recueillir dans les journaux du monde entier tout ce qui parait sur un sujet quelconque, sur une question dont on aime à s'occuper, surtout savoir ce que l'on dit de vous et de vos œuvres dans la presse, qui ne le souhaite parmi les hommes politiques, les écrivains, les artistes?

Le COURRIER DE LA PRESSE, fondé en 1880, par M. GALLOIS, 21, boulevard Montmartre, à Paris, répond à ce besoin de la vie moderne avec autant de célérité que d'exactitude.

Le COURRIER DE LA PRESSE LIT 6,000 JOURNAUX PAR JOUR.

Rome. — Une commission nommée par le Ministre de l'Instruction publique a été chargée de préparer une anthologie chorale à l'usage des écoles élémentaires, normales et supérieures du royaume.

Toulouse. — L'Académie de Musique met au concours : 1° Un solo de concert pour clarinette en *si* bémol avec accompagnement de quintette à cordes ; 2° Un trio pour piano, violon et violoncelle en 4 parties ; 3° Allegro de concert pour piano solo ; 4° Une poésie devant servir de texte pour une mélodie. Les manuscrits seront reçus jusqu'au 31 mars 1898 au Secrétariat général de l'Académie, 17, rue d'Alsace.

Vichy. — Pour des raisons d'ordre administratif, M. Gabriel Marie a donné sa démission de chef-d'orchestre du Casino. Il n'y a qu'une voix pour regretter que la Compagnie Fermière n'ait pas su retenir ce sympathique artiste.

Vienne. — A l'Opéra impérial, M. Jahn, directeur, a pris sa retraite et est nommé conseiller à la Cour. Il a pour successeurs : M. Mahler, qui dirigera l'orchestre, et M. Gebhart chargé de l'administration. L'Intendance, qui avait ses bureaux Braunerstrasse, va être installée dans les locaux de l'Opéra même.

LES DISPARUS

— A Paris, Taskin, ancien artiste de l'Opéra-Comique, professeur au Conservatoire, né à Paris, le 18 mars 1853. Une notice sur ce remarquable artiste est inutile après l'étude de M. de Curzon, parue dans le *Guide musical* du 10 mars 1895.

— A Moscou, le baryton Antonio Giraldoni, directeur du Conservatoire de chant, né à Paris en 1824. Ses créations, à la Scala de Milan, notamment dans *Il Trovatore, Simon Boccanegra* et *Ballo in maschera*, de Verdi, *Salvator Rosa*, de Gomes, lui avaient donné une très grande notoriété. Il laisse, en outre, un *Guida teorico-pratica ad uso degli artisti cantanti*. Bologne, 1864. 2e édition, Bologne, 1884 ; et un *Compendium, Metodo analitico, filosofico e fisiologico per la educazione della voce*. 1889.

— A Paris, Louise Lavoye, ancienne artiste de l'Opéra-Comique, née à Dunkerque, le 28 juin 1823.

— A Rome, le compositeur Venceslao Persichini, mort le 19 septembre.

— A Paris, le 11 octobre, L. Boëllmann, organiste de Saint-Vincent de Paul, né à Ensisheim (Alsace), le 25 septembre 1862.

L. Boëllmann fit d'excellentes études à l'école Niedermeyer et fut attaché ensuite par M. Eugène Gigout, qui y avait été son professeur, à sa célèbre École d'Orgue de la rue Jouffroy. Les nécessités de l'information spéciale nous contraignent à ne pas insister sur la perte que son père adoptif fait en lui. Aussi bien sa douleur profonde éclata-t-elle aux yeux de tant de personnalités artistiques qui, le 14 octobre, donnèrent le dernier salut à celui que la mort frappait si jeune.

Jeune, Boëllmann laisse des œuvres qui accusaient déjà un talent original : d'une écriture très pure, ses partitions révèlent une grande aisance dans la disposition des parties instrumentales venant soutenir, commenter, développer une idée mélodique toujours simple et distinguée. Jamais ne s'accuse ici la recherche si apparente de nos jours chez plus d'un infortuné que tourmente le désir d'écrire ce qui n'est point en eux. Aussi, la place de Boëllmann parmi les maîtres était prévue. C'est ce qu'on pensa tout haut, lorsque récemment il se produisit devant le grand public —

aux Concerts-Lamoureux — avec la *Fantaisie dialoguée*.

Les compositions de Boëllmann sont au nombre de soixante-dix-huit. Citons :

La *Fantaisie dialoguée*, pour orgue et orchestre ou pour 2 pianos (Durand, éditeur). — *Sur la mer; Nocturne; Ronde française; Prélude* tiré de l'op. 99, n° 2, de Saint-Saëns ; *Improvisations ; Rapsodie carnavalesque*, pour piano. — Le *Calme; Lamento; Mai; Conte d'amour; Je ne fay rien que requérir ; Notre amour; Tantum ergo; Larmes humaines*, mélodies. — 2 Suites; *Suite gothique; Heures mystiques*, pour orgue. — 2 Pièces pour violoncelle et piano. — Symphonie en *fa;* Variations symphoniques ; 4 Pièces brèves pour orchestre. — Une Sonate pour piano et violoncelle ; un Trio pour piano, violon et violoncelle ; un Quatuor pour piano et instruments à archets.

BIBLIOGRAPHIE MUSICALE

BLOCK-NOTES

— A l'occasion du cinquantième anniversaire de la mort de Mendelssohn, le *Musical Times,* de Londres (1, Berners Street), donnera en supplément, dans son numéro de décembre, une reproduction en couleur de deux aquarelles de l'auteur du *Songe d'une nuit d'été*.

— Pour paraître incessamment : Les *Maîtres Chanteurs de Nuremberg*, de Richard Wagner. *Etude historique, critique et analytique*, par Maurice KUFFERATH, avec de nombreux exemples de musique et le portrait de Hans Sachs. Un volume de 300 pages. En souscription, 3 fr. 50. Adresser les commandes à l'auteur, 2, rue du Congrès, Bruxelles.

— Le Ministère de la guerre de l'Empire austro-hongrois vient de publier la première partie de la collection des marches militaires à l'usage de l'armée : les marches de Wallestein, de Marlborough, de Wagram en font partie.

— En distribution, le catalogue de 1897 de F. Janin et ses fils, éditeurs de musique, 8, rue Lafont, Lyon.

— En vente, le n° 292 du catalogue de List et Francke, Buchhandlung und Antiquariat,

2, Thalstrasse, Leipzig : « Geschichte und Theorie der Musik. Praktische geistliche und weltliche Musik. Hymnologie. Liturgik. Schriften über das Theater ».

— En vente, le n° 82 du « Catalogue of old Music and musical Books, on sale by William Reeves, 185, Fleet Street, London ».

ICONOGRAPHIE ET BEAUX-ARTS

— Un comité et un jury viennent d'être nommés à Florence, en vue d'un monument à élever en l'honneur de Rossini, à Santa Croce.

— Inauguration à Alt-Ruppin d'un monument en l'honneur du compositeur Ferdinand Moehring, auteur de chœurs fort populaires en Allemagne.

— Le sculpteur Joseph Tautenhayn, de Vienne, vient d'exécuter une belle plaquette quadrangulaire, en l'honneur de Antoine Bruckner.

— L'administration de la ville de Czernowitz a décidé la construction d'un nouveau théâtre où l'on jouera l'opéra et l'opéra-comique.

— A Riga, le Gouvernement a ordonné la construction d'un théâtre destiné exclusivement aux représentations en langue russe. Sa contribution est de 200.000 roubles.

— Le Conseil de bourgeoisie de Berne a donné une subvention de 200,000 francs pour les travaux d'édification d'un nouveau théâtre.

INSTRUMENTS ANCIENS

— Dans le grand choix d'instruments anciens de l'établissement de l'UNION MUSICALE, 11, rue de la Pépinière, Paris, les yeux des amateurs s'arrêtent en ce moment sur : Une belle Epinette style empire, surmontée d'un miroir duchesse avec étagère à tiroirs ayant appartenue à l'IMPÉRATRICE MARIE-LOUISE. Ce curieux instrument, très bien conservé, est en bois de Hongrie moucheté avec bronzes très finement ciselés. Le mécanisme intérieur est encore presque intact; — une Pochette et une Viole d'amour, lutherie italienne avec riches incrustations; — une gracieuse Cornemuse, dite de la cour, style Louis XV, avec beau médaillon en ivoire sculpté.

THÉATRES ET CONCERTS

Agram. — THÉATRE. *Porin*, opéra de feu V. Lisinsky, représenté pour la première fois avec un succès brillant.

Alger. — THÉATRE MUNICIPAL. *Werther*.

Amiens. — THÉATRE. Directeur : Herqué. Les *Huguenots; L'Africaine*.

Amsterdam. — PARKSCHOUWBURG. Directeur : de Groot. Chef d'orchestre : Mann. *Samson et Dalila*.

— OPÉRA NÉERLANDAIS. Directeur : Van der Linden. *Faust*.

— THÉATRE LYRIQUE ITALIEN. Directeurs : Vincenzo et Morgan. Chef d'orchestre : Emmanuele Natale. *Gioconda*, de Ponchielli.

Angers. — THÉATRE. Directeur : Montel. *Faust; Roméo et Juliette; Si j'étais Roi; Carmen*.

Anvers. — THÉATRE ROYAL. Directeur : Giraud. *Roméo et Juliette; La Favorite; Les Huguenots; Lohengrin; Traviata; Mireille; Faust*.

— THÉATRE LYRIQUE FLAMAND. *Sylvana*, de Weber; *Lohengrin*.

Bâle. — CONCERTS D'ABONNEMENT. Chef d'orchestre : Volkland. 7e Symphonie de Beethoven; Ouverture du *Porteur d'eau*, de Cherubini; Concerto en *sol*, pour violon, de Max Bruch, avec le concours de Mlle Hegner; Mélodies de Bizet et de Delibes chantées par Mlle Kuntz, de Francfort.

Berlin. — OPÉRA. Les *Noces de Figaro; L'Africaine; Lohengrin; La Flûte enchantée; L'Homme de l'Evangile; Ondine; Tristan et Iseult; Le Prophète; Mignon; Rheingold; La Walkyrie; Siegfried; Haschich; Le Bouffon; Goetterdaemmerung; Les Joyeuses Commères de Windsor; Freischütz; L'Africaine; Lohengrin; Haensel et Gretel; La Fée des Poupées; L'Homme de l'Evangile; A basso porto*, de Spinelli; *Die Jahreszeiten; Faust; A basso porto; Die Jahreszeiten; Freischütz; Haschich; A basso porto; Le Prophète; A basso porto; Die Jahreszeiten; Les Maîtres Chanteurs; Haensel et Gretel; A basso porto*.

Birmingham. — Au Festival musical, sous la Direction de Hans Richter, la musique écrite par Purcell pour le *Roi Arthur*, de

Dryden, a été fort applaudie ; Le *Requiem*, de Villiers Stanfort, a été exécuté pour la première fois, avec le concours de Mmes Albani, Brema et M. Lloyd ; cette œuvre, écrite en partie dans le style de la musique religieuse classique des Italiens et en partie dans le style moderne, a été très bien accueillie.

Bordeaux. — Grand-Théatre. Chef d'orchestre : Haring. La *Juive* ; *Mignon* ; La *Juive* ; *Faust* ; *L'Africaine* ; *Lakmé* ; Les *Dragons de Villars*.

Bruxelles. — Théatre royal de la Monnaie. Chef d'orchestre : Philippe Flon. *Mignon* ; *Aïda* ; La *Fille du Régiment* ; Les *Noces de Jeannette* ; *Myosotis* ; Les *Huguenots* ; *Carmen* ; *Aïda* ; Les *Huguenots* ; Les *Pêcheurs de perles* ; *Mignon* ; *Faust* ; *Manon* ; *Mignon* ; Les *Pêcheurs de perles* ; Les *Deux Billets* et *Myosotis* ; Les *Huguenots* ; Le *Barbier* ; *Hérodiade* ; Les *Huguenots* ; *Manon* ; Les *Dragons de Villars* ; Les *Charmeurs* ; *Lakmé* ; *Sylvia* ; *Mignon* ; *Faust* ; La *Fille du Régiment* ; *Hérodiade* ; *Manon* ; *Faust* ; *Hérodiade* ; *Carmen* ; *Joli Gilles* ; La *Fille du Régiment* ; *Hérodiade*.

— Société des instruments a vent. Le premier concert a été consacré aux œuvres de Saint-Saëns, avec le concours du maitre lui-même. Au programme : *Caprice sur des airs russes et danois*, pour piano, flûte, hautbois et clarinette ; *Fantaisie* et le *Prélude et fugue en mi bémol*, pour orgue ; *Fantaisie arabe* et le *Scherzo*, pour piano ; Romance pour cor, op. 36 ; Septuor de la Trompette.

— Concerts populaires. Chef d'orchestre : Joseph Dupont. Le 10 octobre, Festival Saint-Saëns. La *Lyre et la Harpe* ; la Symphonie en *ut* mineur. Marche du synode de *Henri VIII*.

— Concerts-Ysaye. Réouverture le 24 octobre. Chef d'orchestre : Léon Jehin. Symphonie en *ré* mineur, de César Franck ; *Humoresque*, de G. Frémolle, transcrite par Paul Gilson ; *Marche jubilaire*, de L. Jehin ; Ballade pour quatuor, de de Greef ; Fantaisie sur deux airs populaires, de Lekeu ; Concert n° 6 de Mozart, pour violon et orchestre et Concerto n° 2 de Bach, pour violon et orchestre, avec le concours de M. Ysaye.

Budapest — Opéra royal. *Maritta*, opéra en deux actes, de Charles Agghazi, représenté pour la première fois avec succès.

Cologne. — Théatre. La *Grève des Forgerons*, opéra en un acte, de Max-Joseph Beer, représenté pour la première fois avec succès.

Dresde. — Opéra. Les *Folkunger* ; *Lucrèce Borgia* ; Le *Démon* ; *Freischütz* ; Le *Bal masqué* ; Le *Trompette de Saekkingen* ; *Tannhaeuser* ; *Lohengrin* ; La *Fille du Régiment* ; Les *Joyeuses Commères de Windsor* ; Le *Prophète*.

— Sinfonie - Concert. Ouverture d'*Euryanthe* ; *Tod und Verklaerung*, de R. Strauss ; Symphonie en *la*, de Mendelssohn.

Gand. — Grand Théatre. Directeur de La Fuente. (Le 29 septembre, Le *Barbier de Séville*) ; 1er octobre, *Carmen* ; 4, Les *Huguenots* ; 6, *Lakmé* ; 8, *Hérodiade* ; 10, Les *Huguenots* ; 11, *Mignon* ; 13, *Carmen* ; 15, *Mireille* ; 17, *Hérodiade* ; 18, Le *Petit Faust* ; 20, *Roméo et Juliette* (21, Représentation de Sarah Bernhardt) ; 22, *Guillaume Tell* ; 24, La *Favorite*, *Miss Helyett* ; 25, Le *Petit Faust* ; 27, *Carmen* ; 29, *Mireille*, Le *Chalet* ; 31, Le *Trouvère*, Le *Petit Faust*.

— Société royale des Mélomanes. Directeur : Roels. *Andante religioso*, tiré du Psaume CXXX, de Gounod ; *Jésus sur la croix*, cantique, de Bach ; *Ave verum*, de Bertini ; Fragments de *Marie-Madeleine*, de Massenet ; Les *Sept Paroles du Christ*, de Théodore Dubois, cette dernière œuvre ayant obtenu un grand succès. Tout d'ailleurs avait été soigneusement étudié et fut parfaitement rendu.

B.

Genève. — Victoria-Hall. Concert donné par M. Eugène Gigout. Sonate en *fa* de Mendelssohn, Toccata en *fa*, avec solos de pédales, de Bach ; *Suite gothique* de Boëllmann et quatre pièces d'orgue de Eugène Gigout ; enfin une improvisation sur un thème donné qui a émerveillé l'auditoire. Les artistes genevois, M. H. Kling, du *Guide musical* en particulier, ont beaucoup admiré l'art de la registration chez le célèbre organiste, dont le succès a été considérable.

La Haye. — La *Bohême*, de Puccini, vient d'être représenté par une troupe italienne excellente avec un très grand succès.

Liège — Le 15 octobre, concert donné par la Chapelle royale russe, dirigée par Mme Nadina Slaviansky. « Marche militaire », d'après des motifs populaires slaves ; le « Forgeron », chanson populaire ; « Berceuse », arrangés par Nadina Slaviansky; « Lève-toi, rouge soleil », chanson sibérienne, arrangée par Rimsky-Korsakoff; La « Jeune fille au fleuve », lied dansé de la Petite-Russie; « Nowgorod », chanson du XIIIᵉ siècle, arrangée par O. Dutsch; chœur extrait du *Prince Igor*, de Borodine; deux chœurs religieux a capella (« Pater », style monastique, XIIIᵉ siècle — Kiew —; « Dieu nous bénisse», de Bortniansky); « Mère défend à Macha de passer le fleuve », chanson populaire; « Douce jeune fille, voici venir les boyards », arrangée par Dargomigsky; « Marche funèbre », de Vilboa; Chanson de tsiganes russes; « Ei Ouchnem ». Ce concert, organisé par la Maison Muraille, éditeur, a pleinement réussi : on a fait un succès de bon aloi à ces chœurs et chansons d'une saveur très originale. C'était la fête du folk-lore russe.   J. P.

Lille. — Grand Théatre. *Faust*; *Mireille*; La *Juive*.

Londres. — Covent-Garden. *Faust*; La *Bohême*, de Puccini; *Carmen*; *Roméo et Juliette*; Les *Maîtres chanteurs*; *Diarmid*, opéra de Harmisch Mac Gunn, pour la musique et du marquis de Lorne pour les paroles, représenté pour la première fois avec succès.

— Court-Theater. Les *Enfants du Roi*, de Humperdinck.

— Her Majesty's Theater. La *Colonne de l'apprenti*, opéra-comique, de Guy Eden, musique de Reginal Somerville, représenté pour la première fois avec un succès médiocre.

— Concerts Hans Richter. Ouverture d'*Euryanthe*; L' « Enchantement du Vendredi-Saint »; 4ᵉ Symphonie de Brahms; Suite d'orchestre de Tschaïkowsky; Symphonie en *ut* de Schubert.

Lyon. — Grand Théatre. Directeur : Vizentini. Chef d'orchestre : Miranne. La *Juive*; le *Songe d'une nuit d'été*; l'*Africaine*; *Mignon*; *Faust*; *Roméo et Juliette*.

Madrid.— Théatre Eslava. *Los Tenderos*, zarzuela de Alberto Casanal, musique de Angel Rubio et Estellés, représenté pour la première fois le 1ᵉʳ octobre avec un succès complet.

—Théatre Romea. La *Torre de Babel*, zarzuela de Jimenes Prieto, musique de Quinito Valverde, représenté pour la première fois avec un grand succès.

Marseille. — Concerts classiques. 1ᵉʳ chef d'orchestre : P. Borelli. 2ᵉ chef d'orchestre : P. Lautier. Les *Erynnies*, de Massenet; 5ᵉ symphonie de Beethoven; Ouverture d'*Eurianthe*; Concerto de Beethoven pour piano et orchestre; fragments des *Maîtres Chanteurs*.

Milan. — Lirico. Directeur : Sonzogno. *Werther*; *Coppélia*; *Werther*; Le *Cid*; Le *Cid*; La *Bohême*, de Léoncavallo; *Werther*; *Coppélia*; Le *Cid*; La *Bohême*; La *Bohême*; La *Bohême*; La *Bohême*; Le *Cid*.

— Dal Verme. La *Bohême*, de Puccini.

Montpellier. — Grand Théatre. *Manon*; *Mireille*; La *Dame Blanche*; *Faust*; La *Fille du Régiment*.

Mulhouse. — Concert donné par M. Henri Marteau, avec le concours du pianiste Risler : Sonate « à Kreutzer »; 2ᵉ Sonate de Grieg; Rondo de Mozart; 2 Rapsodies de Liszt pour piano; Romance de Sinding et Danses hongroises de Brahms pour violon.

Munich. — Théatre. *Sarema*, opéra de Zemlinsky, représenté pour la première fois avec succès.

Nancy. — Grand-Théatre. *Faust*.

Nantes. — Théatre. Directeur : Martini. L'*Africaine*; *Mireille*; L'*Africaine*; La *Favorite*; *Faust*; *Hamlet*; *Robert le Diable*; *Samson et Dalila*.

Naples. — Théatre Bellini. *Il Cantico dei Cantici*, adaptation lyrique de la comédie de Cavalotti par Perego, musique de Luigi Sandran, représenté pour la première fois avec succès.

Nîmes. — Grand-Théatre. La *Juive*; *Faust*.

Paris. — Opéra. *Don Juan*; Les *Huguenots*; *Sigurd*; *Faust*; Les *Huguenots*; *Faust*; *Faust*; Les *Huguenots*; *Faust*; *Aida*; *Faust*; *Sigurd*; *Faust*; La *Favorite*; L'*Etoile*; Les *Huguenots*; *Faust*, représenté pour la 1100ᵐᵉ fois; La *Favorite*; L'*Etoile*.

— Opéra-Comique. *Manon*; *Don Juan*; *Carmen*; *Manon*; *Mignon*; *Lakmé*; *Phryné*; *Manon*; *Lakmé*; *Carmen*; Les *Noces de Jeannette*; La *Dame blanche*; *Mignon*; *Manon*; *Lakmé*; *Cavalleria*; *Werther*; *Phryné*; *Ma-*

non; *Mireille*; *Phryné*; (*Manon*); *La Dame blanche*; *Le Spahi*; *Manon*; *Le Spahi*; *Lakmé*; *Phryné*; *Mignon*; *Le Spahi*; (*Lakmé*; *La Fille du Régiment*); *Mignon*; *Carmen*; *Le Spahi*; *Mireille*; *Manon*; *Le Barbier de Séville*; *Galathée*; *Le Spahi*; *Lalla-Roukh*; *Lakmé*; *Phyné*; (*Mignon*); *Carmen*.

Le *Spahi*, poème lyrique en 4 actes, tiré du roman de Pierre Loti, par Louis Gallet et Alexandre, musique de Lucien Lambert, a été représenté pour la première fois le 18 octobre. Etant admis qu'il n'y a pas là l'unité, ni la trame d'une œuvre réellement théâtrale, nous n'avons qu'à signaler ce qui se détache aisément de la partition et qui a valu le plus d'applaudissements à l'auteur : les préludes, notamment celui du 1er acte ; les chœurs avec danses du 1er acte, d'une jolie facture : la berceuse chantée par l'esclave Fatou au 2e acte ; le duo d'amour et la poétique prière au 3e. L'orchestre était fort bien dirigé par M. Luigini. Les principaux interprètes : Mlle Guiraudon et M. Badiali ont été excellents Les décors, dus à M. Jambon, sont charmants.

— GALERIE VIVIENNE. — *Norma*, *La Fée aux Roses*, d'Halévy.

— PALAIS-ROYAL. *Les Fêtards* pièce en 3 actes et 4 tableaux, de Antony Mars et Maurice Hennequin, musique de Victor Roger, représenté pour la première fois le 28 octobre.

— BOUFFES-PARISIENS. *Les Petites Femmes*, opérette en un acte de A. Sylvane, musique de Audran, représentée pour la première fois le 11 octobre.

— CONCERTS COLONNE. Le 17 octobre · Ouverture de *Geneviève*, de Schumann ; 1re Symphonie de Beethoven ; Concerto en *ut* mineur, pour piano, de Saint-Saëns, et Concerto italien de Bach, avec le concours de M. Raoul Pugno ; les *Erynnies*, de Massenet ; Ouverture de *Rienzi*. — Le 24 octobre : Ouverture de la *Fiancée de Messine*, de Schumann ; 2e Symphonie de Beethoven : Variations symphoniques pour piano, de César Franck, et Fantaisie (op. 15) de Schubert, orchestrée par Liszt, avec le concours du pianiste Raoul Pugno ; Ouverture du *Vaisseau-Fantôme*, de Wagner ; *Nuit d'amour bergamasque*, de Reynaldo Hahn, exécutée pour la première fois, pièce symphonique décousue, mais jolie. — Le 31 octobre : Ouverture de *Manfred* · 3e Symphonie de Beethoven ; Concerto en

si mineur, n° 3, de Saint-Saëns, et Suite pour violon, de Raff, avec le concours du violoniste Sarasate ; Ouverture de *Tannhaeuser* ; *Nuit d'amour bergamasque*, de Reynaldo Hahn.

Reims. — Le 15 octobre, concert donné par M. Henri Marteau, avec le concours du pianiste Risler. Sonates pour piano et violon : de Bach (3e en *mi* majeur), Beethoven (dédiée à l'archiduc Rodolphe), Brahms (2e, op. 100).

Rouen. — THÉATRE DES ARTS. Directeur : Melchissédec. L'*Africaine* ; *La Fille du Régiment* ; *La Traviata* ; *Les Huguenots* ; *Faust* ; *Rigoletto* ; *Le Maître de Chapelle* ; *Mireille* ; *Galathée* ; *Mignon* ; *Les Noces de Jeannette*.

Saint-Pétersbourg. — THÉATRE IMPÉRIAL MARIE. Directeur : Vsévologsky. *Les Huguenots*.

Stockolm. — OPÉRA ROYAL. 1er octobre, *Lakmé* ; 3, *Carmen* ; 4, *Mephistofeles* ; 5, *Aïda* ; 6, *Sveagaldrar* ; 7, *Roméo et Juliette* ; 8, *Carmen* ; 10, *Martha* ; 11, *Faust* ; 13, *Cavalleria* ; 15, *Mephistofeles* ; 17, *Mignon* (avec le concours de Mme Sigrid Arnoldson) ; 18, *Fra Diavolo* ; 19, *Faust* (avec le concours de Mme Arnoldson, qui y eut un succès colossal) ; 21, *La Flûte enchantée* ; 22, *Lakmé* (avec le concours de Mme Arnoldson) ; 24, *Faust* ; 27 et 29, *Roméo et Juliette* (avec le concours de Mme Arnoldson) ; 30, *La Flûte enchantée* ; 31, *Cavalleria*, *Pagliacci*.

Sveagaldrar, opéra en 3 actes de Peterson-Berger, est une sorte de cantate dramatisée, avec de longs monologues, de longs récitatifs, qui fut représentée pour la première fois le 21 septembre à l'occasion du jubilé du Roi et n'eut pas un succès bien net. Dans cette même soirée solennelle, qui se termina par des mélodies nationales chantées par les chœurs et l'orchestre, avec addition de tableaux vivants, fut exécutée aussi la *Marche festivale*, de Nordquist.

— CONCERTS DE L'OPÉRA. Le 16 octobre, Fragments des *Maîtres Chanteurs* ; Idylle de *Siegfried* ; Air de *Samson et Dalila* ; *Excelsior*, ouverture de Stenhammer ; Symphonie en *ut* de Mozart.

— Les Concerts populaires ont recommencé le 16 octobre, dans la grande salle de l'Académie des Sciences, devant un public considérable. Au programme, des œuvres de Saint-Saëns, Massenet, Brahms, Widor, Moszkowski, Bériot, Eymieu, Vieuxtemps, Lago.

Strasbourg. — ORCHESTRE MUNICIPAL. Directeur : Stockhausen. *Vyschrad*, un des six poèmes symphoniques de Smetana ; *Ouverture tragique* de Brahms ; Symphonie en *ré* de Beethoven ; Concerto en *ré* pour violon et orchestre de Tschaïkowsky, avec le concours de M. Petschnikoff.

Toulon. — GRAND-THÉATRE. Directeur : Causse. Chef d'orchestre : David. La *Juive* ; La *Favorite* ; *Mignon* ; La *Favorite* ; *Si j'étais Roi* ; Les *Huguenots*.

Toulouse — CAPITOLE La *Juive* ; *Faust*.

Tournai. — THÉATRE. Directeur : L. Chatelain. Chef d'orchestre : Neufcour. *Mireille* ; La *Fille du Régiment* ; Le *Barbier de Séville*.

Trévise. — THÉATRE. *André Chénier*, de Giordano.

Turin. — THÉATRE BALBO. *Rolandino*, opérette de Valente, représentée pour la première fois le 15 octobre.

Venise. — A l'église Saint-Marc, M. Lorenzo Perosi, maitre de chapelle, a fait exécuter un oratorio pour chœur à 4 voix et orchestre, dont on dit beaucoup de bien.

Versailles. — GRAND THÉATRE. *Faust* ; Le *Barbier de Séville*.

Verviers. — CONCERT. Ouverture de *Geneviève*, de Schumann ; *Rapsodie norvégienne*, de Svendsen ; le *Kaisermarsch*, de Wagner ; *Fantaisie espagnole*, de Lalo, exécutée par M. Marsick, qui fut fort applaudi, ainsi que dans une fantaisie de concert de Rimsky-Korsakoff.

Vienne. — OPÉRA. Directeur : Gustave Mahler. *Orphée* ; *Czar et Charpentier* ; Le *Barbier de Séville* ; *Dalibor*, de Smetana, représenté pour la première fois, le 4 octobre, avec un grand succès ; *Lohengrin* ; La *Fiancée vendue* ; *Dalibor* ; *Carmen* ; *Czar et Charpentier* ; *Dalibor* ; *Mignon* ; Les *Noces de Figaro* ; *Dalibor* ; L'*Homme de l'Evangile* ; *Excelsior* ; La *Flûte enchantée* ; *Carmen* ; *Siegfried* ; L'*Armurier* ; *Dalibor* ; La *Fiancée de Corée* ; *Werther* ; *Czar et Charpentier* ; *Tristan et Iseult* ; Le *Grillon du Foyer* ; L'*Homme de l'Evangile* ; La *Flûte enchantée* ; *Tannhaeuser* ; *Faust* ; La *Fiancée de Corée* ; La *Chauve-Souris*.

— AN DER WIEN. La *Bohême*, de Puccini, représentée pour la première fois en ce théâtre avec un gros succès, La *Flûte enchantée*.

BIBLIOGRAPHIE MUSICALE
NOTICES CRITIQUES

The Yersin phono-rhythmic Method of french pronunciation, accent, and diction. French and english by M. and J. Yersin. Méthode Yersin phono-rythmique pour la prononciation et la diction françaises à l'usage des étrangers en français et en anglais, par M. et J. YERSIN. Londres et Philadelphie, J. B. Lippincott Company, 1897, in-18, 245 pages, dont dix renfermant des exercices à chanter, avec la musique, deux tableaux pliés, contenant les différents sons de la langue française, musique et nombreuses figures dans le texte indiquant la position des lèvres, portrait des auteurs hors texte.

Ce livre a été écrit surtout pour les chanteurs étrangers, qui désirent se produire en France et dont le succès est compromis par une défectuosité de prononciation, qu'ils ne soupçonnent pas d'ailleurs. Voilà ce qui est piquant. Ils ont « appris le français » soigneusement et se trouvent très étonnés quand on leur dit qu'ils le parlent mal. Incontestablement tous ont un accent caractéristique.

Les sœurs Yersin viennent aujourd'hui à leur secours. Donnant un bel exemple de probité didactique, elles dévoilent les secrets d'une méthode qui leur est personnelle, qui est le résultat de travaux incessants, d'observations considérables et d'expériences aussi nombreuses que concluantes. Jusqu'ici elles avaient, dans leur école parisienne de Diction, reçu les désespérés et sauvé leur avenir. Mais, appelées en Amérique par un grand nombre d'élèves, elles ont voulu, avant de partir, laisser un manuel qui aidât ceux qui ne pourront suivre leurs leçons avant quelques mois.

Dans les premières pages, elles indiquent le « mal », le « localisent » et exposent le « remède ». Alors se déroulent les multiples sons de la langue française. Chacun d'eux est l'objet de commentaires précis, accompagnés d'une illustration permettant à l'élève de contrôler lui-même dans un miroir s'il a enfin perdu son accent et si le son est bien français. Ce procédé de Mlles Yersin est très nouveau, très ingénieux et très sûr.

Il n'y a ici rien de commun avec les autres traités de prononciation. C'est pourquoi je n'hésite en aucune façon à faire très franchement l'éloge de ce livre et à déclarer que tous les étrangers sont contraints de se le procurer. Les résultats obtenus en ma présence m'ont seuls décidé à écrire et à signer cette notice qu'on aurait pu autrement croire inspirée par quelque traité avec les éditeurs ou l'avantage de participer aux gros bénéfices assurés à un livre si indispensable.

BAUDOUIN-LA LONDRE.

La Musique de chambre. Année 1896, 4ᵉ recueil. Séances musicales données dans les salons de la maison Pleyel, Wolf et Cⁱᵉ. Reproduction des programmes. Étude analytique par HENRY EYMIEU, avec préface par Oscar COMETTANT. Paris, Salons Pleyel, 1897, in-8, 254 pages.

Dans la préface, M. Oscar Comettant paraît désirer que les compositeurs s'en tiennent à la simple mélodie, soutenue d'accompagnement. Cela vaut évidemment mieux que la superposition maladroite des thèmes mélodiques. Mais les compositeurs ne doivent pas renoncer à l'art d'élever les édifices sonores dans le goût moderne lorsqu'ils sont nés architectes. J'accorde toutefois à M. Oscar Comettant qu'on ne peut l'être sans avoir en soi des thèmes personnels, originaux, ces clefs de voûte.

L'étude analytique de M. Henry Eymieu renferme notamment une longue et intéressante notice sur le maître Saint-Saëns et une diatribe fort judicieuse contre l'intrusion dans la « critique musicale » de gens totalement dépourvus de connaissances spéciales. D'autre part, M. Henry Eymieu ne souhaite pas que seuls les compositeurs soient les critiques, chargés d'éclairer ou de renseigner le public sur les nouvelles œuvres.

Exposition internationale de Bruxelles, 1897. Rapport sur les opérations du Jury nᵒ 26 (Instruments de musique et Art musical), par GASTON SERPETTE, secrétaire-rapporteur du Jury. Bruxelles, Katto, 52, rue de l'Écuyer. Paris, A. Durand et fils, 4, place de la Madeleine, 1897, in-8, 47 pages.

Ce rapport contient des remarques intéressantes par exemple à la page 25, sur le cor à pistons, à la page 44, sur le traité *Armonia e Melodia musicale*, de Mgr Grassi Landi, à la page 36, sur un nouvel enregistreur musical.

Les maisons sur lesquelles s'étend davantage le rapporteur sont les Maisons Pleyel, de Paris, Mahillon, de Bruxelles.

Les Chants moraux et patriotiques de l'Ecole et de la Famille, précédés d'un cours de musique vocale, par RENÉ BELLIER, professeur à l'Ecole primaire supérieure de Valence (Drôme), avec la bienveillante collaboration de Henry Kling, compositeur et professeur au Conservatoire de Genève, et de M. Henry Giroud, compositeur et professeur à Sainte-Croix (Suisse), 1ᵉʳ volume. Paris, « Alliance musicale ». Ancienne Mᵒⁿ Lafleur. E. Gaudet, éditeur de musique, 9, rue du faubourg Saint-Denis [1897], in 16 carré, 216 pages, texte et musique avec des illustrations. 1 fr. 50

Ce livre a été fait sur le plan de ceux qui se trouvent dans toutes les écoles de Suisse. Il renferme : 1ᵒ des notions préliminaires servant d'introduction aux leçons de solfège et de chants scolaires ; 2ᵒ des notions de musique vocale ; 3ᵒ des chants très simples, à une ou deux voix, pour les écoles maternelles, les écoles enfantines et le cours élémentaire des écoles primaires ; 4ᵒ des chants plus sérieux, à une ou deux voix, pour le cours moyen et le cours supérieur des écoles primaires, ainsi que pour les écoles primaires supérieures et les écoles professionnelles.

Les notions préliminaires sont claires et précises ; le choix des chants, puisés en partie dans les refrains populaires, est heureux. Voilà un bon petit livre pratique, moral, utile et agréable.

Violon et piano.

Suite pour violon et piano, par N. LAGO. Op. 62. Berlin, Simrock (1897). Prix 6 mk.

Dans un rythme ternaire, jaillit doucement le chant du violon allègre, qui, un instant, tourne sur place, hésite encore, et reprend sa course, se fait ténu, puis gazouille, puis s'enfle, gronde presque, et, après une série de modulations, d'augmentations de valeurs, se précipite... et tombe avec fracas. Tel est le premier mouvement (« Allegro moderato »). Dans l' « Allegro tranquillo », un lied populaire. Le compositeur est suédois et nous apporte un écho charmant de sa patrie. Dans l' « Allegro non troppo », les altérations abondent et aussi les syncopes. Le chant épisodique large, au grave, du violon est lui-même coupé, aux temps faibles, des accords plaqués, brefs, du piano, qui va jusqu'à interloquer son compagnon qui interroge, étonné (page 27). Mais la parole lui est laissée ensuite jusqu'au bout et il en abuse : dans les notes qu'une double, puis une triple barre traverse, s'achève une page, fort bien écrite, de virtuosité propre à séduire, après les charmes du reste, un artiste comme M. Armand Parent, à qui la *Suite* est dédiée.

Le compositeur N. Lago avait précédemment donné une *Sonate* pour piano (op. 27.

Hamelle, éditeur) qui témoignait, par les enchevêtrements des thèmes mélodiques, aux rythmes différents, d'une grande sûreté d'écriture, par la nature de ces thèmes, du bonheur de l'inspiration, et l'intérêt s'était chez moi maintenu d'un bout à l'autre pendant que, au piano, je me faisais l'interprète de l'œuvre à l'instant reçue. Ce qui, même compliqué, est bien écrit se lit toujours aisément.

J'appliquerai cet éloge aux deux *Etudes de Concert*, op. 52, du même auteur (Simrock), dont d'autres compositions ont une grande simplicité, comme la *Sérénade* pour piano, violon et violoncelle, op. 50 (Simrock), *Rêverie*, pour piano (Laudy, à Londres), et *Voici la Brise*, mélodie, op. 55 (Heugel). Aucune n'est banale.   B. L.

Piano.

Alborada, Aubade espagnole, par B. M. COLOMER. Lyon, F. Janin et ses fils, éditeurs (1897), 8, rue Lafont. 6 francs.

Novelette. Pièces intimes, n° 2, par B. M. COLOMER. Lyon, Janin (1897). Prix net 1 fr. 50.

En courant. Etude pour le piano, par VINCENZO FERRONI. Op. 23. Lyon, Janin (1897). Prix 6 francs.

Valse-caprice, par DANIEL FLEURET. Op. 5. Lyon, Janin (1897). Prix 7 fr. 50.

Variations capricieuses, par GIUSEPPE FRUGATTA. Op. 36. Lyon, Janin (1897). Prix 10 francs.

Pas de danse, par CESARE GALEOTTI. Op. 117. Lyon, Janin (1897). Prix 6 francs.

Ronde de nuit, par CESARE GALEOTTI, Lyon, Janin (1897). Prix 6 francs.

Zwei Klavierstücke, componirt von P. HINDERMANN. Op. 2. N° 1. Chant sans paroles. Lyon, Janin. Net 1 fr. 50.

Zwei Klavierstücke, componirt von P. HINDERMANN. Op. 2. N° 2. Impromptu. Lyon, Janin. Net 1 fr. 50.

A TRAVERS LES JOURNAUX

BIBLIOGRAPHIE MUSICALE FRANÇAISE
PARIS

1897. 23ᵉ année. N° 107. — 32 pages à 2 colonnes. Répertoire complet de la Bibliographie musicale française pendant les mois de juillet, août, septembre : 1° Index et sommaire systématique; 2° toutes les nouveautés musicales : Musique pour piano, Musique instrumentale, Musique vocale; 3° tous les Ouvrages théoriques ; 4° tous les Livres concernant la musique.

Principaux éditeurs de Paris cités. — COSTALLAT. DURAND. ENOCH. EVETTE et SCHAEFFER. GALLET. HEUGEL. LE BEAU. Alphonse LEDUC. LEMOINE. MAQUET. PEREGALLY et PARVY. QUINZARD.

Editeurs des départements cités. — S. BOREL, à Lyon. BOSSARD-BONNEL, à Rennes. CARBONEL, à Marseille. CAVANIOL, à Chaumont. COLOT-CHAZELLE, à Dijon. DECOURCELLE, à Nice. DUPONT-METZNER, à Nancy. Le FESTIVAL ARTISTIQUE, à Bordeaux. FORTIN-METEL, à Beauvais. GLABERTIN, à Marseille. GRAS, à Lille. GUILLE, à Montargis. JEUNET, à Amiens. KOCHLY, à Bourges. LABOLE, à Bordeaux. LAGUENY, à Limoges. LARQUIER, à Narbonne. MAGNE, à Cherbourg. E. MARCHAND, à Bordeaux. MARIN, à Lyon. F. MARTIN, à Marseille. R. MASSARD, à Lyon. METZNER-LEBLANC, à Angers. MOUGEOT, à Nancy. PAGÈS, à Clermont-Ferrand. PETIT-PIERRE, à Nevers. RIFFAU, à Bordeaux. J. ROBERT, à Béziers. TIXADOR et POMÈS, à Perpignan. VERNÈDE, à Versailles.

ANNONCES. A. DURAND et fils, éditeurs, à Paris. — Alphonse LEDUC, éditeur, à Paris. — Henry LEMOINE et Cⁱᵉ, éditeurs; à Paris. — A. MANUEL, éditeur, à Paris. — Éditions SCHOTT. Mayence-Londres. E. FROMONT, seul dépositaire pour la France, éditeur, à Paris.

La *Bibliographie musicale française,* publiée sous la direction de la Chambre syndicale du Commerce de musique, 25, rue de Londres, Paris, annonce également les nouveautés parues à l'étranger, dans des pages mises entièrement à la disposition des éditeurs ou auteurs au prix de 20 francs la page de soixante lignes environ.

THE MUSICAL COURIER
NEW-YORK

Nᵒˢ 904 à 918. Berlin Budget Branch, by Otto Floersheim.

— Music in Florence, by Jos. Smith.

— Notes from Paris, by Miss Fannie Edgar Thomas.

— Music in Philadelphia, by M. Fletcher.

— British Budget, by F. V. Atwater.

— Music in Boston, by Ph. Hale.

— Music in Chicago, by Florence French.

— Voice Training, by Stanford Brown. (A propos d'un article paru dans le *Musical Courier*, n° 889).

Nᵒˢ 909, 910. Alfred M. Mayer : The Physics of Music.

N° 904. The Beethoven's tenth symphony (avec les exemples de musique).

— The Small Instruments, Place in Music.

— Musical journalism.

N° 918. Bratter : Kreisleriana (avec un portrait d'Hoffmann).

Nᵒˢ 904 à 918. Editorial, by Marc A. Blumenberg, directeur du *Musical Courier* (avec les fac-simile des extraits de naissance et baptême de Jean de Reske, tirés des registres officiels de Varsovie, dans le n° 904).

LES MAITRES CHANTEURS

Poème et Musique de Richard WAGNER — Version française de Alfred ERNST

ÉDITIONS SCHOTT. E. FROMONT, ÉDITEUR, BOULEVARD MALESHERBES-RUE D'ANJOU, 40, PARIS

Acte premier.
SCÈNE I.

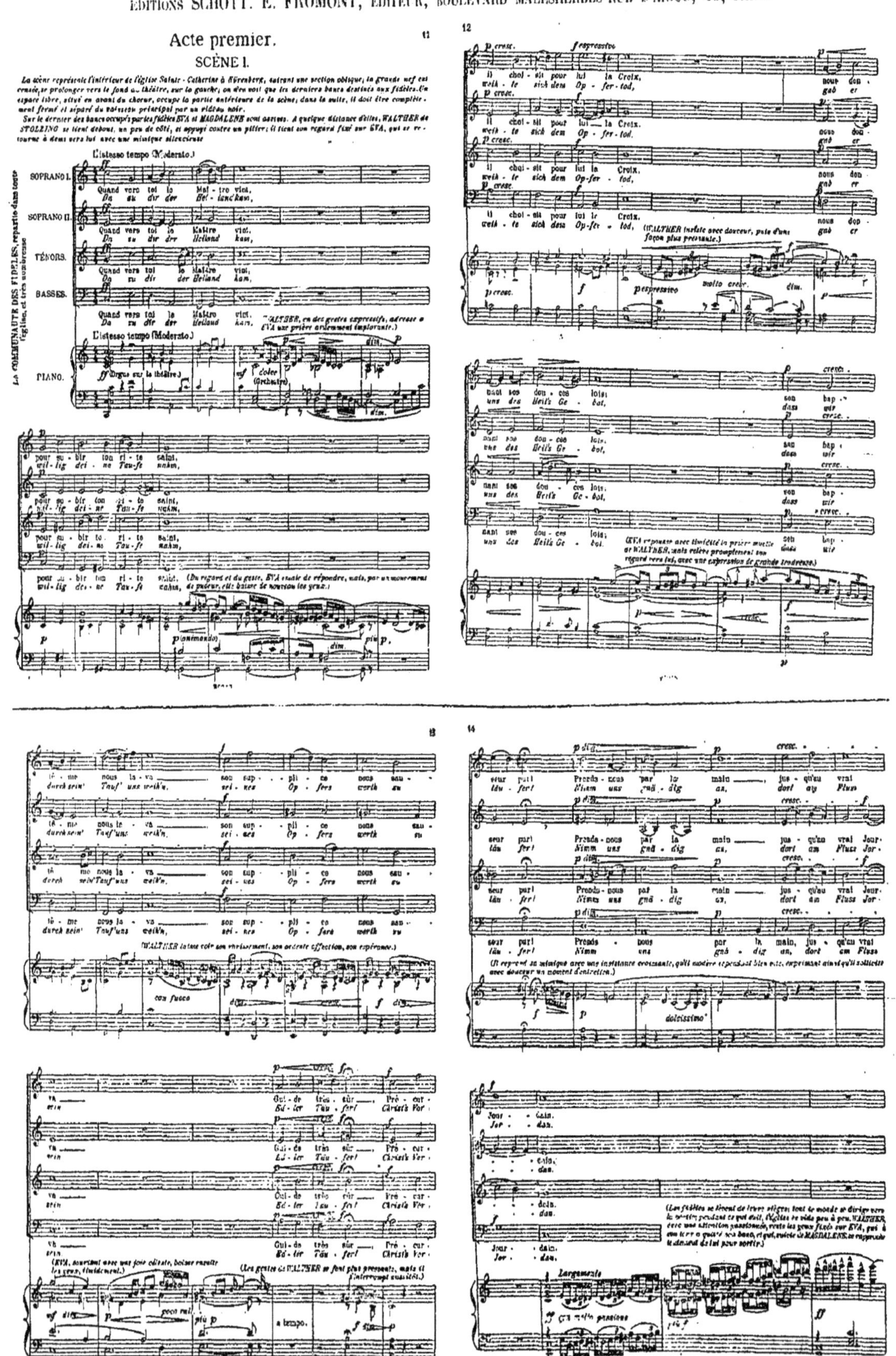